“十二五”国家重点
出版物出版规划项目

中 国 志 书 精 品 工 程
High Quality Project of China's Local Records

汶川特大地震抗震救灾志

WENCHUAN TEDA DIZHEN KANGZHEN JIUZAI ZHI

《汶川特大地震抗震救灾志》编纂委员会　编

卷十一

附录　索引

方志出版社
Publishing House of Local Records

图书在版编目（CIP）数据

汶川特大地震抗震救灾志. 卷十一，附录、索引 / 《汶川特大地震抗震救灾志》编纂委员会编. -- 北京：方志出版社，2015.8

ISBN 978-7-5144-1579-7

Ⅰ.①汶… Ⅱ. ①汶… Ⅲ.①抗震—救灾—概况—汶川县 Ⅳ.①D632.5

中国版本图书馆CIP数据核字（2015）第049058号

汶川特大地震抗震救灾志

2008·5·12

汶

WENCHUAN

TEDA DIZHEN

KANGZHEN JIUZAI ZHI

WENCHUAN

TEDA DIZHEN

KANGZHEN JIUZAI ZHI

《汶川特大地震抗震救灾志》编纂委员会

《汶川特大地震抗震救灾志》编纂人员

总　纂

田　嘉　　邱新立

指导专家（按姓氏笔画排序）

王卫明　　王复兴　　齐家璐　　苏炎灶　　李　云　　张东升　　陈泽泓　　武铁良
罗保平　　周　慧　　赵庚奇　　段育达　　姜昆阳　　梅　森　　谭烈飞　　颜小忠
颜越虎

校　核（按姓氏笔画排序）

牛润珍　　毛东武　　仇玉英　　任根珠　　刘仕仲　　刘柏修　　杨大明　　李继隆
李维怡　　张世民　　陈　华　　陈　野　　林顺道　　欧阳发　　卓　林　　郑汝成
郑洪英　　孟庆斌　　陶利辉　　梁建楼　　梁滨久　　曾祥麟　　缴世忠

编　务

段志贤　　刘永强　　程方勇　　和卫国　　王会世　　曾　荣　　谷春侠　　李一龙
汪秀红

《汶川特大地震抗震救灾志》终审人员

朱佳木　　吴恒权　　项兆伦　　穆　虹　　姜　力　　杨士秋　　徐　科　　王国庆
赵和平　　孙原生　　刘永富　　江泽林　　陈祖武　　李孝聪

《汶川特大地震抗震救灾志·附录　索引》编纂委员会

《汶川特大地震抗震救灾志·附录　索引》编纂人员

主　编

田　嘉

副主编

李富强　刘玉宏

总　纂

邱新立

副总纂

程方勇

编纂人员

陈　旭　曲　巍　刘　丹　杜　敏

编务人员（按姓氏笔画排序）

于伟平　才立华　马至柔　王广生　王丹林　王会世　王　超　王　黎
石　磊　曲　巍　朱文清　刘　丹　刘永强　刘翔宇　安　山　李一龙
李俊池　李晓红　杨军仕　杨卓轩　杨海峰　汪秀红　张英聘　陈广通
陈　旭　陈昱良　武　斌　和卫国　周　全　周勇进　赵文胜　柳学谦
段志贤　夏经林　黄占亚　黄　姗　梅家龙　程方勇　曾　荣　詹利萍

提供资料人员（按姓氏笔画排序）

马霄鹏　王小利　王凤娟　王玉秀　王立新　王永利　王成玉　王雨亭
王铁钢　兰玉蓉　巩　桦　吕书红　朱　倩　朱惠春　刘　通　刘　婧
刘雁飞　许登义　那　燕　孙安坚　孙　明　李开元　李兰颂　李先瑞
李　栋　李　涛　李鹏飞　吴永泽　邱小兵　余治安　汪　毅　张文祥
张占社　张加军　张世民　张海峰　张　强　陈伟忠　陈洪玲　周　慧
郑洪英　郑海荣　胡　吉　柳仁义　姜安鹏　姜昆阳　贺泽勇　耿　敏
倪维新　徐爱信　郭春生　随成伟　陶利辉　陶国庆　黄宪礼　曹昌杰
康延涛　梁　志　傅　虹　曾新苗　裴　莹　熊　倩　穆祥桐

《汶川特大地震抗震救灾志·附录　索引》审稿人员

初　审

贾　群　张文祥　李全茂　何永年　刘　通　马小彬　李朝全　赵庚奇
齐家璐

复　审

赵会强　番绍立　张　赫　马小彬　张正泉　郑海荣　张星星　齐家璐
梅　森

凡　例

一、编纂《汶川特大地震抗震救灾志》（以下简称全志），坚持以邓小平理论、“三个代表”重要思想、科学发展观为指导，贯彻落实习近平总书记系列重要讲话精神，坚持辩证唯物主义和历史唯物主义的立场、观点和方法，存真求实，全面、客观、系统地记述汶川特大地震灾害、抗震救灾和灾后恢复重建的全过程，以存史资鉴。

二、全志设 11 卷，《总述》总括汶川特大地震灾害及抗震救灾、灾后恢复重建活动全貌，概述特点；《大事记》记述抗震救灾和灾后恢复重建中有全局性影响的大事、要事；《图志》直观再现汶川特大地震灾害、抗震救灾和灾后恢复重建的真实场景；《地震灾害志》记述地震灾区地质地貌、地震灾害成因等，反映地震破坏、次生地质灾害等对自然生态环境、经济社会发展的严重破坏和灾难性影响，以及人民生命财产的巨大损失；《抢险救灾志》记述在中共中央、国务院、中央军委的领导下，全党全军全国各族人民全力抢救人民生命财产、抢修基础设施和防治次生灾害等的全过程；《灾区生活志》记述党和政府全力实施生活救助、恢复生产、保障受灾群众生活等工作；《灾区医疗防疫志》记述各方支援，全力开展医疗救治、卫生防疫、卫生监督及恢复灾区医疗卫生服务等工作；《社会赈灾志》记述全国各地、社会各界、港澳台同胞、海外侨胞以及国际社会的捐助活动；《灾后重建志》记述灾区人民自力更生恢复生产、重建家园，以及各地对口支援和社会援建等工作；《英雄模范志》重点记述抗震救灾英雄集体和模范人物事迹；《附录》收录与抗震救灾和灾后恢复重建有关的法律法规、重要文献、部分媒体评论及文艺作品。

三、全志综合运用述、记、志、传、图、表、录等体裁，以志体为主。对影响面大、事关全局的典型、特色内容，采用专记记述；与各卷记述内容密切相关的重要文献、档案资料等，采用文献辑存方式收录于各卷正文之后。

《英雄模范志》以传记形式记述在抗震救灾中牺牲的烈士、因公殉职并受到省部级表彰的人物；以简介形式记述 2008 年 10 月 8 日中共中央、国务院、中央军委联合表彰的全国抗震救灾英雄集体和模范，国务院、中央军委记功的集体和个人，以及中央军委表彰或记功的集体和个人。

四、各卷记述时限，《总述》《大事记》《图志》《灾后重建志》和《附录》为 2008 年 5 月 12 日至 2011 年 10 月；《地震灾害志》《抢险救灾志》《灾区生活志》《灾区医疗防疫志》《社会赈灾志》和《英雄模范志》为 2008 年 5 月 12 日至 10 月 14 日。为保持记述内容的相对完整，在必要的背景内容、捐赠款物统计、与抗震救灾工作密切相关的原始文件、重大事件后续发展等方面，记述时限适当上溯、下延。

《灾后重建志》中恢复重建工作“三年”和“两年”的时间概念，从国务院制定的《汶川地震灾后恢复重建总体规划》印发之日算起。其中，“三年”指从2008年10月1日起，至2011年9月30日止；“两年”指从2008年10月1日起，至2010年9月30日止。

五、全志记述范围，涉及地震灾害的，以2008年7月22日民政部、发展改革委、财政部、国土资源部、地震局联合发布的《汶川地震灾害范围评估结果》所界定的灾区范围为准，重点记述极重灾区10个县（市）、重灾区41个县（市、区）的地震灾害及抗震救灾；涉及救灾、赈灾的，以有关主管部门公告为准；涉及灾后恢复重建的，重点为《汶川地震灾后恢复重建总体规划》所确定的规划范围，即上述位于极重灾区和重灾区的51个县（市、区），一般用“重灾地区”代指。支援抗震救灾与灾后恢复重建对口支援，以事件（事项）涉及地区为准，包括非灾区及相关国家和地区。

六、全志横分门类，纵述史实。除《总述》《大事记》《图志》《英雄模范志》《附录》外，其余各卷按篇、章、节编次，节下设目。卷首设概述，篇下设无题述，章、节下视需要设无题述。

七、全志记述顺序，灾区一般按《汶川地震灾害范围评估结果》界定的极重灾区、重灾区和一般灾区的顺序排列，非灾区按民政部《中华人民共和国行政区划手册·2009》（中国社会出版社，2009年3月版）所列行政区划顺序排列；记述国家、地区，按其英文名称首字母顺序排列。

《大事记》依时叙事，有具体时、分的事条居前，无具体时、分的排后；时间相同的，按中央国家机关、解放军和武警部队、社会团体、灾区和非灾区省（区、市），以及国家、地区和国际组织顺序排列；为体现事物的完整性，个别时间跨度较大的，或将其结果记于开始之日，或将其起始情况记于结束之时。

《英雄模范志》记述英烈人物，按教育、公安、其他行业、解放军、武警部队顺序排序，各系统内按烈士被批准的时间先后为序，时间相同者以相关文件中的排名顺序为序；其他因公殉职人物排列于烈士之后，以表彰时间为序。记述英雄集体和模范，以中共中央、国务院、中央军委表彰文件所列名单为序。由国务院、中央军委记功的集体和个人，分别排列于公安系统抗震救灾英雄集体和模范之后；由中央军委表彰或记功的集体和个人，分别排列于解放军抗震救灾英雄集体和模范之后。

《附录》按类收录文献，同类文献按公布、刊发时间顺序排列。碑文据其所在地区，按极重灾区、重灾区、一般灾区顺序排列。

八、全志记述内容涉及国家法律法规的，以其时现行者为准。

九、全志行文规范，按照全志编委会制定的《〈汶川特大地震抗震救灾志〉行文规范》执行，个别条款有所调整。

县级以上行政区划名称及其隶属关系，以民政部《中华人民共和国行政区划手册·2009》

（中国社会出版社，2009 年 3 月版）为准。乡镇名称及其隶属关系，以民政部《中华人民共和国乡镇行政区划简册·2010》（中国统计出版社，2010 年 9 月版）为准。国家、地区名称的规范简称，以《世界地图》（中国地图出版社，2009 年版）为准。

出现频率较高的党政机关、企事业单位、行政区划等名称，大体按照全志编委会办公室制定的《〈汶川特大地震抗震救灾志〉专有名称全称、简称使用规范》（见《索引》）使用简称；出现频率不高的部门、单位名称等，或用全称，或用约定俗成的简称。《英雄模范志》中英雄集体的名称使用表彰文件中的名称。

在上下文不产生歧义的前提下，记述汶川特大地震发生当年的事情，除《总述》"恢复重建"部分及《灾后重建志》外，其余各卷均直书月、日，不标注"2008 年"；其他年份，标明年、月、日。同一段落中连续记述同月发生的多条事项，首次出现时标注月份，后直书日期。记述灾后恢复重建工作，同一目下记述同一年度内容的，首次出现年份时注明年份，后承前省略；记述跨年度内容的，逐年注明年份。

出现频率、知名度较高的人物，首次出现时交代职务（职称），其后一般直书其名。《英雄模范志》中人物职务以表彰文件中所列职务为准。

《英雄模范志》人物传、简介所记人物，凡未注明性别、民族及学历者，分别为"男""汉族"及"高中（含）以下"。

《附录》收入的原始文献，只校正其中的错字、漏字、衍字以及明显有误的标点符号，标题、目题版式根据全志统一要求予以调整。

记述货币，除特别注明的币种外，均为人民币。其他币种与人民币的汇率，均以当时市场汇率为准，一般不作换算。物资价值按照当年市场价格折算。

计量单位一般保持原貌，不特作统一处理，以避免换算后出现误差和约数；对"亿""万"数据的表述，也不强求一致。

十、全志资料，主要由中央国家机关、各民主党派和人民团体、各省（区、市）、解放军、武警部队提供，个别摘引自媒体报道、官方网站、公开出版物等，一般不注明资料出处，情况特殊者随文交代。《附录》收录公布或刊发的文献，一般注明出处。

全志记述的主要灾情数据，以 2008 年 7 月 22 日民政部、发展改革委、财政部、国土资源部、地震局联合发布的《汶川地震灾害范围评估结果》为准；其他数据，以中央国家机关、各民主党派和人民团体、各省（区、市）、解放军、武警部队等提供者为准。其中，《地震灾害志》所用数据，反映灾区总体情况和川甘陕三省灾区的数据，采用《汶川地震灾害范围评估结果》中的评估数，以及民政部、发展改革委、财政部、地震局发布的《汶川地震灾害损失校核结果的报告》中的校核数；所记经济损失主要为直接经济损失，记述间接经济损失的随文说明。其他各卷数据，反映同一事物的数据，凡有校核数的用校核数，无校核数的用评估数；地方数据用各级地方政府提供的数据，专业数据用行业主管部门、专业部门提供的数据，另有少量调查数据。因统计时间、统计口径不同等因素，统计范围与统计分组可能与评估报告不完全一致，致使个别统计结果会有出入；数据亦可能因四舍五入计数保留法而出现分项之和与总数不完全一致的情况。

《灾后重建志》中涉及总体规划和专项规划实施情况的数据，由国务院汶川地震灾后恢复重建工作协调小组办公室提供，灾损数据以规划公布数据为准；其他行业（专项）情况和数据，由中央和国家机关有关部委提供；项目重建、软件支援情况和数据，由各灾区、对口支援省市和有关社会组织提供。由于灾后恢复重建项目资金来源多样，对口援建和社会支持部分项目资金只是对口支援单位的投资部分；部分项目投资规模大于援建资金规模的，包含了中央重建基金、灾区地方自筹资金，或两者兼有；两者个别数据不一致而又不便取舍时，分别交代其资料来源。

《社会赈灾志》中的统计数据，以政府职能部门统计者为准；凡未说明截止日期的，截止日期为2008年10月14日。

目　录

规划·方案 / 61

领导讲话 / 145

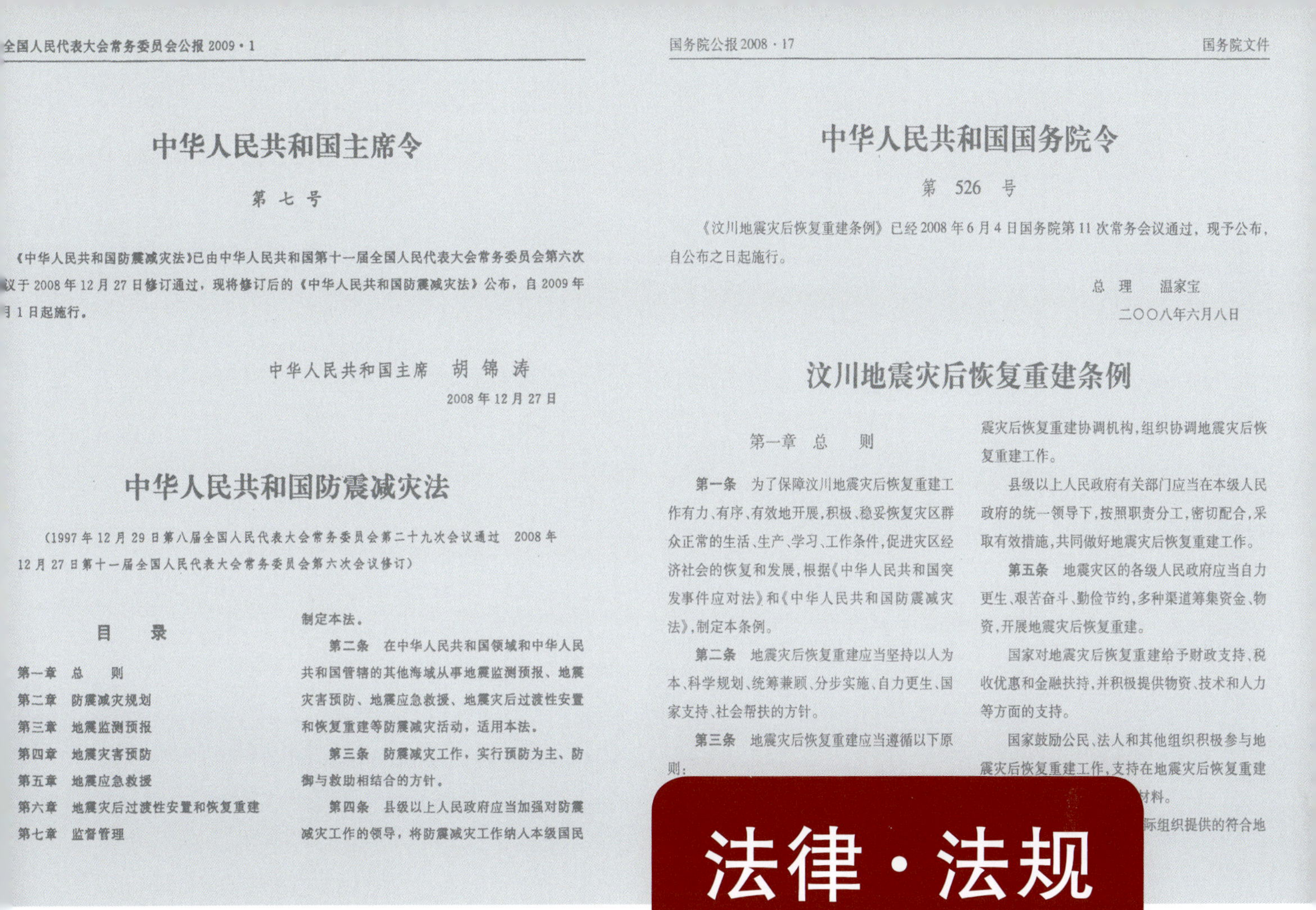
全国人民代表大会常务委员会公报 2009·1

中华人民共和国主席令

第七号

《中华人民共和国防震减灾法》已由中华人民共和国第十一届全国人民代表大会常务委员会第六次会议于 2008 年 12 月 27 日修订通过，现将修订后的《中华人民共和国防震减灾法》公布，自 2009 年 5 月 1 日起施行。

中华人民共和国主席 胡锦涛

2008 年 12 月 27 日

中华人民共和国防震减灾法

（1997 年 12 月 29 日第八届全国人民代表大会常务委员会第二十九次会议通过 2008 年 12 月 27 日第十一届全国人民代表大会常务委员会第六次会议修订）

目 录

第一章 总 则
第二章 防震减灾规划
第三章 地震监测预报
第四章 地震灾害预防
第五章 地震应急救援
第六章 地震灾后过渡性安置和恢复重建
第七章 监督管理

制定本法。

第二条 在中华人民共和国领域和中华人民共和国管辖的其他海域从事地震监测预报、地震灾害预防、地震应急救援、地震灾后过渡性安置和恢复重建等防震减灾活动，适用本法。

第三条 防震减灾工作，实行预防为主、防御与救助相结合的方针。

第四条 县级以上人民政府应当加强对防震减灾工作的领导，将防震减灾工作纳入本级国民

国务院公报 2008·17 国务院文件

中华人民共和国国务院令

第 526 号

《汶川地震灾后恢复重建条例》已经 2008 年 6 月 4 日国务院第 11 次常务会议通过，现予公布，自公布之日起施行。

总 理 温家宝

二〇〇八年六月八日

汶川地震灾后恢复重建条例

第一章 总 则

第一条 为了保障汶川地震灾后恢复重建工作有力、有序、有效地开展，积极、稳妥恢复灾区群众正常的生活、生产、学习、工作条件，促进灾区经济社会的恢复和发展，根据《中华人民共和国突发事件应对法》和《中华人民共和国防震减灾法》，制定本条例。

第二条 地震灾后恢复重建应当坚持以人为本、科学规划、统筹兼顾、分步实施、自力更生、国家支持、社会帮扶的方针。

第三条 地震灾后恢复重建应当遵循以下原则：

震灾后恢复重建协调机构，组织协调地震灾后恢复重建工作。

县级以上人民政府有关部门应当在本级人民政府的统一领导下，按照职责分工，密切配合，采取有效措施，共同做好地震灾后恢复重建工作。

第五条 地震灾区的各级人民政府应当自力更生、艰苦奋斗、勤俭节约，多种渠道筹集资金、物资，开展地震灾后恢复重建。

国家对地震灾后恢复重建给予财政支持、税收优惠和金融扶持，并积极提供物资、技术和人力等方面的支持。

国家鼓励公民、法人和其他组织积极参与地震灾后恢复重建工作，支持在地震灾后恢复重建

法律·法规

法 律

行政法规

法　律

中华人民共和国主席令

（第69号）

《中华人民共和国突发事件应对法》已由中华人民共和国第十届全国人民代表大会常务委员会第二十九次会议于2007年8月30日通过，现予公布，自2007年11月1日起施行。

中华人民共和国主席　胡锦涛

2007年8月30日

中华人民共和国突发事件应对法

目　录

第一章　总　则

第一条　为了预防和减少突发事件的发生，控制、减轻和消除突发事件引起的严重社会危害，规范突发事件应对活动，保护人民生命财产安全，维护国家安全、公共安全、环境安全和社会秩序，制定本法。

第二条　突发事件的预防与应急准备、监测与预警、应急处置与救援、事后恢复与重建等应对活动，适用本法。

第三条　本法所称突发事件，是指突然发生，造成或者可能造成严重社会危害，需要采取应急处置措施予以应对的自然灾害、事故灾难、公共卫生事件和社会安全事件。

按照社会危害程度、影响范围等因素，自然灾害、事故灾难、公共卫生事件分为特别重大、重大、较大和一般四级。法律、行政法规或者国务院另有规定的，从其规定。

突发事件的分级标准由国务院或者国务院确定的部门制定。

第四条　国家建立统一领导、综合协调、分类管理、分级负责、属地管理为主的应急管理体制。

第五条　突发事件应对工作实行预防为主、预防与应急相结合的原则。国家建立重大突发事件风险评估体系，对可能发生的突发事件进行综合性评估，减少重大突发事件的发生，最大限度地减轻重大突发事件的影响。

第六条　国家建立有效的社会动员机制，增强全民的公共安全和防范风险的意识，提高全社会的避险救助能力。

第七条　县级人民政府对本行政区域内突发事件的应对工作负责；涉及两个以上行政区域的，由有关行政区域共同的上一级人民政府负责，或者由各有关行政区域的上一级人民政府共同负责。

突发事件发生后，发生地县级人民政府应当立即采取措施控制事态发展，组织开展应急救援和处置工作，并立即向上一级人民政府报告，必要时可以越级上报。

突发事件发生地县级人民政府不能消除或者不能有效控制突发事件引起的严重社会危害的，应当及时向上级人民政府报告。上级人民政府应当及时采取措施，统一领导应急处置工作。

法律、行政法规规定由国务院有关部门对突发事件的应对工作负责的，从其规定；地方人民政府应当积极配合并提供必要的支持。

第八条　国务院在总理领导下研究、决定和部署特别重大突发事件的应对工作；根据实际需要，设立国家突发事件应急指挥机构，负责突发事件应对工作；必要时，国务院可以派出工作组指导有关工作。

县级以上地方各级人民政府设立由本级人民政府主要负责人、相关部门负责人、驻当地中国人民解放军和中国人民武装警察部队有关负责人组成的突发事件应急指挥机构，统一领导、协调本级人民政府各有关部门和下级人民政府开展突发事件应对工作；根据实际需要，设立相关类别突发事件应急指挥机构，组织、协调、指挥突发事件应对工作。

上级人民政府主管部门应当在各自职责范围内，指导、协助下级人民政府及其相应部门做好有关突发事件的应对工作。

第九条　国务院和县级以上地方各级人民政府是突发事件应对工作的行政领导机关，其办事机构及具体职责由国务院规定。

第十条　有关人民政府及其部门作出的应对突发事件的决定、命令，应当及时公布。

第十一条　有关人民政府及其部门采取的应对突发事件的措施，应当与突发事件可能造成的社会危害的性质、程度和范围相适应；有多种措施可供选择的，应当选择有利于最大程度地保护公民、法人和其他组织权益的措施。

公民、法人和其他组织有义务参与突发事件应对工作。

第十二条　有关人民政府及其部门为应对突发事件，可以征用单位和个人的财产。被征用的财产在使用完毕或者突发事件应急处置工作结束后，应当及时返还。财产被征用或者征用后毁损、灭失的，应当给予补偿。

第十三条　因采取突发事件应对措施，诉讼、行政复议、仲裁活动不能正常进行的，适用有关时效中止和程序中止的规定，但法律另有规定的除外。

第十四条　中国人民解放军、中国人民武装警察部队和民兵组织依照本法和其他有关法律、行政法规、军事法规的规定以及国务院、中央军事委员会的命令，参加突发事件的应急救援和处置工作。

第十五条　中华人民共和国政府在突发事件的预防、监测与预警、应急处置与救援、事后恢复与重建等方面，同外国政府和有关国际组织开展合作与交流。

第十六条　县级以上人民政府作出应对突发事件的决定、命令，应当报本级人民代表大会常务委员会备案；突发事件应急处置工作结束后，应当向本级人民代表大会常务委员会作出专项工作报告。

第二章　预防与应急准备

第十七条　国家建立健全突发事件应急预案体系。

国务院制定国家突发事件总体应急预案，组织制定国家突发事件专项应急预案；国务院有关部门根据各自的职责和国务院相关应急预案，制定国家突发事件部门应急预案。

地方各级人民政府和县级以上地方各级人民政府有关部门根据有关法律、法规、规章、上级人民政府及其有关部门的应急预案以及本地区的实际情况，制定相应的突发事件应急预案。

应急预案制定机关应当根据实际需要和情势变化，适时修订应急预案。应急预案的制定、修订程序由国务院规定。

第十八条　应急预案应当根据本法和其他有关法律、法规的规定，针对突发事件的性质、特点和可能造成的社会危害，具体规定突发事件应急管理工作的组织指挥体系与职责和突发事件的预防与预警机制、处置程序、应急保障措施以及事后恢复与重建措施等内容。

第十九条 城乡规划应当符合预防、处置突发事件的需要，统筹安排应对突发事件所必需的设备和基础设施建设，合理确定应急避难场所。

第二十条 县级人民政府应当对本行政区域内容易引发自然灾害、事故灾难和公共卫生事件的危险源、危险区域进行调查、登记、风险评估，定期进行检查、监控，并责令有关单位采取安全防范措施。

省级和设区的市级人民政府应当对本行政区域内容易引发特别重大、重大突发事件的危险源、危险区域进行调查、登记、风险评估，组织进行检查、监控，并责令有关单位采取安全防范措施。

县级以上地方各级人民政府按照本法规定登记的危险源、危险区域，应当按照国家规定及时向社会公布。

第二十一条 县级人民政府及其有关部门、乡级人民政府、街道办事处、居民委员会、村民委员会应当及时调解处理可能引发社会安全事件的矛盾纠纷。

第二十二条 所有单位应当建立健全安全管理制度，定期检查本单位各项安全防范措施的落实情况，及时消除事故隐患；掌握并及时处理本单位存在的可能引发社会安全事件的问题，防止矛盾激化和事态扩大；对本单位可能发生的突发事件和采取安全防范措施的情况，应当按照规定及时向所在地人民政府或者人民政府有关部门报告。

第二十三条 矿山、建筑施工单位和易燃易爆物品、危险化学品、放射性物品等危险物品的生产、经营、储运、使用单位，应当制定具体应急预案，并对生产经营场所、有危险物品的建筑物、构筑物及周边环境开展隐患排查，及时采取措施消除隐患，防止发生突发事件。

第二十四条 公共交通工具、公共场所和其他人员密集场所的经营单位或者管理单位应当制定具体应急预案，为交通工具和有关场所配备报警装置和必要的应急救援设备、设施，注明其使用方法，并显著标明安全撤离的通道、路线，保证安全通道、出口的畅通。

有关单位应当定期检测、维护其报警装置和应急救援设备、设施，使其处于良好状态，确保正常使用。

第二十五条 县级以上人民政府应当建立健全突发事件应急管理培训制度，对人民政府及其有关部门负有处置突发事件职责的工作人员定期进行培训。

第二十六条 县级以上人民政府应当整合应急资源，建立或者确定综合性应急救援队伍。人民政府有关部门可以根据实际需要设立专业应急救援队伍。

县级以上人民政府及其有关部门可以建立由成年志愿者组成的应急救援队伍。单位应当建立由本单位职工组成的专职或者兼职应急救援队伍。

县级以上人民政府应当加强专业应急救援队伍与非专业应急救援队伍的合作，联合培训、联合演练，提高合成应急、协同应急的能力。

第二十七条 国务院有关部门、县级以上地方各级人民政府及其有关部门、有关单位应当为专业应急救援人员购买人身意外伤害保险，配备必要的防护装备和器材，减少应急救援人员的人身风险。

第二十八条　中国人民解放军、中国人民武装警察部队和民兵组织应当有计划地组织开展应急救援的专门训练。

第二十九条　县级人民政府及其有关部门、乡级人民政府、街道办事处应当组织开展应急知识的宣传普及活动和必要的应急演练。

居民委员会、村民委员会、企业事业单位应当根据所在地人民政府的要求，结合各自的实际情况，开展有关突发事件应急知识的宣传普及活动和必要的应急演练。

新闻媒体应当无偿开展突发事件预防与应急、自救与互救知识的公益宣传。

第三十条　各级各类学校应当把应急知识教育纳入教学内容，对学生进行应急知识教育，培养学生的安全意识和自救与互救能力。

教育主管部门应当对学校开展应急知识教育进行指导和监督。

第三十一条　国务院和县级以上地方各级人民政府应当采取财政措施，保障突发事件应对工作所需经费。

第三十二条　国家建立健全应急物资储备保障制度，完善重要应急物资的监管、生产、储备、调拨和紧急配送体系。

设区的市级以上人民政府和突发事件易发、多发地区的县级人民政府应当建立应急救援物资、生活必需品和应急处置装备的储备制度。

县级以上地方各级人民政府应当根据本地区的实际情况，与有关企业签订协议，保障应急救援物资、生活必需品和应急处置装备的生产、供给。

第三十三条　国家建立健全应急通信保障体系，完善公用通信网，建立有线与无线相结合、基础电信网络与机动通信系统相配套的应急通信系统，确保突发事件应对工作的通信畅通。

第三十四条　国家鼓励公民、法人和其他组织为人民政府应对突发事件工作提供物资、资金、技术支持和捐赠。

第三十五条　国家发展保险事业，建立国家财政支持的巨灾风险保险体系，并鼓励单位和公民参加保险。

第三十六条　国家鼓励、扶持具备相应条件的教学科研机构培养应急管理专门人才，鼓励、扶持教学科研机构和有关企业研究开发用于突发事件预防、监测、预警、应急处置与救援的新技术、新设备和新工具。

第三章　监测与预警

第三十七条　国务院建立全国统一的突发事件信息系统。

县级以上地方各级人民政府应当建立或者确定本地区统一的突发事件信息系统，汇集、储存、分析、传输有关突发事件的信息，并与上级人民政府及其有关部门、下级人民政府及其有关部门、专业机构和监测网点的突发事件信息系统实现互联互通，加强跨部门、跨地区的信息交流与情报合作。

第三十八条　县级以上人民政府及其有关部门、专业机构应当通过多种途径收集突发事件信息。

县级人民政府应当在居民委员会、村民委员会和有关单位建立专职或者兼职信息报告员制度。

获悉突发事件信息的公民、法人或者其他组织，应当立即向所在地人民政府、有关主管部门或者指定的专业机构报告。

第三十九条　地方各级人民政府应当按照国家有关规定向上级人民政府报送突发事件信息。县级以上人民政府有关主管部门应当向本级人民政府相关部门通报突发事件信息。专业机构、监测网点和信息报告员应当及时向所在地人民政府及其有关主管部门报告突发事件信息。

有关单位和人员报送、报告突发事件信息，应当做到及时、客观、真实，不得迟报、谎报、瞒报、漏报。

第四十条　县级以上地方各级人民政府应当及时汇总分析突发事件隐患和预警信息，必要时组织相关部门、专业技术人员、专家学者进行会商，对发生突发事件的可能性及其可能造成的影响进行评估；认为可能发生重大或者特别重大突发事件的，应当立即向上级人民政府报告，并向上级人民政府有关部门、当地驻军和可能受到危害的毗邻或者相关地区的人民政府通报。

第四十一条　国家建立健全突发事件监测制度。

县级以上人民政府及其有关部门应当根据自然灾害、事故灾难和公共卫生事件的种类和特点，建立健全基础信息数据库，完善监测网络，划分监测区域，确定监测点，明确监测项目，提供必要的设备、设施，配备专职或者兼职人员，对可能发生的突发事件进行监测。

第四十二条　国家建立健全突发事件预警制度。

可以预警的自然灾害、事故灾难和公共卫生事件的预警级别，按照突发事件发生的紧急程度、发展势态和可能造成的危害程度分为一级、二级、三级和四级，分别用红色、橙色、黄色和蓝色标示，一级为最高级别。

预警级别的划分标准由国务院或者国务院确定的部门制定。

第四十三条　可以预警的自然灾害、事故灾难或者公共卫生事件即将发生或者发生的可能性增大时，县级以上地方各级人民政府应当根据有关法律、行政法规和国务院规定的权限和程序，发布相应级别的警报，决定并宣布有关地区进入预警期，同时向上一级人民政府报告，必要时可以越级上报，并向当地驻军和可能受到危害的毗邻或者相关地区的人民政府通报。

第四十四条　发布三级、四级警报，宣布进入预警期后，县级以上地方各级人民政府应当根据即将发生的突发事件的特点和可能造成的危害，采取下列措施：

（一）启动应急预案；

（二）责令有关部门、专业机构、监测网点和负有特定职责的人员及时收集、报告有关信息，向社会公布反映突发事件信息的渠道，加强对突发事件发生、发展情况的监测、预报和预警工作；

（三）组织有关部门和机构、专业技术人员、有关专家学者，随时对突发事件信息进行分析评估，预测发生突发事件可能性的大小、影响范围和强度以及可能发生的突发事件的级别；

（四）定时向社会发布与公众有关的突发事件预测信息和分析评估结果，并对相关信息的报道工作进行管理；

（五）及时按照有关规定向社会发布可能受到突发事件危害的警告，宣传避免、减轻危害的常识，公布咨询电话。

第四十五条　发布一级、二级警报，宣布进入预警期后，县级以上地方各级人民政府除采取本法第四十四条规定的措施外，还应当针对即将发生的突发事件的特点和可能造成的危害，采取下列一项或者多项措施：

（一）责令应急救援队伍、负有特定职责的人员进入待命状态，并动员后备人员做好参加应急救援和处置工作的准备；

（二）调集应急救援所需物资、设备、工具，准备应急设施和避难场所，并确保其处于良好状态、随时可以投入正常使用；

（三）加强对重点单位、重要部位和重要基础设施的安全保卫，维护社会治安秩序；

（四）采取必要措施，确保交通、通信、供水、排水、供电、供气、供热等公共设施的安全和正常运行；

（五）及时向社会发布有关采取特定措施避免或者减轻危害的建议、劝告；

（六）转移、疏散或者撤离易受突发事件危害的人员并予以妥善安置，转移重要财产；

（七）关闭或者限制使用易受突发事件危害的场所，控制或者限制容易导致危害扩大的公共场所的活动；

（八）法律、法规、规章规定的其他必要的防范性、保护性措施。

第四十六条　对即将发生或者已经发生的社会安全事件，县级以上地方各级人民政府及其有关主管部门应当按照规定向上一级人民政府及其有关主管部门报告，必要时可以越级上报。

第四十七条　发布突发事件警报的人民政府应当根据事态的发展，按照有关规定适时调整预警级别并重新发布。

有事实证明不可能发生突发事件或者危险已经解除的，发布警报的人民政府应当立即宣布解除警报，终止预警期，并解除已经采取的有关措施。

第四章　应急处置与救援

第四十八条　突发事件发生后，履行统一领导职责或者组织处置突发事件的人民政府应当针对其性质、特点和危害程度，立即组织有关部门，调动应急救援队伍和社会力量，依照本章的规定和有关法律、法规、规章的规定采取应急处置措施。

第四十九条　自然灾害、事故灾难或者公共卫生事件发生后，履行统一领导职责的人民政府可以采取下列一项或者多项应急处置措施：

（一）组织营救和救治受害人员，疏散、撤离并妥善安置受到威胁的人员以及采取其他救助措施；

（二）迅速控制危险源，标明危险区域，封锁危险场所，划定警戒区，实行交通管制以及其他控制措施；

（三）立即抢修被损坏的交通、通信、供水、排水、供电、供气、供热等公共设施，向受到危害的人员提供避难场所和生活必需品，实施医疗救护和卫生防疫以及其他保障措施；

（四）禁止或者限制使用有关设备、设施，关闭或者限制使用有关场所，中止人员密集的活动或者可能导致危害扩大的生产经营活动以及采取其他保护措施；

（五）启用本级人民政府设置的财政预备费和储备的应急救援物资，必要时调用其他急需物资、设备、设施、工具；

（六）组织公民参加应急救援和处置工作，要求具有特定专长的人员提供服务；

（七）保障食品、饮用水、燃料等基本生活必需品的供应；

（八）依法从严惩处囤积居奇、哄抬物价、制假售假等扰乱市场秩序的行为，稳定市场价格，维护市场秩序；

（九）依法从严惩处哄抢财物、干扰破坏应急处置工作等扰乱社会秩序的行为，维护社会治安；

（十）采取防止发生次生、衍生事件的必要措施。

第五十条　社会安全事件发生后，组织处置工作的人民政府应当立即组织有关部门并由公安机关针对事件的性质和特点，依照有关法律、行政法规和国家其他有关规定，采取下列一项或者多项应急处置措施：

（一）强制隔离使用器械相互对抗或者以暴力行为参与冲突的当事人，妥善解决现场纠纷和争端，控制事态发展；

（二）对特定区域内的建筑物、交通工具、设备、设施以及燃料、燃气、电力、水的供应进行控制；

（三）封锁有关场所、道路，查验现场人员的身份证件，限制有关公共场所内的活动；

（四）加强对易受冲击的核心机关和单位的警卫，在国家机关、军事机关、国家通讯社、广播电台、电视台、外国驻华使领馆等单位附近设置临时警戒线；

（五）法律、行政法规和国务院规定的其他必要措施。

严重危害社会治安秩序的事件发生时，公安机关应当立即依法出动警力，根据现场情况依法采取相应的强制性措施，尽快使社会秩序恢复正常。

第五十一条　发生突发事件，严重影响国民经济正常运行时，国务院或者国务院授权的有关主管部门可以采取保障、控制等必要的应急措施，保障人民群众的基本生活需要，最大限度地减轻突发事件的影响。

第五十二条　履行统一领导职责或者组织处置突发事件的人民政府，必要时可以向单位和个人征用应急救援所需设备、设施、场地、交通工具和其他物资，请求其他地方人民政府提供人力、物力、财力或者技术支援，要求生产、供应生活必需品和应急救援物资的企业组织生产、保证供给，要求提供医疗、交通等公共服务的组织提供相应的服务。

履行统一领导职责或者组织处置突发事件的人民政府，应当组织协调运输经营单位，优先运送处置突发事件所需物资、设备、工具、应急救援人员和受到突发事件危害的人员。

第五十三条　履行统一领导职责或者组织处置突发事件的人民政府，应当按照有关规定统一、准确、及时发布有关突发事件事态发展和应急处置工作的信息。

第五十四条　任何单位和个人不得编造、传播有关突发事件事态发展或者应急处置工作的虚假信息。

第五十五条　突发事件发生地的居民委员会、村民委员会和其他组织应当按照当地人民政府的决定、命令，进行宣传动员，组织群众开展自救和互救，协助维护社会秩序。

第五十六条　受到自然灾害危害或者发生事故灾难、公共卫生事件的单位，应当立即组织本单位应急救援队伍和工作人员营救受害人员，疏散、撤离、安置受到威胁的人员，控制危险源，标明危险区域，封锁危险场所，并采取其他防止危害扩大的必要措施，同时向所在地县级人民政府报告；对因本单位的问题引发的或者主体是本单位人员的社会安全事件，有关单位应当按照规定上报情况，并迅速派出负责人赶赴现场开展劝解、疏导工作。

突发事件发生地的其他单位应当服从人民政府发布的决定、命令，配合人民政府采取的应急处置措施，做好本单位的应急救援工作，并积极组织人员参加所在地的应急救援和处置工作。

第五十七条　突发事件发生地的公民应当服从人民政府、居民委员会、村民委员会或者所属单位的指挥和安排，配合人民政府采取的应急处置措施，积极参加应急救援工作，协助维护社会秩序。

第五章　事后恢复与重建

第五十八条　突发事件的威胁和危害得到控制或者消除后，履行统一领导职责或者组织处置突发事件的人民政府应当停止执行依照本法规定采取的应急处置措施，同时采取或者继续实施必要措施，防止发生自然灾害、事故灾难、公共卫生事件的次生、衍生事件或者重新引发社会安全事件。

第五十九条　突发事件应急处置工作结束后，履行统一领导职责的人民政府应当立即组织对突发事件造成的损失进行评估，组织受影响地区尽快恢复生产、生活、工作和社会秩序，制定恢复重建计划，并向上一级人民政府报告。

受突发事件影响地区的人民政府应当及时组织和协调公安、交通、铁路、民航、邮电、建设等有关部门恢复社会治安秩序，尽快修复被损坏的交通、通信、供水、排水、供电、供气、供热等公共设施。

第六十条　受突发事件影响地区的人民政府开展恢复重建工作需要上一级人民政府支持的，可以向上一级人民政府提出请求。上一级人民政府应当根据受影响地区遭受的损失和实际情况，提供资金、物资支持和技术指导，组织其他地区提供资金、物资和人力支援。

第六十一条　国务院根据受突发事件影响地区遭受损失的情况，制定扶持该地区有关行业发展的优惠政策。

受突发事件影响地区的人民政府应当根据本地区遭受损失的情况，制定救助、补偿、抚慰、抚恤、安置等善后工作计划并组织实施，妥善解决因处置突发事件引发的矛盾和纠纷。

公民参加应急救援工作或者协助维护社会秩序期间，其在本单位的工资待遇和福利不变；表现突出、成绩显著的，由县级以上人民政府给予表彰或者奖励。

县级以上人民政府对在应急救援工作中伤亡的人员依法给予抚恤。

第六十二条　履行统一领导职责的人民政府应当及时查明突发事件的发生经过和原因，总结突发事件应急处置工作的经验教训，制定改进措施，并向上一级人民政府提出报告。

第六章　法律责任

第六十三条　地方各级人民政府和县级以上各级人民政府有关部门违反本法规定，不履行法定职责的，由其上级行政机关或者监察机关责令改正；有下列情形之一的，根据情节对直接负责的主管人员和其他直接责任人员依法给予处分：

（一）未按规定采取预防措施，导致发生突发事件，或者未采取必要的防范措施，导致发生次生、衍生事件的；

（二）迟报、谎报、瞒报、漏报有关突发事件的信息，或者通报、报送、公布虚假信息，造成后果的；

（三）未按规定及时发布突发事件警报、采取预警期的措施，导致损害发生的；

（四）未按规定及时采取措施处置突发事件或者处置不当，造成后果的；

（五）不服从上级人民政府对突发事件应急处置工作的统一领导、指挥和协调的；

（六）未及时组织开展生产自救、恢复重建等善后工作的；

（七）截留、挪用、私分或者变相私分应急救援资金、物资的；

（八）不及时归还征用的单位和个人的财产，或者对被征用财产的单位和个人不按规定给予补偿的。

第六十四条　有关单位有下列情形之一的，由所在地履行统一领导职责的人民政府责令停产停业，暂扣或者吊销许可证或者营业执照，并处五万元以上二十万元以下的罚款；构成违反治安管理行为的，由公安机关依法给予处罚：

（一）未按规定采取预防措施，导致发生严重突发事件的；

（二）未及时消除已发现的可能引发突发事件的隐患，导致发生严重突发事件的；

（三）未做好应急设备、设施日常维护、检测工作，导致发生严重突发事件或者突发事件危害扩大的；

（四）突发事件发生后，不及时组织开展应急救援工作，造成严重后果的。

前款规定的行为，其他法律、行政法规规定由人民政府有关部门依法决定处罚的，从其规定。

第六十五条　违反本法规定，编造并传播有关突发事件事态发展或者应急处置工作的虚假信息，或者明知是有关突发事件事态发展或者应急处置工作的虚假信息而进行传播的，责令改正，给予警告；造成严重后果的，依法暂停其业务活动或者吊销其执业许可证；负有直接责任的人员是国家工作人员的，还应当对其依法给予处分；构成违反治安管理行为的，由公安机关依法给予处罚。

第六十六条　单位或者个人违反本法规定，不服从所在地人民政府及其有关部门发布的决定、命令或者不配合其依法采取的措施，构成违反治安管理行为的，由公安机关依法给予处罚。

第六十七条　单位或者个人违反本法规定，导致突发事件发生或者危害扩大，给他人人身、财产造成损害的，应当依法承担民事责任。

第六十八条　违反本法规定，构成犯罪的，依法追究刑事责任。

第七章　附　则

第六十九条　发生特别重大突发事件，对人民生命财产安全、国家安全、公共安全、环境安全或者社会秩序构成重大威胁，采取本法和其他有关法律、法规、规章规定的应急处置措施不能消除或者有效控制、减轻其严重社会危害，需要进入紧急状态的，由全国人民代表大会常务委员会或者国务院依照宪法和其他有关法律规定的权限和程序决定。

紧急状态期间采取的非常措施，依照有关法律规定执行或者由全国人民代表大会常务委员会另行规定。

第七十条　本法自2007年11月1日起施行。

（《中华人民共和国全国人民代表大会常务委员会公报》，2007年第6期）

中华人民共和国主席令

（第7号）

《中华人民共和国防震减灾法》已由中华人民共和国第十一届全国人民代表大会常务委员会第六次会议于2008 年12月27 日修订通过，现将修订后的《中华人民共和国防震减灾法》公布，自2009年5月1 日起施行。

中华人民共和国主席　胡锦涛

2008年12月27日

中华人民共和国防震减灾法

目　录

第一章　总　则

第一条　为了防御和减轻地震灾害，保护人民生命和财产安全，促进经济社会的可持续发展，制定本法。

第二条　在中华人民共和国领域和中华人民共和国管辖的其他海域从事地震监测预报、地震灾害预防、地震应急救援、地震灾后过渡性安置和恢复重建等防震减灾活动，适用本法。

第三条　防震减灾工作，实行预防为主、防御与救助相结合的方针。

第四条　县级以上人民政府应当加强对防震减灾工作的领导，将防震减灾工作纳入本级国民经济和社会发展规划，所需经费列入财政预算。

第五条　在国务院的领导下，国务院地震工作主管部门和国务院经济综合宏观调控、建设、民政、卫生、公安以及其他有关部门，按照职责分工，各负其责，密切配合，共同做好防震减灾工作。

县级以上地方人民政府负责管理地震工作的部门或者机构和其他有关部门在本级人民政府领导下，按照职责分工，各负其责，密切配合，共同做好本行政区域的防震减灾工作。

第六条　国务院抗震救灾指挥机构负责统一领导、指挥和协调全国抗震救灾工作。县级以上地方人民政府抗震救灾指挥机构负责统一领导、指挥和协调本行政区域的抗震救灾工作。

国务院地震工作主管部门和县级以上地方人民政府负责管理地震工作的部门或者机构，承担本级人民政府抗震救灾指挥机构的日常工作。

第七条　各级人民政府应当组织开展防震减灾知识的宣传教育，增强公民的防震减灾意识，提高全社会的防震减灾能力。

第八条　任何单位和个人都有依法参加防震减灾活动的义务。

国家鼓励、引导社会组织和个人开展地震群测群防活动，对地震进行监测和预防。

国家鼓励、引导志愿者参加防震减灾活动。

第九条　中国人民解放军、中国人民武装警察部队和民兵组织，依照本法以及其他有关法律、行政法规、军事法规的规定和国务院、中央军事委员会的命令，执行抗震救灾任务，保护人民生命和财产安全。

第十条　从事防震减灾活动，应当遵守国家有关防震减灾标准。

第十一条　国家鼓励、支持防震减灾的科学技术研究，逐步提高防震减灾科学技术研究经费投入，推广先进的科学研究成果，加强国际合作与交流，提高防震减灾工作水平。

对在防震减灾工作中做出突出贡献的单位和个人，按照国家有关规定给予表彰和奖励。

第二章　防震减灾规划

第十二条　国务院地震工作主管部门会同国务院有关部门组织编制国家防震减灾规划，报国务院批准后组织实施。

县级以上地方人民政府负责管理地震工作的部门或者机构会同同级有关部门，根据上一级防震减灾规划和本行政区域的实际情况，组织编制本行政区域的防震减灾规划，报本级人民政府批准后组织实施，并报上一级人民政府负责管理地震工作的部门或者机构备案。

第十三条　编制防震减灾规划，应当遵循统筹安排、突出重点、合理布局、全面预防的原则，以震情和震害预测结果为依据，并充分考虑人民生命和财产安全及经济社会发展、资源环境保护等需要。

县级以上地方人民政府有关部门应当根据编制防震减灾规划的需要，及时提供有关资料。

第十四条　防震减灾规划的内容应当包括：震情形势和防震减灾总体目标，地震监测台网建设布局，地震灾害预防措施，地震应急救援措施，以及防震减灾技术、信息、资金、物资等保障措施。

编制防震减灾规划，应当对地震重点监视防御区的地震监测台网建设、震情跟踪、地震灾害预防措施、地震应急准备、防震减灾知识宣传教育等作出具体安排。

第十五条　防震减灾规划报送审批前，组织编制机关应当征求有关部门、单位、专家和公众的意见。

防震减灾规划报送审批文件中应当附具意见采纳情况及理由。

第十六条　防震减灾规划一经批准公布，应当严格执行；因震情形势变化和经济社会发展的需要确需修改的，应当按照原审批程序报送审批。

第三章　地震监测预报

第十七条　国家加强地震监测预报工作，建立多学科地震监测系统，逐步提高地震监测预报水平。

第十八条　国家对地震监测台网实行统一规划，分级、分类管理。

国务院地震工作主管部门和县级以上地方人民政府负责管理地震工作的部门或者机构，按照国务院有关规定，制定地震监测台网规划。

全国地震监测台网由国家级地震监测台网、省级地震监测台网和市、县级地震监测台网组成，其建设资金和运行经费列入财政预算。

第十九条　水库、油田、核电站等重大建设工程的建设单位，应当按照国务院有关规定，建设专用地震监测台网或者强震动监测设施，其建设资金和运行经费由建设单位承担。

第二十条　地震监测台网的建设，应当遵守法律、法规和国家有关标准，保证建设质量。

第二十一条　地震监测台网不得擅自中止或者终止运行。

检测、传递、分析、处理、存贮、报送地震监测信息的单位，应当保证地震监测信息的质量和安全。

县级以上地方人民政府应当组织相关单位为地震监测台网的运行提供通信、交通、电力等保障条件。

第二十二条　沿海县级以上地方人民政府负责管理地震工作的部门或者机构，应当加强海域地震活动监测预测工作。海域地震发生后，县级以上地方人民政府负责管理地震工作的部门或者机构，应当及时向海洋主管部门和当地海事管理机构等通报情况。

火山所在地的县级以上地方人民政府负责管理地震工作的部门或者机构，应当利用地震监测设施和技术手段，加强火山活动监测预测工作。

第二十三条　国家依法保护地震监测设施和地震观测环境。

任何单位和个人不得侵占、毁损、拆除或者擅自移动地震监测设施。地震监测设施遭到破坏的，县级以上地方人民政府负责管理地震工作的部门或者机构应当采取紧急措施组织修复，确保地震监测设施正常运行。

任何单位和个人不得危害地震观测环境。国务院地震工作主管部门和县级以上地方人民政府负责管理地震工作的部门或者机构会同同级有关部门，按照国务院有关规定划定地震观测环境保护范围，并纳入土地利用总体规划和城乡规划。

第二十四条　新建、扩建、改建建设工程，应当避免对地震监测设施和地震观测环境造成危害。建设国家重点工程，确实无法避免对地震监测设施和地震观测环境造成危害的，建设单位应当按照县级以上地方人民政府负责管理地震工作的部门或者机构的要求，增建抗干扰设施；不能增建抗干扰设施的，应当新建地震监测设施。

对地震观测环境保护范围内的建设工程项目，城乡规划主管部门在依法核发选址意见书时，应当征求负责管理地震工作的部门或者机构的意见；不需要核发选址意见书的，城乡规划主管部门在依法核发建设用地规划许可证或者乡村建设规划许可证时，应当征求负责管理地震工作的部门或者机构的意见。

第二十五条　国务院地震工作主管部门建立健全地震监测信息共享平台，为社会提供服务。

县级以上地方人民政府负责管理地震工作的部门或者机构，应当将地震监测信息及时报送上一级人民政府负责管理地震工作的部门或者机构。

专用地震监测台网和强震动监测设施的管理单位，应当将地震监测信息及时报送所在地省、自治区、直辖市人民政府负责管理地震工作的部门或者机构。

第二十六条　国务院地震工作主管部门和县级以上地方人民政府负责管理地震工作的部门或者机构，根据地震监测信息研究结果，对可能发生地震的地点、时间和震级作出预测。

其他单位和个人通过研究提出的地震预测意见，应当向所在地或者所预测地的县级以上地方人民政府负责管理地震工作的部门或者机构书面报告，或者直接向国务院地震工作主管部门书面报告。收到书面报告的部门或者机构应当进行登记并出具接收凭证。

第二十七条　观测到可能与地震有关的异常现象的单位和个人，可以向所在地县级以上地方人民政府负责管理地震工作的部门或者机构报告，也可以直接向国务院地震工作主管部门报告。

国务院地震工作主管部门和县级以上地方人民政府负责管理地震工作的部门或者机构接到报告后，应当进行登记并及时组织调查核实。

第二十八条　国务院地震工作主管部门和省、自治区、直辖市人民政府负责管理地震工作的部门或者机构，应当组织召开震情会商会，必要时邀请有关部门、专家和其他有关人员参加，对地震预测意见和可能与地震有关的异常现象进行综合分析研究，形成震情会商意见，报本级人民政府；经震情会商形成地震预报意见的，在报本级人民政府前，应当进行评审，作出评审结果，并提出对策建议。

第二十九条　国家对地震预报意见实行统一发布制度。

全国范围内的地震长期和中期预报意见，由国务院发布。省、自治区、直辖市行政区域内的地震预报意见，由省、自治区、直辖市人民政府按照国务院规定的程序发布。

除发表本人或者本单位对长期、中期地震活动趋势的研究成果及进行相关学术交流外，任何单位和个人不得向社会散布地震预测意见。任何单位和个人不得向社会散布地震预报意见及其评审结果。

第三十条　国务院地震工作主管部门根据地震活动趋势和震害预测结果，提出确定地震重点监视防御区的意见，报国务院批准。

国务院地震工作主管部门应当加强地震重点监视防御区的震情跟踪，对地震活动趋势进行分析评估，提出年度防震减灾工作意见，报国务院批准后实施。

地震重点监视防御区的县级以上地方人民政府应当根据年度防震减灾工作意见和当地的地震活动趋势，组织有关部门加强防震减灾工作。

地震重点监视防御区的县级以上地方人民政府负责管理地震工作的部门或者机构，应当增加地震监测台网密度，组织做好震情跟踪、流动观测和可能与地震有关的异常现象观测以及群测群防工作，并及时将有关情况报上一级人民政府负责管理地震工作的部门或者机构。

第三十一条　国家支持全国地震烈度速报系统的建设。

地震灾害发生后，国务院地震工作主管部门应当通过全国地震烈度速报系统快速判断致灾程度，为指挥抗震救灾工作提供依据。

第三十二条　国务院地震工作主管部门和县级以上地方人民政府负责管理地震工作的部门或者机构，应当对发生地震灾害的区域加强地震监测，在地震现场设立流动观测点，根据震情的发展变化，及时对地震活动趋势作出分析、判定，为余震防范工作提供依据。

国务院地震工作主管部门和县级以上地方人民政府负责管理地震工作的部门或者机构、地震监测台网的管理单位，应当及时收集、保存有关地震的资料和信息，并建立完整的档案。

第三十三条 外国的组织或者个人在中华人民共和国领域和中华人民共和国管辖的其他海域从事地震监测活动，必须经国务院地震工作主管部门会同有关部门批准，并采取与中华人民共和国有关部门或者单位合作的形式进行。

第四章 地震灾害预防

第三十四条 国务院地震工作主管部门负责制定全国地震烈度区划图或者地震动参数区划图。

国务院地震工作主管部门和省、自治区、直辖市人民政府负责管理地震工作的部门或者机构，负责审定建设工程的地震安全性评价报告，确定抗震设防要求。

第三十五条 新建、扩建、改建建设工程，应当达到抗震设防要求。

重大建设工程和可能发生严重次生灾害的建设工程，应当按照国务院有关规定进行地震安全性评价，并按照经审定的地震安全性评价报告所确定的抗震设防要求进行抗震设防。建设工程的地震安全性评价单位应当按照国家有关标准进行地震安全性评价，并对地震安全性评价报告的质量负责。

前款规定以外的建设工程，应当按照地震烈度区划图或者地震动参数区划图所确定的抗震设防要求进行抗震设防；对学校、医院等人员密集场所的建设工程，应当按照高于当地房屋建筑的抗震设防要求进行设计和施工，采取有效措施，增强抗震设防能力。

第三十六条 有关建设工程的强制性标准，应当与抗震设防要求相衔接。

第三十七条 国家鼓励城市人民政府组织制定地震小区划图。地震小区划图由国务院地震工作主管部门负责审定。

第三十八条 建设单位对建设工程的抗震设计、施工的全过程负责。

设计单位应当按照抗震设防要求和工程建设强制性标准进行抗震设计，并对抗震设计的质量以及出具的施工图设计文件的准确性负责。

施工单位应当按照施工图设计文件和工程建设强制性标准进行施工，并对施工质量负责。

建设单位、施工单位应当选用符合施工图设计文件和国家有关标准规定的材料、构配件和设备。

工程监理单位应当按照施工图设计文件和工程建设强制性标准实施监理，并对施工质量承担监理责任。

第三十九条 已经建成的下列建设工程，未采取抗震设防措施或者抗震设防措施未达到抗震设防要求的，应当按照国家有关规定进行抗震性能鉴定，并采取必要的抗震加固措施：

（一）重大建设工程；

（二）可能发生严重次生灾害的建设工程；

（三）具有重大历史、科学、艺术价值或者重要纪念意义的建设工程；

（四）学校、医院等人员密集场所的建设工程；

（五）地震重点监视防御区内的建设工程。

第四十条　县级以上地方人民政府应当加强对农村村民住宅和乡村公共设施抗震设防的管理，组织开展农村实用抗震技术的研究和开发，推广达到抗震设防要求、经济适用、具有当地特色的建筑设计和施工技术，培训相关技术人员，建设示范工程，逐步提高农村村民住宅和乡村公共设施的抗震设防水平。

国家对需要抗震设防的农村村民住宅和乡村公共设施给予必要支持。

第四十一条　城乡规划应当根据地震应急避难的需要，合理确定应急疏散通道和应急避难场所，统筹安排地震应急避难所必需的交通、供水、供电、排污等基础设施建设。

第四十二条　地震重点监视防御区的县级以上地方人民政府应当根据实际需要，在本级财政预算和物资储备中安排抗震救灾资金、物资。

第四十三条　国家鼓励、支持研究开发和推广使用符合抗震设防要求、经济实用的新技术、新工艺、新材料。

第四十四条　县级人民政府及其有关部门和乡、镇人民政府、城市街道办事处等基层组织，应当组织开展地震应急知识的宣传普及活动和必要的地震应急救援演练，提高公民在地震灾害中自救互救的能力。

机关、团体、企业、事业等单位，应当按照所在地人民政府的要求，结合各自实际情况，加强对本单位人员的地震应急知识宣传教育，开展地震应急救援演练。

学校应当进行地震应急知识教育，组织开展必要的地震应急救援演练，培养学生的安全意识和自救互救能力。

新闻媒体应当开展地震灾害预防和应急、自救互救知识的公益宣传。

国务院地震工作主管部门和县级以上地方人民政府负责管理地震工作的部门或者机构，应当指导、协助、督促有关单位做好防震减灾知识的宣传教育和地震应急救援演练等工作。

第四十五条　国家发展有财政支持的地震灾害保险事业，鼓励单位和个人参加地震灾害保险。

第五章　地震应急救援

第四十六条　国务院地震工作主管部门会同国务院有关部门制定国家地震应急预案，报国务院批准。国务院有关部门根据国家地震应急预案，制定本部门的地震应急预案，报国务院地震工作主管部门备案。

县级以上地方人民政府及其有关部门和乡、镇人民政府，应当根据有关法律、法规、规章、上级人民政府及其有关部门的地震应急预案和本行政区域的实际情况，制定本行政区域的地震应急预案和本部门的地震应急预案。省、自治区、直辖市和较大的市的地震应急预案，应当报国务院地震工作主管部门备案。

交通、铁路、水利、电力、通信等基础设施和学校、医院等人员密集场所的经营管理单位，以及可能发生次生灾害的核电、矿山、危险物品等生产经营单位，应当制定地震应急预案，并报所在地的县级人民政府负责管理地震工作的部门或者机构备案。

第四十七条　地震应急预案的内容应当包括：组织指挥体系及其职责，预防和预警机制，处置程序，应急响应和应急保障措施等。

地震应急预案应当根据实际情况适时修订。

第四十八条　地震预报意见发布后，有关省、自治区、直辖市人民政府根据预报的震情可以宣布有关区域进入临震应急期；有关地方人民政府应当按照地震应急预案，组织有关部门做好应急防范和抗震救灾准备工作。

第四十九条　按照社会危害程度、影响范围等因素，地震灾害分为一般、较大、重大和特别重大四级。具体分级标准按照国务院规定执行。

一般或者较大地震灾害发生后，地震发生地的市、县人民政府负责组织有关部门启动地震应急预案；重大地震灾害发生后，地震发生地的省、自治区、直辖市人民政府负责组织有关部门启动地震应急预案；特别重大地震灾害发生后，国务院负责组织有关部门启动地震应急预案。

第五十条　地震灾害发生后，抗震救灾指挥机构应当立即组织有关部门和单位迅速查清受灾情况，提出地震应急救援力量的配置方案，并采取以下紧急措施：

（一）迅速组织抢救被压埋人员，并组织有关单位和人员开展自救互救；

（二）迅速组织实施紧急医疗救护，协调伤员转移和接收与救治；

（三）迅速组织抢修毁损的交通、铁路、水利、电力、通信等基础设施；

（四）启用应急避难场所或者设置临时避难场所，设置救济物资供应点，提供救济物品、简易住所和临时住所，及时转移和安置受灾群众，确保饮用水消毒和水质安全，积极开展卫生防疫，妥善安排受灾群众生活；

（五）迅速控制危险源，封锁危险场所，做好次生灾害的排查与监测预警工作，防范地震可能引发的火灾、水灾、爆炸、山体滑坡和崩塌、泥石流、地面塌陷，或者剧毒、强腐蚀性、放射性物质大量泄漏等次生灾害以及传染病疫情的发生；

（六）依法采取维持社会秩序、维护社会治安的必要措施。

第五十一条　特别重大地震灾害发生后，国务院抗震救灾指挥机构在地震灾区成立现场指挥机构，并根据需要设立相应的工作组，统一组织领导、指挥和协调抗震救灾工作。

各级人民政府及有关部门和单位、中国人民解放军、中国人民武装警察部队和民兵组织，应当按照统一部署，分工负责，密切配合，共同做好地震应急救援工作。

第五十二条　地震灾区的县级以上地方人民政府应当及时将地震震情和灾情等信息向上一级人民政府报告，必要时可以越级上报，不得迟报、谎报、瞒报。

地震震情、灾情和抗震救灾等信息按照国务院有关规定实行归口管理，统一、准确、及时发布。

第五十三条　国家鼓励、扶持地震应急救援新技术和装备的研究开发，调运和储备必要的应急救援设施、装备，提高应急救援水平。

第五十四条　国务院建立国家地震灾害紧急救援队伍。

省、自治区、直辖市人民政府和地震重点监视防御区的市、县人民政府可以根据实际需要，充分利用消防等现有队伍，按照一队多用、专职与兼职相结合的原则，建立地震灾害紧急救援队伍。

地震灾害紧急救援队伍应当配备相应的装备、器材，开展培训和演练，提高地震灾害紧急救援能力。

地震灾害紧急救援队伍在实施救援时，应当首先对倒塌建筑物、构筑物压埋人员进行紧急救援。

第五十五条　县级以上人民政府有关部门应当按照职责分工，协调配合，采取有效措施，保障地震灾害紧急救援队伍和医疗救治队伍快速、高效地开展地震灾害紧急救援活动。

第五十六条　县级以上地方人民政府及其有关部门可以建立地震灾害救援志愿者队伍，并组织开展地震应急救援知识培训和演练，使志愿者掌握必要的地震应急救援技能，增强地震灾害应急救援能力。

第五十七条　国务院地震工作主管部门会同有关部门和单位，组织协调外国救援队和医疗队在中华人民共和国开展地震灾害紧急救援活动。

国务院抗震救灾指挥机构负责外国救援队和医疗队的统筹调度，并根据其专业特长，科学、合理地安排紧急救援任务。

地震灾区的地方各级人民政府，应当对外国救援队和医疗队开展紧急救援活动予以支持和配合。

第六章　地震灾后过渡性安置和恢复重建

第五十八条　国务院或者地震灾区的省、自治区、直辖市人民政府应当及时组织对地震灾害损失进行调查评估，为地震应急救援、灾后过渡性安置和恢复重建提供依据。

地震灾害损失调查评估的具体工作，由国务院地震工作主管部门或者地震灾区的省、自治区、直辖市人民政府负责管理地震工作的部门或者机构和财政、建设、民政等有关部门按照国务院的规定承担。

第五十九条　地震灾区受灾群众需要过渡性安置的，应当根据地震灾区的实际情况，在确保安全的前提下，采取灵活多样的方式进行安置。

第六十条　过渡性安置点应当设置在交通条件便利、方便受灾群众恢复生产和生活的区域，并避开地震活动断层和可能发生严重次生灾害的区域。

过渡性安置点的规模应当适度，并采取相应的防灾、防疫措施，配套建设必要的基础设施和公共服务设施，确保受灾群众的安全和基本生活需要。

第六十一条　实施过渡性安置应当尽量保护农用地，并避免对自然保护区、饮用水水源保护区以及生态脆弱区域造成破坏。

过渡性安置用地按照临时用地安排，可以先行使用，事后依法办理有关用地手续；到期未转为永久性用地的，应当复垦后交还原土地使用者。

第六十二条　过渡性安置点所在地的县级人民政府，应当组织有关部门加强对次生灾害、饮用水水质、食品卫生、疫情等的监测，开展流行病学调查，整治环境卫生，避免对土壤、水环境等造成污染。

过渡性安置点所在地的公安机关，应当加强治安管理，依法打击各种违法犯罪行为，维护正常的社会秩序。

第六十三条　地震灾区的县级以上地方人民政府及其有关部门和乡、镇人民政府，应当及时组织修复毁损的农业生产设施，提供农业生产技术指导，尽快恢复农业生产；优先恢复供电、供水、供气等企业的生产，并对大型骨干企业恢复生产提供支持，为全面恢复农业、工业、服务业生产经营提供条件。

第六十四条　各级人民政府应当加强对地震灾后恢复重建工作的领导、组织和协调。

县级以上人民政府有关部门应当在本级人民政府领导下，按照职责分工，密切配合，采取有效措施，共同做好地震灾后恢复重建工作。

第六十五条　国务院有关部门应当组织有关专家开展地震活动对相关建设工程破坏机理的调查评估，为修订完善有关建设工程的强制性标准、采取抗震设防措施提供科学依据。

第六十六条　特别重大地震灾害发生后，国务院经济综合宏观调控部门会同国务院有关部门与地震灾区的省、自治区、直辖市人民政府共同组织编制地震灾后恢复重建规划，报国务院批准后组织实施；重大、较大、一般地震灾害发生后，由地震灾区的省、自治区、直辖市人民政府根据实际需要组织编制地震灾后恢复重建规划。

地震灾害损失调查评估获得的地质、勘察、测绘、土地、气象、水文、环境等基础资料和经国务院地震工作主管部门复核的地震动参数区划图，应当作为编制地震灾后恢复重建规划的依据。

编制地震灾后恢复重建规划，应当征求有关部门、单位、专家和公众特别是地震灾区受灾群众的意见；重大事项应当组织有关专家进行专题论证。

第六十七条　地震灾后恢复重建规划应当根据地质条件和地震活动断层分布以及资源环境承载能力，重点对城镇和乡村的布局、基础设施和公共服务设施的建设、防灾减灾和生态环境以及自然资源和历史文化遗产保护等作出安排。

地震灾区内需要异地新建的城镇和乡村的选址以及地震灾后重建工程的选址，应当符合地震灾后恢复重建规划和抗震设防、防灾减灾要求，避开地震活动断层或者生态脆弱和可能发生洪水、山体滑坡和崩塌、泥石流、地面塌陷等灾害的区域以及传染病自然疫源地。

第六十八条　地震灾区的地方各级人民政府应当根据地震灾后恢复重建规划和当地经济社会发展水平，有计划、分步骤地组织实施地震灾后恢复重建。

第六十九条　地震灾区的县级以上地方人民政府应当组织有关部门和专家，根据地震灾害损失调查评估结果，制定清理保护方案，明确典型地震遗址、遗迹和文物保护单位以及具有历史价值与民族特色的建筑物、构筑物的保护范围和措施。

对地震灾害现场的清理，按照清理保护方案分区、分类进行，并依照法律、行政法规和国家有关规定，妥善清理、转运和处置有关放射性物质、危险废物和有毒化学品，开展防疫工作，防止传染病和重大动物疫情的发生。

第七十条　地震灾后恢复重建，应当统筹安排交通、铁路、水利、电力、通信、供水、供电等基础设施和市政公用设施，学校、医院、文化、商贸服务、防灾减灾、环境保护等公共服务设施，以及住房和无障碍设施的建设，合理确定建设规模和时序。

乡村的地震灾后恢复重建，应当尊重村民意愿，发挥村民自治组织的作用，以群众自建为主，政府补助、社会帮扶、对口支援，因地制宜，节约和集约利用土地，保护耕地。

少数民族聚居的地方的地震灾后恢复重建，应当尊重当地群众的意愿。

第七十一条　地震灾区的县级以上地方人民政府应当组织有关部门和单位，抢救、保护与收集整理有关档案、资料，对因地震灾害遗失、毁损的档案、资料，及时补充和恢复。

第七十二条　地震灾后恢复重建应当坚持政府主导、社会参与和市场运作相结合的原则。

地震灾区的地方各级人民政府应当组织受灾群众和企业开展生产自救，自力更生、艰苦奋斗、勤俭节约，尽快恢复生产。

国家对地震灾后恢复重建给予财政支持、税收优惠和金融扶持，并提供物资、技术和人力等支持。

第七十三条　地震灾区的地方各级人民政府应当组织做好救助、救治、康复、补偿、抚慰、抚恤、安置、心理援助、法律服务、公共文化服务等工作。

各级人民政府及有关部门应当做好受灾群众的就业工作，鼓励企业、事业单位优先吸纳符合条件的受灾群众就业。

第七十四条　对地震灾后恢复重建中需要办理行政审批手续的事项，有审批权的人民政府及有关部门应当按照方便群众、简化手续、提高效率的原则，依法及时予以办理。

第七章　监督管理

第七十五条　县级以上人民政府依法加强对防震减灾规划和地震应急预案的编制与实施、地震应急避难场所的设置与管理、地震灾害紧急救援队伍的培训、防震减灾知识宣传教育和地震应急救援演练等工作的监督检查。

县级以上人民政府有关部门应当加强对地震应急救援、地震灾后过渡性安置和恢复重建的物资的质量安全的监督检查。

第七十六条　县级以上人民政府建设、交通、铁路、水利、电力、地震等有关部门应当按照职责分工，加强对工程建设强制性标准、抗震设防要求执行情况和地震安全性评价工作的监督检查。

第七十七条　禁止侵占、截留、挪用地震应急救援、地震灾后过渡性安置和恢复重建的资金、物资。

县级以上人民政府有关部门对地震应急救援、地震灾后过渡性安置和恢复重建的资金、物资以及社会捐赠款物的使用情况，依法加强管理和监督，予以公布，并对资金、物资的筹集、分配、拨付、使用情况登记造册，建立健全档案。

第七十八条　地震灾区的地方人民政府应当定期公布地震应急救援、地震灾后过渡性安置和恢复重建的资金、物资以及社会捐赠款物的来源、数量、发放和使用情况，接受社会监督。

第七十九条　审计机关应当加强对地震应急救援、地震灾后过渡性安置和恢复重建的资金、物资的筹集、分配、拨付、使用的审计，并及时公布审计结果。

第八十条　监察机关应当加强对参与防震减灾工作的国家行政机关和法律、法规授权的具有管理公共事务职能的组织及其工作人员的监察。

第八十一条　任何单位和个人对防震减灾活动中的违法行为，有权进行举报。

接到举报的人民政府或者有关部门应当进行调查，依法处理，并为举报人保密。

第八章　法律责任

第八十二条　国务院地震工作主管部门、县级以上地方人民政府负责管理地震工作的部门或者机构，以及其他依照本法规定行使监督管理权的部门，不依法作出行政许可或者办理批准文件的，发现违法行为或者接到对违法行为的举报后不予查处的，或者有其他未依照本法规定履行职责的行为的，对直接负责的主管人员和其他直接责任人员，依法给予处分。

第八十三条　未按照法律、法规和国家有关标准进行地震监测台网建设的，由国务院地震工作主管部门或者县级以上地方人民政府负责管理地震工作的部门或者机构责令改正，采取相应的补救措施；对直接负责的主管人员和其他直接责任人员，依法给予处分。

第八十四条　违反本法规定，有下列行为之一的，由国务院地震工作主管部门或者县级以上地方人民政府负责管理地震工作的部门或者机构责令停止违法行为，恢复原状或者采取其他补救措施；造成损失的，依法承担赔偿责任：

（一）侵占、毁损、拆除或者擅自移动地震监测设施的；

（二）危害地震观测环境的；

（三）破坏典型地震遗址、遗迹的。

单位有前款所列违法行为，情节严重的，处二万元以上二十万元以下的罚款；个人有前款所列违法行为，情节严重的，处二千元以下的罚款。构成违反治安管理行为的，由公安机关依法给予处罚。

第八十五条　违反本法规定，未按照要求增建抗干扰设施或者新建地震监测设施的，由国务院地震工作主管部门或者县级以上地方人民政府负责管理地震工作的部门或者机构责令限期改正；逾期不改正的，处二万元以上二十万元以下的罚款；造成损失的，依法承担赔偿责任。

第八十六条　违反本法规定，外国的组织或者个人未经批准，在中华人民共和国领域和中华人民共和国管辖的其他海域从事地震监测活动的，由国务院地震工作主管部门责令停止违法行为，没收监测成果和监测设施，并处一万元以上十万元以下的罚款；情节严重的，并处十万元以上五十万元以下的罚款。

外国人有前款规定行为的，除依照前款规定处罚外，还应当依照外国人入境出境管理法律的规定缩短其在中华人民共和国停留的期限或者取消其在中华人民共和国居留的资格；情节严重的，限期出境或者驱逐出境。

第八十七条　未依法进行地震安全性评价，或者未按照地震安全性评价报告所确定的抗震设防要求进行抗震设防的，由国务院地震工作主管部门或者县级以上地方人民政府负责管理地震工作的部门或者机构责令限期改正；逾期不改正的，处三万元以上三十万元以下的罚款。

第八十八条　违反本法规定，向社会散布地震预测意见、地震预报意见及其评审结果，或者在地震灾后过渡性安置、地震灾后恢复重建中扰乱社会秩序，构成违反治安管理行为的，由公安机关依法给予处罚。

第八十九条　地震灾区的县级以上地方人民政府迟报、谎报、瞒报地震震情、灾情等信息的，由上级人民政府责令改正；对直接负责的主管人员和其他直接责任人员，依法给予处分。

第九十条　侵占、截留、挪用地震应急救援、地震灾后过渡性安置或者地震灾后恢复重建的资金、物资的，由财政部门、审计机关在各自职责范围内，责令改正，追回被侵占、截留、挪用的资金、物资；有违法所得的，没收违法所得；对单位给予警告或者通报批评；对直接负责的主管人员和其他直接责任人员，依法给予处分。

第九十一条　违反本法规定，构成犯罪的，依法追究刑事责任。

第九章　附　则

第九十二条　本法下列用语的含义：

（一）地震监测设施，是指用于地震信息检测、传输和处理的设备、仪器和装置以及配套的监测场地；

（二）地震观测环境，是指按照国家有关标准划定的保障地震监测设施不受干扰、能够正常发挥工作效能的空间范围；

（三）重大建设工程，是指对社会有重大价值或者有重大影响的工程；

（四）可能发生严重次生灾害的建设工程，是指受地震破坏后可能引发水灾、火灾、爆炸，或者剧毒、强腐蚀性、放射性物质大量泄漏，以及其他严重次生灾害的建设工程，包括水库大坝和贮油、贮气设施，贮存易燃易爆或者剧毒、强腐蚀性、放射性物质的设施，以及其他可能发生严重次生灾害的建设工程；

（五）地震烈度区划图，是指以地震烈度（以等级表示的地震影响强弱程度）为指标，将全国划分为不同抗震设防要求区域的图件；

（六）地震动参数区划图，是指以地震动参数（以加速度表示地震作用强弱程度）为指标，将全国划分为不同抗震设防要求区域的图件；

（七）地震小区划图，是指根据某一区域的具体场地条件，对该区域的抗震设防要求进行详细划分的图件。

第九十三条　本法自2009年5月1日起施行。

（《中华人民共和国全国人民代表大会常务委员会公报》，2009年第1期）

行政法规

中华人民共和国国务院令

（第172号）

现发布《破坏性地震应急条例》，自1995年4月1 日起施行。

总理　李鹏

1995年2月11日

破坏性地震应急条例

第一章　总　则

第一条　为了加强对破坏性地震应急活动的管理，减轻地震灾害损失，保障国家财产和公民人身、财产安全，维护社会秩序，制定本条例。

第二条　在中华人民共和国境内从事破坏性地震应急活动，必须遵守本条例。

第三条　地震应急工作实行政府领导、统一管理和分级、分部门负责的原则。

第四条　各级人民政府应当加强地震应急的宣传、教育工作，提高社会防震减灾意识。

第五条　任何组织和个人都有参加地震应急活动的义务。

中国人民解放军和中国人民武装警察部队是地震应急工作的重要力量。

第二章　应急机构

第六条　国务院防震减灾工作主管部门指导和监督全国地震应急工作。国务院有关部门按照各自的职责，具体负责本部门的地震应急工作。

第七条　造成特大损失的严重破坏性地震发生后，国务院设立抗震救灾指挥部，国务院防震减灾工作主管部门为其办事机构；国务院有关部门设立本部门的地震应急机构。

第八条　县级以上地方人民政府防震减灾工作主管部门指导和监督本行政区域内的地震应急工作。

破坏性地震发生后，有关县级以上地方人民政府应当设立抗震救灾指挥部，对本行政区域内的地震应急工作实行集中领导，其办事机构设在本级人民政府防震减灾工作主管部门或者本级人民政府指定的其他部门；国务院另有规定的，从其规定。

第三章　应急预案

第九条　国家的破坏性地震应急预案，由国务院防震减灾工作主管部门会同国务院有关部门制定，报国务院批准。

第十条　国务院有关部门应当根据国家的破坏性地震应急预案，制定本部门的破坏性地震应急预案，并报国务院防震减灾工作主管部门备案。

第十一条　根据地震灾害预测，可能发生破坏性地震地区的县级以上地方人民政府防震减灾工作主管部门应当会同同级有关部门以及有关单位，参照国家的破坏性地震应急预案，制定本行政区域内的破坏性地震应急预案，报本级人民政府批准；省、自治区和人口在100万以上的城市的破坏性地震应急预案，还应当报国务院防震减灾工作主管部门备案。

第十二条　部门和地方制定破坏性地震应急预案，应当从本部门或者本地区的实际情况出发，做到切实可行。

第十三条　破坏性地震应急预案应当包括下列主要内容：

（一）应急机构的组成和职责；

（二）应急通信保障；

（三）抢险救援的人员、资金、物资准备；

（四）灾害评估准备；

（五）应急行动方案。

第十四条　制定破坏性地震应急预案的部门和地方，应当根据震情的变化以及实施中发现的问题，及时对其制定的破坏性地震应急预案进行修订、补充；涉及重大事项调整的，应当报经原批准机关同意。

第四章　临震应急

第十五条　地震临震预报，由省、自治区、直辖市人民政府依照国务院有关发布地震预报的规定统一发布，其他任何组织或者个人不得发布地震预报。

任何组织或者个人都不得传播有关地震的谣言。发生地震谣传时，防震减灾工作主管部门应当协助人民政府迅速予以平息和澄清。

第十六条　破坏性地震临震预报发布后，有关省、自治区、直辖市人民政府可以宣布预报区进入临震应急期，并指明临震应急期的起止时间。

临震应急期一般为10日；必要时，可以延长10日。

第十七条　在临震应急期，有关地方人民政府应当根据震情，统一部署破坏性地震应急预案的实施工作，并对临震应急活动中发生的争议采取紧急处理措施。

第十八条　在临震应急期，各级防震减灾工作主管部门应当协助本级人民政府对实施破坏性地震应急预案工作进行检查。

第十九条　在临震应急期，有关地方人民政府应当根据实际情况，向预报区的居民以及其他人员提出避震撤离的劝告；情况紧急时，应当有组织地进行避震疏散。

第二十条　在临震应急期，有关地方人民政府有权在本行政区域内紧急调用物资、设备、人员和占用场地，任何组织或者个人都不得阻拦；调用物资、设备或者占用场地的，事后应当及时归还或者给予补偿。

第二十一条　在临震应急期，有关部门应当对生命线工程和次生灾害源采取紧急防护措施。

第五章　震后应急

第二十二条　破坏性地震发生后，有关的省、自治区、直辖市人民政府应当宣布灾区进入震后应急期，并指明震后应急期的起止时间。

震后应急期一般为10日；必要时，可以延长20日。

第二十三条　破坏性地震发生后，抗震救灾指挥部应当及时组织实施破坏性地震应急预案，及时将震情、灾情及其发展趋势等信息报告上一级人民政府。

第二十四条　防震减灾工作主管部门应当加强现场地震监测预报工作，并及时会同有关部门评估地震灾害损失；灾情调查结果，应当及时报告本级人民政府抗震救灾指挥部和上一级防震减灾工作主管部门。

第二十五条　交通、铁路、民航等部门应当尽快恢复被损毁的道路、铁路、水港、空港和有关设施，并优先保证抢险救援人员、物资的运输和灾民的疏散。其他部门有交通运输工具的，应当无条件服从抗震救灾指挥部的征用或者调用。

第二十六条　通信部门应当尽快恢复被破坏的通信设施，保证抗震救灾通信畅通。其他部门有通信设施的，应当优先为破坏性地震应急工作服务。

第二十七条　供水、供电部门应当尽快恢复被破坏的供水、供电设施，保证灾区用水、用电。

第二十八条　卫生部门应当立即组织急救队伍，利用各种医疗设施或者建立临时治疗点，抢救伤员，及时检查、监测灾区的饮用水源、食品等，采取有效措施防止和控制传染病的暴发流行，并向受灾人员提供精神、心理卫生方面的帮助。医药部门应当及时提供救灾所需药品。其他部门应当配合卫生、医药部门，做好卫生防疫以及伤亡人员的抢救、处理工作。

第二十九条　民政部门应当迅速设置避难场所和救济物资供应点，提供救济物品等，保障灾民的基本生活，做好灾民的转移和安置工作。其他部门应当支持、配合民政部门妥善安置灾民。

第三十条　公安部门应当加强灾区的治安管理和安全保卫工作，预防和制止各种破坏活动，维护社会治安，保证抢险救灾工作顺利进行，尽快恢复社会秩序。

第三十一条　石油、化工、水利、电力、建设等部门和单位以及危险品生产、储运等单位，应当按照各自的职责，对可能发生或者已经发生次生灾害的地点和设施采取紧急处置措施，并加强监视、控制，防止灾害扩展。

公安消防机构应当严密监视灾区火灾的发生；出现火灾时，应当组织力量抢救人员和物资，并采取有效防范措施，防止火势扩大、蔓延。

第三十二条　广播电台、电视台等新闻单位应当根据抗震救灾指挥部提供的情况，按照规定及时向公众发布震情、灾情等有关信息，并做好宣传、报道工作。

第三十三条　抗震救灾指挥部可以请求非灾区的人民政府接受并妥善安置灾民和提供其他救援。

第三十四条　破坏性地震发生后，国内非灾区提供的紧急救援，由抗震救灾指挥部负责接受和安排；国际社会提供的紧急救援，由国务院民政部门负责接受和安排；国外红十字会和国际社会通过中国红十字会提供的紧急救援，由中国红十字会负责接受和安排。

第三十五条　因严重破坏性地震应急的需要，可以在灾区实行特别管制措施。省、自治区、直辖市行政区域内的特别管制措施，由省、自治区、直辖市人民政府决定；跨省、自治区、直辖市的特别管制措施，由有关省、自治区、直辖市人民政府共同决定或者由国务院决定；中断干线交通或者封锁国境的特别管制措施，由国务院决定。

特别管制措施的解除，由原决定机关宣布。

第六章　奖励和处罚

第三十六条　在破坏性地震应急活动中有下列事迹之一的，由其所在单位、上级机关或者防震减灾工作主管部门给予表彰或者奖励：

（一）出色完成破坏性地震应急任务的；

（二）保护国家、集体和公民的财产或者抢救人员有功的；

（三）及时排除险情，防止灾害扩大，成绩显著的；

（四）对地震应急工作提出重大建议，实施效果显著的；

（五）因震情、灾情测报准确和信息传递及时而减轻灾害损失的；

（六）及时供应用于应急救灾的物资和工具或者节约经费开支，成绩显著的；

（七）有其他特殊贡献的。

第三十七条　有下列行为之一的，对负有直接责任的主管人员和其他直接责任人员依法给予行政处分；属于违反治安管理行为的，依照治安管理处罚法的规定给予处罚；构成犯罪的，依法追究刑事责任：

（一）不按照本条例规定制定破坏性地震应急预案的；

（二）不按照破坏性地震应急预案的规定和抗震救灾指挥部的要求实施破坏性地震应急预案的；

（三）违抗抗震救灾指挥部命令，拒不承担地震应急任务的；

（四）阻挠抗震救灾指挥部紧急调用物资、人员或者占用场地的；

（五）贪污、挪用、盗窃地震应急工作经费或者物资的；

（六）有特定责任的国家工作人员在临震应急期或者震后应急期不坚守岗位，不及时掌握震情、灾情，临阵脱逃或者玩忽职守的；

（七）在临震应急期或者震后应急期哄抢国家、集体或者公民的财产的；

（八）阻碍抗震救灾人员执行职务或者进行破坏活动的；

（九）不按照规定和实际情况报告灾情的；

（十）散布谣言，扰乱社会秩序，影响破坏性地震应急工作的；

（十一）有对破坏性地震应急工作造成危害的其他行为的。

第七章　附　则

第三十八条　本条例下列用语的含义：

（一）“地震应急”，是指为了减轻地震灾害而采取的不同于正常工作程序的紧急防灾和抢险行动；

（二）“破坏性地震”，是指造成一定数量的人员伤亡和经济损失的地震事件；

（三）“严重破坏性地震”，是指造成严重的人员伤亡和经济损失，使灾区丧失或者部分丧失自我恢复能力，需要国家采取对抗行动的地震事件；

（四）“生命线工程”，是指对社会生活、生产有重大影响的交通、通信、供水、排水、供电、供气、输油等工程系统；

（五）“次生灾害源”，是指因地震而可能引发水灾、火灾、爆炸等灾害的易燃易爆物品、有毒物质贮存设施、水坝、堤岸等。

第三十九条　本条例自1995年4月1日起施行。

（《中华人民共和国国务院公报》，1995年第4号）

中华人民共和国国务院令

（第255号）

现发布《地震预报管理条例》，自发布之日起施行。

总理　朱镕基

1998年12月17日

地震预报管理条例

第一章　总　则

第一条　为了加强对地震预报的管理，规范发布地震预报行为，根据《中华人民共和国防震减灾法》，制定本条例。

第二条　在中华人民共和国境内从事地震预报活动，必须遵守本条例。

第三条　地震预报包括下列类型：

（一）地震长期预报，是指对未来10年内可能发生破坏性地震的地域的预报；

（二）地震中期预报，是指对未来一二年内可能发生破坏性地震的地域和强度的预报；

（三）地震短期预报，是指对3个月内将要发生地震的时间、地点、震级的预报；

（四）临震预报，是指对10日内将要发生地震的时间、地点、震级的预报。

第四条　国家鼓励和扶持地震预报的科学技术研究，提高地震预报水平。

对在地震预报工作中做出突出贡献或者显著成绩的单位和个人，给予奖励。

第二章　地震预报意见的形成

第五条　国务院地震工作主管部门和县级以上地方人民政府负责管理地震工作的机构，应当加强地震预测工作。

第六条　任何单位和个人根据地震预测资料和研究结果提出的地震预测意见，应当向所在地或者所预测地区的县级以上地方人民政府负责管理地震工作的机构书面报告，也可直接向国务院地震工作主管部门书面报告，不得向社会散布。

任何单位和个人不得向国（境）外提出地震预测意见；但是，以长期、中期地震活动趋势研究成果进行学术交流的除外。

第七条　任何单位和个人观察到与地震有关的异常现象时，应当及时向所在地的县级以上地方人民政府负责管理地震工作的机构报告。

第八条　国务院地震工作主管部门和省、自治区、直辖市人民政府负责管理地震工作的机构应当组织召开地震震情会商会，对各种地震预测意见和与地震有关的异常现象进行综合分析研究，形成地震预报意见。

市、县人民政府负责管理地震工作的机构可以组织召开地震震情会商会，形成地震预报意见，向省、自治区、直辖市人民政府负责管理地震工作的机构报告。

第三章　地震预报意见的评审

第九条　地震预报意见实行评审制度。评审包括下列内容：

（一）地震预报意见的科学性、可能性；

（二）地震预报的发布形式；

（三）地震预报发布后可能产生的社会、经济影响。

第十条　国务院地震工作主管部门应当组织有关专家，对下列地震预报意见进行评审，并将评审结果报国务院：

（一）全国地震震情会商会形成的地震预报意见；

（二）省、自治区、直辖市地震震情会商会形成的可能发生严重破坏性地震的地震预报意见。

第十一条　省、自治区、直辖市人民政府负责管理地震工作的机构应当组织有关专家，对下列地震预报意见进行评审，并将评审结果向省、自治区、直辖市人民政府和国务院地震工作主管部门报告：

（一）本省、自治区、直辖市地震震情会商会形成的地震预报意见；

（二）市、县地震震情会商会形成的地震预报意见。

省、自治区、直辖市人民政府负责管理地震工作的机构，对可能发生严重破坏性地震的地震预报意见，应当先报经国务院地震工作主管部门评审后，再向本级人民政府报告。

第十二条　省、自治区、直辖市人民政府负责管理地震工作的机构，在震情跟踪会商中，根据明显临震异常形成的临震预报意见，在紧急情况下，可以不经评审，直接报本级人民政府，并报国务院地震工作主管部门。

第十三条　任何单位和个人不得向社会散布地震预报意见及其评审结果。

第四章　地震预报的发布

第十四条　国家对地震预报实行统一发布制度。

全国性地震长期预报和地震中期预报，由国务院发布。

省、自治区、直辖市行政区域内的地震长期预报、地震中期预报、地震短期预报和临震预报，由省、自治区、直辖市人民政府发布。

新闻媒体刊登或者播发地震预报消息，必须依照本条例的规定，以国务院或者省、自治区、直辖市人民政府发布的地震预报为准。

第十五条　已经发布地震短期预报的地区，如果发现明显临震异常，在紧急情况下，当地市、县人民政府可以发布48小时之内的临震预报，并同时向省、自治区、直辖市人民政府及其负责管理地震工作的机构和国务院地震工作主管部门报告。

第十六条　地震短期预报和临震预报在发布预报的时域、地域内有效。预报期内未发生地震的，原发布机关应当做出撤销或者延期的决定，向社会公布，并妥善处理善后事宜。

第十七条　发生地震谣言，扰乱社会正常秩序时，国务院地震工作主管部门和县级以上地方人民政府负责管理地震工作的机构应当采取措施，迅速予以澄清，其他有关部门应当给予配合、协助。

第五章　法律责任

第十八条　从事地震工作的专业人员违反本条例规定，擅自向社会散布地震预测意见、地震预报意见及其评审结果的，依法给予行政处分。

第十九条　违反本条例规定，制造地震谣言，扰乱社会正常秩序的，依法给予治安管理处罚。

第二十条　违反本条例规定，向国（境）外提出地震预测意见的，由国务院地震工作主管部门给予警告，并可以由其所在单位根据造成的不同后果依法给予纪律处分。

第二十一条　从事地震工作的国家工作人员玩忽职守，构成犯罪的，依法追究刑事责任；尚不构成犯罪的，依法给予行政处分。

第六章　附　则

第二十二条　震后地震趋势判定公告的权限和程序，由国务院地震工作主管部门制定。

第二十三条　北京市的地震短期预报和临震预报，由国务院地震工作主管部门和北京市人民政府负责管理地震工作的机构，组织召开地震震情会商会，提出地震预报意见，经国务院地震工作主管部门组织评审后，报国务院批准，由北京市人民政府发布。

第二十四条　本条例自发布之日起施行。1988年6月7日国务院批准、1988年8月9日国家地震局发布的《发布地震预报的规定》同时废止。

（《人民日报》，1998年12月24日第5版）

中华人民共和国国务院令

（第323号）

现公布《地震安全性评价管理条例》，自2002年1月1日起施行。

总理 朱镕基

2001年11月15日

地震安全性评价管理条例

第一章 总 则

第一条 为了加强对地震安全性评价的管理，防御与减轻地震灾害，保护人民生命和财产安全，根据《中华人民共和国防震减灾法》的有关规定，制定本条例。

第二条 在中华人民共和国境内从事地震安全性评价活动，必须遵守本条例。

第三条 新建、扩建、改建建设工程，依照《中华人民共和国防震减灾法》和本条例的规定，需要进行地震安全性评价的，必须严格执行国家地震安全性评价的技术规范，确保地震安全性评价的质量。

第四条 国务院地震工作主管部门负责全国的地震安全性评价的监督管理工作。

县级以上地方人民政府负责管理地震工作的部门或者机构负责本行政区域内的地震安全性评价的监督管理工作。

第五条 国家鼓励、扶持有关地震安全性评价的科技研究，推广应用先进的科技成果，提高地震安全性评价的科技水平。

第二章 地震安全性评价单位的资质

第六条 国家对从事地震安全性评价的单位实行资质管理制度。

从事地震安全性评价的单位必须取得地震安全性评价资质证书，方可进行地震安全性评价。

第七条 从事地震安全性评价的单位具备下列条件，方可向国务院地震工作主管部门或者省、自治区、直辖市人民政府负责管理地震工作的部门或者机构申请领取地震安全性评价资质证书：

（一）有与从事地震安全性评价相适应的地震学、地震地质学、工程地震学方面的专业技术人员；

（二）有从事地震安全性评价的技术条件。

第八条　国务院地震工作主管部门或者省、自治区、直辖市人民政府负责管理地震工作的部门或者机构，应当自收到地震安全性评价资质申请书之日起30日内作出审查决定。对符合条件的，颁发地震安全性评价资质证书；对不符合条件的，应当及时书面通知申请单位并说明理由。

第九条　地震安全性评价单位应当在其资质许可的范围内承揽地震安全性评价业务。

禁止地震安全性评价单位超越其资质许可的范围或者以其他地震安全性评价单位的名义承揽地震安全性评价业务。禁止地震安全性评价单位允许其他单位以本单位的名义承揽地震安全性评价业务。

第十条　地震安全性评价资质证书的式样，由国务院地震工作主管部门统一规定。

第三章　地震安全性评价的范围和要求

第十一条　下列建设工程必须进行地震安全性评价：

（一）国家重大建设工程；

（二）受地震破坏后可能引发水灾、火灾、爆炸、剧毒或者强腐蚀性物质大量泄露或者其他严重次生灾害的建设工程，包括水库大坝、堤防和贮油、贮气、贮存易燃易爆、剧毒或者强腐蚀性物质的设施以及其他可能发生严重次生灾害的建设工程；

（三）受地震破坏后可能引发放射性污染的核电站和核设施建设工程；

（四）省、自治区、直辖市认为对本行政区域有重大价值或者有重大影响的其他建设工程。

第十二条　建设单位应当将建设工程的地震安全性评价业务委托给具有相应资质的地震安全性评价单位。

第十三条　建设单位应当与地震安全性评价单位订立书面合同，明确双方的权利和义务。

第十四条　地震安全性评价单位对建设工程进行地震安全性评价后，应当编制该建设工程的地震安全性评价报告。

地震安全性评价报告应当包括下列内容：

（一）工程概况和地震安全性评价的技术要求；

（二）地震活动环境评价；

（三）地震地质构造评价；

（四）设防烈度或者设计地震动参数；

（五）地震地质灾害评价；

（六）其他有关技术资料。

第十五条　建设单位应当将地震安全性评价报告报送国务院地震工作主管部门或者省、自治区、直辖市人民政府负责管理地震工作的部门或者机构审定。

第四章　地震安全性评价报告的审定

第十六条　国务院地震工作主管部门负责下列地震安全性评价报告的审定：

（一）国家重大建设工程；

（二）跨省、自治区、直辖市行政区域的建设工程；

（三）核电站和核设施建设工程。

省、自治区、直辖市人民政府负责管理地震工作的部门或者机构负责除前款规定以外的建设工程地震安全性评价报告的审定。

第十七条　国务院地震工作主管部门和省、自治区、直辖市人民政府负责管理地震工作的部门或者机构，应当自收到地震安全性评价报告之日起15日内进行审定，确定建设工程的抗震设防要求。

第十八条　国务院地震工作主管部门或者省、自治区、直辖市人民政府负责管理地震工作的部门或者机构，在确定建设工程抗震设防要求后，应当以书面形式通知建设单位，并告知建设工程所在地的市、县人民政府负责管理地震工作的部门或者机构。

省、自治区、直辖市人民政府负责管理地震工作的部门或者机构应当将其确定的建设工程抗震设防要求报国务院地震工作主管部门备案。

第五章　监督管理

第十九条　县级以上人民政府负责项目审批的部门，应当将抗震设防要求纳入建设工程可行性研究报告的审查内容。对可行性研究报告中未包含抗震设防要求的项目，不予批准。

第二十条　国务院建设行政主管部门和国务院铁路、交通、民用航空、水利和其他有关专业主管部门制定的抗震设计规范，应当明确规定按照抗震设防要求进行抗震设计的方法和措施。

第二十一条　建设工程设计单位应当按照抗震设防要求和抗震设计规范，进行抗震设计。

第二十二条　国务院地震工作主管部门和县级以上地方人民政府负责管理地震工作的部门或者机构，应当会同有关专业主管部门，加强对地震安全性评价工作的监督检查。

第六章　罚　则

第二十三条　违反本条例的规定，未取得地震安全性评价资质证书的单位承揽地震安全性评价业务的，由国务院地震工作主管部门或者县级以上地方人民政府负责管理地震工作的部门或者机构依据职权，责令改正，没收违法所得，并处1万元以上5万元以下的罚款。

第二十四条　违反本条例的规定，地震安全性评价单位有下列行为之一的，由国务院地震工作主管部门或者县级以上地方人民政府负责管理地震工作的部门或者机构依据职权，责令改正，没收违法所得，并处1万元以上5万元以下的罚款；情节严重的，由颁发资质证书的部门或者机构吊销资质证书：

（一）超越其资质许可的范围承揽地震安全性评价业务的；

（二）以其他地震安全性评价单位的名义承揽地震安全性评价业务的；

（三）允许其他单位以本单位名义承揽地震安全性评价业务的。

第二十五条　违反本条例的规定，国务院地震工作主管部门或者省、自治区、直辖市人民政府负责管理地震工作的部门或者机构向不符合条件的单位颁发地震安全性评价资质证书和审定地震安全性评价报告，国务院地震工作主管部门或者县级以上地方人民政府负责管理地震工作的部门或者机构不履行监督管理职责，或者发现违法行为不予查处，致使公共财产、国家和人民利益遭受重大损失的，依法追究有关责任人的刑事责任；没有造成严重后果，尚不构成犯罪的，对部门或者机构负有责任的主管人员和其他直接责任人员给予降级或者撤职的行政处分。

第七章　附　则

第二十六条　本条例自2002年1月1日起施行。

（《中华人民共和国国务院公报》，2002年第1号）

中华人民共和国国务院令

（第409号）

《地震监测管理条例》已经2004年6月4日国务院第52次常务会议通过，现予公布，自2004年9月1 日起施行。

总理　温家宝

2004年6月17日

地震监测管理条例

第一章　总　则

第一条　为了加强对地震监测活动的管理，提高地震监测能力，根据《中华人民共和国防震减灾法》的有关规定，制定本条例。

第二条　本条例适用于地震监测台网的规划、建设和管理以及地震监测设施和地震观测环境的保护。

第三条 地震监测工作是服务于经济建设、国防建设和社会发展的公益事业。

县级以上人民政府应当将地震监测工作纳入本级国民经济和社会发展规划。

第四条 国家对地震监测台网实行统一规划，分级、分类管理。

第五条 国务院地震工作主管部门负责全国地震监测的监督管理工作。

县级以上地方人民政府负责管理地震工作的部门或者机构，负责本行政区域内地震监测的监督管理工作。

第六条 国家鼓励、支持地震监测的科学研究，推广应用先进的地震监测技术，开展地震监测的国际合作与交流。

有关地方人民政府应当支持少数民族地区、边远贫困地区和海岛的地震监测台网的建设和运行。

第七条 外国的组织或者个人在中华人民共和国领域和中华人民共和国管辖的其他海域从事地震监测活动，必须与中华人民共和国有关部门或者单位合作进行，并经国务院地震工作主管部门批准。

从事前款规定的活动，必须遵守中华人民共和国的有关法律、法规的规定，并不得涉及国家秘密和危害国家安全。

第二章 地震监测台网的规划和建设

第八条 全国地震监测台网，由国家地震监测台网、省级地震监测台网和市、县地震监测台网组成。

专用地震监测台网和有关单位、个人建设的社会地震监测台站（点）是全国地震监测台网的补充。

第九条 编制地震监测台网规划，应当坚持布局合理、资源共享的原则，并与土地利用总体规划和城乡规划相协调。

第十条 全国地震监测台网总体规划和国家地震监测台网规划，由国务院地震工作主管部门根据全国地震监测预报方案商国务院有关部门制定，并负责组织实施。

省级地震监测台网规划，由省、自治区、直辖市人民政府负责管理地震工作的部门或者机构，根据全国地震监测台网总体规划和本行政区域地震监测预报方案制定，报本级人民政府批准后实施。

市、县地震监测台网规划，由市、县人民政府负责管理地震工作的部门或者机构，根据省级地震监测台网规划制定，报本级人民政府批准后实施。

第十一条 省级地震监测台网规划和市、县地震监测台网规划需要变更的，应当报原批准机关批准。

第十二条 全国地震监测台网和专用地震监测台网的建设，应当遵守法律、法规和国家有关标准，符合国家规定的固定资产投资项目建设程序，保证台网建设质量。

全国地震监测台网的建设，应当依法实行招投标。

第十三条　建设全国地震监测台网和专用地震监测台网，应当按照国务院地震工作主管部门的规定，采用符合国家标准、行业标准或者有关地震监测的技术要求的设备和软件。

第十四条　下列建设工程应当建设专用地震监测台网：

（一）坝高100米以上、库容5亿立方米以上，且可能诱发5级以上地震的水库；

（二）受地震破坏后可能引发严重次生灾害的油田、矿山、石油化工等重大建设工程。

第十五条　核电站、水库大坝、特大桥梁、发射塔等重大建设工程应当按照国家有关规定，设置强震动监测设施。

第十六条　建设单位应当将专用地震监测台网、强震动监测设施的建设情况，报所在地省、自治区、直辖市人民政府负责管理地震工作的部门或者机构备案。

第十七条　国家鼓励利用废弃的油井、矿井和人防工程进行地震监测。

利用废弃的油井、矿井和人防工程进行地震监测的，应当采取相应的安全保障措施。

第十八条　全国地震监测台网的建设资金和运行经费，按照事权和财权相统一的原则，由中央和地方财政承担。

专用地震监测台网、强震动监测设施的建设资金和运行经费，由建设单位承担。

第三章　地震监测台网的管理

第十九条　全国地震监测台网正式运行后，不得擅自中止或者终止；确需中止或者终止的，国家地震监测台网和省级地震监测台网必须经国务院地震工作主管部门批准，市、县地震监测台网必须经省、自治区、直辖市人民政府负责管理地震工作的部门或者机构批准，并报国务院地震工作主管部门备案。

专用地震监测台网中止或者终止运行的，应当报所在地省、自治区、直辖市人民政府负责管理地震工作的部门或者机构备案。

第二十条　国务院地震工作主管部门和县级以上地方人民政府负责管理地震工作的部门或者机构，应当对专用地震监测台网和社会地震监测台站（点）的运行予以指导。

第二十一条　县级以上地方人民政府应当为全国地震监测台网的运行提供必要的通信、交通、水、电等条件保障。

全国地震监测台网、专用地震监测台网的运行受到影响时，当地人民政府应当组织有关部门采取紧急措施，尽快恢复地震监测台网的正常运行。

第二十二条　检测、传递、分析、处理、存贮、报送地震监测信息的单位，应当保证地震监测信息的安全和质量。

第二十三条　专用地震监测台网和强震动监测设施的管理单位，应当将地震监测信息及时报送所在地省、自治区、直辖市人民政府负责管理地震工作的部门或者机构。

第二十四条　国务院地震工作主管部门和县级以上地方人民政府负责管理地震工作的部门或者机构，应当加强对从事地震监测工作人员的业务培训，提高其专业技术水平。

第四章 地震监测设施和地震观测环境的保护

第二十五条 国家依法保护地震监测设施和地震观测环境。

地震监测设施所在地的市、县人民政府应当加强对地震监测设施和地震观测环境的保护工作。

任何单位和个人都有依法保护地震监测设施和地震观测环境的义务，对危害、破坏地震监测设施和地震观测环境的行为有权举报。

第二十六条 禁止占用、拆除、损坏下列地震监测设施：

（一）地震监测仪器、设备和装置；

（二）供地震监测使用的山洞、观测井（泉）；

（三）地震监测台网中心、中继站、遥测点的用房；

（四）地震监测标志；

（五）地震监测专用无线通信频段、信道和通信设施；

（六）用于地震监测的供电、供水设施。

第二十七条 地震观测环境应当按照地震监测设施周围不能有影响其工作效能的干扰源的要求划定保护范围。具体保护范围，由县级以上人民政府负责管理地震工作的部门或者机构会同其他有关部门，按照国家有关标准规定的最小距离划定。

国家有关标准对地震监测设施保护的最小距离尚未作出规定的，由县级以上人民政府负责管理地震工作的部门或者机构会同其他有关部门，按照国家有关标准规定的测试方法、计算公式等，通过现场实测确定。

第二十八条 除依法从事本条例第三十二条、第三十三条规定的建设活动外，禁止在已划定的地震观测环境保护范围内从事下列活动：

（一）爆破、采矿、采石、钻井、抽水、注水；

（二）在测震观测环境保护范围内设置无线信号发射装置、进行振动作业和往复机械运动；

（三）在电磁观测环境保护范围内铺设金属管线、电力电缆线路、堆放磁性物品和设置高频电磁辐射装置；

（四）在地形变观测环境保护范围内进行振动作业；

（五）在地下流体观测环境保护范围内堆积和填埋垃圾、进行污水处理；

（六）在观测线和观测标志周围设置障碍物或者擅自移动地震观测标志。

第二十九条 县级以上地方人民政府负责管理地震工作的部门或者机构，应当会同有关部门在地震监测设施附近设立保护标志，标明地震监测设施和地震观测环境保护的要求。

第三十条 县级以上地方人民政府负责管理地震工作的部门或者机构，应当将本行政区域内的地震监测设施的分布地点及其保护范围，报告当地人民政府，并通报同级公安机关和国土资源、城乡规划、测绘等部门。

第三十一条 土地利用总体规划和城乡规划应当考虑保护地震监测设施和地震观测环境的需要。

第三十二条　新建、扩建、改建建设工程，应当遵循国家有关测震、电磁、形变、流体等地震观测环境保护的标准，避免对地震监测设施和地震观测环境造成危害。对在地震观测环境保护范围内的建设工程项目，县级以上地方人民政府城乡规划主管部门在核发选址意见书时，应当事先征求同级人民政府负责管理地震工作的部门或者机构的意见；负责管理地震工作的部门或者机构应当在10日内反馈意见。

第三十三条　建设国家重点工程，确实无法避免对地震监测设施和地震观测环境造成破坏的，建设单位应当按照县级以上地方人民政府负责管理地震工作的部门或者机构的要求，增建抗干扰设施或者新建地震监测设施后，方可进行建设。

需要新建地震监测设施的，县级以上地方人民政府负责管理地震工作的部门或者机构，可以要求新建地震监测设施正常运行1年以后，再拆除原地震监测设施。

本条第一款、第二款规定的措施所需费用，由建设单位承担。

第五章　法律责任

第三十四条　违反本条例的规定，国务院地震工作主管部门和县级以上地方人民政府负责管理地震工作的部门或者机构的工作人员，不履行监督管理职责，发现违法行为不予查处或者有其他滥用职权、玩忽职守、徇私舞弊行为，构成犯罪的，依照刑法有关规定追究刑事责任；尚不构成犯罪的，对主管人员和其他直接责任人员依法给予行政处分。

第三十五条　违反本条例的规定，有下列行为之一的，由国务院地震工作主管部门或者县级以上地方人民政府负责管理地震工作的部门或者机构责令改正，并要求采取相应的补救措施，对主管人员和其他直接责任人员，依法给予行政处分：

（一）未按照有关法律、法规和国家有关标准进行地震监测台网建设的；

（二）未按照国务院地震工作主管部门的规定采用地震监测设备和软件的；

（三）擅自中止或者终止地震监测台网运行的。

第三十六条　有本条例第二十六条、第二十八条所列行为之一的，由国务院地震工作主管部门或者县级以上地方人民政府负责管理地震工作的部门或者机构给予警告，责令停止违法行为，对个人可以处5000元以下的罚款，对单位处2万元以上10万元以下的罚款；构成犯罪的，依法追究刑事责任；造成损失的，依法承担赔偿责任。

第三十七条　违反本条例的规定，建设单位从事建设活动时，未按照要求增建抗干扰设施或者新建地震监测设施，对地震监测设施或者地震观测环境造成破坏的，由国务院地震工作主管部门或者县级以上地方人民政府负责管理地震工作的部门或者机构责令改正，限期恢复原状或者采取相应的补救措施；情节严重的，依照《中华人民共和国防震减灾法》第八十五条的规定处以罚款；构成犯罪的，依法追究刑事责任；造成损失的，依法承担赔偿责任。

第三十八条　违反本条例的规定，外国的组织或者个人未经批准，擅自在中华人民共和国领域和中华人民共和国管辖的其他海域进行地震监测活动的，由国务院地震工作主管部门责令停止违法行为，没收监测成果和监测设施，并处1万元以上10万元以下的罚款；情节严重的，处10万元以上50万元以下的罚款。

第六章 附 则

第三十九条 火山监测的管理，参照本条例执行。

第四十条 本条例自2004年9月1日起施行。1994年1月10日国务院发布的《地震监测设施和地震观测环境保护条例》同时废止。

（《中华人民共和国国务院公报》，2004年第23号）

中华人民共和国国务院、中华人民共和国中央军事委员会令

（第436号）

现公布《军队参加抢险救灾条例》，自2005年7月1日起施行。

国务院总理 温家宝
中央军委主席 胡锦涛
2005年6月7日

军队参加抢险救灾条例

第一条 为了发挥中国人民解放军（以下称军队）在抢险救灾中的作用，保护人民生命和财产安全，根据国防法的规定，制定本条例。

第二条 军队是抢险救灾的突击力量，执行国家赋予的抢险救灾任务是军队的重要使命。

各级人民政府和军事机关应当按照本条例的规定，做好军队参加抢险救灾的组织、指挥、协调、保障等工作。

第三条 军队参加抢险救灾主要担负下列任务：

（一）解救、转移或者疏散受困人员；

（二）保护重要目标安全；

（三）抢救、运送重要物资；

（四）参加道路（桥梁、隧道）抢修、海上搜救、核生化救援、疫情控制、医疗救护等专业抢险；

（五）排除或者控制其他危重险情、灾情。

必要时，军队可以协助地方人民政府开展灾后重建等工作。

第四条　国务院组织的抢险救灾需要军队参加的，由国务院有关主管部门向中国人民解放军总参谋部提出，中国人民解放军总参谋部按照国务院、中央军事委员会的有关规定办理。

县级以上地方人民政府组织的抢险救灾需要军队参加的，由县级以上地方人民政府通过当地同级军事机关提出，当地同级军事机关按照国务院、中央军事委员会的有关规定办理。

在险情、灾情紧急的情况下，地方人民政府可以直接向驻军部队提出救助请求，驻军部队应当按照规定立即实施救助，并向上级报告；驻军部队发现紧急险情、灾情也应当按照规定立即实施救助，并向上级报告。

抢险救灾需要动用军用飞机（直升机）、舰艇的，按照有关规定办理。

第五条　国务院有关主管部门、县级以上地方人民政府提出需要军队参加抢险救灾的，应当说明险情或者灾情发生的种类、时间、地域、危害程度、已经采取的措施，以及需要使用的兵力、装备等情况。

第六条　县级以上地方人民政府组建的抢险救灾指挥机构，应当有当地同级军事机关的负责人参加；当地有驻军部队的，还应当有驻军部队的负责人参加。

第七条　军队参加抢险救灾应当在人民政府的统一领导下进行，具体任务由抢险救灾指挥机构赋予，部队的抢险救灾行动由军队负责指挥。

第八条　县级以上地方人民政府应当向当地军事机关及时通报有关险情、灾情的信息。

在经常发生险情、灾情的地方，县级以上地方人民政府应当组织军地双方进行实地勘察和抢险救灾演习、训练。

第九条　省军区（卫戍区、警备区）、军分区（警备区）、县（市、市辖区）人民武装部应当及时掌握当地有关险情、灾情信息，办理当地人民政府提出的军队参加抢险救灾事宜，做好人民政府与执行抢险救灾任务的部队之间的协调工作。有关军事机关应当制定参加抢险救灾预案，组织部队开展必要的抢险救灾训练。

第十条　军队参加抢险救灾时，当地人民政府应当提供必要的装备、物资、器材等保障，派出专业技术人员指导部队的抢险救灾行动；铁路、交通、民航、公安、电信、邮政、金融等部门和机构，应当为执行抢险救灾任务的部队提供优先、便捷的服务。

军队执行抢险救灾任务所需要的燃油，由执行抢险救灾任务的部队和当地人民政府共同组织保障。

第十一条　军队参加抢险救灾需要动用作战储备物资和装备器材的，必须按照规定报经批准。对消耗的部队携行装备器材和作战储备物资、装备器材，应当及时补充。

第十二条　灾害发生地人民政府应当协助执行抢险救灾任务的部队做好饮食、住宿、供水、供电、供暖、医疗和卫生防病等必需的保障工作。

地方人民政府与执行抢险救灾任务的部队应当互相通报疫情，共同做好卫生防疫工作。

第十三条 军队参加国务院组织的抢险救灾所耗费用由中央财政负担。军队参加地方人民政府组织的抢险救灾所耗费用由地方财政负担。

前款所指的费用包括：购置专用物资和器材费用，指挥通信、装备维修、燃油、交通运输等费用，补充消耗的携行装备器材和作战储备物资费用，以及人员生活、医疗的补助费用。

抢险救灾任务完成后，军队有关部门应当及时统计军队执行抢险救灾任务所耗费用，报抢险救灾指挥机构审核。

第十四条 国务院有关主管部门和县级以上地方人民政府应当在险情、灾情频繁发生或者列为灾害重点监视防御的地区储备抢险救灾专用装备、物资和器材，保障抢险救灾需要。

第十五条 军队参加重大抢险救灾行动的宣传报道，由国家和军队有关主管部门统一组织实施。新闻单位采访、报道军队参加抢险救灾行动，应当遵守国家和军队的有关规定。

第十六条 对在执行抢险救灾任务中有突出贡献的军队单位和个人，按照国家和军队的有关规定给予奖励；对死亡或者致残的人员，按照国家有关规定给予抚恤优待。

第十七条 中国人民武装警察部队参加抢险救灾，参照本条例执行。

第十八条 本条例自2005年7月1日起施行。

（《中华人民共和国国务院公报》，2005年第22号）

中华人民共和国国务院令

（第526号）

《汶川地震灾后恢复重建条例》已经2008年6月4日国务院第11次常务会议通过，现予公布，自公布之日起施行。

总理 温家宝

2008年6月8日

汶川地震灾后恢复重建条例

第一章 总 则

第一条 为了保障汶川地震灾后恢复重建工作有力、有序、有效地开展，积极、稳妥恢复灾区群众正常的生活、生产、学习、工作条件，促进灾区经济社会的恢复和发展，根据《中华人民共和国突发事件应对法》和《中华人民共和国防震减灾法》，制定本条例。

第二条　地震灾后恢复重建应当坚持以人为本、科学规划、统筹兼顾、分步实施、自力更生、国家支持、社会帮扶的方针。

第三条　地震灾后恢复重建应当遵循以下原则：

（一）受灾地区自力更生、生产自救与国家支持、对口支援相结合；

（二）政府主导与社会参与相结合；

（三）就地恢复重建与异地新建相结合；

（四）确保质量与注重效率相结合；

（五）立足当前与兼顾长远相结合；

（六）经济社会发展与生态环境资源保护相结合。

第四条　各级人民政府应当加强对地震灾后恢复重建工作的领导、组织和协调，必要时成立地震灾后恢复重建协调机构，组织协调地震灾后恢复重建工作。

县级以上人民政府有关部门应当在本级人民政府的统一领导下，按照职责分工，密切配合，采取有效措施，共同做好地震灾后恢复重建工作。

第五条　地震灾区的各级人民政府应当自力更生、艰苦奋斗、勤俭节约，多种渠道筹集资金、物资，开展地震灾后恢复重建。

国家对地震灾后恢复重建给予财政支持、税收优惠和金融扶持，并积极提供物资、技术和人力等方面的支持。

国家鼓励公民、法人和其他组织积极参与地震灾后恢复重建工作，支持在地震灾后恢复重建中采用先进的技术、设备和材料。

国家接受外国政府和国际组织提供的符合地震灾后恢复重建需要的援助。

第六条　对在地震灾后恢复重建工作中做出突出贡献的单位和个人，按照国家有关规定给予表彰和奖励。

第二章　过渡性安置

第七条　对地震灾区的受灾群众进行过渡性安置，应当根据地震灾区的实际情况，采取就地安置与异地安置，集中安置与分散安置，政府安置与投亲靠友、自行安置相结合的方式。

政府对投亲靠友和采取其他方式自行安置的受灾群众给予适当补助。具体办法由省级人民政府制定。

第八条　过渡性安置地点应当选在交通条件便利、方便受灾群众恢复生产和生活的区域，并避开地震活动断层和可能发生洪灾、山体滑坡和崩塌、泥石流、地面塌陷、雷击等灾害的区域以及生产、储存易燃易爆危险品的工厂、仓库。

实施过渡性安置应当占用废弃地、空旷地，尽量不占用或者少占用农田，并避免对自然保护区、饮用水水源保护区以及生态脆弱区域造成破坏。

第九条　地震灾区的各级人民政府根据实际条件，因地制宜，为灾区群众安排临时住所。临时住所可以采用帐篷、篷布房，有条件的也可以采用简易住房、活动板房。安排临时住所确实存在困难的，可以将学校操场和经安全鉴定的体育场馆等作为临时避难场所。

国家鼓励地震灾区农村居民自行筹建符合安全要求的临时住所，并予以补助。具体办法由省级人民政府制定。

第十条　用于过渡性安置的物资应当保证质量安全。生产单位应当确保帐篷、篷布房的产品质量。建设单位、生产单位应当采用质量合格的建筑材料，确保简易住房、活动板房的安全质量和抗震性能。

第十一条　过渡性安置地点应当配套建设水、电、道路等基础设施，并按比例配备学校、医疗点、集中供水点、公共卫生间、垃圾收集点、日常用品供应点、少数民族特需品供应点以及必要的文化宣传设施等配套公共服务设施，确保受灾群众的基本生活需要。

过渡性安置地点的规模应当适度，并安装必要的防雷设施和预留必要的消防应急通道，配备相应的消防设施，防范火灾和雷击灾害发生。

第十二条　临时住所应当具备防火、防风、防雨等功能。

第十三条　活动板房应当优先用于重灾区和需要异地安置的受灾群众，倒塌房屋在短期内难以恢复重建的重灾户特别是遇难者家庭、孕妇、婴幼儿、孤儿、孤老、残疾人员以及学校、医疗点等公共服务设施。

第十四条　临时住所、过渡性安置资金和物资的分配和使用，应当公开透明，定期公布，接受有关部门和社会监督。具体办法由省级人民政府制定。

第十五条　过渡性安置用地按临时用地安排，可以先行使用，事后再依法办理有关用地手续；到期未转为永久性用地的，应当复垦后交还原土地使用者。

第十六条　过渡性安置地点所在地的县级人民政府，应当组织有关部门加强次生灾害、饮用水水质、食品卫生、疫情的监测和流行病学调查以及环境卫生整治。使用的消毒剂、清洗剂应当符合环境保护要求，避免对土壤、水资源、环境等造成污染。

过渡性安置地点所在地的公安机关，应当加强治安管理，及时惩处违法行为，维护正常的社会秩序。

受灾群众应当在过渡性安置地点所在地的县、乡（镇）人民政府组织下，建立治安、消防联队，开展治安、消防巡查等自防自救工作。

第十七条　地震灾区的各级人民政府，应当组织受灾群众和企业开展生产自救，积极恢复生产，并做好受灾群众的心理援助工作。

第十八条　地震灾区的各级人民政府及政府农业行政主管部门应当及时组织修复毁损的农业生产设施，开展抢种抢收，提供农业生产技术指导，保障农业投入品和农业机械设备的供应。

第十九条　地震灾区的各级人民政府及政府有关部门应当优先组织供电、供水、供气等企业恢复生产，并对大型骨干企业恢复生产提供支持，为全面恢复工业、服务业生产经营提供条件。

第三章　调查评估

第二十条　国务院有关部门应当组织开展地震灾害调查评估工作，为编制地震灾后恢复重建规划提供依据。

第二十一条　地震灾害调查评估应当包括下列事项：

（一）城镇和乡村受损程度和数量；

（二）人员伤亡情况，房屋破坏程度和数量，基础设施、公共服务设施、工农业生产设施与商贸流通设施受损程度和数量，农用地毁损程度和数量等；

（三）需要安置人口的数量，需要救助的伤残人员数量，需要帮助的孤寡老人及未成年人的数量，需要提供的房屋数量，需要恢复重建的基础设施和公共服务设施，需要恢复重建的生产设施，需要整理和复垦的农用地等；

（四）环境污染、生态损害以及自然和历史文化遗产毁损等情况；

（五）资源环境承载能力以及地质灾害、地震次生灾害和隐患等情况；

（六）水文地质、工程地质、环境地质、地形地貌以及河势和水文情势、重大水利水电工程的受影响情况；

（七）突发公共卫生事件及其隐患；

（八）编制地震灾后恢复重建规划需要调查评估的其他事项。

第二十二条　县级以上人民政府应当依据各自职责分工组织有关部门和专家，对毁损严重的水利、道路、电力等基础设施，学校等公共服务设施以及其他建设工程进行工程质量和抗震性能鉴定，保存有关资料和样本，并开展地震活动对相关建设工程破坏机理的调查评估，为改进建设工程抗震设计规范和工程建设标准，采取抗震设防措施提供科学依据。

第二十三条　地震灾害调查评估应当采用全面调查评估、实地调查评估、综合评估的方法，确保数据资料的真实性、准确性、及时性和评估结论的可靠性。

地震部门、地震监测台网应当收集、保存地震前、地震中、地震后的所有资料和信息，并建立完整的档案。

开展地震灾害调查评估工作，应当遵守国家法律、法规以及有关技术标准和要求。

第二十四条　地震灾害调查评估报告应当及时上报国务院。

第四章　恢复重建规划

第二十五条　国务院发展改革部门会同国务院有关部门与地震灾区的省级人民政府共同组织编制地震灾后恢复重建规划，报国务院批准后组织实施。

地震灾后恢复重建规划应当包括地震灾后恢复重建总体规划和城镇体系规划、农村建设规划、城乡住房建设规划、基础设施建设规划、公共服务设施建设规划、生产力布局和产业调整规划、市场服务体系规划、防灾减灾和生态修复规划、土地利用规划等专项规划。

第二十六条 地震灾区的市、县人民政府应当在省级人民政府的指导下，组织编制本行政区域的地震灾后恢复重建实施规划。

第二十七条 编制地震灾后恢复重建规划，应当全面贯彻落实科学发展观，坚持以人为本，优先恢复重建受灾群众基本生活和公共服务设施；尊重科学、尊重自然，充分考虑资源环境承载能力；统筹兼顾，与推进工业化、城镇化、新农村建设、主体功能区建设、产业结构优化升级相结合，并坚持统一部署、分工负责，区分缓急、突出重点，相互衔接、上下协调，规范有序、依法推进的原则。

编制地震灾后恢复重建规划，应当遵守法律、法规和国家有关标准。

第二十八条 地震灾后调查评估获得的地质、勘察、测绘、水文、环境等基础资料，应当作为编制地震灾后恢复重建规划的依据。

地震工作主管部门应当根据地震地质、地震活动特性的研究成果和地震烈度分布情况，对地震动参数区划图进行复核，为编制地震灾后恢复重建规划和进行建设工程抗震设防提供依据。

第二十九条 地震灾后恢复重建规划应当包括地震灾害状况和区域分析，恢复重建原则和目标，恢复重建区域范围，恢复重建空间布局，恢复重建任务和政策措施，有科学价值的地震遗址、遗迹保护，受损文物和具有历史价值与少数民族特色的建筑物、构筑物的修复，实施步骤和阶段等主要内容。

地震灾后恢复重建规划应当重点对城镇和乡村的布局、住房建设、基础设施建设、公共服务设施建设、农业生产设施建设、工业生产设施建设、防灾减灾和生态环境以及自然资源和历史文化遗产保护、土地整理和复垦等做出安排。

第三十条 地震灾区的中央所属企业生产、生活等设施的恢复重建，纳入地震灾后恢复重建规划统筹安排。

第三十一条 编制地震灾后恢复重建规划，应当吸收有关部门、专家参加，并充分听取地震灾区受灾群众的意见；重大事项应当组织有关方面专家进行专题论证。

第三十二条 地震灾区内的城镇和乡村完全毁损，存在重大安全隐患或者人口规模超出环境承载能力，需要异地新建的，重新选址时，应当避开地震活动断层或者生态脆弱和可能发生洪灾、山体滑坡、崩塌、泥石流、地面塌陷等灾害的区域以及传染病自然疫源地。

地震灾区的县级以上地方人民政府应当组织有关部门、专家对新址进行论证，听取公众意见，并报上一级人民政府批准。

第三十三条 国务院批准的地震灾后恢复重建规划，是地震灾后恢复重建的基本依据，应当及时公布。任何单位和个人都应当遵守经依法批准公布的地震灾后恢复重建规划，服从规划管理。

地震灾后恢复重建规划所依据的基础资料修改、其他客观条件发生变化需要修改的，或者因恢复重建工作需要修改的，由规划组织编制机关提出修改意见，报国务院批准。

第五章　恢复重建的实施

第三十四条　地震灾区的省级人民政府，应当根据地震灾后恢复重建规划和当地经济社会发展水平，有计划、分步骤地组织实施地震灾后恢复重建。

国务院有关部门应当支持、协助、指导地震灾区的恢复重建工作。

城镇恢复重建应当充分考虑原有城市、镇总体规划，注重体现原有少数民族建筑风格，合理确定城镇的建设规模和标准，并达到抗震设防要求。

第三十五条　发展改革部门具体负责灾后恢复重建的统筹规划、政策建议、投资计划、组织协调和重大建设项目的安排。

财政部门会同有关部门负责提出资金安排和政策建议，并具体负责灾后恢复重建财政资金的拨付和管理。

交通运输、水利、铁路、电力、通信、广播影视等部门按照职责分工，具体组织实施有关基础设施的灾后恢复重建。

建设部门具体组织实施房屋和市政公用设施的灾后恢复重建。

民政部门具体组织实施受灾群众的临时基本生活保障、生活困难救助、农村毁损房屋恢复重建补助、社会福利设施恢复重建以及对孤儿、孤老、残疾人员的安置、补助、心理援助和伤残康复。

教育、科技、文化、卫生、广播影视、体育、人力资源社会保障、商务、工商等部门按照职责分工，具体组织实施公共服务设施的灾后恢复重建、卫生防疫和医疗救治、就业服务和社会保障、重要生活必需品供应以及维护市场秩序。高等学校、科学技术研究开发机构应当加强对有关问题的专题研究，为地震灾后恢复重建提供科学技术支撑。

农业、林业、水利、国土资源、商务、工业等部门按照职责分工，具体组织实施动物疫情监测、农业生产设施恢复重建和农业生产条件恢复，地震灾后恢复重建用地安排、土地整理和复垦、地质灾害防治，商贸流通、工业生产设施等恢复重建。

环保、林业、民政、水利、科技、安全生产、地震、气象、测绘等部门按照职责分工，具体负责生态环境保护和防灾减灾、安全生产的技术保障及公共服务设施恢复重建。

中国人民银行和银行、证券、保险监督管理机构按照职责分工，具体负责地震灾后恢复重建金融支持和服务政策的制定与落实。

公安部门具体负责维护和稳定地震灾区社会秩序。

海关、出入境检验检疫部门按照职责分工，依法组织实施进口恢复重建物资、境外捐赠物资的验放、检验检疫。

外交部会同有关部门按照职责分工，协调开展地震灾后恢复重建的涉外工作。

第三十六条　国务院地震工作主管部门应当会同文物等有关部门组织专家对地震废墟进行现场调查，对具有典型性、代表性、科学价值和纪念意义的地震遗址、遗迹划定范围，建立地震遗址博物馆。

第三十七条 地震灾区的省级人民政府应当组织民族事务、建设、环保、地震、文物等部门和专家，根据地震灾害调查评估结果，制定清理保护方案，明确地震遗址、遗迹和文物保护单位以及具有历史价值与少数民族特色的建筑物、构筑物等保护对象及其区域范围，报国务院批准后实施。

第三十八条 地震灾害现场的清理保护，应当在确定无人类生命迹象和无重大疫情的情况下，按照统一组织、科学规划、统筹兼顾、注重保护的原则实施。发现地震灾害现场有人类生命迹象的，应当立即实施救援。

第三十九条 对清理保护方案确定的地震遗址、遗迹应当在保护范围内采取有效措施进行保护，抢救、收集具有科学研究价值的技术资料和实物资料，并在不影响整体风貌的情况下，对有倒塌危险的建筑物、构筑物进行必要的加固，对废墟中有毒、有害的废弃物、残留物进行必要的清理。

对文物保护单位应当实施原址保护。对尚可保留的不可移动文物和具有历史价值与少数民族特色的建筑物、构筑物以及历史建筑，应当采取加固等保护措施；对无法保留但将来可能恢复重建的，应当收集整理影像资料。

对馆藏文物、民间收藏文物等可移动文物和非物质文化遗产的物质载体，应当及时抢救、整理、登记，并将清理出的可移动文物和非物质文化遗产的物质载体，运送到安全地点妥善保管。

第四十条 对地震灾害现场的清理，应当按照清理保护方案分区、分类进行。清理出的遇难者遗体处理，应当尊重当地少数民族传统习惯；清理出的财物，应当对其种类、特征、数量、清理时间、地点等情况详细登记造册，妥善保存。有条件的，可以通知遇难者家属和所有权人到场。

对清理出的废弃危险化学品和其他废弃物、残留物，应当实行分类处理，并遵守国家有关规定。

第四十一条 地震灾区的各级人民政府应当做好地震灾区的动物疫情防控工作。对清理出的动物尸体，应当采取消毒、销毁等无害化处理措施，防止重大动物疫情的发生。

第四十二条 对现场清理过程中拆除或者拆解的废旧建筑材料以及过渡安置期结束后不再使用的活动板房等，能回收利用的，应当回收利用。

第四十三条 地震灾后恢复重建，应当统筹安排交通、铁路、通信、供水、供电、住房、学校、医院、社会福利、文化、广播电视、金融等基础设施和公共服务设施建设。

城镇的地震灾后恢复重建，应当统筹安排市政公用设施、公共服务设施和其他设施，合理确定建设规模和时序。

乡村的地震灾后恢复重建，应当尊重农民意愿，发挥村民自治组织的作用，以群众自建为主，政府补助、社会帮扶、对口支援，因地制宜，节约和集约利用土地，保护耕地。

地震灾区的县级人民政府应当组织有关部门对村民住宅建设的选址予以指导，并提供能够符合当地实际的多种村民住宅设计图，供村民选择。村民住宅应当达到抗震设防要求，体现原有地方特色、民族特色和传统风貌。

第四十四条　经批准的地震灾后恢复重建项目可以根据土地利用总体规划，先行安排使用土地，实行边建设边报批，并按照有关规定办理用地手续。对因地震灾害毁损的耕地、农田道路、抢险救灾应急用地、过渡性安置用地、废弃的城镇、村庄和工矿旧址，应当依法进行土地整理和复垦，并治理地质灾害。

第四十五条　国务院有关部门应当组织对地震灾区地震动参数、抗震设防要求、工程建设标准进行复审；确有必要修订的，应当及时组织修订。

地震灾区的抗震设防要求和有关工程建设标准应当根据修订后的地震灾区地震动参数，进行相应修订。

第四十六条　对地震灾区尚可使用的建筑物、构筑物和设施，应当按照地震灾区的抗震设防要求进行抗震性能鉴定，并根据鉴定结果采取加固、改造等措施。

第四十七条　地震灾后重建工程的选址，应当符合地震灾后恢复重建规划和抗震设防、防灾减灾要求，避开地震活动断层、生态脆弱地区、可能发生重大灾害的区域和传染病自然疫源地。

第四十八条　设计单位应当严格按照抗震设防要求和工程建设强制性标准进行抗震设计，并对抗震设计的质量以及出具的施工图的准确性负责。

施工单位应当按照施工图设计文件和工程建设强制性标准进行施工，并对施工质量负责。

建设单位、施工单位应当选用施工图设计文件和国家有关标准规定的材料、构配件和设备。

工程监理单位应当依照施工图设计文件和工程建设强制性标准实施监理，并对施工质量承担监理责任。

第四十九条　按照国家有关规定对地震灾后恢复重建工程进行竣工验收时，应当重点对工程是否符合抗震设防要求进行查验；对不符合抗震设防要求的，不得出具竣工验收报告。

第五十条　对学校、医院、体育场馆、博物馆、文化馆、图书馆、影剧院、商场、交通枢纽等人员密集的公共服务设施，应当按照高于当地房屋建筑的抗震设防要求进行设计，增强抗震设防能力。

第五十一条　地震灾后恢复重建中涉及文物保护、自然保护区、野生动植物保护和地震遗址、遗迹保护的，依照国家有关法律、法规的规定执行。

第五十二条　地震灾后恢复重建中，货物、工程和服务的政府采购活动，应当严格依照《中华人民共和国政府采购法》的有关规定执行。

第六章　资金筹集与政策扶持

第五十三条　县级以上人民政府应当通过政府投入、对口支援、社会募集、市场运作等方式筹集地震灾后恢复重建资金。

第五十四条　国家根据地震的强度和损失的实际情况等因素建立地震灾后恢复重建基金，专项用于地震灾后恢复重建。

地震灾后恢复重建基金由预算资金以及其他财政资金构成。

地震灾后恢复重建基金筹集使用管理办法，由国务院财政部门制定。

第五十五条　国家鼓励公民、法人和其他组织为地震灾后恢复重建捐赠款物。捐赠款物的使用应当尊重捐赠人的意愿，并纳入地震灾后恢复重建规划。

县级以上人民政府及其部门作为受赠人的，应当将捐赠款物用于地震灾后恢复重建。公益性社会团体、公益性非营利的事业单位作为受赠人的，应当公开接受捐赠的情况和受赠财产的使用、管理情况，接受政府有关部门、捐赠人和社会的监督。

县级以上人民政府及其部门、公益性社会团体、公益性非营利的事业单位接受捐赠的，应当向捐赠人出具由省级以上财政部门统一印制的捐赠票据。

外国政府和国际组织提供的地震灾后恢复重建资金、物资和人员服务以及安排实施的多双边地震灾后恢复重建项目等，依照国家有关规定执行。

第五十六条　国家鼓励公民、法人和其他组织依法投资地震灾区基础设施和公共服务设施的恢复重建。

第五十七条　国家对地震灾后恢复重建依法实行税收优惠。具体办法由国务院财政部门、国务院税务部门制定。

地震灾区灾后恢复重建期间，县级以上地方人民政府依法实施地方税收优惠措施。

第五十八条　地震灾区的各项行政事业性收费可以适当减免。具体办法由有关主管部门制定。

第五十九条　国家向地震灾区的房屋贷款和公共服务设施恢复重建贷款、工业和服务业恢复生产经营贷款、农业恢复生产贷款等提供财政贴息。具体办法由国务院财政部门会同其他有关部门制定。

第六十条　国家在安排建设资金时，应当优先考虑地震灾区的交通、铁路、能源、农业、水利、通信、金融、市政公用、教育、卫生、文化、广播电视、防灾减灾、环境保护等基础设施和公共服务设施以及关系国家安全的重点工程设施建设。

测绘、气象、地震、水文等设施因地震遭受破坏的，地震灾区的人民政府应当采取紧急措施，组织力量修复，确保正常运行。

第六十一条　各级人民政府及政府有关部门应当加强对受灾群众的职业技能培训、就业服务和就业援助，鼓励企业、事业单位优先吸纳符合条件的受灾群众就业；可以采取以工代赈的方式组织受灾群众参加地震灾后恢复重建。

第六十二条　地震灾区接受义务教育的学生，其监护人因地震灾害死亡或者丧失劳动能力或者因地震灾害导致家庭经济困难的，由国家给予生活费补贴；地震灾区的其他学生，其父母因地震灾害死亡或者丧失劳动能力或者因地震灾害导致家庭经济困难的，在同等情况下其所在的学校可以优先将其纳入国家资助政策体系予以资助。

第六十三条　非地震灾区的县级以上地方人民政府及其有关部门应当按照国家和当地人民政府的安排，采取对口支援等多种形式支持地震灾区恢复重建。

国家鼓励非地震灾区的企业、事业单位通过援建等多种形式支持地震灾区恢复重建。

第六十四条　对地震灾后恢复重建中需要办理行政审批手续的事项，有审批权的人民政府及有关部门应当按照方便群众、简化手续、提高效率的原则，依法及时予以办理。

第七章　监督管理

第六十五条　县级以上人民政府应当加强对下级人民政府地震灾后恢复重建工作的监督检查。

县级以上人民政府有关部门应当加强对地震灾后恢复重建建设工程质量和安全以及产品质量的监督。

第六十六条　地震灾区的各级人民政府在确定地震灾后恢复重建资金和物资分配方案、房屋分配方案前，应当先行调查，经民主评议后予以公布。

第六十七条　地震灾区的各级人民政府应当定期公布地震灾后恢复重建资金和物资的来源、数量、发放和使用情况，接受社会监督。

第六十八条　财政部门应当加强对地震灾后恢复重建资金的拨付和使用的监督管理。

发展改革、建设、交通运输、水利、电力、铁路、工业和信息化等部门按照职责分工，组织开展对地震灾后恢复重建项目的监督检查。国务院发展改革部门组织开展对地震灾后恢复重建的重大建设项目的稽察。

第六十九条　审计机关应当加强对地震灾后恢复重建资金和物资的筹集、分配、拨付、使用和效果的全过程跟踪审计，定期公布地震灾后恢复重建资金和物资使用情况，并在审计结束后公布最终的审计结果。

第七十条　地震灾区的各级人民政府及有关部门和单位，应当对建设项目以及地震灾后恢复重建资金和物资的筹集、分配、拨付、使用情况登记造册，建立、健全档案，并在建设工程竣工验收和地震灾后恢复重建结束后，及时向建设主管部门或者其他有关部门移交档案。

第七十一条　监察机关应当加强对参与地震灾后恢复重建工作的国家机关和法律、法规授权的具有管理公共事务职能的组织及其工作人员的监察。

第七十二条　任何单位和个人对地震灾后恢复重建中的违法违纪行为，都有权进行举报。

接到举报的人民政府或者有关部门应当立即调查，依法处理，并为举报人保密。实名举报的，应当将处理结果反馈举报人。社会影响较大的违法违纪行为，处理结果应当向社会公布。

第八章　法律责任

第七十三条　有关地方人民政府及政府部门侵占、截留、挪用地震灾后恢复重建资金或者物资的，由财政部门、审计机关在各自职责范围内，责令改正，追回被侵占、截留、挪用的地震灾后恢复重建资金或者物资，没收违法所得，对单位给予警告或者通报批评；对直接负责的主管人员和其他直接责任人员，由任免机关或者监察机关按照人事管理权限依法给予降级、撤职直至开除的处分；构成犯罪的，依法追究刑事责任。

第七十四条　在地震灾后恢复重建中，有关地方人民政府及政府有关部门拖欠施工单位工程款，或者明示、暗示设计单位、施工单位违反抗震设防要求和工程建设强制性标准，降低建设工程质量，造成重大安全事故，构成犯罪的，依法追究刑事责任；尚不构成犯罪的，对直接负责的主管人员和其他直接责任人员，由任免机关或者监察机关按照人事管理权限依法给予降级、撤职直至开除的处分。

第七十五条　在地震灾后恢复重建中，建设单位、勘察单位、设计单位、施工单位或者工程监理单位，降低建设工程质量，造成重大安全事故，构成犯罪的，依法追究刑事责任；尚不构成犯罪的，由县级以上地方人民政府建设主管部门或者其他有关部门依照《建设工程质量管理条例》的有关规定给予处罚。

第七十六条　对毁损严重的基础设施、公共服务设施和其他建设工程，在调查评估中经鉴定确认工程质量存在重大问题，构成犯罪的，对负有责任的建设单位、设计单位、施工单位、工程监理单位的直接责任人员，依法追究刑事责任；尚不构成犯罪的，由县级以上地方人民政府建设主管部门或者其他有关部门依照《建设工程质量管理条例》的有关规定给予处罚。涉嫌行贿、受贿的，依法追究刑事责任。

第七十七条　在地震灾后恢复重建中，扰乱社会公共秩序，构成违反治安管理行为的，由公安机关依法给予处罚。

第七十八条　国家工作人员在地震灾后恢复重建工作中滥用职权、玩忽职守、徇私舞弊的，依法给予处分；构成犯罪的，依法追究刑事责任。

第九章　附　则

第七十九条　地震灾后恢复重建中的其他有关法律的适用和有关政策，由国务院依法另行制定，或者由国务院有关部门、省级人民政府在各自职权范围内做出规定。

第八十条　本条例自公布之日起施行。

（《中华人民共和国国务院公报》，2008年第17号）

中华人民共和国国务院令

（第577号）

《自然灾害救助条例》已经2010年6月30日国务院第117次常务会议通过，现予公布，自2010年9月1日起施行。

总理　温家宝

2010年7月8日

自然灾害救助条例

第一章　总　则

第一条　为了规范自然灾害救助工作，保障受灾人员基本生活，制定本条例。

第二条　自然灾害救助工作遵循以人为本、政府主导、分级管理、社会互助、灾民自救的原则。

第三条　自然灾害救助工作实行各级人民政府行政领导负责制。

国家减灾委员会负责组织、领导全国的自然灾害救助工作，协调开展重大自然灾害救助活动。国务院民政部门负责全国的自然灾害救助工作，承担国家减灾委员会的具体工作。国务院有关部门按照各自职责做好全国的自然灾害救助相关工作。

县级以上地方人民政府或者人民政府的自然灾害救助应急综合协调机构，组织、协调本行政区域的自然灾害救助工作。县级以上地方人民政府民政部门负责本行政区域的自然灾害救助工作。县级以上地方人民政府有关部门按照各自职责做好本行政区域的自然灾害救助相关工作。

第四条　县级以上人民政府应当将自然灾害救助工作纳入国民经济和社会发展规划，建立健全与自然灾害救助需求相适应的资金、物资保障机制，将人民政府安排的自然灾害救助资金和自然灾害救助工作经费纳入财政预算。

第五条　村民委员会、居民委员会以及红十字会、慈善会和公募基金会等社会组织，依法协助人民政府开展自然灾害救助工作。

国家鼓励和引导单位和个人参与自然灾害救助捐赠、志愿服务等活动。

第六条　各级人民政府应当加强防灾减灾宣传教育，提高公民的防灾避险意识和自救互救能力。

村民委员会、居民委员会、企业事业单位应当根据所在地人民政府的要求，结合各自的实际情况，开展防灾减灾应急知识的宣传普及活动。

第七条　对在自然灾害救助中作出突出贡献的单位和个人，按照国家有关规定给予表彰和奖励。

第二章　救助准备

第八条　县级以上地方人民政府及其有关部门应当根据有关法律、法规、规章，上级人民政府及其有关部门的应急预案以及本行政区域的自然灾害风险调查情况，制定相应的自然灾害救助应急预案。

自然灾害救助应急预案应当包括下列内容：

（一）自然灾害救助应急组织指挥体系及其职责；

（二）自然灾害救助应急队伍；

（三）自然灾害救助应急资金、物资、设备；

（四）自然灾害的预警预报和灾情信息的报告、处理；

（五）自然灾害救助应急响应的等级和相应措施；

（六）灾后应急救助和居民住房恢复重建措施。

第九条　县级以上人民政府应当建立健全自然灾害救助应急指挥技术支撑系统，并为自然灾害救助工作提供必要的交通、通信等装备。

第十条　国家建立自然灾害救助物资储备制度，由国务院民政部门分别会同国务院财政部门、发展改革部门制定全国自然灾害救助物资储备规划和储备库规划，并组织实施。

设区的市级以上人民政府和自然灾害多发、易发地区的县级人民政府应当根据自然灾害特点、居民人口数量和分布等情况，按照布局合理、规模适度的原则，设立自然灾害救助物资储备库。

第十一条　县级以上地方人民政府应当根据当地居民人口数量和分布等情况，利用公园、广场、体育场馆等公共设施，统筹规划设立应急避难场所，并设置明显标志。

启动自然灾害预警响应或者应急响应，需要告知居民前往应急避难场所的，县级以上地方人民政府或者人民政府的自然灾害救助应急综合协调机构应当通过广播、电视、手机短信、电子显示屏、互联网等方式，及时公告应急避难场所的具体地址和到达路径。

第十二条　县级以上地方人民政府应当加强自然灾害救助人员的队伍建设和业务培训，村民委员会、居民委员会和企业事业单位应当设立专职或者兼职的自然灾害信息员。

第三章　应急救助

第十三条　县级以上人民政府或者人民政府的自然灾害救助应急综合协调机构应当根据自然

灾害预警预报启动预警响应，采取下列一项或者多项措施：

（一）向社会发布规避自然灾害风险的警告，宣传避险常识和技能，提示公众做好自救互救准备；

（二）开放应急避难场所，疏散、转移易受自然灾害危害的人员和财产，情况紧急时，实行有组织的避险转移；

（三）加强对易受自然灾害危害的乡村、社区以及公共场所的安全保障；

（四）责成民政等部门做好基本生活救助的准备。

第十四条　自然灾害发生并达到自然灾害救助应急预案启动条件的，县级以上人民政府或者人民政府的自然灾害救助应急综合协调机构应当及时启动自然灾害救助应急响应，采取下列一项或者多项措施：

（一）立即向社会发布政府应对措施和公众防范措施；

（二）紧急转移安置受灾人员；

（三）紧急调拨、运输自然灾害救助应急资金和物资，及时向受灾人员提供食品、饮用水、衣被、取暖、临时住所、医疗防疫等应急救助，保障受灾人员基本生活；

（四）抚慰受灾人员，处理遇难人员善后事宜；

（五）组织受灾人员开展自救互救；

（六）分析评估灾情趋势和灾区需求，采取相应的自然灾害救助措施；

（七）组织自然灾害救助捐赠活动。

对应急救助物资，各交通运输主管部门应当组织优先运输。

第十五条　在自然灾害救助应急期间，县级以上地方人民政府或者人民政府的自然灾害救助应急综合协调机构可以在本行政区域内紧急征用物资、设备、交通运输工具和场地，自然灾害救助应急工作结束后应当及时归还，并按照国家有关规定给予补偿。

第十六条　自然灾害造成人员伤亡或者较大财产损失的，受灾地区县级人民政府民政部门应当立即向本级人民政府和上一级人民政府民政部门报告。

自然灾害造成特别重大或者重大人员伤亡、财产损失的，受灾地区县级人民政府民政部门应当按照有关法律、行政法规和国务院应急预案规定的程序及时报告，必要时可以直接报告国务院。

第十七条　灾情稳定前，受灾地区人民政府民政部门应当每日逐级上报自然灾害造成的人员伤亡、财产损失和自然灾害救助工作动态等情况，并及时向社会发布。

灾情稳定后，受灾地区县级以上人民政府或者人民政府的自然灾害救助应急综合协调机构应当评估、核定并发布自然灾害损失情况。

第四章　灾后救助

第十八条　受灾地区人民政府应当在确保安全的前提下，采取就地安置与异地安置、政府安置与自行安置相结合的方式，对受灾人员进行过渡性安置。

就地安置应当选择在交通便利、便于恢复生产和生活的地点，并避开可能发生次生自然灾害的区域，尽量不占用或者少占用耕地。

受灾地区人民政府应当鼓励并组织受灾群众自救互救，恢复重建。

第十九条 自然灾害危险消除后，受灾地区人民政府应当统筹研究制订居民住房恢复重建规划和优惠政策，组织重建或者修缮因灾损毁的居民住房，对恢复重建确有困难的家庭予以重点帮扶。

居民住房恢复重建应当因地制宜、经济实用，确保房屋建设质量符合防灾减灾要求。

受灾地区人民政府民政等部门应当向经审核确认的居民住房恢复重建补助对象发放补助资金和物资，住房城乡建设等部门应当为受灾人员重建或者修缮因灾损毁的居民住房提供必要的技术支持。

第二十条 居民住房恢复重建补助对象由受灾人员本人申请或者由村民小组、居民小组提名。经村民委员会、居民委员会民主评议，符合救助条件的，在自然村、社区范围内公示；无异议或者经村民委员会、居民委员会民主评议异议不成立的，由村民委员会、居民委员会将评议意见和有关材料提交乡镇人民政府、街道办事处审核，报县级人民政府民政等部门审批。

第二十一条 自然灾害发生后的当年冬季、次年春季，受灾地区人民政府应当为生活困难的受灾人员提供基本生活救助。

受灾地区县级人民政府民政部门应当在每年10月底前统计、评估本行政区域受灾人员当年冬季、次年春季的基本生活困难和需求，核实救助对象，编制工作台账，制定救助工作方案，经本级人民政府批准后组织实施，并报上一级人民政府民政部门备案。

第五章 救助款物管理

第二十二条 县级以上人民政府财政部门、民政部门负责自然灾害救助资金的分配、管理并监督使用情况。

县级以上人民政府民政部门负责调拨、分配、管理自然灾害救助物资。

第二十三条 人民政府采购用于自然灾害救助准备和灾后恢复重建的货物、工程和服务，依照有关政府采购和招标投标的法律规定组织实施。自然灾害应急救助和灾后恢复重建中涉及紧急抢救、紧急转移安置和临时性救助的紧急采购活动，按照国家有关规定执行。

第二十四条 自然灾害救助款物专款（物）专用，无偿使用。

定向捐赠的款物，应当按照捐赠人的意愿使用。政府部门接受的捐赠人无指定意向的款物，由县级以上人民政府民政部门统筹安排用于自然灾害救助；社会组织接受的捐赠人无指定意向的款物，由社会组织按照有关规定用于自然灾害救助。

第二十五条 自然灾害救助款物应当用于受灾人员的紧急转移安置，基本生活救助，医疗救助，教育、医疗等公共服务设施和住房的恢复重建，自然灾害救助物资的采购、储存和运输，以及因灾遇难人员亲属的抚慰等项支出。

第二十六条 受灾地区人民政府民政、财政等部门和有关社会组织应当通过报刊、广播、电视、互联网，主动向社会公开所接受的自然灾害救助款物和捐赠款物的来源、数量及其使用情况。

受灾地区村民委员会、居民委员会应当公布救助对象及其接受救助款物数额和使用情况。

第二十七条 各级人民政府应当建立健全自然灾害救助款物和捐赠款物的监督检查制度，并及时受理投诉和举报。

第二十八条　县级以上人民政府监察机关、审计机关应当依法对自然灾害救助款物和捐赠款物的管理使用情况进行监督检查，民政、财政等部门和有关社会组织应当予以配合。

第六章　法律责任

第二十九条　行政机关工作人员违反本条例规定，有下列行为之一的，由任免机关或者监察机关依照法律法规给予处分；构成犯罪的，依法追究刑事责任：

（一）迟报、谎报、瞒报自然灾害损失情况，造成后果的；

（二）未及时组织受灾人员转移安置，或者在提供基本生活救助、组织恢复重建过程中工作不力，造成后果的；

（三）截留、挪用、私分自然灾害救助款物或者捐赠款物的；

（四）不及时归还征用的财产，或者不按照规定给予补偿的；

（五）有滥用职权、玩忽职守、徇私舞弊的其他行为的。

第三十条　采取虚报、隐瞒、伪造等手段，骗取自然灾害救助款物或者捐赠款物的，由县级以上人民政府民政部门责令限期退回违法所得的款物；构成犯罪的，依法追究刑事责任。

第三十一条　抢夺或者聚众哄抢自然灾害救助款物或者捐赠款物的，由县级以上人民政府民政部门责令停止违法行为；构成违反治安管理行为的，由公安机关依法给予治安管理处罚；构成犯罪的，依法追究刑事责任。

第三十二条　以暴力、威胁方法阻碍自然灾害救助工作人员依法执行职务，构成违反治安管理行为的，由公安机关依法给予治安管理处罚；构成犯罪的，依法追究刑事责任。

第七章　附　则

第三十三条　发生事故灾难、公共卫生事件、社会安全事件等突发事件，需要由县级以上人民政府民政部门开展生活救助的，参照本条例执行。

第三十四条　法律、行政法规对防灾、抗灾、救灾另有规定的，从其规定。

第三十五条　本条例自2010年9月1日起施行。

（《中华人民共和国国务院公报》，2010年第21号）

2006年1月9日 星期一 第十版 人民日报 政治新闻

国家突发公共事件总体应急预案

规划·方案

规　划

预　案

方　案

规　划

国家防震减灾规划（2006—2020年）

（2007年10月31日）

防震减灾是国家公共安全的重要组成部分，是重要的基础性、公益性事业，事关人民生命财产安全和经济社会可持续发展。加快防震减灾事业发展，对于全面建设小康社会、构建社会主义和谐社会具有十分重要的意义。

根据《中华人民共和国防震减灾法》及国家关于加强防震减灾工作的有关要求，并与《中华人民共和国减灾规划（1998—2010年）》（国发〔1998〕13号）相衔接，制订本规划。规划期为2006—2020年，以“十一五”期间为重点。

一、我国防震减灾现状及面临的形势

地震是对人类生存安全危害最大的自然灾害之一，我国是世界上地震活动最强烈和地震灾害最严重的国家之一。我国占全球陆地面积的7%，但20世纪全球大陆35%的7.0级以上地震发生在我国；20世纪全球因地震死亡120万人，我国占59万人，居各国之首。我国大陆大部分地区位于地震烈度Ⅵ度以上区域；50%的国土面积位于Ⅶ度以上的地震高烈度区域，包括23个省会城市和2/3的百万人口以上的大城市。

近年来，在党中央和国务院的正确领导下，经过各地区和各部门的共同努力，初步建立了有效的管理体制，全民防震减灾意识明显提高，监测预报、震灾预防和紧急救援三大工作体系建设取得重要进展。尤其是“十五”期间，我国防震减灾能力建设取得长足进步：投资建设中国数字地震观测网络，包括地震前兆、测震和强震动三大台网；地震活断层探测、地震应急指挥和地震信息服务三大系统以及国家地震紧急救援训练基地。项目建成后，前兆、测震、强震台站的密度

将分别达到每万平方公里0.42个、0.88个和1.2个，监测设备数字化率达到95%，20个城市活断层地震危险性得到初步评估。地震速报时间从30分钟缩短到10分钟，地震监测震级下限从4.5级改善到3.0级。地震预报水平进一步提升，强震动观测能力和活断层探测水平迈上新的台阶，震害防御服务能力显著增强，地震应急响应时间大幅缩短，地震应急指挥和救援能力有了很大的提高，为“十一五”期间乃至今后防震减灾事业持续发展奠定坚实的基础。

目前，我国防震减灾能力仍与经济社会发展不相适应。主要表现在：全国地震监测预报基础依然薄弱，科技实力有待提升，地震观测所获得的信息量远未满足需求，绝大多数破坏性地震尚不能做出准确的预报；全社会防御地震灾害能力明显不足，农村基本不设防，多数城市和重大工程地震灾害潜在风险很高，防震减灾教育滞后，公众防震减灾素质不高，6.0级及以上级地震往往造成较大人员伤亡和财产损失；各级政府应对突发地震事件的灾害预警、指挥部署、社会动员和信息收集发布等工作机制需进一步完善；防震减灾投入总体不足，缺乏对企业及个人等社会资金的引导，尚未从根本上解决投入渠道单一问题。

地震是我国今后一段时期面临的主要自然灾害之一。迅速提高我国预防和减轻地震灾害的综合能力，是实施城镇化战略，解决三农问题，实现公共安全，构建和谐社会的必然要求。我国将致力于建立与城市发展相适应的地震灾害综合防御体系；改变广大农村不设防，地震成灾率高，人员伤亡严重的现状，为城乡提供无差别公共服务；保障长江中上游、黄河上游及西南地区大型水电工程的地震安全；实现重大生命线工程的地震紧急处置。

二、规划指导思想、目标与发展战略

（一）规划指导思想

以“三个代表”重要思想为指导，认真贯彻落实科学发展观，把人民群众的生命安全放在首位。坚持防震减灾同经济建设一起抓，实行预防为主、防御与救助相结合的方针。切实加强地震监测预报、震灾预防和紧急救援三大工作体系建设。以政府为主导，依靠科技、依靠法制、依靠全社会力量，不断提高防震减灾综合能力，为维护国家公共安全、构建和谐社会和保持可持续发展提供可靠的保障。

（二）规划目标

1. 总体目标

到2020年，我国基本具备综合抗御6.0级左右、相当于各地区地震基本烈度的地震的能力，大中城市和经济发达地区的防震减灾能力达到中等发达国家水平。

位于地震烈度Ⅵ度及以上地区的城市，全部完成修订或编制防震减灾规划，新建工程全部实现抗震设防；地震重点监视防御区新建农村民居采取抗震措施；完善地震应急反应体系和预案体系，建立地震预警系统；建立健全地震应急和救援保障体系，进一步增强紧急救援力量；省会城市和百万人口以上城市拥有避难场所；建成救灾物资储备体系；重大基础设施和生命线工程具备地震紧急处置能力；防震减灾知识基本普及；震后24小时内灾民得到基本生活和医疗救助；建成全国地震背景场综合观测网络，地震科学基础研究和创新能力达到国际先进水平，短期和临震预报有所突破。

2. “十一五”阶段目标

到2010年，大城市及城市群率先达到基本抗御6.0级地震的目标要求；建成农村民居地震安全示范区；加强地震预警系统建设，加强重大基础设施和生命线工程地震紧急处置示范工作；防震减灾知识普及率达到40%，发展20万人的志愿者队伍；初步建立全国救灾物资储备体系；震后24小时内灾民得到初步生活和医疗救助；建成具有国际水平的地震科研与技术研发基地，完善中国大陆及领海数字化地震观测，并在地震重点监视防御区和重点防御城市实现密集台阵观测，全面提升地震科技创新能力，地震预报继续保持世界先进水平。

（三）发展战略

以大城市和城市群地震安全为重中之重，实现由局部的重点防御向有重点的全面防御拓展；以地震科技创新能力建设为支撑，提高防震减灾三大工作体系发展水平；实行预测、预防和救助全方位的综合管理，形成全社会共同抗御地震灾害的新局面。

1. 把大城市和城市群地震安全作为重中之重，逐步向有重点的全面防御拓展

明确和强化各级政府的职责，切实推进大城市和城市群的地震安全工作，强化防御措施。加大对能源、交通、水利、通信、石油化工、广播电视和供水供电供气等重大基础设施的抗震设防和抗震加固力度。加强城市公园等避难场所建设，拓展城市防震减灾的空间。切实做好广大农村，特别是地震重点监视防御区农村防震减灾工作，改变农村民居不设防状况，不断提高全面防御的能力。

2. 加强地震科技创新能力建设，提高防震减灾三大工作体系发展水平

重视和加强地震科技的基础研究、开发研究和应用研究，加强科研基地和重大基础科研设施建设，为防震减灾提供持续的科技支撑和智力支持，提升地震科技创新能力，提高地震监测预报、震灾预防、紧急救援三大工作体系发展水平。

3. 全面提升社会公众防震减灾素质，形成全社会共同抗御地震灾害的局面

加强防震减灾教育和宣传工作，组织开展防震减灾知识进校园、进社区、进乡村活动。全面提升社会公众对防震减灾的参与程度，提高对地震信息的理解和心理承受能力，掌握自救互救技能。鼓励和支持社会团体、企事业单位和个人参与防震减灾活动，加强群测群防，形成全社会共同抗御地震灾害的局面。

三、总体布局与主要任务

（一）总体布局

防震减灾是惠及全民的公益性事业。落实防震减灾发展战略，逐渐向全面防御拓展，必须在加强重点监视防御区工作的同时，将防震减灾工作部署到全国各地，统筹东部和中西部地区，统筹城市与农村，实现防震减灾三大工作体系全面协调发展。加强与台湾地区地震科技交流与合

作。妥善处置香港、澳门地区的地震应急事件。为实现有重点的全面防御，依据规划期内我国地震分布特点和地震灾害预测结果，我国防震减灾总体布局如下：

环渤海及首都圈地区：建设地震预报实验场；建设国家防灾高等教育基地；进一步实施地震预警；提高城市群地震综合防御能力；切实做好2008年北京奥运会防震对策研究制定工作。

长江三角洲地区：实施城市群地震安全工程；推进海域地震监测和地震海啸预警系统建设；切实做好2010年上海世博会防震对策研究制定工作。

东南（南部）沿海地区：实施城市群地震安全工程；推进海域地震监测和地震海啸预警系统建设；切实做好2010年广州亚运会防震对策研究制定工作。

南北地震带：建设地震预报实验场；实施重点监视防御区城市地震安全示范工程和农村民居地震安全技术服务工程。

南北天山区：建设地震预报实验场；实施农村民居地震安全技术服务工程。

此外，在黄河中上游流域重点监视防御区实施城市地震安全工程和农村民居地震安全技术服务工程；加强长江中上游流域、黄河上游流域及西南地区大型水电工程的地震安全工作，加强水库诱发地震的监测与研究；加强国家重大生命线工程沿线地区地震监测设施建设，保障重大生命线工程地震安全；加强青藏高原地区新构造活动前缘研究，不断提高地震监测能力；加强黑龙江、吉林、云南和海南等地区地震监测设施建设，确保对火山地震活动的监测。

（二）主要任务

2006—2020年我国防震减灾的主要任务是：加强监测基础设施建设，提高地震预测水平；加强基础信息调查，有重点地提高大中城市、重大生命线工程和重点监视防御区农村的地震灾害防御能力；完善突发地震事件处置机制，提高各级政府应急处置能力。

1. 开展防震减灾基础信息调查

继续推进活动断层调查，实施中国大陆活动断裂填图计划，编制1：50万数字化中国大陆活动断裂分布图、1：25万主要活动构造区带活动断裂分布图和局部重点段落的1：5万活动断层条带状填图；在已发生大震区域、地震重点监视防御区、大城市开展壳幔精细结构探测；在大陆块体边界，地震重点监视防御区加强地壳运动基础观测；开展大城市和城市群各类工程的抗震能力调查与评估；建立地震基础信息数据库系统，加强信息集成与开发，推进地震基础信息共享，提高数据利用水平。

2. 建立地震背景场综合观测网络

统一规划、整合和加密现有地面观测网络；发展天基电磁、干涉合成孔径雷达、卫星重力等多种新型监测手段；建设井下综合应力、应变、流体、电磁和测震观测系统；建设中国大陆构造环境监测网络；建设海洋地震综合观测系统，实施海域地球物理观测和地震海啸预警；建设中国大陆地球物理场处理分析系统；推动观测技术的创新。

3. 提高地震趋势预测和短临预报水平

选择地震活动性高，构造典型性强，监测基础较好，震例资料积累较多和研究程度较高的地区，建成具有国际领先水平的地震预报实验场，获得区域地球物理场信息，遴选更加丰富和可靠的地震前兆信息，检验和完善现有经验和认识，深化对地震孕育发生机理和规律的认识，探索更有效的地震预报理论和方法，深化地震概率预报方法研究，创建数值预报理论，力争对6.0级以上、特别是7.0级以上地震实现有一定减灾实效的短临预报，并建立实用化的地震预测系统。

4. 增强城乡建设工程的地震安全能力

实施城市地震安全基础信息探测、调查，加强城市建设工程地震安全基础信息集成与开发，建立城市建设工程地震安全技术支撑系统，为政府决策、城市规划、工程建设、科学研究、公众需求提供全面的公共服务；修订或编制城市防震减灾规划，纳入城市总体规划，制定并实施城市地震安全方案，推进地震安全社区、避难防灾场所建设；建立工程抗震能力评价技术体系，提高抗震加固技术水平，推进隔震等新技术在工程设计中的应用；开展农村民居抗震能力现状调查，研究推广农村民居防震技术，加强对农村民居建造和加固的指导，推进农村民居地震安全工程建设。

5. 加强国家重大基础设施和生命线工程地震紧急自动处置示范力度

建设地震预警技术系统，为重大基础设施和生命线工程地震紧急自动处置提供实时地震信息服务；选择若干城市燃气供气系统、供电系统和城市快速轨道交通系统、城际高速铁路等，实施具有专业地震监测的地震紧急自动处置系统示范工程，并逐步推广；制订有关法规和标准，填补我国重大基础设施和生命线工程地震紧急自动处置法规和标准方面的空白。

6. 强化突发地震事件应急管理

完善各级政府、政府部门、大型企业和重点危险源等地震应急预案；适度推进重点城市人口密集场所、社区应急预案和家庭应急对策的编制；制定2008年北京奥运会等重大活动地震应急预案，实施地震安全保障；加强应急预案的检查和落实，建立地震应急检查与培训制度，适时组织地震应急演习；调度我国卫星在轨观测资源和机载观测系统，同时利用国际组织的应急观测资源，实施地震现场灾情监测；完善国家、省、市和现场应急指挥系统，加强政务信息系统建设，建立地震与其他突发事件应急联动与共享平台，确保政务、指挥系统畅通；开展地震灾害风险研究，编制城市地震灾害风险图。

7. 完善地震救援救助体系

充分依靠军队、武警、公安消防部队、民兵、预备役部队，因地制宜，建立健全地震专业救援队伍，西部地区建设1至2支国家级专业地震救援分队，推进地震多发区志愿者队伍建设；完善地震救援培训基地建设，提高救援综合培训能力；加强地震多发地区的救灾物资储备体系建设；在省会和百万人口以上城市将应急避难场所和紧急疏散通道、避震公园等内容纳入城市总体规划，拓展城市广场、绿地、公园、学校和体育场馆等公共场所的应急避难功能，设置必要的避险救生设施；逐步建立和完善政府投入、地震灾害保险、社会捐赠相结合的多渠道灾后恢复重建与救助补偿机制；积极参与国际性地震救援工作，建立大震时接受国际救援的机制。

8. 全面提升社会公众防震减灾素质

强化各级政府的防震减灾责任意识，建立地震、宣传和教育部门，新闻媒体及社会团体的协作机制，健全防震减灾宣传教育网络；建设国家防灾科普教育支撑网络平台，通过远程教育网络系统，实现交互式远程防震减灾专业技术教育；将防震减灾教育纳入学校教育内容，提高全社会防震减灾知识受教育程度；建设以虚拟现实技术等高新技术为主体的科普教育基地。

四、战略行动

“十一五”期间是防震减灾事业发展的重要阶段。国家将继续支持防震减灾事业，并采取相应的战略行动，落实防震减灾的主要任务，推动防震减灾向有重点的全面防御拓展，实施国家地震安全工程，实现“十一五”阶段目标。

（一）中国地震背景场探测工程

在中国大陆建设或扩建测震、强震动、重力、地磁、地电、地形变和地球化学等背景场观测系统，在中国海域建设海洋地震观测系统，在我国重要火山区建设火山观测系统，完善地震活动构造及活断层探测系统，建设壳幔精细结构探测系统，以获取地震背景场基础信息。

（二）国家地震预报实验场建设

在中国大陆选择两个地震活动性高且地质构造差异显著的典型区域，建设测震和地震前兆密集观测系统，建设地震活动构造精细探测系统，建设地震孕震实验室和地震数值模拟实验室，建设地震预测系统和地震预报辅助决策系统。

（三）国家地震社会服务工程

建设建筑物、构筑物地震健康诊断系统和震害预测系统，实施城市群与大城市震害防御技术系统示范工程和地震安全农居技术服务工程，建设国家灾害性地震、海啸、火山等预警系统，建设灾情速报与监控系统，构建地震应急联动协同平台，完善国家地震救援装备和救援培训基地，提升国家地震安全社会服务能力。

（四）国家地震专业基础设施建设

完善中国地震通信和数据处理分析等信息服务基础设施建设，实施地震数据信息灾难备份，建设地震观测实验室，建设地壳运动观测实验室，建设国家防灾高等教育基地，完善国家和区域防震减灾中心，推进标准和计量建设，进一步提升国家地震基础设施支撑能力。

五、保障措施

（一）加强法制建设

建立健全防震减灾法律法规体系，修订《中华人民共和国防震减灾法》，继续推进防震减灾技术标准的制订，稳步推进计量工作，定期编制全国与区域地震区划图等标准，适时修订相对应的国家和地方标准，研究完善建设工程抗震设防的技术标准和设计规范，进一步将防震减灾纳入法制化管理的轨道。加强防震减灾发展战略和公共政策的研究与制定。

建立有效的防震减灾行政执法管理和监督体制，规范社会的防震减灾活动，依法开展防震减灾工作。

（二）健全防震减灾管理体制

健全与完善国家和地方政府防震减灾管理体制，推进市县地震工作机构建设，发挥市县地震工作机构在防震减灾中的作用。建立和完善群众参与、专家咨询评估和集体决策相结合的决策机制，健全决策规则，规范决策程序。

建立健全突发地震事件应急机制和社会动员机制，提高公共安全保障和突发事件处置能力。逐步建立电力、煤气、给排水、通信和交通等部门的防灾机制，有效应对灾害，减轻灾害损失。积极推进适合我国国情的地震保险制度建设，发挥企业、非营利组织在防震减灾中的作用。

（三）建立多渠道投入机制

将防震减灾事业纳入中央和地方同级国民经济和社会发展规划，保障防震减灾事业公益性基础地位，各级政府应加大对防震减灾事业的投入力度，纳入各级财政预算，建立以财政投入为主体，社会捐赠和地震保险相结合的多渠道投入机制，使全社会防震减灾工作的投入水平与经济社会发展水平相适应。

地方各级人民政府应积极推进国家防震减灾目标和各项任务的落实，并根据本行政区域经济和社会发展的情况、对防震减灾的实际需求，编制本级防震减灾规划，制定和实施防震减灾专项计划，提高专项投入，确保专款专用。

（四）提高科技支撑能力

增强地震科学基础研究的原始创新能力，改善地震科学研究的软硬件设施，建设结构合理的科技人才队伍，保障地震科技的可持续发展。通过加强防震减灾重大科技问题的基础研究和关键技术攻关研究、防震减灾基础性工作和科技条件平台建设，全面提高防震减灾科技支撑能力。

加强与各科研机构、高校等组织的协作与联合，瞄准国际防震减灾科技的前沿问题，以重大科学问题的解决带动相关学科的发展，有重点地提升我国防震减灾科技领域攻克世界性难题的协同作战能力，推进科技成果产业化。

加强国际合作与交流，共同制定重大基础科学研究计划，参与、组织制订和实施大型国际地球科学观测研究计划，组建联合实验室。

（五）加强人才队伍建设

牢固树立人才是第一资源的观念。立足防震减灾工作的实际需要，整体规划、统筹协调，善待现有人才，引进急需人才，重视未来人才，调整和优化人才队伍结构，实现人才队伍的协调发展。

建立良好的人才引进、培养、使用、流动和评价机制，从政策和制度上保障专业人才的发展。改善队伍总体结构，提高综合素质，努力建设一支高素质的防震减灾专业队伍，形成不同层次并满足不同需求的人才梯队，为防震减灾事业发展提供充足的人才保证和广泛的智力支持。

（中华人民共和国中央人民政府门户网站：
http://www.gov.cn/jrzg/2007-10/31/content_791708.htm）

国务院
关于印发汶川地震灾后恢复重建总体规划的通知

（国发〔2008〕31号）

各省、自治区、直辖市人民政府、国务院各部委、各直属机构：

《汶川地震灾后恢复重建总体规划》已经国务院同意，现印发给你们，请认真贯彻执行。

汶川地震灾后恢复重建关系到灾区群众的切身利益和灾区的长远发展，必须全面贯彻落实科学发展观，坚持以人为本、尊重自然、统筹兼顾、科学重建。各地区、各有关部门要充分认识恢复重建任务的艰巨性、复杂性和紧迫性，树立全局意识，切实加强组织领导，全面做好恢复重建的各项工作。

国务院

二〇〇八年九月十九日

汶川地震灾后恢复重建总体规划

编制依据：

《中华人民共和国防震减灾法》

《汶川地震灾后恢复重建条例》（国务院令第526号）

《国务院关于做好汶川地震灾后恢复重建工作的指导意见》（国发〔2008〕22号）

编制单位：

国务院抗震救灾总指挥部灾后重建规划组

组长单位：国家发展和改革委员会

副组长单位：四川省人民政府、住房和城乡建设部

成员单位：陕西省人民政府、甘肃省人民政府、教育部、科学技术部、工业和信息化部、国家民族事务委员会、公安部、民政部、财政部、人力资源和社会保障部、国土资源部、环境保护部、交通运输部、铁道部、水利部、农业部、商务部、文化部、卫生部、国家人口和计划生育委员会、中国人民银行、国务院国有资产监督管理委员会、国家税务总局、国家广播电影电视总局、国家新闻出版总署、国家体育总局、国家林业局、国家旅游局、中国科学院、中国工程院、中国地震局、中国气象局、中国银行业监督管理委员会、中国证券监督管理委员会、中国保险监督管理委员会、国家电力监管委员会、国家能源局、国家文物局、国家食品药品监督管理局、国务院扶贫开发领导小组办公室

支持单位：国家汶川地震专家委员会、国家测绘局

谨以本规划

向汶川特大地震中不幸遇难的同胞致以深切悼念

向自强不息重建家园的广大灾区人民致以崇高敬意

向所有关心支持抗震救灾和恢复重建的人们致以真挚感谢

目　录

前　言

2008年5月12日14时28分，汶川发生里氏8.0级特大地震，数万同胞在灾害中不幸遇难，数百万家庭失去世代生活的家园，数十年辛勤劳动积累的财富毁于一旦。面对突如其来的巨大灾难，在党中央、国务院和中央军委的坚强领导下，全党全军全国各族人民众志成城，灾区广大干部群众奋起自救，国内各界和国际社会积极施援，经过顽强努力，抗震救灾斗争在抢救人员、安置受灾群众等方面取得重大阶段性胜利。

汶川地震灾后恢复重建是一项十分艰巨的工作。面对受灾面积广大、受灾人口众多、自然条件复杂、基础设施损毁严重的困难局面，灾后恢复重建任务异常繁重，工作充满挑战。灾后恢复重建关系到灾区群众的切身利益和长远发展，必须全面贯彻落实科学发展观，坚持以人为本，尊重自然，统筹兼顾，科学重建。充分依靠灾区广大干部群众，弘扬中华民族自力更生、艰苦奋斗的优秀品质。充分发挥社会主义制度的政治优势，举全国之力，有效利用各种资源。通过精心规划、精心组织、精心实施，重建物质家园和精神家园，使灾区人民在恢复重建中赢得新的发展机遇，与全国人民一道全面建设小康社会。

为有力、有序、有效地做好灾后恢复重建工作，尽快恢复灾区正常的经济社会秩序，重建美好家园，夺取抗震救灾斗争的全面胜利，特制订本规划。

第一章　重建基础

第一节　灾区概况

汶川地震波及四川、甘肃、陕西、重庆、云南等10省（区、市）的417个县（市、区），总面积约50万平方公里。本规划的规划范围为四川、甘肃、陕西3省处于极重灾区和重灾区的51个县（市、区）[①]，总面积132596平方公里，乡镇1271个，行政村14565个，2007年末总人口1986.7万人，地区生产总值2418亿元，城镇居民人均可支配收入和农村居民人均纯收入分别为13050元、3533元。

专栏 1　规划范围

所在省	县（市、区）	个数
四川	汶川县、北川县、绵竹市、什邡市、青川县、茂县、安县、都江堰市、平武县、彭州市、理县、江油市、广元市利州区、广元市朝天区、旺苍县、梓潼县、绵阳市游仙区、德阳市旌阳区、小金县、绵阳市涪城区、罗江县、黑水县、崇州市、剑阁县、三台县、阆中市、盐亭县、松潘县、苍溪县、芦山县、中江县、广元市元坝区、大邑县、宝兴县、南江县、广汉市、汉源县、石棉县、九寨沟县	39
甘肃	文县、陇南市武都区、康县、成县、徽县、西和县、两当县、舟曲县	8
陕西	宁强县、略阳县、勉县、宝鸡市陈仓区	4

规划区的主体区域地处青藏高原向四川盆地过渡地带，以龙门山山脉为界，西部与东部的地质地貌差别明显，经济社会发展水平差异较大，总体上具有以下特点：

——地形地貌复杂，平原、丘陵、高原、高山均有分布，部分地区相对高差悬殊，气候垂直变化明显，属典型高山峡谷地形。

——自然灾害频发，高山高原地区地震断裂带纵横交错，发生地震灾害的几率较高；滑坡、崩塌、泥石流等地质灾害隐患点分布多、范围广、威胁大。

——生态环境脆弱，山高沟深，高山地区耕地零碎、土层瘠薄、水土流失严重。

——生态功能重要，高山高原地区的动植物资源丰富，生态系统类型多样，属于长江上游生态屏障重要组成部分和我国珍稀濒危野生动物重要栖息地。

——资源比较富集，世界文化自然遗产和自然保护区比较集中，旅游资源丰富，水能、有色金属和非金属矿等资源蕴藏较多。

——经济基础薄弱，平原地区工业化程度相对较高，高山高原地区经济规模较小，产业结构单一，贫困人口集中。

——少数民族聚居，有我国唯一的羌族聚居区，是主要的藏族聚居区之一，多元文化并存，历史人文资源独特。

第二节 灾害损失

汶川地震是新中国成立以来破坏性最强、波及范围最广、灾害损失最大的一次地震灾害。震级达到里氏8.0级，最大烈度达到11度，并带来滑坡、崩塌、泥石流、堰塞湖等严重次生灾害。

——人员伤亡惨重，截至2008年8月25日，遇难69226人，受伤374643人，失踪17923人。

——城乡居民住房大量损毁，北川县城、汶川县映秀镇等部分城镇和大量村庄几乎被夷为平地。

——基础设施严重损毁，交通、电力、通信、供水、供气等系统大面积瘫痪。

——学校、医院等公共服务设施严重损毁，大量文化自然遗产遭到严重破坏。

——产业发展受到严重影响，耕地大面积损毁，主要产业、众多企业遭受重创。

——生态环境遭到严重破坏，森林大片损毁，野生动物栖息地丧失与破碎，生态功能退化。

第三节 面临挑战

——生态环境恶化，植被、水体、土壤等自然环境被破坏，次生灾害隐患增多，余震频繁，导致生存发展条件变差。

——资源环境承载能力下降，人均耕地减少，耕地质量下降，保障农民收入稳定增长难度极大。

——部分地区可供建设的空间狭小，不少地方失去基本生存条件，异地新建城镇、村庄选址及其人员安置难度很大。

——企业损毁严重，就业压力大，而许多地区并不具备通过就地发展工业解决就业问题的基本条件。

——不少灾区群众成为无宅基地、无耕地、无就业的人员，加之灾害造成的恐惧心理，医治灾区群众心理创伤需要较长过程。

——物质文化遗产和非物质文化遗产载体大量损毁，保护和传承羌族文化更加紧迫。

——依法解决灾区群众当前急迫问题与保持区域长远可持续发展面临十分复杂的矛盾和情况。

第四节 有利条件

——科学发展观的指导思想，以人为本的执政理念，为科学重建新家园提供了思想保障。

——灾区广大干部群众自力更生、艰苦奋斗的精神，自强不息、互助自救和寻求发展的积极性、主动性，是重建新家园的不竭动力。

——改革开放以来我国积累的强大物质基础和良好市场环境，为恢复重建提供了经济、技术基础和体制环境。

——各地区的支援，全社会的支持，国际社会的援助，是恢复重建的重要力量。

——国内外地震灾后恢复重建的经验教训，为科学重建新家园提供了有益借鉴。

第二章　总体要求

第一节　指导思想

深入贯彻落实科学发展观，坚持以人为本、尊重自然、统筹兼顾、科学重建。优先恢复灾区群众的基本生活条件和公共服务设施，尽快恢复生产条件，合理调整城镇乡村、基础设施和生产力的布局，逐步恢复生态环境。坚持自力更生、艰苦奋斗，以灾区各级政府为主导、广大干部群众为主体，在国家、各地区和社会各界的大力支持下，精心规划、精心组织、精心实施，又好又快地重建家园。

第二节　基本原则

——以人为本，民生优先。要把保障民生作为恢复重建的基本出发点，把修复重建城乡居民住房摆在突出和优先的位置，尽快恢复公共服务设施和基础设施，积极扩大就业，增加居民收入，切实保护灾区群众的合法权益。

——尊重自然，科学布局。要根据资源环境承载能力，考虑灾害和潜在灾害威胁，科学确定不同区域的主体功能，优化城乡布局、人口分布、产业结构和生产力布局，促进人与自然和谐。

——统筹兼顾，协调发展。要着眼长远，适应未来发展提高需要适度超前考虑，并与实施西部大开发战略、推进新型工业化、城镇化、新农村建设相结合，注重科技创新，推动结构调整和发展方式转变，努力提高灾区自我发展能力。加大对少数民族地区和贫困地区的扶持力度，增进民族团结。

——创新机制，协作共建。要坚持市场化改革方向，解放思想、开拓创新，正确区分政府职责与市场作用。充分发挥灾区广大干部群众的积极性、主动性和创造性，自力更生、艰苦奋斗。充分发挥对口支援的重要作用，建立政府、企业、社会组织和个人共同参与、责任明确、公开透明、监督有力、多渠道投资的重建机制。

——安全第一，保证质量。要严格执行抗震设防要求，提高学校、医院等人员密集的公共服务设施抗震设防标准。城乡居民点和重建项目选址，要避开重大灾害隐患点。严格执行国家建设标准及技术规范，严把设计、施工、材料质量关，做到监控有力，确保重建工程质量。

——厉行节约，保护耕地。要坚持按标准进行恢复重建，不超标准，不盲目攀比，不铺张浪费。尽量维修加固原有建筑和设施，尽量统建共用设施和用房。规划建设城镇、村庄和产业集聚区，要体现资源节约、环境友好的要求。坚持节约和集约利用土地，严格保护耕地和林地。

——传承文化，保护生态。要保护和传承优秀的民族传统文化，保护具有历史价值和少数民族特色的建筑物、构筑物和历史建筑，保持城镇和乡村传统风貌。避开自然保护区、历史文化古迹、水源保护地以及震后形成的有保留价值的新景观。同步规划建设环保设施。

——因地制宜，分步实施。要从当地实际情况出发进行恢复重建，充分考虑经济、社会、文化、自然和民族等各方面因素，合理确定重建方式、优先领域和建设时序。要统筹安排、保证重点、兼顾一般，有计划、分步骤地推进恢复重建。

第三节　重建目标

用三年左右时间完成恢复重建的主要任务，基本生活条件和经济社会发展水平达到或超过灾前水平，努力建设安居乐业、生态文明、安全和谐的新家园，为经济社会可持续发展奠定坚实基础。

——家家有房住，基本完成城镇和农村居民点恢复重建，灾区群众住上安全、经济、实用、省地的住房。

——户户有就业，有劳动人口的家庭至少有一人能稳定就业，城镇居民人均可支配收入和农村居民人均纯收入超过灾前水平。

——人人有保障，灾区群众普遍享有基本生活保障，享有义务教育、公共卫生和基本医疗、公共文化体育、社会福利等基本公共服务。

——设施有提高，交通、通信、能源、水利等基础设施的功能全面恢复，保障能力达到或超过灾前水平。

——经济有发展，特色优势产业发展壮大，产业结构和空间布局优化，科学发展能力增强。

——生态有改善，生态功能逐步修复，环境质量提高，防灾减灾能力明显增强。

第三章　空间布局

第一节　重建分区

根据资源环境承载能力综合评价，按照国土开发强度、产业发展方向以及人口集聚和城镇建设的适宜程度，将规划区国土空间划分为适宜重建、适度重建、生态重建三种类型。②

专栏2　重建分区③

类　型	面积（平方公里）	占规划区比重（%）	人口（万人）	占规划区比重（%）
适宜重建区	10077	7.6	772.8	38.9
适度重建区	38320	28.9	1180.1	59.4
生态重建区	84199	63.5	33.8	1.7

一、适宜重建区

——主要指资源环境承载能力较强，灾害风险较小，适宜在原地重建县城、乡镇，可以较大规模集聚人口，并全面发展各类产业的区域。

——主要分布于四川的龙门山山前平原和与龙门山山脉接壤的浅丘地区，甘肃的渭河泾河河谷地带和徽成盆地，陕西的汉中盆地边缘和关中平原过渡地带，以及其他零散分布的少数地块。

——功能定位为推进工业化城镇化，集聚人口和经济，建成振兴经济、承载产业和创造就业的区域。四川、甘肃、陕西各自的适宜重建区要分别成为成（都）德（阳）绵（阳）经济区、天水经济区、关中经济区的重要组成部分。

二、适度重建区

——主要指资源环境承载能力较弱、灾害风险较大，在控制规模前提下可以适度在原地重建县城、乡镇，适度集聚人口和发展特定产业的区域。

——主要分布于四川的龙门山山后高原地区和山中峡谷地带，甘肃的西秦岭山区，陕西的秦巴山区，以及其他应当控制开发强度的区域。

——功能定位为保护优先、适度开发、点状发展，建成人口规模适度、生态环境良好、产业特色鲜明的区域。

三、生态重建区

——主要指资源环境承载能力很低，灾害风险很大，生态功能重要，建设用地严重匮乏，交通等基础设施建设维护代价极大，不适宜在原地重建城镇并较大规模集聚人口的区域。

——主要分布于四川龙门山地震断裂带核心区域和高山地区，甘肃库马和龙门山断裂带，陕西勉略洋断裂带，以及各级各类保护区等。

——功能定位为以保护和修复生态为主，建成保护自然文化资源和珍贵动植物资源、少量人口分散居住的区域。

第二节　城乡布局

——位于适宜重建区的城镇应原地恢复重建，其中条件较好的，与经济发展和吸纳人口规模相适应，可适当扩大用地规模。村庄应就地恢复重建，并相对集中布局。

——位于适度重建区的城镇应以原地重建为主，其中不宜发展工业的，应调整功能；发展空间有限的，应缩减规模。村庄应以就地重建为主，有条件的可适度相对集中。

——位于生态重建区且受到极重破坏、通过工程措施无法原地恢复重建的城镇，应异地新建。通过工程措施可以避让灾害风险的村庄，可在控制规模的前提下就地重建；灾害风险大或耕地灭失而且无法恢复的村庄，应异地新建。

——规划区的县城（城区）可以分为重点扩大规模重建、适度扩大规模重建、原地调整功能重建、原地缩减规模重建和异地新建等类型。

——就地重建县城（城区）的重建类型，由灾区省级人民政府决定。需要异地新建县城和市级行政中心异地迁建的选址，应从灾区实际出发，综合考虑地质地理条件、经济社会发展和干部群众意愿等各方面因素，由灾区省级人民政府提出建议报国务院审定。

——乡镇的重建类型，由灾区省级人民政府决定。村庄的重建类型，由灾区市级或县级人民政府决定。

第三节　产业布局

——适宜重建区应根据自身特点发展相关产业，延伸产业链，增强配套能力，逐步形成优势产业带和产业基地。

——适度重建区应重点发展以旅游、生态农业为主的特色产业，建设精品旅游区，适度开发优势矿产资源。严格控制工业园区的规模，撤并或迁建不具备恢复重建条件的工业园区。

——生态重建区应在不影响主体功能的前提下，适度发展旅游业和农林牧业，严格限制其他产业发展，原则上不得在原地恢复重建工业企业。

第四节　人口安置

——受灾群众安置总的原则是，主要在规划区内就地就近安置，不搞大规模外迁。人口安置的对象主要是耕地和宅基地因灾严重损毁、无法在原村民小组范围内生产生活的农村人口。

——坚持就地就近分散安置为主，尊重本人意愿，按就地原址、村内跨组、乡镇内跨村、县内跨乡镇、市（州）内跨县、省内跨市的顺序在本行政区域内安置，并实行农业安置与务工安置相结合。

——少数民族人口的安置，应尊重其生产生活习俗，原则上在本民族聚居区安置。

——适宜重建区在本区域内就地就近安置受灾人口，并适当吸纳生态重建区需要异地安置的受灾人口。适度重建区原则上在本区域内就地就近安置受灾人口。生态重建区的少量受灾人口先考虑在县域内安置，无法安置的可以跨行政区安置。

——在政府有序组织和政策引导下，遵循市场规律，对少量自愿通过投亲靠友、自主转移等方式到其他地区安家落户的灾区群众，尊重其自主选择。

——鼓励规划区长期在外地务工经商的农村人口及其家庭成员，转移到就业地安家落户，就业地应当在就业、居住、教育、医疗、社会保障等方面给予当地居民的同等待遇。

第五节　用地安排

——坚持节约集约用地，保护耕地特别是基本农田，各类重建项目都要尽量不占用或少占用农用地，充分利用原有建设用地和废弃地、空旷地。

——统筹安排原地重建与异地新建用地，合理安排各重建任务建设用地的规模、结构、布局和时序。

——适度扩大位于适宜重建区的城镇特别是接纳人口较多城镇的建设用地规模。控制适度重建区和生态重建区的城镇建设用地，结合工业园区撤并和企业外迁，适度压缩工矿用地和农村居民点用地，恢复并逐步扩大生态用地。

专栏 3　恢复重建新增用地[4]　　　　单位：公顷

类别	合计	四川	甘肃	陕西
城镇建设用地	23190	19200	1910	2080
农村居民点用地	11000	9500	726	774
独立工矿用地	6246	4000	762	1484
基础设施用地	16367	14600	1212	555
其他建设用地	590	500	—	90
合计	57393	47800	4610	4983

——优先保证异地新建城镇、村庄的建设用地，以及重点重建任务、项目的新增用地。

——增加循环经济产业集聚区的用地，适度扩大少数国家级和省级开发区的用地。

第四章　城乡住房

城乡住房的恢复重建，要针对城乡居民住房建设和消费的不同特点，制定相应的政府补助支持政策。对经修复可确保安全的住房，要尽快查验鉴定，抓紧维修加固，一般不要推倒重建；对需要重建的住房，要科学选址、集约用地，合理确定并严格执行抗震设防标准，尽快组织实施。

第一节　农村居民住房

——农村居民住房的恢复重建，要与新农村建设相结合，充分尊重农民意愿，实行农户自建、政府补助、对口支援、社会帮扶相结合。

——改进建筑结构，提高建筑质量，符合抗震设防要求，满足现代生活需要，体现地方特色和民族传统风貌，节约用地，保护生态。

——灾区各级人民政府要组织规划设计力量，为农村居民免费提供多样化的住房设计样式和施工技术指导。

专栏 4　农村居民住房

项　目		合计	四川	甘肃	陕西
加固	户数（万户）	168.36	144.38	11.88	12.10
新建	户数（万户）	218.87	191.17	22.98	4.72
	间数（万间）	656.61	573.51	68.93	14.17

第二节　城镇居民住房

——城镇居民住房的恢复重建，要按照政府引导、市场运作、政策支持的原则，依据城镇总体规划和近期建设规划，实行维修加固、原址重建和异址新建相结合。

——对一般损坏的住房要进行加固，对倒塌和严重破坏的住房进行新建。

——做好与现行城镇住房供应体系的衔接，重点组织好廉租住房和经济适用住房建设，合理安排普通商品住房建设。中央直属机关企事业单位职工的住房，纳入所在地城镇居民住房重建规划。

——恢复并完善原址重建居住区的配套设施，异址新建住房原则上应按居住小区或居住组团配套建设公共服务设施、基础设施、商贸网点和公共绿地等。

专栏 5　城镇居民住房

项目		合计	四川	甘肃	陕西
加固	面积（万平方米）	4712.99	4437.03	220.06	55.90
新建	套数（万套）	72.03	68.71	2.85	0.47
	面积（万平方米）	5489.29	5290.97	170.12	28.20

第五章　城镇建设

城镇的恢复重建，要按照恢复完善功能、统筹安排的要求，优化城镇空间布局，增强防灾能力，改善人居环境，为城镇可持续发展奠定基础。

第一节　市政公用设施

——原地重建城镇应以修复原有设施为主，结合未来发展需要适当提高水平；异地新建城镇要根据功能定位、人口规模、建设标准和技术规范，合理配置市政公用设施。

——优先恢复城镇道路、桥梁和公共交通系统，统筹考虑生产生活需要和应急救灾需要，改善路网结构。道路的恢复重建要与供排水、电力、供气供热、通信、广电、消防等市政管线统一规划，一并实施。

——保障饮用水安全，满足长远需要，修复重建水源地、水厂和供水管网。城镇原则上应设置独立供水系统，供水压力能满足需要的，可以几个城镇共用供水系统，并向周边村庄延伸。

专栏 6　市政公用设施

领域	项　目	合计		四川		甘肃		陕西	
		修复	新建	修复	新建	修复	新建	修复	新建
道路交通	道路(公里)	2548	1509	2301	1332	180	94	67	83
	桥梁(座)	728	123	635	58	54	22	39	43
	公交场站(处)	450	207	419	130	24	3	7	74
供水	水厂(座)	451	15	442	12	8	—	1	3
	管网(公里)	4153	2363	4055	2085	74	119	24	159
供气供热	燃气储气站(座)	203	15	203	10	—	2	—	3
	供气管网(公里)	2052	791	2049	590	—	—	3	201
	热源厂(座)	3	4	—	—	3	4	—	—
	供热管网(公里)	6	41	—	—	6	41	—	—
污水处理	处理厂(座)	331	27	328	21	3	3	—	3
	管网(公里)	800	7256	765	6350	29	471	6	435
垃圾处理	处理场(座)	47	8	39	1	5	5	3	2
	转运站(座)	665	87	565	9	44	60	56	18

——根据资源情况，统筹考虑城镇能源结构，推广使用清洁环保能源。以现有城镇供气系统为基础，恢复重建配气站和供气管网。具备供气供热条件的，在恢复重建中要统一规划建设供气供热设施。

——恢复重建受损污水处理厂和污水管网。没有污水处理设施的城镇，应在恢复重建其他市政设施时同步规划建设污水管网。污水较易汇集的城镇，可共用污水处理系统；县城应按雨污分流进行规划和建设。

——有条件的地区要按照村收集、乡镇运输、县（市）处理的方式，恢复重建生活垃圾无害化、资源化处理设施。

——按标准设置紧急避灾场所和避灾通道。恢复重建公共绿地。

第二节　历史文化名城、名镇、名村

——历史文化名城名镇名村的恢复重建，要尽可能保留传统格局和历史风貌，明确严格的保护措施、开发强度和建设控制要求。

——历史文化街区内受损轻微、格局完整的建筑，应对重点部位进行加固或修缮；确需重建的，其外观要延续传统样式，尽可能利用原有建筑材料或构件。

——恢复重建历史文化街区内损毁的现代建筑，应与整体风格相协调。

——对拟申报国家级、省级历史文化名城名镇名村的，应在恢复重建中切实保护其历史文化特色和价值。

专栏7 历史文化名城名镇名村

项目		合计	四川	甘肃	陕西
历史文化名城	国家级	2	都江堰、阆中		
	省级	10	绵阳、什邡、松潘、汶川、广元、江油、绵竹、广汉、剑阁		勉县
历史文化名镇	国家级	2	安仁、老观		
	省级	9	昭化、孝泉、街子、怀远、元通、安顺场、郪江、青莲	碧口	
历史文化名村	省级	1		杨店村	

第六章 农村建设

农村生产生活设施的恢复重建，要与统筹城乡综合配套改革、新农村建设和扶贫开发相结合，做到资源整合、分区设计、分级配置、便民利民、共建共享。

第一节 农业生产

——稳粮增收，突出优势，做强产业，因地制宜恢复发展优势特色农产品，积极发展生态农业，稳步提高农业综合生产能力。

——立足资源优势，恢复重建一批专业化、标准化、规模化的优质特色农产品生产基地。

——恢复重建受损农田、蔬菜及食用菌生产大棚和农机具库棚、畜禽圈舍、养殖池塘、机电提灌站、机耕道等设施。

——扶持农业产业化经营龙头企业和各类农业专业合作组织及农产品流通基础设施的恢复重建，抓好农产品加工和收购、仓储、运输的恢复重建。

专栏8 农业生产设施和基地

农业生产设施 修复受损农田10.05万公顷，恢复重建农业生产大棚2880万平方米、畜禽圈舍2211万平方米、养殖池塘1.23万公顷、机电提灌站9982座、机耕道18392公里
优质粮油生产基地 建设20个水稻生产基地、14个玉米生产基地、21个马铃薯生产基地、23个“双低”油菜生产基地、0.73万公顷油橄榄基地
特色果蔬生产基地 建设33个蔬菜基地、18个特色水果基地、13个食用菌基地
茶药桑生产基地 建设13个茶叶生产基地、23个中药材生产基地、28个蚕桑产业基地
畜牧业生产基地 建设年出栏890万头肉猪生产基地、年出栏226万只肉羊生产基地、年出栏42万头肉牛生产基地、年存栏4.2万头奶业生产基地、年出栏800万只土鸡生产基地、年存栏650万只兔业生产基地、年产5000吨蜂产品生产基地
水产生产基地 建设39个特色水产养殖基地
林业产业基地 建设1.93万公顷木竹原料林基地、1.53万公顷核桃等特色经济林基地

第二节 农业服务体系

——加大对农业技术推广应用的支持力度，开发新产品，发展新产业，促进农业结构调整。

——恢复重建良种繁育、动植物疫病防控、农产品质量安全和市场信息服务、农业技术推广服务体系和农业科研机构等。

专栏9 农业服务体系　　单位：个

项目		合计	四川	甘肃	陕西
良种繁育场（站）	农作物良种繁育场（站）	79	66	4	9
	畜禽良种繁育场	141	80	31	30
	水产良种繁育场	32	28	1	3
农业技术综合服务站	市级	5	3	1	1
	县级	51	39	8	4
	乡级	1271	1021	160	90
农业科研机构	农科所	4	3	1	—

第三节　农村基础设施

——利用成熟适用的技术、工艺和设备，鼓励使用当地材料和人力，恢复重建农村公路、村庄道路、供水供电、垃圾污水处理、农村能源等设施。继续实施农村饮水安全工程。

专栏10　农村基础设施

项目		合计	四川	甘肃	陕西
饮水安全	集中供水设施（处）	4586	3357	1079	150
	分散供水设施（处）	300151	270931	29000	220
	解决饮水安全人数（万人）	860.7	721.3	107.0	32.4
农村公路（公里）		39948	29345	7414	3189
县客运站（个）		49	39	8	2
乡客运站（个）		363	342	18	3
农村沼气（处）		430010	419400	8473	2137
垃圾收集转运处理设施（处）		15759	11891	2700	1168

——就地重建的村庄应以原有设施为基础，在保证安全的前提下，修复重建基础设施。异地新建的村庄，应尊重当地农民的生产方式和生活习惯，合理确定基础设施的重建水平和方式。

——农村生产、生活设施以及服务体系的恢复重建，要考虑贫困村、国有农场和国有林场的特殊情况，统筹安排相关设施的恢复重建。

第七章　公共服务

公共服务设施的恢复重建，要根据城乡布局和人口规模，整合资源，调整布局，推进标准化建设，促进基本公共服务均等化。优先安排学校、医院等公共服务设施的恢复重建，严格执行强制性建设标准规范，将其建成最安全、最牢固、群众最放心的建筑。

第一节　教育和科研

——实施灾区教育振兴工程，以义务教育为重点，恢复重建各级各类教育基础设施。统筹企业办教育机构和民办教育机构的恢复重建。

——高质量地恢复重建中小学校，扩大寄宿制学校规模和寄宿生比重，实施中小学骨干教师支教计划。

——农村地区普通高中、中等职业学校（技工学校）原则上建在县城，初中建在中心乡镇，小学布局相对集中。

——合理布局重建幼儿园、特殊教育学校等。

——恢复重建受损的高等院校和科研机构。

专栏 11　教育　　单位：所

项目		合计	四川	甘肃	陕西
小学		3462	1973	1194	295
	其中：寄宿制	1503	955	253	295
初中		970	769	144	57
	其中：寄宿制	891	710	124	57
高中		153	112	28	13
中等职业学校		217	189	20	8
	其中：技工学校	60	56	1	3
高等院校（点）		24	22	1	1
特殊教育学校		23	21	1	1
幼儿园		270	250	17	3
其他		62	62	—	—

第二节　医疗卫生

——重点恢复重建县级医院和疾病预防控制、妇幼保健、计划生育服务机构，以及乡镇卫生院、中心乡镇计划生育服务站，全面恢复市县乡村基本医疗和公共卫生服务体系。恢复重建地方病防治设施。统筹企业办医疗机构和非公立医疗机构的恢复重建。恢复市级药品监督检验所。

——加强基层计划生育、妇幼保健与其他医疗卫生服务资源的有效整合。服务人口较少的乡镇计划生育服务用房与乡镇卫生院原则上统一建设，不再单独重建。适当配置计划生育流动服务车，增强服务能力。

专栏 12　医疗卫生和计划生育服务　　单位：个

项　目	合计	四川	甘肃	陕西
医院	169	137	23	9
疾病预防控制机构	63	48	11	4
妇幼保健机构	52	39	9	4
乡镇卫生院（含统建普通乡镇计生站）	1263	1021	160	82
药品检验所	7	5	1	1
其他卫生机构	67	57	2	8
计划生育服务机构	66	53	9	4
中心乡镇计划生育服务站	348	268	46	34
计划生育流动服务车（辆）	450	346	62	42

第三节　文化体育

——合理布局公共文化和体育设施，抓好县级图书馆、文化馆、档案馆、影剧场（团）、广播电视、新闻出版、体育场馆、青少年活动场所、乡镇综合文化站等各类设施的恢复重建。

——公共文化设施要尽可能集中规划建设，乡镇综合文化站要充分发挥文化宣传、提供信息、科普及技术培训等服务功能。恢复重建文化信息资源共享工程服务网络。

——恢复广播电视网络功能，恢复重建广播电台、电视台和无线广播电视发射、监测台站等，修复广播电视村村通设施。乡镇广播电视站业务用房与乡镇综合文化站统一建设。

——恢复重建公益性出版机构、新华书店等的设施以及农家书屋、公共阅报栏。

——恢复重建受损体育场（馆）等设施，乡镇体育场所的恢复重建原则上要与学校或文化设施统筹规划，共建共享。

专栏 13　文化体育

公共文化设施	恢复重建图书馆52个、文化馆54个、档案馆56个、乡镇综合文化站1177个（含统建乡镇广播电视站），影剧场（团）和全国文化信息资源共享工程服务县级支中心、基层点
广播影视设施	恢复重建无线广播电视发射、监测台90座，广播电视台54座，修复广播电视传输覆盖网络29522公里，广播电视有线前端51个，修复配置乡镇广播电视播出和传输设备18332台（件），广播电视村村通设施15688套，流动电影放映车及设备2526套
新闻出版设施	恢复重建公益性出版机构4个、新华书店1146处，农家书屋和受损公共阅报栏
体育设施	恢复重建受损体育场42个、体育馆37个、后备人才训练等设施83处，配套建设基层全民健身设施

第四节　文化自然遗产

——注重世界文化自然遗产和民族文化的抢救保护，保护非物质文化遗产，保护具有历史价值和少数民族文化特色的建筑物。

——修缮恢复世界文化自然遗产、文物保护单位、烈士纪念物保护单位和博物馆、文物中心库房、文物管理所、非物质文化遗产专题博物馆、民俗博物馆和传习所以及相关宗教活动场所。

专栏 14　文化自然遗产

世界文化自然遗产　修复青城山—都江堰、九寨沟、黄龙、四川大熊猫栖息地
中国世界遗产预备名录　修复三星堆遗址、藏族羌族碉楼与村寨、剑南春酒坊遗址
文物保护单位　修复二王庙、彭州领报修院、江油云岩寺、平武报恩寺、广元皇泽寺、理县桃坪雕楼羌寨、徽县新修白水路摩崖、宁强同心羌寨等各级文物保护单位190处，少数民族物质文化遗产20处
博物馆及文物库房　修复绵阳市博物馆、什邡市博物馆、茂县羌族博物馆、陇南市博物馆、广元市中心库房、汉源县文管所等65处，馆藏文物3473件（套）
非物质文化遗产　修复北川羌族民俗博物馆、剑南春酒酿造技艺专题博物馆、绵竹年画博物馆、文县白马池哥昼传习所、略阳江神庙民俗博物馆等111处

第五节　就业和社会保障

——实施就业援助工程，加强对青壮年的职业技能培训，通过对口支援、定向招工、定向培训、劳务输出等，解决规划区100万左右劳动人口的就业问题。

——恢复重建就业和社会保障服务设施，原则上县城建设一个就业和社会保障综合服务设施，街道（乡镇）、社区建设劳动保障工作平台，提供就业、人才、社会保障和争议调解仲裁等服务。恢复重建就业和社会保障服务信息系统。

专栏 15　就业和社会保障　　单位：个

项目	合计	四川	甘肃	陕西
县级就业和社会保障综合服务机构	51	39	8	4
基层劳动保障工作平台⑤	1855	1507	217	131
县乡社会福利机构⑥	1855	1350	476	29
县乡残疾人综合服务设施	157	138	12	7

——实施灾区孤儿、孤老、孤残人员特殊救助计划，增强各级各类社会福利、社会救助和优抚安置服务设施能力。重建并适当在县城新建福利院、敬老院和残疾人综合服务等设施，在成都建设残疾人康复中心，恢复重建殡仪馆和救助管理站。

第六节　社会管理

——社会管理设施的恢复重建，要节俭实用，严格控制建设标准，结合行政区划的调整，适应政府职能转变和机构改革要求，同级同类机构的用房和设施要尽可能集中建设、共建共享。

——恢复重建各级党政机关、政法机构的办公和业务用房，以及工商、卫生、食品药品、质检、安全生产、环境、金融、文化等监督监管机构的业务用房。恢复重建消防设施。

——恢复重建城市（城区）社区服务设施。

——建设乡镇公职人员周转住房，为乡镇挂职干部、支教、援医等人员提供宿舍。

——统筹村级公共服务，新建村级综合公共服务设施，为村级组织办公、医疗卫生、计划生育、文体活动、就业和社会保障、党员教育、警务、农业生产服务等提供统一共用场所。

第八章　基础设施

基础设施的恢复重建，要把恢复功能放在首位，根据地质地理条件和城乡分布合理调整布局，与当地经济社会发展规划、城乡规划、土地利用规划相衔接，远近结合，优化结构，合理确定建设标准，增强安全保障能力。

第一节　交　通

——加快公路的恢复重建，充分利用原有公路和设施，以干线公路为重点，兼顾高速公路，打通必要的县际、乡际断头路。适当增加必要的迂回路线，力争每个县拥有两个方向上抗灾能力较强的生命线公路，初步形成生命线公路网。

——对干线和支线铁路中受损的路段和运营设施设备等进行全面检测、维护和加固，对受损严重的线路和生产运营设施进行改建或重建，提高对外通道能力。

——区分轻重缓急，修复受损民航设施设备，全面恢复并提高民航运输能力。

——建立健全交通应急体系，建设应急交通指挥、抢险救助保障系统。

专栏 16　交通
高速公路　修复勉县至宁强至广元、广元至巴中、雅安至石棉、都江堰至映秀、成都至绵阳、绵阳至广元、成都至邛崃、成都至都江堰、成都至彭州、宝鸡至牛背等高速公路
干线公路　修复国道108、212、213、316、317、318线等受损路段共约1910公里，以及22条省道（含2条省养县道）约3323公里，12条其他重要干线公路约848公里，适时启动绵竹至茂县、成都至汶川高等级公路
铁路　修复加固宝成、成昆、成渝等干线铁路和成汶、广岳、德天、广旺等支线铁路，改建或重建宝成线109隧道等路段及受损严重的绵阳、广元、江油、德阳等主要车站，建设成都至都江堰城际铁路、成绵乐客运专线、兰渝铁路、成兰铁路、西安至成都铁路
民航　修复成都、九黄、绵阳、广元、康定、南充、泸州、宜宾、汉中、咸阳、安康、兰州、庆阳等机场以及民航空管、航空公司、航油等单位受损的设施设备

——适时启动对规划区经济社会发展有重要先导和支撑作用的公路干线、铁路干线的建设。

第二节　通　信

——按照资源共享、先进实用、安全可靠的要求，加快公众通信网的恢复重建，加强应急通信能力建设，推进网络化综合信息服务平台建设，提升通信服务水平和灾备应急能力。

——恢复重建邮政设施，按照城乡分布完善邮政局（所）布局。

专栏 17　通信
公众通信网　恢复重建固定通信网交换机113万线、宽带接入设备56万线，移动通信网交换机1036万户、基站7809个，基础传输网光缆70775皮长公里、电缆12833皮长公里、传输设备17332端，业务用房68.7万平方米
通信枢纽　建立从成都到国际出入口的高效、直达数据专用通道和数据灾备中心
应急通信　建立通信应急指挥调度系统、应急卫星通信系统
邮政　恢复重建邮政综合生产营业用房57处、邮政支局385处、邮政设备设施2178台（套）、邮政配套设施及车辆

第三节　能　源

——恢复重建重点输电设施，骨干电源与外送通道，以及城乡中低压配电网络和进户设施，规划建设电力结构与布局调整项目。

——加强停运水电站设施安全养护，排除隐患，安全度汛。做好水电资源开发的统一规划，根据交通和送出工程等外部条件恢复情况，积极稳妥推进受损水电站的恢复重建。

——对电力设施和水电站大坝按照新的设防标准进行设计复核，对不能满足安全运行要求的实施补强加固。

——支持受损煤矿恢复重建，尽快发挥正常生产能力。对损毁严重、剩余储量小、开采条件复杂、安全条件差的煤矿，不支持恢复重建。

——修复气井、净化厂、炼油厂、管线及其保护设施、油库和加油站等，恢复受损天然气生产和输送能力、成品油管输能力。

专栏 18　能源
电网　恢复重建35千伏以上变电站324座，变电容量1809万千伏安，线路7372公里；10千伏及以下配电容量380万千伏安，线路9.24万公里
电源　恢复重建江油、略阳电厂，紫坪铺、映秀、太平驿、福堂、杂谷脑河、碧口、汉坪咀、葫芦头、东方红等发电设施，其中大中型水电站129座、装机总容量700多万千瓦
煤矿　恢复重建天池、红星、大昌沟、赵家坝、荣山、坤达、西坡等164个煤矿及外部基础设施
油气　恢复重建气井1176口、中坝净化厂、南充炼油厂、兰成渝输油管道及保护设施、天然气管线100多条、油库8座、加油站922座

第四节　水　利

——对影响防洪安全的受损堤防、水库进行全面除险加固，疏浚淤堵河道，恢复防洪能力。消除堰塞湖（坝）对防洪的影响。恢复重建水文及预警预报等设施。

——结合受损水库除险加固和受损灌区重建，对受损供水设施进行全面修复，恢复供水能力。

——恢复重建农田水利基础设施和水土保持与水资源监测设施。

专栏 19　水利
防洪减灾　除险加固水库1263座、堤防1199公里，整治堰塞湖（坝）105处，恢复重建水文站112个
农田水利　恢复重建大型灌区7处、中小型灌区1289处、独立微型水利设施55498处
水资源监测　恢复重建水源地及主要河流水质监测设施4454处

第九章　产业重建

产业的恢复重建，要根据资源环境承载能力、产业政策和就业需要，以市场为导向，以企业为主体，合理引导受灾企业原地恢复重建、异地新建和关停并转，支持发展特色优势产业，推进结构调整，促进发展方式转变，扩大就业机会。

第一节　工　业

一、结构调整

——坚持高起点、高标准，发挥规划区中心城市科技资源集中、产业基础较好的优势，重点发展电子信息、重大装备、汽车及零部件、新材料新能源、石油化工、磷化工、精细化工、纺织等产业。立足特色农林资源，发展食品、饮料、中药材等农林产品加工业。应用先进适用技术改造传统产业，积极发展高技术产业。

——坚持节能减排，发展循环经济。抓好工业节能、节水、节地、节材，重点抓好高耗能企业节能减排，推广清洁生产技术和工艺。加强废旧建筑材料、建筑垃圾等废弃物的综合利用。支持利用建筑垃圾、工业固体废弃物、煤矸石等开发环保建材产品，发展新型墙体材料。

——合理确定产业重建规模和布局，防止低水平重复建设。坚决淘汰或关闭不符合国家产业政策的落后产能和企业。

二、企业重建

——恢复重建重大装备、建材、磷化工、医药等企业。依托优势资源和产业基础，优先启动服务灾区重建和有利于扩大就业的项目。

——支持东汽、二重、攀长钢、长虹、九洲、宏达、阿坝铝厂、厂坝铅锌矿、成州矿业等中央企业和地方骨干企业恢复重建。支持军工企业恢复重建。

——扶持个体私营经济，以及中小企业、劳动密集型企业、带动农民增收作用大的农业产业化经营龙头企业和少数民族特需商品定点生产企业的恢复重建。

专栏 20　工业企业恢复重建项目　　单位：个

项　目	小计	四川	甘肃	陕西
原地恢复项目	2261	2057	152	52
原地重建项目	729	564	99	66
异地新建项目	611	459	103	49
合计	3601	3080	354	167

——支持受灾企业按照产业政策和行业准入条件，通过兼并联合重组等方式，调结构、上规模、上水平、上档次。积极引导和承接产业转移，支持国内外投资者特别是对口支援地区的企业采取各种方式参与受灾企业重组、重建。

三、产业集聚区

——调整优化工业布局，发挥现有国家级、省级开发区的作用，引导企业集中布局，培育特色优势产业集群。

——结合灾区企业异地新建，撤并和迁建部分县（市、区）产业园区，适当扩大部分现有国家级、省级开发区的面积。

——新设循环经济产业集聚区，鼓励发展“飞地经济”，承接适度重建区和生态重建区企业的异地新建，和其他企业集中布局。

——支持对口支援地区与受援地区按合理布局的原则，合作建设产业园区，吸引东、中部地区产业转移。

专栏 21　产业集聚区

撤并和迁建的工业园区	阿坝水磨工业园区、平武南坝工业园、北川工业园、安县花荄工业园区、青川工业集中区、什邡蓥华工业园、什邡穿心店工业区、绵竹龙蟒河工业集中区、绵竹高尊寺化工集中发展区
扩大面积的国家级、省级开发区	绵阳高新技术产业开发区、江油工业园区、德阳经济开发区、广汉经济开发区、彭州工业园区、都江堰经济开发区、陇南西成（陇南）经济开发区等
新设立的循环经济产业集聚区	成都、德阳、绵阳、广元、天水、汉中循环经济产业集聚区

第二节 旅 游

——实施重振旅游工程，加强重点旅游区和精品旅游线建设，恢复重建重要景区景点、民族特色旅游城镇和村落。恢复发展以农家乐为主要形式的乡村旅游。

——恢复重建旅游交通设施及沿线旅游服务区、服务站。做好旅游宾馆等设施的加固重建。建设旅游安全应急救援系统。

——加强旅游市场宣传，及时通报旅游安全保障状况，恢复中外游客信心。加强旅游新资源、新产品的促销。

专栏 22 旅游
重点旅游区 建设羌文化体验旅游区、龙门山休闲旅游区、三国文化旅游区、大熊猫国际旅游区
精品旅游线 建设九寨沟旅游环线、藏族羌族文化旅游走廊、地震遗址旅游线、大熊猫栖息地旅游线、三国文化旅游线、川陕甘红色旅游线
景区景点 恢复重建都江堰—青城山、九寨沟、黄龙、剑门蜀道、鎣华山、李白故里、四姑娘山、武都万象洞、成县西狭颂、康县阳坝、舟曲拉尕山、青木川古镇、定军山、宝鸡炎帝陵、千佛崖、略阳五龙洞等

第三节 商 贸

——优化城乡服务设施网点布局，恢复重建关系群众基本生活的商业服务网点、民族贸易网点以及便民利民的生活生产服务网络。重点恢复重建钢材和水泥等建材批发市场、农产品批发市场和农业生产资料流通服务设施。

——整合现有物流设施，重建日用消费品和农业生产资料配送中心、生鲜食品和农产品冷链系统、食糖等重要商品储备库，新建民族特需商品储备设施。引进大型物流企业，促进现代物流发展。

——恢复重建粮食和食用油库、粮油供应站、军供站点、粮食批发市场、粮食收购站点等粮食流通设施。恢复重建成品油、通用物资等国家物资储备设施。

——城镇应恢复重建百货店、超市、便利店、专卖店、专业店、农贸市场等零售业态，振兴传统商业街区，恢复发展社区生活服务业。

——农村应恢复重建“万村千乡市场工程”农家店，日用消费品和农业生产资料销售网点、供销社经营服务体系等。

专栏 23　商贸网点
批发市场　恢复重建生产资料批发市场6个、农产品（含畜产品）批发市场85个、家装建材批发市场24个、日用消费品批发市场30个、其他批发市场36个
零售业　恢复重建百货店39个、超市79个、农贸市场267个
配送中心　恢复重建日用消费品配送中心44个、农产品配送中心11个、农资配送中心28个、公共物流平台13个
粮油储备设施　恢复重建粮食储备库161个，其中中央储备粮代储粮库28个、地方储备粮库133个
物资储备设施　恢复重建肉类储备库9个、其他重要商品储备库28个，其中国家物资储备库2个

第四节　金　融

——恢复重建银行业、证券业和保险业分支机构，合理布局基层营业网点。优化金融资源配置，完善金融服务网络。

——恢复重建营业用房、金库、金融网络信息系统。鼓励商业银行、保险公司设立分支机构。做好证券期货、保险经营机构信息系统安全保障和异地灾备工作。

专栏 24　金融机构
银行业　修缮加固网点1085个、原址重建776个、异地新建232个、撤并12个
证券业　修缮加固网点19个、原址重建2个、异地新建12个
保险业　修缮加固网点1211个、原址重建11个、异地新建50个

第五节　文化产业

——恢复重建三星堆、绵竹年画、广元和都江堰文化产业园以及九寨沟演艺群、建川博物馆聚落等文化产业基地，加固改造徽县河池和成县同谷书画院，打造羌绣、强巴版画等优势品牌。

——恢复重建受损的演出展览、创意动漫，以及图书音像发行分销、文化娱乐、艺术品经营等网点。

第十章　防灾减灾

防灾减灾体系的恢复重建，要坚持预防为主、合理避让、重点整治、统筹调度的原则，加强防灾减灾体系和综合减灾能力建设，提高灾害预防和紧急救援能力。

第一节　灾害防治

——加强对滑坡、崩塌、泥石流等地质灾害和堰塞湖等次生灾害隐患点的排查和监测，尽快治理险情紧迫、危险性大、危害严重的隐患点。

——加强地震、地质、气象、洪涝灾害等的专业监测系统、群测群防监测系统、信息传输发布系统和应急指挥调度系统及其配套设施建设，提高监测预测预警能力。建设监测预警示范区。

——加强基础测绘工作，恢复建设测绘基准点，建设地理信息系统。

第二节　减灾救灾

——加强紧急救援救助能力建设，充实救援救助力量，提高装备水平，健全抢险抢修和应急救援救助专业队伍。

——加强救灾指挥系统建设，建立健全综合救灾应急指挥、抢险救援和灾情管理系统。

——结合交通网建设疏散救援通道，建立应急水源、备用电源和应急移动通信系统。健全救灾物资储备体系，提高储备能力。

——完善各类防灾应急预案，加强城乡避难场所建设，普及防灾减灾知识，提高全民防灾减灾意识。

——合理确定抗震设防标准，按灾情烈度提高灾区原有设防等级。

专栏 25　防灾减灾

监测预警	建设地质灾害监测点10301个、地震灾害监测点324个，气象观测站和预警信息发布点264处
救援救助	建设省市县灾害救援救助应急指挥平台，救灾物资储备库121个
综合减灾	建设省级减灾中心3个、综合减灾宣传教育基地105个、城乡避难所129个
地质灾害治理	治理重大地质灾害隐患点8693处，其中搬迁避让4694处

第十一章　生态环境

生态环境的恢复重建，要尊重自然、尊重规律、尊重科学，加强生态修复和环境治理，促进人口、资源、环境协调发展。

第一节　生态修复

——坚持自然修复与人工治理相结合，以自然修复为主，加快推进林权制度改革。做好天然林保护、退耕还林、退牧还草、封山育林、人工造林和小流域综合治理，恢复受损植被。

——在岷江、嘉陵江、涪江上游地区和白龙江流域实施生态修复工程，逐步恢复水源涵养、水土保持等生态功能。

——恢复重建种苗生产基地、森林防火、林业有害生物及生态监测、动植物病害防控设施和林区基础设施。

——在龙门山断裂带中心区域划定特殊保护区域，以保护珍稀濒危动植物、独特地质地貌和震后新景观为主体功能，兼顾旅游业和其他不影响主体功能的产业发展。

——加强各级自然保护区、风景名胜区、森林公园和地质公园保护设施的恢复重建。具有较高知名度和较大保护价值，受损严重、安全性差的各类保护区，要以保护为主，影响保护对象的生产设施等原则上不予恢复。

——恢复重建卧龙、白水江等大熊猫自然保护区，异地新建卧龙大熊猫繁育研究基地，做好大熊猫及其栖息地的监测，建立大熊猫主食竹开花预警监测系统。

专栏 26　生态修复
林草植被恢复　修复生态公益林48.53万公顷，退耕还林等补植补造12.47万公顷
种苗生产基地　修复种苗生产基地1.26万公顷、苗圃用房和温室大棚43.1万平方米
自然保护区　修复国家和省级自然保护区49个、大熊猫等珍稀野生动物栖息地12万公顷、自然保护区生活生产设施16万平方米
风景名胜区　修复国家级风景名胜区9个、省级风景名胜区30个
森林公园　修复国家森林公园17个、省级森林公园18个
森林防火与森林安全监测　修复防火瞭望塔350座、通信基站和中继台152座、专业营房和物资储备库5万平方米
林区基础设施　修复林区道路8202公里、给水管线2512公里、供电线路3643公里、通讯线路2829公里
草地恢复　修复草地15.53万公顷
水土保持　治理水土流失面积2073平方公里

第二节　环境整治

——加强对污染源和环境敏感区域的监督管理，做好水源地和土壤污染治理、废墟清理、垃圾无害化处理、危险废弃物和医疗废弃物处理。

——恢复重建灾区环境监测设施，提升环境监管能力。加强生态环境跟踪监测，建立灾区中长期生态环境影响监测评估预警系统。

专栏 27　环境整治
饮用水源地保护　建设饮用水水源地污染防治设施323处
土壤污染治理　高风险区和重污染土壤治理22处
核与辐射环境安全保障　建设放射性废物库、辐射环境监测网点、辐射安全预警监测系统等
环境监测　恢复重建环境监测设施和设备

第三节　土地整理复垦

——加强土地整理复垦，重点做好耕地特别是基本农田的修复。

——对损毁耕地，要尽可能复耕，最大限度地减少耕地损失。对抢险救灾临时用地和过渡性安置用地，要适时清理，尽可能恢复成耕地。

——对损毁的城镇、村庄和工矿旧址，以及其他具备整理成建设用地条件的地块，要抓紧清理堆积物，平整土地，尽可能减少恢复重建对耕地的占用，对废弃的建设用地，能复垦为耕地的要尽可能复垦。

专栏 28　土地整理复垦　单位：公顷

	小计	灾毁耕地整理复垦	临时用地整理复垦	建设用地整理复垦	其他
四川	145164	111880	6152	27132	—
甘肃	15506	12403	345	1441	1317
陕西	2826	1280	149	910	487
合计	163496	125563	6646	29483	1804

第十二章　精神家园

精神家园的恢复重建，要加强心理疏导，体现人文关怀，重塑积极乐观向上的精神面貌，坚定自力更生、艰苦奋斗的信心，弘扬伟大抗震救灾精神和中华民族优秀传统文化。

第一节　人文关怀

——实施心理康复工程，采取多种心理干预措施，医治灾区群众心理创伤，提高自我调节能力，促进身心健康。

——各级政府要指导和帮助灾区群众尽快恢复重建自主管理的社区（村民委员会）组织，构建灾区群众和谐和睦、团结互助的邻里关系，发挥社区对安定人心、增进情感、反映民意、化解矛盾、提供服务等方面的重要功能。

——营造关心帮助孤儿、孤老、孤残的社会氛围。

第二节　民族精神

——保留必要的地震遗址，建设充分体现伟大抗震救灾精神的纪念设施。对在恢复重建中做出重大贡献的国内外机构或个人，通过颁发荣誉证书、冠名给予鼓励。

——鼓励文艺工作者创作优秀作品，大力宣传抗震救灾中激发的伟大民族精神和自强不息重建新家园的感人事迹。

专栏 29　精神家园

心理康复工程　在中小学校开展心理疏导教育，在医院设置心理门诊，在新闻媒体开办专栏节目，组织专业人员和志愿者进社区（村庄），开设心理咨询热线，培训心理疏导专业人员，编写灾区志愿者服务工作手册和心理辅导手册
羌族文化抢救工程　建立国家级羌族文化生态保护实验区，修复严重受损的羌族文物、珍贵非物质文化遗产实物和资料，抢救灾区文物、文化典籍和非物质文化遗产，建立民间文化数据库，编写羌族文化普及读本
汶川地震遗址保护和建设　保护北川县城、映秀镇、汉旺镇等地震遗址，建设博物馆及其他纪念地、纪念设施

——抢救修复灾区文物、文化典籍及珍贵非物质文化遗产实物和资料，抢救和保护具有历史价值、民族特色的非物质文化遗产。培养民族民间文化传承人。

第十三章 政策措施

坚持特事特办，根据恢复重建需要，制订实施针对性强的政策措施，加强协调配合，形成合力，为实现本规划确定的目标和完成重建任务提供政策支撑。

第一节 财政政策

——建立恢复重建基金。中央财政建立地震灾后恢复重建基金。灾区省级财政比照建立地震灾后恢复重建基金。

——调整财政支出结构。压缩中央和灾区各级政府行政事业支出，加大转移支付力度，保障县乡基层政权机构正常运转。调整现有专项建设规划和专项资金安排，按用途不变原则整合资金，向灾区特别是受灾贫困地区倾斜。

——支持利用国外贷款。国际金融组织和外国政府提供的灾后恢复重建优惠紧急贷款资金，与中央恢复重建基金配合使用。规划区内国际金融组织和外国政府贷款项目，因灾无法按期偿还贷款本息的，先暂由中央财政垫付偿还。

第二节 税费政策

——减轻企业税收负担。扩大规划区企业增值税抵扣范围，灾区企业享受企业所得税优惠政策。对进口国内不能满足供应并直接用于恢复重建的大宗物资、设备等给予进口税收优惠。对专项用于抗震救灾和恢复重建新购的特种车辆，免征车辆购置税。

——减轻个人税收负担。对灾区个人获得的救灾和捐赠款，以及抗震救灾一线人员按照规定标准取得的补贴收入，免征个人所得税。

——支持城乡住房建设。对灾区城镇廉租住房和经济适用住房建设给予税收优惠。对农民重建住房，在规定标准内免征耕地占用税。

——免收部分政府基金。免收规划区内的三峡工程建设基金、大中型水库移民后期扶持基金，以及属于中央收入的文化事业建设费、国家电影事业发展专项资金和水路客货运附加费。

——减免部分行政收费。免收规划区内属于中央收入的建筑企业和矿产资源开采企业有关收费，减免金融机构以及电力企业的有关监管费。

第三节 金融政策

——恢复金融服务功能。全国性金融机构对口支持受损分支机构。鼓励金融机构对灾区受损严重的地方法人金融机构兼并重组。支持适当减免金融机构交易费用、客户查询等收费。

——加大信贷支持力度。实施倾斜和优惠的信贷政策。允许符合条件的银行业金融机构开展并购贷款和跨地区贷款业务。增加扶贫贴息贷款规模投放。对城镇住房建设给予贷款优惠，鼓励发放农民自建住房贷款。拓宽农村贷款抵押担保物范围。

——增强机构贷款能力。继续执行倾斜的准备金政策，允许提前支取特种存款。增加再贷款（再贴现）额度，降低支农再贷款利率、拓宽使用范围。发展新型农村金融机构，增强农村信贷投放能力。

——发挥资本市场功能。支持符合条件的企业优先上市融资、发行债券和短期融资券以及对上市公司的并购重组。扶持符合条件的中小企业发行短期融资券、中小企业集合债券等。支持灾区符合条件的地方法人金融机构发行金融债券。

——加大保险创新力度。支持为恢复重建提供工程、财产、货物运输、农业以及建设人员意外健康等各类保险。对支持恢复重建的各类保险给予费率优惠。

——加强信用环境建设。依法保护遇难者账户资金、金融资产所有权和继承权。对因灾形成的不良债务实施有效重组。依法维护金融债权。

第四节　土地政策

——调整用地计划。调整灾区土地利用规划和年度用地计划，核定新增建设用地总规模，适当增加适宜重建区新增建设用地规模，扩大城乡建设用地增减挂钩周转指标范围。对恢复重建项目，先行安排使用土地，简化审批程序，边建设边报批，并按照有关规定办理用地手续。

——实行特殊供地。对恢复重建项目用地，按规定分别采取免收新增建设用地土地有偿使用费和土地出让收入，实行划拨供地、降低地价等特殊政策。

——节约集约用地。依法保护耕地，支持土地整理复垦。促进工业集中布局，城镇内部紧凑布局，有条件的村庄相对集中，公共服务设施共建共享，大力提高土地利用效率。

第五节　产业政策

——重振旅游经济。把旅游业作为恢复重建的先导产业，优先安排恢复重建基金和鼓励各类投资基金等用于旅游基础设施和旅游企业的恢复重建，尽快全面恢复旅游业的发展。

——促进农业生产。中央财政对受损农田、种子种苗种畜等农业生产资料生产，以及规模化种养殖、良种繁育、农业技术推广和服务设施的恢复重建给予支持。对抛售中央储备粮统负盈亏。粮食直补、农资综合直补等资金向灾区倾斜。

——支持骨干企业。中央财政对中央国有重点骨干企业恢复重建给予注入资本金或贷款贴息支持，对中央军工企事业单位恢复重建给予投资补助或贷款贴息支持，对符合产业政策的地方骨干企业给予贷款贴息支持。

——扶持中小企业。鼓励地方政府出资引导建立中小企业贷款担保基金。对符合条件的中小企业特别是劳动密集型中小企业、带动农民增收作用大的农业产业化经营龙头企业，给予小额担保贷款和贷款贴息等支持。扶持少数民族特需商品和民族手工艺品的生产。

——推动科技创新。有效整合灾区产学研力量，尽快恢复重建高技术企业，以及科技实验基地、条件平台和配套设施。支持灾区企业、科研机构提高自主研发和配套能力，并在财税、金融政策和政府采购等方面给予扶持。

——促进商贸流通。对受损粮库抢修、重建，中央财政给予支持。对农产品批发市场、农贸市场、物流配送中心、民族贸易网点等流通基础设施以及重要商品储备设施的恢复重建，国家给予适当支持。

——调整行业准入。适度调整煤炭新建项目规模限制，鼓励国有煤矿企业整合受灾小煤矿。适当放宽水泥生产“上大压小”条件，建设一批新型干法水泥项目。实行直购电试点。

——淘汰落后产能。淘汰高耗能高污染企业和不符合国家产业政策的落后产能，关闭无法达到安全生产条件的矿山企业和重要水源保护区内污染严重企业。中央财政对地方淘汰“两高一资”落后产能给予奖励，妥善解决好淘汰和关闭企业职工的生活。

第六节　对口支援

——明确支援任务。19个支援省（市）按每年不低于本省（市）上年地方财政一般预算收入1%的实物工作量，对口支援四川、甘肃、陕西省的24个县（市、区）⑦。

——鼓励各界投资。鼓励各地区的企业、社会团体和个人，按照市场化运作方式，到灾区投资办厂、兴建经营性基础设施。

——提供便利条件。鼓励金融机构向对口支援企业提供优惠贷款。对恢复重建大宗货物运输，铁路部门优先列入运输计划，公路部门开辟“绿色通道”。

第七节　援助政策

——开展教育援助。鼓励各地区吸收灾区中等职业学校学生到本地就学。地方各级人民政府要尽快落实将灾区进城务工人员随迁子女义务教育纳入公共教育体系的政策。加大对中小学教师特别是特殊教育师资配置和培训的支持力度。加大对家庭经济困难学生的资助力度。扩大高校在灾区的招生计划。

——实施孤残救助。支持社会福利、社会救助、康复等设施建设。新建公共服务场所应配置残疾人专用设施。鼓励企业、社会团体和个人为孤残人员提供多种扶助。

——加大就业援助。将因灾就业困难人员纳入就业援助范围，确保每个家庭至少有一人就业。对规划区内招用因灾失业城镇职工的企业，以及因灾失业城镇职工从事个体经营的，给予税收优惠。按规定降低规划区内企业失业保险费率。采取社会保险补贴、小额担保贷款等措施促进就业。

——加强扶贫援助。加大农村低保投入力度，将因灾返贫的困难群众按规定全部纳入低保。恢复重建基金中安排资金用于贫困村恢复重建。对少数民族地区和贫困地区的恢复重建项目不要求省级以下地方政府提供配套资金。

——提供社会保障。确保参保人员工伤保险支付，通过社会捐助、救助制度扶助未参保伤亡职工。确保灾区企业离退休人员基本养老金支付，因灾停产企业可缓缴社会保险费，破产企业清偿后仍欠缴的养老保险费经批准后予以核销。按时足额发放失业保险金，实施临时生活救助，提供城乡最低生活保障。

——开展法律援助。各级法律援助机构应依法为灾区群众提供法律咨询、代理、刑事辩护等无偿法律服务。律师协会应为法律援助工作提供必要协助。司法、行政部门要做好法律援助监督工作。

第八节　其他政策

——开展社会募集。倡导社会各界继续捐赠款物。鼓励港澳台同胞和海外华人华侨在恢复重建中发挥积极作用。积极争取国际组织、外国政府和非政府组织提供技术援助和赠款。对单位、个体经营者和财产所有人无偿捐赠物资、资金、财产的，给予税收优惠。

——推进以工代赈。采取以工代赈方式组织灾区群众参与恢复重建。恢复重建基金安排以工代赈资金，用于废墟清理和农业农村小型基础设施的修复等。鼓励采取以工代赈方式组织实施对口支援项目的建设。以工代赈的恢复重建项目不要求省级以下地方政府提供配套资金，适当提高劳务报酬所占比例。

——稳妥安置人口。统筹安置规划区内需要安置的受灾农村人口。对实行农业安置的，应依法调剂安排耕地、林地和宅基地，并给予后期扶持。对实行城镇安置的，应妥善解决好居住、社会保障、创业就业以及户籍等问题。

——实行同等优先。在同等条件下，恢复重建项目的建设优先选择灾区施工单位，优先招用灾区劳动力，优先采购灾区材料和设备。

——培养引进人才。整合培训资源，加大对恢复重建急需的城乡规划设计、建设项目管理、农村住房建设技术指导、心理疏导、特殊教育、民族民间文化传承等人员的培训力度。采取更积极、更灵活的政策，大力引进各类专业人才，支持高校毕业生到灾区工作和创业。

——鼓励社会参与。支持民办非企业机构、基金会、行业协会等社会组织参与恢复重建，在资金募集、企业重建、职业技能培训和中介服务等方面发挥重要作用。鼓励国内外专家和志愿者参与恢复重建，在教育援助、孤残救助、心理疏导、技术指导、规划咨询等方面发挥积极作用。

第十四章　重建资金

坚持用改革的办法多渠道筹措恢复重建资金，充分调动各方面积极性，积极创新筹资方式和使用方式，提高资金使用效率，完善资金管理和监督机制，为实现本规划确定的目标和完成重建任务提供资金保障。

第一节　资金需求和筹措

——根据本规划确定的目标和重建任务，恢复重建资金总需求经测算约为1万亿元。

——中央财政按照恢复重建资金总需求30%左右的比例建立中央地震灾后恢复重建基金。

——通过地方政府投入、对口支援、社会募集、国内银行贷款、资本市场融资、国外优惠紧急贷款、城乡居民自有和自筹资金、企业自有和自筹资金、创新融资等，多渠道筹措恢复重建资金。

第二节　创新融资

——采取多种方式，增强省级地方政府筹措资金能力。

——拓宽住房融资渠道，发展住房融资担保业务，开展住房融资租赁业务试点，解决城乡居民住房融资困难。

——在规划区内有条件的县（市、区），建立适合农村特点的小额贷款公司和农村资金互助社等。

——鼓励设立支持中小企业和科技创新的创业投资企业。探索开展基础设施项目等资产证券化试点。通过政府引导募集社会资金，探索设立支持恢复重建的公益性基金和产业投资基金等各类基金。

第三节　资金配置

——财政性资金，主要是中央地震灾后恢复重建基金，按照统筹安排、突出重点、分类指导、包干使用的原则，主要用于城乡居民住房补助，人口安置、公共服务、公益性市政公用设施和基础设施、农业服务体系和农村基础设施、流通基础设施、防灾减灾、生态修复、环境整治、土地整理复垦和精神家园等领域的恢复重建，以及中央国有重点骨干企业资本金补充和贷款贴息。

——对口支援资金，主要用于城乡居民住房、公共服务、市政公用设施、农业和农村基础设施的恢复重建，以及规划编制、建筑设计、专家咨询、工程建设和监理等服务。

——社会募集资金，在坚持尊重捐赠者意愿的前提下，优先用于农村居民住房、学校、医院、文化、社会福利、农村道路和桥梁、地震遗址纪念地和设施、自然保护区、文化自然遗产、精神家园等的恢复重建。

——信贷资金，主要用于城乡居民住房、农业产业化、农业生产基地、交通、通信、能源、工业、旅游、商贸和文化产业等的恢复重建。

——资本市场融资，主要用于交通、通信、能源、工业、旅游、商贸和文化产业等的恢复重建。

——国外优惠紧急贷款资金，主要用于城镇和农村公益性设施、基础设施、廉租房、生态修复、环境整治等的恢复重建。

——创新融资，主要用于增强省级人民政府筹措资金能力，引导信贷和社会资金投入，支持城乡居民住房建设和中小企业融资，扶持旅游等产业的恢复重建等。

第十五章　规划实施

建立健全规划实施机制，明确目标任务，把握重建时序，落实工作责任，完善监督考核，有效推进本规划的顺利实施。

第一节　组织领导

——地方各级人民政府和国务院有关部门要充分认识恢复重建任务的艰巨性、复杂性和紧迫性，树立全局意识，切实加强组织领导，全面做好恢复重建的各项工作。

——灾区各级人民政府要建立健全恢复重建领导机构，省级人民政府对本地区的恢复重建负总责，统一领导、统筹协调、督促检查恢复重建规划的实施，市、县级人民政府具体承担和落实恢复重建的主要任务。

——国务院有关部门要按照职责分工，做好指导、协调和帮助恢复重建的各项工作。

——各地区在制订重建任务阶段性目标时，要从实际出发，因地制宜，不搞“一刀切”。

——依据本规划，建立恢复重建目标考核体系，作为考核灾区各级领导班子和领导干部政绩的重要内容。

第二节　规划管理

——本规划是制订恢复重建专项规划、政策措施和恢复重建实施规划的基本依据，是开展恢复重建工作的重要依据，任何单位和个人在恢复重建中都要遵守并执行本规划，服从规划管理。

——国务院有关部门与灾区省级人民政府应依据本规划，尽快编制完成城乡住房、城镇体系、农村建设、基础设施、公共服务设施、生产力布局和产业调整、市场服务体系、防灾减灾、生态修复、土地利用等恢复重建专项规划，并积极组织实施。

——灾区省级人民政府要根据本规划制订恢复重建年度计划，明确重建时序，落实责任主体。

——灾区市、县级人民政府要在省级人民政府指导下，编制本行政区恢复重建实施规划，具体组织实施。根据需要编制或修改相应的城乡规划。

——在本规划实施的中期阶段，由国务院发展改革部门牵头组织对本规划实施情况进行中期评估，评估报告报国务院。灾区省级人民政府也要对本省实施本规划的情况进行中期评估。在本规划实施结束后，由国务院发展改革部门牵头组织有关地区和部门对本规划实施情况进行全面总结。

——规划范围以外其他灾区的恢复重建规划由灾区省级人民政府组织编制和实施，国家通过现行体制加大财政转移支付、扶贫开发等方面力度给予支持。

第三节　分类实施

——可以分解落实到县级行政区的重建任务，由县级人民政府根据本地实际统筹组织实施。主要是农村住房、城镇住房、城镇建设、农业生产和农村基础设施、公共服务、社会管理、县域工业、商贸以及其他可以分解落实到县的防灾减灾、生态修复、环境整治和土地整理复垦等。

——交通、通信、能源、水利等基础设施，重点工业和军工项目，以及其他跨行政区的重建任务，主要由省级人民政府或国务院有关部门组织实施。

——对口支援和非定向社会捐赠资金、捐建项目，要统一纳入恢复重建年度计划和实施规划。

第四节　物资保障

——灾区各级人民政府要积极组织好恢复重建物资的生产和调运。国家对恢复重建物资的货源组织、运输保障等给予必要支持，做好统筹协调。

——加强对恢复重建物资质量的监督检查。对进口的物资，在依法检验检疫的同时要及时验放。

——加强对砖瓦、水泥、钢材等恢复重建重要物资的价格监管，防止不合理涨价。

第五节　监督检查

——灾区各级人民政府和国务院有关部门要加强对资金、项目和重要物资的跟踪与管理，自觉接受同级人大、政协以及社会各界的监督。

——定期公布捐赠款物的接受使用情况、恢复重建资金和物资的来源、数量、分配、拨付及使用情况，主动接受社会监督。发挥城乡社区在恢复重建资金和物资监督检查中的作用。

——加强对恢复重建资金和物资的筹集、分配、拨付、使用和效果的全过程跟踪审计，定期公布审计结果，确保重建资金按照规定专款专用，不被侵占、截留或挪用。

——严格实行项目法人责任制、招标投标制、合同管理制和工程监理制。加强对建设工程质量和安全，以及产品安全质量的监管，组织开展对重大建设项目的稽察。严格执行工程竣工验收规定，未经竣工验收不得投入使用。

——对建设项目以及恢复重建资金和物资的筹集、分配、拨付、使用情况登记造册，建立健全档案，在建设工程竣工验收和恢复重建结束后，及时向建设主管部门或者其他有关部门移交档案。

——任何单位和个人对恢复重建中的违法违纪行为，都有权进行举报。接到举报的人民政府或者有关部门，应当立即调查，依法处理，并为举报人保密。实名举报的，应当将处理结果反馈举报人。社会影响较大的违法违纪行为，处理结果应当向社会公布。

地震灾后恢复重建任务艰巨，时间紧迫，影响深远。在以胡锦涛同志为总书记的党中央坚强领导下，在全国各族人民的大力支持下，灾区广大干部群众一定能够用自己勤劳的双手，重建起一个安居乐业、生态文明、安全和谐的新家园！

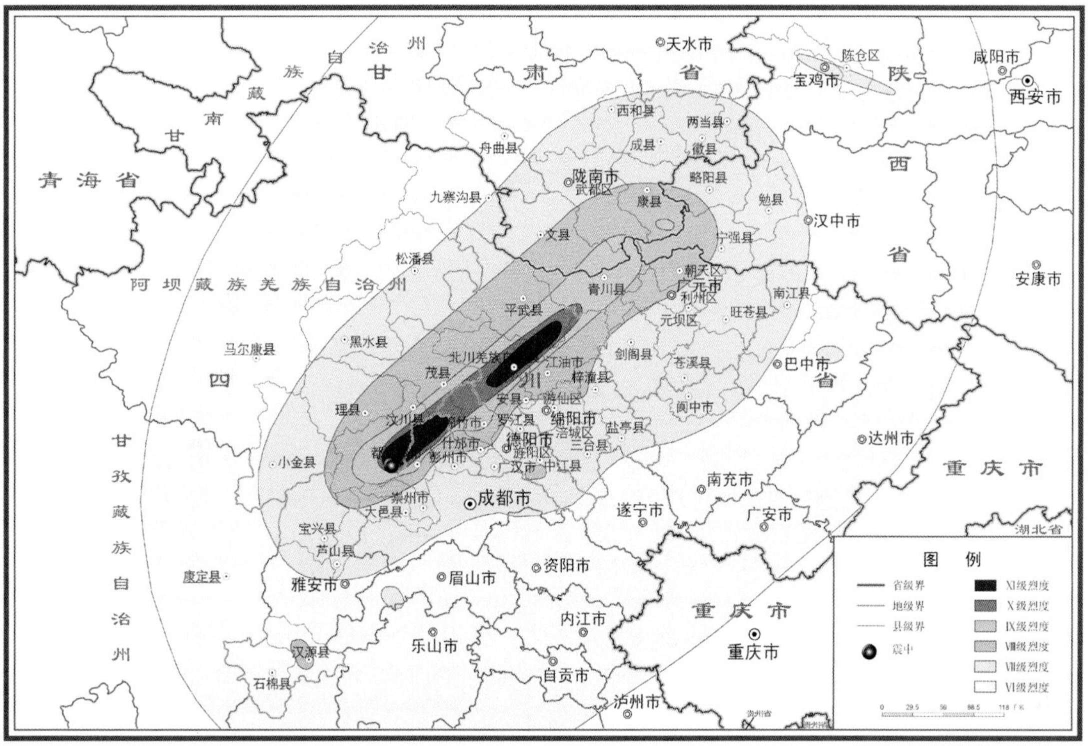

资料来源:中国地震局 制图:国家测绘局

审图号:川S(2008)53号

地震烈度分布图

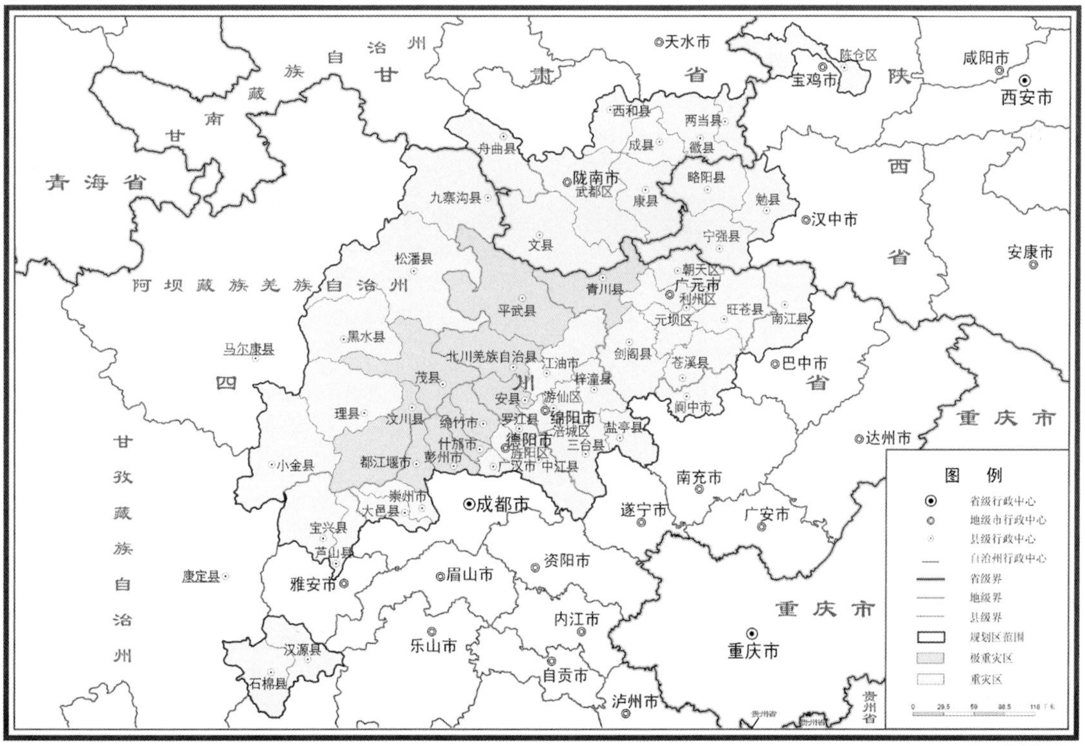

制图：国家测绘局

审图号:川S(2008)53号

规划范围图

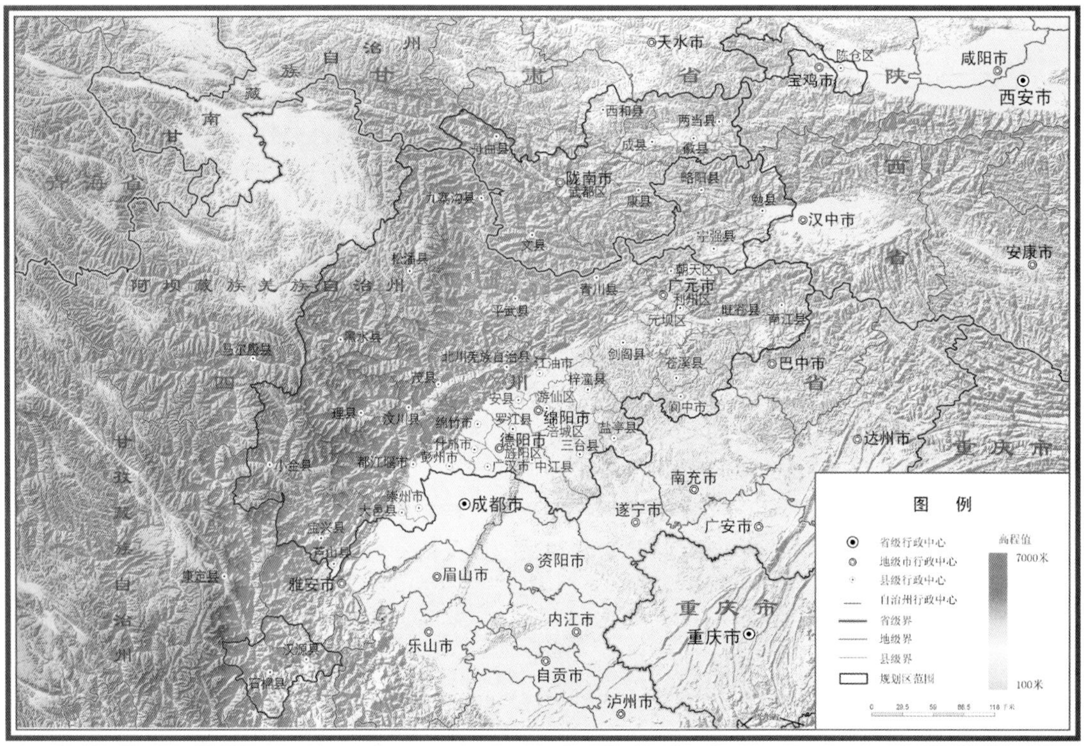

规划区地势图

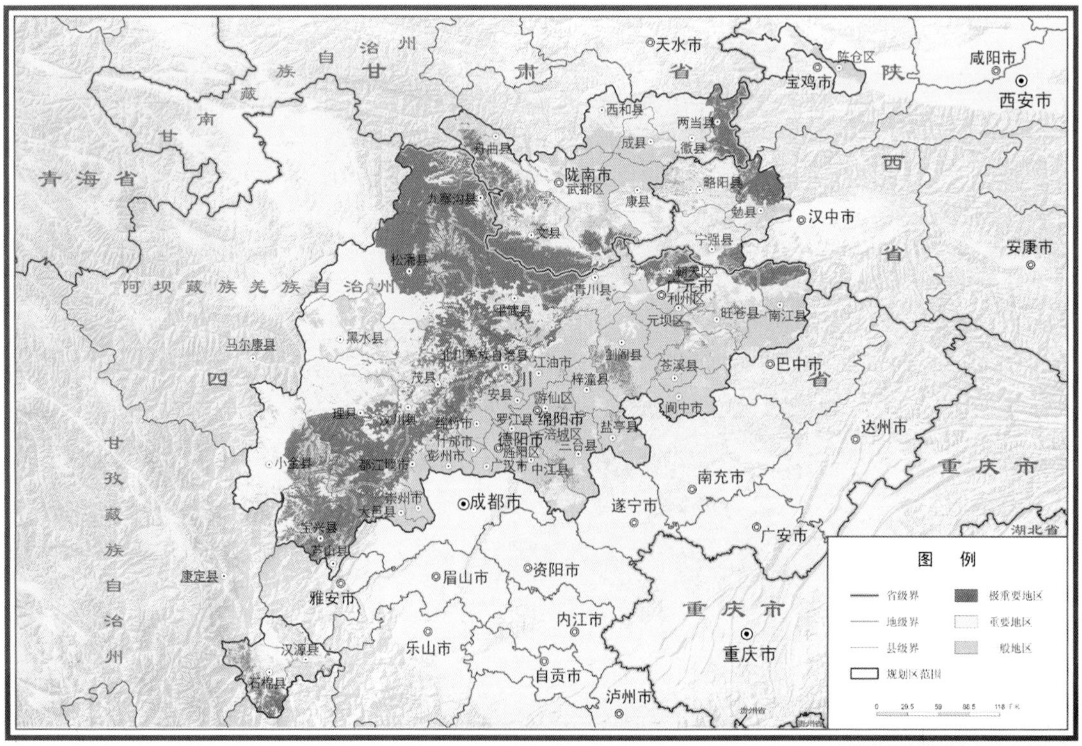

生态功能重要性评价图

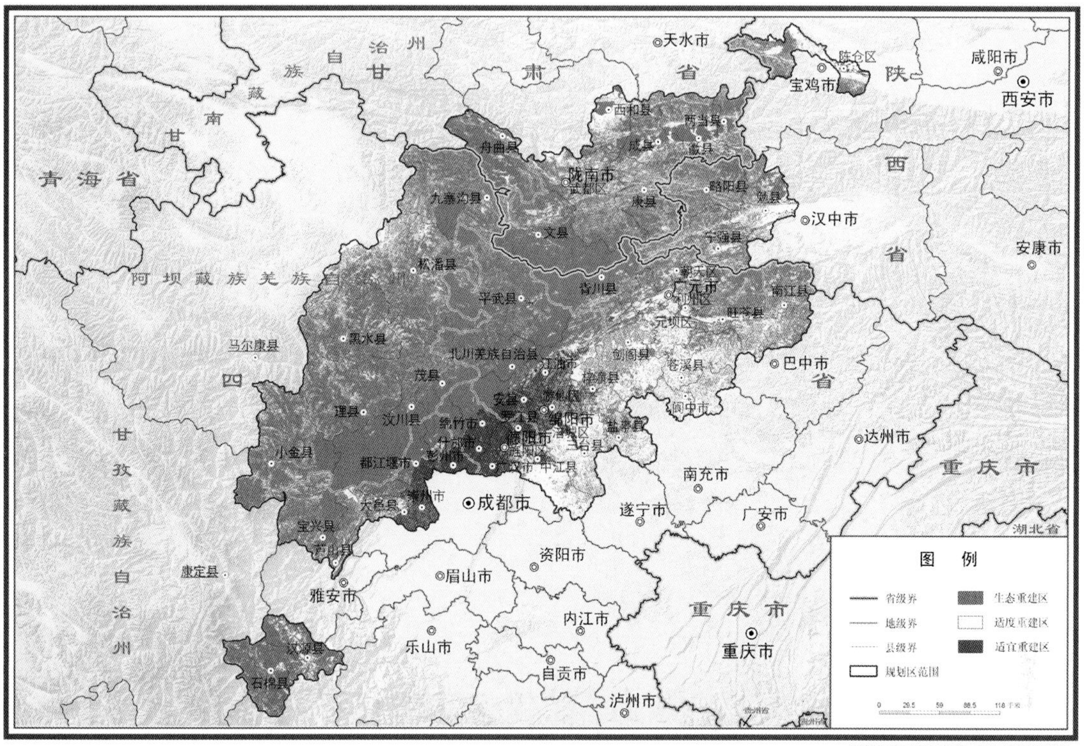

资料来源:中国科学院 制图:国家测绘局
审图号:川S(2008)53号

重建分区图

① 极重灾区和重灾区的范围，根据民政部等部门《汶川地震灾害范围评估结果》确定。

② 重建分区的范围和面积根据中国科学院《资源环境承载能力评价报告》确定。

③ 该专栏中各重建分区的数据、面积是按自然分布实际量算的结果，人口是按乡镇统计数据加工的结果。

④ 该专栏数据为各项建设新占用土地数。

⑤ 基层劳动保障工作平台主要包括街道（乡镇）劳动保障事务所、社区劳动保障工作站。

⑥ 县乡社会福利机构主要包括社会福利院（儿童福利院、精神病院）、敬老院、救助管理站、殡仪馆（站）、光荣院和优抚医院、烈士纪念设施、军休所。

⑦ 对口支援对象除已经公布的四川省18个县（市）外，增加了甘肃省的文县、武都区、康县、舟曲县和陕西省的宁强县、略阳县。

（《中华人民共和国国务院公报》，2008年第29号）

预　案

国家突发公共事件总体应急预案

（2006年1月8日）

1　总　则

1.1　编制目的

提高政府保障公共安全和处置突发公共事件的能力，最大程度地预防和减少突发公共事件及其造成的损害，保障公众的生命财产安全，维护国家安全和社会稳定，促进经济社会全面、协调、可持续发展。

1.2　编制依据

依据宪法及有关法律、行政法规，制定本预案。

1.3　分类分级

本预案所称突发公共事件是指突然发生，造成或者可能造成重大人员伤亡、财产损失、生态环境破坏和严重社会危害，危及公共安全的紧急事件。

根据突发公共事件的发生过程、性质和机理，突发公共事件主要分为以下四类：

（1）自然灾害。主要包括水旱灾害，气象灾害，地震灾害，地质灾害，海洋灾害，生物灾害和森林草原火灾等。

（2）事故灾难。主要包括工矿商贸等企业的各类安全事故，交通运输事故，公共设施和设备事故，环境污染和生态破坏事件等。

（3）公共卫生事件。主要包括传染病疫情，群体性不明原因疾病，食品安全和职业危害，动物疫情，以及其他严重影响公众健康和生命安全的事件。

（4）社会安全事件。主要包括恐怖袭击事件，经济安全事件和涉外突发事件等。

各类突发公共事件按照其性质、严重程度、可控性和影响范围等因素，一般分为四级：Ⅰ级（特别重大）、Ⅱ级（重大）、Ⅲ级（较大）和Ⅳ级（一般）。

1.4 适用范围

本预案适用于涉及跨省级行政区划的，或超出事发地省级人民政府处置能力的特别重大突发公共事件应对工作。

本预案指导全国的突发公共事件应对工作。

1.5 工作原则

（1）以人为本，减少危害。切实履行政府的社会管理和公共服务职能，把保障公众健康和生命财产安全作为首要任务，最大程度地减少突发公共事件及其造成的人员伤亡和危害。

（2）居安思危，预防为主。高度重视公共安全工作，常抓不懈，防患于未然。增强忧患意识，坚持预防与应急相结合，常态与非常态相结合，做好应对突发公共事件的各项准备工作。

（3）统一领导，分级负责。在党中央、国务院的统一领导下，建立健全分类管理、分级负责，条块结合、属地管理为主的应急管理体制，在各级党委领导下，实行行政领导责任制，充分发挥专业应急指挥机构的作用。

（4）依法规范，加强管理。依据有关法律和行政法规，加强应急管理，维护公众的合法权益，使应对突发公共事件的工作规范化、制度化、法制化。

（5）快速反应，协同应对。加强以属地管理为主的应急处置队伍建设，建立联动协调制度，充分动员和发挥乡镇、社区、企事业单位、社会团体和志愿者队伍的作用，依靠公众力量，形成统一指挥、反应灵敏、功能齐全、协调有序、运转高效的应急管理机制。

（6）依靠科技，提高素质。加强公共安全科学研究和技术开发，采用先进的监测、预测、预警、预防和应急处置技术及设施，充分发挥专家队伍和专业人员的作用，提高应对突发公共事件的科技水平和指挥能力，避免发生次生、衍生事件；加强宣传和培训教育工作，提高公众自救、互救和应对各类突发公共事件的综合素质。

1.6 应急预案体系

全国突发公共事件应急预案体系包括：

（1）突发公共事件总体应急预案。总体应急预案是全国应急预案体系的总纲，是国务院应对特别重大突发公共事件的规范性文件。

（2）突发公共事件专项应急预案。专项应急预案主要是国务院及其有关部门为应对某一类型或某几种类型突发公共事件而制定的应急预案。

（3）突发公共事件部门应急预案。部门应急预案是国务院有关部门根据总体应急预案、专项应急预案和部门职责为应对突发公共事件制定的预案。

（4）突发公共事件地方应急预案。具体包括：省级人民政府的突发公共事件总体应急预案、专项应急预案和部门应急预案；各市（地）、县（市）人民政府及其基层政权组织的突发公共事件应急预案。上述预案在省级人民政府的领导下，按照分类管理、分级负责的原则，由地方人民政府及其有关部门分别制定。

（5）企事业单位根据有关法律法规制定的应急预案。

（6）举办大型会展和文化体育等重大活动，主办单位应当制定应急预案。

各类预案将根据实际情况变化不断补充、完善。

2 组织体系

2.1 领导机构

国务院是突发公共事件应急管理工作的最高行政领导机构。在国务院总理领导下，由国务院常务会议和国家相关突发公共事件应急指挥机构（以下简称相关应急指挥机构）负责突发公共事件的应急管理工作；必要时，派出国务院工作组指导有关工作。

2.2 办事机构

国务院办公厅设国务院应急管理办公室，履行值守应急、信息汇总和综合协调职责，发挥运转枢纽作用。

2.3 工作机构

国务院有关部门依据有关法律、行政法规和各自的职责，负责相关类别突发公共事件的应急管理工作。具体负责相关类别的突发公共事件专项和部门应急预案的起草与实施，贯彻落实国务院有关决定事项。

2.4 地方机构

地方各级人民政府是本行政区域突发公共事件应急管理工作的行政领导机构，负责本行政区域各类突发公共事件的应对工作。

2.5 专家组

国务院和各应急管理机构建立各类专业人才库，可以根据实际需要聘请有关专家组成专家组，为应急管理提供决策建议，必要时参加突发公共事件的应急处置工作。

3 运行机制

3.1 预测与预警

各地区、各部门要针对各种可能发生的突发公共事件，完善预测预警机制，建立预测预警系统，开展风险分析，做到早发现、早报告、早处置。

3.1.1 预警级别和发布

根据预测分析结果，对可能发生和可以预警的突发公共事件进行预警。预警级别依据突发公共事件可能造成的危害程度、紧急程度和发展势态，一般划分为四级：Ⅰ级（特别严重）、Ⅱ级（严重）、Ⅲ级（较重）和Ⅳ级（一般），依次用红色、橙色、黄色和蓝色表示。

预警信息包括突发公共事件的类别、预警级别、起始时间、可能影响范围、警示事项、应采取的措施和发布机关等。

预警信息的发布、调整和解除可通过广播、电视、报刊、通信、信息网络、警报器、宣传车或组织人员逐户通知等方式进行，对老、幼、病、残、孕等特殊人群以及学校等特殊场所和警报盲区应当采取有针对性的公告方式。

3.2 应急处置

3.2.1 信息报告

特别重大或者重大突发公共事件发生后，各地区、各部门要立即报告，最迟不得超过4小时，同时通报有关地区和部门。应急处置过程中，要及时续报有关情况。

3.2.2 先期处置

突发公共事件发生后，事发地的省级人民政府或者国务院有关部门在报告特别重大、重大突发公共事件信息的同时，要根据职责和规定的权限启动相关应急预案，及时、有效地进行处置，控制事态。

境外发生涉及中国公民和机构的突发事件，我驻外使领馆、国务院有关部门和有关地方人民政府要采取措施控制事态发展，组织开展应急救援工作。

3.2.3 应急响应

对于先期处置未能有效控制事态的特别重大突发公共事件，要及时启动相关预案，由国务院相关应急指挥机构或国务院工作组统一指挥或指导有关地区、部门开展处置工作。

现场应急指挥机构负责现场的应急处置工作。

需要多个国务院相关部门共同参与处置的突发公共事件，由该类突发公共事件的业务主管部门牵头，其他部门予以协助。

3.2.4 应急结束

特别重大突发公共事件应急处置工作结束，或者相关危险因素消除后，现场应急指挥机构予以撤销。

3.3 恢复与重建

3.3.1 善后处置

要积极稳妥、深入细致地做好善后处置工作。对突发公共事件中的伤亡人员、应急处置工作人员，以及紧急调集、征用有关单位及个人的物资，要按照规定给予抚恤、补助或补偿，并提供心理及司法援助。有关部门要做好疫病防治和环境污染消除工作。保险监管机构督促有关保险机构及时做好有关单位和个人损失的理赔工作。

3.3.2 调查与评估

要对特别重大突发公共事件的起因、性质、影响、责任、经验教训和恢复重建等问题进行调查评估。

3.3.3 恢复重建

根据受灾地区恢复重建计划组织实施恢复重建工作。

3.4 信息发布

突发公共事件的信息发布应当及时、准确、客观、全面。事件发生的第一时间要向社会发布简要信息，随后发布初步核实情况、政府应对措施和公众防范措施等，并根据事件处置情况做好后续发布工作。

信息发布形式主要包括授权发布、散发新闻稿、组织报道、接受记者采访、举行新闻发布会等。

4 应急保障

各有关部门要按照职责分工和相关预案做好突发公共事件的应对工作，同时根据总体预案切实做好应对突发公共事件的人力、物力、财力、交通运输、医疗卫生及通信保障等工作，保证应急救援工作的需要和灾区群众的基本生活，以及恢复重建工作的顺利进行。

4.1 人力资源

公安（消防）、医疗卫生、地震救援、海上搜救、矿山救护、森林消防、防洪抢险、核与辐射、环境监控、危险化学品事故救援、铁路事故、民航事故、基础信息网络和重要信息系统事故处置，以及水、电、油、气等工程抢险救援队伍是应急救援的专业队伍和骨干力量。地方各级人民政府和有关部门、单位要加强应急救援队伍的业务培训和应急演练，建立联动协调机制，提高装备水平；动员社会团体、企事业单位以及志愿者等各种社会力量参与应急救援工作；增进国际间的交流与合作。要加强以乡镇和社区为单位的公众应急能力建设，发挥其在应对突发公共事件中的重要作用。

中国人民解放军和中国人民武装警察部队是处置突发公共事件的骨干和突击力量，按照有关规定参加应急处置工作。

4.2 财力保障

要保证所需突发公共事件应急准备和救援工作资金。对受突发公共事件影响较大的行业、企事业单位和个人要及时研究提出相应的补偿或救助政策。要对突发公共事件财政应急保障资金的使用和效果进行监管和评估。

鼓励自然人、法人或者其他组织（包括国际组织）按照《中华人民共和国公益事业捐赠法》等有关法律、法规的规定进行捐赠和援助。

4.3 物资保障

要建立健全应急物资监测网络、预警体系和应急物资生产、储备、调拨及紧急配送体系，完善应急工作程序，确保应急所需物资和生活用品的及时供应，并加强对物资储备的监督管理，及时予以补充和更新。

地方各级人民政府应根据有关法律、法规和应急预案的规定，做好物资储备工作。

4.4 基本生活保障

要做好受灾群众的基本生活保障工作，确保灾区群众有饭吃、有水喝、有衣穿、有住处、有病能得到及时医治。

4.5 医疗卫生保障

卫生部门负责组建医疗卫生应急专业技术队伍，根据需要及时赴现场开展医疗救治、疾病预防控制等卫生应急工作。及时为受灾地区提供药品、器械等卫生和医疗设备。必要时，组织动员红十字会等社会卫生力量参与医疗卫生救助工作。

4.6 交通运输保障

要保证紧急情况下应急交通工具的优先安排、优先调度、优先放行，确保运输安全畅通；要依法建立紧急情况社会交通运输工具的征用程序，确保抢险救灾物资和人员能够及时、安全送达。

根据应急处置需要，对现场及相关通道实行交通管制，开设应急救援“绿色通道”，保证应急救援工作的顺利开展。

4.7 治安维护

要加强对重点地区、重点场所、重点人群、重要物资和设备的安全保护，依法严厉打击违法犯罪活动。必要时，依法采取有效管制措施，控制事态，维护社会秩序。

4.8 人员防护

要指定或建立与人口密度、城市规模相适应的应急避险场所，完善紧急疏散管理办法和程序，明确各级责任人，确保在紧急情况下公众安全、有序的转移或疏散。

要采取必要的防护措施，严格按照程序开展应急救援工作，确保人员安全。

4.9 通信保障

建立健全应急通信、应急广播电视保障工作体系，完善公用通信网，建立有线和无线相结合、基础电信网络与机动通信系统相配套的应急通信系统，确保通信畅通。

4.10 公共设施

有关部门要按照职责分工，分别负责煤、电、油、气、水的供给，以及废水、废气、固体废弃物等有害物质的监测和处理。

4.11 科技支撑

要积极开展公共安全领域的科学研究；加大公共安全监测、预测、预警、预防和应急处置技术研发的投入，不断改进技术装备，建立健全公共安全应急技术平台，提高我国公共安全科技水平；注意发挥企业在公共安全领域的研发作用。

5 监督管理

5.1 预案演练

各地区、各部门要结合实际，有计划、有重点地组织有关部门对相关预案进行演练。

5.2 宣传和培训

宣传、教育、文化、广电、新闻出版等有关部门要通过图书、报刊、音像制品和电子出版物、广播、电视、网络等，广泛宣传应急法律法规和预防、避险、自救、互救、减灾等常识，增强公众的忧患意识、社会责任意识和自救、互救能力。各有关方面要有计划地对应急救援和管理人员进行培训，提高其专业技能。

5.3 责任与奖惩

突发公共事件应急处置工作实行责任追究制。

对突发公共事件应急管理工作中做出突出贡献的先进集体和个人要给予表彰和奖励。

对迟报、谎报、瞒报和漏报突发公共事件重要情况或者应急管理工作中有其他失职、渎职行为的，依法对有关责任人给予行政处分；构成犯罪的，依法追究刑事责任。

6 附　则

6.1 预案管理

根据实际情况的变化，及时修订本预案。

本预案自发布之日起实施。

（《人民日报》，2006年1月9日第10版）

国家地震应急预案

（2006年1月12日）

1 总 则

1.1 编制目的

使地震应急能够协调、有序和高效进行，最大程度地减少人员伤亡、减轻经济损失和社会影响。

1.2 编制依据

依据《中华人民共和国防震减灾法》、《破坏性地震应急条例》和《国家突发公共事件总体应急预案》，制定本预案。

1.3 适用范围

本预案适用于我国处置地震灾害事件（含火山灾害事件）的应急活动。

1.4 工作原则

地震灾害事件发生后，有关各级人民政府立即自动按照预案实施地震应急，处置本行政区域地震灾害事件。

省级人民政府是处置本行政区域重大、特别重大地震灾害事件的主体。视省级人民政府地震应急的需求，国家地震应急给予必要的协调和支持，发生特别重大地震灾害事件由国务院实施国家地震应急，发生重大地震灾害事件由中国地震局实施国家地震应急，国务院有关部门和单位按照职责分工密切配合、信息互通、资源共享、协同行动。

地震应急依靠人民群众并建立广泛的社会动员机制，依靠和发挥人民解放军和武警部队在处置地震灾害事件中的骨干作用和突击队作用，依靠科学决策和先进技术手段。

2 组织指挥体系及职责

2.1 国务院抗震救灾指挥部

发生特别重大地震灾害，经国务院批准，由平时领导和指挥调度防震减灾工作的国务院防震减灾工作联席会议，转为国务院抗震救灾指挥部，统一领导、指挥和协调地震应急与救灾工作。国务院抗震救灾指挥部办公室设在中国地震局。

2.2 中国地震局

中国地震局负责国务院抗震救灾指挥部办公室的日常事务，汇集地震灾情速报，管理地震灾害调查与损失评估工作，管理地震灾害紧急救援工作。

3 预警和预防机制

3.1 信息监测与报告

各级地震监测台网对地震监测信息（含火山监测信息）进行检测、传递、分析、处理、存贮和报送；群测群防网观测地震宏观异常并及时上报。中国地震台网中心对全国各类地震观测信息进行接收、质量监控、存储、常规分析处理，进行震情跟踪。

3.2 预警预防行动

中国地震局在划分地震重点危险区的基础上，组织震情跟踪工作，提出短期地震预测意见，报告预测区所在的省（区、市）人民政府；省（区、市）人民政府决策发布短期地震预报，及时做好防震准备。

在短期地震预报的基础上，中国地震局组织震情跟踪工作，提出临震预测意见，报告预测区所在的省（区、市）人民政府；省（区、市）人民政府决策发布临震预报，宣布预报区进入临震应急期。预报区所在的市（地、州、盟）、县（市、区、旗）人民政府采取应急防御措施，主要内容是：地震部门加强震情监视，随时报告震情变化；根据震情发展和建筑物抗震能力以及周围工程设施情况，发布避震通知，必要时组织避震疏散；要求有关部门对生命线工程和次生灾害源采取紧急防护措施；督促检查抢险救灾的准备工作；平息地震谣传或误传，保持社会安定。

4 应急响应

4.1 分级响应

4.1.1 地震灾害事件分级

特别重大地震灾害，是指造成300人以上死亡，或直接经济损失占该省（区、市）上年国内生产总值1%以上的地震；发生在人口较密集地区7.0级以上地震，可初判为特别重大地震灾害。

重大地震灾害，是指造成50人以上、300人以下死亡，或造成一定经济损失的地震；发生在人口较密集地区6.5~7.0级地震，可初判为重大地震灾害。

较大地震灾害，是指造成20人以上、50人以下死亡，或造成一定经济损失的地震；发生在人口较密集地区6.0~6.5级地震，可初判为较大地震灾害。

一般地震灾害，是指造成20人以下死亡，或造成一定经济损失的地震；发生在人口较密集地区5.0~6.0级地震，可初判为一般地震灾害。

4.1.2 地震应急响应分级和启动条件

应对特别重大地震灾害，启动Ⅰ级响应。由灾区所在省（区、市）人民政府领导灾区的地震应急工作；国务院抗震救灾指挥部统一组织领导、指挥和协调国家地震应急工作。

应对重大地震灾害，启动Ⅱ级响应。由灾区所在省（区、市）人民政府领导灾区的地震应急工作；中国地震局在国务院领导下，组织、协调国家地震应急工作。

应对较大地震灾害，启动Ⅲ级响应。在灾区所在省（区、市）人民政府的领导和支持下，由灾区所在市（地、州、盟）人民政府领导灾区的地震应急工作；中国地震局组织、协调国家地震应急工作。

应对一般地震灾害，启动Ⅳ级响应。在灾区所在省（区、市）人民政府和市（地、州、盟）人民政府的领导和支持下，由灾区所在县（市、区、旗）人民政府领导灾区的地震应急工作；中国地震局组织、协调国家地震应急工作。

如果地震灾害使灾区丧失自我恢复能力、需要上级政府支援，或者地震灾害发生在边疆地区、少数民族聚居地区和其他特殊地区，应根据需要相应提高响应级别。

4.2 信息报送和处理

震区地方各级人民政府迅速调查了解灾情，向上级人民政府报告并抄送地震部门；重大地震灾害和特别重大地震灾害情况可越级报告。

国务院民政、公安、安全生产监管、交通、铁道、水利、建设、教育、卫生等有关部门迅速了解震情灾情，及时报国务院办公厅并抄送国务院抗震救灾指挥部办公室、中国地震局和民政部。

中国地震局负责汇总灾情、社会影响等情况，收到特别重大、重大地震信息后，应在4小时内报送国务院办公厅并及时续报；同时向新闻宣传主管部门通报情况。

国务院抗震救灾指挥部办公室、中国地震局和有关省（区、市）地震局依照有关信息公开规定，及时公布震情和灾情信息。在地震灾害发生1小时内，组织关于地震时间、地点和震级的公告；在地震灾害发生24小时内，根据初步掌握的情况，组织灾情和震情趋势判断的公告；适时组织后续公告。

4.3 通信

及时开通地震应急通信链路，利用公共网络、通讯卫星等，实时获得地震灾害现场的情况。

地震现场工作队携带海事卫星、VSAT卫星地面站等设备赶赴灾害现场，并架通通信链路，保持灾害现场与国务院抗震救灾指挥部的实时联络。灾区信息产业部门派出移动应急通信车，及时采取措施恢复地震破坏的通信线路和设备，确保灾区通信畅通。

4.4 指挥与协调

4.4.1 Ⅰ级响应

由灾区所在省（区、市）人民政府领导灾区的地震应急工作；国务院抗震救灾指挥部统一组织领导、指挥和协调国家地震应急工作。

（1）灾区所在省（区、市）人民政府领导灾区的地震应急工作

省（区、市）人民政府了解震情和灾情，确定应急工作规模，报告国务院并抄送国务院抗震救灾指挥部办公室、中国地震局和民政部，同时通报当地驻军领导机关；宣布灾区进入震后应急期；启动抗震救灾指挥部部署本行政区域内的地震应急工作；必要时决定实行紧急应急措施。

省（区、市）抗震救灾指挥部组织指挥部成员单位和非灾区对灾区进行援助，组成现场抗震救灾指挥部直接组织灾区的人员抢救和工程抢险工作。

（2）国务院抗震救灾指挥部统一组织领导、指挥和协调国家地震应急工作

中国地震局向国务院报告震情和灾情并建议国务院抗震救灾指挥部开始运作；经国务院批准，由国务院抗震救灾指挥部统一组织领导、指挥和协调国家地震应急工作。中国地震局履行国务院抗震救灾指挥部办公室职责；国务院有关部门设立部门地震应急机构负责本部门的地震应急工作，派出联络员参加国务院抗震救灾指挥部办公室工作。

4.4.2　Ⅱ级响应

由灾区所在省（区、市）人民政府领导灾区的地震应急工作；中国地震局在国务院领导下，组织、协调国家地震应急工作。

（1）灾区所在省（区、市）人民政府领导灾区的地震应急工作

省（区、市）人民政府了解震情和灾情，确定应急工作规模，报告国务院并抄送中国地震局和民政部，同时通报当地驻军领导机关；宣布灾区进入震后应急期；启动抗震救灾指挥部部署本行政区域内的地震应急工作；必要时决定实行紧急应急措施。

省（区、市）抗震救灾指挥部组织指挥部成员单位和非灾区对灾区进行援助，组成现场抗震救灾指挥部直接组织灾区的人员抢救和工程抢险工作。

（2）中国地震局在国务院领导下，组织、协调国家地震应急工作

中国地震局向国务院报告震情和灾情、提出地震趋势估计并抄送国务院有关部门；派出中国地震局地震现场应急工作队；向国务院建议派遣国家地震灾害紧急救援队，经批准后，组织国家地震灾害紧急救援队赴灾区；及时向国务院报告地震应急工作进展情况。

根据灾区的需求，调遣公安消防部队等灾害救援队伍和医疗救护队伍赴灾区、组织有关部门对灾区紧急支援。

当地震造成大量人员被压埋，调遣解放军和武警部队参加抢险救灾。

当地震造成两个以上省（区、市）受灾，或者地震发生在边疆地区、少数民族聚居地区并造成严重损失，国务院派出工作组前往灾区。

中国地震局对地震灾害现场的国务院有关部门工作组和各级各类救援队伍、支援队伍、保障队伍的活动进行协调。

4.4.3　Ⅲ级响应

在灾区所在省（区、市）人民政府的领导和支持下，由灾区所在市（地、州、盟）人民政府

领导灾区的地震应急工作；中国地震局组织、协调国家地震应急工作。

（1）灾区所在市（地、州、盟）人民政府领导灾区的地震应急工作

市（地、州、盟）人民政府了解震情和灾情，确定应急工作规模，报告省（区、市）人民政府并抄送地震局和民政厅，同时通报当地驻军领导机关；启动抗震救灾指挥部部署本行政区域内的地震应急工作。

市（地、州、盟）抗震救灾指挥部组织人员抢救和工程抢险工作；组织指挥部成员单位和非灾区对灾区进行援助。

（2）中国地震局组织、协调国家地震应急工作

中国地震局向国务院报告震情灾情、提出地震趋势估计并抄送国务院有关部门；派出中国地震局地震现场应急工作队；适时向国务院报告地震应急工作进展情况。

当地震造成较多人员被压埋并且难以营救，派遣国家地震灾害紧急救援队；经批准后，组织国家地震灾害紧急救援队赴灾区。

视地震灾区的需求，中国地震局与有关部门协商对灾区紧急支援。

中国地震局对地震灾害现场的国务院有关部门工作组和各级各类救援队伍、支援队伍、保障队伍的活动进行协调。

4.4.4 Ⅳ级响应

在灾区所在省（区、市）人民政府和市（地、州、盟）人民政府的领导和支持下，由灾区所在县（市、区、旗）人民政府领导灾区的地震应急工作；中国地震局组织、协调国家地震应急工作。

（1）灾区所在县（市、区、旗）人民政府领导灾区的地震应急工作

县（市、区、旗）人民政府了解震情和灾情，确定应急工作规模，报告市（地、州、盟）人民政府并抄送地震局和民政局；启动抗震救灾指挥部部署本行政区域内的地震应急工作。

（2）中国地震局组织、协调国家地震应急工作

中国地震局向国务院报告震情灾情、提出地震趋势估计并抄送国务院有关部门；派出中国地震局地震现场应急工作队；应急结束后，向国务院汇报地震应急工作。

中国地震局对地震灾害现场的国务院有关部门工作组的活动进行协调。

4.5 紧急处置

地震灾害现场实行政府统一领导、地震部门综合协调、各部门参与的应急救援工作体制。

现场紧急处置的主要内容是：沟通汇集并及时上报信息，包括地震破坏、人员伤亡和被压埋的情况、灾民自救互救成果、救援行动进展情况；分配救援任务、划分责任区域，协调各级各类救援队伍的行动；组织查明次生灾害危害或威胁；组织采取防御措施，必要时疏散居民；组织力量消除次生灾害后果；组织协调抢修通信、交通、供水、供电等生命线设施；估计救灾需求的构成与数量规模，组织援助物资的接收与分配；组织建筑物安全鉴定工作；组织灾害损失评估工作。各级各类救援队伍要服从现场指挥部的指挥与协调。

4.6　人员抢救与工程抢险

中国地震局协调组织地震灾害紧急救援队开展灾区搜救工作；协调国际搜救队的救援行动。

解放军和武警部队赶赴灾区，抢救被压埋人员，进行工程抢险。

公安部门组织调动公安消防部队赶赴灾区，扑灭火灾和抢救被压埋人员。

卫生部门组织医疗救护和卫生防病队伍抢救伤员。

不同救援队伍之间要积极妥善地处理各种救援功能的衔接与相互配合；相邻队伍之间要划分责任区边界，同时关注结合部；区块内各队伍之间要协商解决道路、电力、照明、有线电话、网络、水源等现场资源的共享或分配；各队伍之间保持联系，互通有无，互相支援，遇有危险时传递警报并共同防护。

4.7　应急人员的安全防护

对震损建筑物能否进入、能否破拆进行危险评估；探测泄漏危险品的种类、数量、泄漏范围、浓度，评估泄漏的危害性，采取处置措施；监视余震、火灾、爆炸、放射性污染、滑坡崩塌等次生灾害、损毁高大构筑物继续坍塌的威胁和因破拆建筑物而诱发的坍塌危险，及时向救援人员发出警告，采取防范措施。

4.8　群众的安全防护

民政部门做好灾民的转移和安置工作。

当地政府具体制定群众疏散撤离的方式、程序的组织指挥方案，规定疏散撤离的范围、路线、避难场所和紧急情况下保护群众安全的必要防护措施。

4.9　次生灾害防御

公安部门协助灾区采取有效措施防止火灾发生，处置地震次生灾害事故。

水利部、国防科工、建设、信息产业、民航部门对处在灾区的易于发生次生灾害的设施采取紧急处置措施并加强监控；防止灾害扩展，减轻或消除污染危害。

环保总局加强环境的监测、控制。

国土资源部门会同建设、水利、交通等部门加强对地质灾害险情的动态监测。

发展改革、质检、安全监管部门督导和协调灾区易于发生次生灾害的地区、行业和设施采取紧急处置。

4.10　地震现场监测与分析预报

中国地震局向震区派出地震现场工作队伍，布设或恢复地震现场测震和前兆台站，增强震区的监测能力，协调震区与邻省的监测工作，对震区地震类型、地震趋势、短临预报提出初步判定意见。

4.11　社会力量动员与参与

特别重大地震灾害事件发生后，地震灾区的各级人民政府组织各方面力量抢救人员，组织基层单位和人员开展自救和互救；灾区所在的省（区、市）人民政府动员非灾区的力量，对灾区提供救助；邻近的省（区、市）人民政府根据灾情，组织和动员社会力量，对灾区提供救助；其他省（区、市）人民政府视情况开展为灾区人民捐款捐物的活动。

重大地震灾害事件发生后，地震灾区的各级人民政府组织各方面力量抢救人员，并组织基层单位和人员开展自救和互救；灾区所在的市（地、州、盟）人民政府动员非灾区的力量，对灾区提供救助；邻近灾区的市（地、州、盟）人民政府根据灾情，组织和动员社会力量，对灾区提供救助；灾区所在的省（区、市）人民政府视情况开展为灾区人民捐款捐物的活动。

4.12 地震灾害调查与灾害损失评估

中国地震局开展地震烈度调查，确定发震构造，调查地震宏观异常现象、工程结构震害特征、地震社会影响和各种地震地质灾害等。

中国地震局负责会同国务院有关部门，在地方各级政府的配合下，共同开展地震灾害损失评估。

4.13 信息发布

信息发布要坚持实事求是、及时准确的工作原则，中国地震局、民政部按照《国家突发公共事件新闻发布应急预案》和本部门职责做好信息发布工作。

4.14 应急结束

应急结束的条件是：地震灾害事件的紧急处置工作完成；地震引发的次生灾害的后果基本消除；经过震情趋势判断，近期无发生较大地震的可能；灾区基本恢复正常社会秩序。达到上述条件，由宣布灾区进入震后应急期的原机关宣布灾区震后应急期结束。有关紧急应急措施的解除，由原决定机关宣布。

5 后期处置

5.1 善后处置

因救灾需要临时征用的房屋、运输工具、通信设备等应当及时归还；造成损坏或者无法归还的，按照国务院有关规定给予适当补偿或者作其他处理。

5.2 社会救助

民政部门负责接受并安排社会各界的捐赠。

5.3 保险

保险监管机构依法做好灾区有关保险理赔和给付的监管。

5.4　调查和总结

由中国地震局负责对地震灾害事件进行调查，总结地震应急响应工作并提出改进建议，及时上报。

6　保障措施

6.1　通信与信息保障

建设并完善通信网络，存储指挥部成员单位和应急救灾相关单位的通讯录并定期更新。各级信息产业部门做好灾时启用应急机动通信系统的准备。

电信运营企业尽快恢复受到破坏的通信设施，保证抗震救灾通信畅通。自有通信系统的部门尽快恢复本部门受到破坏的通信设施，协助保障抗震救灾通信畅通。

6.2　应急支援与装备保障

6.2.1　地震救援和工程抢险装备保障

中国地震局储备必要的地震救援和工程抢险装备，建立救援资源数据库储存重点监视防御区和重点监视防御城市所拥有的云梯车、挖掘机械、起重机械、顶升设备及特种救援设备的性能、数量、存放位置等数据并定期更新。

6.2.2　应急队伍保障

应急队伍资源及其组织方案如下表：

	先期处置队伍	第一支援梯队	第二支援梯队
人员抢救队伍	社区志愿者队伍	地方救援队 国家地震救援队 当地驻军部队	邻省地震救援队
工程抢险队伍	当地抢险队伍	行业专业抢险队伍	邻省抢险队伍
次生灾害特种救援队伍	消防部队	行业特种救援队伍	邻省特种救援队伍
医疗救护队伍	当地的急救医疗队伍	当地医院的后备医疗队	附近军队医疗队
地震现场应急队伍	省地震局现场应急队伍	中国地震局现场应急队伍	邻省地震局现场应急队伍
建筑物安全鉴定队伍	省地震局和建设厅建筑物安全鉴定队伍	中国地震局和建设部建筑物安全鉴定队伍	邻省地震局和建设部建筑物安全鉴定队伍

6.2.3　交通运输保障

铁道、交通、民航部门组织对被毁坏的铁道、公路、港口、空港和有关设施的抢险抢修；协调运力，保证应急抢险救援人员、物资的优先运输和灾民的疏散。

6.2.4　电力保障

发展改革部门指导、协调、监督灾区所在省级电力主管部门尽快恢复被破坏的电力设施和电力调度通信系统功能等，保障灾区电力供应。

6.2.5 城市基础设施抢险与应急恢复

建设部门组织力量对灾区城市中被破坏的给排水、燃气热力、公共客货交通、市政设施进行抢排险，尽快恢复上述基础设施功能。

6.2.6 医疗卫生保障

卫生部门对灾区可能发生的传染病进行预警并采取有效措施防止和控制暴发流行；检查、监测灾区的饮用水源、食品等。

发展改革部门协调灾区所需药品、医疗器械的紧急调用。

食品药品监管部门组织、协调相关部门对灾区进行食品安全监督；对药品、医药器械的生产、流通、使用进行监督和管理。

其他部门应当配合卫生、医药部门，做好卫生防疫以及伤亡人员的抢救、处理工作，并向受灾人员提供精神、心理卫生方面的帮助。

6.2.7 治安保障

武警部队加强对首脑机关、要害部门、金融单位、救济物品集散点、储备仓库、监狱等重要目标的警戒。

公安部门、武警部队协助灾区加强治安管理和安全保卫工作，预防和打击各种违法犯罪活动，维护社会治安，维护道路交通秩序，保证抢险救灾工作顺利进行。

6.2.8 物资保障

发展改革、粮食部门调运粮食，保障灾区粮食供应。

商务部门组织实施灾区生活必需品的市场供应。

民政部门调配救济物品，保障灾民的基本生活。

6.2.9 经费保障

财政部门负责中央应急资金以及应急拨款的准备。

民政部门负责中央应急救济款的发放。

6.2.10 社会动员保障

地方人民政府建立应对突发公共事件社会动员机制。

6.2.11 紧急避难场所保障

重点地震监视防御城市和重点地震监视防御区的城市结合旧城改造和新区建设，利用城市公园、绿地、广场、体育场、停车场、学校操场和其他空地设立紧急避难场所；公共场所和家庭配置避险救生设施和应急物品。

6.2.12 呼吁与接受外援

外交、民政、商务部门按照国家有关规定呼吁国际社会提供援助。

民政部负责接受国际社会提供的紧急救助款物。

中国地震局、外交部负责接受和安排国际社会提供的紧急救援队伍。

中国红十字会总会向国际对口组织发出提供救灾援助的呼吁；接受境外红十字总会和国际社会通过中国红十字会总会提供的紧急救助。

6.3 技术储备与保障

地震应急专家队伍作为地震应急的骨干技术力量，包括各级抗震救灾指挥部技术系统和地震现场应急工作队、地震灾害紧急救援队以及后备队伍的专家群体，服务于应急指挥辅助决策、地震监测和趋势判断、地震灾害紧急救援、灾害损失评估、地震烈度考察、房屋安全鉴定。

各级抗震救灾指挥部技术系统是地震应急指挥的技术平台，综合利用自动监测、通信、计算机、遥感等高新技术，实现震情灾情快速响应、应急指挥决策、灾害损失快速评估与动态跟踪、地震趋势判断的快速反馈，保障各级人民政府在抗震救灾中进行合理调度、科学决策和准确指挥。

中国地震局各研究机构开展地震监测、地震预测、地震区划、防灾规划、应急处置技术、搜索与营救等方面的研究；中国建筑设计研究院等的有关研究机构负责建筑物抗震技术研究。

6.4 宣传、培训和演习

公众信息交流：各级地震、科技、教育、文化、出版、广播电视、新闻等相关部门通力协作，开展防震减灾科学知识普及和宣传教育，使公众树立科学的灾害观。在提高公众减灾意识和心理承受能力的基础上，逐步实行把地震重点监视防御区和地震重点危险区的判定信息向社会发布，动员社会公众积极参与防震减灾活动。最大程度公布地震应急预案信息，宣传和解释地震应急预案以及相关的地震应急法律法规，增强社会公众的地震应急意识，提高自防、自救、互救能力。

培训：各级人民政府定期组织各级应急管理、救援人员和志愿者进行业务知识及技能的培训。

演习：各级人民政府和各有关部门、行业、单位要按照预案要求，协调整合各种应急救援力量，根据各自的实际情况开展不同形式和规模的地震应急演习。

6.5 监督检查

由中国地震局会同国务院有关部门，对《国家地震应急预案》实施的全过程进行监督检查，保证应急措施到位。

7 对香港、澳门和台湾发生地震的应急反应

7.1 国家对香港澳门特别行政区发生地震的应急反应

当香港、澳门发生地震以及珠江三角洲地区发生对于香港或澳门有较大影响的地震时，中国地震局向国务院报告震情并组织地震趋势判断。港澳办了解灾情并询问特别行政区的请求；国务

院组织有关部门和省份进行紧急支援。

7.2 祖国大陆对台湾发生地震的应急反应

当台湾发生特别重大地震灾害事件，祖国大陆对台湾地震灾区人民表示慰问，视地震灾区需求提供地震监测信息和趋势判断意见，派遣救援队和医疗队，援助款物，为有关国家和地区对台湾地震灾区的人道主义援助提供便利。

8 其他地震事件处置

包括有感地震应急、平息地震谣言、特殊时期戒备、应对毗邻震灾。

9 火山灾害预防和应急反应

当火山喷发或出现多种强烈临喷异常现象，中国地震局派出火山现场应急工作队，进行火山喷发实时监测和地球物理、地球化学监测，判定火山灾害类型和影响范围，划定隔离带，必要时向灾区所在县（市、区、旗）人民政府提出人口迁移的建议，开展火山灾害损失评估。灾区所在县（市、区、旗）人民政府组织火山灾害预防和救援工作，必要时组织人口迁移，保持社会秩序的稳定。

10 附　则

10.1 名词术语、缩写语和编码的定义与说明

次生灾害：地震造成工程结构、设施和自然环境破坏而引发的灾害。如火灾、爆炸、瘟疫、有毒有害物质污染以及水灾、泥石流和滑坡等对居民生产和生活的破坏。

生命线设施：指电力、供水、排水、燃气、热力、供油系统以及通信、交通等公用设施。

直接经济损失：指地震及地震地质灾害、地震次生灾害造成的物质破坏，包括房屋和其他工程结构设施、物品等破坏引起的经济损失，建筑物和其他工程结构、设施、设备、财物等破坏而引起的经济损失，以重置所需费用计算。不包括文物古迹和非实物财产，如货币、有价证券等损失。场地和文物古迹破坏不折算为经济损失，只描述破坏状态。

本预案有关数量的表述中“以上”含本数，“以下”不含本数。

10.2 预案管理与更新

适应地震灾害事件应急对策的不断完善和地震应急机构的调整，需及时对预案进行修订。预案的更新期限为5年。

地震应急预案的日常管理工作由中国地震局承担。

10.3　国际沟通与协作

地震救援行动中需要与有关国际机构和组织进行沟通和协作。

10.4　奖励与责任

依据《中华人民共和国防震减灾法》和《破坏性地震应急条例》的有关规定，对本预案实施中的行为进行奖惩。

10.5　预案实施时间

本预案自印发之日起施行。

（中华人民共和国中央人民政府门户网站：
http://www.gov.cn/yjgl/2006-01/12/content_156986.htm）

国家自然灾害救助应急预案

（2011年10月16日修订）

1　总　则

1.1　编制目的

建立健全应对突发重大自然灾害救助体系和运行机制，规范应急救助行为，提高应急救助能力，最大程度地减少人民群众生命和财产损失，维护灾区社会稳定。

1.2　编制依据

《中华人民共和国突发事件应对法》、《中华人民共和国防洪法》、《中华人民共和国防震减灾法》、《中华人民共和国气象法》、《自然灾害救助条例》、《国家突发公共事件总体应急预案》等。

1.3　适用范围

本预案所称自然灾害，主要包括干旱、洪涝灾害，台风、冰雹、雪、沙尘暴等气象灾害，火山、地震灾害，山体崩塌、滑坡、泥石流等地质灾害，风暴潮、海啸等海洋灾害，森林草原火灾和重大生物灾害等。

发生自然灾害后，地方各级人民政府视情启动本级自然灾害救助应急预案。达到本预案响应启动条件的，启动本预案。

发生其他类型突发事件，根据需要可参照本预案开展应急救助工作。

1.4 工作原则

（1）坚持以人为本，确保受灾人员基本生活。

（2）坚持统一领导、综合协调、分级负责、属地管理为主。

（3）坚持政府主导、社会互助、灾民自救，充分发挥基层群众自治组织和公益性社会组织的作用。

2 组织指挥体系

2.1 国家减灾委员会

国家减灾委员会（以下简称国家减灾委）为国家自然灾害救助应急综合协调机构，负责组织、领导全国的自然灾害救助工作，协调开展特别重大和重大自然灾害救助活动。国家减灾委成员单位按照各自职责做好全国的自然灾害救助相关工作。国家减灾委办公室负责与相关部门、地方的沟通联络，组织开展灾情会商评估、灾害救助等工作，协调落实相关支持措施。

2.2 专家委员会

国家减灾委设立专家委员会，对国家减灾救灾工作重大决策和重要规划提供政策咨询和建议，为国家重大自然灾害的灾情评估、应急救助和灾后救助提出咨询意见。

3 应急准备

3.1 资金准备

民政部、财政部、发展改革委等部门，根据《中华人民共和国预算法》、《自然灾害救助条例》等规定，安排中央救灾资金预算，并按照救灾工作分级负责、救灾资金分级负担，以地方为主的原则，建立和完善中央和地方救灾资金分担机制，督促地方政府加大救灾资金投入力度。

3.1.1 县级以上人民政府应当将自然灾害救助工作纳入国民经济和社会发展规划，建立健全与自然灾害救助需求相适应的资金、物资保障机制，将自然灾害救助资金和自然灾害救助工作经费纳入财政预算。

3.1.2 中央财政每年综合考虑有关部门灾情预测和上年度实际支出等因素，合理安排中央自然灾害生活补助资金，专项用于帮助解决遭受特别重大、重大自然灾害地区受灾群众的基本生活困难。

3.1.3 中央和地方政府应根据经济社会发展水平、自然灾害生活救助成本及地方救灾资金安排等因素适时调整自然灾害救助政策和相关补助标准。

3.1.4 救灾预算资金不足时，中央和地方各级财政通过预备费保障受灾群众生活救助需要。

3.2 物资准备

3.2.1 合理规划、建设中央和地方救灾物资储备库，完善救灾物资储备库的仓储条件、设施和功能，形成救灾物资储备网络。设区的市级以上人民政府和自然灾害多发、易发地区的县级人民政府应当根据自然灾害特点、居民人口数量和分布等情况，按照合理布局、规模适度的原则，设立救灾物资储备库。

3.2.2　制定救灾物资储备规划，合理确定储备品种和规模；建立健全救灾物资采购和储备制度，每年根据应对重大自然灾害的要求储备必要物资。按照实物储备和能力储备相结合的原则，建立救灾物资生产厂家名录，健全应急采购和供货机制。

3.2.3　制定完善救灾物资质量技术标准、储备库建设和管理标准，完善全国救灾物资储备管理信息系统。建立健全救灾物资应急保障和补偿机制。建立健全救灾物资紧急调拨和运输制度。

3.3　通信和信息准备

3.3.1　通信运营部门应依法保障灾情传送的畅通。自然灾害救助信息网络应以公用通信网为基础，合理组建灾情专用通信网络，确保信息畅通。

3.3.2　加强中央级灾情管理系统建设，指导地方建设、管理救灾通信网络，确保中央和地方各级人民政府及时准确掌握重大灾情。

3.3.3　充分利用现有资源、设备，完善灾情和数据产品共享平台，完善部门间灾情共享机制。

3.4　装备和设施准备

中央各有关部门应配备救灾管理工作必需的设备和装备。县级以上人民政府应当建立健全自然灾害救助应急指挥技术支撑系统，并为自然灾害救助工作提供必要的交通、通信等设备。

县级以上地方人民政府应当根据当地居民人口数量和分布等情况，利用公园、广场、体育场馆等公共设施，统筹规划设立应急避难场所，并设置明显标志。

3.5　人力资源准备

3.5.1　加强自然灾害各类专业救援队伍建设、民政灾害管理人员队伍建设，提高自然灾害救助能力。培育、发展和引导相关社会组织和志愿者队伍，鼓励其在救灾工作中发挥积极作用。

3.5.2　组织民政、国土资源、水利、农业、商务、卫生、安全监管、林业、地震、气象、海洋、测绘地信等方面专家，重点开展灾情会商、赴灾区的现场评估及灾害管理的业务咨询工作。

3.5.3　推行灾害信息员培训和职业资格证书制度，建立健全覆盖中央、省、市、县、乡镇（街道）、村（社区、居委会）的灾害信息员队伍。村民委员会、居民委员会和企业事业单位应当设立专职或者兼职的灾害信息员。

3.6　社会动员准备

完善救灾捐赠管理相关政策，建立健全救灾捐赠动员、运行和监督管理机制，规范救灾捐赠的组织发动、款物接收、统计、分配、使用、公示反馈等各个环节的工作。

完善非灾区支援灾区、轻灾区支援重灾区的救助对口支援机制。

3.7 科技准备

3.7.1 建立健全环境与灾害监测预报卫星星座、环境卫星、气象卫星、海洋卫星、资源卫星、航空遥感等对地监测系统，发展地面应用系统和航空平台系统，建立基于遥感、地理信息系统、模拟仿真、计算机网络等技术的“天地空”一体化的灾害监测预警、分析评估和应急决策支持系统。开展地方空间技术减灾应用示范和培训工作。

3.7.2 组织民政、国土资源、水利、农业、卫生、安全监管、林业、地震、气象、海洋、测绘地信、中科院等方面专家开展灾害风险调查，编制全国自然灾害风险区划图，制定相关技术和管理标准。

3.7.3 支持和鼓励高等院校、科研院所、企事业单位和社会组织开展灾害相关领域的科学研究和技术开发，建立合作机制，鼓励减灾救灾政策理论研究。

3.7.4 利用空间与重大灾害国际宪章、联合国灾害管理和天基信息平台等国际合作机制，拓展灾害遥感信息资源渠道，加强国际合作。

3.7.5 开展国家应急广播相关技术、标准研究，建立国家应急广播体系，提供灾情预警预报和减灾救灾信息的全面立体覆盖。加快国家突发公共事件预警信息发布系统建设，及时向公众发布自然灾害预警。

3.8 宣传和培训

组织开展全国性防灾减灾救灾宣传活动，利用各种媒体宣传灾害知识，宣传灾害应急法律法规和预防、避险、避灾、自救、互救、保险的常识，组织好“防灾减灾日”、“国际减灾日”、“全国科普日”、“全国消防日”和“国际民防日”等活动，增强公民防灾减灾意识。积极推进社区减灾活动，推动减灾示范社区建设。

组织开展地方政府分管领导、灾害管理人员和专业应急救援队伍、非政府组织和志愿者的培训。

4 信息管理

4.1 预警信息

气象局的气象灾害预警信息，水利部的汛情、旱情预警信息，地震局的地震趋势预测信息，国土资源部的地质灾害预警信息，海洋局的海洋灾害预警信息，林业局的森林火灾和林业生物灾害信息，农业部的草原火灾和生物灾害预警信息，测绘地信局的地理信息数据及时向国家减灾委办公室通报。

国家减灾委办公室根据有关部门提供的灾害预警预报信息，结合预警地区的自然条件、人口和社会经济情况，进行分析评估，及时启动救灾预警响应，向国务院有关部门和相关省（区、市）通报。

4.2　灾情管理

县级以上人民政府民政部门按照民政部和国家统计局制定的《自然灾害情况统计制度》，做好灾情信息收集、汇总、分析、上报工作。

4.2.1　对于突发性自然灾害，县级人民政府民政部门应在灾害发生后2小时内将本行政区域的灾情和救灾工作情况向地市级人民政府民政部门报告；地市级和省级人民政府民政部门在接报灾情信息2小时内审核、汇总，并向上一级人民政府民政部门报告。

县级人民政府民政部门对于本行政区域内造成死亡人口（含失踪人口）10人以上或房屋大量倒塌、农田大面积受灾等严重损失的自然灾害，应在灾害发生后2小时内同时上报省级人民政府民政部门和民政部。民政部接到灾情报告后，在2小时内向国务院报告。

4.2.2　特别重大、重大自然灾害灾情稳定前，地方各级人民政府民政部门执行灾情24小时零报告制度；省级人民政府民政部门每天12时之前向民政部报告灾情。灾情稳定后，省级人民政府民政部门应在10日内审核、汇总灾情数据并向民政部报告。

4.2.3　对于干旱灾害，地方各级人民政府民政部门应在旱情初露、群众生产和生活受到一定影响时，进行初报；在旱情发展过程中，每10日续报一次，直至灾情解除后上报核报。

4.2.4　县级以上人民政府要建立健全灾情会商制度，减灾委或者民政部门要定期或不定期组织相关涉灾部门召开灾情会商会，全面客观评估、核定灾情数据。

5　预警响应

5.1　启动条件

相关部门发布自然灾害预警预报信息，出现可能威胁人民生命财产安全、影响基本生活，需要提前采取应对措施的情况。

5.2　启动程序

国家减灾委办公室根据有关部门发布的灾害预警信息，决定启动救灾预警响应。

5.3　预警响应措施

预警响应启动后，国家减灾委办公室立即启动工作机制，组织协调预警响应工作。视情采取以下一项或多项措施：

（1）及时向国家减灾委领导、国家减灾委成员单位报告并向社会发布预警响应启动情况；向相关省份发出灾害预警响应信息，提出灾害救助工作要求。

（2）加强值班，根据有关部门发布的灾害监测预警信息分析评估灾害可能造成的损失。

（3）通知有关中央救灾物资储备库做好救灾物资准备工作，启动与交通运输、铁路、民航等部门应急联动机制，做好救灾物资调运准备，紧急情况下提前调拨。

（4）派出预警响应工作组，实地了解灾害风险情况，检查各项救灾准备及应对工作情况。

（5）及时向国务院报告预警响应工作情况。

（6）做好启动救灾应急响应的各项准备工作。

5.4 预警响应终止

灾害风险解除或演变为灾害后，国家减灾委办公室决定预警响应终止。

6 应急响应

根据自然灾害的危害程度等因素，国家减灾委设定四个国家自然灾害救助应急响应等级。Ⅰ级响应由国家减灾委主任统一组织、领导；Ⅱ级响应由国家减灾委副主任（民政部部长）组织协调；Ⅲ级响应由国家减灾委秘书长组织协调；Ⅳ级响应由国家减灾委办公室组织协调。国家减灾委各成员单位根据各响应等级的需要，切实履行好本部门的职责。

6.1 Ⅰ级响应

6.1.1 启动条件

（1）某一省（区、市）行政区域内，发生特别重大自然灾害，一次灾害过程出现下列情况之一的：

a.死亡200人以上；

b.紧急转移安置或需紧急生活救助100万人以上；

c.倒塌和严重损坏房屋20万间以上；

d.干旱灾害造成缺粮或缺水等生活困难，需政府救助人数占农牧业人口30%以上，或400万人以上。

（2）国务院决定的其他事项。

6.1.2 启动程序

灾害发生后，国家减灾委办公室经分析评估，认定灾情达到启动标准，向国家减灾委提出进入Ⅰ级响应的建议；国家减灾委决定进入Ⅰ级响应状态。

6.1.3 响应措施

由国家减灾委统一领导、组织自然灾害减灾救灾工作。

（1）国家减灾委主持会商，国家减灾委成员单位、国家减灾委专家委员会及有关受灾省份参加，对灾区抗灾救灾的重大事项作出决定。

（2）国家减灾委领导率有关部门赴灾区指导自然灾害救助工作。

（3）国家减灾委办公室组织灾情会商，按照有关规定统一发布灾情，及时发布灾区需求。有关部门按照职责，切实做好灾害监测、预警、预报工作和新闻宣传工作。必要时，国家减灾委专家委员会组织专家进行实时评估。

（4）根据地方申请和有关部门对灾情的核定情况，财政部、民政部及时下拨中央自然灾害生活补助资金。民政部为灾区紧急调拨生活救助物资，指导、监督基层救灾应急措施的落实和救灾款物的发放；交通运输、铁路、民航等部门加强救灾物资运输组织协调，做好运输保障工作。

（5）公安部负责灾区社会治安工作，协助组织灾区群众紧急转移工作，参与配合有关救灾工作。总参谋部、武警总部根据国家有关部门和地方人民政府请求，组织协调军队、武警、民兵、预备役部队参加救灾，必要时协助地方人民政府运送、接卸、发放救灾物资。

（6）发展改革委、农业部、商务部、粮食局保障市场供应和价格稳定。工业和信息化部组织基础电信运营企业做好应急通信保障工作，组织协调救援装备、防护和消杀用品、医药等生产供应工作。住房城乡建设部指导灾后房屋和市政公用基础设施的质量安全鉴定等工作。卫生部及时组织医疗卫生队伍赴灾区协助开展医疗救治、卫生防病和心理援助等工作。

（7）民政部视情组织开展跨省（区、市）或者全国性救灾捐赠活动，呼吁国际救灾援助，统一接收、管理、分配国际救灾捐赠款物。外交部协助做好救灾的涉外工作。中国红十字会依法开展救灾募捐活动，参与救灾和伤员救治工作。

（8）灾情稳定后，国家减灾委办公室组织评估、核定并按有关规定统一发布自然灾害损失情况，开展灾害社会心理影响评估，并根据需要组织开展灾后救助和心理援助。

（9）国家减灾委其他成员单位按照职责分工，做好有关工作。

6.1.4 响应终止

救灾应急工作结束后，由国家减灾委办公室提出建议，国家减灾委决定终止Ⅰ级响应。

6.1.5 由国务院统一组织开展的抗灾救灾，按有关规定执行

6.2 Ⅱ级响应

6.2.1 启动条件

（1）某一省（区、市）行政区域内，发生重大自然灾害，一次灾害过程出现下列情况之一的：

a.死亡100人以上，200人以下；

b.紧急转移安置或需紧急生活救助80万人以上，100万人以下；

c.倒塌和严重损坏房屋15万间以上，20万间以下；

d.干旱灾害造成缺粮或缺水等生活困难，需政府救助人数占农牧业人口25%以上，或300万人以上。

（2）国务院决定的其他事项。

6.2.2 启动程序

灾害发生后，国家减灾委办公室经分析评估，认定灾情达到启动标准，向国家减灾委提出进入Ⅱ级响应的建议；国家减灾委副主任（民政部部长）决定进入Ⅱ级响应状态。

6.2.3 响应措施

由国家减灾委副主任（民政部部长）组织协调自然灾害救助工作。

（1）国家减灾委副主任主持会商，国家减灾委成员单位、国家减灾委专家委员及有关受灾省份参加，分析灾区形势，研究落实对灾区的救灾支持措施。

（2）派出由国家减灾委副主任或民政部领导带队、有关部门参加的国务院救灾工作组赶赴

灾区慰问受灾群众，核查灾情，指导地方开展救灾工作。

（3）国家减灾委办公室与灾区保持密切联系，及时掌握灾情和救灾工作动态信息；组织灾情会商，按照有关规定统一发布灾情，及时发布灾区需求。有关部门按照职责，切实做好灾害监测、预警、预报工作和新闻宣传工作。必要时，国家减灾委专家委员会组织专家进行实时评估。

（4）根据地方申请和有关部门对灾情的核定情况，财政部、民政部及时下拨中央自然灾害生活补助资金。民政部为灾区紧急调拨生活救助物资，指导、监督基层救灾应急措施的落实和救灾款物的发放；交通运输、铁路、民航等部门加强救灾物资运输组织协调，做好运输保障工作。卫生部门根据需要，及时派出医疗卫生队伍赴灾区协助开展医疗救治、卫生防病和心理援助等工作。

（5）民政部视情向社会发布接受救灾捐赠的公告，组织开展跨省（区、市）或全国性救灾捐赠活动。中国红十字会依法开展救灾募捐活动，参加救灾和伤员救治工作。

（6）灾情稳定后，国家减灾委办公室组织评估、核定并按有关规定统一发布自然灾害损失情况，开展灾害社会心理影响评估，并根据需要组织开展灾后救助和心理援助。

（7）国家减灾委其他成员单位按照职责分工，做好有关工作。

6.2.4 响应终止

救灾应急工作结束后，由国家减灾委办公室提出终止建议，由国家减灾委副主任（民政部部长）决定终止Ⅱ级响应。

6.3 Ⅲ级响应

6.3.1 启动条件

（1）某一省（区、市）行政区域内，发生重大自然灾害，一次灾害过程出现下列情况之一的：

a.死亡50人以上，100人以下；

b.紧急转移安置或需紧急生活救助30万人以上，80万人以下；

c.倒塌和严重损坏房屋10万间以上，15万间以下；

d.干旱灾害造成缺粮或缺水等生活困难，需政府救助人数占农牧业人口20%以上，或200万人以上。

（2）国务院决定的其他事项。

6.3.2 启动程序

灾害发生后，国家减灾委办公室经分析评估，认定灾情达到启动标准，向国家减灾委提出进入Ⅲ级响应的建议；国家减灾委秘书长决定进入Ⅲ级响应状态。

6.3.3 响应措施

由国家减灾委秘书长组织协调自然灾害救助工作。

（1）国家减灾委办公室及时组织有关部门及受灾省份召开会商会，分析灾区形势，研究落实对灾区的救灾支持措施。

（2）派出由民政部领导带队、有关部门参加的联合工作组赶赴灾区慰问受灾群众，核查灾情，协助指导地方开展救灾工作。

（3）国家减灾委办公室与灾区保持密切联系，及时掌握并按照有关规定统一发布灾情和救灾工作动态信息。有关部门组织领导新闻宣传工作。

（4）根据地方申请和有关部门对灾情的核定情况，财政部、民政部及时下拨中央自然灾害生活补助资金。民政部为灾区紧急调拨生活救助物资，指导、监督基层救灾应急措施的落实和救灾款物的发放；交通运输、铁路、民航等部门加强救灾物资运输组织协调，做好运输保障工作。卫生部指导受灾省份做好医疗救治、卫生防病和心理援助工作。

（5）灾情稳定后，国家减灾委办公室指导受灾省份评估、核定自然灾害损失情况，并根据需要开展灾害社会心理影响评估，组织开展灾后救助和心理援助。

（6）国家减灾委其他成员单位按照职责分工，做好有关工作。

6.3.4　响应终止

救灾应急工作结束后，由国家减灾委办公室提出建议，国家减灾委秘书长决定终止Ⅲ级响应。

6.4　Ⅳ级响应

6.4.1　启动条件

（1）某一省（区、市）行政区域内，发生重大自然灾害，一次灾害过程出现下列情况之一的：

a.死亡30人以上，50人以下；

b.紧急转移安置或需紧急生活救助10万人以上，30万人以下；

c.倒塌房屋和严重损坏房屋1万间以上，10万间以下；

d.干旱灾害造成缺粮或缺水等生活困难，需政府救助人数占农牧业人口15%以上，或100万人以上。

（2）国务院决定的其他事项。

6.4.2　启动程序

灾害发生后，国家减灾委办公室经分析评估，认定灾情达到启动标准，由国家减灾委办公室常务副主任决定进入Ⅳ级响应状态。

6.4.3　响应措施

由国家减灾委办公室组织协调自然灾害救助工作。

（1）国家减灾委办公室视情组织有关部门召开会商会，分析灾区形势，研究落实对灾区的救灾支持措施。

（2）国家减灾委办公室派出工作组赶赴灾区慰问受灾群众，核查灾情，指导地方开展救灾工作。

（3）国家减灾委办公室与灾区保持密切联系，及时掌握并按照有关规定统一发布灾情和救灾工作动态信息。

（4）根据地方申请和有关部门对灾情的核定情况，财政部、民政部及时下拨中央自然灾害生活补助资金。民政部为灾区紧急调拨生活救助物资，指导、监督基层救灾应急措施的落实和救灾款物的发放。卫生部指导受灾省份做好医疗救治、卫生防病和心理援助工作。

（5）国家减灾委其他成员单位按照职责分工，做好有关工作。

6.4.4 响应的终止

救灾应急工作结束后，由国家减灾委办公室决定终止Ⅳ级响应，报告国家减灾委秘书长。

6.5 信息发布

信息发布坚持实事求是、及时准确、公开透明的原则。信息发布形式包括授权发布、组织报道、接受记者采访、举行新闻发布会、重点新闻网站或政府网站发布等。

灾情稳定前，受灾地区人民政府减灾委或民政部门应当及时向社会发布自然灾害造成的人员伤亡、财产损失和自然灾害救助工作动态及成效、下一步安排等情况。

灾情稳定后，受灾地区县级以上人民政府或者人民政府的自然灾害救助应急综合协调机构应当评估、核定并按有关规定发布自然灾害损失情况。

6.6 其他情况

对救助能力特别薄弱的地区等特殊情况，启动国家自然灾害救助应急响应的标准可酌情调整。

7 灾后救助与恢复重建

7.1 过渡性生活救助

7.1.1 重大和特别重大灾害发生后，国家减灾委办公室组织有关部门、专家及灾区民政部门评估灾区过渡性生活救助需求情况。

7.1.2 财政部、民政部及时拨付过渡性生活救助资金。民政部指导灾区人民政府做好过渡性救助的人员核定、资金发放等工作。

7.1.3 民政部、财政部监督检查灾区过渡性生活救助政策和措施的落实，定期通报灾区救助工作情况，过渡性生活救助工作结束后组织人员进行绩效评估。

7.2 冬春救助

自然灾害发生后的当年冬季、次年春季，受灾地区人民政府为生活困难的受灾人员提供基本生活救助。

7.2.1 民政部组织各地于每年9月下旬开始调查冬春受灾群众生活困难情况，会同省级人民政府民政部门，组织有关专家赴灾区开展受灾群众生活困难状况评估，核实情况。

7.2.2 受灾地区县级人民政府民政部门应当在每年10月底前统计、评估本行政区域受灾人员当年冬季、次年春季的基本生活困难和需求，核实救助对象，编制工作台账，制定救助工作方案，经本级人民政府批准后组织实施，并报上一级人民政府民政部门备案。

7.2.3 根据省级人民政府或民政、财政部门的请款报告，结合灾情评估情况，民政部、财政部确定资金补助方案，及时下拨中央自然灾害生活补助资金，专项用于帮助解决冬春受灾群众吃饭、穿衣、取暖等基本生活困难。

7.2.4 民政部通过开展救灾捐赠、对口支援、政府采购等方式解决受灾群众的过冬衣被问题，组织有关部门和专家评估全国冬春期间中期和终期救助工作的绩效。发展改革、财政、农业等部门落实好以工代赈、灾歉减免政策，粮食部门确保粮食供应。

7.3 倒损住房恢复重建

因灾倒损住房恢复重建由县（市、区）人民政府负责组织实施，尊重群众意愿，以受灾户自建为主。建房资金通过政府救助、社会互助、邻里帮工帮料、以工代赈、自行借贷、政策优惠等多种途径解决。重建规划和房屋设计要因地制宜，科学合理布局，充分考虑灾害因素。

7.3.1 民政部根据省级人民政府民政部门倒损住房核定情况，视情组织评估小组，参考其他灾害管理部门评估数据，对因灾住房倒损情况进行综合评估。

7.3.2 民政部收到受灾省（区、市）倒损住房恢复重建补助资金的申请报告后，根据评估小组的倒房情况评估结果，按照中央倒损住房恢复重建资金补助标准，提出资金补助建议，商财政部审核后下达。

7.3.3 住房重建工作结束后，地方各级民政部门应采取实地调查、抽样调查等方式，对本地倒损住房恢复重建补助资金管理工作开展绩效评估，并将评估结果报上一级民政部门。民政部收到省级人民政府民政部门上报本行政区域内的绩效评估情况后，通过组成督查组开展实地抽查等方式，对全国倒损住房恢复重建补助资金管理工作进行绩效评估。

7.3.4 住房城乡建设部门负责倒损住房恢复重建的技术支持和质量监督等工作。其他相关部门按照各自职责，做好重建规划、选址，制定优惠政策，支持做好住房重建工作。

7.3.5 由国务院统一组织开展的恢复重建，按有关规定执行。

8 附 则

8.1 自然灾害救助款物监管

建立健全监察、审计、财政、民政、金融等部门参加的救灾专项资金监管协调机制。各级民政、财政部门对救灾资金管理使用，特别是基层发放工作进行专项检查，跟踪问效。各有关地区和部门要配合监察、审计部门对救灾款物和捐赠款物的管理使用情况进行监督检查。

8.2 国际沟通与协作

积极开展国际间的救灾交流，借鉴发达国家救灾工作的经验，进一步做好我国自然灾害防范与处置工作。

8.3 奖励与责任

对在自然灾害救助工作中作出突出贡献的先进集体和个人，按照国家有关规定给予表彰和奖励；对在自然灾害救助工作中表现突出而牺牲的人员，按有关规定追认烈士；对在自然灾害救助工作中玩忽职守造成损失的，严重虚报、瞒报灾情的，依据国家有关法律法规追究当事人的责任，构成犯罪的，依法追究其刑事责任。

8.4 预案演练

国家减灾委办公室协同国家减灾委成员单位制定应急演练计划并定期组织演练。

8.5 预案管理与更新

本预案由国家减灾委办公室负责管理。预案实施后国家减灾委办公室应适时召集有关部门和专家进行评估，并视情况变化作出相应修改后报国务院审批。地方各级人民政府的自然灾害救助综合协调机构根据本预案修订本地区自然灾害救助应急预案。

8.6 制订与解释部门

本预案由民政部制订，报国务院批准后实施，由国务院办公厅负责解释。

8.7 预案生效时间

本预案自发布之日起生效。

（《中华人民共和国国务院公报》，2011年第32号）

方　案

国务院办公厅
关于印发国家汶川地震灾后重建
规划工作方案的通知

（国办函〔2008〕54号）

四川、陕西、甘肃省人民政府，发展改革委、教育部、科技部、工业和信息化部、国家民委、民政部、财政部、人力资源社会保障部、国土资源部、环境保护部、住房城乡建设部、交通运输部、铁道部、水利部、农业部、商务部、文化部、卫生部、人民银行、国资委、税务总局、广电总局、体育总局、林业局、旅游局、中科院、工程院、地震局、气象局、银监会、证监会、保监会、电监会、能源局、文物局、扶贫办：

国务院抗震救灾总指挥部灾后重建规划组关于《国家汶川地震灾后重建规划工作方案》已经国务院同意，现印发给你们，请结合本地区、本部门实际认真贯彻执行。

国务院办公厅

二〇〇八年六月六日

国家汶川地震灾后重建规划工作方案

国务院抗震救灾总指挥部灾后重建规划组

根据国务院抗震救灾总指挥部第十三次、第十六次会议关于灾后重建工作必须及早规划、统一部署、抓紧实施的指示精神，为有力有序有效地组织各方面力量做好灾后重建规划编制工作，特制定《国家汶川地震灾后重建规划工作方案》，明确规划编制工作的主要任务、责任主体和时间要求。

四川、甘肃、陕西省依照本方案组织编制本省灾后重建规划，国务院有关部门要给予大力支持和帮助，并做好相关政策的衔接工作。

一、指导思想和原则

灾后重建规划的编制要全面贯彻落实科学发展观，坚持以人为本，优先恢复重建受灾群众基本生活和公共服务设施；坚持尊重科学、尊重自然，充分考虑资源环境承载能力，科学民主决策；坚持统筹兼顾，与推进工业化城镇化和新农村建设及扶贫开发相结合，与主体功能区建设和产业结构优化升级相结合，与保护弘扬中华民族的人文精神相结合；坚持地方为主，充分发挥灾区干部群众自力更生、艰苦奋斗的精神，在国家和兄弟省（区、市）的支持下实现灾后重建和发展目标。

灾后重建规划的编制要坚持统一部署、分工负责，区分缓急、突出重点，相互衔接、上下协调，规范有序、依法推进的原则。在深入论证、科学规划的同时，尽可能加快工作进度；在重建生活家园的同时，注重精神家园建设；在重建生产设施的同时，注重制度建设；在抓好近期重建的同时，注重中长期发展提高，实现可持续发展。

规划范围主要是汶川地震严重受灾地区，具体范围在灾害评估的基础上确定。规划期为三年。

二、工作任务和分工

工作任务包括专项评估、规划编制和政策研究。

（一）专项评估

在国家汶川地震专家委员会进行现场调查研究、科学论证、地质地理条件评估和建设项目科学选址的同时，做好相关方面的专项评估，为规划编制工作打好基础。

1. 灾害范围评估　对汶川地震的灾害范围提出评估报告，明确划分标准，区分严重受灾地区和一般灾区，为确定规划范围提供依据。由地震局、民政部等有关部门会同四川、甘肃、陕西省人民政府提出，6月10日前完成。

2. 灾害损失评估　对城乡住房、基础设施、公共服务设施、农业生态、工商企业等灾害损失进行全面、系统的评估。由地震局等有关部门会同四川、甘肃、陕西省人民政府提出，民政部汇总，6月20日前提出初步评估报告。

3. 资源环境承载能力评价　根据对水土资源、生态重要性、生态系统脆弱性、自然灾害危险性、环境容量、经济发展水平等的综合评价，确定可承载的人口总规模，提出适宜人口居住和城乡居民点建设的范围以及产业发展导向。由中科院牵头，国土资源部、环境保护部、住房城乡建设部、地震局、气象局等有关部门参加，6月20日前提交初步报告和相关图件。

（二）规划编制

灾后重建总体规划方案包括灾后重建总体规划、城镇体系规划、农村建设规划、城乡住房建设规划、基础设施建设规划、公共服务设施建设规划、生产力布局和产业调整规划、市场服务体系规划、防灾减灾和生态修复规划、土地利用规划。工作分工和时间要求为：

1. 灾后重建总体规划　提出灾后重建的指导思想、基本原则、主要目标、总体布局、重点任务和政策措施等。由发展改革委分别和四川、甘肃、陕西省人民政府牵头，有关部门参加，7月20日前完成。

2. 城镇体系规划　提出城镇布局、人口和用地规模、公用设施建设方案等。由住房城乡建设部分别和四川、甘肃、陕西省人民政府牵头，有关部门参加，7月20日前完成。

3. 农村建设规划　提出农村居民点布局和规模，提出农村道路、供水供电、污水垃圾处理等生活设施的建设方案，提出农业生产设施重建方案。由住房城乡建设部、农业部、交通运输部、扶贫办分别和四川、甘肃、陕西省人民政府牵头，有关部门参加，7月20日前完成。

4. 城乡住房建设规划　提出城镇、农村住房的规模、标准、筹资等方案。由住房城乡建设部、民政部分别和四川、甘肃、陕西省人民政府牵头，有关部门参加，6月20日前完成，其中农村住房建设规划要尽可能提前完成，原地重建的农村住房亦可提前动工兴建。

5. 基础设施建设规划　提出交通、通信、能源、水利等基础设施恢复重建的具体方案。由交通运输部、铁道部、工业和信息化部、水利部、能源局分别与四川、甘肃、陕西省人民政府共同编制，有关部门参加，7月20日前完成。

6. 公共服务设施建设规划　提出教育、卫生、文化、广电、体育、社会福利、就业和社会保障、基层政权等恢复重建的具体方案。由教育部、卫生部、文化部、国家民委、广电总局、体育总局、民政部、人力资源社会保障部、文物局、发展改革委分别与四川、甘肃、陕西省人民政府共同编制，有关部门参加，7月20日前完成。

7. 生产力布局和产业调整规划　提出现有主要产业的企业关闭、搬迁、恢复重建等结构调整方案，提出今后重点发展的产业及其发展方向、布局原则等。由发展改革委、工业和信息化部、农业部、旅游局、能源局分别与四川、甘肃、陕西省人民政府共同编制，有关部门参加，7月20日前完成。

8. **市场服务体系规划** 提出城乡商贸、金融等的网点布局和重建方案。由商务部、人民银行分别与四川、甘肃、陕西省人民政府共同编制，有关部门参加，7月20日前完成。

9. **防灾减灾和生态修复规划** 提出防治地震、地质、洪涝等灾害的预防和应对方案。由地震局、国土资源部、水利部分别与四川、甘肃、陕西省人民政府共同编制，有关部门参加，民政部汇总，其中生态修复由林业局、环境保护部分别和四川、甘肃、陕西省人民政府牵头，有关部门参加，7月20日前完成。

10. **土地利用规划** 提出保障灾后重建的土地利用方案。由国土资源部分别和四川、甘肃、陕西省人民政府牵头，有关部门参加，6月30日前完成。

(三) 政策研究

对灾后重建的各项政策进行专题研究，提出支持的建议。

1. **财政政策** 提出财政性资金投入总规模、年度规模，筹资方式以及中央和地方各级财政的分担比例等。由财政部负责，6月20日前提出。

2. **税费政策** 提出税费减免等优惠措施。由财政部和税务总局负责，6月20日前提出。

3. **金融政策** 提出信贷、保险和资本市场支持措施等。分别由人民银行和银监会、保监会、证监会负责，6月20日前提出，由人民银行汇总。

4. **土地政策** 提出对灾后重建用地的特殊支持措施等。由国土资源部负责，6月20日前提出。

5. **产业政策** 提出支持灾后重建的区域性产业政策。由发展改革委牵头，有关部门参加，6月20日前提出。

6. **对口支援** 提出有关省（区、市）对口支援灾区的原则、范围、方式等。由发展改革委负责，6月5日前提出。

7. **社会募集** 提出动员全社会通过资金和物资支持灾后重建的措施。由财政部、民政部和四川、甘肃、陕西省人民政府负责，6月20日前提出。

8. **其他政策** 提出通过教育援助、孤残救助、定向招工等方式支持重建的其他政策措施。由发展改革委牵头，6月20日前提出。

三、组织协调和工作要求

国务院抗震救灾总指挥部基础设施保障和灾后重建组下设灾后重建规划组（以下简称规划组），负责灾后重建规划的编制工作。规划组组长单位为发展改革委，发展改革委主任张平任规划组组长；副组长单位为四川省人民政府和住房城乡建设部，四川省省长蒋巨峰和住房城乡建设部部长姜伟新任副组长；成员由教育部、科技部、工业和信息化部、国家民委、民政部、财政部、人力资源社会保障部、国土资源部、环境保护部、交通运输部、铁道部、水利部、农业部、商务部、文化部、卫生部、人民银行、国资委、税务总局、广电总局、体育总局、林业局、旅游局、中科院、工程院、地震局、气象局、银监会、证监会、保监会、电监会、能源局、文物局和扶贫办等部门及甘肃、陕西省的负责同志组成。

规划组下设办公室，设在发展改革委，由发展改革委副主任穆虹任办公室主任，四川省副省长王宁和住房城乡建设部副部长仇保兴任副主任。办公室的主要职责是，具体组织灾后重建规划的编制及其各专项规划编制的协调。

各有关地区和部门要高度重视，加强沟通，密切合作，充分衔接，广泛听取社会各方面尤其是专家意见。要按照本方案确定的任务和时间要求，高质量、高效率地完成各项任务，各研究报告和规划文本务必按规定时间提交办公室。灾后重建规划组要加强统筹协调，及时协调解决规划编制中的重大问题。分别选择一个原地重建和一个易地迁建的乡镇作为试点，及早启动，抓紧推进，积累经验。灾后重建规划的编制，要充分发挥受灾地区省级人民政府的作用，国务院有关部门给予强有力的指导、帮助和协调，并重点做好政策支持的研究工作。规划范围内的各县（市、区）人民政府，要按照灾后重建总体规划和专项规划的要求，在省级人民政府的指导下，编制本行政区域灾后重建规划，进一步细化落实灾后重建的各项任务。灾后重建总体规划经论证后报国务院批准实施。

对明确在原地重建的居民住房和相关公共服务设施，对恢复生产和恢复重建有先导作用的基础设施项目等，可先行启动建设，有关部门要急事急办、特事特办，为灾后重建提供服务和必要条件。

国务院办公厅
关于印发汶川地震灾后恢复重建
对口支援方案的通知

（国办发〔2008〕53号）

各省、自治区、直辖市人民政府，国务院各部委、各直属机构：

《汶川地震灾后恢复重建对口支援方案》已经国务院同意，现印发给你们，请认真贯彻执行。

国务院办公厅

二〇〇八年六月十一日

汶川地震灾后恢复重建对口支援方案

灾后恢复重建是一项十分艰巨的任务。为举全国之力，加快地震灾区灾后恢复重建，并使各地的对口支援工作有序开展，经党中央、国务院同意，建立灾后恢复重建对口支援机制。

一、灾后恢复重建对口支援的基本原则

（一）坚持一方有难、八方支援，自力更生、艰苦奋斗的方针，承担对口支援任务的有关省市积极为灾区提供人力、物力、财力、智力等各种形式的支援；受援地区树立地方为主的思想，充分发挥干部群众的积极性，互帮互助，苦干实干，生产自救，重建家园。

（二）根据各地经济发展水平和区域发展战略，中央统筹协调，组织东部和中部地区省市支援地震受灾地区。

（三）按照“一省帮一重灾县”的原则，依据支援方经济能力和受援方灾情程度，合理配置力量，建立对口支援机制。在具体安排时，尽量与安置受灾群众阶段已形成的对口支援关系相衔接。

（四）对口支援期限按3年安排。在国家的支持下，集各方之力，基本实现灾后恢复重建规划的目标。

二、对口支援安排方案

（一）支援方

东部和中部地区共19个省市，考虑海南省的实际情况不作安排；同时考虑重庆市是直辖市，且与四川的历史联系，西部地区安排重庆市承担对口支援任务。支援省市为19个，即广东、江苏、上海、山东、浙江、北京、辽宁、河南、河北、山西、福建、湖南、湖北、安徽、天津、黑龙江、重庆、江西、吉林。

（二）受援方

根据国家地震局提供的汶川地震烈度区划和四川省提供的受灾县（市）灾情程度，将四川省北川县、汶川县、青川县、绵竹市、什邡市、都江堰市、平武县、安县、江油市、彭州市、茂县、理县、黑水县、松潘县、小金县、汉源县、崇州市、剑阁县共18个县（市），以及甘肃省、陕西省受灾严重地区作为受援方。

（三）对口支援安排

考虑支援方的经济实力和受援方的灾情程度，兼顾安置受灾群众阶段已形成的对口支援格局，对口支援安排如下：

1. 山东省——四川省北川县
2. 广东省——四川省汶川县
3. 浙江省——四川省青川县
4. 江苏省——四川省绵竹市
5. 北京市——四川省什邡市
6. 上海市——四川省都江堰市
7. 河北省——四川省平武县
8. 辽宁省——四川省安县
9. 河南省——四川省江油市
10. 福建省——四川省彭州市
11. 山西省——四川省茂县
12. 湖南省——四川省理县
13. 吉林省——四川省黑水县
14. 安徽省——四川省松潘县
15. 江西省——四川省小金县
16. 湖北省——四川省汉源县
17. 重庆市——四川省崇州市
18. 黑龙江省——四川省剑阁县
19. 广东省（主要由深圳市）——甘肃省受灾严重地区
20. 天津市——陕西省受灾严重地区

（四）未纳入对口支援的受灾县（市、区）由所在省人民政府组织本省范围内的对口支援

社会各界及境外提出对口支援的，由受灾省人民政府统筹安排。

三、对口支援的内容、方式和任务

坚持“硬件”与“软件”相结合，“输血”与“造血”相结合，当前和长远相结合，调动人力、物力、财力、智力等多种力量，优先解决灾区群众基本生活条件。对口支援的内容和方式有：

（一）提供规划编制、建筑设计、专家咨询、工程建设和监理等服务。

（二）建设和修复城乡居民住房。

（三）建设和修复学校、医院、广播电视、文化体育、社会福利等公共服务设施。

（四）建设和修复城乡道路、供（排）水、供气、污水和垃圾处理等基础设施。

（五）建设和修复农业、农村等基础设施。

（六）提供机械设备、器材工具、建筑材料等支持。选派师资和医务人员，人才培训、异地入学入托、劳务输入输出、农业科技等服务。

（七）按市场化运作方式，鼓励企业投资建厂、兴建商贸流通等市场服务设施，参与经营性基础设施建设。

（八）对口支援双方协商的其他内容。

基层政权建设由中央和地方财政为主安排，各级党政机关办公设施不列入对口支援范围。

各支援省市每年对口支援实物工作量按不低于本省市上年地方财政收入的1%考虑。具体内容和方式与受援方充分协商后确定。

四、工作要求

（一）加强领导，精心组织。灾后恢复重建工作复杂，任务艰巨，支援和受援双方要按照中央统一部署，设立机构，协调配合，抓好各项措施落实。为争取时间，支援方要尽早参与规划设计等前期工作。

（二）依据规划，有序推进。灾后恢复重建要严格按照灾后重建规划布局、选址要求和各类建设标准组织实施。制订科学合理的建设计划，防止盲目建设，防止盲目攀比。

（三）统一政策，统筹安排。为鼓励对口支援的积极性，中央统一研究制定对口支援的优惠政策。同时要对中央财政建设资金、对口支援资金、社会捐助资金以及受灾地区自筹资金统筹安排，合理使用，严格管理，精打细算，努力提高资金使用效益。

（四）善始善终，搞好衔接。在安置受灾群众阶段已经部署的帐篷、活动板房等对口支援工作，要继续按照原工作部署完成。灾后恢复重建阶段对口支援的各项工作统一按此次安排方案执行。

（《中华人民共和国国务院公报》，2008年第18号）

2　2008年10月9日 星期四　要　闻　人民日报

在全国抗震救灾总结表彰大会上的讲话

（2008年10月8日）

胡锦涛

领导讲话

在四川召开的抗震救灾工作会议上的讲话

（2008年5月17日）

胡锦涛

这次到四川来，主要是实地考察地震灾情和抗震救灾工作的进展情况。

这次发生在四川汶川等地的特大地震灾害，其破坏之严重、人员伤亡之多、救灾难度之大都是历史罕见的，抗震救灾工作面临着十分严峻的困难局面。几天来，在党中央、国务院和中央军委坚强领导下，在国务院抗震救灾总指挥部直接指挥下，四川等受灾省份各级党委、政府和中央各有关部门紧急行动、全力以赴，奋力抗震救灾，抢险救援、医疗卫生、群众生活安置、基础设施抢修、资金物资保障、信息发布等各项工作都取得了重要进展，抗震救灾正在有力有序有效进行。人民解放军指战员、武警部队官兵、民兵预备役人员和公安民警以最快速度奔赴抗震救灾第一线，临危不惧，顽强奋战，争分夺秒解救被困群众，发挥了主力军和突击队的重大作用。全国各地区各部门和社会各界大力发扬“一方有难、八方支援”的精神，调集大批人力、物力、财力支援灾区抗震救灾，向灾区人民送温暖、献爱心，充分体现了万众一心、同舟共济的伟大民族精神。在这里，我代表党中央、国务院和中央军委，向英勇顽强的灾区干部群众，向为抗震救灾作出突出贡献的人民解放军指战员、武警部队官兵、民兵预备役人员和公安民警，向全力救死扶伤的广大医疗救护人员，向不畏艰险深入抗震救灾第一线采访报道的新闻工作者，向无私援助灾区的各地区各部门和全国各族人民，表示崇高的敬意！向支援我国抗震救灾的外国政府和国际友人，表示衷心的感谢！

目前，抗震救灾斗争形势依然严峻，任务艰巨，时间紧迫，正处在刻不容缓的紧要关头。灾区各级党委、政府和中央各有关部门务必坚决贯彻执行中央的决策部署，把抗震救灾作为当前最重要最紧迫的任务，以更加顽强的精神、更加迅速的行动、更加密切的配合，克服一切艰难险阻，坚决打胜抗震救灾这场硬仗。

当前，要着力抓好以下工作。

第一，要继续争分夺秒地搜救被困群众。抗震救灾工作必须坚持以人为本。抢救人民群众生命是首要任务，必须继续作为当前抗震救灾工作的重中之重。现在虽然已经过了震后72小时的“黄金救援”时间，但抢救被困群众的行动丝毫不能放松。只要有一线希望，只要有一点生还可能，我们就要作出百倍努力。要充分发挥人民解放军、武警部队和公安消防特警突击队作用，在救援队伍进入所有乡镇的基础上，尽快进入所有村庄，排查每一处倒塌房屋，竭尽全力搜救被困群众。要充分发挥专业救援队伍的优势，实行科学救援，尽最大努力抢救被困群众的生命。

第二，要全力救治受伤人员。这次地震后，截至目前，仅四川省收治的伤员就已达112900万多人，其中不少人伤势十分严重，救治伤员的任务十分繁重。要加强对本地和从各地及部队调集来的医疗救护队伍的组织协调，尽最大努力抢救伤员生命、医治群众病痛。要切实保障灾区医疗急救物资供应，切实满足救治工作需要。现在，灾区医疗机构的负荷很重，为了保证伤员救治，要统筹安排，及时将部分能够安全转移的伤员送往外省市条件较好的医疗机构救治。目前，灾区防疫力量不足，应采取对口支援的办法，充实防疫专业力量，切实做好灾区卫生防疫工作，尤其要重视饮水和食品安全，严防灾区传染病流行，确保大灾之后无大疫。

第三，要想方设法安排好受灾群众基本生活。现在，灾区群众基本生活面临不少困难。要加强组织调运，继续筹措受灾群众急需的生活必需物资，想尽一切办法把粮食、食品、饮用水、药品、衣被等物资运往灾区。当前，灾区急需帐篷，要采取挖掘库存、抓紧调运、扩大生产、争取外援等办法加以解决，尤其要尽快把已经筹集到的帐篷送到灾区群众手中，确保灾区群众有饭吃、有衣穿、有干净水喝、有临时住处。要深入灾区群众特别是遇难者家属，耐心细致地做好思想工作，注重做好心理安抚，维护好特殊情况下的社会秩序，确保灾区社会安定、人心稳定。

第四，要抓紧抢修因灾毁坏的基础设施。尽快实现灾区通路、通电、通水、通信息，直接关系到整个抗震救灾工作的进展。当务之急是要组织精兵强将，克服各种困难，在最短时间内恢复通往重灾区的道路交通，确保抢险救援人员、设备和受灾群众急需的生活物资能够及时运进去，确保受伤群众能够及时得到救治。要采取应急措施，尽快解决灾区用电，解决灾区和救援人员的通信联络问题；抓紧修复供水设施，努力保证居民正常供水。当前，四川灾区仍然余震不断，我们必须保持高度警惕。要严密关注震情，深入开展防震知识的宣传普及，加强对余震的防范，避免造成新的损失。此外，还要加强对已通道路和现有基础设施的管理和维护，加强对塌方、泥石流等地质灾害的监测和预防，确保水库大坝等重点设施安全运行，防止发生次生灾害。

第五，要做好恢复重建准备工作。这次灾害之后，恢复重建任务十分艰巨。要在做好当前抗震救灾工作的同时，及早谋划恢复生产、灾后重建工作。要抓紧调查了解群众房屋倒塌、财产损失情况，尽快研究制定扶助措施。要在搞好规划的基础上，适时组织相关力量，帮助受灾群众重建家园。要及时调查了解工农业生产受灾情况，研究制定促进恢复生产的政策措施。这次灾情十分严重，倒塌的房屋数量巨大，临时安置的群众为数众多，帮助群众重建家园、恢复正常生活需要一定时间。因此，在部署恢复重建工作时，首先要对受灾群众的临时住处和生活作出妥善安排。对这次因灾害造成的孤儿、孤老和残疾人的安置，也要早作安排。

第六，要切实加强对抗震救灾工作的领导。越是危急时刻，越要加强领导。要建立强有力的指挥系统，加强协调，科学调度，强化责任，严明纪律。地方、部队及各方面救援力量要实行统一领导、统一指挥，特别是要加强军地协调，尽快形成大力协同、密切合作的机制，有序推进救灾工作。要充分发挥各级党委和政府的作用，建立健全强有力的市县乡村抗震救灾领导体制，确保中央抗震救灾决策部署落到实处。要充分发挥各级党组织的战斗堡垒作用、各级领导干部的模范带头作用和广大共产党员的先锋模范作用。这场特大地震灾害，是对党员干部最现实最直接的考验。现在是关键时刻、危难关头，所有党员干部都要豁得出来、冲得上去。各级领导干部一定要把人民利益放在高于一切的位置，挺身而出，身先士卒，靠前指挥，到灾情最重的地方去，到困难最大的地方去，成为群众的主心骨。要大力宣传这次抗震救灾斗争中涌现出来的模范集体和先进人物，广泛宣传他们的先进事迹和崇高精神，激励广大干部群众振奋精神、坚定信心、自强不息、顽强拼搏、友爱互助，团结一心同地震灾害作斗争。对各方面自发前来参加抗震救灾的人员，要加强引导和管理，既发挥好他们的作用，又使各项工作有序进行。要加强对中央抗震救灾决策部署落实情况的监督检查，搞好救灾资金和物资的管理。

同志们，中华民族历来具有在艰难困苦面前不屈不挠、团结奋斗的光荣传统。只要全党全军全国各族人民众志成城、顽强拼搏，我们就一定能够克服各种困难，夺取这场抗震救灾斗争的全面胜利！

（《人民日报》，2008年5月18日第2版）

在抗震救灾先进基层党组织和优秀共产党员代表座谈会上的讲话

（2008年6月30日）

胡锦涛

同志们：

今天，党中央召开抗震救灾先进基层党组织和优秀共产党员代表座谈会，以纪念中国共产党成立87周年，具有十分重要的意义。刚才，几位同志的发言很生动、很感人，听了以后深受教育和鼓舞。你们的先进事迹，集中体现了各级党组织和广大共产党员在抗震救灾斗争中可歌可泣的英雄壮举和感天动地的崇高精神。在这里，我代表党中央，向出席今天座谈会的各位代表，向受到表彰的抗震救灾先进基层党组织和优秀共产党员，致以崇高的敬意！向全国各级党组织和广大共产党员，致以节日的问候！

回顾党的历史，我们可以清楚地看到，中国共产党成立以来的87年，是为中华民族独立、解放、繁荣和中国人民自由、民主、幸福而不懈奋斗的87年，是推动中国发生翻天覆地变化、不断实现历史性进步的87年，也是一代又一代中国共产党人在革命、建设、改革进程中发挥先锋模范作用、团结带领人民战胜各种困难和风险顽强奋进的87年。87年来，一批又一批先进基层党组织和优秀共产党员涌现出来，他们以崇高的精神、无私的奉献、一流的业绩为党和人民作出了突出贡献，为党旗增添了光彩。各级党组织和广大共产党员在抗震救灾斗争中的英勇表现，为我们党

87年的光辉历史书写了新的篇章。

对于抗震救灾工作，中央将在适当时候进行全面总结。今天，我主要结合前一段时间的抗震救灾斗争，就加强和改进党的建设讲几点意见。

这次发生的四川汶川特大地震，是新中国成立以来破坏性最强、波及范围最广、救灾难度最大的一次地震。能不能战胜这场特大地震灾害，是对党的执政能力和先进性的严峻考验。面对突如其来的特大地震灾害，全党全军全国各族人民在党中央、国务院和中央军委坚强领导下，众志成城，迎难而上，顽强奋战，最大程度地抢救了被困群众，最大限度地减低了灾害损失。目前，受灾群众基本生活得到初步安排，灾后恢复重建正在逐步展开。抗震救灾斗争取得的重大阶段性胜利，显示了党和人民的伟大力量，弘扬了中华民族的伟大精神，谱写了中国人民自强不息、团结奋斗的英雄凯歌。

抗震救灾斗争能够迅速取得重大阶段性胜利有多方面的原因，其中最重要的一个原因就是党的坚强领导，各级党组织和广大共产党员发挥了中流砥柱作用。

面对特大地震灾害，各级党委快速反应、果断决策、有力指挥，充分发挥了领导核心作用。地震发生后，党中央立即作出部署，迅速成立国务院抗震救灾总指挥部，把抗震救灾作为最重要最紧迫的任务，举全国之力抗震救灾。我们建立上下贯通、军地协调、全民动员、区域协作的工作机制，紧急调集人民解放军、武警部队、民兵预备役人员、公安民警和医疗卫生人员、新闻工作者、科技工作者等各方面力量赶赴灾区，向灾区运送大批救灾物资，开展了一场我国历史上救援速度最快、动员范围最广、投入力量最大的抗震救灾斗争。四川、甘肃、陕西、重庆等受灾地区各级党委坚决贯彻执行中央决策部署，在第一时间成立抗震救灾指挥部，在第一时间带领灾区干部群众奋力开展抗震救灾。从中央到地方各级党委的迅速反应、坚强领导、周密组织、科学调度，展现了强有力的总体指挥能力、群众动员能力、资源调配能力、统筹协调能力和处理突发事件、驾驭复杂局面的能力，使人民群众深切感受到党和政府抗震救灾的坚定决心和对人民群众的深厚感情，极大鼓舞和坚定了全国各族人民团结一心夺取抗震救灾斗争胜利的勇气和信心。

面对特大地震灾害，参加抗震救灾的基层党组织紧急动员、迅速行动、有力组织，充分发挥了战斗堡垒作用。在地动山摇的危急关头，广大基层党组织高高举起党的旗帜，自觉担当抗震救灾重任，组建各类“党员突击队”、“党员抢险队”，形成了一个个坚强战斗堡垒。广大基层党组织组织党员群众认真排查每一处倒塌房屋、尽力搜救每一个被困人员，创造了无数生命奇迹；全力组织救治受伤人员，全力展开卫生防疫，全力防范次生灾害，想方设法安排好受灾群众基本生活，化解了无数群众的痛苦；带领群众化悲痛为力量，从废墟上勇敢站起来，自力更生、艰苦奋斗，恢复生产、重建家园。在应对这场特大灾难的考验中，广大基层党组织向世人展示了压不垮的战斗堡垒的光辉形象，赢得了人民群众高度赞誉。

面对特大地震灾害，参加抗震救灾的各级干部挺身而出、身先士卒、靠前指挥，充分发挥了模范带头作用。在严峻考验面前，奋战在灾区一线的各级干部以身作则、冲锋在前，用血肉之躯筑起钢铁战线，成为灾区群众的主心骨和贴心人。所有灾区特别是灾情最严重的地方、受灾群众最集中的地方、抗震救灾困难最大的地方，都能看到干部的身影、听到干部的声音。各级干部在危难关头率先垂范、无私奉献，以自己的实际行动为广大党员群众抗震救灾作出了表率、树立了榜样。

面对特大地震灾害，参加抗震救灾的广大共产党员舍生忘死、无私无畏、勇往直前，充分发挥了先锋模范作用。广大共产党员在危难时刻做到了豁得出来、冲得上去。许多党员刚刚从废墟中爬出来，就带着满身伤痛去抢救受伤群众；许多党员把生的希望留给群众，把死的威胁留给自己，用鲜血和生命保卫群众安全；许多党员强忍失去亲人的悲痛，舍小家、顾大家，以非凡的坚强意志投身抗震救灾。广大共产党员的英勇行为集中展现了新时期共产党人的光辉形象，彰显了共产党员的先进性。

面对特大地震灾害，全国各级党组织和广大党员、干部同心同德、和衷共济、共渡难关，充分发扬了全国一盘棋的大团结大协作精神。“灾难无情、人间有爱”，“一方有难、八方支援”，这是地震灾害发生后响彻在中国大地上的最强音。全国各级党组织和广大党员、干部想灾区之所想、急灾区之所急，视灾区群众为亲人，视支援灾区为己任，迅速组织和调集大批人力、物力、财力，广泛开展送温暖、献爱心活动。在各级党组织和广大党员、干部引领和带动下，从城市到乡村、从厂矿到部队、从街道到学校，规模空前的生命大营救，历经险阻的千里大驰援，处处涌动的爱心大奉献，共克时艰的社会主义大协作，汇聚成全民族风雨同舟、生死与共的强大合力。

抗震救灾斗争直接检验了我们党的领导水平和执政能力，直接检验了各级党组织的战斗力和广大共产党员的先进性。实践再一次有力地证明，中华民族具有高度的凝聚力，历经曲折而愈挫愈勇，饱受磨难而自强不息；我国社会主义制度具有巨大的优越性，能够集中力量办大事、团结各方渡难关；中国共产党具有强大的战斗力，能够应对各种风险考验、驾驭各种复杂局面；各级党组织和广大共产党员具有鲜明的先进性，对党充满忠诚，对人民充满感情，对事业充满责任。

这次受到表彰的先进基层党组织和优秀共产党员，是在抗震救灾斗争中涌现出来的英模群体和先进人物的杰出代表。各级党组织和广大党员、干部要向这次受到表彰的先进基层党组织和优秀共产党员学习，把在抗震救灾斗争中培育和体现出来的好思想、好作风、好精神长期坚持下去、不断发扬光大，以更加坚定的信心、更加饱满的热情、更加扎实的工作，为夺取全面建设小康社会新胜利、开创中国特色社会主义事业新局面而努力奋斗。

同志们!

在同特大地震灾害的艰苦搏斗中，我们的民族和人民展示出了十分崇高的精神。这就是万众一心、众志成城，不畏艰险、百折不挠，以人为本、尊重科学的伟大抗震救灾精神。

万众一心、众志成城，体现了中国人民团结奋进的强大力量。在特大灾难面前，全党全国各族人民坚持一方有难、八方支援，举国上下患难与共，前方后方同心协力，海内海外和衷共济，各地区各部门各方面以灾情为最高命令、以救灾为神圣使命，紧急行动，守望相助，倾力支持，无私奉献，凝聚起抗震救灾的强大合力，显示了中国人民和中华民族的伟大力量。

不畏艰险、百折不挠，体现了中国人民泰山压顶不弯腰的英勇气概。面对极其惨烈的灾难，面对极其严重的困难，广大军民临危不惧、奋不顾身、舍生忘死，哪里灾情危急就向哪里冲去，哪里有生死考验就向哪里挺进，哪里有受灾群众就向哪里集结，展现了中国人民压倒一切困难而不为任何困难所压倒的超人勇气，体现了中国人民战胜一切艰难险阻的大无畏精神。

以人为本、尊重科学，体现了对人民的高度关爱、对科学的高度尊重。广大军民把人的生命放在高于一切的位置，坚持只要有一点生还可能就要作出百倍努力，最大限度地抢救了人民生命；坚持依靠科学、运用科学，把科技的力量与顽强的斗争紧密结合起来，既充分发挥人的能动精神，又充分发挥科技的重要作用，攻克道道难题，化解种种风险，使科技成为战胜地震灾害的强有力支撑。

抗震救灾精神，是爱国主义、集体主义、社会主义精神的集中体现和新的发展，是我们党和军队光荣传统和优良作风的集中体现和新的发展，是中华民族民族精神在当代中国的集中体现和新的发展。

历史和现实都告诉我们，民族精神是一个国家综合国力的重要组成部分；一个国家要发展，一个民族要自立于世界民族之林，不仅要通过发愤图强积累强大的物质基础，而且要通过艰苦奋斗形成强大的精神力量。中华民族历来具有伟大的民族精神。以爱国主义为核心的民族精神，是中华民族5000多年生生不息、发展壮大的强大精神支撑，是我国各民族世世代代自强不息、团结奋斗的牢固精神纽带，是我们不断开辟新征程、开创新未来的不竭精神动力。

抗震救灾精神是党和人民极为宝贵的精神财富。我们要在全党全社会大力弘扬抗震救灾精神，大力宣传抗震救灾斗争中涌现出来的先进思想和模范事迹，使之转化为自力更生、艰苦奋斗、重建家园的坚定意志，转化为办好奥运、建设祖国的实际行动，转化为推动科学发展、促进社会和谐的强大力量，为中国特色社会主义事业不断发展提供强大精神动力。

同志们！

多难兴邦，多难砺党。联系87年来党的建设的实践，总结各级党组织和广大党员、干部在抗震救灾斗争中的表现和作用，从中可以得到许多重要启示。

第一，必须坚持正确的理想信念，始终把教育全党坚定不移地为发展中国特色社会主义而奋斗作为党的建设的根本任务。共产主义远大理想和中国特色社会主义共同理想是中国共产党人的崇高追求和强大精神支柱，对理想信念坚贞不渝是我们党的强大政治优势。有了正确而坚定的理想信念，广大共产党员就能够自觉地、满腔热情地为党和人民事业而奋斗。在革命战争年代，无数革命先烈抛头颅、洒热血，在生死考验面前威武不屈、英勇无畏，就是因为他们对崇高理想和坚定信念矢志不移。在和平建设时期，许多共产党员为党和人民事业鞠躬尽瘁、死而后已，也是因为有崇高理想和坚定信念的激励。在抗震救灾斗争中，广大共产党员大灾面前不低头、大难面前不弯腰，始终以高昂的斗志、饱满的热情奋战在最前线，充分显示了理想信念的强大力量。事实再一次说明，只要广大共产党员理想信念坚定，并把这种坚定性体现到为实现党的基本路线和基本纲领而奋斗的实践上，体现到努力做好本职工作上，体现到关键时刻、危难关头豁得出来、冲得上去的行动上，我们党就一定能够带领人民经受住各种风浪的考验，不断开创中国特色社会主义事业新局面。

第二，必须坚持立党为公、执政为民，始终把实现好、维护好、发展好最广大人民的根本利益作为党的建设的核心价值。全心全意为人民服务是党的根本宗旨，是党的全部价值所在。我们党87年的历史，就是一部全心全意为人民服务的奋斗史。浴血奋战推翻三座大山，开展大规模社会主义建设，进行改革开放和社会主义现代化建设，党始终坚持人民利益高于一切、重于一切、大于一切，始终把实现好、维护好、发展好最广大人民的根本利益作为党的庄严使命。在抗震救灾斗争中，各级党委和政府把以人为本作为最高准则，把挽救人的生命作为重中之重，再次生动诠释了立党为公、执政为民的执政理念。人民群众说，世间有真情，人间有大爱。中国共产党人最博大的爱就是爱人民，最深切的爱也是爱人民，最真挚的爱还是爱人民。事实再一次说明，只要始终做到心中装着人民、工作依靠人民、一切为了人民，我们就一定能够获得取之不尽、用之不竭的力量源泉，永远立于战无不胜、攻无不克的不败之地。

第三，必须坚持在实践中培养造就干部，始终把提高各级领导班子和领导干部的领导水平和执政能力作为党的建设的关键环节。党的执政能力建设是党执政后的一项根本建设。加强党的执政能力建设，重点在各级领导班子和领导干部，关键是要通过加强教育培训和实践锻炼，推动各级领导班子和领导干部提高领导科学发展、服务人民群众、应对突发事件和驾驭复杂局面的能力。平常抓得紧，关键时刻才用得上。这次特大地震灾害，成为对各级领导班子和领导干部领导水平和执政能力的一场特殊考试。各级领导班子和领导干部勇挑重担、敢于负责，表现了很强的领导和组织能力，为抗震救灾斗争提供了坚强组织保证。事实再一次说明，只要我们坚持不懈地加强党的执政能力建设，引导和推动领导干部增强忧患意识、做到居安思危，在丰富生动的实践中学习学习再学习、提高提高再提高，在攻坚克难、应对复杂局面的磨炼中锻炼成长，我们就一定能够战胜前进道路上的各种艰难险阻。

第四，必须坚持抓基层、打基础，始终把增强基层党组织的凝聚力、战斗力作为党的建设的基础工程。党的基层组织是党的全部工作和战斗力的基础。抓好基层、打好基础，是我们党应对各种困难和风险的重要法宝。这些年来，我们党按照围绕中心、服务大局，拓宽领域、强化功能的基本思路，大力推进基层党组织建设，使基层党组织的凝聚力、战斗力不断增强。在这场抗震救灾斗争中，灾区以及参加抗震救灾的基层党组织充分发挥了战斗堡垒作用。群众发自肺腑地说："只要党组织在，我们就感到有希望、有依靠、有信心。"这是人民对基层党组织的最高评价。事实再一次说明，只要我们一以贯之地坚持抓基层、打基础，形成分布广泛、完善严密、坚强有力的基层党组织体系，把广大党员紧紧团结在党的旗帜下，把人民群众紧紧凝聚到党组织周围，我们就一定能够不断提高全国各族人民的组织程度，形成开发自然、改造社会、战胜灾害、建设祖国的强大力量。

第五，必须坚持共产党员的党员意识，始终把保持和发展党员的先进性作为党的建设的永恒主题。党员意识是共产党员的立身之本，是党保持和发展先进性的重要前提，必须把增强党员意识作为执政党建设带有根本性的问题来抓，坚持教育、管理、服务并重，教育引导党员坚定理想信念、遵守组织纪律、争当先锋模范，永葆先进性。在抗震救灾斗争中，哪里灾情最重，哪里群众最需要，哪里就有共产党员；广大党员踊跃交纳"特殊党费"，支援抗震救灾；许多群众受党组织和党员先锋模范作用的感召，在抗震救灾一线宣誓入党。事实再一次说明，只要坚持不懈地推进党的先进性建设，只要全党同志自觉加强自我教育、自我提高，我们就一定能够把广大党员的先进性最大限度地激发出来、把广大党员的先锋模范作用最大限度地发挥出来，创造出无愧于历史和时代的伟业。

同志们！

当前，抗震救灾工作进入安置受灾群众和恢复重建阶段，实现今年经济社会发展预期目标进入关键时期，北京奥运会开幕在即，形势逼人，任务艰巨。各级党委要全面贯彻党的十七大精神，以邓小平理论和“三个代表”重要思想为指导，深入贯彻落实科学发展观，大力弘扬抗震救灾精神，坚决贯彻落实中央决策部署，紧紧围绕一手抓抗震救灾工作、一手抓经济社会发展，以改革创新精神全面推进党的建设新的伟大工程，在各项工作中更好地发挥党委的领导核心作用、基层党组织的战斗堡垒作用、领导干部的模范带头作用、共产党员的先锋模范作用，为夺取抗震救灾斗争全面胜利、推动经济社会又好又快发展提供坚强保证。

我们要坚持用中国特色社会主义理论体系武装全党，认真开展深入学习实践科学发展观活动。要把学习贯彻中国特色社会主义理论体系摆在加强党的思想理论建设、强化理论武装工作的首要位置，帮助广大党员特别是党的各级干部努力掌握贯穿其中的马克思主义立场、观点、方法，自觉用这一理论体系指导客观世界和主观世界的改造，提高运用科学理论解决实际问题的能力。按照党的十七大作出的部署，深入学习实践科学发展观活动正在有关地区、部门和单位进行试点。要及时总结试点工作，为全面开展学习实践活动提供指导。各地区各部门要按照中央统一部署组织好、开展好深入学习实践科学发展观活动，推动广大党员、干部特别是领导干部树立符合科学发展的思想观念，提高领导科学发展的能力素质，促进解决制约科学发展的突出问题，构建有利于科学发展的体制机制，真正做到干部受教育、发展上水平、群众得实惠。地震灾区各试点单位要把抗震救灾和恢复重建作为贯彻落实科学发展观最具体的实践，用抗震救灾和恢复重建的实际行动和成效检验试点工作成效。

我们要坚持抓好各级领导班子、基层党组织、党员队伍建设，把党组织建设得更加坚强有力。要认真总结和运用抗震救灾斗争中强化党组织功能、发挥基层党组织战斗堡垒作用、发挥党员先锋模范作用的经验，进一步加强和改进领导班子建设、基层党组织建设、党员队伍建设。要建立健全集中领导、统一指挥、反应灵敏、运转高效的工作机制，提高各级党组织应对突发事件的能力。要坚持正确用人导向，按照德才兼备、注重实绩、群众公认原则选拔干部，把抗震救灾和恢复重建中经受住考验、表现突出的干部选拔到领导岗位上来。要把应对突发事件、重大灾害的实践作为生动教材，显著增强各级领导班子和干部应对突发事件的能力和水平。在抗震救灾斗争中，灾区不少基层党员、干部遇难，不少基层党组织遭受严重损失。各级党委要统筹当地干部人才资源，抽调优秀干部和人才充实班子、充实一线、充实基层，确保参加抗震救灾和恢复重建的各级领导班子坚强有力、有效运转。各级党组织要格外关心和爱护灾区基层党员、干部，理解他们的心情，关爱他们的健康，满腔热情地帮助他们做好工作。要积极开展党内帮扶活动，组织非受灾地区党组织与受灾地区党组织结对，重点帮扶受灾严重地区的党组织和困难群众。承担对口支援任务地区的党组织要加强领导、精心组织，积极为灾区提供支援，帮助灾区群众早日恢复生产、重建家园。

我们要在全党大力发扬抗震救灾的优良作风，保持党同人民群众的血肉联系。党的优良作风凝聚党心民心。要把抗震救灾斗争中涌现出来的先进事迹和先进人物作为党员干部作风建设的生动教材，教育广大党员、干部特别是领导干部继承优良传统、牢记根本宗旨、心系人民群众，切实做到权为民所用、情为民所系、利为民所谋。要总结和运用抗震救灾斗争中宣传群众、动员群众、组织群众、团结群众的成功经验，加强和改进新形势下党的群众工作，提高团结带领群众推动科学发展、促进社会和谐的实际能力。广大党员、干部要始终做到全心全意为人民服务，关心群众疾苦，倾听群众呼声，千方百计为群众排忧解难，带头发扬艰苦奋斗精神，做到吃苦在前、享受在后。各级干部特别是领导干部要坚持实事求是、求真务实，扎扎实实为人民群众办实事、办好事，努力创造经得起实践、人民、历史检验的实绩。要加强对党员领导干部廉洁从政的教育和监督，健全惩治和预防腐败体系，加大反腐倡廉工作力度，使党员领导干部始终保持共产党人的政治本色，做到干干净净干事、清清白白做人。要加强对抗震救灾资金和物品管理使用情况的监督检查，确保救灾款物真正用于抗震救灾、用于受灾群众。

同志们!

中国共产党在87年的风雨历程中团结带领人民战胜了无数惊涛骇浪、克服了无数艰难险阻，开创了党和人民事业欣欣向荣的大好局面。全党同志要更加紧密地团结起来，以邓小平理论和“三个代表”重要思想为指导，深入贯彻落实科学发展观，带领全国各族人民开拓进取、埋头苦干，切实做好抗震救灾和恢复重建各项工作，切实做好北京奥运会筹办各项工作，切实做好推动科学发展、促进社会和谐各项工作，为夺取改革开放和社会主义现代化建设新胜利而努力奋斗!

（《人民日报》，2008年7月1日第2版）

在全国抗震救灾总结表彰大会上的讲话

（2008年10月8日）

胡锦涛

同志们，朋友们：

2008年5月12日14时28分，我国发生了震惊世界的四川汶川特大地震，受灾地区人民生命财产和经济社会发展蒙受了巨大损失。坚决战胜这场灾害，保护人民生命财产安全、保卫改革开放和社会主义现代化建设成果，是对中国人民意志、勇气、力量的严峻考验，也是对我们党执政能力和先进性的重大检验。在党中央、国务院和中央军委坚强领导下，全党全军全国各族人民众志成城、迎难而上，迅速展开气壮山河的抗震救灾工作，奋勇夺取抗震救灾斗争重大胜利，谱写了感天动地的英雄凯歌。

今天，我们隆重召开全国抗震救灾总结表彰大会，就是要全面总结抗震救灾工作，表彰抗震救灾英雄集体和抗震救灾模范，号召全党全军全国各族人民学习他们的先进思想和模范事迹，弘扬伟大抗震救灾精神，为夺取全面建设小康社会新胜利、开创中国特色社会主义事业新局面而不懈奋斗。

在这里，我代表党中央、国务院和中央军委，向受到表彰的抗震救灾英雄集体和抗震救灾模范，向在抗震救灾第一线英勇奋战的广大干部群众，人民解放军指战员、武警部队官兵、民兵预备役人员和公安民警，医疗卫生工作者、新闻工作者、科技工作者、工程建设者和志愿者，致以崇高的敬意！向大力支持抗震救灾的全国各条战线的广大干部群众，各民主党派、工商联和无党派人士、各人民团体以及社会各界，向踊跃为灾区提供援助的香港同胞、澳门同胞、台湾同胞以及海外华侨华人，表示衷心的感谢！

抗震救灾期间，许多国家的领导人、政府、政党、社会团体和驻华使馆，联合国有关组织和一些国际机构、外资企业以及国际友好人士，积极提供救援物资、捐助救灾资金、派遣救援队和医疗队，以各种方式向中国人民表达真诚同情、提供宝贵支持。在这里，我代表中国政府和中国人民，向他们致以诚挚的谢意！

此时此刻，我们特别要向为夺取抗震救灾斗争重大胜利而英勇献身的烈士们，向在地震灾害中不幸罹难的同胞们，表达深切的思念和沉痛的哀悼！

我提议，全体起立，为他们默哀。

同志们、朋友们！

四川汶川特大地震是新中国成立以来破坏性最强、波及范围最广、救灾难度最大的一次地震，震级达里氏8级，最大烈度达11度，余震3万多次，涉及四川、甘肃、陕西、重庆等10个省（区、市）417个县（市、区）、4667个乡（镇）、48810个村庄。灾区总面积约50万平方公里、受灾群众4625万多人，其中极重灾区、重灾区面积13万平方公里，造成69227名同胞遇难、17923名同胞失踪，需要紧急转移安置受灾群众1510万人，房屋大量倒塌损坏，基础设施大面积损毁，工农业生产遭受重大损失，生态环境遭到严重破坏，直接经济损失8451亿多元，引发的崩塌、滑坡、泥石流、堰塞湖等次生灾害举世罕见。

灾情就是命令，时间就是生命。我们组织开展了我国历史上救援速度最快、动员范围最广、投入力量最大的抗震救灾斗争，最大限度地挽救了受灾群众生命，最大限度地减低了灾害造成的损失。我们坚持把抢救人的生命摆在第一位，只要有一线希望就尽百倍努力，84017名群众被从废墟中抢救出来，149万名被困群众得到解救，430多万名伤病员得到及时救治，其中1万多名重伤员被快速转送全国20个省区市375家医院。我们千方百计安置受灾群众生活，1510万名紧急转移安置受灾群众基本生活得到妥善安排，881万名灾区困难群众得到救助，中小学校在新学期开始前全面复课开学，采取有效措施确保大灾之后无大疫，切切实实做到了让灾区人民有饭吃、有衣穿、有干净水喝、有住处、有病能及时得到医治。我们全力抢修交通、电力、通信、广电、水利、供水、供气等基础设施，及时处理和化解堰塞湖等次生灾害，切实做好余震监测、气象服务、科技支撑、煤电油运保障等各项工作，及时准确公布灾情，为抗震救灾和灾后恢复重建创造了有利条件。我们积极组织资金拨付和物资供应，并及时采取措施加强对管理使用情况的监督检查，确保抗震救灾资金物资及时有效用于灾区和受灾群众。我们加强政策扶持，全力抓好灾区生产恢复工作，灾区工业、农业、旅游业等恢复取得重大进展。我们科学开展评估和规划工作，及时制定有关条例、指导意见和规划，中央财政建立专项基金，组织实施对口支援，依法有序实施灾后恢复重建。目前，各项恢复重建工作全面推进，灾区人民正在勇敢地走向新生活。

中国人民以无所畏惧的英雄气概、团结一致的强大力量、可歌可泣的伟大壮举，书写了中华民族发展史上新的壮丽诗篇。

面对特大地震灾害，从中央到地方各级党委和政府坚强领导、科学指挥，始终与灾区人民心连心、同呼吸、共命运。党中央总揽全局、审时度势，在震后第一时间就把抗震救灾确定为全党全国最重要最紧迫的任务，成立国务院抗震救灾总指挥部，周密组织、科学调度，建立上下贯通、军地协调、全民动员、区域协作的工作机制，迅速组织各方救援力量赶赴灾区，紧急调集大批救灾物资运往灾区，精心部署受灾群众安置工作，及时推动灾后恢复重建，举全国之力抗震救灾。各地区各部门大力发扬全国一盘棋思想，一方有难、八方支援，一切为了灾区，全力支援灾区，在调集人员、支援物资、收治伤员、安置移民、建造临时和过渡住所等方面做了大量工作。承担对口支援任务的19个省（市）党委和政府积极落实中央部署，义不容辞地支援灾区恢复重建。这一切，充分体现了党和政府始终坚持以人为本、人民利益高于一切的理念，生动展现了危难时刻党和政府强有力的领导和指挥能力，极大地鼓舞和坚定了全国各族人民夺取抗震救灾斗争胜利的勇气和信心。

面对特大地震灾害，灾区各级党委和政府、广大干部群众紧急动员、迅速行动，充分发挥了中流砥柱作用。在山崩地裂的危急关头，灾区各级党委和政府处变不惊、指挥若定，带领群众化悲痛为力量、从废墟上勇敢站立起来，沉着冷静地开展抗震救灾工作。各级干部挺身而出、身先士卒，组织群众争分夺秒抢救被困人员，想方设法安置受灾群众，带领群众抓紧恢复生产、重建家园。广大共产党员舍生忘死、勇往直前，做到了关键时刻、危难关头豁得出来、冲得上去，展现了新时期共产党人的光辉形象。灾区人民临危不乱、守望相助，全力开展自救互救。在千钧一发的生死关头，多少人瞬间作出把生的希望留给他人、把死的威胁留给自己的抉择，多少父母用双臂为孩子撑起生命的天空，多少老师用身躯为学生挡住死神的威胁，多少干部舍小家为大家、奋不顾身地奋战在第一线。我们可爱的孩子们，有的在废墟下唱起嘹亮的歌曲，有的机智地搜救同学，表现出非凡的勇气和可贵的爱心。灾区各级党委和政府、广大干部群众凭着这样的顽强意志，在满目疮痍的土地上创造了惊天地、泣鬼神的感人业绩。

面对特大地震灾害，人民解放军指战员、武警部队官兵、民兵预备役人员和公安民警冲锋在前、勇挑重担，发挥了主力军和突击队作用。14.6万名人民子弟兵，心系灾区人民安危，肩负党和人民期望，从高级将领到普通士兵，发扬英勇顽强、不怕牺牲、连续作战的战斗作风，承担起抗震救灾最紧急、最艰难、最危险的任务。英雄的人民子弟兵勇于突进震中地带，敢于跨越生死界线，克服千难万险，进入千家万户，为灾区人民带去生命的希望和生活的勇气。7.5万名民兵预备役人员自觉行动，成为解救受灾群众、医疗救护、卫生防疫、公路运输、油料保障、电力抢修、恢复生产等方面的重要突击力量。广大消防特勤、特警、边防等公安救援队伍和公安民警恪尽职守，全力救助群众，全力维护社会稳定，全力保障灾后恢复重建，为金色盾牌增添了新的光彩。

面对特大地震灾害，全国人民心系灾区、情系灾区，形成了齐心协力抗击灾害的磅礴力量。在抗震抢险的日日夜夜里，全国各族人民忧心如焚、戮力同心、生死与共。灾难无情、人间有爱，汶川加油、中国加油，成为响彻中华大地的最强音。多少人自发从天南海北赶赴灾区做默默奉献的志愿者，多少人自发前往遍布全国的献血点争先恐后无偿献血，多少人自发为灾区慷慨解囊，多少共产党员自发向党组织交纳特殊党费。广大医疗卫生工作者发扬救死扶伤精神，夜以继日地抢救生命、严防疫情，完成了非战争状态下最大规模的生命抢救和伤员转运。广大新闻工作者冒着生命危险深入一线，及时传递党中央的声音，深入报道抗震救灾进展情况，生动展现广大军民的英雄事迹，为抗震救灾提供了强大舆论支持。地震、气象、交通、电力、通信、广电、水利、供水、供气以及其他战线的广大科技工作者、工程建设者密切协作，为抗震救灾提供了有力支持。广大文艺工作者热情讴歌伟大抗震救灾精神，为抗震救灾斗争提供了有力精神鼓舞。从城市到乡村、从部队到厂矿、从机关到基层、从街道到学校，规模空前的生命大营救，历经险阻的千里大驰援，处处涌动的爱心大奉献，共克时艰的社会主义大协作，汇聚成全民族风雨同舟的强大合力。

这场特大地震灾害，既是人世间的一场重大磨难，也是前进中的一场重大考验。我们的党、我们的军队、我们的人民用坚定信念、坚强意志、坚韧努力战胜了磨难、经受住了考验，向历史交出了一份合格答卷。抗震救灾斗争重大胜利，展现了全心全意为人民服务的中国共产党和中国社会主义国家政权的伟大力量，展现了人民军队的伟大力量，展现了13亿中国人民的伟大力量，展现了改革开放的伟大力量，展现了中国特色社会主义的伟大力量，进一步增强了全国各族人民的民族自信心和自豪感，必将激励灾区人民排除万难重建家园、创造美好生活，必将鼓舞全国各族人民满怀信心地把改革开放和社会主义现代化事业继续推向前进。

同志们、朋友们!

在波澜壮阔的抗震救灾斗争中，我们用理想凝聚力量、用信念铸就坚强、用真情凝结关爱，大力培育和弘扬了万众一心、众志成城，不畏艰险、百折不挠，以人为本、尊重科学的伟大抗震救灾精神。

在同特大地震灾害的艰苦搏斗中，我们的党、我们的军队、我们的人民万众一心、众志成城，充分展现了中华民族和衷共济、团结奋斗的民族品格。众人同心就有其利断金的力量，风雨同舟就有所向披靡的信心。在特大地震灾害面前，举国上下患难与共，前方后方同心协力，海内海外和衷共济，凝结成坚如磐石、牢不可破的生命共同体。这种团结奋进的强大力量，是我们的人民和民族在生与死、血与火的严峻考验中的本色反映，是中华民族从历史深处走来的内在力量，显示了中国人民和中华文明生生不息的旺盛生命力。

在同特大地震灾害的艰苦搏斗中，我们的党、我们的军队、我们的人民不畏艰险、百折不挠，充分展现了中华民族自强不息、敢于胜利的民族品格。坚强是战胜磨难的利器，勇气是创造奇迹的支撑。在极其惨烈的灾难突袭而来之际，广大军民泰山压顶不弯腰，生死较量不战栗，千难万险不放弃，顽强挑战体力极限、精神极限、生存极限，哪里灾情危急就向哪里冲去，哪里有生死考验就向哪里挺进，哪里有受灾群众就向哪里集结。这种压倒一切困难而不为任何困难所压倒的勇气，是中华民族历经磨难而信念愈坚、饱尝艰辛而斗志更强，勇于自立于世界民族之林的重要精神支柱。

在同特大地震灾害的艰苦搏斗中，我们的党、我们的军队、我们的人民坚持以人为本、尊重科学，充分展现了中华民族关爱生命、崇尚理性的民族品格。人的生命高于一切、先于一切、重于一切。在抗震救灾的全过程中，我们和时间赛跑、同死神抗争，充分体现了我国社会主义制度珍爱生命、保护人民的本质。在全国哀悼日里，13亿人共同为不幸遇难的同胞默哀，体现出全民族对人的生命的尊重。我们坚持把科技的力量与顽强的抗争紧密结合起来，既充分发挥人的能动精神，又充分发挥科技的重要作用。这种对生命的高度关爱、对科学的高度尊崇，是中国人民始终与时代发展同步伐、实现人的全面发展、建设创新型国家的重要推动力量。

民族精神是一个国家综合国力的重要组成部分，其内涵总是在历史进步中不断得到丰富、在灾难考验中不断得到升华。伟大抗震救灾精神，集中体现和进一步发展了爱国主义、集体主义、社会主义精神，集中体现和进一步发展了我们党和军队的光荣传统和优良作风，集中体现和进一步发展了中华民族的伟大民族精神和当代中国人民的时代精神，是党和人民极为宝贵的精神财富。我们要在全党全社会大力弘扬伟大抗震救灾精神，使之转化为艰苦奋斗、重建家园的坚定意志，转化为推动经济社会又好又快发展的强大力量。

同志们、朋友们!

在这场波澜壮阔的抗震救灾斗争中，我们积累了应对突发事件、抗击特大自然灾害的宝贵经验，也从中收获了许多极其宝贵的启示。

——抗震救灾斗争再一次证明，社会主义中国具有强大发展活力。这场抗震救灾斗争充分显示了我国社会主义制度能够集中力量办大事的政治优势。新中国的成立和社会主义制度的建立开启了中华民族发展的历史新纪元，改革开放使社会主义在中国进一步焕发出蓬勃的生机活力，中国特色社会主义展现出美好的发展前景。只有社会主义才能救中国，只有中国特色社会主义才能发展中国，这是中国人民发自内心的真实感受和坚定信念。只要我们始终坚持中国特色社会主义道路，不断推动我国社会主义制度自我完善和发展，使社会主义制度的优越性更加充分地发挥出来，我们就一定能够继续推动中国特色社会主义事业披荆斩棘向前发展。

——抗震救灾斗争再一次证明，人民是推动中国社会发展进步的真正动力。抗震救灾斗争重大胜利，归根到底是人民的胜利。人民是历史创造者，是振兴中华最深厚的力量。在我国几千年发展的历史长河中，种种磨难都没有打断中华文明的顽强发展进程，千难万险都没有磨灭中华民族不屈不挠的奋斗意志。正是紧紧依靠人民，我们才取得了革命、建设、改革的伟大胜利。只要我们始终坚持以人为本，切实做到发展为了人民、发展依靠人民、发展成果由人民共享，充分发挥广大人民群众的积极性、主动性、创造性，我们就一定能够依靠人民团结起来的巨大力量和集中起来的无穷智慧，万众一心地实现中华民族伟大复兴。

——抗震救灾斗争再一次证明，人民军队是保卫人民的钢铁长城。在同地震灾害的搏斗中，人民子弟兵用忠诚和血肉之躯又一次在人民心中筑起了巍然屹立的不朽丰碑，又一次向世人昭示我们的人民军队不愧为人民的子弟兵。人民军队诞生81年来，为中国人民解放事业，为我国社会主义建设和改革开放事业，为捍卫国家主权、安全、领土完整，建立了卓越功勋。只要我们始终坚持以马克思主义军事理论为指导，大力弘扬听党指挥、服务人民、英勇善战的优良传统，全面推进革命化、现代化、正规化建设，不断提高履行新世纪新阶段军队历史使命能力，我们就一定能够使人民军队始终成为人民共和国的忠实保卫者和建设者。

——抗震救灾斗争再一次证明，中国共产党是中国特色社会主义事业的坚强领导核心。事实告诉人们，中国共产党是能够应对各种风险、驾驭各种复杂局面、具有强大战斗力的马克思主义政党，不愧为13亿中国人民的主心骨。我们党成立87年来，始终站在时代前列，始终代表中国最广大人民的根本利益，团结带领各族人民为国家独立、人民解放和国家富强、人民幸福不懈奋斗，作出了最大牺牲，赢得了全国各族人民衷心拥护。办好中国的事情，关键在党。只要我们坚持科学理论和正确的路线方针政策，牢记全心全意为人民服务的根本宗旨，不断提高党的执政能力、保持和发展党的先进性，不断提高拒腐防变和抵御风险能力，我们就一定能够团结带领全国各族人民战胜前进道路上的一切困难和挑战、不断创造中华民族发展壮大的历史基业。

抗震救灾使我们更加深切地感受到：社会主义祖国大家庭最温馨，人民群众最可敬，人民子弟兵最可爱，中国共产党人最贴心。我国社会主义制度的优越性，中华民族的优秀品质，人民军队的政治本色，中国共产党的坚强领导，是我们国家和民族的显著政治优势，我们必须倍加珍惜、永远坚持。

同志们、朋友们!

今年以来，全党全军全国各族人民团结奋斗，奋勇战胜南方部分地区严重低温雨雪冰冻灾害、四川汶川特大地震灾害，成功举办北京奥运会、残奥会，胜利实施神舟七号载人航天飞行任务，全面推进经济社会发展，为党和人民事业发展奠定了新的重要基础。在前进道路上，我们要全面贯彻党的十七大精神，高举中国特色社会主义伟大旗帜，以邓小平理论和“三个代表”重要思想为指导，深入贯彻落实科学发展观，更加自觉地把继续解放思想落实到坚持改革开放、推动科学发展、促进社会和谐上来，扎实推进社会主义经济建设、政治建设、文化建设、社会建设以及生态文明建设，奋力夺取抗震救灾斗争全面胜利，为实现党的十七大描绘的宏伟蓝图而团结奋斗。

我们要进一步推进改革发展，不断增强我国的综合国力和抵御风险能力。抗震救灾斗争以一种特殊的方式全面检阅和展示了我国改革开放30年的伟大成就。改革开放以来我国综合国力大幅跃升、社会繁荣进步，为抗震救灾提供了坚实物质保障和社会基础。改革开放是强国之路。要继续坚持解放思想、实事求是、与时俱进，坚定不移地把改革创新精神贯彻到治国理政各个环节，着力构建充满活力、富有效率、更加开放、有利于科学发展的体制机制，为发展中国特色社会主义提供强大动力和体制保障。发展是硬道理。要继续坚持不懈地抓好发展这个党执政兴国的第一要务，聚精会神搞建设、一心一意谋发展，更加自觉、更加坚定地推动科学发展，努力实现经济社会又好又快发展，为发展中国特色社会主义打下更加牢固的物质基础。

我们要进一步抓好灾后恢复重建工作，大力支持灾区人民重建美好家园。当前，灾后恢复重建任务十分繁重。要全面落实党和国家关于灾后恢复重建的方针政策和工作部署，坚持科学规划、分步实施、尊重规律，贯彻统筹兼顾、分类指导，立足当前、着眼长远的原则，一切从实际出发，争取最大效益和最好效果，努力建设人民安居乐业、城乡共同繁荣、人与自然和谐相处的幸福美好新家园，实现家家有房住、户户有就业、人人有保障、设施有提高、经济有发展、生态有改善的目标。要坚持以解决民生问题为重点，毫不松懈地安排好群众基本生活，妥善安排孤儿、孤老、孤残生活，实施多种形式的就业援助，优先恢复群众基本生活条件和公共服务设施，尽快恢复生产条件。当前，要抓紧解决好受灾群众安全过冬问题。要把灾后恢复重建与推进工业化、城镇化和社会主义新农村建设、扶贫开发紧密结合起来，与主体功能区建设和产业结构优化升级紧密结合起来，与保护民族文化遗产紧密结合起来，与促进灾区生态环境尽快恢复并不断改善紧密结合起来，努力实现可持续发展。承担对口支援任务的各个省市要积极为灾区提供各种形式的支援，受援地区干部群众要苦干实干、自立自强。要加强对抗震救灾资金和物资管理使用情况的监督检查，确保救灾款物真正用于灾后恢复重建、用于受灾群众。

我们要进一步加强防灾减灾工作，显著提高防灾减灾能力。提高防灾减灾能力，是保护人民生命财产安全、保卫改革开放和社会主义现代化建设成果的必然要求。要坚持兴利除害结合、防灾减灾并重、治标治本兼顾、政府社会协同，全面提高全社会对自然灾害的综合防范和抵御能力。要加快完善防灾减灾各项法规和综合性配套政策，强化各级政府防灾减灾意识和职责，加快构建覆盖各地区各行业各单位的防灾减灾预案体系，增强防灾减灾力量资源整合和协调配合。要强化城乡防灾能力建设，提升防灾减灾科技水平，增强灾害监测预警能力，加强防灾减灾基础设施建设，健全对各类灾害的风险监控、应急处置、灾害救助、恢复重建等防灾减灾措施。要强化对自然灾害预防、避险、自救、互救等知识普及，全面提高全社会风险防范意识、技能和灾害救助能力。要加强防灾减灾领域信息管理、宣传教育、专业培训、科技研发及国际人道主义援助等方面的国际交流合作，积极借鉴国外防灾减灾的成功做法和经验，建立健全同有关国际机构和各国政府在防灾减灾领域的合作机制，充分发挥我国在国际防灾减灾领域的重要作用。

我们要进一步加强应急管理能力建设，大力提高处置突发公共事件能力。要认真总结抗震救灾的成功经验，形成综合配套的应急管理法律法规和政策措施，建立健全集中领导、统一指挥、反应灵敏、运转高效的工作机制，提高各级党委和政府应对突发事件的能力。要大力建设专业化与社会化相结合的应急救援队伍，健全保障有力的应急物资储备和救援体系，长效规范的应急保障资金投入和拨付制度，快捷有序的防疫防护和医疗救治措施，及时准确的信息发布、舆论引导、舆情分析系统，管理完善的对口支援、社会捐赠、志愿服务等社会动员机制，符合国情的巨灾保险和再保险体系。通过全方位推进应急管理体制和方式建设，显著提高应急管理能力，最大限度地减少突发公共事件造成的危害，最大限度地保障人民生命财产安全。

我们要进一步加强社会主义核心价值体系建设，切实巩固全党全军全国各族人民团结奋斗的共同思想基础。广大军民在抗震救灾中表现出来的昂扬精神风貌，充分反映了社会主义精神文明建设特别是社会主义核心价值体系建设取得的重大成效。要坚持不懈地用马克思主义中国化最新成果武装全党、教育人民，用中国特色社会主义共同理想凝聚力量，用以爱国主义为核心的民族精神和以改革创新为核心的时代精神鼓舞斗志，用社会主义荣辱观引领风尚。要把抗震救灾斗争培育和弘扬的好思想、好作风作为社会主义核心价值体系建设的生动教材，引导人们进一步坚定对改革开放的信心、对中国特色社会主义的信念，为党和人民事业发展提供强大思想保证和精神支撑。

我们要进一步加强党的建设，不断提高党的执政能力。要继续以改革创新精神全面推进党的建设新的伟大工程，为夺取抗震救灾斗争全面胜利、推动经济社会又好又快发展提供坚强政治保证。要始终把教育全党坚定不移地为发展中国特色社会主义而奋斗作为党的建设的根本任务，教育和引导广大党员坚定理想信念，矢志不渝地为实现党的基本路线、基本纲领而奋斗，兢兢业业做好本职工作，真正做到关键时刻、危难关头豁得出来、冲得上去。要始终把实现好、维护好、发展好最广大人民的根本利益作为党的建设的出发点和落脚点，始终做到心中装着人民、工作依靠人民、一切为了人民。要始终把提高各级领导班子和领导干部的领导水平和执政能力作为党的建设的关键环节，推动各级领导班子和领导干部提高领导科学发展、促进社会和谐的能力，增强应对突发事件的能力和水平。要始终把增强基层党组织创造力、凝聚力、战斗力作为党的建设的基础工程，做到抓基层、打基础一刻不放松，把广大人民群众紧紧凝聚到党组织周围。要始终把保持和发展党员的先进性作为党的建设的永恒主题，教育引导广大党员坚定理想信念、遵守组织纪律、争当先锋模范。各级党组织要格外关心和爱护灾区基层党员、干部，理解他们的心情，体谅他们的困难，关爱他们的健康，满腔热情地帮助他们做好工作。广大党员、干部要牢记全心全意为人民服务的根本宗旨，坚持实事求是、求真务实，带头发扬艰苦奋斗精神，以人民利益为重、以人民期盼为念，千方百计为群众排忧解难，努力做出经得起实践、人民、历史检验的实绩。

同志们、朋友们!

人类是大自然的一员，大自然是人类赖以生存和发展的物质基础。在改造客观世界和主观世界的实践中不断认识自然，在顺应自然规律的基础上合理开发自然，在同自然的和谐相处中发展自己，是人类生存和进步的永恒主题。自然界运动是不以人们的意志为转移的。开发利用自然首先要认识自然、尊重自然、按自然规律办事。自然灾害给人类带来磨难，同时又促使人类更加自觉地去认识和把握自然规律、增强抵御自然灾害能力，进而推动人类文明进步。正如恩格斯所说，“没有哪一次巨大的历史灾难，不是以历史的进步为补偿的”。

一个善于从自然灾害中总结和汲取经验教训的民族，必定是日益坚强和不可战胜的。我国是世界上自然灾害最为严重的国家之一，灾害种类多、分布地域广、发生频率高、造成损失重。我们要深刻认识这一基本国情，更加自觉地处理好人与自然的关系，从而更加合理地开发利用自然为人民生活、经济建设、社会发展服务。人类对自然规律的认识和把握，是一个永不停息的过程，规律性的东西往往要通过现象的不断往复和科学技术的不断发展才能更明确地被人们认知。只要我们坚定不移地走科学发展道路，锲而不舍地探索和认识自然规律，坚持按自然规律办事，不断增强促进人与自然相和谐的能力，就一定能够不断有所发现、有所发明、有所创造、有所前进，就一定能够做到让人类更好地适应自然、让自然更好地造福人类。

同志们、朋友们!

我们以坚如磐石的团结和一往无前的拼搏夺取了抗震救灾斗争重大胜利。事实再一次告诉我们，团结就是力量，拼搏才能胜利。全党全军全国各族人民一定要更加紧密地团结起来，大力弘扬伟大抗震救灾精神，共同为我们伟大的祖国加油，共同为我们伟大的民族加油，共同为我们伟大的改革开放和社会主义现代化事业加油，万众一心地沿着中国特色社会主义道路继续奋勇前进!

（《人民日报》，2008年10月9日第2版）

在出席纪念四川汶川特大地震一周年活动时的讲话

（2009年5月12日）

胡锦涛

同志们，朋友们:

今天，我们在这里庄严集会，纪念四川汶川特大地震一周年，向在地震灾害中不幸罹难的同胞们、向为夺取抗震救灾斗争重大胜利而英勇献身的烈士们表达我们的深切思念。

2008年5月12日14时28分，我国发生了震惊世界的四川汶川特大地震，受灾地区人民生命财产和经济社会发展蒙受巨大损失。面对空前惨烈的灾难，在党中央、国务院和中央军委坚强领导下，全党全军全国各族人民众志成城、迎难而上，以惊人的意志、勇气、力量，组织开展了我国历史上救援速度最快、动员范围最广、投入力量最大的抗震救灾斗争，最大限度地挽救了受灾群众生命，最大限度地减低了灾害造成的损失，夺取了抗震救灾斗争重大胜利，表现出泰山压顶不弯腰的大无畏气概，谱写了感天动地的英雄凯歌。

我们按照以人为本、尊重自然、统筹兼顾、科学重建的原则，科学制定灾后恢复重建规划，迅速出台一系列支援灾区的政策措施，积极开展对口支援，迅速组织开展灾后恢复重建工作。在中央大力支持、灾区广大干部群众艰苦奋斗、全国人民大力支援下，城乡居民住房重建、学校医院等公共服务设施重建、基础设施恢复重建、产业重建和结构调整、历史文化保护、生态修复等方面均取得显著成绩，灾后恢复重建取得重要阶段性成果，灾区人民正大踏步走向新生活。这一切，为夺取抗震救灾斗争全面胜利奠定了坚实基础。

在抗震救灾和灾后恢复重建中，举国上下同心协力，海内外同胞和衷共济，充分展现了中华民族团结奋斗的民族品格和风雨同舟的强大力量。抗震救灾和灾后恢复重建取得的成绩，必将鼓舞全国各族人民满怀信心地把改革开放和社会主义现代化事业继续推向前进。

在这里，我代表党中央、国务院和中央军委，向在抗震救灾和灾后恢复重建第一线英勇奋战的广大干部群众，人民解放军指战员、武警部队官兵、民兵预备役人员和公安民警，向大力支持抗震救灾和灾后恢复重建的全国各条战线的广大干部群众，各民主党派、工商联和无党派人士、各人民团体以及社会各界，向踊跃为灾区提供援助的香港同胞、澳门同胞、台湾同胞以及海外华侨华人，致以崇高的敬意！

我们的抗震救灾和灾后恢复重建得到了众多国家的领导人、政府、政党、社会团体和驻华使馆，联合国有关组织和一些国际机构、外资企业以及国际友好人士的真诚同情和宝贵支持。在这里，我代表中国政府和中国人民，再一次向他们表示衷心的感谢！

同志们、朋友们！

当前，我国正处在应对国际金融危机冲击、保持经济平稳较快发展的关键时刻。在前进道路上，我们要以邓小平理论和“三个代表”重要思想为指导，深入贯彻落实科学发展观，大力弘扬伟大抗震救灾精神，全面推进社会主义经济建设、政治建设、文化建设、社会建设以及生态文明建设和党的建设，奋力夺取抗震救灾斗争全面胜利，为实现党的十七大描绘的宏伟蓝图而团结奋斗。

我们要继续扎扎实实推动经济社会又好又快发展。改革开放以来我国不断增强的综合国力，是我们战胜四川汶川特大地震灾害的坚实物质基础，也是我们应对各种困难和挑战的坚实物质基础。我们要牢牢坚持发展是硬道理的战略思想，把保持经济平稳较快发展作为经济工作的首要任务，认真落实进一步扩大内需、促进经济平稳较快发展的一揽子计划，全力做好保增长、保民生、保稳定各项工作，努力夺取经济社会发展新胜利。

我们要继续扎扎实实推进灾后恢复重建工作。做好灾后恢复重建工作，关系灾区群众根本利益，关系灾区长远发展。当前，灾后恢复重建任务仍十分繁重。我们要全面落实中央关于灾后恢复重建的方针政策和工作部署，加大力度，加快速度，攻坚克难，力争用两年时间基本完成原定3年的目标任务。要坚持以人为本，以解决民生问题为重点，优先恢复群众基本生活条件和公共服务设施，确保受灾群众早日住上永久性住房，全面恢复和提高教育、医疗卫生、文化体育等公共服务水平，大力提高基础设施保障能力，积极促进特色优势产业发展，努力建设人民安居乐业、城乡共同繁荣、人与自然和谐相处的幸福美好新家园。要继续全力做好对口支援工作，同时要坚持自力更生、艰苦创业，引领灾区广大干部群众依靠自己的双手创造美好生活。要加强对抗震救灾和灾后恢复重建资金物资的监管，确保工程建设质量。

我们要继续扎扎实实加强防灾减灾工作。提高防灾减灾能力，是保护人民生命财产安全的必然要求，也是人类社会共同面临的重大课题。要坚持兴利除害结合、防灾减灾并重、治标治本兼顾、政府社会协同，全面提高对自然灾害的综合防范和抵御能力。要加强防灾减灾领域及国际人道主义援助等方面的国际交流合作，为人类防范和抵御自然灾害作出积极贡献。

同志们、朋友们！

抗震救灾和灾后恢复重建的伟大实践再一次告诉我们，团结就是力量，拼搏才能胜利。全党全军全国各族人民要更加紧密地团结起来，勇敢战胜前进道路上的一切困难和风险，全面做好各项工作，以优异成绩迎接新中国成立60周年。

（《人民日报》，2009年5月13日第2版）

在听取四川省抗震救灾工作汇报时的讲话

（2008年5月27日）

吴邦国

汶川大地震发生后，早就想来，但前一段时间这里一直有人，怕给你们找麻烦。昨天中央政治局会议还没结束，我们就赶过来了。刚才，刘奇葆同志作了全面汇报，提出了希望解决的四个问题，刚好良玉同志和前线指挥部的很多同志今天都在场，他们会认真研究的。我想总的原则，是要全力支持四川抗震救灾和灾后重建工作。

对这次大地震的抗震救灾工作，中央高度重视。在短短十天时间里，胡锦涛总书记就主持召开了四次中央政治局常委会，及时研究部署抗震救灾工作，亲赴四川灾区，看望慰问受灾群众和救援人员、指导抗震救灾工作、出席四川抗震救灾工作会议并发表重要讲话。温家宝总理在第一时间赶赴灾区指挥抗震救灾工作。昨天上午，胡锦涛总书记又主持召开中央政治局会议，充分肯定前一阶段工作，对下一阶段工作进行了全面部署，提出要把安置受灾群众、恢复生产、灾后重建摆在更加突出的位置。国务院已就各项工作做了具体安排。四川省要坚决贯彻胡锦涛总书记一系列重要讲话和指示精神，结合本省实际，坚决贯彻执行中央的决策部署，把抗震救灾各项工作抓紧抓实抓好，努力夺取抗震救灾各项工作的全面胜利。下面，我讲三点意见。讲话没有稿子，供参考，错误的地方请予批评。

第一点，充分肯定四川抗震救灾工作

这不是我个人的意见，昨天中央政治局会议对前一阶段抗震救灾工作给予了充分肯定。刚才，良玉同志也建议我充分肯定四川的工作。这次汶川大地震，震级达到8级，最高烈度达到11度，是建国以来破坏性最强、波及范围最广、救灾难度最大、受灾群众最多的一次地震，四川、甘肃、陕西、重庆等13个省区市受灾，最严重的是四川。目前，抗震救灾工作已经取得重大阶段性成效，突出反映在三个方面：

一是，尽最大努力把地震灾害造成的损失降到最低程度。这么大的地震灾害，没有损失是不可能的。但我们以对人民高度负责的精神，坚持以人为本，想尽一切办法、不惜一切代价，只要有一线希望，就尽最大努力抢救人民群众的生命。刘奇葆同志介绍，汶川大地震四川省遇难人数可能要超过8万人，但要看到我们硬是从地震废墟里救出了8.4万多人，这在抗震史上是少有的。还解救被困群众62万多人，及时转移了近1200万人，救治伤员30多万人，累计住院治疗6.9万多人。这是多大的工作量啊，一些欧洲国家的总人口也就几百万人。没有第一时间的全力以赴和殊死奋战，这次大地震的损失是难以估量的。

二是，灾区群众的精神状态是好的，对抗震救灾工作是满意的，对夺取抗震救灾斗争胜利是有信心的。到灾区后，我们马不停蹄跑了不少地方，去了医院、车站、重灾城镇、水库大坝和受灾群众集中安置点，接触了不少受灾群众和基层干部，看到他们的精神状态都不错，没有怨天尤人，而是发自内心感激共产党。一是伤员得到了及时救治。昨天，我们一下飞机就去了成都军区总医院，看望了四位被废墟掩埋了100小时以上的重伤员，还看望了两名11岁的小学生、一位81岁的老八路和两名在救灾中负伤的军人。他们尽管家里遭了难，自己受了伤，有的伤势还很重，但都从心底里感谢党和政府，感谢人民子弟兵，感谢医院和医务人员。二是受灾群众生活得到初步安置。昨天下午，我们在成都火车站东站救灾物资转运中心，看到铁路部门和地方密切配合，根据救灾物资特点和转运的实际需要，对原来货场重新调整了布局，来自四面八方的救灾物资，有吃的、有用的、有药品、有器械，样样东西码放得整整齐齐，上面分别标上了是哪里援助的、准备送到哪里去。来自全国各地的青年志愿者热情奉献，一天一轮换，不停地加紧工作，在第一时间把救灾物资送到受灾群众手上，送到救灾的现场，解决受灾群众生活必需品。整个救灾物资转运工作井井有条。国务院决定的给受灾群众每人每天发一斤粮、十元钱，给遇难者家属5000元抚慰金，给“三孤”人员每月600元补助，这些政策都得到很好落实。三是住的问题看到了希望，有的已经初步解决。住的问题是老百姓当前最关切的。在短短的几天时间里，四川已经下拨帐篷46万顶、活动板房4万套，过些日子这些数字还会大幅增加，让老百姓看到了希望。会前，我们在都江堰市幸福社区集中安置点，看到这个安置点才用了不到一周的时间，已经完成了一期工程，入住了将近1000人。每间活动板房住3个人，安置点有食堂、卫生院、防疫站、小学校、便民站、公安警务室，还有居委会、临时党支部和工青妇组织，公共澡堂、厕所等设施也一应俱全。我走访了几户，他们都说怎么也没有想到党和政府会在这么短的时间给他们如此好的安置。四是灾区没有发生传染病疫情。我到映秀镇看了，没有发现苍蝇，也没有异味。那里正在清理废墟，并由专业人员进行全面、彻底的卫生防疫，给临时安置的乡亲们打防疫针、宣传普及防疫知识。

三是，灾区社会安定、人心稳定。这一期间，不仅没有发生重大治安事件，而且整个发案率还有所下降。这次灾情这么大，四川省的受灾面积就达10万平方公里，涉及6个市州、88个县市区、1204个乡镇、2792万人，但灾区的社会总体稳定、人心基本安定，这是相当不容易的。我们接触到的受灾群众，他们团结友爱、相互帮助，表示要共渡难关。更为可喜的是，通过这场抗震救灾斗争，干群关系、军民关系、警民关系都大大得到了改善。老百姓更加热爱共产党、热爱社会主义祖国、热爱人民子弟兵。

这些成绩，是党中央、国务院和中央军委坚强领导的结果，是全国人民全力支持的结果，是解放军指战员、武警官兵、公安民警、医务人员和志愿者英勇救援的结果。到目前为止，解放军、武警、公安共投入兵力13万人，医疗系统共投入8万多人，还有来自全国各地的20多万志愿者以及众多的新闻工作者，他们对抗震救灾作出了重大贡献。这里我要强调的是，四川省的工作功不可没。上面千条线，底下一根针，许多工作最终都要落到四川同志的身上。党和政府的决策部署靠你们落在实处，各界的关爱帮助靠你们送到群众身上，各方的人员力量靠你们协调形成合力。面对突如其来的地震灾害，四川省委、省政府行动迅速、组织有力、措施得当。这些天来，你们都非常辛苦。我们看到奇葆、巨峰等四川同志累的样子，心里很不是滋味。四川省各级党委、人大、政府、政协的领导干部，都在第一时间冲到了第一线，深入实际、深入群众，日日夜夜、连续奋战。你们给我一个数字，仅县级以上领导干部在第一线的就有8296人。没有你们在第一时间冒着生命危险冲到现场的有效工作，抢救了大量受灾群众的生命，伤亡人数会比现在大幅上升。更加可贵的是，许多基层党员干部自己家里遭了灾、失去了亲人，但依然奋不顾身、舍己为人。正是你们出色的工作，赢得了群众的信赖，成为群众的主心骨。在这场史无前例的抗震救灾斗争中，四川省干部队伍经受住了严峻考验。党中央、全国人民感谢你们。这次我和兆国、建国等同志来四川地震灾区，一方面是察看灾情、增加感性认识，更主要的是来看望大家、慰问和感谢大家。

第二点，关于下一步工作

昨天上午，胡锦涛总书记主持召开中央政治局会议，专门研究部署了下一阶段抗震救灾和灾后重建工作，要求把救治防疫、住房安置、次生灾害防范、恢复生产、灾后重建摆在更加突出的位置。国务院对各项具体工作已经做了安排。刘奇葆同志讲的8个方面工作安排，符合中央的精神，我都同意。刚才，我们一起来的黄镇东、汪光焘、汪恕诚、王陇德等四位同志谈了一些自己的体会和建议，这些建议仅供你们参考。我就不多说了，仅就当前的工作再强调三条。

一要全面细致搞好卫生防疫。这项工作一定要抓紧，不能松懈。在映秀镇，阿坝州委书记跟我讲，地震是天灾、大疫是人祸。应当看到，卫生防疫工作面临的形势是相当严峻的。为什么这么讲，一是不少遇难者的遗体还没有找到，现在失踪人数仍有2万人左右，估计绝大部分已经遇难，死的牲畜有1500多万头（只），大量粪便、垃圾需要处理，还有受灾群众饮水和食品安全可能会有盲点，再加上天气越来越热、又快进入雨季，所有这些都增加了卫生防疫工作的紧迫性、复杂性和艰巨性。王陇德同志过去在卫生部一直是搞卫生防疫的，他告诉我，像四川灾区这种情况，要注意消化道传染病，防止虫媒传染，防止鼠疫。大灾之后有大疫，这在解放前是必然规律。为了确保大灾之后无大疫，我想关键是三条。一是要高度重视，加强管理。现在管得比较严，千万不能放松。二是要抓紧组织配备足够的专业防疫力量，调运相应的防疫器械和药品，实施科学的防疫措施，既要严防疫情，又要防止二次污染。三是要建立全覆盖的卫生防疫体系，尽快把防疫网络恢复健全起来，保证每个村都有1至3名防疫人员，确保不留死角。要严格疫情监测报告制度，及时掌握疫情消息。从抗击非典的经验看，疫情控制最重要的一条，就是在第一时间发现病人或病原携带者，立即依法予以隔离治疗，切断传染途径。

二要严密防范各种次生灾害。对这次大地震引发和可能引发的余震、滑坡、塌方、水体污染等各种次生灾害，都要密切监测、严加防范。尤其要对堰塞湖和受损水库逐一进行排查除险，制定应急预案。这方面历史上的教训多得很。对唐家山堰塞湖排危抢险工作，中央高度重视，胡锦涛总书记多次作出重要指示，要求确保紧急情况下不出大的问题。汪恕诚同志搞了一辈子水利，曾在映秀镇工作过8年，对四川水利情况比较清楚。昨天我们一上飞机，他就拿出一张反映唐家山堰塞湖险情的遥感地图，给我们详细介绍了有关情况和他的看法。给我两个概念：一是堰塞湖必翻坝，因为来水多出水少。二是工程抢险是必要的，但从工作思路上要立足于翻坝、垮坝。下了飞机，我问刚从唐家山堰塞湖抢险现场回来的蒋巨峰同志，他讲现在是抢险与避险同时安排。良玉同志也一再强调一手抓抢险工程，一手抓避险工作。这两天抢险工程取得了重大进展，这是个好消息。我想，对唐家山堰塞湖可能垮塌引起的洪水灾害要有充分估计，要以确保下游群众生命安全为前提，一手抓抢险工程，一手抓科学制定转移群众等应急预案，不能有丝毫侥幸心理。

三要千方百计安置受灾群众。安置工作涉及吃饭、喝水、穿衣和居住的问题。最难的是住的问题，这也是受灾群众最关注的问题。从我们了解的情况看，受灾群众最关注两件事：一件是今后怎么办，主要是就业、生产问题；一件是住哪儿，就是过渡房问题。要解决350万户、1000多万人的临时居住问题，是多大的工作量啊，不容易啊。胡锦涛总书记对此高度重视，亲自到浙江、河北的生产厂家视察，要求开足马力、加紧生产，并指示从各方面紧急调运。国务院指出，一个月内解决90万顶帐篷、80万个篷布房，三个月内解决100万套活动板房。我们举全国之力是一定能够解决这个大难题的。当然，工作中会涉及一些具体问题。一是临时住房的形式问题。帐篷来得快，但夏天热、冬天冷、寿命短。今天下午，我们看了在都江堰市幸福社区用活动板房搞的集中安置点，一间房住3个人，条件比较好，也好管理。汪光焘同志告诉我，活动板房一平米600到800块，成本比较高，还有材料、运输等问题。第一线的同志对我说，城镇的学校、医院最好使用活动板房，全部都用板房不切实际。二是处理好集中安置和分散安置的关系，调动群众自救的积极性的问题。刘奇葆同志在汇报中提出，对农村的受灾群众，建议将相当于一顶帐篷的费用2000元补贴给每户，鼓励群众自己动手、就地取材搭简易住房。我认为，这个想法不错，应当鼓励受灾群众分散自救。有的同志提出，过去唐山大地震后，就是给受灾群众提供油毡、竹席、苇席等，让群众就地取材建防震棚。这和奇葆同志的想法相似。上午，我们乘直升机去映秀镇，我就问从山里转移出来的乡亲们，希望在哪里安置，他们都说故土难离，等路通了，要回去重建家园。能够尽快让他们"安个家"，再有点事做，就能比较好地稳定下来。而且大量的农村受灾群众长期滞留在城市，这本身就会带来大量的社会问题。三是谋划好临时安置和长期居住的关系问题。要加强统筹规划，妥善处理临时安置与长期居住的关系，保证临时安置的群众能过冬，尽可能减少群众重复拆迁。我想，总的原则是要坚持因地制宜，尊重群众意愿，采取多渠道分流和集中与分散相结合的方式来解决受灾群众的临时居住问题。要充分调动群众的主动性和积极性，从政策上鼓励分散安置、鼓励群众自建和互帮互建。

第三点，几点希望

很多话一路上都说了。这里我再讲四点希望。这些事情其实你们已经做了，我这里只是再提个醒。

一是加强领导，分工负责。对四川来讲，当前的中心工作就是抗震救灾，一定要全力以赴。这一点是毫无疑问的。现在你们的干部都在抗震救灾第一线。我有一个想法，是希望有一些干部能稍微冷一点。也就是说，要坚持抗震救灾和经济社会发展两手抓，各级领导分工负责。为什么这么讲，我想有这么两个方面。一方面，就是抗震救灾本身也需要有个分工的问题。大部分同志在抢险救灾和安置第一线，但也要有同志负责灾情的评估、灾后重建的谋划、对口支援的衔接等工作。因为，只有把这些工作做充分了、做实际了，中央的扶持政策、各方面的支持帮助，才能发挥更大效用。另一方面，全省受灾影响大的是重灾区的市州县，对其他地区的影响要小一些，当前全省经济社会发展基本面是好的。因此，从全省的总体和全局角度讲，还要一手抓抗震救灾，一手抓经济社会发展，在省委、省政府的统一领导下，分工负责，使两方面工作都有序推进。

二是保护好、引导好群众的积极性。刚才讲到灾区干部群众的精神状态是好的，干群关系、军民关系、警民关系大大改善。面对这么大的灾害，灾区社会安定、人心稳定，是很不容易的。同时我们必须充分认识到抗震救灾和灾后重建工作的长期性、复杂性和艰巨性。现在受灾群众情绪基本稳定，但时间长了会发生变化，再加上外部对一些敏感问题的炒作，会加剧不满情绪。抗震救灾工作国家的支持、兄弟省市的支援都是必要的，但不能“等靠要”，“等靠要”会无事生非。四川人的特点是勤劳、能吃苦，有开拓精神，你看多少四川人在外面打工。在都江堰安置点，受灾群众对我说，国家只能帮一时，帮不了一世，最终还是要靠自力更生。说得多好，体现了四川人的精神。所以，我想要把群众积极性引导好、保护好的最好办法，是把大家组织起来重建家园。中央有关部门、各有关方面在加大帮扶力度的同时，要积极工作，把灾区广大干部群众的积极性引导到自力更生、重建家园上来。

三是加强党的建设。这次抗震救灾，我们的基层党组织和党员干部经受住了严峻考验。基层党组织是有力量的，党员干部是有威信的。做好群众工作，要依靠基层党组织。这一点在非常时期更为突出、更加重要，下午在都江堰市幸福社区安置点，我们看到临时党支部建起来了，发挥了很好的作用。要抓紧恢复在地震中受损的基层党组织，有的要成立临时党支部，过好组织生活，对党员提出明确要求，充分发挥基层党组织的战斗堡垒作用和党员的先锋模范作用，切实担负起做好安置、重建、稳定和思想政治工作的重任。

四是加强对救灾钱物的管理和审计工作。正像刘奇葆同志讲的，要向社会、向群众交一本“明白账”。昨天下午我们到成都火车东站的救灾物资转运中心，看了让人放心。因为到那里的物资都有登记、有分类、有验收，并能及时送到受灾群众手上。救灾资金和物资，一部分是财政拨付的，还有一部分是海内外捐赠的，各方面关心救灾款物的使用是理所应当的。现在网上在炒三件事：一是地震预报问题，二是校舍质量问题，三是捐赠物资管理问题。当然，我们要主导舆论，不为舆论所左右。我们要重视舆论，越是各方面关注的问题，越要高度重视。要建立健全救灾资金和物资分配使用制度，严格管理程序，增强透明度，做到来源有造册、去向有签收，分配有计划、使用有监督，从制度上、源头上防止救灾钱物被挪用、侵占和私分，做到公开、公正、透明，在阳光下操作。救灾钱物来之不易，体现党和政府的关心、体现海内外同胞的关爱，一定要把救灾钱物管好用好。要厉行节约、反对浪费，花小钱办大事，切实提高资金和物资的使用效益。

关于人大工作就不说了。今天省人大常委会负责同志都到会了，这段时间大家在省委统一领导组织下，都到抗震救灾第一线指导工作，很辛苦，我们向同志们表示敬意。我一再强调，人大一定要围绕大局开展工作，现在抗震救灾就是大局。全国人大常委会全力支持抗震救灾工作、全力支持国务院的工作、全力支持四川省的工作。上周我在委员长会议上主要讲了两条：一是将听取审议抗震救灾工作报告，列入6月份的会议议程。二是坚决落实党中央的决定，支持国务院集中财力投入抗震救灾的安排，对今年预算支出结构作出相应调整，以抗震救灾、保障灾区人民生活为根本，一切从抗震救灾工作实际情况出发，需要多少给多少。根据特事特办的原则，同意从中央预算稳定调节基金中调用一部分乃至大部分，作为建立恢复重建基金的主要来源，按基金实际收支情况列入和调整年度预决算，以后再依法报全国人大常委会审查和批准。这叫“先斩后奏”。

总之，我们相信，有党中央的坚强领导，有灾区干部群众的顽强拼搏，有全国军民的团结奋战，有改革开放积累起来的强大国力，我们一定能够战胜眼前的困难，夺取抗震救灾斗争的全面胜利。

在四川省抗震救灾工作会议上的讲话

（2008年9月2日）

温家宝

汶川特大地震发生以来，我们经历了100多个惊心动魄的日日夜夜。在党中央、国务院和中央军委坚强领导下，在国务院抗震救灾总指挥部直接指挥下，灾区各级党委、政府带领广大军民，有力有序有效地展开了气壮山河的抗震救灾斗争，谱写了中国人民众志成城、团结奋斗的壮丽篇章。现在，我们要认真总结前一阶段抗震救灾工作，全面部署灾后恢复重建任务。

一、抗震救灾斗争取得重大阶段性胜利

5月12日发生的汶川特大地震，是新中国成立以来破坏性最强、波及范围最广、救灾难度最

大的一次地震，给灾区人民生命财产和经济社会发展造成了巨大损失，举国震惊，举世关注。我们竭尽全力抢救了被困群众，最大限度减低了灾害损失，灾后安置重建有序推进，抗震救灾斗争取得重大阶段性胜利。

（一）全力解救被困群众，紧急救治伤病人员。抗震救灾的首要任务是救人，我们提出，只要有一线希望，就要做出百倍努力，决不放弃。我们克服重重困难，用最短的时间到达全部受灾乡镇和村庄，从废墟中抢救出生还者8.4万人，解救和转移148.6万人。共收治伤病人员296万人次，住院治疗9.6万多人，已治愈出院9.2万多人。加强卫生防疫和疫情监测，确保灾后无大疫。

（二）妥善安置受灾群众，全面保障基本生活。累计救助受灾困难群众1058.4万人、“三孤”人员28.6万人，转移安置受灾群众1510.62万人。在3个月内向灾区困难群众每人每天发放1斤口粮和10元补助金，在后3个月内对仍需救助群众每人每月发放200元补助金；对孤儿、孤老、孤残人员每人每月提供600元基本生活费。向因灾死亡人员家庭按照每位遇难者5000元的标准发放慰问金。采取多种措施妥善解决了受灾群众临时居住问题，保证了灾区学校按期中考、高考和秋季按时开学复课。维护了灾区人心安定、社会稳定的良好局面。

（三）迅速抢修基础设施，尽快恢复灾区生产。目前，重灾区绝大多数干线公路和乡镇公路均已抢通，宝成线等9条受损的铁路干线已全部恢复正常运行，90%以上的10千伏以上输电线路得到修复，因灾中断的公众通信已全部恢复正常运行，绝大部分受损广播电视发射台站已恢复播出，基本完成水利工程应急除险工作。受损水厂、供水管道修复率已达97%，城乡居民饮水基本得到解决。

（四）严密防范次生灾害，努力避免伤亡损失。全力做好余震监测工作，严密防范地质等灾害隐患，开展环境安全隐患排查整改，成功排除堰塞湖险情，特别是处理了国内外高度关注的唐家山堰塞湖险情，创造了世界上处理大型堰塞湖的奇迹。降低和避免了次生灾害损失。

（五）增加财政资金投入，加大政策扶持力度。中央财政建立地震灾后恢复重建基金，今年先安排700亿元，明后年将继续作出相应安排，其中400亿元专项用于农房恢复重建。此外，中央财政还安排了250亿元资金专项用于救灾。截至目前，中央财政累计向地震灾区投入应急抢险救灾资金和灾后恢复重建资金670.47亿元。国务院先后下发了《关于地震灾区恢复生产的指导意见》、《关于支持汶川地震灾后恢复重建政策措施的意见》、《关于做好汶川地震灾后恢复重建工作的指导意见》，制定了财政投入、税费优惠、金融支持、用地保障、对口支援、社会募集、人员安置、就业援助、社会保险、倒房重建等方面的一系列政策措施，有力地推动了灾后恢复生产和恢复重建工作。

（六）建立对口支援机制，有效调动各方力量。中央制定了《汶川地震灾后恢复重建对口支援方案》。全国19个省（市）对口支援四川省18个重灾县（市）以及甘肃、陕西两省灾区。目前，对口支援和各方面援助行动全面展开。各对口支援省（市）领导和专家赴灾区现场指导，抓紧制定细化对口支援实施方案，并先行启动了灾区急需的部分重建项目。国内外通过各种形式支援灾区，捐赠款物总计达592.74亿元。4285万多名党员共交纳“特殊党费”90.41亿元。

（七）依法推进恢复重建，科学编制重建规划。国务院及时颁布实施《汶川地震灾后恢复重建条例》，使灾后恢复重建纳入依法进行的轨道。成立国家汶川地震专家委员会，进行地震形成机理研究、地质地理环境条件评估和建设项目选址工作。组织专门力量开展灾害范围评估、灾害损失评估和资源环境承载能力评价，为制定灾后恢复重建规划提供科学依据。在此基础上，组织各方面专家编制灾后恢复重建总体规划和10个专项规划。以各种形式广泛征求并吸收社会各界的意见。最近国务院常务会议批准了这个规划。

（八）做好宣传报道工作，弘扬抗震救灾精神。中央主要新闻单位和其他媒体，派出强大的新闻队伍深入灾区一线，争分夺秒编发重要新闻，向国内外及时准确地披露了灾情和抗震救灾的进展情况，报道了在抗震救灾中激发的伟大民族精神和感天动地的英雄事迹，凝聚起全国各族人民的共同力量，赢得国际社会的大力支持。

在这场艰苦卓绝的抗震救灾斗争中，充分展示出万众一心、众志成城，不畏艰险、百折不挠，以人为本、尊重科学的伟大抗震救灾精神，再一次充分检验和印证了社会主义制度的优越性、党和政府的执政能力、人民军队的战斗力、中华民族的凝聚力。

二、坚决打好灾后恢复重建这场硬仗

当前，抗震救灾工作进入恢复重建的重要阶段，党中央、国务院对灾后恢复重建工作进行了全面部署。《汶川地震灾后恢复重建总体规划》即将实施。我们要充分认识恢复重建工作的重要性、艰巨性和复杂性，进一步增强责任感、紧迫感和使命感，全面落实和完成规划提出的每一项任务，坚决打好灾后恢复重建这场硬仗。

恢复重建总的指导思想是：深入贯彻落实科学发展观，坚持以人为本、尊重自然、统筹兼顾、科学重建。优先恢复灾区群众的基本生活条件和公共服务设施，尽快恢复生产条件，合理调整城镇乡村、基础设施和生产力的布局，逐步恢复生态环境。坚持自力更生、艰苦奋斗，以灾区各级政府为主导、广大干部群众为主体，在国家、各地区和社会各界的大力支持下，精心规划、精心组织、精心实施，又好又快地重建家园。力争用三年左右时间完成恢复重建的主要任务，基本生活条件和经济发展水平达到或超过灾前水平，努力建设安居乐业、生态文明、安全和谐的新家园，实现家家有房住、户户有就业、人人有保障、设施有提高、经济有发展、生态有改善的目标。

第一，毫不松懈地继续妥善安置受灾群众生活。这仍然是一项十分紧迫而艰巨的任务。现在气温一天天变凉，冬季就要到了，必须提前做好受灾群众过冬的各项工作。一是全面完成过渡安置房建设任务，对冬天仍需使用的临时过渡住房进行保暖防寒改造，加快推进受损房屋鉴定加固，准备足够的棉衣被、取暖设备等物资，保证受灾群众安全过冬。二是落实好受灾群众后续救助政策，抓好从临时救助向城乡低保、农村五保、冬令春荒救助等政策的衔接，特别要安置好“三孤”人员生活。三是加强救灾生活物资的筹集和调拨，严格落实救灾款物管理有关规定，所有救灾生活物资都要公开透明、高效使用。重点做好粮油、蔬菜、方便食品等生活必需品供应工作，确保灾区群众基本生活有保障。四是抓紧受损校舍维修加固和板房教室建设，组织好教材供应，确保灾区学校正常复课，让所有孩子都能上好学。五是继续做好伤病群众的医疗救治工作，加强灾区群众的心理疏导和社区人文关怀，采取多种心理干预措施医治灾区群众心灵创伤，努力营造全社会关心帮助灾区群众的社会氛围。六是继续加强社会治安管理，做好情绪疏导和矛盾纠纷排查化解，维护灾区社会稳定。

第二，推进以城乡居民住房为重点的城镇和农村建设。城乡居民住房建设，是恢复重建的重中之重，首先要让灾区群众能够住上放心房。要针对城乡居民住房建设的不同特点，切实做好危房评估、废墟清理、重建选址、建材供应工作。对可以修复的住房，要尽快查验鉴定，抓紧维修加固；对需要重建的住房，要科学选址、集约用地、以确保安全为原则科学确定抗震设防标准，尽快组织实施。农村居民住房的恢复重建，必须充分尊重农民意愿，实行农户自建、政府补助、社会帮扶相结合。要组织规划设计力量，为农村居民免费提供多样化的住房设计样式和施工技术指导，让农民住上方便适用又体现地方特色和民族风貌的新居。力争用一年多时间，基本完成因灾倒塌和严重损毁农房重建任务，保证受灾群众在2009年12月底前住进新房。城镇居民住房的恢复重建，要按照市场运作、政策支持的原则，依据城镇总体规划和近期建设规划，实行维修加固、原址重建和异址新建相结合。对一般损坏的住房要进行加固，对倒塌和严重破坏的住房进行重建。中央财政对倒损房屋的家庭给予适当补助。同时，做好与现行城镇住房供应体系的衔接，重点组织好廉租住房和经济适用房建设，合理安排普通商品住房建设。

城镇建设和农村建设是灾后恢复重建的两个重要方面。城镇恢复重建，要按照恢复完善功能、统筹安排、适度超前的要求，优化分区布局，增强防灾能力，改善人居环境，为城镇可持续发展奠定基础。特别要建设好与人民生活密切相关的市政公用设施，优先恢复城镇道路、桥梁和公共交通系统，统筹考虑生产生活需要和应急救灾需要，安排好供水、供电、供气、通信、广播电视等各方面设施。农村生产生活设施恢复重建，要符合统筹城乡发展的要求，与新农村建设和扶贫开发相结合，做到资源整合、分区设计、分级配置、便民利民、共建共享，重点搞好乡村道路、供水供电、垃圾污水处理、农村能源等项设施，改变农村发展环境和面貌。要切实抓好历史文化名城名镇名村的恢复重建，尽可能保存历史风貌，明确严格的建设控制要求和整治措施，注重保护和传承羌族等少数民族文化。

第三，加快公共服务设施和重点基础设施恢复重建。公共服务设施和基础设施全面恢复重建将是一项长期艰巨的任务。公共服务设施的恢复重建，要根据城乡布局和人口规模，整合资源，调整布局，推进标准化建设，促进基本公共服务均等化。优先安排学校、医院等公共服务设施的恢复重建，严格执行强制性建设标准规范，建成最安全、最牢固、群众最放心的建筑。要引导资金的合理使用，不能搞豪华的形象工程。各级各类教育基础设施恢复重建要以义务教育为重点，高质量地恢复重建中小学校，扩大寄宿制学校规模和寄宿生比重。农村地区普通高中、中等职业学校原则上建在县城，初中建在中心乡镇，小学布局要相对集中。要尽快恢复市县乡村基本医疗和公共卫生服务体系，重点恢复重建县级医院和疾病预防控制、妇幼保健、计划生育服务机构，以及乡镇卫生院、中心乡镇计划生育服务站。要合理布局公共文化和体育设施，抓好各类设施的恢复重建，为广大灾区群众提供公共文化和体育场所。

在基础设施恢复重建中，要把恢复功能放在首位，把确保安全作为重点，根据地质地理条件和城乡分布合理布局，科学确定建设标准，增强安全保障能力。公路恢复重建要充分利用原有公路和设施，以干线公路为重点，兼顾高速公路，打通必要的县际、乡际断头路，适当增加必要的迂回路线，初步形成生命线公路网。按照资源共享、先进实用、安全可靠的要求，加快公众通信网的恢复重建，加强应急通信能力建设，推进网络化综合信息服务平台建设，提升通信服务水平和灾备应急能力。恢复重建重点输电设施、骨干电源与外送通道，以及城乡中低压配电网络和进户设施，规划建设电力结构与布局调整项目。要对影响防洪安全的受损堤防、水库进行全面除险加固，疏浚淤堵河道，恢复防洪能力，消除堰塞湖坝对防洪的影响，恢复重建水文及预警预报等设施。

第四，坚持以扩大就业为导向推进产业重建与发展。产业重建是发展灾区经济、扩大灾区就业、维护灾区稳定的根本出路。要根据资源环境承载能力、产业政策和就业需要，以企业为主体，以市场为导向，合理引导受灾企业原地恢复重建、异地新建和关停并转，支持发展特色优势产业，推进经济结构调整，促进发展方式转变。工业方面，力争有恢复能力的企业在年底前基本达到灾前水平。对短期内可以恢复生产的重点骨干企业，组织专门力量重点帮扶。积极引导国内同行业、同类企业尤其是大型骨干企业对受灾严重的企业进行对口帮扶，吸引东部地区企业通过联合、兼并、重组等多种方式参与企业恢复和重建。要按照国家产业政策和行业准入标准，优化工业布局，培育产业集群，设立循环经济集聚区。农业方面，抓紧恢复重建和抢修受损农田、畜禽圈舍、温室大棚、养殖池塘、农机具等，引导受灾群众发展效益农业，解决好农产品因灾卖难问题，尽力弥补灾害损失。要因地制宜恢复发展优势特色农产品和生产基地，扶持农业产业化龙头企业和各类农业专业合作组织，恢复重建各种农业服务体系和基础设施，稳步提高农业综合生产能力。要考虑贫困村、国有农场和国有林场的特殊情况，统筹安排建设相关设施。服务业方面，重点搞好商贸流通恢复经营，抓紧维修加固商业、银行、证券等网点，积极引导商贸流通企业和个体工商户搞活商品流通。实施重振旅游工程，加强重点旅游区和精品旅游线建设，恢复重建重要景区景点。

就业是民生之本，在灾区尤为突出。灾后恢复重建要把扩大就业放在特殊重要的位置，产业重建要坚持就业优先的原则，积极支持个体私营企业、中小企业、劳动密集型产业发展，落实好促进就业的各项政策，实现恢复重建与扩大就业良性互动。要恢复重建就业服务设施，加大就业援助力度，通过对口支援、劳务输出、定向招工、以工代赈、自主创业、创造公益性岗位等多种措施，解决规划区内100万左右劳动力稳定就业问题，重点帮助零就业家庭实现至少一人就业。

第五，进一步加强次生灾害防范和防灾减灾能力建设。必须进一步做好次生灾害防范，思想上不能有丝毫麻痹，工作上不能有丝毫松懈。要继续加强余震监测预防，制定完善处置方案，提高综合预报和监测水平。继续开展水库、水电站、堤防等除险加固，全力做好洪涝灾害防御工作。强化滑坡、泥石流等地质灾害隐患监测、治理和防范措施。抓紧完成因灾受损桥梁、隧道、供水、供电、供气等基础设施的安全隐患排查和修复加固，落实安全防范责任制度，严防伤亡事故发生。受灾群众集中安置点，要继续采取防范和避让措施，加强普及防灾减灾救灾宣传教育。

要加强重要基础设施灾害风险评估，全面落实抗灾设防有关标准，特别要适当提高学校、医院等公共服务设施抗震设防标准。要加强铁路、公路、民航等运输保障能力、电力系统抗灾能力建设、通信网络容灾备份能力建设，强化对城乡建设工程的抗震设防监管，完善农村民居地震安全管理体制机制，将应急避难场所等防灾设施建设纳入城乡规划。要进一步提高紧急救援救助能力，充实骨干力量，提高装备水平，健全抢险抢修和应急救援救助专业队伍。要健全应急管理体制机制，完善各类防灾应急预案，健全救灾物资储备体系。要将灾害教育纳入国民教育体系，让防灾减灾救灾科学知识进学校、进工厂、进农村、进家庭，提高公民与社会的风险防范意识。

第六，着力抓好生态修复、环境整治和土地整理复垦。生态环境的恢复重建，要尊重自然、尊重规律、尊重科学，加强生态修复和环境整治，促进经济发展与人口资源环境相协调。在生态修复方面，要坚持自然修复与人工治理相结合，以自然修复为主。做好天然林保护、退耕还林、退牧还草、封山育林、人工造林和小流域综合治理，恢复受损植被。在岷江、嘉陵江、涪江上游地区和白龙江流域实施生态修复工程，逐步恢复水源涵养、水土保持等生态功能。加强各级自然保护区、风景名胜区、森林公园和地质公园保护设施的恢复重建。在环境整治方面，要加强对污染源和环境敏感区域的监督管理，做好水源地和土壤污染治理、废墟清理、垃圾无害化处理、危险废弃物和医疗废弃物处理。恢复重建灾区环境监测监管设施，提升环境监管能力。在土地整理复垦方面，要重点做好耕地特别是基本农田的修复。对损毁耕地，要宜修尽修，最大限度地减少耕地损失。对抢险救灾临时用地和过渡性安置用地，要适时清理，尽可能恢复成耕地。对损毁的城镇、村庄和工矿旧址，以及其他具备整理成建设用地条件的地块，要抓紧清理整治，尽可能减少恢复重建对耕地的占用。

第七，确保中央确定的恢复重建政策措施落实到位。中央已经制定了一整套支持灾后恢复重建的政策措施，灾区各级政府和国务院有关部门要不折不扣地抓好落实，让全国人民放心，让灾区人民满意。一是加强对政策落实情况和资金、项目、重要物资的跟踪与管理，自觉接受同级人大、政协和社会各界的监督。二是定期公布恢复重建资金和物资的来源、数量、分配、拨付及使用情况，定期公布国内外捐赠款物的接受使用情况，主动接受社会监督。三是加强对恢复重建资金和物资的筹集、分配、拨付、使用和效果的全过程跟踪审计，定期公布审计结果，确保重建资金按照规定专款专用，不被侵占、截留和挪用。四是严格实行项目法人责任制、招标投标制、合同管理制和工程监理制。加强建设工程质量和安全以及产品安全质量的监管，组织开展对重大项目的稽察。五是对建设项目以及恢复重建资金和物资的筹集、分配、拨付、使用情况登记造册，建立健全档案，在建设工程竣工验收和恢复重建结束后，及时向有关部门移交档案。六是要对地震中遇难和失踪人员名单登记造册，通过地方媒体公布，最终核实，这是对遇难者的尊重。

三、全面加强灾后恢复重建工作领导

恢复重建是一项重大而紧迫的民心工程。我们要进一步增强政治意识、大局意识、责任意识、质量意识，全面做好和按时完成各项恢复重建任务，向灾区群众和全国人民交出一份经得起实践和历史检验的答卷。

第一，加强领导，落实责任。灾后恢复重建的总体规划已经公布，基本政策已经确定，资金来源基本落实。关键要做到责任到位，明确具体任务、责任主体和完成时限。需要强调的是，在国务院领导下，恢复重建的主要责任在受灾地区各级政府。省级人民政府对本地区的灾后恢复重建负总责，统一领导、统一协调、督促检查灾后恢复重建规划的实施，并负责制定本省恢复重建年度计划。市、县人民政府统筹组织实施城乡住房、农业生产和农村基础设施、公共服务、社会管理、商贸以及其他可以分级落实到县的防灾减灾、生态修复、环境整治和土地整理复垦等重建任务。涉及到交通、通信、能源、水利等基础设施和其他跨行政区的重建任务，由省级人民政府和国务院有关部门组织实施。特别要加强灾情统计工作，搞清基本灾情，为制定政策和用好政策，为科学开展恢复重建工作提供准确信息。同时，要建立恢复重建目标考核体系，确保各责任主体在规定时限按质按量完成各项任务。

第二，自力更生，艰苦奋斗。这是我们党的优良传统，也是全国人民的传家宝。目前，我国仍然处在社会主义初级阶段，国家和各地是在不富裕的情况下支援灾区恢复重建。灾区广大干部群众要从全局出发，继续发扬勤俭节约和艰苦奋斗精神，主要依靠自己的聪明智慧和勤劳双手建设新家园，确保每一笔资金物资都用在灾区建设最急需的地方，确保每一个建设项目都能更好地满足灾区群众的需要，发挥出最大的经济效益、社会效益和环境效益。需要指出的是，恢复重建要坚持统筹兼顾、综合平衡、精打细算、量力而行。对口支援双方要就对口支援任务、方式、重建项目和有关建设标准等问题加强沟通衔接，制定符合灾区实际的建设计划，防止恢复重建由于地区间差距过大产生新的矛盾。同时，要引导和鼓励其他地区和国内外企业依托灾区资源优势，开展市场化运作，加强对灾区产业、技术、人才和投资项目等方面的支持，增强灾区自我发展能力。灾区各级领导干部要深入基层、靠前指挥，及时解决恢复重建中的实际困难和问题。要加快健全灾区基层组织，充分发挥基层党组织的战斗堡垒作用。广大党员要吃苦在前，发挥先锋模范作用，成为带领广大群众重建家园的排头兵。

第三，有效指导，强化服务。国务院有关部门要按照职责分工，抓紧完善并组织实施各专项规划，并做好指导、协调和帮助恢复重建的各项工作。中央支援恢复重建的财政资金和各部门专项资金一经全国人大批准，要及时足额到位，确保专款专用；对于恢复重建规划已经明确的灾区部分急需的恢复重建项目，本着特事特办、急事急办的原则，开辟绿色通道，抓紧先行启动建设；对灾区恢复重建重要物资的货源组织、运输保障给予支持，做好协调工作；进一步完善财政、税费、金融、土地、产业等方面的政策，特别要抓紧制定城镇异地迁建、人口安置、地区平衡、资金筹措等方面的具体政策措施；对建筑损毁后土地使用权处置、农村土地损毁后承包经营权处理、房屋损毁灭失引发的责任等问题，要依法做好有关法律的修订、司法解释以及配套法规政策的制定工作。要深入灾区调查研究，了解工作进展情况，调整完善相关政策，帮助解决实际问题。国家发改委要牵头组织好规划实施的中期评估和规划实施结束时的全面总结工作。

推进灾后恢复重建和经济社会发展，任务艰巨，责任重大，意义深远。我们要紧密团结在以胡锦涛同志为总书记的党中央周围，弘扬在抗震救灾斗争中锤炼和升华的伟大民族精神，迎难而上，扎实工作，努力夺取灾后恢复重建和经济社会发展的新胜利！

（本文原题为《努力做好汶川地震灾后恢复重建工作》，系温家宝总理9月2日在四川省抗震救灾工作会议上的讲话，发表时作了删节。）

（《人民日报》，2008年9月17日第2版）

在汶川地震灾后恢复重建座谈会上的讲话

（2011年5月9日）

温家宝

“5·12”汶川特大地震，已经过去三年了。我心里一直惦记着灾区，牵挂着灾区的群众。三年来，我10次到四川灾区，也到了陕西、甘肃灾区。记得地震当天我赶到灾区时，所到之处都是残垣断壁、满目疮痍，充满惊恐、悲痛的气氛。地震后第12天，我第二次来到灾区，在映秀同联合国秘书长一起接受中外记者的联合采访，那个时候我就说：“过三年再来，一个新的汶川会拔地而起。”三年来，在党中央、国务院的坚强领导和全国人民的大力支持下，灾区各级党委、政府带领人民艰苦奋斗，广大建设者顽强拼搏，恢复重建工作进展顺利，灾区面貌发生了翻天覆地的变化，用大家的话来讲，是脱胎换骨的巨变。看到这些，我感到十分欣慰。灾区的恢复重建，群众十分满意，社会各界评价很高，国际社会也给予广泛赞誉。对四川、陕西、甘肃灾区恢复重建工作，中央是充分肯定的。下面，我讲几点意见。

一、汶川地震灾后恢复重建取得重大成就

汶川地震灾后不久，我们又受到百年罕见的国际金融危机的严重冲击，在十分困难的条件下，党中央、国务院下决心加大对灾后恢复重建的支持，加快恢复重建步伐，共投入恢复重建资金10205亿元，其中，中央财政安排灾后恢复重建基金3026亿元。目前，四川、陕西、甘肃三省灾区所有纳入国家重建规划的项目已全部开工建设，完工项目占规划项目的95%，完成投资占规划总投资的95%。可以说，灾后恢复重建的主要任务已经完成，灾区经济社会发展水平和群众基本生产生活条件明显超过了灾前水平，实现了一个大的跨越。《汶川地震灾后恢复重建总体规划》提出的“家家有房住、户户有就业、人人有保障、设施有提高、经济有发展、生态有改善”的重建目标基本实现，灾后恢复重建取得了决定性胜利。

一是城乡居民住房条件显著改善。我们坚持把住房重建作为恢复重建的重中之重。震后一年，震损住房修复加固全面完成；震后一年半，农村住房重建全部完成；震后两年，城镇住房重建基本完成。现在，灾区群众住房问题都得到了妥善解决。三省灾区一共维修加固农村住房292万户、城镇住房146万套；重建农村住房191万户、城镇住房近29万套。从这几天考察的情况看，城乡居民居住条件比震前显著改善，住房布局更加合理，功能更加完备，配套服务更加齐全，既安全，又美观，还经济实用，不少农民家里建起了上下水设施，用上了自来水，连生活方式都发

生了根本性变化，老百姓发自内心高兴。

二是公共服务设施水平大幅度提升。不仅损毁的学校、医院得到全面恢复重建，还建成了一大批社会福利院、敬老院、社区服务中心、村民活动中心等公共服务设施。学校、医院等的抗震设防标准由7度提高到8度，建筑物更加坚固安全，设施装备也明显改善。不少学校，比如北川中学，不仅有宽敞明亮的教室、干净整洁的宿舍，还新建了实验室、图书馆、运动场，都达到相当水平。灾区的公共服务能力显著增强，基本公共服务均等化实现水平跃居西部地区前列。

三是基础设施保障能力明显提高。交通、通信、能源、水利等基础设施功能全面恢复，一大批关系灾区长远发展的重大基础设施项目相继建成。生态逐步修复，环境治理力度加大，防灾减灾能力增强。重点重建城镇面貌焕然一新，村庄布局、村落规划结束了散乱无序状况。我们看到的城镇、乡村的居住点，不仅房子漂亮，有些建起了健身设施、文化设施。

四是产业发展实现再生性跨越。我们坚持把产业恢复重建与转变经济发展方式、调整产业结构、优化产业布局结合起来，灾区经济浴火重生。震损企业全部恢复生产，东汽产能和销售收入再创历史新高。产业调整优化迈出重大步伐，淘汰了一批落后产能，建设了一批特色产业园区，形成了一批产业集群。农业生产设施和农业服务体系全面恢复，建成了一批特色农产品生产基地。灾区经济发展的基础明显夯实，可持续发展能力得到提高，主要经济指标超过震前水平，呈现良好的发展势头。

五是精神家园得到了同步重建。地震不仅对灾区人民生命财产带来重大损失，而且给人们造成了巨大的心理创伤。在恢复重建过程中，我们实施心理康复工程，高度重视人文关怀。现在看来，灾区干部群众已经逐渐走出了灾难的阴影，重新拾起生活信心，表现出不屈不挠、自强不息的坚强毅力和乐观向上、奋发进取的精神风貌。人们精神上的这种变化，更为宝贵，意义更为重大。

一位哲人说过，超越自然的奇迹，总是在对厄运的征服中出现的。灾后恢复重建在这么短的时间内，达到现在这样的水平，可以说是创造了一个奇迹。有评论说，灾区最漂亮的是住房，最坚固的是学校，最现代的是医院，最满意的是群众。我看这个评价是符合实际的。

灾后恢复重建的巨大成就，是各方面共同努力的结果。在此，我代表党中央、国务院，向灾区广大干部群众，向支援恢复重建的建设者，向关心支持恢复重建的全国各条战线的干部群众、各界人士、港澳台同胞、海外华侨华人以及国际社会和国际友人，表示衷心的感谢！

汶川地震灾后恢复重建的巨大成就，充分体现了社会主义制度的优越性，集中展现了“一方有难、八方支援”的优良传统，再次彰显了中华民族的凝聚力和向心力，必将进一步激发全国人民的自信心和自豪感，把改革开放和现代化建设事业继续推向前进。

二、认真总结灾后恢复重建的宝贵经验

汶川特大地震是新中国成立以来遭受的破坏性最强、波及范围最广、灾害损失最大的一次地震灾害。在这么短的时间完成恢复重建任务，是我们战胜自然灾害的又一伟大壮举。恢复重建中

有很多创新和探索，值得认真总结。

第一，坚持以人为本，把城乡居民住房、学校、医院重建放到优先位置。灾后我们以最快的速度，对居民住房建设进行安排。对住房毁损无房可住的受灾群众，中央财政按照城镇居民每户2.5万元、农村居民每户1万元的标准给予补助，地方财政也拿出资金进行补助，再加上多方支持，在较短的时间内使灾区群众住上了放心房，解决了灾区群众基本生活问题，稳定了人心，保持了灾区的社会稳定。地震中，学校、医院损失很重。我们认真吸取教训，提出要把学校、医院等公共服务设施建成最安全、最牢固、群众最放心的建筑，全面提高学校、医院等公共服务设施的抗震设防标准。建筑设防标准的提高，不仅使学校更安全、家长更放心，而且为今后应对灾害提供了重要避难场所，在这方面多花一些钱，是值得的。这两年，我们还推广汶川地震恢复重建的做法，在全国范围实施了校舍安全工程。

第二，坚持规划先行，科学指导灾后恢复重建。灾后恢复重建是一项关系灾区长远发展和灾区群众切身利益的庞大系统工程，必须以科学规划为指导。震后11天，我们就启动了规划的编制工作。我们集中各方智慧，通过深入调研、科学民主决策，历时3个多月，完成了恢复重建总体规划和城乡住房建设、基础设施建设等10个专项规划。规划充分考虑了生态环境承载能力，注重处理恢复与提升、当前与长远的关系。这些规划涵盖了重建工作的各个方面，成为指导恢复重建的纲领性文件，保障了恢复重建工作有力有序有效推进。汶川特大地震也让我们更加懂得尊重自然，敬畏自然，按自然规律办事。在规划制定和实施中，我们始终坚持恢复重建与防灾减灾相结合。灾区居住点、公共设施以及重要基础设施的建设，坚持科学选址，避开断裂带，避开地质灾害隐患点，避开泄洪通道，工程建设坚持高标准严要求，要能经得起历史的检验。去年8月四川遭受特大山洪泥石流灾害，绝大多数地震灾区经受住了考验。

第三，坚持统筹兼顾，将恢复重建与促进经济社会发展紧密结合。灾区的恢复重建，不是简单地恢复，而是要有提高。既考虑灾区原有的发展基础、资源禀赋，又充分利用重建提供的发展机遇，高起点、高标准建设，高度重视产业升级、节能环保，努力促进灾区经济社会全面协调可持续发展。这次恢复重建使灾区的基础设施、人居条件都有较大改善。过去灾区很多城市没有污水处理设施，市政设施很不健全，在重建中全面加强了供水、污水处理、能源供应等公用设施建设。在灾区恢复重建中，还结合本地资源优势和特色，加快灾区经济结构调整、产业升级和布局优化，为灾区长远发展奠定了基础。

第四，坚持举全国之力，调动社会各方面力量支援灾区重建。对于汶川地震这样的特大灾害，恢复重建仅靠灾区的力量是远远不够的。震后，我们及时提出举全国之力，支持灾区恢复重建，迅速出台了一系列政策措施。紧急调整当年预算，中央财政建立地震灾后恢复重建基金，同时还从财政支出、税收优惠、减免政府性基金和行政事业性收费、金融支持（增加再贷款额度）、产业扶持、土地和矿产资源、就业援助和社会保险、粮食政策等很多方面对恢复重建进行支持。恢复重建中，我们实施了对口支援，“一省帮一重灾县”，19个援建省市3年共投入825亿元。我们积极引导社会各界支持灾后恢复重建，累计接受社会捐赠资金和物资797亿元（包括抗震救灾），接受特殊党费97.3亿元，香港、澳门特区政府分别支持恢复重建100亿港元和55亿澳元。实践证明，举全国之力应对巨灾，是灾后恢复重建取得成功的重要保障。

第五，坚持依靠群众，充分发挥灾区群众在恢复重建中的主体作用。灾后恢复重建，始终坚持一切相信群众，一切依靠群众，充分发挥灾区广大干部群众的积极性、主动性、创造性。规划设计、重建选址、工程施工等各个环节，都坚持广泛听取群众意见，尊重群众意愿，把群众满意不满意作为重要标准。三年来，灾区群众面对艰巨的重建任务和重重困难，不等不靠，自力更生，互帮互助，共建家园。群众是灾区恢复重建最重要的力量，群众的支持和拥护是恢复重建顺利推进最基本的保障。

第六，坚持依法重建，注重灾害应急管理和灾后重建的制度建设。在恢复重建过程中，始终坚持按照法律法规和制度办事，做到政策公开，规划公开，规范操作，透明运行。我们制定了《汶川地震灾后恢复重建条例》，这是我国首个地震灾后恢复重建专门条例，颁布了《自然灾害救助条例》，修订了《中华人民共和国防震减灾法》，还制定和完善了一大批救灾和灾后重建工作规范与管理办法。比如，我们制定严格的工程质量标准，自始至终加强工程质量监管。我们制定抗震救灾和恢复重建资金物资管理办法，加强审计、监察工作。我们及时向社会公布资金物资使用、工程进展等情况，使恢复重建全面接受群众监督。恢复重建4万多个项目，上万亿元的投资，没有发现重大违法违纪行为，实现了廉洁重建。工作中形成的统一高效的组织领导体系、科学系统的规划体系、全面细致的政策扶持体系和全方位的监管体系，不仅保障了汶川地震应急抢险和恢复重建的顺利推进，而且对玉树、舟曲救灾和恢复重建提供了有益经验，对完善我国防灾减灾体系发挥了重要作用。

三、全面完成重建任务，加快提升灾区可持续发展能力

灾后恢复重建三年目标任务已经基本完成，但要实现发展振兴，还有很长的路要走。要再接再厉，奋发图强，巩固灾后重建成果，不仅要让群众住上好房子，还要过上好日子，不断提升自我发展能力，努力开创地震灾区发展振兴的新局面。重点抓好以下几个方面：

一要巩固和发展恢复重建成果。全面完成恢复重建规划的各项任务，巩固和发展恢复重建的成果，还有大量艰苦细致的工作要做。对于少数还没有完成的重建任务，要督促落实责任，细化工作措施，倒排工程进度，确保如期全面完成。要坚持质量第一、“好”字当头，进度服从质量。要落实重建工作监管，抓紧开展规划总体评估，强化审计、监察和社会监督，确保资金使用规范有序。对对口援建项目，尤其要做好扫尾、移交、协调和衔接服务工作，切实把建成的项目运营好、维护好、管理好，使恢复重建的成果长期有效地服务人民。

二要加快提升灾区内生发展动力。这几年，灾区经济恢复主要得益于重建投资拉动、政策扶持和对口支援帮扶，发展基础不稳固，特别是产业支撑能力还比较弱。“十二五”规划和西部大开发新十年规划，为灾区发展提供了新的机遇，要加快转变经济发展方式，面向未来、着眼长远，科学谋划灾区产业振兴。灾区一些地方在装备制造、电子信息、生物医药、生态农牧业、旅游文化产业等方面具有良好的发展基础，要充分发挥自身优势，培育壮大特色优势产业，推进产业结构升级，促进灾区经济再上新的台阶。这几年，灾区的旅游业发展势头很好，要突出自然、民族、文化特色，做好旅游业这篇大文章。要利用好对口援建的合作机制，加强

与相关地区的经济合作，把承接产业转移与发展壮大特色优势产业结合起来，促进灾区经济加快发展。

三要着力解决灾区群众现实困难和长远生计。要大力促进就业。就业是民生之本。随着灾后恢复重建任务的完成，项目建设直接提供的就业岗位明显减少，加上就业需求增加，灾区就业压力进一步增大。要把促进就业作为灾区发展振兴的优先目标，作为促进灾区群众收入稳定增长的重大措施，千方百计解决好就业问题。灾区有20万群众失去耕地和宅基地，要搞好耕地调剂和土地整理复垦，妥善解决好土地问题，保证他们长期有地种、衣食足、有收入。要加大扶贫帮困力度。灾区因灾致贫、返贫多，“三孤”、伤残人员比例大，农户建房负债较重，困难群众面宽量大。要继续抓好特殊困难群体帮扶工作，切实解决灾区群众建房还贷、上学、就医、再生育中遇到的困难，加大社会救助力度，广泛开展助学助残活动，继续做好心理抚慰和再生育服务工作。要加大扶贫开发投入，加强职业技能培训，提高贫困人口素质，增强贫困人口和贫困地区自我发展能力。要加快发展社会事业，加强社会管理。全面推进灾区教育、医疗卫生、文化、社会保障等各项社会事业发展，促进基本公共服务均等化。特别是要大力发展灾区中等职业教育，实施特殊教育发展工程，支持康复机构和设施建设，加快发展社会福利事业。要适应灾区新情况、新变化，全面创新社会管理和服务，特别要加强基层工作，切实解决好群众关心的问题。灾区新建了大批道路、交通、学校、医院、文化场馆、市政、社区服务等一流的公共设施，要加强管理和维护，有效发挥这些设施的功能和作用。要强化软件方面的配套建设，培养和引进专业技术和管理人才，建立和完善运营管护长效机制，全面提升管理和服务能力。

四要深入推进防灾减灾能力建设。我国是世界上自然灾害最为严重的国家之一，灾害种类多、分布地域广、发生频次高。汶川地震灾区处在青藏高原向四川盆地过渡地带，是地震等多种灾害多发地区。地震以后，地质环境稳定性进一步恶化，滑坡、泥石流等灾害隐患进一步增多。去年舟曲发生的特大山洪泥石流灾害，在一定程度上与汶川地震有关。地震使灾区山体松动，遇到暴雨，很容易造成山体下泄。因此，在今后相当长时间内，防灾减灾的任务将更加繁重。要全面加强灾害预警体系建设，强化各级政府防灾减灾职责，完善应急机制，提高全社会对自然灾害的综合防范和抵御能力。重点抓好三件事。一是地质灾害的防治。加强对山洪、泥石流、滑坡和不稳定斜坡体等灾害风险区和隐患点的综合治理。特别是要抓好去年出现险情的清平、映秀、龙池等特大泥石流沟的应急治理。每一个有危险的岩体，每一个可能发生滑坡、泥石流的地方，都要有监测、有应对措施，防止因滑坡、泥石流造成人员伤亡事故。二是加快生态修复和保护。地震灾区森林、植被、水体、土壤等生态系统受到重创，要认真落实生态环境综合治理规划，推进重点生态工程建设，加大林草植被保护与恢复力度，推进水土流失综合治理，促进人与自然和谐相处，提高防御自然灾害的能力。三是加快中小河流治理和小型水库除险加固。受地震影响，灾区中小河流治理、水库除险加固的任务更加繁重和迫切，要按照中央的部署，认真抓好落实。

五要自强奋进建设美好新家园。在灾后重建中，灾区各级干部群众，发扬自力更生、艰苦创业精神，展现了感恩奋进、坚忍不拔的良好风貌。在今后的发展中，要继续大力弘扬伟大的抗震救灾精神，发扬中华民族自强不息的优良传统，用勤劳的双手建设美好新家园。中央有关部门要继续大力支持汶川地震灾区发展振兴，协调和帮助灾区解决实际困难，在财政、税收、金融、投资、土地、产业、扶贫开发等政策上给予支持，为灾区发展创造良好环境。要积极推动对口支援向对口合作转变，由“输血”帮扶向“造血”提升转变，由“硬件”援建为主向技术智力等“软件”支持为主转变。

我相信，经历了灾难的洗礼，灾区的干部群众会更加坚强，有了恢复重建的基础，灾区的未来一定会更加美好。让我们紧密团结在以胡锦涛同志为总书记的党中央周围，再接再厉，开拓进取，努力建设一个幸福和谐的新家园。

（《人民日报》，2011年5月10日第2版）

在听取四川省委、省政府抗震救灾工作汇报时的讲话

（2008年5月29日）

贾庆林

同志们：

这次我和各民主党派中央、全国工商联领导人来四川，主要是慰问受灾群众，看望救援人员，实地察看灾情，了解抗震救灾工作进展情况。

今天下午，我们同刘奇葆、蒋巨峰等同志一起，到四川省人民医院看望了医护人员和受伤群众，还看望了省政协、省委统战部机关干部及各民主党派、工商联负责人。刚才，刘奇葆同志又作了汇报，听了很受启发。我们感到，在党中央、国务院和中央军委的坚强领导下，省委、省政府坚决贯彻中央的决策部署，带领全省特别是灾区广大干部群众顽强奋战，抗震救灾斗争取得了重大阶段性成果。我感到有三个突出特点：一是省委、省政府果断决策、靠前指挥，抗震救灾各项工作有序展开。地震发生后，四川省立即成立抗震救灾指挥部，有力地领导抗震救灾。21个市（州）和省直各部门也分别成立了指挥部，各负其责开展工作。二是全省党政军民各路救援力量迅速集结，全力以赴抗震救灾。全省各级党组织和广大党员干部挺身而出、冲锋在前，充分发挥了战斗堡垒作用、模范带头作用和先锋模范作用。人民解放军指战员、武警部队官兵、民兵预备役人员和公安民警不怕牺牲、连续作战，全力搜救被困群众。交通、通信、电力等行业的干部职工不畏艰难、不怕疲劳，打开了通往灾区的生命线，保证了抗震救灾各项工作的开展。三是社会各界团结一心，形成共克时艰的强大合力。全省各族人民与灾区群众同呼吸、共患难，捐款捐

物，踊跃献血，志愿者队伍奔赴一线提供各种力所能及的服务，形成了万众一心、同舟共济的感人场面。

当前，抗震救灾形势依然严峻，任务十分艰苦，仍处在刻不容缓的紧要关头。地震发生以来，中央就抗震救灾召开了一系列会议，作出了一系列决策部署，特别是胡锦涛同志在四川主持召开抗震救灾工作会议并发表重要讲话，为夺取抗震救灾胜利指明了方向。我们要认真学习领会胡锦涛同志的重要讲话精神，坚决贯彻执行党中央、国务院的决策部署，坚持以人为本，在继续做好被困群众搜救工作的同时，把安置受灾群众、恢复生产、灾后重建摆在更加突出的位置，扎扎实实做好抗震救灾各项工作，坚决打胜抗震救灾这场硬仗。下面，我着重谈四点意见。

第一，要切实安置好受灾群众。妥善安置1400多万被转移的受灾群众，任务十分艰巨，时间十分紧迫。其中，最突出的就是要全力解决住的问题。目前，迫切需要大批帐篷、活动板房，作为受灾群众的临时住所。中央对此高度重视，胡锦涛同志亲自抓落实，目前这项工作有了很大进展。我们要按照中央的部署，全力加快帐篷和过渡安置房的生产，切实抓好过渡住房的搭建。特别要注意科学选址、合理布局，充分考虑方便群众生活、方便学生上学，还要建一些文化设施，使灾区群众能够看上电视，使受灾群众安置点建得像个社区。同时，要全力救治伤病人员，全面加强卫生防疫工作，确保大灾之后无大疫。要严密防范余震破坏和次生灾害，重点做好堰塞湖排危抢险工作，确保人民群众生命安全，坚决避免发生新的人员伤亡。

第二，要切实抓好灾后重建。灾后重建是一项长期而艰巨的任务，必须充分发挥社会主义制度集中力量办大事的优势，举全国之力，扎实推进。中央决定今年中央财政安排250亿元用于当前抗震救灾的各项支出，安排700亿元建立灾后重建基金。中央还决定建立和完善对口支援机制，实行一省帮一重灾县，几省帮一重灾市（州）。四川省各级政府也要及时调整年度财政预算，增加抗震救灾资金投入。同时要大力倡导节约，反对浪费，用好每一分钱。要加强对抗震救灾资金和物资的监管，管好用好捐赠款物，落实好援建项目。当前，要认真做好灾后重建的前期工作，按照统筹规划、科学评估、分步实施的原则，尽快组织专门力量开展地理环境条件评估和建设项目选址工作，抓紧研究制定灾后重建规划和具体实施方案。要根据不同情况进行分类指导，有的灾区进行整体搬迁，有的灾区在原址进行重建。在灾后重建的过程中，要把质量放在首要位置，让各项建筑工程经得起历史的检验。

第三，要尽快恢复生产。这次特大地震重创了四川的基础设施，给工农业生产造成重大影响。四川省委、省政府十分重视保持全省经济社会平稳发展，在做好抗震救灾工作的同时，统筹安排各方面力量，抓紧抢收小麦、油菜等小春作物，大力搞好农业生产自救，千方百计减少损失。抗震救灾是燃眉之急，恢复生产是长远之计。我们要按照中央关于“两手抓”的要求，尽快恢复灾区的工农业生产，全力以赴保持经济平稳较快发展、社会和谐稳定。灾区工业企业要自力更生、奋起自救，在确保安全的前提下，尽快恢复产能，加快生产食品、药品、衣被、帐篷、活动板房等救灾物资。要千方百计抓好农业生产，组织抢收、抢种，做好防汛抗旱的各项准备，努力争取农业在大灾之年有好收成。要尽快恢复灾区的商业网点，恢复正常的商品流通，保证物资供应不断档，加强对重点商品价格的监测和预警，保持灾区物价稳定。

第四，要充分发挥统一战线和人民政协的优势和作用。面对突如其来的地震灾害，广大统一战线成员和政协委员与灾区人民手牵手、心连心，踊跃捐款捐物，积极投身抗震救灾，发挥了重要作用。从中可以看到，统一战线是我们党执政兴国的重要法宝，也是我们战胜各种困难、应对各种挑战的重要法宝。我们要充分发挥统一战线和人民政协的优势和作用，广泛动员统一战线成员和政协委员投身抗震救灾斗争，鼓励和支持他们弘扬团结互助、扶危济困的传统美德，继续踊跃为灾区群众捐款捐物，帮助灾区群众渡过难关；围绕灾民安置、恢复生产、灾后重建中的重大问题深入开展调查研究，向党和政府提出意见和建议；积极宣传中央的决策部署，多做协调关系、化解矛盾、理顺情绪的工作，维护灾区社会和谐稳定。在这次抗震救灾中，非公有制企业遭受了很大损失，但是非公有制经济人士积极行动，向灾区人民奉献爱心，涌现出许多感人事迹，表现出高度的社会责任感。要制定有针对性的措施，帮助灾区的非公有制企业克服地震灾害造成的影响，尽快恢复生产，发展经济。我这里要特别强调，这次地震的震中汶川县地处阿坝藏族羌族自治州，受灾最严重的北川县是全国唯一的羌族自治县。我们要认真贯彻执行党的民族政策，妥善安置少数民族受灾群众的生产生活，加强各民族的联系，增进各民族的感情，促进各民族共同团结奋斗、共同繁荣发展。

在听取四川省委、省政府关于抗震救灾工作情况汇报时的讲话

（2008年6月2日）

李长春

这次到四川来，总的感到，来与不来大不一样。通过实地考察，我们对汶川特大地震灾害的危害性和安置受灾群众、恢复重建家园的艰巨性有了更直接的认识，对抗震救灾这场气壮山河的伟大斗争有了更加深刻的感受。具体来讲，有这样几点深刻印象。

第一，地震灾情极其严重，受灾群众安置和灾后恢复重建任务十分艰巨。汶川特大地震的破坏性之严重、人员伤亡之多、救灾难度之大，确实为历史罕见。在这次地震灾害中，四川受灾范围广泛，人员伤亡惨重，房屋大面积倒塌，一批工业企业受损严重，据初步估算，仅绵阳、德阳、成都、阿坝等地损失就达到7000亿元左右，对基础设施、生态环境方面造成的损害目前还无法估计。需要安置的群众达350万户、1100多万人。

第二，党中央、国务院心系灾区人民，及时英明果断作出决策部署，赢得灾区人民的拥护，增强了他们战胜灾难的信心和勇气。党中央、国务院高度重视抗震救灾工作，地震发生后，胡锦

涛同志立即作出重要指示，连续主持中央政治局常委会议和政治局会议，全面部署抗震救灾工作，并亲赴灾区指导抗震救灾。温家宝同志第一时间赶赴灾区，组织指挥抗震救灾工作。其他中央领导同志也先后奔赴灾区，实地察看灾情，慰问受灾群众，指导抗震救灾工作。党中央、国务院对抗震救灾工作作出的一系列决策部署是完全正确、及时、有效的，充分展现了以胡锦涛同志为总书记的党中央以人为本、执政为民，全心全意为人民服务的光辉形象，赢得了灾区人民群众的拥护和爱戴。在我们慰问考察过程中，许多受灾群众发自内心地表达了他们对党中央的感激之情。在我们离开映秀镇渔子溪村受灾群众安置点时，群众自发涌到路口，同声喊出“感谢党中央、感谢国务院”，场面令人感动。

第三，人民解放军、武警部队官兵、民兵预备役人员和公安民警临危不惧、顽强奋战，不愧为新时代最可爱的人。地震发生后，广大部队官兵和公安民警以最快速度赶赴救灾现场，争分夺秒解救被困群众，哪里有困难，哪里有险情，哪里就有他们的身影，充分发挥了主力军和突击队的重大作用。抗震救灾工作进入新阶段后，部队官兵和公安民警发扬不怕疲劳、连续奋战的作风，在安置受灾群众、灾后恢复重建等工作中，继续发挥着中流砥柱的作用。

第四，四川省委认真贯彻中央部署，发动各级党组织和人民群众投身到抗震救灾之中，抗震救灾工作有力有序有效，取得阶段性成果。慰问考察中，我们感到，在党中央、国务院的坚强领导下，在国务院抗震救灾总指挥部的直接指挥下，四川省委、省政府统一指挥、组织有力，抗震救灾工作正在有力有序有效进行。主要表现在以下几个方面。一是灾区广大基层党员干部视灾情如命令，把灾区当战场，舍小家为大家，以昂扬的斗志，奋力投入抗震救灾第一线，千方百计抢救和安置受灾群众，发挥了基层党组织的战斗堡垒作用、领导干部的模范带头作用和共产党员的先锋模范作用。二是灾区广大群众展示出不屈不挠、自强不息的良好精神状态。面对突如其来的特大地震灾害，英雄的四川人民没有被灾难击垮，他们擦干眼泪，不等不靠，毅然投入抗震救灾的紧张工作中，依靠自己的力量，积极恢复生产、重建家园。我们到绵阳广播电视中心、绵阳日报社、都江堰广播电视台等新闻单位看到，他们的办公大楼严重损毁，就在临时帐篷里坚持工作，确保广播电视不停播、报纸出版不停刊。三是卫生防疫工作扎实推进，有信心实现大灾之后无大疫。四川坚持专群结合、进村入户、不留死角，加强卫生防疫队伍力量，及时做好遇难者遗体的消毒和处理，加快禽畜尸体无害化处理，确保食品和饮用水卫生，保证了灾区目前没有发生重大传染病流行疫情和突发公共卫生事件。四是灾区社会秩序井然有序，受灾群众思想情绪基本稳定。全省已累计安置受灾群众812.6万人，基本做到有饭吃、有衣穿、有干净水喝、有临时住处。切实关心因灾害造成的孤儿、孤老和孤残人员，解决好他们的基本生活。恢复生产和灾后重建前期工作已全面展开。严厉打击盗窃、抢劫等各种犯罪活动，稳定灾区物价，加强群众思想政治工作，特别是耐心细致地做好遇难者家属的情绪疏导工作，切实维护灾区社会稳定。

我们总的感到，这场气壮山河的伟大抗震救灾斗争，展现了中华民族伟大的民族精神，展现了社会主义制度的巨大优越性，展现了中国共产党以人为本、执政为民的光辉形象，展现了中国人民万众一心、众志成城、不畏艰险、百折不挠的精神风貌。在这场斗争中孕育和凝练的伟大抗震救灾精神，是中华民族新的宝贵精神财富，必将成为全国各族人民夺取全面建设小康社会新胜利、开创中国特色社会主义事业新局面的强大精神力量。

当前，抗震救灾工作正进入新的重要阶段，任务十分艰巨。宣传思想战线要认真贯彻中央关于抗震救灾的一系列决策部署，以高度的政治意识、大局意识、责任意识，以深厚的阶级感情和党性原则，多做统一思想、凝聚力量的工作，多做团结鼓劲、解疑释惑的工作，多做关心支持、热情帮助的工作，谱写团结奋斗、自强不息的英雄凯歌，为夺取抗震救灾斗争的全面胜利提供强大的精神动力、思想保证和舆论支持。具体来说，就是要做好以下几个方面的工作。

一、进一步做好抗震救灾宣传报道工作，为四川抗震救灾工作创造良好的舆论环境

随着抗震救灾工作进入新的阶段，宣传舆论工作面临着新形势新情况，宣传报道的任务不是轻了，而是更重了；对宣传报道的要求不是低了，而是更高了。这是因为：第一，舆论关注的重点发生了变化，从全力关注抢险救人转到关注恢复重建，关注的问题已呈现多样性的特点，容易出现杂音、噪音。第二，根据中央的部署和北京奥运会马上就要举办的情况，宣传工作要落实两个“两手抓”的要求，就是一手抓抗震救灾报道，一手抓经济社会发展报道；一手抓抗震救灾宣传，一手抓奥运宣传。我们必须处理好两个“两手抓”的关系，不能因为加大经济社会发展宣传报道、加大北京奥运会宣传报道而使抗震救灾宣传报道有丝毫的削弱。这给宣传报道工作，特别是主流媒体的宣传报道工作增加了难度。第三，安置受灾群众和恢复重建工作的任务量很大，困难更多，利益关系更加复杂，由于多方面的原因，难免会出现这样那样的问题，社会舆论中的负面声音可能增多。第四，一些失去亲人的群众的情绪可能会发生变化，从心存希望到彻底绝望，开始产生怨气，甚至对政府不满，给舆论引导工作带来新的困难。我们要充分认识下一阶段抗震救灾宣传报道工作的艰巨性、复杂性，思想上不能松懈，行动上不能松劲，要继续把抗震救灾宣传报道作为当前最重要最紧迫的任务，在国难当头、举国悲痛之时，要怀着深厚的感情，与灾区人民同呼吸、共命运、心连心，想灾区人民之所想，急灾区人民之所急，体现新闻工作者的良知，体现中华民族的共同感情，体现新闻舆论的党性原则，全心全意帮助灾区党委、政府做好工作，帮助灾区人民战胜困难。宣传思想战线支持抗震救灾最有效的手段就是提供强大的精神动力、思想保证和舆论支持。要始终坚持团结稳定鼓劲、正面宣传为主的方针，坚持及时准确、公开透明的原则，坚持贴近灾区实际、贴近灾区生活、贴近灾区群众，在增强宣传报道的针对性、实效性和吸引力、感染力上狠下工夫，把抗震救灾宣传报道工作不断引向深入，继续保持国内舆论的良好发展态势，继续牢牢把握国际舆论引导的主动权，使国际舆论不出现大的逆转，不出现大的滑坡。

1. 坚持及时准确、公开透明的原则，继续做好抗震救灾宣传报道工作。做到及时准确、公开透明，就要着力在两个方面下工夫。一是组织好新闻发布会，继续办好中央和省两级新闻发布会，一般情况下，每天召开一次。二是主流媒体要继续选派精兵强将深入一线，采访鲜活的东西，推出好的报道，持续用主要时段和版面，报道抗震救灾一线工作情况，大力宣传党中央、国务院关于抗震救灾工作的一系列重要决策部署和落实情况；宣传灾区党委、政府坚决贯彻中央决

策部署，率领灾区人民开展抗震救灾工作的实际行动；宣传灾区群众不屈不挠、奋起自救，依靠自身力量积极恢复生产、重建家园的奋斗精神；宣传全国各地区各部门和社会各界“一方有难、八方支援”的社会主义大协作精神。

2. 集中宣传一批在抗震救灾斗争中涌现出的英雄人物，凝练和升华伟大的抗震救灾精神。汶川特大地震是国难，是中华民族的灾难。抗震救灾斗争是中国人民团结奋斗、战胜灾难的伟大斗争。在这场伟大斗争中，涌现出了许多可歌可泣的先进集体和模范人物，在他们身上充分体现了中国人民无私的爱心、顽强的意志、非凡的勇气和无穷的力量，体现了爱国主义、集体主义、社会主义的崇高精神，体现了万众一心、众志成城、不畏艰险、百折不挠的伟大民族精神。这是中华民族的宝贵精神财富，也是我们进行爱国主义和社会主义教育的生动教材。要大力宣传人民解放军、武警部队官兵、民兵预备役人员和公安民警的感人事迹，宣传各级党组织、共产党员和基层干部的感人事迹，宣传医疗卫生工作者、教师、志愿者、专业救援人员的感人事迹，宣传广大师生的感人事迹，充分展现伟大民族精神，展现时代主旋律，鼓舞灾区群众迅速度过灾害调适期，战胜困难、重建家园。要通过对抗震救灾精神的宣传，引导人们更加深切地感受到中国共产党是13亿人民战胜各种困难的主心骨， 是领导我们事业的核心力量；感受到社会主义制度有着无比的优越性，中国特色社会主义有着强大的生命力；感受到万众一心、众志成城、不畏艰险、百折不挠的伟大民族精神的力量；感受到当代中国人民“一方有难、八方支援”的良好精神风貌，从中受到启迪，得到陶冶，看到光明，看到希望，从而把弘扬抗震救灾精神的过程变成建设社会主义核心价值体系的过程。抗震救灾重大典型的报道要打总体战，各种媒体、各种形式一起上，形成合力。当前，要办好“抗震救灾英雄谱”专栏，结合抗震救灾英模事迹报告团的30多个先进典型进行强力报道， 结合评选抗震救灾英雄少年活动进行强力报道，结合“七一”期间表彰一批抗震救灾基层党员干部先进典型进行强力报道，形成一个强大的报道正面典型、宣传先进人物的热潮，在全社会大力弘扬伟大的抗震救灾精神。

3. 处理好“两手抓”的宣传报道。要充分认识，当前抗震救灾仍是全党全国最重要最紧迫的任务，完成好这个任务，会有力促进全国经济社会发展，为北京奥运会的筹办创造良好条件。要抓住抗震救灾宣传报道不放，同时根据中央的部署要求，加强经济社会发展的宣传报道。这两者是相辅相成的，只有全国实现又好又快发展的目标，才有更大的力量支持抗震救灾。四川抗震救灾工作进入新阶段，也必须“两手抓”，就是既要抓好抗震救灾，也要抓好恢复灾区工农业生产。灾区恢复工农业生产、恢复秩序，就是现阶段抗震救灾的重要任务。因此，在部署“两手抓”宣传报道时，既要重视对全国“两手抓”的宣传报道，也要重视对四川“两手抓”的宣传报道，这有利于为四川的抗震救灾工作保持良好的舆论态势。

4. 加强对热点敏感问题的舆论引导。当前，受灾群众安置、灾后恢复生产、灾区卫生防疫、次生灾害防范、社会捐款捐物管理使用、地震预报监测、学校房屋倒塌、灾后重建家园等越来越成为国内外关注的热点、焦点问题。这就要求我们有针对性地引导好这些问题，牢牢把握舆论引导的主动权。要特别关注和引导好三个方面的热点问题：一是地震预报问题。要通过专家访谈、知识普及等方式，特别是充分运用外国专家的评论，客观介绍地震预测的复杂性，增进人们对地震预报难度的科学理解。要积极报道有关部门监测和防范余震、山体滑坡、堰塞湖等各种次生灾害的举措，消除人们的恐慌心理。二是捐款捐物管理使用问题。要加强对各地各部门落实中央纪委等五部门关于进一步加强对抗震救灾资金物资监管、保证救灾款物全部用于受灾群众的通知要求情况的报道，特别是在监督机制上注意吸收群众代表和媒体代表参加，把捐款捐物管理使用置于群众监督和社会监督之下。三是学校房屋倒塌问题。既要从实际工作层面，也要从媒体层面共同做好工作。要充分理解遇难学生家长的心情，给予他们温暖和关爱，妥善回应他们的关切，帮助他们解决生活上的困难，制订和落实抚恤政策。要发动各级党组织和亲戚朋友耐心做好安慰、解释和说服工作，引导他们逐步走出伤痛阴影，珍惜当前抗震救灾的好形势，维护国家发展的大好局面，增进对党和政府的信任和信心。要组织专家加快对损毁房屋的质量评估。确有违法的，要严肃处理。

5. 加强对新闻报道工作的管理协调。一是加强对境外记者的管理。总的要坚持对外国记者开放的规定不变，在此基础上，在“国难”这一非常时期进行有序管理，由中央外宣办会同外交部协调管理，共同指导地方把开放和监管有序有机地结合起来。二是处理好满足各地采访需要与维护救灾现场秩序的关系。随着各地对灾区对口支援的展开，地方媒体要进入灾区进行采访报道，这是允许的，但要有序进行，实行指标管理，在省内实行资源共享。三是充分发挥互联网信息传输快速的优势，加强信息发布。网民对灾情十分关系，要经常发布权威信息，回应社会关切，加强正面引导。

二、认真做好耐心细致的思想政治工作，为战胜这场特大地震灾难提供思想保证

思想政治工作是我们的政治优势。在新的形势下，充分发挥这一政治优势，做好灾区群众的思想政治工作，对稳定灾区形势，促进抗震救灾各项工作，维护已经形成的大好形势有重要作用，必须给予高度重视。这场特大地震灾难，给灾区群众的生命财产造成了难以估计的巨大损失，给灾区群众的心灵造成了难以磨灭的巨大创伤。随着抗震救灾工作的深入推进，受灾群众可能出现一些新的思想波动和心理问题：有的受灾群众，由于失去亲人或者自身受到创伤，可能从最初被及时抢救时的感激转为极度悲伤、痛苦和绝望，甚至出现精神和心理的异常；有的受灾群众，由于失去财产、失去家园、失去亲人和朋友，可能会对前途和未来丧失信心；有的受灾群众，由于在安置过程中一些问题得不到及时有效解决，可能会引发不满情绪；有些住在集中安置点的受灾群众，由于居住拥挤、条件较差，整天处于等待之中，可能会出现心理空虚和迷茫、焦虑情绪；有的受灾群众，由于受社会上各种反思声音的影响，可能会对一些问题产生质疑。这就迫切要求我们主动开展深入细致的思想政治工作，引导灾区群众正确认识地震灾害带来的困难和问题，正确认识我们具备战胜这场地震灾害的强大物质基础和制度优势，正确认识中华民族在大灾大难面前万众一心、同舟共济的精神风貌，正确认识我们党以人为本、全心全意为人民服务的执政本质，从而勇于面对困难，坚定必胜信心，在党和政府的坚强领导下，在社会各方面的大力支持下，积极开展互助互救，重建美好家园。要注意抓好以下几个方面的工作。

1. 要把充分发挥基层党组织的作用同调动社会各方面的积极性结合起来。基层党组织是我们党联系群众、动员群众、服务群众的坚强战斗堡垒，不仅要站在抗震救灾的第一线，也要站在思想政治工作的第一线。各级党组织特别是基层党组织、党员干部要体现先进性，发挥先锋模范作用，带头深入群众，做好宣传解释工作，认真为受灾群众排忧解难，把党和政府的关怀送到受灾群众的心坎上，使受灾群众坚信党和政府一定会妥善安置好他们的生产和生活，进一步增强对党和政府的信任。要充分发挥社区的作用。集中安置的受灾群众来自四面八方，这就需要建立社区组织，把松散的人群组织起来，使大家感受到社会主义大家庭的温暖。要充分发挥工会、共青团、妇联等人民团体的作用，充分调动各文艺团体和社会志愿者的积极性，在党和政府的领导下，通过各种渠道为灾区群众送温暖、献爱心，积极开展各种方式的志愿服务，使广大灾区群众树立重建家园、创造美好生活的信心。要动员组织党员干部深入到受灾群众中，有针对性地做好思想政治工作，特别是对一些在灾难中失去亲人和财产的群众，对一些对未来丧失信心的群众，要实行党员干部“一对一”做工作，帮助他们渡过难关。要注意发挥老干部、老党员、退休老同志的作用，用适当的形式，设置适当的岗位，让他们发挥余热，协助做好思想政治工作。在抗震救灾一线上要发展一批少先队员、共青团员、共产党员，这也是新形势下开展思想政治工作的有效办法。

2. 要把解决思想问题同解决实际问题结合起来。要把解决受灾群众的实际困难放在更加突出的位置，下最大决心，用最大力量，解决好受灾群众的食品、饮用水、衣被、厕所等实际问题，抓紧抢修基础设施，尽快恢复交通、通信、供水、供电，创造条件帮助灾区学生恢复上课，妥善安排孤儿、孤老、孤残人员生活，保障受灾群众的基本生活。要把党和政府对受灾群众的安置措施落实到位，把党和政府对灾区重建的规划和具体实施方案向群众讲明白，把安置过程中存在的暂时困难和问题向群众讲清楚，使受灾群众看到光明和希望，进一步坚定战胜灾难的信心和决心。

3. 要把认真做好思想政治工作同积极开展心理疏导结合起来，尽快抚平受灾群众的心灵创伤。要组织各方面的心理问题专家和志愿者，深入到灾区一线，深入到受灾群众集中安置点和接收受灾群众的医院当中，特别是要深入到灾区学生当中，积极开展各种形式的心理辅导和思想疏导工作，引导受灾群众尽快度过灾后心理调适期，缓解心理痛苦，逐步走出心理阴影，保持心理平稳和思想稳定，进一步增强战胜自然灾害的勇气，积极投入到灾后恢复重建中去。

三、采取有力措施，切实做好灾区文化重建工作

这次特大地震对四川文化设施造成了重大损失，因此，要高度重视灾区文化重建工作。一是要坚持把文化领域的基础设施重建摆在第一位。要积极组织专家评估，把文化基础设施重建纳入灾区重建工作的整体规划中，一起谋划，一起实施。中央宣传文化主管部门，要倾尽全力帮助四川文化重建工作，支持地方文化发展的经费要往四川倾斜。要协调有关社会捐助单位搞好定向捐助，多给四川文化重建提供一些支持。二是要把恢复重建家园与建设社会主义新农村结合起来，

尽快恢复广播电视村村通工程，加快农村文化阵地建设。恢复重建家园还要注意与全国文化信息资源共享工程结合起来，把文化信息资源共享工程送到重建的村子里。三是要与深化文化体制改革结合起来。要积极推进农村电影放映体制改革，按照“企业运营、市场运作、政府买单、农民受惠”的原则，大力扶持企业性质的农村电影放映公司或个体放映队，政府不再养人养机构，由政府买服务，每月给农民放映一场电影。要利用恢复重建的机会，进一步深化广播影视体制改革，合并广播电台和电视台，做到资源共享，节约资金。县里也不要再办综合博物馆，重要文物要上交到国家和省、市博物馆，这既有利于文物的保护，又能在更大范围内发挥文物的展示、教育作用。

四、切实做好灾区文物古迹的抢救和保护工作

汶川特大地震不仅造成大量人员伤亡和财产损失，许多文物古迹也遭受重创。据不完全统计，地震已经造成四川境内79处全国重点文物保护单位和169处省级文物保护单位受损。在抗震救灾和恢复重建的同时，对被毁文物古迹的抢救保护刻不容缓。一是要把现有的文物保护好，组织专门力量，对重点地区受损严重的文物保护单位进行守护，防止文物丢失。二是要组织专家对现有文物进行鉴定，了解受损情况，对重要文物的抢修也要纳入重建规划。三是规划建设地震遗址纪念馆。这是件很有意义的事，要尽快组织论证，拿出方案，按程序报批。除了遗址外，还要建设一个展览馆，全面展示抗震救灾斗争的情况。要注意收集原始资料。中央电视台新闻电影制片厂要拍摄纪录影片。关于这次地震发生地羌族文物的保护，文化部要给予支持，与财政部加强沟通，把文物保护、修复工作与整个重建工作衔接起来。

五、创作一批优秀作品，更好地用抗震救灾精神感染人、鼓舞人

这次抗震救灾过程中涌现出的可歌可泣的感人事迹，都是文艺创作的极好资源。要在不影响和干扰灾区抗震救灾工作的前提下，按照 “人员精干、成果共享、统筹协调、务求实效”的原则，组织一批作家艺术家深入第一线，向灾区人民学习，体验生活，汲取营养，创作一批反映抗震救灾的文艺作品。短期来讲，就是要用这些文艺作品到灾区进行慰问演出。根据四川方面的意愿，初步可以确定在6月下旬，安排一些抗震救灾慰问艺术团到灾区演出，形式是短小精干、轻骑兵式的，可以先来两支演出队伍进行试点，取得经验后再多派一些。从长期来讲，要着眼长远，有计划地充分利用抗震救灾斗争中形成的丰富创作资源，组织一批优秀人才，集中精力创作一批深刻反映抗震救灾斗争的小说、戏剧、电影、电视剧等，在更大范围、更长时间里弘扬伟大的抗震救灾精神，以教育和激励后人。

总的来看，这次到四川地震灾区很受教育。中华民族历经磨难而百折不挠。四川人民虽然遭受了磨难，但你们感动了中国，感动了世界。我们相信四川省委在中央的领导下，一定能够在抗震救灾工作的各个方面，继续创造一个又一个奇迹，最终夺取这场抗震救灾斗争的全面胜利！

在全国组织系统抗震救灾工作座谈会上的讲话

（2008年6月1日）

习近平

中央组织部召开全国组织系统抗震救灾工作座谈会，很有必要，也很及时。这次会议的主要任务是，深入贯彻落实中央政治局会议精神和胡锦涛同志在四川抗震救灾工作会议上重要讲话精神，认真总结各级党组织和组织系统在前一阶段抗震救灾中所做的工作，研究部署在抗震救灾和灾后重建中进一步做好党的建设和组织工作，动员地震灾区各级党组织和广大党员、干部在抗震救灾和灾后重建中更好地发挥组织保障作用，动员非受灾地区各级党组织和广大党员、干部更加积极地做好支援灾区等工作，为夺取抗震救灾和经济社会发展的双胜利作出更大贡献。

刚才，四川、陕西、甘肃、重庆和山东、国务院国资委等地方、部门的领导同志分别介绍了四川汶川特大地震发生以来认真贯彻党中央、国务院有关部署要求，奋起抗震救灾和支援灾区的情况。听了大家的发言，我们为灾区广大干部群众在抗震救灾中表现出的不屈不挠、自强不息的伟大精神和全国人民“一方有难、八方支援”的团结互助精神所感动、所鼓舞、所振奋。在这里，我代表党中央，向奋战在抗震救灾第一线的各级党组织、广大党员和干部，向大力支援抗震救灾的全国各个地区、各条战线的党组织、广大党员和干部，致以崇高的敬意和亲切的慰问！

下面，围绕这次会议的任务我讲几点意见，和大家一起讨论。

第一，各级党组织和广大党员、干部要进一步发扬前一段抗震救灾中那种拼搏和奉献精神，在抗震救灾和灾后重建中更好地发挥中流砥柱作用。这次发生在四川汶川的地震，是新中国成立以来破坏性最强、波及范围最广、救灾难度最大的一次强烈地震，因而是对我们党执政能力的一次重大考验。面对突如其来的自然灾害，党中央迅速反应、果断决策、统揽全局、科学指挥，始终与灾区群众心心相连、同舟共济。地震发生后，胡锦涛同志立即作出重要指示，连续主持召开中央政治局常委会和政治局会议，全面部署抗震救灾工作，并先后亲赴四川和陕西、甘肃灾区指导抗震救灾。温家宝总理在地震两小时后就赶赴四川灾区，现场指挥抗震救灾。其他中央领导同志也亲临灾区或以其他方式指导抗震救灾工作。在党中央的坚强领导下，灾区各级党组织和广大党员、干部视灾情如命令、视时间如生命，奋不顾身地投入抗震救灾第一线，表现出很强的组织动员能力和战斗力；全国各地的党组织和广大党员、干部发扬“全国一盘棋”的大团结、大协作精神，积极、主动地以多种方式支援抗震救灾，同样表现出很强的组织动员能力和战斗力。

抗震救灾是全党工作的重中之重，也是中央有关部门工作的重中之重。地震灾害发生以来，中央党的建设工作领导小组各成员单位和中央有关部门行动迅速、部署及时，围绕抗震救灾做了大量富有成效的工作。中央纪委多次召开常委会议并发出通知，对各级纪检监察机关在抗震救灾中如何做好纪检监察工作提出了明确要求。28日，又牵头召开了抗震救灾资金物资监管工作汇报会，对切实加强抗震救灾资金物资监管、确保廉洁救灾、确保救灾款物真正用于受灾地区和受灾群众进行了部署。中央宣传部迅速成立抗震救灾宣传报道工作领导小组，对抗震救灾宣传报道工作加强统筹协调和统一领导；在中央新闻媒体上宣传了大批抗震救灾中的先进典型，极大地鼓舞了全国人民特别是灾区人民战胜灾害的热情和信心。中央直属机关工委、中央国家机关工委迅速召开了抗震救灾动员会，发起了向灾区人民送温暖、献爱心活动，组织中央和国家机关踊跃捐款捐物。国资委党委等中央部委党组织第一时间到受灾严重的大型国有企业指导指挥抗震救灾工作。中央大型企业都积极捐款、捐物，组织抢险工作，组织恢复灾区基础设施，为抗震救灾做了大量工作。工会、共青团、妇联等群众团体也都发挥各自优势，在抗震救灾中发挥了重要作用。这里需要特别提到的是，各级党委组织部门坚决贯彻落实中央的要求和部署，把抗震救灾作为最重要最紧迫的任务，切实发挥了职能作用。中央组织部先后四次发出通知，对动员各级党组织、广大党员干部全力做好抗震救灾工作提出明确要求；对在抗震救灾和灾后重建中表现突出的先进基层党组织和优秀共产党员，分期分批及时进行通报表彰；还在全国组织系统和广大党员、干部中开展自愿交纳抗震救灾“特殊党费”活动，得到全党上下热烈响应。地方各级党委组织部门在第一时间动员党员干部积极投身抗震救灾，采取有力措施加强一线领导力量，在抗灾一线考察干部、发展党员；许多组工干部临危不惧，冒着生命危险深入一线抢救伤员、安置灾民，参与各项救灾工作，关键时刻树立了“讲党性、重品行、作表率”的形象。中央有关部门的及时部署和有力工作，对于在抗震救灾中充分发挥地方各级党委的领导核心作用、基层党组织的战斗堡垒作用、各级领导干部的模范带头作用和共产党员的先锋模范作用，发挥了十分重要的指导推动作用。

经过前一阶段艰苦卓绝的努力，抗震救灾工作有力有序有效，最大程度地抢救了被困群众，受灾群众基本生活初步得到安排，社会治安秩序保持总体稳定。在抗震救灾斗争中，我们党、我们国家强大的组织动员能力和应急能力，广受国内外赞誉；中央领导同志亲赴灾区、珍视生命、关心灾区群众疾苦，广受国内外赞誉；灾区各级党组织和广大党员起到中流砥柱作用，广受国内外赞誉；人民子弟兵英勇无畏、不怕牺牲，广受国内外赞誉；全国人民团结一心、共赴时艰，广受国内外赞誉；抗震救灾中显示出改革开放30年积聚起来的强大国力，广受国内外赞誉。这次抗震救灾斗争，再次有力地证明中华民族具有强大的凝聚力，再次有力地证明社会主义制度具有集中力量办大事的优越性，再次有力地证明我们党是一个能够应对各种风险、驾驭各种复杂局面、具有强大战斗力的马克思主义政党。

最近，中央政治局召开会议，对抗震救灾和灾后重建工作进行了研究部署。胡锦涛同志对在抗震救灾中发挥党组织作用作出重要批示，强调“在重灾区安置受灾群众的同时，要把完善、重建基层党组织和政权组织工作做好，发挥他们的领导核心和战斗堡垒作用”。各级党委、各有关部门党组织要深入学习领会中央政治局会议精神和胡锦涛同志重要批示精神，采取更加有力的措施，把党组织和广大党员干部的作用发挥好，为夺取抗震救灾和经济社会发展的双胜利提供坚强的思想、政治和组织保证。

第二，要紧紧围绕一手抓抗震救灾工作、一手抓经济社会发展，进一步推进党的建设和组织工作。最近召开的中央政治局会议强调指出，要坚持一手抓抗震救灾工作、一手抓经济社会发展，全力以赴支援灾区，全力以赴保持经济平稳较快发展、社会和谐稳定，切实做好奥运会和残奥会的筹备工作，以实际行动支援抗震救灾，坚决夺取抗震救灾斗争的全面胜利。这是中央根据抗震救灾工作进展、把握经济社会发展形势、总揽全国大局作出的重大决策，对夺取抗震救灾斗争胜利、促进经济社会发展具有重要指导意义，对进一步加强党的建设和做好组织工作同样具有重要指导意义，各级党委、各有关部门党组织要认真贯彻落实。

当前，抗震救灾形势依然严峻，任务十分艰巨。最为突出的，一是受灾群众生活安置面临很多困难，尤其是住的问题更为突出；二是防疫形势严峻，灾区极易发生传染病疫情；三是余震不断，发生次生灾害隐患多；四是灾区基础设施和生产能力遭到很大破坏，恢复生产和灾后重建困难很大。面对这种情况，中央要求在继续做好被困群众搜救工作的同时，把救治伤员、安置受灾群众、恢复生产和灾后重建工作摆在更加突出的位置，扎扎实实做好抗震救灾各项工作。灾区各级党委要继续把抗震救灾作为当前最重要最紧迫的任务，围绕抗震救灾进一步抓好党的建设和组织工作，引导和激励广大党员、干部发扬自力更生、艰苦奋斗精神，在安置受灾群众、恢复生产和灾后重建中更好地发挥作用，确保抗震救灾各项工作和措施的落实。非灾区各级党委要继续以多种形式支援抗震救灾，帮助灾区渡过难关。各支援省份党委要根据灾区不同阶段的实际需要，及时组织调配和生产急需物资。特别是承担救灾物资生产、运输、装配的企业的党组织，要充分发挥政治核心作用和战斗堡垒作用，确保各项任务高质量、高效率地如期完成。中央组织部将组织开展非灾区党组织与灾区党组织结对帮扶活动，重点帮扶受灾严重的党员和因灾成为孤儿、孤老、残疾人等困难群众。

当前，我国经济运行继续保持总体平稳态势，农业生产形势较好，夏季粮油有望获得好收成，生猪生产继续恢复，工业生产基本平稳，市场消费持续较旺。存在的突出矛盾主要是价格上涨压力仍然存在，部分地区煤电油供应较紧，财政支出压力较大。这次汶川大地震，对灾区经济造成严重影响，也给整体经济运行增加了一些不确定因素。最近南方部分地区出现特大降雨，有些地方已经成灾。进一步加强和改善宏观调控，保持今年经济平稳较快发展，保持社会和谐稳定，任务也很艰巨。各级党委、各有关部门党组织要以科学发展观总揽全局，在抓好抗震救灾的同时，坚定不移地抓经济社会又好又快发展。把发展这个第一要务抓好了，就会给抗震救灾和灾后重建提供有力的物资保障和财力支持，创造有利的社会环境。

各级党委在坚持“两手抓”的实践中，要把维护社会稳定、确保奥运安全作为重大政治责任，摆在当前工作的突出位置，不断增强主动性，牢牢掌握主动权，认真打好主动仗。举办一届有特色、高水平的奥运会是我们对世界的郑重承诺，是中华民族的百年期盼和全国各族人民的共同心愿。百年期盼，不容出任何重大差错。应该看到，成功举办北京奥运会面临的考验非同寻常。现在，距离北京奥运会开幕还有68天。开展奥运圣火传递地区的党政一把手要亲自抓、负总责，细化方案，完善预案，加强圣火传递的安全保卫工作，确保圣火传递安全、顺利进行。设奥运分赛场的省市党委要继续搞好场馆测试和赛事准备工作。全国各省区市党委要搞好奥运会前后的社会治安工作，北京周边地区要全面实施好“奥运护城河工程”，筑牢安全屏障，为成功举办奥运会创造条件。灾区各级党委要严密防范、严厉打击盗窃、抢劫、哄抢救灾物资及以赈灾名义诈骗敛取不义之财、散布传播各种谣言制造社会恐慌等违法犯罪活动，保持灾区社会稳定。

第三，要大力加强党的思想建设，为夺取抗震救灾胜利、推动经济社会又好又快发展提供强大的思想保证、精神动力和舆论支持。人是要有一点精神的。一个民族、一个国家、一个政党没有自己的精神支柱，就没有生机和凝聚力。在这次严峻的抗震救灾斗争中，全党全军全国各族人民表现出来的众志成城、自强不息、排除万难、敢于胜利的坚定信心，第一线军民表现出来的气吞山河、不畏艰险、顽强拼搏、一往无前的巨大勇气，各地区各部门各条战线表现出来的万众一心、同舟共济、无私援助、舍己为人的伟大精神，是我们党历来倡导的爱国主义、集体主义、社会主义精神的大发扬，是社会主义核心价值体系的重要组成部分，也是中华民族的民族精神在当代中国的集中体现和新的发展。这种精神，不仅是我国人民极为宝贵的精神财富，而且为当今世界所瞩目和羡慕。我们要在全党全社会大力弘扬这种精神，使之成为凝聚党心、振奋民心、激励中华民族勇往直前的强大动力。

在这次抗震救灾斗争中，我们党之所以能够进一步赢得人民群众的高度信赖和衷心拥护，很重要的一点，就在于危难之时许许多多的领导干部挺身而出、身先士卒，真正成为群众的主心骨；就在于关键时刻许许多多的共产党员豁得出来、冲得上去，真正成为带领群众前进的先进分子。可以说，这次抗震救灾既是考验各级党组织和党员、干部的战场，也是造就和涌现英雄群体和先进个人的战场。中央组织部已经命名表彰了两批抗震救灾先进基层党组织和优秀共产党员，今年“七一”还将考虑召开全国抗震救灾先进基层党组织、优秀共产党员代表座谈会。各级党组织要及时发现和大力宣传抗震救灾和灾后重建中涌现出来的先进典型，激励和鞭策广大党员干部进一步振奋精神、坚定信心，团结一心地为夺取抗震救灾和经济社会发展双胜利而奋斗。

国内外资料表明，对人类造成巨大危害的自然灾害发生后，人们一般要经历震惊、恐惧、痛苦、哀伤、反思和重振这样几个心理过程。这次汶川大地震造成的损失是巨大的，特别是人员伤亡惨重。灾区许多家庭失去亲人，遭受严重心理创伤，大量“三孤”（孤儿、孤老、孤残）人员需要安置和抚慰。还要看到，这次地震灾害引发了一些疑虑，一些封建迷信说法和谣言也传播开来。面对这种情况，各级党组织要及时做深入细致的思想工作和群众工作，积极宣传科学知识、科学思想，引导人们自觉抵制封建迷信的影响，不信谣、不传谣。对群众普遍关心的热点问题，各级党组织和广大党员干部要及时进行客观、科学、入情入理的分析解释，帮助群众理顺情绪、化解矛盾、协调关系。灾区的党组织和广大党员干部要深入群众特别是要走访受伤人员和遇难者家属，多做抚慰群众、疏导思想的工作，多做凝聚人心、鼓舞士气的工作，引导和激励灾区群众增强信心，团结一致，重建家园。

第四，要大力加强基层党组织和政权组织建设，在抗震救灾和推动经济社会又好又快发展中充分发挥基层党组织的战斗堡垒作用。如果说前一阶段的抗震救灾是一场突如其来的“遭遇战”，那么下一阶段的抗震救灾和灾后重建将是一场任务更为艰巨、工作更加繁重的“持久战”。在不期而至的“遭遇战”面前，基层党组织带领广大党员和群众沉着迎战，经受住了严峻的考验。很多群众说，只要党组织在，我们就感到有依靠、有信心、有希望，天大的困难都不怕。要坚决打胜抗震救灾和灾后重建的“持久战”，必须以更大的力度做好工作，切实把基层党组织打造成推动灾区重建、服务灾区群众、凝聚灾区人心、促进灾区和谐的坚强战斗堡垒。一要抓紧完善、重建灾区基层党组织和政权组织。要认真搞好调查摸底，对灾区基层党组织和政权组织负责人有伤亡的，要抓紧补充或临时指定；对需要重建的基层党组织和政权组织，要采取多种方式抓紧健全；对党员群众分散转移安置的以及各单位临时组建的救援队、抢险队、医疗队、建筑队等，要按照有关规定建立临时党组织，确保灾区基层党组织设置科学、合理、有效，确保哪里有受灾群众、哪里有抗震救灾工作，哪里就有党的基层组织、哪里就有党的工作。二要引导灾区基层党组织积极开展工作、切实发挥作用。灾区基层党组织要找准围绕抗震救灾、服务灾后重建的着眼点和着力点，积极组织广大党员做好协助上级党委、政府安排受灾群众住房安置、救灾物资发放、卫生防疫等方面的工作，做好组织和帮助受灾群众恢复生产、重建家园的工作，推动灾区尽快恢复正常的社会生产生活秩序。三要加强对灾区基层组织和基层干部的关心、爱护和支持。灾区广大基层组织和基层干部工作在抗震救灾和灾后重建的第一线，十分艰苦，很不容易。在抗震救灾这个特殊时期，我们对基层干部要严格要求，同时对他们在工作中遇到的困难和问题，要设身处地地加以理解，满腔热情地给予支持，扎实有效地进行帮助，特别要敢于为基层组织和基层干部承担责任，帮助他们解决问题、共渡难关。基层组织办公场所和党员远程教育设施受损的，要在重建工作中全面恢复。

第五，要大力加强灾区各级领导班子建设，确保各级党委成为抗震救灾和灾后重建的坚强指挥部。在这次抗震救灾中，灾区各级领导班子靠前指挥，各级领导干部全力以赴，哪里灾情严重、哪里受灾群众集中、哪里抗灾困难大，哪里就能看到领导干部的身影、听到领导干部的声音，人民群众就能从他们那里感受到党和政府的坚强有力。有这样的领导班子和领导干部，抗震救灾和灾后重建就有了可靠的组织保证。在这次地震中，我们有些干部遇难，还有很多干部受伤。当前，要抓紧充实配备重灾区党政领导班子。要统筹当地干部人才资源，抽调优秀干部和优秀人才充实班子、充实基层，鼓励机关干部特别是年轻干部到抗震救灾和灾后重建的第一线经受锻炼、增长才干，确保参与抗震救灾的各级领导班子和干部队伍坚强有力、健全有为。特别是主要领导岗位和关键岗位干部有缺员的，要提高效率，及时配备；对一时不能配备的，要抓紧明确负责人或临时负责人，并在抗震救灾实践中进一步考察了解，凡工作突出、群众公认的要及时进行任命。

俗话说，“疾风知劲草，板荡识诚臣”。抗震救灾是检验各级领导班子和领导干部是否称职、合格的“试金石”。各级党委要坚持把配备灾区领导班子与树立正确的用人导向结合起来，与完善选人用人机制、创新选人用人方式结合起来，把抗震救灾和灾后重建第一线作为检验干部、考察干部的主战场，作为识别干部、使用干部的主阵地。对经受住考验、表现突出的，要大胆提拔使用；对推诿扯皮、工作不力的，要及时予以调整；对临危退缩、失职渎职的，要严肃追究责任。

在抗震救灾的特殊时期，各级领导干部更要严格要求自己，自觉践行立党为公、执政为民的根本宗旨，时刻把群众的安危冷暖放在心上，坚持深入基层、深入一线，努力做带领群众抗震救灾和灾后重建的带头人，做完成急难险重任务的带头人，做帮助受灾群众解决困难的带头人，做维护灾区社会稳定的带头人。要把抗震救灾和灾后重建作为提高各级领导班子执政本领的生动课堂，作为提高领导科学发展能力的重要契机，举一反三，健全完善危机应对、社会管理、群众动员等方面的机制，不断提高应对突发事件的能力和水平。

第六，要大力加强党员队伍建设，在抗震救灾和推动经济社会又好又快发展中充分发挥共产党员的先锋模范作用。共产党员保持先进性，很重要的是要体现在关键时刻站得出来、危急关头豁得出来。从刚刚过去的20天抗震救灾斗争中，我们不仅看到了一个个党员奋不顾身、舍己救人的英勇壮举，看到了一大批党员夜以继日、忘我奉献的感人事迹，而且看到了被激发起来的广大党员积极支援灾区、携手战胜灾害的豪情壮志。各级党组织要因势利导，把广大党员参与抗震救灾的积极性保护好、引导好、发挥好，通过多种渠道、采取多种方式，组织党员立足本职充分发挥先锋模范作用。灾区的广大党员，要坚持以民生为重、民情为重，勇挑重担，破解难题，深入细致地做宣传群众、组织群众、关心群众、疏导群众、激励群众的各种工作，真正同群众打成一片，做群众的贴心人。非灾区的广大党员，除继续以不同方式支援抗震救灾外，要把对灾区的一片真情转化为工作动力，在本职岗位上加强学习、提高本领，争创一流业绩，以促进经济社会又好又快发展的实际行动为党旗增光辉，为群众作表率。各级党组织要把抗震救灾作为广大党员进行党性锻炼的现实课堂，组织党员学英雄、看先进、找差距、添措施，在保持党员先进性上不断作出新的努力、取得新的进步。要把在抗震救灾工作中的表现，作为考核评议党员的重要内容。要在抗震救灾第一线发现和考验入党积极分子，对那些在抢救人民群众生命财产和抗灾自救、恢复生产、重建家园中表现突出、符合党员条件的，要及时发展入党。

第七，要大力加强作风建设和反腐倡廉建设，在抗震救灾和推动经济社会又好又快发展中彰显党组织、领导干部和共产党员的良好形象。党的作风是党的形象，也是党的创造力、凝聚力、战斗力的重要内容。在这次抗震救灾中，党的各级组织和广大党员、干部继承和发扬党的优良传统和优良作风，赢得了人民群众的广泛认同。各级党委要以此为契机，把抗震救灾中体现出来的优良作风保持下去，不断发扬光大。各级领导干部要坚持马克思主义的群众观点和党的群众路线，始终牢记自己作为人民公仆的神圣职责，以群众的忧乐为忧乐，以百姓的疾苦为疾苦，切实解决人民群众最关心、最直接、最现实的利益问题，做到权为民所用、情为民所系、利为民所谋。灾区的领导干部要发扬特别能吃苦、特别能战斗的精神，坚持到受灾群众中去，和他们同呼吸、共命运，同甘苦、共患难，帮助他们克服困难、渡过难关。当前有一个问题需要特别引起重视，就是在灾后重建时间紧、任务重的情况下，既要急事特办，又要按客观规律办事。要尊重客观规律，尊重群众意愿，坚持因地制宜、一切从实际出发，多做打基础、利长远的事，多做功在当代、利在子孙的事，坚决反对急功近利、劳民伤财，努力使灾后重建的过程成为深入贯彻落实科学发展观的过程，成为建设社会主义新农村的过程。

救灾款物是灾区人民的救命钱、安家钱。对抗震救灾资金物资的管理使用情况，社会各界十分关注，具有高度的政治敏感性。如果出现监管失误，不仅会严重侵害灾区群众切身利益，而且严重影响社会各界支援灾区的积极性，严重破坏党和政府形象。因此，务必加强对抗震救灾资金和物品的管理、使用情况的监督检查。要认真贯彻中央纪委、监察部、民政部、财政部、审计署联合下发的《关于加强对抗震救灾资金物资监管的通知》，严格执行《中华人民共和国防震减灾法》、《抗震救灾款物管理使用违法违纪行为处分规定》，对抗震救灾款物管理使用中出现的违纪违法问题，要从快从严从重查处。对贪污、私分、截留、挪用救灾款物和趁机发“国难财”的人，要严惩不贷。

第八，要切实加强对抗震救灾和灾后重建工作的组织领导。坚强有力的组织领导，是夺取抗震救灾斗争全面胜利的根本保证。前一段，抗震救灾集中在搜救被困群众、救治受伤人员、安置受灾群众、抢修基础设施、防止次生灾害等方面，打的是一场声势浩大的与地震灾害作斗争的硬仗，各地区、各部门、各方面的组织领导是有力有序有成效的。现在，抗震救灾工作已进入新的阶段，工作头绪越来越多，工作任务越来越重。越是这样，越要加强组织领导。一是要坚持统一指挥、统一调度。要充分发挥各级党委、政府和基层党组织、基层政权组织的作用，建立健全强有力的市县乡村抗震救灾领导体制，把中央关于抗震救灾的各项决策和部署落到实处。地方、部队以及各方面救援力量，都要围绕全国抗震救灾一盘棋、灾区各项工作一盘棋的总思路来配置，明确职责任务，搞好协调配合，严明工作纪律，形成大力协同、紧张有序、优质高效的运转机制。对各方面自发前往灾区参加抗震救灾的人员，要加强引导和管理，既发挥好他们的作用，又使各项工作有序进行。二是要做好抗震救灾“特殊党费”的收缴、使用和管理工作。广大党员积极响应党的号召，心系灾区，踊跃交纳“特殊党费”，体现了共产党员的先进性，是一项得民心、聚党心的创新举措。对于抗震救灾“特殊党费”要专款专用，单独核算，明确专人管理。要把抗震救灾“特殊党费”的收缴、使用和管理情况列入党务公开的重要内容，广泛接受党员、党组织和全社会监督。中央组织部要适时通过新闻媒体等渠道公布抗震救灾“特殊党费”的收缴、使用和管理情况，并适时对灾区抗震救灾“特殊党费”使用和管理工作情况进行检查。对违反抗震救灾“特殊党费”收缴、使用和管理办法的，要依据有关规定严肃查处。三是要充分发挥工会、共青团、妇联等群众团体在抗震救灾和灾后重建中的作用。工青妇等群众团体是党开展群众工作的重要力量，在组织群众、宣传群众、服务群众中具有不可替代的优势。各级党委要继续勉励工青妇、科协、侨联、文联、作协等群众团体想党中央、国务院之所想，急灾区人民之所急，更好地组织、引导和服务所联系的群众，以多种方式积极投身抗震救灾和灾后重建。四是学习实践科学发展观试点地区和单位要把试点工作与抗震救灾和灾后重建紧密结合起来。受灾地区试点单位党组织要把抗震救灾工作作为当前的首要任务，试点工作的开展要服从服务于抗震救灾工作；要用抗震救灾的表现来衡量和检验学习实践科学发展观活动试点工作的成效。未受灾地区试点单位，要把支援灾区作为当前的重要任务，动员组织党员干部为抗震救灾献计出力，把党和政府的关怀、试点单位的温暖送到灾区群众心中，带动引导全社会支援抗震救灾和灾后重建。五是各级党委要全面落实“两手抓”的各项任务。要进一步增强政治意识、大局意识和责任意识，牢固树立“两手抓”的思想，提高“弹钢琴”的领导艺术，在组织指导、力量摆布、措施制定、检查督促等各个环节保证“两手抓”各项任务的全面落实。

这场抗震救灾斗争是对我们党的一次严峻考验。每一个党组织、每一名党员干部都要坚定、自觉地站在抗震救灾、灾后重建以及支援灾区工作的前列，在以胡锦涛同志为总书记的党中央的坚强领导下，团结带领广大群众去夺取抗震救灾和经济社会发展的双胜利！

紧急行动起来，全力做好抗震抢险救援工作

——在国务院抗震抢险救援工作紧急会议上的讲话

（2008年5月12日）

李克强

根据国家地震台网测定，今天下午14时28分，四川省阿坝藏族羌族自治州汶川县发生7.8级地震，震中位于北纬31.0度、东经103.4度，在成都市西北约70公里。地震发生后，胡锦涛总书记立即作出重要指示，要求尽快抢救伤员，确保灾区人民群众生命安全。温家宝总理已率有关部门负责同志赶赴灾区，组织指挥抗震救灾工作。现在，把43个中央有关部门、单位的负责同志找来，紧急召开这个会议，主要是分析地震灾情，研究部署抢险救援保障工作，并及时向中央政治局常委会汇报。

一、充分估计地震灾害的严重性

这次地震震级很高，影响面很大，成都市和四川省其他地区震感强烈，甘肃、陕西、重庆、宁夏、青海、贵州、云南、西藏、河南、湖北、湖南、山西、山东、江苏、上海、海南、北京等17个省（区、市）普遍有震感。汶川及附近地区处于地震活跃带，且震型复杂，历史上发生过多次大地震。目前灾区余震不断，不排除发生较大余震的可能性。

现在，地震灾情统计正在紧张进行，估计人员伤亡和财产损失极为严重。许多地区人员伤亡、房屋倒塌、山体滑坡、公路损毁、电力和通信中断。四川、甘肃有8个县通信完全隔绝。宝成、成昆、达成铁路严重受损，8列火车停运，18辆火车被堵。据四川省刚刚报告，北川县城区80%左右的房屋倒塌，估计成千上万人死亡。对于这场地震灾难造成的损害，我们必须有充分的估计。

二、地震抢险救灾的战斗已经打响

胡锦涛总书记今晚将主持召开中央政治局常委会全面部署抗震救灾工作，中央11个部门负责同志已随温家宝总理在赶赴灾区途中。国家地震局已派出178人组成的国家地震灾害紧急救援队，乘空军飞机奔赴灾区实施紧急救援，同时向所属单位发出紧急通知，要求迅速收集灾情，做

好应急处置。民政部已紧急从西安中央物资储备库调拨25000顶救灾帐篷，正在装车支援四川灾区。解放军总参谋部已要求驻成都军区部队紧急动员，并已派出官兵向灾区挺进。

灾情发生后，四川省以及阿坝等市（州）人民政府紧急启动了应急预案，开展救灾工作。四川、甘肃、陕西等省地震部门也已派出地震应急工作队奔赴灾区，开展救援工作。

三、全力做好抗震抢险救援工作

灾情就是命令，时间就是生命。各部门和有关地方人民政府要紧急行动起来，把抗震救灾作为当前各项工作的首要任务来抓。抢险救灾一线的战斗已经打响，后方的保障工作务必争分夺秒地跟上。各有关部门要各负其责，恪尽职守，一切为了灾区，一切服务灾区，围绕一线的抢险救灾和紧急救援开展工作，全力提供所需人力、物力、财力，切实做好各项保障工作。在此，提出以下几点要求：

第一，立即启动应急预案。依据《国家突发公共事件总体应急预案》和《国家地震应急预案》，发生人口密集地区7.0级以上地震，属于特别重大地震灾害。各有关地区和部门要按照《国家地震应急预案》的要求，启动应急预案，各部门全部做好一级响应各项准备，动员各方面力量做好抢险救灾工作。

第二，切实保障抢险救灾急需。地震部门要继续加强地震监测，准确把握灾区及全国的震情趋势，全力做好余震监测预报。请总参谋部、武警部队根据中央军委部署做好兵力调运准备，及时增派兵力赶往灾区，抢救被埋人员。卫生部门要立即组织医疗救护队伍进入灾区，紧急调集医疗器械、药品，抢救治疗伤员。民政部门要妥善安排受灾群众生活，加强救灾物资组织和调运，确保受灾群众有饭吃、有衣穿、有水喝、有临时安全住所。交通运输和铁道部门要立即组织力量，抢修被损坏的铁路、公路、桥梁、隧道、港口、空港和有关设施；协调运力，保证应急抢险人员、物资的优先运输和群众疏散。电力、通信等部门要尽快抢修受损的电力、通信设施，保障灾区电力供应和通信畅通，并尽快调集海事卫星电话运往前方。发展改革、财政、商务等有关部门要抓紧准备救灾资金和物资。公安部门要协助灾区加强治安管理和安全保卫工作，切实维护社会稳定。其他各有关部门也要按照职责分工，做好抢险救灾各项保障工作。

第三，严密防范次生灾害。汶川地震灾区属山区，山高地险，河流密布，还有为数众多的大小水库和水电站。国土资源、水利等部门要做好滑坡、泥石流、水库垮坝、堰塞湖溃流等次生灾害的预防和应对工作，迅速查明紫坪铺等震中附近水库受损情况。大灾之后如果不加强卫生防疫，往往会发生大的疫情。卫生部门要在全力救治伤员的同时，组织做好灾区卫生防疫工作。

第四，做好舆论引导和信息披露工作。宣传、外宣、信息等部门要做好相关工作。如实报道灾情，做到公开透明。分析舆情动态，坚持正面宣传，正确引导舆论。对有关震情的谣言，要及时予以澄清，避免造成社会恐慌。

第五，实行二十四小时应急值守。各有关部门和地区要加强值班工作，随时了解灾区信息，重要情况及时向国务院报告，并与相关部门通气。要实行二十四小时值班制度，由部领导亲自带班，保证联络畅通。国务院应急办要加强值班力量，及时汇总和报告重要情况，立即建立部门会商和每日协调机制。

各部门同志会后立即回单位做一级响应各项工作，政治局常委会后我们将连夜向各部门传达中央精神，并紧急落实。

在抗震救灾资金物资监管工作汇报会上的讲话

（2008年5月28日）

贺国强

经中央同意，我们召开这次会议，目的是传达中央领导同志指示精神，切实加强对抗震救灾资金物资的监管，确保抗震救灾资金物资真正用于受灾地区和受灾群众。5月12日四川省汶川等地发生特大地震灾害后，在党中央、国务院、中央军委的坚强领导下，全党全军全国各族人民万众一心、众志成城，展开了一场气壮山河的抗震救灾伟大斗争。经过顽强努力，抗震救灾斗争取得了重大阶段性成果。当前，抗震救灾形势依然严峻，任务十分艰巨，仍处在刻不容缓的紧要关头。5月26日，胡锦涛总书记主持召开中央政治局会议，研究部署抗震救灾和灾后重建工作，要求坚持以人为本，在继续做好被困群众搜救工作的同时，把安置受灾群众、恢复生产、灾后重建摆在更加突出的位置，扎扎实实做好抗震救灾各项工作。

抗震救灾资金物资是做好抗震救灾工作的重要物质基础和保证。为加强抗震救灾资金物资的保障工作，中央及时下拨救灾专款，调拨救灾物资，胡锦涛总书记亲自到浙江、河北等地考察指导帐篷、活动板房等救灾物资的生产调运工作，温家宝总理主持召开抗震救灾工作会议，要求加快救灾物资转运速度，尽早将更多的救灾物资及时运送到灾区和受灾群众手中。各地区各部门紧急行动、全力以赴，全社会奉献爱心、倾力支援，香港、澳门、台湾同胞以及海外华侨华人和衷共济、踊跃捐献，众多外国政府、国际组织和国际友人积极支援，为抗震救灾提供了宝贵帮助。截至5月27日，国内外捐赠款物总计已达到327亿元，各级政府共投入抗震救灾资金192亿元。随着抗震救灾工作的进展，中央和地方各级政府还将投入大量资金，社会捐赠也还将继续增加。这些资金物资数量之大、来源之广，都是空前的，充分体现了我们党立党为公、执政为民的执政理念，体现了中华民族的爱国主义、集体主义精神以及海内外中华儿女血脉相连的同胞深情，体现了国际社会对中国人民的友好情谊。对抗震救灾资金物资的管理使用情况，中央高度重视，社会各界十分关注，具有高度的政治敏感性。

能否管好用好抗震救灾资金物资，直接关系到灾区群众的基本生活和恢复生产、重建家园的顺利进行，直接关系到中华儿女以及国际社会的关心关爱能否落到受灾群众身上，直接关系到党和政府在人民群众中的公信力、凝聚力，是对我们党领导水平和执政能力的重要考验。如果出现监管失误，出现贪污、私分、截留、挪用救灾款物的行为，就会严重阻碍抗震救灾和恢复重建工作进程，严重侵害灾区群众切身利益，严重影响社会各界支援灾区的积极性，严重破坏党和政府的形象，会伤害全国人民的心，甚至会引起公愤，同时也会授人以柄，给敌对势力留下攻击我们的口实。

党中央、国务院高度重视加强抗震救灾资金物资监管工作。胡锦涛总书记多次作出重要指示，要求尽快成立监督检查领导机构，尽快制定公布有关规章制度和纪律规定，尽快进行动员部署，切实加强对抗震救灾资金物资的监管，确保公开、公平使用，及时发放到灾区和受灾群众手中。温家宝总理明确要求国务院监察、审计等部门充分发挥职能作用，确保廉洁救灾，向人民群众交一个明白账、放心账。地震发生后，四川等受灾地区、中央各有关部门和单位按照党中央、国务院的要求，认真履行职责，在加强抗震救灾资金物资监管方面做了许多工作。5月20日，中央纪委、监察部、民政部、财政部、审计署等五部委联合下发了《关于加强对抗震救灾资金物资监管的通知》。5月24日，何勇同志召集五部委有关负责同志参加的会议，就落实五部委《通知》作了专题研究。刚才，监察部、审计署、民政部、财政部的负责同志在发言中，回顾了前一阶段的工作，提出了下一步的工作安排，讲得都很好。根据中央精神，结合各部门各单位的实际，当前加强抗震救灾资金物资监管，要重点抓好以下几项工作。

第一，成立抗震救灾资金物资监督检查领导小组，切实加强组织领导。抗震救灾资金物资监管工作，时间紧迫，情况复杂，任务繁重，必须切实加强组织领导。经中央同意，成立抗震救灾资金物资监督检查领导小组，组长由中央书记处书记、中央纪委副书记何勇同志担任，副组长由中央纪委副书记、监察部部长马馼同志和审计署审计长刘家义同志担任，领导小组成员由中央纪委、监察部、民政部、财政部、审计署的分管领导同志组成，具体负责对抗震救灾资金物资监管工作的领导。领导小组办公室设在监察部，由中央纪委常委、监察部副部长王伟同志任办公室主任。四川等受灾地区及其市（地、州）、县（市、区）和乡（镇），都要层层建立相应的领导机构，全国各省区市、中央各有关部门和单位，也要建立健全各自的领导机构。抗震救灾资金物资监督检查领导小组，要按照中央的决策部署，认真履行职责，加强组织协调，迅速开展工作。要明确各相关部门的责任和分工，督促其建章立制，规范工作程序，加强内部管理，切实做好本部门、本单位救灾款物的监管工作；要建立健全各相关部门之间的沟通联系制度、工作衔接机制以及违纪违法案件线索移送机制，畅通各有关部门的信息渠道，把各方面的积极性调动起来，把各方面的力量聚集起来，形成监管工作的整体合力。各有关部门和单位要增强政治责任感和工作紧迫感，充分发挥职能作用，切实加强对抗震救灾资金物资管理使用的监管。做好抗震救灾资金物资监管工作，既要集中力量，扎实工作，又要加强舆论宣传，营造必要声势，宣传先进典型，引导社会舆论，回应社会关切。

第二，建立健全规章制度，为加强抗震救灾资金物资监管提供重要保障。这次救灾款物数量巨大，要确保这些款物规范管理、合理使用，必须尽快建立健全有关规章制度，切实使抗震救灾资金物资监管工作有法可依、有章可循。一方面，要重申并严格执行已有的规章制度。有关部门要对以往关于救灾资金物资管理使用的规章制度进行系统梳理，由监察部统一进行汇总，通过互联网等新闻媒体向社会公布，并抓好贯彻落实。另一方面，要根据新的形势和任务，有针对性地制定一批新的规章制度。近日将制定并公布两个新的规章制度：一是关于加强抗震救灾捐赠款物管理使用的通知。这个通知将明确加强救灾捐赠款物管理的基本原则，对救灾捐赠款物的接收管理、统一规划、有效使用、信息公开，以及加强对救灾捐赠工作的监督检查等作出具体规定，以规范抗震救灾捐赠款物的管理使用。二是抗震救灾款物管理使用违法违纪行为处分规定。这个规定要针对抗震救灾款物募集、管理、发放、使用等环节存在或容易出现的违法违纪问题，重申和提出处理意见，为严厉惩治抗震救灾款物管理使用违法违纪行为提供更加充分的处分依据。同时，要抓紧制定和公布关于抗震救灾物资分配办法、关于抗震救灾资金物资管理使用情况的公示办法、关于地震救灾采购管理规定等规章制度。还要根据抗震救灾工作的进展情况，制定出台一些其他制度，做到需要什么制度就制定什么制度，成熟一个就立即公布一个，以适应抗震救灾款物管理使用工作的需要。

第三，充分发挥各方面作用，对抗震救灾资金物资管理使用情况进行全方位监督。强化监督，是发现问题、堵塞漏洞、确保抗震救灾资金物资合理有效使用的重要手段，也是各地区各部门义不容辞的政治责任。要进行全方位的监督，纵向上，要把监督贯穿于抗震救灾资金物资募集、分配、拨付、管理、使用等每一个环节；横向上，要把监督覆盖到所有涉及抗震救灾资金物资募集和管理使用的地区、部门和单位，确保不留死角。各有关部门和单位要按照“谁主管、谁负责”的原则，从自身的职能出发，加强监督工作。财政部门要强化财政监管，监督和指导有关部门管好用好财政资金和捐赠资金；民政部门要组织和协调好救灾捐赠活动，引导社会各界按照正规渠道捐赠款物，依法规范捐赠行为；中国红十字会总会、中华慈善总会及其他具有募集职能的单位和组织要加强对本单位、本系统的管理，切实管好接收的款物；纪检监察机关要督促有关部门和单位特别是领导干部认真履行监管职责，严肃查处违反纪律的行为，对因工作不力造成严重后果的地方和部门负责人，要坚决追究责任。

要自觉接受人大、政协、民主党派的监督，自觉接受新闻媒体和社会各界的监督，对反映的问题要及时核查、认真处理。今天这个会议，我们邀请了部分特邀监察员参加。下一步的监督检查工作，也要积极吸收人大代表、政协委员、民主党派和无党派人士以及特邀监察员参加，以充分发挥各方面的监督作用。

第四，开展专项审计，确保抗震救灾资金物资及时拨付、有效使用。审计在抗震救灾资金物资监管工作中具有特殊的重要作用。要组织精干力量，对财政资金和社会捐赠款物进行全过程审计，切实做到抗震救灾资金物资到达哪里，审计就跟踪到哪里；涉及哪个环节，就审计哪个环节。要重点查处不认真履行职责、造成救灾资金物资滞拨、滞留等影响受灾群众生活和灾后重建等问题，促进救灾资金物资及时、足额下拨；重点查处人为随意分配、优亲厚友等问题，促进救灾资金物资分配的公开、公平、公正；重点查处贪污、私分、克扣救灾资金等问题，促进救灾资金专款专用；重点查处损失浪费和弄虚作假等问题，促进救灾物资规范采购和有效管理；重点查处挤占、挪用、隐瞒、截留捐赠资金和倒卖捐赠物资等问题，促进完善社会捐赠管理运行机制，提高捐赠资金和物资的使用效果。对审计中发现的违规问题，要责令有关部门和单位及时整改，坚决纠正和处理。有关审计机构每周要向审计署报告救灾款物审计情况，审计署要定期向社会公布阶段性审计情况。救灾工作总体结束后，要向社会公告救灾款物管理使用的最终审计结果。

第五，组织专项检查，及时发现和纠正抗震救灾资金物资管理使用过程中出现的问题。这次会后，抗震救灾资金物资监督检查领导小组要在前一阶段各有关单位已经开展调研和检查的基础上，立即派出两个专项检查组，一个组负责对中央和国家机关有关部门、接受捐赠的民间组织和社会团体抗震救灾资金物资管理使用情况进行检查；一个组负责对四川等灾区抗震救灾资金物资管理使用情况进行检查。检查工作要紧紧依靠地方党委和部门党组，充分发挥纪委和派驻纪检监察机构的作用。要突出检查重点，围绕救灾资金物资管理使用，着重对涉及受灾群众基本生活、资金物资集中、社会公众关注程度高、容易发生问题的领域和环节进行检查。对于接收款物捐赠的部门和单位要重点加强对款物去向的检查，对于使用捐赠款物的部门和单位要重点加强对款物分配和发放的检查。与此同时，要加强对因灾生活困难群众补助金、救济粮、孤儿孤老孤残基本生活费和遇难人员抚慰金发放以及救灾帐篷、过渡安置房生产、调运等环节的检查，保证受灾群众的衣食住医等基本生活得到妥善安排。随着抗震救灾工作的推进，我们还要及时组织检查组进行其他专项检查。

第六，坚持公开透明，切实把抗震救灾资金物资管理使用置于阳光之下。公开透明是加强监管、保证抗震救灾资金物资合理有效使用的基础，也是回应社会关切、消除疑虑误解的重要途径。抗震救灾资金物资监督检查领导小组办公室要协调有关部门及时公布制定出台的规章制度和开展的监督检查等情况，设立咨询、举报电话，适时举行新闻发布会。要建立健全信息公开制度，把公开透明贯穿于抗震救灾款物管理使用的全过程，主动公开抗震救灾款物的来源、种类、数量和去向。要采取统一标准做好救灾款物的统计工作，防止因数据混乱影响工作的正常进行并引发社会误解。物资采购要按照地震救灾采购管理规定执行，凡有条件的都要公开招标，防止暗箱操作；抗震救灾款物的发放，除紧急情况外，都要坚持调查摸底、张榜公示、公开发放等程序，做到账目清楚、手续完备、群众知情。市、县两级要重点公开抗震救灾款物的管理使用和分配情况；乡镇要重点公开抗震救灾款物的发放情况。捐赠款物的社会关注度高，尤其要提高管理使用的透明度。民政部要统一汇总发布全国抗震救灾捐赠动态，通报外国政府、国际组织援助捐赠情况；加强对机关、企业事业单位、社会团体、基层群众性自治组织捐赠和募捐活动的指导和监督，督促其公开名称、地址、银行账号以及接受捐赠情况。社会团体和组织等接收单位也要及时向社会公布捐赠款物的接收、分配、使用情况。要定期向社会及接收捐赠部门和单位公布灾区需求信息，引导协调社会捐赠资金物资合理投入，避免救灾捐赠款物无序和重复投入，造成不必要的浪费。灾民过渡安置房建设和灾后恢复重建工作，要按照国务院批准的总体规划，合理确定资金来源，并以协商方式引导社会团体和组织安排资金。对于定向捐赠款物，要按照捐赠者的意愿由接收单位安排使用；在定向捐赠款物过于集中在同一地方的情况下，要按照有关规定，经捐赠人同意后作适当调剂，发挥捐赠款物的最大效益。对于非定向捐赠资金，要根据抗震救灾工作的统一规划和灾区需要安排使用。

第七，严格执行纪律，从快从严从重处理抗震救灾资金物资管理使用中的违纪违法行为。救灾款物是社会各界和广大群众的血汗钱，也是灾区人民的救命钱、安家钱，这条“高压线”谁也碰不得。各级纪检监察机关要从严执纪，对抗震救灾款物管理使用中出现的违纪违法问题，要快查严办重处。贪污、截留、挪用救灾款物，趁机发“国难财”，性质恶劣，天理难容，必须严惩不贷，发现一起迅即查处一起，并公开曝光。涉嫌犯罪的，要及时移送司法机关追究刑事责任。既要严肃处理直接责任人，还要追究有关领导的责任。对在抗震救灾款物管理使用中玩忽职守、贻误工作的，也要严肃追究相关人员的责任。

加强抗震救灾资金物资监管，任务光荣，责任重大。我们要坚决贯彻执行党中央、国务院的决策部署，以对党和人民高度负责的精神、严肃认真的态度、真抓实干的作风、扎实有效的工作，切实管好用好抗震救灾资金物资，为打赢抗震救灾这场硬仗作出应有的贡献！

会议辑要

中共中央会议

全国人大常委会会议

国务院常务会议

国务院专题会议

国务院抗震救灾总指挥部会议

中共中央会议

中共中央政治局常务委员会召开会议
全面部署当前抗震救灾工作

（2008年5月12日）

5月12日晚，中共中央政治局常务委员会召开会议，全面部署当前抗震救灾工作。中共中央总书记胡锦涛主持会议。

会议听取了有关部门关于四川省阿坝藏族羌族自治州汶川县等地地震灾情的汇报。会议强调，灾情就是命令，时间就是生命。灾区各级党委、政府和中央各有关部门一定要紧急行动起来，把抗震救灾作为当前的首要任务，不怕困难，顽强奋战，全力抢救伤员，切实保障灾区人民群众生命安全，尽最大努力把地震灾害造成的损失减少到最低程度。

会议要求，要立即组织人民解放军、武警部队、民兵预备役和医疗卫生人员，尽快赶赴灾区，全力抢救受伤人员。要千方百计向灾区运送食品、饮用水、药品和帐篷、防寒衣被等救灾物资，确保灾区群众有饭吃、有衣穿、有干净水喝、有临时住处。要迅速组织力量，抓紧抢修受损的设施和设备，尽快恢复灾区的通路、通电、通信和供水。要严密监测地震灾情，采取有效措施，防止次生灾害发生，同时要科学组织救灾工作，防止造成新的伤亡。要切实做好稳定人心的工作，加强正面舆论引导，对那些散布谣言、干扰破坏抗震救灾的行为，要坚决依法处理，确保社会大局稳定。

为加强对抗震救灾工作的领导，中央决定成立抗震救灾总指挥部，由温家宝同志任总指挥，李克强、回良玉同志任副总指挥，全面负责当前的抗震救灾工作。

中央号召，灾区各级党组织和全体共产党员一定要坚持人民利益高于一切，奋不顾身地投入到抗震救灾第一线，急人民群众之所急，解人民群众之所难，把党和政府的关怀送到每一个受灾群众中去。全国各地区各部门一定要大力发扬“一方有难、八方支援”的精神，万众一心、众志成城，迎难而上、百折不挠，共同夺取抗震救灾斗争的胜利。

（《人民日报》，2008年5月13日第1版）

中共中央政治局常务委员会再次召开会议 进一步研究部署抗震救灾工作

（2008年5月14日）

5月14日，中共中央政治局常务委员会再次召开会议，进一步研究部署抗震救灾工作。中共中央总书记胡锦涛主持会议。

会议听取了国务院抗震救灾总指挥部关于当前抗震救灾工作的汇报。会议认为，面对这场特大地震灾害，在党中央、国务院、中央军委的坚强领导下，地方各级党委和政府紧急行动，人民解放军、武警部队冲锋在前，各有关部门大力支持，社会各界无私援助，目前抗震救灾各项工作正在有力有序有效进行，灾区社会秩序总体稳定。

会议指出，这次地震灾害影响范围广，人员伤亡多，抢救难度大，抗震救灾工作面临严峻挑战和困难。中央要求，各地各有关方面务必把抗震救灾工作作为当前最重要最紧迫的任务，不畏艰难，连续作战，团结协作，全力以赴，坚决打胜抗震救灾这场硬仗。

一、要把抢救被困群众放在第一位，只要有一线希望，就要尽一切努力施救。中央决定，增派人民解放军、武警部队、公安消防特警，并配备必要的器械和工具，迅即赶赴灾区一线，全力投入抢险救援。

二、要继续从各地和部队调集医护人员，组成医疗队和专家组，到灾区对受伤群众实施救治，并加强卫生防疫工作，防止灾区疫病流行。

三、要千方百计安排好灾区群众生活，继续筹措和调运灾区急需的食品、饮用水、衣被、帐篷等物资，切实解决好受灾群众的吃饭、饮水、穿衣、住宿等问题。同时，要深入细致地做好灾区群众思想工作，确保灾区社会稳定。

四、要抓紧抢修道路、电力、通信等基础设施，首先要想方设法尽快恢复通往灾区的公路交通，以保证整个抗震救灾工作顺利进行。还要切实防止次生灾害发生，避免造成新的损失。

五、要进一步加强对抗震救灾工作的领导，统一指挥，科学调度，加强协调，分工负责，严明纪律，确保中央抗震救灾决策部署落到实处。

中央号召，全党和全国军民要更加紧密地团结起来，一切为了灾区，全力支援灾区，以实际行动为抗震救灾贡献力量。中央坚信，有灾区干部群众不屈不挠、顽强奋战的大无畏英雄气概，有全国人民万众一心、共克时艰的社会主义协作精神，我们一定能够战胜这场特大地震灾害。

（《人民日报》，2008年5月15日第1版）

中共中央政治局常务委员会召开会议
要求继续全力做好抗震救灾工作

（2008年5月22日）

中共中央政治局常务委员会5月22日上午召开会议，研究部署继续全力做好抗震救灾工作。中共中央总书记胡锦涛主持会议。

会议听取了国务院抗震救灾总指挥部关于当前抗震救灾工作的汇报。会议强调，四川汶川等地特大地震灾害发生后，在党中央、国务院和中央军委坚强领导下，四川等受灾省份各级党委、政府和中央各有关部门紧急行动，人民解放军指战员、武警部队官兵、民兵预备役人员和公安民警顽强奋战，广大医疗卫生人员、新闻工作者、科技工作者齐心协力，灾区广大干部群众奋勇自救，全国各地区各部门和社会各界全力支持，海外华侨华人踊跃捐助，国际社会积极施援，抗震救灾各项工作取得了重要进展，为打胜这场抗震救灾的硬仗奠定了坚实基础。全党全军全国各族人民以万众一心、同舟共济的伟大精神谱写了一曲中华民族自强不息、团结奋斗的英雄凯歌。

会议指出，当前，抗震救灾形势依然严峻，任务十分艰巨，要继续把抗震救灾作为当前最重要最紧迫的任务，扎扎实实做好各项工作。要继续搜救被困群众，切实把搜救工作落实到每一个乡村，特别是要抓紧彻底排查边远乡村，努力做到无一疏漏。要继续抓紧救治伤病群众，尽快将重伤员转送到条件较好的医疗机构救治，保证灾区医疗急救物资供应，尽最大努力保障受伤群众生命安全。要继续做好卫生防疫工作，尽快充实专业防疫力量，强化灾区防疫，加强疫情监测，确保大灾之后无大疫。要下大气力做好受灾群众安置工作，抓紧调运粮食、食品、饮用水、衣被等物资，加快帐篷、活动板房等急需物资的生产和调运，切实保障受灾群众基本生活，确保他们有饭吃、有衣穿、有干净水喝、有安全住处，特别要精心安置好孤儿、孤老、孤残。要继续抢修因灾毁损的基础设施，特别是要抢护发生险情的水库、水电站和堰塞湖，严防次生灾害造成新的损失。要继续做好思想工作，注重做好心理安抚和思想疏导，加强社会管理，维护好社会秩序，确保灾区社会安定、人心稳定。要在确保安全的条件下，组织灾区干部群众尽快恢复生产，积极帮助广大农民抢收抢种、恢复农业生产，积极创造条件帮助灾区学生恢复上课，努力把这场地震灾害造成的损失减少到最低程度。

会议强调，在全力做好抗震救灾工作的同时，各地区各部门要按照中央的决策部署，一手抓抗震救灾工作，一手抓经济社会发展，全力以赴支援灾区，努力保持经济平稳较快发展，努力保持社会和谐稳定。中央有关部门要指导受灾地区在深入调查、综合评估、科学规划的基础上，及早规划和适时开展灾后重建工作。

会议号召，各级党组织、各级领导干部和广大共产党员要牢记全心全意为人民服务的根本宗旨，真正做到想群众之所想、急群众之所急、办群众之所需、解群众之所难，团结带领广大群众继续信心百倍地同地震灾害作斗争，克服一切困难，排除一切险阻，坚决夺取这场抗震救灾斗争的全面胜利。

（《人民日报》，2008年5月23日第1版）

中共中央政治局召开会议
研究部署抗震救灾和灾后重建工作

（2008年5月26日）

中共中央政治局26日召开会议，研究部署抗震救灾和灾后重建工作。中共中央总书记胡锦涛主持会议。

会议指出，四川省汶川县发生的特大地震是新中国成立以来破坏性最强、波及范围最广、救灾难度最大的一次地震。地震发生后，在党中央、国务院和中央军委坚强领导下，全党全军全国各族人民万众一心、众志成城，各地区各部门各方面紧急行动、全力以赴，灾区广大干部群众不屈不挠、奋起自救，全社会奉献爱心、倾力支援，香港特别行政区同胞、澳门特别行政区同胞、台湾同胞以及海外华侨华人和衷共济、踊跃捐献，形成了抗击地震灾害的强大力量，开展了规模空前的抗震救灾斗争。众多外国政府、国际组织和国际友人积极支援，为抗震救灾提供了宝贵帮助。经过顽强努力，抗震救灾斗争取得了重大阶段性成果。这场抗震救灾斗争，显示了党和人民的伟大力量，弘扬了中华民族的伟大精神，增强了广大干部群众战胜前进道路上艰难险阻的勇气，必将激励我们信心百倍地把全面建设小康社会、加快推进社会主义现代化的伟大进程继续推向前进。

会议指出，当前，抗震救灾形势依然严峻，任务十分艰巨，仍处在刻不容缓的紧要关头。我们要坚持以人为本，在继续做好被困群众搜救工作的同时，把安置受灾群众、恢复生产、灾后重建摆在更加突出的位置，扎扎实实做好抗震救灾各项工作。

会议强调，要增派有经验的专家，保证医疗急救物资供应，做好部分伤员转移治疗工作，全力抢救受伤群众，尽最大努力保障伤员生命安全。要着力安排好受灾群众生活，调动各方面资源，抓紧生产和调运帐篷、篷布房材料、活动板房等物资，抓紧调运生活物资，确保灾区群众临时居住和基本生活。要全力开展卫生防疫工作，增派卫生防疫人员，及时调运防疫药品，迅速把卫生防疫力量覆盖到所有乡镇村庄，加强疫情监测报告，确保大灾之后无大疫。要严密防范次生灾害，加强地震监测预报，做好余震防范工作，重点做好堰塞湖险情处置。要抓紧抢修基础设施，尽快全面恢复灾区交通、通信、供电、供水。在确保安全的前提下，灾区企业要自力更生、奋起自救，农村要组织抢收、抢种，尽快恢复工农业生产。要创造条件帮助灾区学生恢复上课，妥善安排孤儿、孤老、孤残生活，深入做好受灾群众心理安抚和思想疏导工作，加强社会管理，维护好灾区社会秩序。要认真做好灾后重建前期工作，统筹规划、科学评估、分步实施，抓紧制定灾后重建规划和具体实施方案，建立对口支援机制，举全国之力，加快恢复重建。

会议强调，要进一步加强组织领导，加强地方、部队及各方面救援力量的协调配合，建立健全强有力的市县乡村抗震救灾领导体制，充分发挥基层党组织的战斗堡垒作用、各级干部的模范带头作用、广大党员的先锋模范作用，确保抗震救灾各项工作和措施的落实。各级干部要坚持把群众利益放在第一位，深入灾区，深入基层，靠前指挥，把受灾群众安危冷暖放在心上，满腔热情帮助受灾群众排忧解难，尽心尽力帮助他们渡过难关。要引导灾区群众发扬自力更生、艰苦奋斗精神，互帮互助，苦干实干，在全国人民支持下满怀信心重建家园、创造美好生活。要加强宣传舆论工作，及时准确公布震情灾情和抗震救灾情况，深入宣传抗震救灾中涌现出来的先进集体和模范人物，激励广大干部群众振奋精神，团结一心搞好抗震救灾工作。

会议强调，当前，改革发展稳定任务很重。各地区各部门要按照中央的决策部署，坚持一手抓抗震救灾工作、一手抓经济社会发展，全力以赴支援灾区，全力以赴保持经济平稳较快发展、社会和谐稳定，切实做好奥运会和残奥会的筹备工作，以实际行动支持抗震救灾，坚决夺取这场抗震救灾斗争的全面胜利。

会议还研究了其他事项。

（《人民日报》，2008年5月27日第1版）

中共中央政治局常务委员会召开会议
研究部署汶川地震灾后恢复重建对口支援工作

（2008年6月5日）

中共中央政治局常务委员会6月5日上午召开会议，研究部署汶川地震灾后恢复重建对口支援工作。中共中央总书记胡锦涛主持会议。

会议指出，四川汶川特大地震发生后，在党中央、国务院和中央军委坚强领导下，全党全军全国各族人民万众一心、众志成城、顽强奋战，夺取了抗震救灾斗争的重大阶段性胜利。在这场抗震救灾的艰苦斗争中，全国各省区市大力发扬一方有难、八方支援的精神，紧急派出大批抢险、医疗卫生等队伍奔赴灾区，全力参与搜救被困群众、救治伤员、防控疫情、抢修基础设施等工作，同时向灾区运送大批救灾物资，踊跃捐款捐物，千方百计帮助受灾群众解决临时和过渡住所，为抗震救灾工作作出了突出贡献。

会议指出，这次四川汶川特大地震是新中国成立以来破坏性最强、波及范围最广的一次地震。灾后恢复重建是一项十分艰巨的任务，为加快灾后恢复重建，必须充分发挥社会主义制度能够集中力量办大事的政治优势，举全国之力。要坚持一方有难、八方支援，自力更生、艰苦奋斗的方针，按照“一省帮一重灾县”的原则，合理配置力量，建立对口支援机制，组织有关省市对口支援灾区加快灾后恢复重建。

会议要求，对口支援机制建立后，承担对口支援任务的有关省市要按照中央的统一部署，积极为灾区提供人力、物力、财力、智力等各种形式的支援，优先解决受灾群众基本生活条件，帮助恢复建设城乡基础设施、公共服务设施和居民住房，开展人才培训、科技支持服务等。中央将统一研究制定对口支援的优惠政策。

会议强调，承担对口支援任务的地区和受援地区都要加强领导、精心组织，加强协调配合，严格遵循灾后重建规划布局、选址要求和建设标准，制订科学合理的建设计划，依据规划抓紧实施。受援地区要坚持自力更生、艰苦奋斗，充分发挥广大干部群众的积极性，互帮互助、苦干实干，全力开展生产自救，在全国人民大力支持下，用自己的双手和辛勤劳动加快重建美好家园。

会议决定，近期召开有关会议，对灾后恢复重建对口支援工作作出具体安排。

（《人民日报》，2008年6月6日第1版）

中共中央、国务院在京召开省区市和中央部门主要负责同志会议

（2008年6月13日）

6月13日，中共中央、国务院在北京召开省区市和中央部门主要负责同志会议。中共中央总书记、国家主席、中央军委主席胡锦涛，中共中央政治局常委、全国人大常委会委员长吴邦国，中共中央政治局常委、国务院总理温家宝，中共中央政治局常委、全国政协主席贾庆林，中共中央政治局常委李长春，中共中央政治局常委、中央书记处书记、国家副主席习近平，中共中央政治局常委、国务院副总理李克强，中共中央政治局常委、中央纪委书记贺国强等出席会议。

胡锦涛在会上发表重要讲话，全面分析了当前形势，提出了做好抗震救灾和恢复重建、推动经济社会又好又快发展、筹办北京奥运会等工作的总体要求和主要任务。温家宝在讲话中通报了前一阶段抗震救灾工作情况和当前经济形势，对地震灾后恢复重建对口支援、保持经济发展良好势头等工作作了具体部署。

会议强调，这次会议是在国际国内形势出现不少新的复杂因素、党和国家工作面临不少新的严峻挑战的情况下召开的。今年以来，全党全国全面贯彻党的十七大精神，以邓小平理论和“三个代表”重要思想为指导，深入贯彻落实科学发展观，全面推进经济建设、政治建设、文化建设、社会建设和党的建设，党和国家各项工作取得了新的重大进展。同时，我们也遇到了不少严峻挑战。面对这些复杂因素和严峻挑战，中央及时作出决策部署，各级党委和政府坚决贯彻落实中央的要求，带领广大干部群众万众一心、团结奋斗、沉着应对，保持了改革发展稳定的大局。当前，抗震救灾工作进入安置受灾群众和恢复重建前期准备阶段，实现今年经济社会发展预期目标进入关键时期，北京奥运会开幕在即，形势逼人，任务艰巨，全党同志必须统一思想认识、坚定必胜信心、全力做好工作。

会议强调，四川汶川特大地震是新中国成立以来破坏性最强、波及范围最广、救灾难度最大的一次地震，给四川、甘肃、陕西、重庆等地人民生命财产和经济社会发展造成重大损失。地震发生后，在党中央、国务院和中央军委坚强领导下，在国务院抗震救灾总指挥部直接指挥下，全党全军全国各族人民众志成城，各省区市和各部门紧急行动，人民解放军指战员、武警部队官兵、民兵预备役人员和公安民警勇挑重担，广大医疗卫生人员、新闻工作者、科技工作者齐心协力，灾区广大干部群众奋勇自救，各民主党派、各人民团体以及社会各界全力支援，各方志愿者自觉参与，香港同胞、澳门同胞、台湾同胞以及海外华侨华人踊跃捐助，国际社会积极施援，形成了抗击地震灾害的强大力量，展开了气壮山河的抗震救灾斗争。经过前一阶段艰苦卓绝的努力，最大限度地解救了被困群众，受灾群众基本生活初步得到安排，社会秩序保持总体稳定，抗震救灾工作取得了重大阶段性胜利，显示了党和人民的伟大力量，弘扬了中华民族的伟大精神，谱写了自强不息、团结奋斗的英雄凯歌。

会议指出，当前抗震救灾形势依然严峻、任务十分繁重。要坚持以人为本，继续全力以赴做好救治伤员、安置受灾群众、加强卫生防疫、防范次生灾害、抢修基础设施等方面的工作，并在这个基础上，尽快开展灾后恢复重建工作。地震灾后恢复重建是一项十分艰巨的任务，必须全面贯彻落实科学发展观，充分发挥社会主义制度能够集中力量办大事的政治优势，举全国之力，精心规划、精心组织、精心实施，扎扎实实做好工作。一是要坚持一方有难、八方支援。灾区群众是祖国大家庭的一员，帮助灾区群众及早重建家园、恢复正常生活生产，是大家的共同心愿和义不容辞的职责。中央决定，按照“一省帮一重灾县”的原则，建立对口支援机制。要按照加强领导、抓紧实施，依据规划、有序开展，统一政策、有力保障，善始善终、搞好衔接的要求，在规划编制、建筑设计、专家咨询、工程建设和监理、城乡居民住房和基础设施、公共服务设施建设、恢复生产等方面认真做好对口支援工作。中央将采取一系列政策措施，拨出专项资金，大力支持地震灾后恢复重建。中央各部门也要按照中央要求做好支持地震灾后恢复重建工作。二是要坚持自力更生、艰苦奋斗。要动员和激励灾区广大干部群众发扬在抗震抢险斗争中表现出来的英勇气概，注重把政府推动和运用社会各方面力量结合起来、把建设物质家园和建设精神家园结合起来，坚定大灾面前压不垮、大难面前不低头的决心和信心，互帮互助、苦干实干，在中央和全国各地大力支持下，用自己的双手和辛勤劳动重建美好家园。三是要坚持科学规划、分步推进。地震灾后恢复重建是百年大计，要从长计议，经得起实践和历史的检验。要尊重规律、运用规律，深入调查、缜密研究，发扬民主、集思广益，总体安排、分步推进，坚持科学民主决策，充分听取包括地震灾区干部群众在内的各方面的意见和建议，在科学规划、科学设计、科学施工的前提下有重点、分步骤、高质量地推进恢复重建工作。四是要坚持因地制宜、分类指导。地震灾后恢复重建要从当地实际出发，与经济社会发展水平相适应，全面统筹、分类指导，立足当前、着眼长远，保证重点、兼顾一般，加强资源综合利用，努力争取最大效益和最好效果，让灾区人民满意，让全国人民满意。

会议指出，为了加快地震灾后恢复重建，中央制定了《汶川地震灾后恢复重建对口支援方案》，组织广东、江苏、上海、山东、浙江、北京、辽宁、河南、河北、山西、福建、湖南、湖北、安徽、天津、黑龙江、重庆、江西、吉林，对口支援四川省18个县（市）和甘肃省、陕西省受灾严重地区。承担对口支援任务的地方，要按照中央的统一部署，积极为灾区提供人力、物力、财力、智力等各种形式的支持，优先解决受灾群众基本生活条件，夯实灾区自我发展的基础和能力。

会议指出，重大自然灾害给人类造成重大损失，也加深了人类对客观规律的认识。我们要组织力量，对这次汶川特大地震以及抗震救灾工作进行系统的研究总结，从而更加深刻地认识和把握我国自然灾害频发的国情，更加有效地提高防灾减灾能力、加强全社会灾害防范教育、完善应急体制机制，更加有力地保护人民生命财产安全和经济社会发展成果。

会议强调，实践再一次告诉我们，发展是党执政兴国的第一要务，只有发展才能为我们应对各种困难和风险打下坚实物质基础。今年以来，各级党委和政府坚决贯彻落实中央关于今年经济工作的决策部署，保持了经济平稳较快发展的势头。特大地震灾害和国际经济不利因素没有改变我国经济平稳较快发展的基本面，国民经济继续朝着宏观调控的预期方向发展。这说明中央的方针政策和部署是完全正确的，宏观调控是卓有成效的，也说明我国经济社会发展具有强劲的动力和活力，具有应对困难局面的能力。同时，我们也要看到，今年经济社会发展面临十分复杂的局面，不确定因素增加。我们既要正确估计我国经济社会发展的有利条件和积极因素，坚定做好各项工作的信心；又要充分认识面临的问题和挑战，增强风险意识和忧患意识，积极做好应对各种困难局面的充分准备。

会议强调，我们要继续深入贯彻落实科学发展观，加强和改善宏观调控，增强宏观调控的预见性、针对性、灵活性，把握好宏观调控的重点、节奏、力度，深化改革开放，推进经济结构调整和发展方式转变，加大稳健的财政政策对结构调整、保障民生、地震灾后恢复重建的支持，全面完成经济社会发展各项任务。一是要综合运用经济、法律和必要的行政手段，以经济手段为主，注重标本兼治、远近结合，着力在治本上下工夫，千方百计抑制价格总水平过快上涨。要加强粮食、食用植物油、肉类等基本生活必需品和其他紧缺商品的生产，完善储备体系，确保重要产品和物资的有效供给。要提高价格调控的预见性，加强价格监测，加强市场监管，维护市场秩序。二是要全力抓好农业生产。要落实各项支农惠农政策，加大对农业的投入力度，提高农业综合生产能力。要始终坚持立足国内，实现粮食基本自给的方针，牢牢把握解决粮食问题的主动权。要加强对农业生产的组织，确保夏收夏种顺利完成，抓好秋粮生产，力争全年粮食获得好收成。受灾地区尤其要落实好各项扶持政策，抓好抢收抢种，严密防控重大动物疫情，加快水利重建，切实抓好农业生产恢复和发展。要强化协调配合，强化技术指导，切实做好防汛抗洪减灾工作。三是要扎实推进经济发展方式转变。要加快产业结构优化升级，加紧推进节能减排各项工作，大力优化投资结构，稳定和完善外贸政策。四是要进一步加强金融监管，促进资本市场健康发展，保持房地产市场稳定，切实防范金融风险。五是要积极推进重点领域和关键环节改革，在正确处理改革发展稳定的关系下，积极应对挑战，勇于克服困难，努力拓展对外开放广度和深度，加快提高开放型经济水平。要在全国大力开展增收节支、勤俭节约活动，优化支出结构，提高资金使用效益，严格控制行政开支，把资源更多用在地震灾后恢复重建上，用在解决群众生产生活困难上，用在国家经济社会发展最急需的地方。

会议强调，举办奥运会，是中华民族的百年期盼，是海内外中华儿女的共同心愿，也是我们对国际社会的郑重承诺。不论遇到什么困难和挑战，我们都要顺应全国各族人民的共同心愿，履行我们作出的国际承诺，坚决办好北京奥运会。现在距北京奥运会开幕不到两个月了，时间非常紧迫。我们必须更加发奋努力、更加深入细致地做好各项筹办工作，确保办成一届有特色、高水平的奥运会。要抓紧做好抗震救灾工作，尽快把受灾群众安置好，为举办北京奥运会营造良好氛围。要加强宣传舆论工作，引导广大干部群众深刻认识办好北京奥运会的重大意义，以任何困难都压不倒的英雄气概，更加出色地当好东道主、办好奥运会。要抓紧做好北京奥运会开幕式、闭幕式筹备工作，鼓励我国体育健儿大力发扬抗震救灾斗争中表现出来的顽强精神，强化训练，扎实备战，努力在北京奥运会上取得优异成绩。要深入做好奥运宣传工作，广泛开展迎奥运、讲文明、树新风活动，结合各类群众性精神文明创建活动开展丰富多彩的活动，形成讲文明、重礼仪、团结友善、热情好客的良好风尚。要全力做好奥运安保工作。

会议强调，要坚持在经济发展的基础上，进一步调整国民收入分配和财政支出结构，不断加大保障和改善民生工作力度，加强就业和社会保障工作，加快建立覆盖城乡居民的社会保障体系，大力发展教育、卫生、文化事业，加快建立基本医药卫生制度，切实解决好人民最关心、最直接、最现实的利益问题。当前，要重点做好困难群众就业、高校毕业生就业工作，及时帮助零就业家庭解决就业困难，特别是要大力帮助受灾地区劳动力就业，尽可能安排受灾群众参与灾后恢复重建；重点完善和落实城乡居民最低生活保障制度，加强对受灾群众、城乡特困户等困难群众的社会救助，妥善安排灾区孤儿、孤老、孤残生活；重点帮助受灾地区学生恢复上课，保证考上大学的贫困家庭子女和受灾地区学生都能入学；重点做好灾区卫生防疫工作，做好临时安置群众医疗卫生工作；重点保障受灾群众有临时和过渡住所，扶持有条件的受灾群众尽快重建家园，多渠道解决城市低收入家庭住房困难。

会议指出，各级党委和政府要全面分析和把握影响社会稳定的各种因素，抓紧完善维护社会稳定的体制机制和政策措施，确保社会大局稳定。要深刻认识和准确把握新形势下人民内部矛盾的特点和规律，发挥党和政府主导的维护群众权益机制的作用，加强思想政治工作，加强基层基础工作，深入开展矛盾纠纷排查化解工作，依法及时合理处理群众反映的问题。尤其要深入了解受灾群众的利益要求，对涉及群众切身利益的各种问题能够解决的要抓紧解决，引导他们稳定情绪、增强生活勇气，积极投入地震灾后恢复重建工作中去。要加强社会治安综合治理，深入开展平安创建活动，营造良好社会治安环境。要深入做好维护西藏和其他藏区社会稳定工作，坚决维护社会主义法制、维护人民群众根本利益。

会议强调，各级党委要增强政治意识、大局意识、责任意识，坚决贯彻落实中央的决策部署，紧紧围绕全党的中心任务，坚持一手抓抗震救灾工作，一手抓经济社会发展，更好地发挥领导核心作用。各级领导干部要深入基层、深入群众、深入一线，及时发现和解决工作中存在的突出矛盾和问题。要继续按照党的十七大对加强和改进党的建设作出的战略部署，全面推进党的建设各项工作，尤其要把深入学习实践科学发展观活动和引导广大干部讲党性、重品行、作表率与当前工作紧密结合起来，在各项工作中充分发挥党委的领导核心作用、基层党组织的战斗堡垒作用、领导干部的模范带头作用、共产党员的先锋模范作用。

会议指出，要大力弘扬抗震救灾的伟大精神，大力宣传抗震救灾斗争中涌现出来的先进思想和模范事迹，使之转化为自力更生、艰苦奋斗、重建家园的坚定意志，转化为办好奥运、建设祖国的实际行动，转化为推动科学发展、促进社会和谐的强大力量。广大党员、干部要牢记全心全意为人民服务的根本宗旨，关心群众疾苦，倾听群众呼声，千方百计为群众排忧解难，带头发扬艰苦奋斗精神，做到吃苦在前、享受在后。各级干部特别是领导干部要坚持实事求是、求真务实，扎扎实实为人民群众办实事、办好事，使我们作出的决策、采取的举措、开展的工作符合实际情况和客观规律，符合人民群众的愿望和利益，努力创造经得起实践、人民、历史检验的实绩。

会议强调，在前进道路上，我们还会遇到这样那样的困难和风险的挑战。我们一定要居安思危、未雨绸缪，把前进道路上可能遇到的困难设想得更严峻一些，把各项应对预案搞得更周密一些，把各方面工作做得更细致一些，经受住任何困难和风险考验，不断把党和国家事业推向前进。

（略）

（《人民日报》，2008年6月14日第1、4版）

全国人大常委会会议

第十一届全国人大常委会第四次委员长会议

（2008年5月22日）

今天下午十一届全国人大常委会举行第四次委员长会议，听取国务院关于四川汶川大地震抗震抢险及救灾工作情况的汇报。中共中央政治局常委、全国人大常委会委员长吴邦国主持会议并发表重要讲话。他强调，要把思想和行动统一到中央的决策部署上来，同心同德，坚定信心，全力以赴夺取抗震救灾斗争全面胜利，奋发图强实现经济社会又好又快发展。

中共中央政治局常委、国务院副总理、国务院抗震救灾总指挥部副总指挥李克强列席会议并代表国务院作了汇报。

吴邦国指出，汶川大地震发生后，中央高度重视，胡锦涛总书记多次主持召开中央政治局常委会，研究部署抗震救灾工作，决定成立抗震救灾总指挥部，亲赴灾区慰问受灾群众、看望救援人员、指导抗震救灾工作，并发表重要讲话。温家宝总理在第一时间赶赴灾区指挥抗震救灾。党中央、国务院、中央军委其他领导同志也亲临灾区或以其他方式指导抗震救灾工作。在党中央、国务院、中央军委的坚强领导下，在国务院抗震救灾总指挥部的直接指挥下，受灾地区各级党委、政府和中央有关部门紧急行动，人民解放军指战员、武警部队官兵、民兵预备役人员、公安民警、医疗救护人员等救援人员和新闻工作者，迅速奔赴灾区，以不怕牺牲、不怕艰难的英雄气概投身抗震救灾战斗。灾区干部群众临危不惧，不屈不挠，奋起自救和互救。全国上下人不分老幼、地不分南北，有钱出钱、有力出力，万众一心、共克时艰。海外华侨华人心系祖国、情系灾区，踊跃捐助。抗震救灾工作正在有力有序有效加紧进行。

吴邦国代表全国人大及其常委会，向四川汶川大地震遇难同胞表示深切哀悼，向英勇顽强的灾区干部群众表示亲切慰问，向浴血奋战在抗震救灾第一线的所有救援人员表示崇高敬意，向爱心援助灾区的各界人士表示衷心感谢。

委员长会议组成人员对前一阶段抗震救灾工作给予充分肯定。吴邦国说，经过来自各方救援人员夜以继日、争分夺秒的英勇奋战，抗震救灾工作已经取得阶段性成效。他表示相信，有党中央、国务院、中央军委的坚强领导，有全党全军全国各族人民的众志成城，有灾区干部群众的顽强拼搏，我们一定能够战胜这场特大地震灾害，夺取抗震救灾斗争的全面胜利。

吴邦国强调，当前抗震救灾工作仍处在关键阶段，各有关方面要坚决落实胡锦涛总书记在四川抗震救灾工作会议上的重要讲话等一系列重要指示精神，坚决执行中央的决策部署，在国务院抗震救灾总指挥部的直接指挥下，继续尽最大努力搜救被困人员，同时要精心救治受伤人员，使重伤员尽快脱离生命危险；要妥善安排受灾群众生活，搞好善后处理工作，确保灾区社会稳定；要全面细致地做好灾区卫生防疫工作，确保大灾之后无大疫；要切实防止余震、滑坡、泥石流、洪水、环境污染等次生灾害，保护好救援人员人身安全，确保不发生新的重大损失；要继续恢复交通、通信、供水、供电等基础设施，着手谋划灾后重建的规划建设工作，保障抗震救灾工作有力有序有效地向前推进。

吴邦国强调，全国人大常委会全力支持抗震救灾工作。一是，决定将听取审议国务院关于抗震救灾工作情况的报告，列入6月下旬召开的十一届全国人大常委会第三次会议议程。二是，坚决落实党中央的决定，支持国务院集中财力投入抗震救灾的安排，对今年预算支出结构做出相应调整，以抗震救灾、保障灾区人民生活为根本，一切从抗震救灾工作实际情况出发，需要多少给多少。经全国人大批准的2008年中央预算中安排了中央预算稳定调节基金，根据特事特办的原则，同时又要保证正常预算执行，同意从中央预算稳定调节基金中调用一部分乃至大部分，作为建立灾后恢复重建基金的主要来源，按基金实际收支情况列入和调整年度预决算，以后再依法报全国人大常委会审查和批准。鉴于中央国库库款比较充裕，所需资金可先从中央国库库款中调拨。要确保抗震救灾和灾后重建资金及时到位，并加强对资金使用情况的审计和监督。对明后年的恢复重建资金要早做考虑、早做安排，及时足额纳入年度预算。三是，及时总结经验，研究修改突发事件应对法、防震减灾法等相关法律法规，增强针对性和可操作性，为抗震救灾和应对突发事件提供更加有力的法律保障。

吴邦国指出，发展是硬道理。我们之所以能够抵御这场特大地震灾害，很重要的一条，就是靠改革开放三十年的发展积累，要夺取抗震救灾斗争的全面胜利，归根到底也要靠发展。汶川大地震和低温雨雪冰冻灾害，给今年的经济工作带来始料未及的影响。实现全年经济社会发展目标，形势更加严峻，任务更加艰巨。我们要牢牢抓住发展这个党执政兴国的第一要务，全面贯彻落实党的十七大精神，深入贯彻落实科学发展观，加快经济发展方式的“三个转变”，促进经济社会又好又快发展。各地区、各部门要在继续支援抗震救灾的同时，更加奋发有为地做好本地区、本部门的工作，以实际行动为抗震救灾和经济社会发展贡献力量，努力夺取抗震救灾和经济社会发展“双胜利”，把这场特大地震灾害造成的损失降到最低程度。

会议开始时，全体与会人员肃立默哀，深切哀悼汶川大地震遇难同胞。

全国人大常委会副委员长王兆国、路甬祥、乌云其木格、陈至立、周铁农、李建国、司马义·铁力瓦尔地、陈昌智、严隽琪、桑国卫出席会议，全国人大各专门委员会和常委会各工作机构负责同志、国务院有关部门负责同志列席了会议。

（原题为《吴邦国在全国人大常委会委员长会议上强调，全力以赴夺取抗震救灾斗争全面胜利，奋发图强实现经济社会又好又快发展》。《人民日报》，2008年5月23日第1、4版）

第十一届全国人大常委会第五次委员长会议

（2008年6月16日）

十一届全国人大常委会第五次委员长会议16日上午在北京人民大会堂举行。吴邦国委员长主持会议。

委员长会议决定，十一届全国人大常委会第三次会议于6月24日至26日在北京举行，建议会议审议国务院关于四川汶川特大地震抗震救灾及灾后恢复重建工作情况的报告等议案。

委员长会议建议十一届全国人大常委会第三次会议的其他议程是：审议国务院关于提请审议2008年中央预算调整方案草案的议案（略）。

鉴于当前抗震救灾和灾后重建工作任务十分繁重，委员长会议同意对原计划安排常委会第三次会议审议的保险法修订草案、防震减灾法修订草案，国务院关于年度决算的报告和审计工作报告的审议延后安排。

委员长会议听取了全国人大常委会副委员长兼秘书长李建国作的关于十一届全国人大常委会第三次会议议程草案和日程安排意见以及相关工作事项的汇报，听取了全国人大相关专门委员会负责人关于十一届全国人大常委会第三次会议有关议程情况的汇报。

全国人大常委会副委员长王兆国、路甬祥、乌云其木格、韩启德、华建敏、陈至立、周铁农、蒋树声、陈昌智、严隽琪、桑国卫出席会议。

（原题为《人大常委会召开第五次委员长会议》。《人民日报》，2008年6月17日第1版）

第十一届全国人大常委会第三次会议

（2008年6月26日）

为期3天的十一届全国人大常委会第三次会议完成各项议程后，26日下午在北京人民大会堂闭会。会议经表决，通过了关于四川汶川特大地震抗震救灾及灾后恢复重建工作情况报告的决议，批准了国务院提出的2008年中央预算调整方案。

吴邦国委员长主持闭幕会。

本次常委会会议审议了国务院关于四川汶川特大地震抗震救灾及灾后恢复重建工作情况的报告，通过了关于这个报告的决议。决议充分肯定并高度评价前一阶段的抗震救灾工作，同意报告提出的关于灾后恢复重建工作的安排。

会议经表决，通过了关于批准2008年中央预算调整方案的决议，决定批准国务院提出的2008年中央预算调整方案。

（略）

完成各项议程后，吴邦国委员长发表重要讲话。他说，这次常委会会议，是在抗震救灾斗争取得重大阶段性胜利的形势下召开的。会议专门安排听取和审议了国务院关于四川汶川特大地震抗震救灾及灾后恢复重建工作情况的报告，审查了国务院提出的2008年中央预算调整方案，并作出相关决议。决议高度评价前一阶段抗震救灾工作取得的显著成效，充分肯定国务院和地方的工作，要求灾区广大干部群众、承担对口支援的省市，要认真贯彻中央的部署，继续做好受灾群众安置和灾后恢复重建工作。这次会议还批准了调整后的2008年中央预算，同意建立灾后恢复重建基金，为抗震救灾和灾后恢复重建工作顺利推进提供资金保障。全国人大将继续全力支持抗震救灾和灾后恢复重建工作。

他说，今年以来，在党的十七大精神指引下，我国各项事业取得了新的重大进展。同时，汶川特大地震和年初低温雨雪冰冻灾害，以及国际市场石油、粮食等初级产品价格攀升和美国次贷危机造成的影响，也给我国今年经济工作带来了不少困难。尽管这些不利因素并没有改变我国经济发展的基本面，但我们应当清醒地认识到，要实现全年经济社会发展目标，形势更加严峻、任务更加艰巨。因此，我们必须毫不动摇地坚持发展是硬道理的战略思想，全面贯彻党的十七大精神，深入贯彻落实科学发展观，认真落实6月13日中央召开的省区市和中央部门主要负责同志会议精神，坚持一手抓灾后重建，一手抓经济社会发展，高度重视、及时研究、切实应对经济运行中出现的突出矛盾，用发展和改革的办法解决前进中的问题，着力推进经济发展方式的“三个转变”，防止经济增长由偏快转为过热、防止价格由结构性上涨演变为明显通货膨胀，实现经济社会又好又快发展。继续支持奥运会筹办、组织等各项工作，排除各种干扰，确保把北京奥运会办成一届有特色、高水平的奥运会。切实做好维护社会稳定工作，及时有效化解和处置影响社会稳定的各种问题，确保社会大局稳定。

（略）

全国人大常委会副委员长王兆国、路甬祥、乌云其木格、韩启德、华建敏、陈至立、周铁农、李建国、蒋树声、陈昌智、严隽琪、桑国卫出席会议。国务委员刘延东、最高人民法院院长王胜俊、最高人民检察院检察长曹建明等列席会议。

（原题为《人大常委会第三次会议闭幕》。《人民日报》，2008年6月27日第1、2版）

第十一届全国人大常委会第九次会议

（2009年6月27日）

为期6天的十一届全国人大常委会第九次会议在完成各项议程后，27日上午在人民大会堂闭幕。（略）

吴邦国委员长主持会议。

（略）

完成各项议程后，吴邦国发表讲话。

（略）

吴邦国说，全国人大代表和全国人大常委会组成人员一直十分关心四川汶川特大地震抗震救灾和灾后恢复重建情况，全力支持国务院集中财力投入抗震救灾和灾后恢复重建工作。去年6月专门听取审议了国务院的专项工作报告，并作出相关决议，这次会议又专门安排听取审议了国务院关于灾后恢复重建工作情况的报告。审议中，大家对前一阶段恢复重建工作给予充分肯定，对报告提出的下一阶段工作安排表示赞同。大家强调，灾后恢复重建是一项重大的民生工程和发展工程，各有关方面要充分认识这项重大工程的紧迫性、艰巨性和复杂性，深入贯彻落实科学发展观，按照中央的决策部署，坚持民生优先，立足灾区实际，着眼长远发展，确保质量效益，完善规划政策，扎实推进恢复重建工作。要着力解决城乡居民尤其是特困群众住房建设问题，进一步加强学校、医疗卫生机构等公共设施以及交通、水利等基础设施的恢复重建，尽快把灾区建设成为人民安居乐业、社会和谐繁荣的美好家园。

（略）

全国人大常委会副委员长王兆国、路甬祥、乌云其木格、韩启德、华建敏、陈至立、周铁农、李建国、司马义·铁力瓦尔地、蒋树声、陈昌智、严隽琪、桑国卫出席会议。国务委员戴秉国、最高人民法院院长王胜俊、最高人民检察院检察长曹建明等列席会议。

（原题为《人大常委会第九次会议闭幕》。《人民日报》，2009年6月28日第1、4版）

国务院常务会议

研究部署当前抗震救灾和经济工作

（2008年5月21日）

国务院总理温家宝21日主持召开国务院常务会议，研究部署当前抗震救灾和经济工作。

会议指出，5月12日发生在四川汶川的8级特大地震，给人民生命财产造成重大损失。在党中央、国务院的统一部署和直接指挥下，灾区干部群众，解放军、武警官兵和公安民警迅速行动，奋力抗震救灾。全国人民万众一心，众志成城，一方有难，八方支援。在抗震救灾中涌现出许多感天动地的英雄事迹，表现出不屈不挠、团结奋斗的民族精神，凝聚了海内外华人的情感和力量，增强了全国各族人民战胜灾害的信心和勇气。目前，抗震救灾还面临许多困难和问题：重灾区道路抢通、保通难度大，一些边远乡村救灾物资运入和伤员运出困难；灾区环境卫生条件差，极易发生传染病疫情；不少水库、水电站、堤防等存在安全隐患，地震形成不少堰塞湖，次生灾害隐患多；大量受灾群众的吃饭、饮水、穿衣、住处等问题亟待解决，大量孤儿、孤老、孤残需要安置和抚慰；一些基层组织遭到很大损失，社会管理恢复正常的难度较大；灾区生产恢复和灾后重建任务十分艰巨。

会议分析了经济形势。当前经济运行继续保持总体平稳态势，农业生产形势较好，夏季粮油有望获得较好收成，生猪生产恢复势头继续向好，工业生产基本平稳，市场消费持续较旺。存在的突出矛盾主要是价格上涨压力仍然存在，部分地区煤电油供应较紧，财政支出压力较大等。汶川地震对灾区经济造成严重影响，也对整体经济运行增加了一些新的不确定因素，但不会改变经济发展的基本面。

会议强调，抗震救灾仍处在刻不容缓的紧要关头，要继续把抗震救灾作为当前最重要最紧迫的任务。要以科学发展观统揽全局，坚持“两手抓”，一手要毫不松懈地抓抗震救灾，坚持以人为本，加强领导，统筹协调，科学调度，强化责任，严明纪律，做好各项抗震救灾工作；一手要坚定不移地抓经济发展，进一步加强和改善宏观调控，着力控制物价上涨，着力保持经济平稳较快发展。

第一，全力做好抗震救灾工作。继续全力搜救被困人员，尽快将重伤员抢运到条件较好的医疗机构救治，增派和充实专业防疫力量，强化灾区防疫工作。做好灾区群众安置工作，确保灾区群众有饭吃、有衣穿、有干净水喝、有安全住处。抓紧抢修灾毁基础设施，重点抢护发生险情的水库、水电站和堰塞湖，严防次生灾害造成新的损失。中央财政安排250亿元，加大对抗震救灾的资金投入。

第二，及早谋划和适时开展恢复生产和灾后重建工作。在国务院领导下，尽快组织专门力量研究制定灾后重建规划和具体实施方案，充分考虑当地地质条件和资源环境承载能力，合理确定城镇、工农业生产布局和建设标准。举全国之力多渠道筹集灾后重建资金。中央财政今年先安排700亿元，建立灾后恢复重建基金，明后年继续作相应安排。建立严格的监管制度，管好用好捐赠款物。灾区干部群众要自力更生，奋起开展生产自救。

第三，保持经济平稳较快发展。切实加强农业生产，组织好小麦跨区机收，统筹做好夏种工作，稳定扩大玉米、水稻等粮食作物面积，做好防汛抗旱的各项准备，努力夺取全年农业丰收。抑制物价过快上涨，强化物价管理，加强重点商品价格监测预测预警，依法严厉打击价格违法和囤积居奇。确保煤电油运稳定供应，把保障电煤供应作为今年迎峰度夏的首要任务。搞好安全生产，加强社会治安综合治理，维护社会稳定。在全国开展支援灾区全民节约活动，各级党政机关和国有企事业单位要减少会议、接待、差旅和公车使用支出，压缩出国团组。严格控制公车购置，暂停审批党政机关办公楼项目。中央国家机关今年的公用经费支出一律比预算减少5%，用于抗震救灾。

会议指出，在党中央、国务院的坚强领导下，我们有决心、有信心、有能力克服一切艰难险阻，坚决打胜抗震救灾和促进经济社会又好又快发展这两场硬仗。

（原题为《温家宝主持召开国务院常务会议，强调一手毫不松懈抓抗震救灾、一手坚定不移抓经济发展》。《人民日报》，2008年5月22日第1、2版）

审议并原则通过《汶川地震灾后恢复重建条例（草案）》

（2008年6月4日）

国务院总理温家宝4日主持召开国务院常务会议，研究部署当前农业生产工作，审议并原则通过《汶川地震灾后恢复重建条例（草案）》。

（略）

会议指出，汶川地震灾后恢复重建时间紧、任务重，涉及方方面面，制定《汶川地震灾后恢复重建条例》，把灾后恢复重建工作纳入法制轨道十分必要。《条例》草案重点作了以下规定：一是明确了以人为本、科学规划、统筹兼顾、分步实施、自力更生、国家支持、社会帮扶的方针和相关原则。二是对过渡性安置的方式方法、安置地点选址、配套设施建设以及资金和物资的分配使用等作了明确规定，要求安置资金、物资和临时住所的分配使用公开透明。三是对地震灾害调查评估、损毁的重要公共设施的工程质量鉴定以及地震资料收集、保存、建档提出了明确要求。四是明确了恢复重建规划的编制主体、原则、要求和程序，要求编制规划吸收有关部门、专家参加，充分听取地震灾区干部群众意见，批准的规划要及时公布。五是对实施恢复重建的责任主体和相关环节等作了明确规定，要求灾后恢复重建优先安排交通、通信、电力、供水、住房、学校、医院等，并对学校、医院等公用设施的抗震设防提出特殊要求。六是明确了恢复重建的资金筹集与政策扶持原则。七是对恢复重建资金、物资和工程质量监管作出了严格规定。会议决定，该《条例》草案经进一步修改后，由国务院公布施行。

会议还研究了其他事项。

（原题为《温家宝主持召开国务院常务会议》。《人民日报》，2008年6月5日第1版）

研究部署地震灾区恢复生产工作

（2008年6月11日）

国务院总理温家宝11日主持召开国务院常务会议，研究部署地震灾区恢复生产工作，审议并原则通过大型油气田及煤层气开发、艾滋病和病毒性肝炎等重大传染病防治两个国家科技重大专项实施方案。

会议认为，做好地震灾区恢复生产工作，对于搞好抗震救灾，促进灾区经济社会发展，具有重要意义。会议指出，开展地震灾区恢复生产工作，必须贯彻落实科学发展观，充分发挥地方、企业和广大干部群众的主体作用，坚持自力更生、生产自救，加大政府支持力度，鼓励社会广泛援助，调动各方面积极性，形成合力。一要统筹安排，确保重点。以修复重要基础设施、搞好重点工程、抓好农业抢收抢种、搞活商贸流通、保障群众生活为重点，分类指导，分步实施。二要调整结构，优化布局。坚持恢复生产与调整区域生产力布局和产业结构相结合，贯彻国家产业政策。按照市场需求，结合当地资源、环境条件，发展优势产业；推进节能减排，淘汰落后生产能力，推动产业升级，促进可持续发展。三要主动自救，多方支援。加大国家政策支持和社会帮扶力度，充分依靠灾区各级人民政府，组织受灾企业和干部群众开展生产自救，减轻灾害损失。四要注重安全，维护稳定。加强地震监测，防范次生灾害，加强隐患排查治理，严格安全审查验收，确保在安全条件下恢复生产。五要广开渠道，扩大就业。实施多种形式的就业援助，开展以工代赈，增加就业机会。六要加强领导，协调配合。把恢复生产和灾后重建摆在更加突出的位置，建立健全强有力的恢复生产领导体制。各级政府和有关部门要认真负责、加强协调，切实抓好灾区工业、农业、商贸流通、金融服务、旅游、基础设施等重点行业和领域的恢复生产工作。

（略）

（原题为《温家宝主持召开国务院常务会议》。《人民日报》，2008年6月12日第1版）

研究支持汶川地震灾后恢复重建的政策措施

（2008年6月18日）

国务院总理温家宝18日主持召开国务院常务会议，研究支持汶川地震灾后恢复重建的政策措施，审议并原则通过《关于推进海南农垦管理体制改革的意见》，部署在中央和国家机关开展节能活动。

会议指出，为支持灾区人民开展生产自救、重建家园，必须统筹各方力量，加大政策扶持力度。会议决定，主要从财政、金融、税收、土地、就业和粮食收购等方面采取措施，大力支持灾后恢复重建。一是建立中央财政灾后恢复重建基金，统筹和引导地方财政、社会捐赠、对口支援、银行贷款等各类资金，重点对城乡居民倒塌房屋、公共服务设施、基础设施恢复重建以及工农业恢复生产给予支持。二是减轻受灾严重地区企业、单位和个人的税收及行政事业性收费等负担，促进企业尽快恢复生产，对受灾严重地区基础设施、房屋建筑物等恢复重建给予税收优惠，并实施鼓励社会各界支持抗震救灾和灾后恢复重建以及促进就业的税收政策。三是尽快全面恢复金融机构服务功能，实施向受灾地区倾斜的信贷政策，对重点基础设施、中小企业和“三农”发展加大信贷支持力度。四是大力开展就业援助，将因地震灾害造成就业困难的人员及时纳入就业援助范围，优先保证零就业家庭至少一人就业；大力开发公益性岗位，对失业人员创业和灵活就业人员等给予适当补贴和信贷支持。五是采取产业扶持政策和土地矿产资源政策，支持受灾地区恢复生产，调整产业结构，优化布局。六是完善稻谷最低收购价政策，稳定受灾地区粮食市场，保障困难群众口粮供应；粮食直补和农资综合直补政策适当向灾区倾斜，促进粮食生产和农民增收。会议强调，要注重发挥政策的引导作用，鼓励灾区人民自力更生、艰苦奋斗。

（略）

（原题为《温家宝主持召开国务院常务会议》。《人民日报》，2008年6月19日第1版）

审议并原则通过《汶川地震灾后恢复重建总体规划》

（2008年8月27日）

国务院总理温家宝27日主持召开国务院常务会议，审议并原则通过《汶川地震灾后恢复重建总体规划》。

会议指出，根据国务院抗震救灾总指挥部第24次会议要求，发展改革委将《汶川地震灾后恢复重建总体规划》公开征求国内外社会各界意见，并在充分吸收各方面意见和建议的基础上，对总体规划做了修改完善，进一步明确了恢复重建的指导思想、基本原则、重建目标、重点任务和政策措施。总体规划是开展恢复重建工作的重要依据，对加快灾区经济社会发展，重建美好家园，具有重要指导作用。

会议指出，修改后的总体规划围绕用3年左右时间使灾区的基本生活条件和经济社会发展达到或超过灾前水平的重建目标，提出了灾后恢复重建的主要任务。一是根据资源环境承载能力，科学安排恢复重建的空间布局，将规划区的国土空间划分为适宜重建、适度重建、生态重建3类，并分别明确这3类重建区城乡、产业布局和人口安置的基本原则。二是根据城乡居民住房建设和消费的不同特点，明确居民住房恢复重建的要求和相关政策。三是按照恢复完善功能、统筹安排的要求，优化城镇布局，增强防灾能力，改善人居环境。四是与统筹城乡综合配套改革、新农村建设和扶贫开发相结合，恢复重建农村生产生活设施，建设一批优质粮油、特色经济等生产基地。五是根据城乡布局和人口规模，推进教育科研、医疗卫生、文化体育、自然遗产、就业和社会保障等公共服务设施建设。六是根据地质地理条件和城乡经济社会发展需要，合理确定建设标准，恢复交通、通信、能源、水利设施，增强安全保障能力。七是合理引导受灾企业原地重建、异地新建和关停并转，支持发展特色优势产业。八是加强防灾减灾体系和综合减灾能力建设，提高灾害预防和紧急救援能力。九是尊重自然、尊重规律、尊重科学，加强生态修复和环境治理，促进人口、资源、环境协调发展。十是弘扬抗震救灾精神和中华民族优秀传统文化，重塑灾区群众积极乐观向上的精神面貌，抢救和保护具有历史价值、民族特色的非物质文化遗产。

规划明确了财政、税费、金融、土地、产业、对口支援、社会援助等方面的政策要求，对资金、项目和重要物资的监管等作出了具体规定。

会议强调，汶川地震灾后恢复重建任务异常繁重，工作十分艰巨，必须切实加强党和政府的领导，紧紧依靠灾区广大干部群众，切实搞好地区之间对口支援与合作，精心规划，精心组织，精心实施，使灾区人民在恢复重建中赢得新的发展机遇，与全国人民共同全面建设小康社会。

（原题为《温家宝主持召开国务院常务会议》。《人民日报》，2008年8月28日第1、4版）

研究确定中央财政地震灾后恢复重建基金的具体安排方案

（2008年11月12日）

国务院总理温家宝12日主持召开国务院常务会议。为落实中央关于扩大内需，促进经济平稳较快增长的决策部署，会议研究决定四项实施措施。

一、（略）

二、（略）

三、确定中央财政地震灾后恢复重建基金的具体安排方案。一是以中央财政地震灾后恢复重建基金3000亿元为主导，统筹安排受灾地区财政投入、社会捐赠、对口支援、银行贷款等各类恢复重建资金。二是基金重点支持恢复重建总体规划确定的51个县（市、区）；对规划范围以外的其他灾区，中央加大财政转移支付和扶贫开发等支持力度。三是对恢复重建总体规划确定的城乡住房、城镇建设、农村建设、公共服务、基础设施、产业重建、防灾减灾、生态环境、精神家园等，分别确定补助原则、标准和恢复重建基金安排规模。会议强调，要加强部门指导，落实地方政府主体责任，统筹协调各类恢复重建资金，发挥组合优势，加快恢复重建工作。要严格财经纪律，加强监督检查，增加透明度，确保资金使用安全、合规、有效。

四、（略）

（原题为《温家宝主持召开国务院常务会议》。《人民日报》，2008年11月13日第1、2版）

国务院专题会议

研究部署加强四川汶川地震抢险救灾保障工作

（2008年5月13日）

2008年5月13日下午，国务院副总理、抗震救灾总指挥部副总指挥李克强主持召开会议，进一步贯彻中央政治局常委会议和抗震救灾总指挥部会议精神，研究部署四川汶川等地地震抢险救灾保障等项工作。

会议指出，灾情发生以来，在抗震救灾总指挥部统一领导下，各有关地方、部门和单位紧张有序地开展工作。解放军、武警官兵和公安干警迅速出动，全力搜救被困群众。卫生部门及时调派医疗救援队伍和药品，全力救治受伤人员。民政、财政等部门下拨救灾资金，调拨救灾帐篷，妥善安排受灾群众生活。通信管理部门为确保信息畅通，调集卫星电话等通信设备紧急运往灾区。发展改革、交通运输、铁道等部门全力组织抢修受损公路、铁路、民航等基础设施，优先保障救援人员和物资运输需要。各有关部门切实加强地震监测，有效防范次生灾害，及时发布灾情信息，大力维护社会治安秩序，全面做好抗震救灾工作。

会议强调，当前正值抗震救灾的关键时刻，各地各有关部门要按照党中央、国务院和中央军委的统一部署，一切服从和服务于抗震救灾这个大局，全力以赴，不惜物质代价，切实解决当前抗震救灾工作中的突出问题，坚决做好各项保障工作。

会议议定以下事项：

一、抓紧做好灾区抢险应急物资供应保障工作。确保在最短的时间、以最快的速度，把抢险应急所需物资运送到灾区，这是当前保障工作的首要任务。要抓住未来几天天气好转的有利时机，千方百计营救被困人员。对救援部队反映的前方缺乏专用救灾器材，特别是可供单人使用的轻巧型工具，基础设施保障组要尽快协调落实。有关地方和部门要根据救灾需要，连夜组织筹集抢险救援装备，交通运输和铁道部门要特事特办，保证抢险机械设备和物资的运输。要全力以赴保障灾区群众基本生活，对灾区所缺物资特别是瓶装水、方便食品、照明物资和帐篷等生活必需品，基础设施保障组、群众生活组要立即筹措调运，必要时可通过空投解决。要抓紧做好物资储备工作，确保满足前方各种急需。对四川省政府提出的医疗药品需求，基础设施保障组要尽快解决。

二、全力做好抗震救灾的基本保障。要抓紧抢修因灾受损的交通运输、铁路、电力、通信等设施设备。生产恢复组要采取有效的应急手段，抓紧恢复灾区通信。要在保证安全的前提下，加快抢修宝成铁路，尽快恢复通车；要进一步加强高速公路交通管理，保证向灾区运输物资通道的通畅；民航要开辟绿色通道，优先保障救援人员和救灾物资抵达灾区；电监会要会同国家电网公司等单位，加快抢修受损设备，保证主干网安全运行，优先保障四川供电。对四川电信企业反映的急需大量油料问题，基础设施保障组要尽快协调落实。

三、严防发生次生灾害。地震部门要调集必要的技术力量和设备，不间断地开展监测预报，密切监视震情发展，全力做好余震防御。环境保护部要加强饮用水监测和危险化学品污染防控，确保灾区饮用水安全。水利部务必确保灾区水库运行安全，对病险水库采取泄库等必要措施，降低水位。国土资源部门要对灾区所有重大地质灾害隐患加强监测，制订专门预案，派专人盯守，一旦发生险情及时转移疏散群众。气象部门要做好预报预警，及时通报相关地区和部门。

四、统筹做好四川和其他灾区的抢险救援保障工作。有关部门要在重点保障四川重灾区的前提下，积极支援甘肃、陕西、重庆等其他受灾较重地区，帮助解决突出问题。要密切关注甘肃文县灾情，及时给予援助，可利用陕西通往陇南的道路进行运输支援。空军在做好支援四川救灾的同时，要利用机动力量支持甘肃，空运救援人员、空投救灾物资。要加紧搜寻在灾区失去联系的英国、马来西亚等外籍及台湾旅游团组，并将有关情况及时通报外交部和台办。

五、切实维护全国市场供应稳定。发展改革委、商务部等部门要强化重要商品特别是粮食等生活必需品的稳定供应机制，加强市场监测和调节，坚决打击囤积居奇、走私贩私，一方面要保障灾区所需物资供应，一方面要维持全国市场物价稳定，确保不出问题。

六、进一步加强信息联络和沟通。有关部门负责同志要与总指挥部前方保持密切联系，不折不扣地贯彻落实温家宝总理在灾区现场做出的各项决策和部署；要密切关注灾情变化，及时向前方和国务院办公厅通报情况，既要保障到位，又要周密细致、查缺补漏。国务院办公厅要加大信息汇总专报力度，建立抗震救灾保障工作会商机制，及时发现并解决问题。

对会议议定事项，由国务院办公厅负责督促有关部门落实。

研究部署进一步加强
四川汶川地震抢险救灾保障工作

（2008年5月14日）

2008年5月14日下午，国务院副总理、抗震救灾总指挥部副总指挥李克强、回良玉召开会议，贯彻落实中央政治局常委会和抗震救灾总指挥部会议精神，研究部署和协调抗震救灾各项救援保障工作。

会议强调，目前地震发生已过49个小时，是抗震救灾非常关键的时期。各地各有关部门要按照党中央、国务院的统一部署，进一步加强统筹协调，加大工作力度，打破常规，特事特办，高效有序地组织抢险救援所需人力、财力和物力，确保把各项保障工作逐一落到实处，全力支持前方抢险救援工作。

会议议定以下事项：

一、进一步加强灾区应急物资保障。基础设施保障组要尽快调集抢险救援装备、便携式工具和通信器材，首先重点保障救援部队需要。卫生防疫组要在继续加派医疗救援队伍的同时，尽快调集医疗器械和药品。群众生活组要加大瓶装水、方便食品、帐篷、照明物资等生活必需品筹集力度，抓紧补充救灾物资储备。国务院办公厅要迅即会同有关地区和部门建立救灾物资供求协调机制，有力有序有效地保障前方所需。

二、着力解决灾区运力紧张问题。一方面，基础设施保障组要会同受灾地区抓紧抢修公路、铁路，保障救灾人员、物资的陆路运输，解决制约抢险救灾工作的瓶颈问题。另一方面，民航要调集直升飞机，供前方救援统一调配，充分发挥空中紧急运输能力，建立空运协调机制，区分轻重缓急，统筹安排运输需求，在确保安全的前提下，提高空运效能。

三、加大次生灾害隐患排查力度。有关部门要制订次生灾害隐患排查方案，对灾区道路、桥梁、水库、堤坝等的安全状况进行全面排查。要重点加强对重大地质灾害隐患的排查治理，强化群防群测，做到科学防治，切实减少泥石流、滑坡等灾害损失。要突出抓好灾区水库安全运行，坚决排除险情，尽快解决一些水库因道路不通带来的监测困难问题。继续加强饮用水质监测，强化危险化学品等污染物防控。加强灾区卫生防疫和疾病监测，妥善掩埋处理人、畜尸体，强化环境卫生清理消毒，严防震后传染病暴发流行。

四、统筹做好经济社会发展和维护社会稳定的各项工作。各地各有关部门要在建立抗震救灾应急机制的同时，统筹安排经济社会发展的各项日常工作，确保正常运行。要切实保障市场商品供应和物价稳定，防止出现抢购和哄抬物价等行为，维持正常生产生活秩序。要积极预防、果断处置各类突发事件，确保社会大局稳定。

研究落实四川汶川地震抢险救灾物资保障工作

（2008年5月14日）

2008年5月14日晚，国务院召开会议，研究落实四川汶川地震抢险救灾物资保障工作。

会议指出，在有关部门、地方和社会各界的共同努力下，抗震救灾物资的筹集与供应工作迅速展开，各类救灾物资正源源不断地运往四川等灾区。目前，救灾物资的供应与需求还存在多头管理、缺少统筹和衔接等问题，影响了有限资源的高效使用。

会议认为，四川是重灾区，抗震救灾工作正值关键时刻，必须按照党中央、国务院的决策部署，迅即解决救灾物资供应中存在的突出问题，务求高效、有序，切实做好抗震救灾物资保障工作。

会议议定以下事项：

一、明确救灾物资筹集和供应责任。保障灾区群众基本生活的物资供应，按现有渠道由民政部负责落实。为保证市场供应而筹集的物资，由商务部负责落实。救灾所需装备的供应由发展改革委牵头，会同工业和信息化部及商务部负责落实。医疗卫生药品和器械的供应由卫生部负责落实，其中需动用国家物资储备的由发展改革委负责落实。考虑到这次地震救灾中消毒品（不属于药品储备）用量较大，这部分物资由卫生部负责落实，资金来源由财政部解决。民政部负责生活救灾物资捐赠的接收，发展改革委负责救灾装备捐赠的接收。国际援助物资由外交部负责对外协调，统一由民政部接收，其中属于救灾装备的物资，转给发展改革委统一安排使用。解放军、武警和公安救援队伍生活物资分别由各自负责落实，救灾装备如有需求，由发展改革委会同工业和信息化部及商务部落实。

二、铁路、交通、民航（包括军地直升机）要尽最大可能满足救灾物资运输的需要，按照特事特办原则安排运输计划。

三、加强救灾物资需求调配管理。四川省人民政府要统一汇总调配救灾物资需求，要按照轻重缓急原则，分类做好生活物资、救灾装备和医疗卫生药品安排；要统筹兼顾好灾民和救援队伍的物资需求、救灾和保证市场供应的物资需求，做好救灾物资调运和分配工作。

四、建立救灾物资供求协调机制。救灾物资先由四川省人民政府负责筹集；本省解决不了的，再按照救灾物资类别分别与筹集和供应的牵头部门直接联系，牵头部门紧急组织筹集并调运至灾区需要地点或最近地点。有关部门解决不了的事项，由国务院办公厅协调。国务院应急办立即落实建立抗震救灾物资保障工作联系制度。其他地方灾区救灾供求中出现的问题比照上述原则办理。

研究部署和协调地震灾区救援保障工作

（2008年5月15日）

2008年5月15日下午，国务院副总理、抗震救灾总指挥部副总指挥李克强主持召开会议，传达贯彻落实中央政治局常委会和抗震救灾总指挥部会议精神，研究部署和协调四川汶川地震救援保障工作。

会议指出，从目前情况看，灾情严重程度比预料的要大，救援困难比想象的还多。各地各部门要按照党中央、国务院的统一部署，加快抢险进度，全力做好救援保障工作。

会议议定以下事项：

一、全力以赴做好灾区急需物资保障工作。基础设施保障组、生产恢复组要加强救援设备和器具的筹集、调运和对紧张物资生产的组织工作。群众生活组要协调有关方面，搞好饮用水、食品、衣被、帐篷和小型净水设备等灾区生活必需品的供应。卫生防疫组要紧急调集抢救治疗所需医疗器械和药品。急需物资和储备库调用，实行先计账后结算，财政部要会同有关部门制订详细目录，明确物资范围，提供资金保障。基础设施保障组要充分利用煤电油气运协调机制，做好灾区通信发电用油的供应，保障应急通信设备完好运行。

二、想方设法为前方灾区尽快打通道路提供支持。基础设施保障组要会同有关部门抓紧研究提出工作方案，尽快组织足够的技术和专家力量，想尽一切办法，打开通往汶川、茂县等重灾区的陆路通道。同时，要做好短期内道路不通的应对预案。交通运输部门要努力提高灾区道路运输能力，科学安排调运路线，开通绿色通道，尽早利用213国道建立运往灾区的北线通道，优先保证救灾物资运输。

三、严密防范重大次生灾害发生。基础设施保障组要会同总参谋部等有关方面，做好灾区水库、堰塞湖、水电站安全巡查，加强监测研判，摸清险情底数，搞好预警预报，并做好突发险情应对预案，确保救援人员和群众安全。国土资源部门要继续做好重大地质灾害隐患排查和监测预警，专人盯守泥石流和山体滑坡险情，及时做好人员疏散和撤离。要继续严密监测水质，加强防疫消毒清理，严防传染病暴发流行，确保大灾之后无大疫。

研究部署教育系统
进一步做好抗震救灾工作

（2008年5月17日）

2008年5月17日上午，国务委员刘延东主持召开会议，贯彻落实中央政治局常委会议和抗震救灾总指挥部会议精神，研究部署教育系统进一步做好抗震救灾工作。

会议指出，5月12日下午，四川省汶川县发生地震时正值学生上课，造成师生重大伤亡，校舍塌毁严重。灾情发生以来，在党中央、国务院领导下，教育部迅速启动应急预案，采取有力措施，指导教育系统积极开展抗震救灾工作，为保障师生生命安全做出努力。全国教育系统积极开展赈灾捐款、义务献血等活动，很多学校纷纷派出志愿者、医疗队赶赴灾区救援。

会议强调，抗震救灾是当前教育系统的首要任务，其影响是长远的，灾后重建更是一个长期艰巨的任务。全国教育系统要按照党中央、国务院的统一部署，全力支持抗震救灾，保障灾区师生生命安全，解决抗震救灾和灾后重建中涉及教育的突出问题，帮助灾区师生和他们的家人克服震灾带来的困难，尽最大努力把地震灾害造成的损失减少到最低程度。

会议经过研究，议定以下意见：

一、把维护师生的生命安全放在首位，坚持安全第一，高度警惕并切实防范余震和次生灾害。对灾区校舍要拉网式排查，经鉴定合格后才可使用，防止余震产生危害。组织引导学生远离可能出现滑坡、泥石流、滚石、水库塌陷、堰塞湖破坏、气体泄露、管道爆裂等险情的地方。加强对学生临时集中居住地的安全保护，尤其是对连片的简易帐篷，更要特别注意防止发生火灾事故。积极地、因地制宜地开展防灾知识教育和防灾演练。

对其他有地震威胁的地区，要以适当方式对学校防震工作做出周密预案，危房必须立即停用。

二、加强灾区学校防疫工作。灾区卫生防疫队要把学校和师生临时聚集点作为重点，加强巡回指导，落实防疫责任。加强环境卫生整治，注意食品和饮用水卫生，防止食源性病毒感染。下发防疫手册，普及卫生防病知识，防止传染病流行蔓延。对发生传染病的要及时隔离救治，杜绝发生新的伤亡。

三、抓紧核查师生伤亡、学生致孤和校舍、设备受损情况，摸清底数，配合有关方面做好善后工作。对家在灾区的学生及时给予救助和安抚，使他们感受到组织和集体的温暖。

四、恢复教学对灾后安抚人心，稳定情绪十分重要。要创造条件迅速建立帐篷、活动板房教室等临时课堂，帮助灾区学校恢复教学、恢复学生集体生活。教育部门要帮助灾区做好师资、教材、教具等教学准备工作，针对教师伤亡情况，组织优秀教师志愿者支援灾区教学，让灾区学生得到好的教育。根据灾区需要，组织优秀教育管理者深入灾区，帮助教学力量损失严重的学校恢复和完善教学管理秩序。筹建专门的学校或班级，接纳孤残儿童就学，并对他们的生活条件给予更多保障。研究制定资助受灾学生的特殊政策。

五、组织专家组指导灾区开展心理调适教育。根据国际经验，要抓住6周的最佳时期，把心理辅导做到每一名学生，帮助他们增强战胜困难的勇气和信心。要抓紧编制和发放面向灾区学生和家在灾区亲属伤亡学生的心理辅导手册。

六、妥善做好灾区学生升学考试工作。一是重灾区高考延期举行，具体范围界定、延期时间、组织工作由教育部商受灾省政府尽快确定并向社会公告。二是对参加今年高考的重灾区学生，由教育部门组织高校无偿提供复习和生活条件，保证他们顺利参加高考。三是对考上大学的孤残学生免收学费，提供生活费补助；对没能考上大学的孤残学生，实行免费就读中等职业学校和职业技能培训。四是做好高考命题、保密、招生、录取和安全等有关工作。五是由受灾省政府统筹安排做好中考工作。

七、按照抗震救灾总指挥部统一部署，适时启动受灾学校重建工作。教育部要指导灾区制定受灾学校重建规划，配合有关部门提高学校校舍抗震防灾标准，使其成为最安全的建筑。

八、大力宣传和适时表彰教育系统抗震救灾先进典型和感人事迹，深入开展爱党、爱国、爱社会主义、爱人民的教育，加强和改进思想政治工作和教师队伍建设。发扬“一方有难、八方支援”的精神，动员教育系统广大师生员工积极抗震救灾，参与公益性救灾募捐活动，为灾区学校重建贡献力量。

涉及教育系统抗震救灾的有关政策措施，要通过广播、电视等媒体及时向社会公布。教育部要建立强有力的工作班子，加强对支援灾区学校工作的组织和指导，注意防止增加当地接待负担。

国家汶川地震专家委员会成立
为抗震救灾提供科学支持

（2008年5月21日）

5月21日下午，中共中央政治局常委、国务院总理、国务院抗震救灾总指挥部总指挥温家宝主持召开国家汶川地震专家委员会成立会议。

国家汶川地震专家委员会在国务院抗震救灾总指挥部的领导下开展工作，开展灾害评估工作，组织地震科学考察和研究，为抗震救灾和灾区恢复重建提供科学依据。专家委员会由跨部门、多学科、老中青专家组成，来自中国地震局、科技部、国土资源部、中国科学院、中国工程院、教育部、水利部、环境保护部、住房城乡建设部、中国气象局等10个部门，涉及地震学、地质学、地球物理学、大陆动力学、土木工程学、灾害学及水电工程、水环境与生态、气候等22个专业学科。30位专家中有13位院士、17位研究员和教授。中国科学院院士、中国地震局地质研究所名誉所长马宗晋担任专家委员会主任。

温家宝发表了讲话。他指出，成立专家委员会，为抗震救灾提供科学支持，对于受灾群众的安置、开展生产自救和灾后重建十分重要。专家委员会的主要任务是：第一，进行地震和地质构造的现场调查和评估，协助国家地震部门做好地震预报和次生灾害防治工作。第二，通过调查研究，为制定灾后重建规划提供科学依据。第三，通过资料收集、分析和研究，总结这次地震发生的原因、规律和趋势，为今后防震减灾工作提供科学意见。

来自各方面的专家发表了意见。

国务委员兼国务院秘书长马凯、国务委员孟建柱和有关部门负责人参加了会议。

（原题为《温家宝在国家汶川地震专家委员会成立会议上强调要为抗震救灾提供科学支持》。《人民日报》，2008年5月22日第1版）

研究部署抗震救灾有关保障工作

（2008年5月23日）

2008年5月23日下午，国务院副总理、国务院抗震救灾总指挥部副总指挥李克强主持召开会议，研究部署当前抗震救灾有关保障工作。

会议要求，各地各部门要认真学习贯彻落实中央政治局常委会议和国务院常务会议对继续全力做好抗震救灾工作的安排部署，始终坚持以人为本，当前要在不放弃搜救被困群众的同时，把妥善安置群众生活放在突出位置，全力做好抗震救灾各项保障工作，并及早着手恢复生产和制订重建规划。要坚持两手抓，一手抓抗震救灾工作不放松，一手抓经济社会发展不动摇，坚决打赢抗震救灾和保持经济社会稳定发展这两场硬仗。

会议议定以下事项：

一、抓紧救治和转移伤病人员。卫生部门要加强对医疗救护队伍的组织协调，尽快到达尚未进入的乡镇。增派有经验的专家，加大呼吸道、消化道、皮肤等方面疾病治疗药品的供应和调集力度，确保救出人员得到及时救助。切实组织好向四川省内外城市医院运送伤病员的工作，并抓紧制订治疗和康复计划，提高存活率，降低伤残率，保证康复率。

二、切实安排好灾区生活。民政部、住房城乡建设部要抓紧落实帐篷、活动板房的组织和调运任务，确保生产、确保质量、确保运输，并指导灾区政府统筹安排好发放和使用，优先保证学校、医院等用房需要。财政部要特事特办，提高采购帐篷和活动板房等临时住所预拨资金比例，民政和住房城乡建设部门及时协调拨付到生产企业；住房城乡建设部要加强引导，支持社会组织捐赠认购活动板房。针对近期帐篷和活动板房原材料价格快速上涨问题，住房城乡建设部、民政部要尽快列出主要部件清单，合理确定价格，加强监测，严格价格监管。

三、加强灾区卫生防疫。卫生部要统筹协调有关方面，落实分片包干责任，千方百计实现卫生防疫人员3天内“防疫到村、每村3人”的目标，必要时请军队予以协助同步进村。要加强对灾区传染病的监测报告，搞好乙脑、狂犬病等人畜共患病的疫苗接种，做好灾区现场全面清理和防疫消毒工作，做到不留盲区、不留死角。有关部门要加大防疫消毒药品和移动式净水设备的调集力度。环境保护部要会同住房城乡建设部、水利部、农业部、卫生部，抓紧研究规范相关防疫消毒药品的使用和管理，明确用药标准和范围，防止饮用水源污染。

四、认真谋划阶段性工作。各地各部门要在做好当前应急物资保障的同时，根据过渡恢复阶段灾区群众在生活生产方面可能出现的突出问题，提前考虑和安排各种物资需求，为实现灾区社会安定、人心稳定创造有利条件。民政部、住房城乡建设部要会同各灾区人民政府，尽早提出下一阶段救援物资需求清单，落实好生产、调运和对口支援等任务，保证前后方的有序衔接。

五、统一宣传和信息发布口径。请地震局组织有关专家，就公众关心的问题，结合这次地震特点，解疑释惑，做好舆论引导。

研究地震灾后重建对口支援有关问题

（2008年6月1日）

2008年6月1日下午，国务院副总理、国务院抗震救灾总指挥部副总指挥李克强召开会议，研究灾后重建对口支援有关问题。国务委员兼国务院秘书长马凯出席了会议。

会议认为，四川汶川特大地震发生后，各地区、各有关部门按照党中央、国务院的部署，发扬一方有难、八方支援的精神，积极支援灾区抗震救灾，包括甘肃、陕西等受灾地区在内的30个省（区、市）以及四川省内未受灾的市（州），均对灾区给予了大力支持和帮助。在抢险救灾阶段，及时出动救援和医疗队伍，调集大量装备、食品、药品等物资，解救了大批被困人员，及时救治受伤群众，保障了灾区群众的基本生活；在灾后安置阶段，积极调运帐篷、活动板房以及过渡用房建筑材料，千方百计解决灾区群众临时居住问题，为抗震救灾工作有力有序有效进行创造了重要条件。

会议指出，灾后恢复重建是一项既紧迫又长期的任务，做好这项工作既需要中央在各方面的大力支持，也需要各有关地区多方位开展对口支援，并在财政上安排一定的资金予以保障。开展对口支援工作，要实行统一部署、统一协调、加强指导、密切协作；建立对口支援机制，做到一省帮一重灾县、几省帮一重灾市（州）；广泛调动社会各方面力量，充分发挥市场机制的作用，有力促进恢复重建工作的顺利进行。有关方面要抓紧协调，提出方案，按程序报批。

会议议定以下事项：

一、完善灾后重建对口支援方案。原则同意发展改革委提出的有关意见，要按照支援地区经济实力和受灾地区受损程度，合理确定对口支援组合方案，由东部、中部省份以及重庆市分别对口支援四川省重灾县，对甘肃、陕西省也要建立对口支援关系。请发展改革委抓紧召集四川、甘肃、陕西以及支援省份的发展改革、建设等部门的负责同志，讲清支援任务，共同研究提出具体的对口支援方案建议，报国务院抗震救灾总指挥部审议。鉴于各地民政救济支援主要是救灾物资、款项的对口，活动板房支援方案是根据各地区活动板房生产能力和灾区的临时住所需要确定的，与灾后重建全面对口支援关系不可能完全对应，但要注意做好相关工作，尽可能衔接起来。

二、安排好其他地区和社会各界的支援工作。未安排对口支援任务的省份，要继续做好当前已开展的各项抗震救灾支援工作，如有进一步支援要求，将统筹研究。鼓励各有关部门、企事业单位、社会团体和组织积极参与支援灾区的具体建设。社会各界的捐赠款物，要继续通过民政等规范渠道支援灾区。

三、继续做好受灾群众安置工作。各地区、各有关部门要按照抗震救灾总指挥部的统一安排部署，继续抓紧调运帐篷和活动板房，满足群众临时居住、上学、医疗等需要。同时，认真安排好灾区群众生活，加快抢修地震损毁的道路、通信、电力等设施，组织指导灾区恢复工农业生产，并做好与灾后重建工作的衔接。

四、抓紧编制灾后重建规划。抗震救灾总指挥部灾后重建规划组与受灾地区要根据重建任务，明确规划编制分工，会同受灾地区制订总体规划和生产力布局等专项规划，以及北川等受灾严重、需要异地重建县城的重建规划。受灾地区的重建规划，要充分发挥受灾地方的作用，区分不同层次，各负其责，把支持支援和自力更生有机结合起来。对口支援的省份要参与受援地方的重建规划编制，积极给予技术支持。中央有关部门要加强协调指导。

五、积极研究对口支援的内容和优惠政策。发展改革委要按照灾后重建任务的轻重缓急，进一步明确对口支援的具体内容。财政部要牵头研究有关财税优惠政策，并研究提出今年中央财政资金支持的重点领域和地区。国土资源部要会同有关部门研究制订灾后重建规划实施的土地利用政策。灾后重建组要加强组织，做好各项政策的衔接和统筹协调。

国务院抗震救灾总指挥部会议

国务院抗震救灾指挥部成立会议

（2008年5月12日）

四川7.8级地震发生后，中共中央政治局常委、国务院总理温家宝12日下午乘坐专机赶赴四川，前往受灾严重的地区现场指挥抗震救灾工作。

（略）

下午4时40分许，飞机起飞后，温家宝就主持召开紧急会议部署工作。他说，四川发生了特别重大的地震灾害。据目前掌握的情况，灾情发生后，党中央、国务院高度重视，胡锦涛总书记作了重要指示，国务院成立了以我为总指挥的抗震救灾指挥部，并设立有关部门、军队、武警部队和地方党委、政府主要负责人参加的救援组、预报监测组、医疗卫生组、生活安置组、基础设施组、生产恢复组、治安组、宣传组等8个抗震救灾工作组。

温家宝说，这次抗震救灾工作时间特别紧迫，责任特别重大，任务特别艰巨，各级党委、政府要把保护人民生命财产安全放在第一位，全力做好被困群众和受伤群众的救治工作，安排好受灾群众生活，全力组织恢复受损的基础设施，特别要抓紧通水、通电、通路，保证通讯畅通，保证重要基础设施和水库大坝、铁路、公路、涵洞的安全，保证社会秩序的正常。

温家宝强调，党中央、国务院要求，各级领导干部要站在抗震救灾第一线，身先士卒，带领广大群众做好抗震救灾工作。要发扬不怕牺牲，不怕疲劳，连续作战的作风，一切想着人民，一切为了人民，一切为人民的利益而工作。

温家宝说，在灾害面前，最重要的是镇定、信心、勇气和强有力的指挥。我相信在党中央和国务院的坚强领导下，广大军民团结一致，众志成城，我们一定能够战胜这场特别重大的地震灾害。

（略）

（原题为《温家宝抵达四川指挥抗震救灾》。《人民日报》，2008年5月13日第1版）

国务院抗震救灾总指挥部第一次会议

（2008年5月12日）

中共中央政治局常委、国务院总理温家宝今天晚上11时40分在地震灾区都江堰临时搭起的帐篷内召开国务院抗震救灾指挥部会议，分析当前抗震救灾形势，部署下一步抗震救灾工作。

目前，已有近两万解放军和武警官兵到达灾区开展救援。另有2.4万名官兵紧急空运到重灾区，还有1万名官兵通过铁路输送前往灾区，实施应急救助。3000名公安消防和特警也将紧急调往灾区。中国国际救援队也已抵达灾区，开始救援。

温家宝提出四项要求：

第一，现在第一位的工作是抓紧时间救人，多争取一分一秒的时间就可能多抢救出一个被困者。我们必须把抗震救灾工作组织好，尽最大力量救人。要调动更多的解放军和武警部队官兵紧急投入到抗震救灾中。

第二，要不惜一切代价连夜打通道路。这是目前抗震救灾工作的关键。同时，要采取措施，尽快恢复通水、通电、通讯，不能有丝毫耽误。

第三，卫生部要统筹协调，从各地调医疗人员赶赴灾区。要准备好足够的救护车、药品等。

第四，要全力妥善安置好受灾群众，要紧急从各地调运大批帐篷，满足群众避震、避雨需要。

温家宝强调，人命关天，救人要紧，抗震救援要科学、有序、统一进行。干部和党员要站在第一线，组织好抗震救灾工作。

据了解，截至13日零点，四川灾区死亡人数已达近万人。

（原题为《子夜时分在震区都江堰临时搭起的帐篷内温家宝主持召开国务院抗震救灾指挥部会议》。《人民日报》，2008年5月13日第1版）

国务院抗震救灾总指挥部第二次会议

（2008年5月13日）

中共中央政治局常委、国务院总理、国务院抗震救灾指挥部总指挥温家宝13日上午7时再次召开国务院抗震救灾指挥部会议。他强调，务必要在今天晚上12时以前打通通往震中灾区的道路，全面开展抗震、抢险、救人工作。

温家宝说，目前抗震救灾工作处于十分困难的阶段，有的灾区道路不通、通讯不通，个别地方情况不明，而且现在还下着雨，给抢险增加了难度。人民生命财产高于一切，现在还有很多人掩埋在废墟中，时间最为宝贵，时间就是生命，要争分夺秒，尽最大努力，抢救埋压在废墟下的群众的生命。像都江堰这样能够全面开展抢险救灾工作的地方，要集中力量全力救人。

温家宝强调，部队指战员要全力以赴打通道路，进入震中区域，同时要组织对受灾地区进行空投，尽快将食品、药品和急需的抢险物资空投到重灾区。目前，有的重灾区抢险人员还未进入，情况不是太清楚，要力争在今天晚上12时以前派人进入所有受灾的市、县甚至乡镇，进一步摸清灾情，组织开展抢救工作。

温家宝同时要求，随着救灾工作的深入，要进一步做好群众的思想工作。这次地震是特大自然灾害，党中央、国务院高度重视，要尽最大努力组织人力物力支援灾区，现在卫生、抢险、救援等各种力量正源源不断向灾区集中。

温家宝说，从现在起要明确责任制，做到责任到人，任务落实到人，按时按要求完成任务。

（原题为《温家宝要求在今晚12时前打通通往震中灾区的道路》。
中华人民共和国中央人民政府门户网站：
http://www.gov.cn/ldhd/2008-05/13/content_969179.htm）

国务院抗震救灾总指挥部第三次会议

（2008年5月13日）

（略）13日中午，温家宝在德阳召开国务院抗震救灾指挥部临时会议。他说，从目前情况看，现在地震灾区有四个突出问题需要尽快加以解决。一是要迅速调集食品尤其是饼干、奶粉、面包、牛奶和矿泉水，供应给受灾的群众和孩子们；二是灾区目前仍在下雨，这给受灾群众造成更大困难，要迅速调集帐篷，有序搭建，供群众避雨和休息；三是从各地调集的医疗队和药品，要加快速度，克服一切困难到达灾区，有些交通不便的灾区可以采用空投医疗队和药品的方式解决这一问题；四是各地重灾区被掩埋的群众还有很多，被掩埋的孩子也很多，时间就是生命，各级党委政府要迅速组织力量，调集机械作业工具，全力以赴抓紧时间救人，尽快解决这一问题。

（略）

（原题为《温家宝深情看望受灾群众，要求尽快解决地震灾区突出问题》。《人民日报》，2008年5月14日第1、4版）

国务院抗震救灾总指挥部第四次会议

（2008年5月13日）

中共中央政治局常委、国务院总理、国务院抗震救灾指挥部总指挥温家宝13日20时30分在列车上召开国务院抗震救灾指挥部会议，强调当前抗震救灾的核心任务仍然是救人。

据悉，已到达四川灾区开展抢险救灾的解放军指战员和武警官兵达到2万多人，14日将还有2万多人到达。13日部队共出动18架直升机，飞行28架次，向受灾地区空投物资12吨。另有6000多名公安干警到达灾区参加抢险救灾。中国国际救援队和四川、重庆等地的地震救援队分别抵达灾区，已经开始从废墟中救人。经过广大干部群众的努力，四川灾区的通水、通电、通讯工作取得一定进展，药品、食品等救援物资以及医疗队正在组织和输送过程当中。

温家宝说，面对这次特大自然灾害，在党中央、国务院领导下，截至目前，救援工作开展得有力、有序、有效。他强调，以人为本是救灾的核心，要抓住时机、抓紧时间抢救人员，这是整个抗震救灾工作的重中之重，目前阶段的全部工作都要紧紧围绕救人展开，在这样特大震情下，把人员伤亡降低到最低限度。

温家宝强调，为使整个救灾工作顺利进行，必须力争尽快通路、通电、通水，保障电讯畅通，这其中，通路是关键。要把灾民安置工作放在重要位置，在满足灾民物质生活需要的同时加强基层思想政治工作，干部要走到群众中间去，走到受灾群众当中去，真正地关心他们。

温家宝强调，要加强统一指挥，提高救人的效率。部队、武警、公安、消防、地震救援等多种救援力量要协调行动，使抗震救灾工作更加高效，更加有力。他同时要求卫生部门迅速从全国抽调3000名医护人员，以最快速度到达四川地震灾区，开展医疗救治工作。

在谈到救援人员仍然没有抵达汶川等个别重灾区的原因时，温家宝强调，这次特大地震灾害造成有些地方多处山体滑坡，导致公路多处中断；山体移位，近距离相靠，给抢修公路造成极大困难，尽管各方面投入了很大的人力、物力和机械，但由于受工作面狭窄的影响，抢修作业无法全面展开。温家宝再次强调，尽管困难很大，也要想尽一切办法，连夜抢修，尽快打通通往震中地区的公路。同时，参与抢险救灾的部队和武警官兵、公安干警要通过各种不同途径，采取空运、水路、步行、翻山等多种方式尽早进入汶川等重灾区。

温家宝要求会后各个工作组要立刻落实会议要求，连夜部署，连夜行动。

（原题为《温家宝主持会议部署抗震救灾，强调当前抗震救灾的核心任务仍然是救人》。《人民日报》，2008年5月14日第1、4版）

国务院抗震救灾总指挥部第五次会议

（2008年5月14日）

2008年5月14日中午12时，温家宝总理召开抗震救灾指挥部会议，研究落实中央有关决定的具体措施。

一、增加救援力量。在目前已有兵力的基础上，再增派3万名解放军官兵，使总救援兵力达到10万人，由总参、武警、公安和四川省组成联合指挥部，统一部署抢救工作。先头部队到达后，要尽快摸清实情。并对重灾地区迅速增援兵力。

二、调集救灾工具和设备。已到达部队所需工具和设备，首先由四川省从本省筹集；本省解决不了的，基础设施保障组按军队、四川省提出的抢险急需工具设备清单，在周边省份及全国范围内紧急组织征集调运。新增派的部队要尽力自备小型工具，如有困难，由基础设施保障组负责协调解决。

三、充实医疗救助队伍。卫生部、公安部、解放军和武警要继续向灾区增派医护人员。卫生部要进一步加强与四川省、解放军和武警的协调，尽快将医疗队伍部署到受灾地区，并在医院损毁严重的灾区建立战地医院，做好伤员救治工作。同时，各级疾控部门要紧急开展防疫工作，确保大灾之后无大疫。

四、保障生活用品供应。生活保障组将会同四川省进一步做好饮用水、面包、饼干、奶粉等方便食品以及救灾帐篷的组织调运，省内难以解决的，将在全国范围内进行调运。同时，四川省要立即在各受灾村镇、街道增设生活用品发放点，做到有序发放。对救灾物资陆路运输困难的灾区，继续组织实施好空投工作。

五、加强地方各级政府对救灾工作的组织领导。四川省委、政府要进一步明确地方各级抗震救灾指挥部的有关责任和工作要求，强化协调配合。对灾情严重的阿坝、绵阳、德阳、成都、广元、雅安等市州，派出由省级领导为组长的工作组，组织和指导抗震救灾工作。对领导抗震救灾工作软弱不力的地方，及时果断进行调整，派得力干部充实指挥一线。要着力加强乡村、城市社区基层组织的作用，分片包干做好救灾和群众工作。

国务院抗震救灾总指挥部第六次会议

（2008年5月14日）

中共中央政治局常委、国务院总理、国务院抗震救灾指挥部总指挥温家宝14日晚上在从成都前往广元灾区的列车上召开国务院抗震救灾指挥部会议，强调救人仍是当前救灾工作的重中之重，决定向灾区新增90架直升机，用于紧急救援。

经党中央、国务院、中央军委批准，空军将向灾区新增60架直升机，从民航系统调集30架直升机。目前，灾区有20架直升机在执行紧急救助伤员和运送急需物资的任务。

会议强调，这次地震受灾地区大部分是山区，因为塌方、山体移位、泥石流等原因造成许多道路中断。打通道路、恢复交通异常艰难，加上余震不断，山体滑坡接连发生，导致救援物资和救援人员很难通过公路抵达重灾区。为尽快解决这一问题，抓紧时间救人，必须动用空中力量。

据悉，目前四川地震重灾区面积达到6.5万平方公里，涉及阿坝、绵阳、德阳、成都、广元、雅安等6个市、州，严重受灾的县区达到44个，受灾乡镇1061个，人口大约2000万人，根据有关方面介绍，直接受灾人数1000多万。截至14日中午，参与紧急救援的部队、武警和公安民警、专业救援队经过长途徒步跋涉、翻山越岭、克服重重困难抵达几个交通中断的重灾县，实现了“救援人员进入所有受灾县”的阶段性目标，并向纵深展开救援工作。

会议要求空军15日以空投方式将部队官兵送达救援人员尚未到达的重灾乡镇，以便尽快摸清灾情，抢救受伤群众，为进一步抢险救灾创造条件。

据了解，除部队将向灾区新增 3 万兵力、使灾区解放军指战员和武警战士达到10万人外，目前在四川地震灾区现场执行救援任务的公安民警达到1.6万余人。来自各方面的救援队伍14日从四川地震灾区救出伤员18277人，使救出伤员的总数达到64725人，其中重伤员1620人。

温家宝在会上强调，抢救人员仍是当前灾区抗震救灾工作的当务之急和重中之重，要尽一切力量，不惜任何代价抢救人员。人的生命是最宝贵的，对人民负责，对历史负责，就必须在这个关键时刻把救人的工作组织好、安排好、落实好。从大地震发生到现在已有50多个小时，对于抢救工作来说，下一段时间仍然极其宝贵，早一分钟就可以多救活几个人，失去这段宝贵时间，就会造成更多人的伤亡。救人是第一位的工作，我们的决策和部署要坚持以人为本，对人民负责，经得起历史的检验。

温家宝说，随着救援队伍的增加，必须紧急调配抢救工作所需的各种工具，包括吊车、推土机、起重机等大型工具，也包括抢救人员随身携带的切割机、千斤顶、老虎钳等轻型工具。

温家宝最后说，要加强领导，切实做好组织工作。直升机前往灾区时要带足物资设备、医疗人员和抢救人员，返回时要运送重伤员特别是妇女儿童和老人；要将解放军指战员、武警部队、公安民警、预备役民兵和专业救援队伍紧密结合起来，更有效地开展救援工作。

（原题为《温家宝主持召开国务院抗震救灾指挥部会议时强调救人仍是救灾工作重中之重，决定向灾区新增90架直升机》。《人民日报》，2008年5月15日第4版）

国务院抗震救灾总指挥部第七次会议

（2008年5月15日）

中共中央政治局常委、国务院总理、国务院抗震救灾指挥部总指挥温家宝15日晚在列车上召开国务院抗震救灾指挥部会议时说，抗震救灾工作是关系全国、关系全局的大事，必须举全国之力，才能把这项工作做好。

温家宝说，经过地震系统的进一步研究，加上实地观察以及各地上报的情况，汶川地震重灾区的范围已经超过10万平方公里，汶川地震的强度、烈度都超过了唐山大地震。从震情看，这次地震是新中国成立以来破坏性最强、波及范围最大的一次地震。

温家宝说，今天是抗震救灾第四天，地震发生到现在接近80个小时。在特大灾害面前，我们坚决贯彻党中央、国务院的部署，迅速成立国务院抗震救灾指挥部开展工作，坚持抗震救灾工作以人为本，始终把抢救被困人员放在各项工作的首位，一刻也没有放松。我们发扬军民团结、干群团结、党群团结的优势，形成了一个强有力的救援体系。从目前看，前一阶段的工作是有序、有力、有效的。

谈起灾害造成的人员死亡情况，温家宝说，截至15日14时，四川地震灾区已经确认的死亡人数为19509人，估计死亡人数将超过5万人。这是因为目前还有两万多人被掩埋在废墟里，还有很多人失踪。

温家宝说，不管是抢救被困人员，还是将来善后处理、人员安置以至恢复重建，抗震救灾工作始终要坚持以人为本。他提醒说，下一阶段，两个问题可能会比较突出，一是善后，包括对遇难者遗体的处理、防止疫病出现等。二是灾民生活安置问题，伴随救援物资源源不断运到四川，要加强食品、药品和帐篷等救援物资的组织、协调、发放。

温家宝强调，当前抢救人仍然是首要任务，只要有生还希望，就要抓紧时间救人，摸清情况，统一部署，集中指挥，合理调配，搞好分工，落实责任，要做到忙而不乱，紧张有序；要加强基层工作，重视思想工作，维护社会安宁和稳定。

从北京飞抵四川的中共中央政治局委员、国务院副总理、国务院抗震救灾指挥部副总指挥回良玉和马凯、孟建柱等参加了15日晚的会议。

（略）

（原题为《温家宝主持召开国务院抗震救灾指挥部会议时强调抗震救灾必须举全国之力》。《人民日报》，2008年5月16日第1、4版）

国务院抗震救灾总指挥部第八次会议

（2008年5月17日）

5月17日下午，中共中央政治局常委、国务院总理、国务院抗震救灾总指挥部总指挥温家宝主持召开总指挥部会议。会议分析了当前抗震救灾工作的形势，要求抗震救灾要始终坚持以人为本，把保护人民生命安全放在第一位。在搞好抢救工作的同时，要切实做好伤员救治和卫生防疫，妥善处理遇难者的善后工作，安排好受灾群众的生活，严密防范余震破坏和次生灾害，维护社会正常秩序。会议议定以下事项：

一、继续全力搜救被困人员。抢救工作不可放松。只要有一线希望，就要尽最大努力。一是扩大搜索范围，特别是重点地区和救援队新到达地区。在巩固县乡搜救工作的基础上，继续向村庄展开，确保搜救不留死角和盲点。二是科学施救。每支救援队伍要配备专业救援人员，加强技术指导，充分利用生命探测仪和搜救犬等实施搜救。凡发现生存人员的，要立即设法输送药品、牛奶，提供水和食品，并对倒塌建筑进行科学切割、破拆，千方百计施救。三是做好保障工作。要尽快调集起重设备，对大型建筑、工厂等进行全面清理，并提供运输、电力、通信等保障。四是加强搜救组织工作。对救援工作实行集中指挥、合理调度，科学分工、分片包干，落实责任。发挥境外救援队伍的作用，并做好相关保障工作。

二、抓紧被救伤病人员的救治工作。一是已经到达灾区的应急医疗队伍要全力开展有序、有效的救治，保护伤员生命安全；对少数医疗队伍尚未进入的乡镇，要尽快安排空运进入，迅速建立战地医院或医疗点，争分夺秒地抢救受伤群众。二是通过空运、陆运等方式把重伤员转运到省内城市医院实施救治。同时，统筹周边省、市的医疗资源，适度分流、转运、收治受伤群众。三是增派有经验的专家，调集急救设备，加大对重灾区以及偏远地区医药器械、药品供应力度，确保救出人员得到及时救助，尽全力减少伤员致死、致残。

三、着力安排好受灾群众生活。一是认真解决好吃的问题。在继续抓紧向灾区调运方便食品、瓶装水等生活物资的同时，要组织向灾区调运粮食、食用油等物资。国务院决定，在三个月内向灾区困难群众每人每天发放1斤口粮和10元补助金，民政部和财政部要立即制订具体规定。二是全力解决好饮水问题。做好应急饮用水保障工作。加强对城乡水源地进行监测和过滤；加快对损毁工程进行抢修，尽快恢复供水；修建小型应急集中供水系统；对恢复供水困难地区要把分散的水井作为临时水源，并做好临时水源卫生检验和防护。三是切实解决好住的问题。再组织生产调运70万顶帐篷。现有帐篷生产厂家加班增产，同时组织有条件的其他工厂临时转产生产帐篷，边生产边调运，尽早运达灾区。抓紧组织生产、调运、安装一批活动板房和简易房，重点解决临时课堂、卫生院和安置群众的用房。活动板房和简易房的建设要统一规划，合理选址，尽量集中。要通过多种方式，包括投亲靠友、对口安置等，动员社会力量安置群众。四是认真解决好穿的问题。要紧急采购和调运一批衣物和棉被，同时组织开展社会捐赠活动，动员大中城市向灾区捐赠衣被。五是搞活商品物资流通。有条件的商场店铺尽快恢复营业，并在受灾群众临时集中居住点开设小卖部等。坚决打击囤积居奇、哄抬物价等行为，维护市场秩序和物价基本稳定。六是做好抢险救援队伍的组织和保障。地方政府要全力协助保障部队、公安、地震、卫生等救援队伍的后勤补给，做好境外救援队伍的接待和保障工作，有效利用各方力量，为抢险救援创造条件，提供服务。

四、全面加强灾区卫生防疫工作。要把卫生防疫作为抗震救灾的重大任务摆在突出位置，确保大灾之后无大疫。要增派卫生防疫队伍，覆盖所有受灾县乡村，指导开展防疫工作。已经进入灾区的防疫人员要分片包干，合理设点，巡回指导，落实责任制。一是当务之急要尽快做好尸体的消毒和处理。二是搞好灾区水源监测消毒，加强食品和饮用水卫生监督。三是做好畜禽尸体无害化处理，以及垃圾、粪便消毒等环境卫生工作，保证消杀药品供应。四是加强疫情监测，实行重大传染病和突发卫生事件每日报告制度。五是普及卫生防病知识，组织开展环境卫生整治，防止传染病流行蔓延。

五、妥善做好遇难者善后处理工作。一是做好遇难者遗体的身份辨认和火化、埋葬工作。二是做好遇难者家属的抚慰工作，舒缓情绪，向因灾死亡人员的家属发放抚慰金。三是做好灾区孤儿、孤老、孤残的安置工作，确保基本生活。

六、进一步加强地震监测预报工作。地震部门要密切跟踪震情发展，做好趋势分析判定，准确把握主震区及全国震情变化；在灾区增加流动观测组，及时了解各地区地震征兆，全力做好余震防范工作，坚决防止余震造成新的人员伤亡。

七、严防次生灾害。重点防范由于降雨和强余震形成的滑坡、泥石流、滚石，造成人员伤亡和交通堵塞；重点防范水库、水电站、堤坝、堰塞湖破坏，引发水灾；防范恢复通电时可能引起的火灾；抓紧做好危险化学品生产储存设备、输油气管道、军工科研生产重点设施的震灾受损情况的排查，及时采取安全防范措施。

八、做好灾区稳定工作。要严密防范、严厉打击趁机进行盗窃、抢劫、哄抢救灾物资、以赈灾募捐名义诈骗敛取不义之财、传播谣言制造社会恐慌等违法犯罪活动。要充分发挥基层组织的作用，积极主动地做好群众的思想工作，及时化解各种不稳定因素。

会议强调，抗震救灾工作任务非常繁重，四川省等受灾地区、各有关部门要加强组织领导，强化协调指挥机制，落实责任分工，保证各项工作有力、有序、有效开展，确保抗震救灾工作落到实处。

中共中央政治局常委、国务院副总理、国务院抗震救灾总指挥部副总指挥李克强，国务委员兼国务院秘书长马凯，国务委员孟建柱和有关部门负责人出席会议。

（原题为《温家宝主持召开国务院抗震救灾总指挥部会议：抗震救灾要始终坚持以人为本，把保护人民生命安全放在第一位》。《人民日报》，2008年5月18日第4版）

国务院抗震救灾总指挥部第九次会议

（2008年5月18日）

18日下午，中共中央政治局常委、国务院总理、国务院抗震救灾总指挥部总指挥温家宝在中国地震局主持召开总指挥部会议。会议要求加强地震监测预报，做好灾害评估，开展地震科学考察和专题研究，为保护群众生命安全和灾后重建提供科学依据。

会议听取了中国地震局关于汶川地震有关情况的汇报，并提出四点要求：

第一，加强监测，努力准确把握震情发展趋势。地震部门要加强余震监测和趋势分析，加密、强化现场流动观测，把握震情的发展变化，及时提供可靠的预警信息，做好余震防范工作，防止造成新的人员伤亡。同时，要统筹安排力量，科学部署，做好全国其他地区的地震监测工作。

第二，做好地震灾害评估工作。要结合灾区实际，抓紧做好地震灾区灾害评估，为人员搜救和灾后恢复重建提供科学依据。

第三，加强科学考察和研究。总指挥部成立“汶川地震专家委员会”，由全国各方面的专家组成，开展地震的科学调查、总结和专题研究，为抗震救灾和地震预报提供科学支持。

第四，继续发挥地震专业救援队伍在抢救工作中的骨干作用。

国务委员兼国务院秘书长马凯、国务委员孟建柱等出席会议。

（原题为《温家宝在中国地震局召开抗震救灾总指挥部会议，要求进一步加强地震监测预报工作》。《人民日报》，2008年5月19日第1版）

国务院抗震救灾总指挥部第十次会议

（2008年5月19日）

5月19日下午，中共中央政治局常委、国务院总理、国务院抗震救灾总指挥部总指挥温家宝主持召开总指挥部第十次会议，听取被困人员搜救、伤病员救治、遇难者善后处理和灾区卫生防疫等工作情况汇报。会议议定以下事项：

第一，扩大搜救范围。部队要克服一切困难，确保24小时内进入到所有村庄。

第二，做好防疫工作。医疗救治、卫生防疫和医药器械物资要覆盖到所有灾区。尚无医疗防疫队伍进入的地区，要安排空运医疗防疫人员和药品。根据灾区防疫工作的需要，在5天内，每天增派卫生防疫人员500名，并派出1000名卫生监督员。国家发展改革委、卫生部负责从全国各地调运防疫物资，在四川或附近省市企业组织生产消毒杀菌药品。普及防疫知识，紧急印制500万份宣传材料，同时利用各种宣传媒体开设专栏。加强信息沟通和统一报送，已制作的400台带有疫情报告软件和GPS定位系统的手机要尽快发往成都，开展网络直报系统工作。

第三，做好善后处理工作。认真执行民政部、公安部、卫生部《关于“5·12”地震遇难人员遗体处理意见》。在遗体发现后尽快完成相关鉴别程序，并在卫生部门的指导下进行处理，同时，做好家属抚慰工作。做好孤儿、孤老、孤残的救助安置工作，确保他们的基本生活。国务院决定，3个月内，为每人每月提供600元基本生活费。民政部要抓紧核实确定“三孤”人员身份，采取就地安置和对口支援等多种形式进行安置。

（原题为《温家宝主持召开国务院抗震救灾总指挥部第十次会议，要求继续做好人员抢救、灾区防疫和善后处理工作》。《人民日报》，2008年5月20日第1版）

国务院抗震救灾总指挥部第十一次会议

（2008年5月20日）

5月20日下午，中共中央政治局常委、国务院总理、国务院抗震救灾总指挥部总指挥温家宝主持召开总指挥部第11次会议，研究受灾群众生活安排、防范次生灾害等工作。会议议定以下事项：

第一，近日再向灾区紧急调运4万顶帐篷。从5月30日起，每天运抵灾区3万顶，一个月内新增90万顶。同时，另有80万顶简易棚支援灾区。

第二，两天内首批6000套安置房起运灾区，6月30日前达到25万套，三个月内达到100万套。

第三，对高危水库逐一排查，做到低水位或空库。落实保安行政责任人和管护责任人。制定和完善应急预案和下游人员转移方案。加强预报和巡防，24小时值班。水利部调集专家和抢险队员，实行分片负责，对险情严重的要立即实施应急除险加固。

第四，对堰塞湖情况进行全面核查。由水利部抽调专家与武警水电部队、四川省共同组成工作组迅即到达现场。对高危风险的堰塞湖要加强监测预警，制定转移预案，及时转移受威胁区群众和抢险人员。组织专家进行全面评估，制定除险方案，实行工程除险。部队和国土资源部在人力、技术和设施上予以支持。

国务委员兼国务院秘书长马凯，国务委员孟建柱和有关部门负责人出席会议。

（原题为《温家宝主持召开国务院抗震救灾总指挥部第十一次会议：切实安置受灾群众，有效防范次生灾害》。《人民日报》，2008年5月21日第1版）

国务院抗震救灾总指挥部第十二次会议

（2008年5月22日）

2008年5月22日晚，国务院总理、国务院抗震救灾总指挥部总指挥温家宝在四川绵阳主持召开总指挥部第十二次会议，听取水利组关于唐家山堰塞湖应急疏通工程方案的汇报，研究部署有关防止次生灾害的工作措施。国务院副总理、国务院抗震救灾总指挥部副总指挥回良玉，国务委员兼国务院秘书长马凯出席会议。

会议指出，由于汶川特别重大地震引发的山体滑坡和崩塌堵塞河道，形成位于北川县城上游的唐家山堰塞湖。近期水位迅速上涨，溃决的危险不断增大。为保证沿岸群众和抢险救援施工队伍安全，水利组提出利用天然垭口开挖引流渠，在引渠出口段采用铅（钢）丝笼护面、在斜坡段采用钢丝笼大块石护面的疏通工程方案，以使湖水缓慢下泄，并制订了三套具体实施方案。

会议强调，随着汛期来临，唐家山堰塞湖严重影响北川、绵阳等下游地区的安全。如不及时采取措施，一旦发生溃决，将使灾区在特大地震灾害后又遭受严重洪涝灾害。为此，必须坚持主动处理，避免被动，及早处理，防止处理难度加大，既采取工程措施除险，又及时转移人员避险等原则，坚决避免造成人员伤亡、群众恐慌，同时尽量减少人员转移数量和土地淹没面积。

会议议定以下事项：

一、立即成立唐家山堰塞湖应急处置指挥部。由四川省人民政府、武警水电部队、空军、水利部等组成指挥部，负责统筹抢险工程的组织实施。四川省负责组织疏散群众，动员基层组织，武警水电部队负责施工，空军负责人员、设备和物资的空中运输保障，水利部负责组织专家开展水文监测、预测预报、研究确定技术方案。

二、马上施工并进一步细化除险工程及人员转移方案。工程设备要在3日内到齐，除险施工立即开始，科学组织，昼夜奋战，千方百计加快进度。同时，水利组要组织专家进一步对唐家山堰塞湖工程除险和避险的高、中、低三个方案进行论证，充分考虑上游降雨和来水因素，尽快提出安全可靠的具体实施方案报前方指挥部审批。方案要充分利用下游堰塞湖、通口水电站进行消能滞峰，尽可能消减溃坝洪水的破坏力。地方政府要根据不同的工程方案和范围，完善下游群众安全转移方案，落实到每个乡村、每家每户及每一个救援人员，并根据水文监测和预报情况，及时组织转移，确保人员安全。救灾部队也应制订应急转移方案。

三、加强水位和堰体等监测工作。由武警水电部队负责、四川省配合，继续对唐家山堰塞湖上游水位及堰体变化情况实行24小时实时监测，定时将监测结果报唐家山堰塞湖应急处置指挥部。同步落实观测点和下游地方政府、救灾部队的通信保障措施，并配备两套以上通信设备互为备份，确保通信畅通。

四、做好空中运输和施工设备的保障工作。由空军负责建立空中专用通道，保证应急疏通工程必需的空中运输，并增派直升机；基础设施保障组负责落实增派大型直升机，以便及时将大型施工机械运往现场。武警水电部负责调集施工设备并组织现场实施。

国务院抗震救灾总指挥部第十三次会议

（2008年5月23日）

国务院抗震救灾总指挥部第十三次会议23日晚在列车上举行，中共中央政治局常委、国务院总理、国务院抗震救灾总指挥部总指挥温家宝主持会议。会议研究部署卫生防疫工作，决定成立灾后重建规划组。

会议指出，随着天气越来越热，汛期也将到来，卫生防疫工作的困难会越来越大。确保灾后无大疫是当前一项十分紧迫的任务，必须摆在突出位置。做好这项工作，要抓住四个要点：一是要保证有充足的防疫技术人员和督导员，覆盖到每个村；二是要保证防疫需要的药品，尤其是消毒剂、灭菌剂、杀虫剂；三是要切断污染源，防止污染扩散；四是要保证饮水和食品安全。

会议指出，灾后重建是一项长期而艰巨的任务，首先要做好规划。灾后重建规划组由发展改革委、四川省政府、住房和城乡建设部以及其他有关部门负责人组成。要在国家汶川地震专家委员会进行现场调查研究、科学论证、地质地理条件评估和建设项目科学选址的基础上，抓紧制定灾后恢复重建规划的总体方案，争取三个月内完成。重建规划总体方案要包括城镇体系规划、农村建设规划、基础设施建设规划、公共服务设施建设规划、生产力布局和产业调整规划、市场服务体系规划、防灾减灾规划等规划。

中共中央政治局委员、国务院副总理回良玉，国务委员兼国务院秘书长马凯出席会议。

（原题为《温家宝主持召开国务院抗震救灾总指挥部会议，研究部署卫生防疫工作，决定成立灾后重建规划组》。《人民日报》，2008年5月24日第4版）

国务院抗震救灾总指挥部第十四次会议

（2008年5月27日）

27日下午，中共中央政治局常委、国务院总理、国务院抗震救灾总指挥部总指挥温家宝主持召开总指挥部第十四次会议，传达贯彻中共中央政治局会议精神，总结前一阶段抗震救灾工作，研究部署下一阶段任务。

会议指出，当前抗震救灾工作已经进入新的阶段，要在继续做好被困群众搜救工作的同时，把安置受灾群众、恢复生产和灾后重建工作摆在更加突出的位置。总的要求是，坚持以人为本，切实做好伤员救治和卫生防疫，安排好受灾群众生活，严密防范余震破坏和次生灾害，维护社会正常秩序，同时部署恢复生产，规划灾后重建。

会议提出下一阶段要重点抓好以下八项工作：（一）抓紧救治伤病人员。（二）着力安排好受灾群众生活。（三）全面加强卫生防疫工作。（四）妥善做好遇难者善后处理工作。（五）严防次生灾害。（六）组织恢复生产。（七）保持灾区社会稳定。（八）做好灾后重建前期工作。

会议重点研究了受灾群众住房安置、卫生防疫和堰塞湖险情处置问题。目前，90万顶帐篷、80万顶简易棚物资和100万套活动板房生产运送任务已经落实到省市区和企业，并启动第二批再生产50万套活动板房的工作。会议要求统筹做好资金支持、原料供应、生产运输、接收发放各个环节的衔接；受灾地区要抓紧规划选址、制定分配使用方案；对农村特别是山区和边远地区要组织力量抢运，帮助灾区群众搭建过渡用房。

会议强调，要增派防疫专家和专业防疫人员，重点加强山区和边远地区防疫工作，切实做到覆盖每一个村，严密控制传染源。尽快摸清灾区灾情底数，精心组织实施易感人群免疫接种工作，建立免疫屏障。加强灾区群众安置点、救灾人员集中生活点等卫生监督工作，重点做好食品和饮用水卫生监督。

会议指出，尽早排除唐家山堰塞湖险情，是当前十分紧迫的任务。要调集足够的施工设备和人员，抓紧时机实施工程除险，尽最大努力降低堰塞坝引流渠高程，以减轻对下游造成的危害。同时，切实做好人员转移工作，确保施工安全和群众生命安全。

中共中央政治局常委、国务院副总理、国务院抗震救灾总指挥部副总指挥李克强，国务委员兼国务院秘书长马凯，国务委员孟建柱和有关部门负责人出席会议。

（原题为《温家宝主持国务院抗震救灾总指挥部会议，部署下一阶段抗震救灾任务》。《人民日报》，2008年5月28日第1版）

国务院抗震救灾总指挥部第十五次会议

（2008年5月30日）

30日下午，中共中央政治局常委、国务院总理、国务院抗震救灾总指挥部总指挥温家宝主持召开总指挥部第十五次会议，研究规范和加强抗震救灾捐赠款物的管理，做好救灾物资和资金分配使用等问题。

会议指出，抗震救灾捐赠物资管理要遵循“自愿捐赠、不得摊派，尊重意愿、专款专用，统一规划、突出重点，公开透明、加强监督”的原则，切实保护捐赠人、受赠人和灾区受益人的合法权益。接收捐赠要按照《捐赠法》及有关规定，做到手续完备、专账管理、专人负责、账款相符、账目清楚，切实保证捐赠款物全部用于抗震救灾和灾后重建，不被挪作他用。各种救灾捐赠都要在国务院和各级政府的统一协调下合理使用，充分尊重捐赠人的意愿，提高资金使用效益。

会议强调，抗震救灾物资的分配要根据受灾地区的情况，保证重点，做到公开、公平、公正。要向群众公布救助标准、享受救助条件及救灾物资数量，坚决杜绝优亲厚友、性别歧视和年龄歧视，维护灾区群众的基本生活权益。物资分配既要保证需求，又要避免浪费。要在灾民集中安置点设立抗震救灾物资发放点，推选若干名群众代表参与物资的发放和管理工作，并公示负责人名单和联系方式，让群众监督。

会议要求，建立抗震救灾资金物资使用管理信息公开制度。各级政府和接受捐赠的机构、社会团体要主动向社会公开以下事项：上级政府拨付和本级政府安排的资金数额、分配情况，接受捐赠资金的来源、数额、种类、分配去向及使用效果，采购物资项目的品种、数量、单价等，监察、审计部门要实行跟踪检查，并定期公布监督审计结果，向社会公众交一笔明白账。

中共中央政治局常委、国务院副总理、国务院抗震救灾总指挥部副总指挥李克强，中共中央书记处书记、中央纪委副书记何勇，国务委员兼国务院秘书长马凯，国务委员孟建柱和有关部门负责人出席会议。

（原题为《温家宝主持抗震救灾总指挥部第十五次会议，研究加强抗震救灾款物的管理使用问题》。《人民日报》，2008年6月1日第1、4版）

国务院抗震救灾总指挥部第十六次会议

（2008年6月3日）

3日下午，中共中央政治局常委、国务院总理、国务院抗震救灾总指挥部总指挥温家宝主持召开总指挥部第十六次会议，部署灾区恢复生产工作，讨论《国家汶川地震灾后重建规划工作方案》。

会议指出，当前，灾区在安置好群众生活的同时，要着力抓好恢复生产工作。第一，抓好农业生产。当务之急是搞好抢收抢种，及时调剂调运种子、农药、柴油等农业生产资料，切实做到应收尽收、应种尽种。要进一步强化动物疫病防控，做好无害化处理。要抢修受损的农田基础设施、农机具和农机提灌站等，尽快恢复灾区农业生产能力；修复受损的畜禽圈舍和良种繁育设施，恢复养殖业生产。要组织专家和技术人员深入生产一线进行技术指导和培训。

第二，恢复工业生产。在摸清情况的基础上，抓紧恢复能源、原材料的生产，加大煤炭、成品油、天然气、磷矿石的调运，优先恢复供电、供气、供水、煤矿企业生产。保证生产救灾、重建物资企业的恢复，重点支持大型骨干企业恢复生产，加强对中小企业恢复生产的政策指导。要确保安全生产，防范事故发生。

第三，加快基础设施恢复。必须集中力量抢修通往重灾区的国道、省道，同时，要向基层延伸、向乡村延伸，扩大抢通覆盖面。要加大电网特别是地方电网的修复力度。尽快恢复受灾地区的公众通信能力。要全力保障粮食、食品、饮用水、帐篷、活动板房等急需物资和伤病人员的运输。

第四，做好灾区商贸流通和服务业恢复工作。要切实保障灾区急需商品货源。尽快恢复商业网点，在居民安置点建立帐篷商店和便民商店。没有受损的商业网点要尽快恢复营业；受损较轻的商业网点要抓紧维修加固。要积极为灾区群众提供急需的基本生活服务，支持企业在重灾县（市）建设主食加工配送中心和餐饮网点，在重灾区群众集中安置点建设大众洗浴场所和理发店，为灾区群众提供安全、便利、卫生、实惠的生活服务。要抓紧恢复金融等服务业。

会议指出，灾后重建规划编制工作要全面贯彻落实科学发展观，坚持以人为本，优先安排受灾群众基本生活和公共服务设施；坚持尊重科学、尊重自然，充分考虑资源环境承载能力；坚持统筹兼顾，做到重建与经济社会长远发展相结合；坚持地方为主，充分发挥灾区干部群众自力更生、艰苦奋斗的精神，在国家的支持下实现灾后重建和发展目标。灾后重建规划的编制要统一部署、分工负责，区分缓急、突出重点，相互衔接、上下协调，规范有序、依法推进。在深入论证、科学规划的同时，尽可能加快工作进度。

中共中央政治局常委、国务院副总理、国务院抗震救灾总指挥部副总指挥李克强，中共中央政治局委员、国务院副总理、国务院抗震救灾总指挥部副总指挥回良玉，国务委员兼国务院秘书长马凯，国务委员孟建柱和有关部门负责人出席会议。

（原题为《温家宝主持抗震救灾总指挥部第十六次会议，部署灾区恢复生产工作，讨论〈国家汶川地震灾后重建规划工作方案〉》。《人民日报》，2008年6月4日第1版）

国务院抗震救灾总指挥部第十七次会议

（2008年6月5日）

2008年6月5日晚，国务院总理、国务院抗震救灾总指挥部总指挥温家宝在四川绵阳主持召开国务院抗震救灾总指挥部第十七次会议，研究部署唐家山堰塞湖应急处置工作。国务委员兼国务院秘书长马凯出席会议。

会议认为，自部署处理唐家山堰塞湖工作以来，解放军、武警和工程技术人员共同努力，克服重重困难，开挖土石方近14万立方米，开通了长475米、深12米左右的导流渠，为有效处置唐家山堰塞湖奠定了基础。但是，目前唐家山堰塞湖处置工作仍然存在气候、地质、余震和水文等方面不确定因素的影响。近期上游没有明显降雨过程，使导流渠的泄洪时间可能进一步推迟，余震造成垮坝或新的堰塞湖的可能依然存在，因避险而转移的大量群众随着在外时间的延长，心理和生活都会出现一些新的变化和问题。这些使唐家山堰塞湖排险避险工作更加复杂。

会议指出，党中央、国务院对防范堰塞湖等次生灾害高度重视。各有关方面必须继续坚持安全、科学和快速的原则，始终把安全放在第一位，在整个除险过程中不能造成群众伤亡，除险工程和避险措施要严格按照科学规律办事，并抓住时机，及早处理，避免因时间拖得太久蓄水量增大给除险带来更大压力，避免一旦溃坝给下游造成更大的损失，避免给淹没区带来大的污染，确保灾区群众的安置和恢复重建顺利开展，促进整个抗震救灾工作有力有序有效进行。

会议强调，目前，唐家山堰塞湖的除险工作备受世人关注。各有关方面要各尽其职，敢于承担责任，在保证安全的基础上科学果断决策，对可能遇到的险情研究制订多种应对方案，并在实践中积累经验，不断进行调整和完善，使各项措施更接近实际，达到更好的效果。要立即行动起来，密切配合，团结一致，抓住一切有利时机，采取果断措施排除险情。要把困难估计得更严重一些，把准备工作做得更充分一些，确保万无一失。

会议议定以下事项：

一、尽早实现导流渠泄洪。要科学完善工程除险方案，扩大导流渠断面和深度，增大泄水流量，提高排水能力。要切实采取措施，排除导流渠的泄水障碍，必要时进行爆破处理。同时，根据堰塞湖水流、水位变化和坝体结构等实际情况，及时科学地调整具体实施方案。各项工程措施要确保6月份泄洪，并在保证安全的前提下能快则快。请水利组负责具体落实。

二、继续做好移民避险工作。要充分认识到唐家山堰塞湖水位日渐上涨、导流渠扩容等因素可能造成垮坝。四川省要进一步完善应急避险方案，加强与应急处置指挥部的沟通衔接，在加大堰塞湖工程除险力度的同时，一定要做好群众的安全避险工作，及时转移受威胁群众，并予以妥善安置，确保无一人伤亡。此外，要保护好下游的重要设施，落实各项防范措施。

三、健全监测预警机制。要加强对唐家山堰塞湖气象、水文、地质、地震等各方面的监测，加密观察，及时会商，准确预报，并将结果通报各有关方面。各有关方面要根据监测的结果，及时发出预警，为受威胁群众安全转移和工程除险提供可靠的保障。应急处置指挥部专家组要进一步完善工作机制，各有关部门要加强指导。

四、继续完善相关政策措施。为了确保工程除险所需人员和物资的运输，请总参谋部、交通运输部、四川省等方面继续采取措施，做好通往唐家山的道路和空中运输服务保障工作。要抓紧制订方案，采取有效措施，及时处理堰塞湖的大量漂浮物，防止对导流渠形成堵塞，防止对流经的地区造成重大污染。唐家山堰塞湖洪水下泄如果淹没农作物，可给予适当补偿。

国务院抗震救灾总指挥部第十八次会议

（2008年6月9日）

9日上午，中共中央政治局常委、国务院总理、国务院抗震救灾总指挥部总指挥温家宝主持召开总指挥部第十八次会议，研究进一步做好灾区医疗防疫和甘肃、陕西抗震救灾工作。

会议指出，地震发生后，参加医疗和卫生防疫的各有关方面团结合作，共同努力，取得了抗震救灾医疗防疫工作的阶段性成果。目前，全面防疫工作正在有力、有序、有效展开，实现了灾区县、乡、村和受灾群众安置点的卫生防疫工作全覆盖。灾区没有发生聚集性传染病疫情和突发公共卫生事件。

会议指出，目前，灾区的医疗防疫形势仍很严峻，任务十分艰巨，一刻也不能放松。要重点做好以下几项工作：

（一）继续做好伤员救治工作。集中力量救治危重伤员，最大限度降低重症伤员死亡率和致残率。

（二）切实做好卫生防疫工作。尽快恢复地方疾病预防控制和卫生监督工作体系。强化地方政府职责，组织当地卫生防疫队伍，合理调配防疫支援力量，加强卫生防疫监督工作；加强灾区环境卫生综合整治；加强传染病疫情监测报告；按期完成对重点人群的甲肝、乙脑等疫苗接种工作；加强饮用水卫生监督监测和集体供餐的卫生监督管理，防止重大食物中毒和食源性疾病发生；做好堰塞湖泄水后的防疫工作。

（三）尽快恢复灾区正常医疗卫生服务秩序。统筹灾区医疗卫生资源，合理调配各方面支援力量，保障群众基本医疗卫生需求。合理规划灾区医疗卫生系统恢复重建工作。

（四）坚持“地方为主，对口支援”的原则。制定对口支援灾区医疗防疫工作方案和灾区群众基本医疗、残疾伤员安置康复等政策措施。按照中央统一部署和要求，实行“一省帮一县”的办法，落实卫生防疫工作责任制，确保大灾之后无大疫。

会议听取了关于甘肃、陕西抗震救灾工作的汇报。会议指出，甘肃、陕西两省部分市县在汶川特大地震中受到严重损失。党中央、国务院对两省灾情和救灾工作高度重视，地方党委、政府迅速反应、紧急动员，采取了一系列有力措施，解放军、武警官兵以及社会各界对两省抗震救灾工作给予了大力支持。目前，受灾群众人心安定、社会稳定，抗震救灾工作取得了阶段性成果。

会议要求，甘肃、陕西两省各级党委和政府要认真贯彻落实中央关于抗震救灾工作的部署，全面安排，统筹规划，带领灾区人民自力更生、艰苦奋斗，尽快恢复生产，修复基础设施，做好灾后重建各项工作。中央有关部门要在政策、资金、物资等方面对两省的抗震救灾工作给予支持，有关省市要做好对口支援工作。

中共中央政治局常委、国务院副总理、国务院抗震救灾总指挥部副总指挥李克强，中共中央政治局委员、国务院副总理、国务院抗震救灾总指挥部副总指挥回良玉，国务委员兼国务院秘书长马凯，国务委员孟建柱和有关部门负责人出席会议。

（原题为《温家宝主持抗震救灾总指挥部第十八次会议，研究进一步做好灾区医疗防疫和甘陕抗震救灾工作》。《人民日报》，2008年6月10日第1、4版）

国务院抗震救灾总指挥部第十九次会议

（2008年6月16日）

16日下午，中共中央政治局常委、国务院总理、国务院抗震救灾总指挥部总指挥温家宝主持召开总指挥部第十九次会议，研究防范地震次生灾害工作。

会议指出，这次特大地震导致山体滑坡、崩塌，堵塞了道路、河流，形成很多堰塞湖，损毁了水利工程，给人民生命财产造成巨大威胁。由于余震持续时间长，进入主汛期后降雨量明显增加，随时可能引发新的次生地质灾害。必须高度重视，把防范次生地质灾害作为一项紧迫任务，采取切实有力措施，避免给人民群众造成新的损失，为灾后恢复重建奠定良好基础。

一、抓好地震灾区安全度汛。要加快震损水利工程除险加固，尽快完成高危险情水库、水电站应急除险加固工作，早日完成重点河流、重要河段、重大险情的堤防应急除险工作。要落实堰塞湖安全度汛措施，对完成工程排险任务的堰塞湖进行全面风险评估验收，对已完成工程措施但尚未完全消除溃坝风险的堰塞湖要进一步采取工程措施，根除险情和隐患，一旦发现新形成的堰塞湖，要立即处理。要加强雨情、水情、险情的监测和预警预报，进一步落实防汛责任制，完善预测预警措施和人员转移避险方案，确保安全度汛。

二、高度重视地质灾害的防范工作。要尽快完成灾区次生地质灾害隐患应急排查，形成灾区地质灾害防治方案；开展灾区地质灾害危险性评估，作为恢复生产和灾后重建规划布局的依据；恢复健全地质灾害群测群防体系，落实相关措施和责任，提高监测和预警能力；按期完成地震灾区地质灾害防治规划、土地利用规划和地质灾害危险性评估工作；高度重视和开展以地震灾区和南方为重点的全国汛期地质灾害防治工作。

三、做好汶川地震余震活动的跟踪监视和趋势研判，防止余震造成新的灾害。继续加强地震监测，特别是震区两端余震活动的监测分析，动态跟踪监视断层活动和余震发展趋势；开展不间断滚动会商，密切跟踪震情发展；做好强余震的应对处置工作。

中共中央政治局常委、国务院副总理、国务院抗震救灾总指挥部副总指挥李克强，中共中央政治局委员、国务院副总理、国务院抗震救灾总指挥部副总指挥回良玉，国务委员兼国务院秘书长马凯，国务委员孟建柱和有关部门负责人出席会议。

（原题为《温家宝主持抗震救灾总指挥部第十九次会议，研究防范地震次生灾害工作》。《人民日报》，2008年6月17日第1版）

国务院抗震救灾总指挥部第二十次会议

（2008年6月20日）

2008年6月20日上午，国务院总理、国务院抗震救灾总指挥部总指挥温家宝在陕西省汉中市主持召开总指挥部第二十次会议，听取陕西省委、省政府关于抗震救灾工作的汇报，研究部署受灾群众安置、灾后恢复重建、次生灾害防范等工作。国务委员兼国务院秘书长马凯出席了会议。

会议认为，陕西省部分地区是汶川特大地震的重灾区，人民群众生命财产遭受了重大损失。灾区各级党委、政府迅速行动，在较短的时间内开展了抢险救援和受灾群众安置等工作，并制定了重建规划，积极组织开展生产自救，整个抗震救灾工作有力、有序、有效地进行，应当充分肯定。

会议要求，抗震救灾工作必须坚持以人为本，把安全贯穿于整个抗震救灾工作始终，认真做好各项工作。一要继续做好受灾群众安置工作。要进一步解决好群众的衣、食、住、行、医等方面的问题，力争再经过两个月的努力，使受灾群众基本生活得到保障，灾区不发生大的疫情，生产生活秩序基本恢复正常。二要坚持自力更生、艰苦奋斗开展恢复重建。恢复重建是一项长期、复杂的任务，灾区各级政府要把国家支持、社会援助和生产自救结合起来，充分调动和发挥当地干部群众的积极性，克服“等、靠、要”思想，用自己的双手重建美好家园。陕西省要争取用两年时间基本完成灾后恢复重建任务。三要坚持“两手抓”。一手抓抗震救灾毫不松懈，一手抓经济社会发展毫不动摇。做好抗震救灾工作，尽快使受灾地区得到恢复和发展，是对全国经济建设的有力推动，也是对全国人民的鼓舞和激励。同时，只有保持经济平稳较快发展和社会和谐稳定，才能更好地为抗震救灾提供坚实的保障。大灾之年要克服困难，千方百计完成全年经济社会发展目标和任务。四要做好余震和次生灾害防范工作。要加强地震监测，严密防范余震和滑坡、泥石流等次生灾害，做好灾区地震、地质等方面的科学调查和评估，综合采取治理、避险等措施，合理制定实施恢复重建规划，力争不因次生灾害造成新的人员伤亡。

会议强调，当前抗震救灾工作已进入新的阶段，要把重建和修复倒损房屋放在恢复重建工作的重要位置，科学制定规划，做好地震受灾范围和损失评估。对学校、医院等重要公共设施，要严格标准、精心设计、搞好施工，使之成为最安全、最放心的建筑，成为遇到灾害时的避险场所。农村居民倒损房屋重建，要坚持安全、经济、适用、省地，并把安全放在首位。要从实际出发，合理制定重建标准。今年要保证每户受灾群众有1~2间能保暖过冬的住房。同时，要在做好安全隐患排查和鉴定的基础上，抓紧开展基础设施恢复重建工作。

会议议定以下意见：

一、进一步做好灾区农民房屋重建资金保障。对陕西省提出的中央财政下拨农民房屋重建补助资金缺口，请有关部门进一步组织对陕西灾区农民住房倒损情况进行核定，按照中央财政政策给予补助。同意陕西省对农民倒房重建予以补助和支持。

二、研究城镇居民损毁房屋重建政策。解决城镇居民因灾缺房，原则上应以廉租房和经济适用房为主。请有关部门抓紧调查研究，充分考虑城镇居民房屋权属差异性等因素，尽快提出城镇居民损毁房屋重建的扶持政策。

三、认真安排学校、医院等公共设施恢复重建。各受灾地区和有关部门要高度重视学校、医院等公共设施的恢复重建工作，统筹安排使用中央财政灾后恢复重建基金、地方财政、对口支援、社会捐赠等各方面资金，加大对公共设施恢复重建的补助额度，依照恢复重建规划，分类指导，有计划地安排和进行。

四、做好地质灾害防治资金保障。陕西等省受灾地区大多地处山区，地质灾害多发，需要加强监测预警、搬迁避让、应急防治、综合治理等工作。请有关地区研究提出地质灾害防治的具体措施和资金需求，并按程序上报，有关部门要给予支持，地方也要加大资金投入。

五、增加灾区信贷规模。要充分发挥银行贷款在灾后恢复重建中的重要作用，增加灾区信贷规模，尽量满足生产经营性单位恢复生产和灾后重建的资金需求。有关金融机构要做好审贷工作。

国务院抗震救灾总指挥部第二十一次会议

（2008年6月21日）

2008年6月21日下午，国务院总理、国务院抗震救灾总指挥部总指挥温家宝在甘肃省成县黄陈镇苇子沟村主持召开总指挥部第二十一次会议，听取甘肃省委、省政府关于抗震救灾工作的汇报，研究部署受灾群众安置、灾后恢复重建、次生灾害防范等工作。国务委员兼国务院秘书长马凯出席了会议。

会议认为，甘肃省部分地区是四川汶川特大地震的重灾区，一些山区和贫困地区受灾严重。在灾区各级党委、政府的领导下，经过广大军民团结奋战，抗震救灾工作取得了阶段性胜利。下一步要继续按照中央的部署和要求，进一步安置好受灾群众，力争再经过两个月的努力，使受灾群众生产生活秩序基本恢复正常；抓紧开展恢复重建，争取用两年时间基本完成恢复重建任务；加强余震和次生灾害监测防范；坚持一手抓抗震救灾，一手抓经济社会发展，努力做好全年各项工作。各受灾地区要充分利用国家在财政、金融方面的支持，以及兄弟省市的对口支援和社会捐助等有利条件，发扬自力更生、艰苦奋斗精神，全面抓好抗震救灾和恢复重建工作。当前，要抓紧组织做好灾区小麦夏收夏种，确保灾区粮食丰收和口粮供应。

会议强调，搞好灾后重建，要把救灾工作与扶贫工作相结合，甘肃省受灾地区绝大多数是国家级贫困县，农民人均收入较低，住房绝大多数是土坯房，生活非常困难，要加大对贫困灾区的帮扶力度，对这些地区的灾后重建给予有力支持。要把当前救灾和长远发展相结合，统筹使用各方面资金，合理安排当前救灾工作，并把恢复重建纳入当地发展规划，促进贫困灾区经济社会更好地发展。要把防治次生灾害与建设防灾减灾体系相结合，将灾区防灾减灾工作纳入灾后重建整体规划，做好次生灾害防治工作，从根本上改善当地群众的生产生活条件。

会议议定以下意见：

一、将因灾损毁公共基础设施纳入灾后重建总体规划。对甘肃省提出的将因灾损毁的学校、医院等公共设施以及公路、电力、通信、供水等基础设施纳入灾后重建总体规划的问题，请地方提出具体意见，并请灾后重建规划组统筹考虑研究。

二、进一步做好灾区农民房屋重建资金保障。对甘肃省提出的增拨部分农民房屋重建补助资金的问题，请有关部门进一步组织对甘肃灾区农民住房倒损情况进行核定，按中央财政政策给予补助。同意甘肃省对农民倒房重建予以补助和支持。

三、保障灾区建材供应。受灾省份在加强对灾区建材市场价格监管的同时，要鼓励和发动省、地、县三级建筑企业以实际行动支援灾区，坚决避免因建材价格上涨增加群众负担。

四、妥善处理受灾群众就地和异地安置。重灾区的群众安置要实行就近就地安置与异地安置相结合、以就近就地安置为主要的原则，对不宜就地重建以及自然条件不宜居住的地方，可实施异地或移民安置。

五、合理调整活动板房的使用。活动板房原则上主要用于解决学校、医院等公用设施临时用房，以及受灾群众异地安置，请各有关地区和部门抓紧做好帐篷、活动板房和新建房屋的统筹安排使用，充分发挥帐篷和活动板房的使用效益。

国务院抗震救灾总指挥部第二十二次会议

（2008年6月26日）

26日下午，中共中央政治局常委、国务院总理、国务院抗震救灾总指挥部总指挥温家宝主持召开总指挥部第二十二次会议，研究灾后恢复重建工作的指导意见。

会议指出，灾后恢复重建工作要全面贯彻落实科学发展观，坚持以人为本、尊重自然、科学重建。要优先恢复灾区群众的基本生活条件和公共服务设施，尽快恢复工农业生产条件，合理调整城镇乡村、基础设施和生产力布局，逐步恢复生态环境。要坚持自力更生、艰苦奋斗，以受灾地区各级政府为主导，广大干部群众为主体，在国家、各地区和社会各界的大力支持下，精心规划、精心组织、精心实施，又好又快地重建家园。

会议指出，灾后重建工作的主要任务是：（一）要把修复重建城乡居民损毁住房摆在突出位置。农村居民住房重建要充分尊重农民意愿，实行农户自建、政府补助、社会帮扶相结合。城镇居民住房重建，要在搞好城镇总体规划的基础上抓紧建设廉租房、经济适用房和普通商品住房。重建住房要科学选址、规范建设，做到安全、经济、适用、省地。（二）交通、通信、能源、水利、市政等基础设施的恢复重建，要把恢复功能放在首位，并根据地质条件和城乡分布合理调整布局，与当地城乡规划和经济发展规划相衔接，增强保障能力。（三）要整合资源，优化布局，重视优先安排与群众生活密切相关的学校、医院等公共服务设施的恢复重建，推进标准化建设，提高抗震设防标准，确保工程的建筑质量。注重民族文化遗产的抢救和保护。（四）要以市场为导向，根据环境承载能力、产业政策和就业需要，合理安排受灾企业的原地重建、异地迁建或关停并转，发展特色优势产业。加快恢复农业、林业、畜牧业生产，发展服务业。（五）按照稳定市场、保障供应、满足需求、便民安全、促进就业的要求，优先恢复重建对保障灾区群众基本生活和恢复生产具有重要作用的市场服务设施，恢复市场服务体系功能。（六）坚持尊重自然、尊重规律、尊重科学，建立完善防灾减灾体系，加强生态保护和环境治理，促进人口、资源、环境协调发展。

会议强调，灾后恢复重建工作是一项长期而艰巨的任务，必须科学规划、有序推进，因地制宜、分类指导。要落实工作责任，灾区省级人民政府要对本地区的灾后恢复重建负总责，市县级人民政府要具体承担和落实恢复重建的各项任务，国务院有关部门要按照职责分工做好指导、协调和帮助恢复重建的各项工作。

中共中央政治局常委、国务院副总理、国务院抗震救灾总指挥部副总指挥李克强，中共中央政治局委员、国务院副总理、国务院抗震救灾总指挥部副总指挥回良玉，国务委员兼国务院秘书长马凯和有关部门负责人出席会议。

（原题为《温家宝主持抗震救灾总指挥部第二十二次会议，研究灾后恢复重建工作的指导意见》。《人民日报》，2008年6月27日第1、2版）

国务院抗震救灾总指挥部第二十三次会议

（2008年7月12日）

12日下午，中共中央政治局常委、国务院总理、国务院抗震救灾总指挥部总指挥温家宝主持召开总指挥部第二十三次会议，研究地震灾区困难群众后续救助政策等问题。

会议指出，汶川地震发生后，国家对灾区困难群众实施临时生活救助，出台了3个月救助政策。截至目前，已救助因灾无房可住、无生产资料和无收入来源的困难群众881.5万人，救助孤儿、孤老、孤残人员26.1万人。这项临时生活救助政策的实施，切实解决了受灾群众基本生活困难问题，在缓解受灾群众灾后的紧张情绪、树立恢复重建家园的信心、维护灾区社会的稳定等方面发挥了重要作用。预计进入9月份，大部分受灾地区生产生活秩序基本恢复正常。但在一些重灾区，部分受灾群众生活仍处于不稳定状态，还会存在很多困难。为此，会议决定，在3个月临时生活救助政策到期后，政府对生活仍不稳定的受灾群众继续给予救助。救助对象主要包括“三孤”人员、生活困难的遇难（含失踪）者、重伤残者家庭人员、异地安置人员、因灾住房倒塌或严重损坏且生活困难的受灾群众。后续救助政策以现金补助为主，不再发放口粮。人均每月补助200元，在此基础上适当提高“三孤”等人员的补助标准。补助期限为9月至11月。后续救助政策到期后，对于生活困难需救助的灾区群众，可分别纳入城乡低保、农村五保供养和冬春灾民临时生活困难救助制度，保障其基本生活。

会议听取了国家汶川地震专家委员会关于汶川地震活动特征与灾损评估研究结果的汇报。会议认为，国家汶川地震专家委员会自5月21日成立以来，做了大量工作，在对主余震形势的认识、对地震发生机理及外围动力环境的认识、对地震灾害及次生灾害综合评估标准与方法的探索等方面取得一定进展，并从整体与局部协调发展、区域间平衡发展、产业结构与地域文化配套发展的角度为灾区尽快恢复社会和生产秩序形成了原则性的建议，这对于抗震救灾和灾后重建工作都具有重要的参考价值。

会议根据专家委员会的意见提出三点要求：（一）对震区的余震再严密监视两个月。（二）对汶川地震灾区大面积地质灾害的潜在危险性进行现场测查，在认识灾区次生灾害起因和发生条件的基础上，给出可能出现重大地质灾害的地域，并估算可能造成的损失程度，以保证灾区恢复重建和可持续发展。（三）尽快确定地震遗迹遗址保护点，并对有可能长期保留的遗迹遗址进行保护。

会议听取了民政部关于汶川地震灾害范围评估情况和发展改革委《关于灾后恢复重建规划范围的意见》的汇报。按照《国务院办公厅关于印发国家汶川地震灾后重建规划工作方案的通知》要求，民政部、发展改革委、财政部、国土资源部、中国地震局、国家统计局、国家汶川地震专家委员会会同四川、甘肃和陕西3省人民政府开展了汶川地震灾害范围评估工作，完成了《汶川地震灾害范围评估报告》。综合考虑四川、甘肃和陕西3省的实际情况，确定汶川地震极重灾区为10个县（市），包括汶川县、北川县、绵竹市、什邡市、青川县、茂县、安县、都江堰市、平武县、彭州市，重灾区为41个县（市、区）；一般灾区为186个县（市、区）。评估结果将作为灾后重建的参考依据。会议确定上述极重灾区和重灾区为灾后恢复重建国家规划范围。

中共中央政治局常委、国务院副总理、国务院抗震救灾总指挥部副总指挥李克强，中共中央政治局委员、国务院副总理、国务院抗震救灾总指挥部副总指挥回良玉，国务委员兼国务院秘书长马凯和有关部门负责人出席会议。

（原题为《温家宝主持国务院抗震救灾总指挥部第二十三次会议，研究地震灾区困难群众后续救助政策等问题》。《人民日报》，2008年7月13日第1、2版）

国务院抗震救灾总指挥部第二十四次会议

（2008年8月5日）

5日下午，中共中央政治局常委、国务院总理、国务院抗震救灾总指挥部总指挥温家宝主持召开总指挥部第二十四次会议，讨论汶川地震灾后恢复重建总体规划。

汶川地震发生后，在做好抢救人员、安置受灾群众工作的同时，国务院抗震救灾总指挥部决定，由国家发改委会同有关部门和四川、甘肃、陕西省政府组成重建规划组，共同制定灾后恢复重建总体规划。规划工作从5月23日开始，历时两个多月。规划组先后10余次组织编制人员深入灾区开展实地调研和考察评估工作，听取灾区干部群众对恢复重建的意见和建议。在有关部门的专项规划和四川、甘肃、陕西三省重建规划的基础上，规划组进行衔接协调，综合平衡重建任务、重建资金、政策措施等工作，形成总体规划稿。在规划制订过程中，多次召开专家咨询会，并在网上开辟灾后恢复重建建言献策专栏，广泛听取社会各界的建议和意见。重建规划范围包括四川、甘肃和陕西三省中处于极重灾区和重灾区的51个县（市、区）、1271个乡镇、14565个行政村，总面积132596平方公里，总人口1986.66万人。

会议指出，灾后恢复重建工作要深入贯彻落实科学发展观，坚持以人为本、尊重自然、统筹兼顾、科学重建。优先恢复灾区群众的基本生活条件和公共服务设施，尽快恢复生产条件，合理调整城镇乡村、基础设施和生产力的布局，逐步恢复生态环境。坚持自力更生、艰苦奋斗，以灾区各级政府为主导、广大干部群众为主体，在国家、各地区和社会各界的大力支持下，精心规划、精心组织、精心实施，又好又快地重建家园。

会议要求，规划要坚持以人为本，民生优先；尊重自然，科学布局；统筹兼顾，协调发展；创新机制，协作共建；安全第一，保证质量；厉行节约，保护耕地；传承文化，保护生态；因地制宜，分步实施的原则。用3年左右时间完成灾后重建的主要任务，实现家家有房住，户户有就业，人人有保障，设施有提高，经济有发展，生态有改善。重建后灾区的基本生活条件和经济发展水平达到或超过灾前水平，努力建设安居乐业、生态文明、安全和谐的新家园，为灾区经济社会可持续发展奠定坚实基础。

会议决定，规划组按照会议提出的意见对规划作进一步修改后对外公布，征求社会各界的意见。

中共中央政治局常委、国务院副总理、国务院抗震救灾总指挥部副总指挥李克强，中共中央政治局委员、国务院副总理、国务院抗震救灾总指挥部副总指挥回良玉，国务委员兼国务院秘书长马凯，国务委员孟建柱出席会议。

（原题为《温家宝主持抗震救灾总指挥部第二十四次会议，讨论汶川地震灾后恢复重建总体规划》。《人民日报》，2008年8月6日第1版）

国务院抗震救灾总指挥部第二十五次会议

（2008年8月31日、9月1日）

8月31日晚和9月1日晚，正在四川考察的中共中央政治局常委、国务院总理、国务院抗震救灾总指挥部总指挥温家宝在列车上主持召开总指挥部第25次会议，分别听取四川省和国务院有关部门关于地震灾区受灾群众安置工作的汇报，研究部署下一步的工作措施。

会议认为，汶川地震发生后，经过三个多月的努力，受灾群众得到了妥善安置，目前，灾区群众吃饭、饮水和临时住房问题基本得到解决，中小学生全部复课，受伤群众得到医治，大灾之后无大疫，工农业生产基本恢复，社会保持稳定。这说明前一阶段抗震救灾工作成绩是巨大的。

会议研究了当前受灾群众安置工作中需要解决的突出矛盾和问题，明确要求当前要着重抓好以下几个方面的工作：（一）突出抓好受灾群众安全过冬问题。冬季很快就要来临，要加快完善安置点水、电、路、环卫等配套设施，任务较重的阿坝州9月底前完成；年底前全面完成受损农房维修加固任务；在全国组织开展向灾区困难群众捐赠衣被活动；确保冬季枯水期居民安置点的正常供水。（二）稳定灾区建材和居民生活必需品价格。要加快建筑材料的恢复生产，提高钢材、水泥和制砖供应能力；保障急需物资的运输，全力保通映秀至汶川段213国道；加强价格监管，坚决抑制建材价格不合理上涨；加快恢复商贸流通和服务业，中央财政给予支持。（三）对住房毁损导致无房可住和受损需要除险加固的城镇家庭，中央财政给予适当补助，地方要抓紧制定具体办法。（四）保证灾区学校正常开学复课。要进一步做好维修加固校舍、配备教学用具等工作；继续实施教师特岗计划，招聘教师到灾区任教，中央财政予以补助；认真落实国务院刚刚出台的对来自重灾区的高中和高等教育阶段经济困难家庭学生实行免除一年学费并资助生活费的政策，使每个学生都能正常上学。（五）结合灾后恢复重建，采取多种措施对灾区实施重点就业援助，努力实现“零就业家庭”至少一人就业。（六）做好困难群众和孤残人员的救助安置工作。抓紧研究临时生活救助政策到期后对生活困难群众的接续政策，纳入冬令春荒救助统筹安排，及早做好准备。孤残人员由民政部门按照国家福利政策统一安置。

国务委员兼国务院秘书长马凯出席会议。

（原题为《温家宝主持召开国务院抗震救灾总指挥部会议，研究进一步做好地震灾区受灾群众安置工作》。《人民日报》，2008年9月2日第1版）

国务院抗震救灾总指挥部第二十六次会议

（2008年10月14日）

14日上午，中共中央政治局常委、国务院总理、国务院抗震救灾总指挥部总指挥温家宝主持召开总指挥部第二十六次会议，总结四川汶川特大地震抗震救灾工作，研究部署灾后重建任务。

中共中央政治局常委、国务院副总理、总指挥部副总指挥李克强，中共中央政治局委员、国务院副总理、总指挥部副总指挥回良玉，国务委员兼国务院秘书长马凯，国务委员孟建柱出席会议。

会议讨论了《四川汶川特大地震抗震救灾工作总结报告》。会议指出，在党中央、国务院、中央军委的领导下，总指挥部有力有序有效地组织开展了抗震救灾工作。深入贯彻落实科学发展观，坚持以人为本，贯穿于整个抗震救灾工作的全过程；坚持统一指挥协调，确保抗震救灾工作高效运转；坚持依靠各方面力量，形成强大攻坚合力；坚持按客观规律办事，充分发挥科学技术在抗震救灾和灾后重建工作中的作用。在灾区党委、政府直接领导下，经过灾区干部群众和解放军、武警官兵、公安民警以及社会各界的共同努力，抗震救灾工作取得了重大胜利。

会议强调，当前，抗震救灾已进入灾后恢复重建的阶段。要力争用三年左右时间完成恢复重建的主要任务，使灾区基本生活条件和经济发展水平达到或超过灾前水平。一要加快恢复重建工作。这不仅有利于灾区早日恢复正常的生产生活秩序，让群众安居乐业，也有利于扩大国内需求，促进国民经济又好又快地发展。要根据灾后恢复重建总体规划，抓紧启动一批重要建设项目，包括学校、医院等公共设施，交通、通讯、电力、水利等基础设施，以及需要恢复重建的生产企业等。二要确保中央制定的各项政策措施落实到位。各有关地区和部门要进一步明确具体任务、责任主体和完成时限，抓好落实工作。三要明确恢复重建的领导工作机制。在国务院领导下，灾区省级人民政府对本地区恢复重建负总责。国务院成立恢复重建工作协调小组，负责协调重大政策问题，指导重建规划落实，组织好规划实施的中期评估和规划实施结束时的全面总结工作，不再保留国务院抗震救灾总指挥部。支援省份要与受援地区建立健全密切协调、相互配合的对口支援工作机制，全面落实中央提出的支援任务。

（原题为《温家宝主持召开国务院抗震救灾总指挥部会议，总结汶川特大地震抗震救灾工作，研究部署灾后重建任务》。《人民日报》，2008年10月15日第1版）

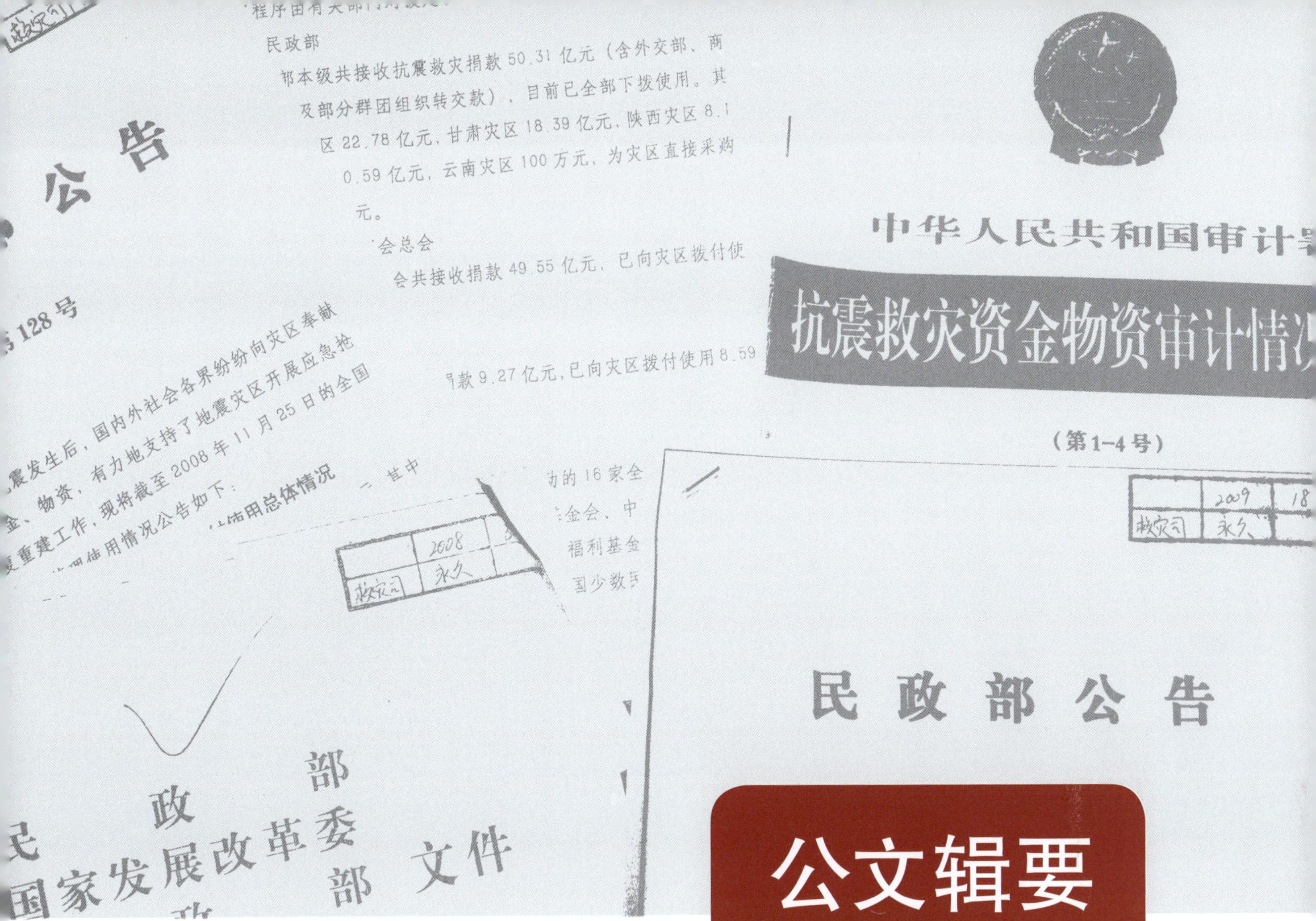

公文辑要

中共中央及中共中央办公厅文件

全国人大常委会文件

国务院及国务院办公厅文件

最高人民法院文件

其他重要文件

中共中央及中共中央办公厅文件

中共中央办公厅、国务院办公厅关于四川省汶川县发生强烈地震情况和全力做好抗震救灾工作的通报

（中办发电〔2008〕20号）

各省、自治区、直辖市党委和人民政府，中央和国家机关各部委，解放军各总部、各大单位，各人民团体：

北京时间5月12日14时28分，我国四川省阿坝藏族羌族自治州汶川县发生7.8级强烈地震，震中位于北纬31.0度、东经103.4度。陕西、甘肃、宁夏、青海、山西、山东、河南、湖北、湖南、重庆、贵州、云南、西藏、江苏、北京等省区市普遍有震感。这次地震灾害损失十分严重，据初步统计，截至13日零时，四川省死亡近万人，陕西、甘肃、重庆、云南等地死亡180多人。

灾害发生后，党中央、国务院高度重视。胡锦涛总书记立即作出重要指示，要求尽快抢救伤员，确保灾区人民群众生命安全。温家宝同志赶赴地震灾区，现场指挥抗震救灾工作。12日晚，胡锦涛总书记主持召开中央政治局常委会议，听取地震灾情汇报，全面部署抗震救灾工作。

为加强对抗震救灾工作的领导，中央决定成立抗震救灾总指挥部，由温家宝同志任总指挥，李克强、回良玉同志任副总指挥，全面负责当前的抗震救灾工作。四川、重庆、甘肃等有关省市也要相应成立抗震救灾领导机构。

中央强调，灾情就是命令，时间就是生命。灾区各级党委、政府和中央各有关部门一定要紧急行动起来，把抗震救灾作为当前的首要任务，不怕困难，顽强奋战，全力抢救伤员，切实保障灾区人民群众生命安全，尽最大努力把地震灾害造成的损失减少到最低程度。

一、要立即组织人民解放军、武警部队、民兵预备役和医疗卫生人员，尽快赶赴灾区，全力

抢救受伤人员。

二、要千方百计向灾区运送食品、饮用水、药品和帐篷、防寒衣被等救灾物资，确保灾区群众有饭吃、有衣穿、有干净水喝、有临时住处。

三、要迅速组织力量，抓紧抢修受损的设施和设备，尽快恢复灾区的通路、通电、通信和供水。

四、要严密监测地震灾情，采取有效措施，防止次生灾害发生。同时要科学组织救灾工作，防止造成新的伤亡。

五、要切实做好稳定人心的工作，对那些散布谣言、干扰破坏抗震救灾的行为，要坚决依法处理，确保社会大局稳定。

中央号召，灾区各级党组织和全体共产党员一定要坚持人民利益高于一切，奋不顾身地投入到抗震救灾第一线，急人民群众之所急，解人民群众之所难，把党和政府的关怀送到每一个受灾群众中去。全国各地区各部门一定要大力发扬“一方有难、八方支援”的精神，万众一心、众志成城，迎难而上、百折不挠，共同夺取抗震救灾斗争的胜利。

中共中央办公厅
国务院办公厅
2008年5月13日

中共中央、国务院、中央军委关于表彰全国抗震救灾英雄集体和抗震救灾模范的决定

（2008年10月7日）

今年5月12日发生的四川汶川特大地震，是新中国成立以来破坏性最强、波及范围最广、救灾难度最大的一次地震，给灾区人民生命财产和经济社会发展造成巨大损失。面对突如其来的特大地震灾害，在党中央、国务院和中央军委坚强领导下，全党全军全国各族人民众志成城、迎难而上、顽强奋战，竭尽全力抢救被困群众，最大限度地减低了灾害损失。目前，受灾群众基本生活得到妥善安置，灾后恢复重建正在有序推进，抗震救灾斗争取得重大胜利。在这场抗震救灾斗争中，涌现出一大批临危不惧、勇往直前、舍生忘死、无私奉献的先进集体和先进个人。他们在抗震救灾斗争中的英勇表现，显示了党和人民的伟大力量，弘扬了中华民族的伟大精神，唱响了中国人民自强不息、团结奋斗的英雄凯歌，书写了中华民族发展史册上新的壮丽篇章。

为大力弘扬万众一心、众志成城，不畏艰险、百折不挠，以人为本、尊重科学的伟大抗震救灾精神，激励全党全军全国各族人民奋力推进改革开放和社会主义现代化建设事业，党中央、国务院和中央军委决定，授予成都市公安局交通警察支队等319个集体“全国抗震救灾英雄集体”荣誉称号；追授雷勇等5名同志“全国抗震救灾模范”荣誉称号；授予蒋敏等517名同志“全国抗震救灾模范”荣誉称号。希望被授予荣誉称号的集体和个人珍惜荣誉，再接再厉，争取更大的成绩。

中央号召，全党全军全国各族人民要以受表彰的先进集体和先进个人为榜样，更加紧密地团结在以胡锦涛同志为总书记的党中央周围，以邓小平理论和“三个代表”重要思想为指导，深入贯彻落实科学发展观，切实把伟大抗震救灾精神转化为艰苦奋斗、重建家园的坚强意志，转化为努力工作、建设祖国的实际行动，转化为推动科学发展、促进社会和谐的强大力量，以更加坚定的信心、更加饱满的热情、更加扎实的工作，为夺取全面建设小康社会新胜利、开创中国特色社会主义事业新局面而不懈奋斗！

（《全国抗震救灾模范名单》、《全国抗震救灾英雄集体名单》见卷十《英雄模范志》）

（《人民日报》，2008年10月9日第1版）

全国人大常委会文件

全国人民代表大会常务委员会
关于四川汶川特大地震
抗震救灾及灾后恢复重建工作情况报告的决议

（2008年6月26日第十一届全国人民代表大会常务委员会第三次会议通过）

第十一届全国人民代表大会常务委员会第三次会议听取和审议了国务院副总理回良玉代表国务院所作的《关于四川汶川特大地震抗震救灾及灾后恢复重建工作情况的报告》。会议充分肯定并高度评价前一阶段的抗震救灾工作，同意报告提出的关于灾后恢复重建工作的安排。

会议认为，四川汶川特大地震灾害发生后，在党中央、国务院和中央军委坚强领导下，在国务院抗震救灾总指挥部直接指挥下，全党全军全国各族人民万众一心、顽强奋战，各地区各部门紧急行动，人民解放军指战员、武警部队官兵、民兵预备役人员、公安民警勇挑重担，医疗卫生人员、新闻工作者、科技工作者和广大志愿者迅速投身抗震救灾，灾区广大干部群众不屈不挠、奋起自救，全社会奉献爱心、倾力支援，香港同胞、澳门同胞、台湾同胞和海外华侨华人踊跃捐助，开展了规模空前的抗震救灾斗争。国际社会积极支援，为抗震救灾提供了宝贵帮助。经过顽强努力，最大限度地解救了被困群众，受灾群众基本生活初步得到安排，社会秩序保持总体稳定，抗震救灾斗争取得了重大阶段性胜利，显示了党和人民的伟大力量，显示了中国特色社会主义制度的优越性，弘扬了中华民族自强不息、团结奋斗的伟大精神。

会议要求，要全面贯彻落实科学发展观，充分发挥社会主义制度能够集中力量办大事的政治优势，举全国之力，扎扎实实做好地震灾后恢复重建各项工作。要坚持以人为本，继续抓紧救治伤病人员，着力安排好受灾群众生活，全面加强卫生防疫工作，妥善做好遇难者善后工作，严防次生灾害，组织恢复生产，保持灾区社会稳定。要认真做好灾后重建前期工作，统筹规划、科学评估，抓紧制定灾后重建规划和具体实施方案。要发扬“一方有难、八方支援”的精神，实施好对口支援，加快恢复重建。受灾地区要坚持自力更生，艰苦奋斗，在全国人民的大力支持下，重建美好家园。要切实加强抗震救灾资金、物资的监管，确保救灾款物真正用于受灾地区和受灾群众。要及时总结经验，研究制定和修改有关法律法规，为抗震救灾和应对突发事件提供更加有力的法律保障。要切实做好北京奥运会和残奥会筹办工作，以实际行动支持抗震救灾。要按照中央的决策部署，坚持一手抓抗震救灾工作、一手抓经济社会发展，努力夺取抗震救灾和经济社会发展的全面胜利。

（《中华人民共和国全国人民代表大会常务委员会公报》，2008年第5期）

全国人民代表大会常务委员会关于批准2008年中央预算调整方案的决议

（2008年6月26日第十一届全国人民代表大会常务委员会第三次会议通过）

第十一届全国人民代表大会常务委员会第三次会议听取了财政部部长谢旭人代表国务院对《国务院关于提请审议2008年中央预算调整方案（草案）的议案》所作的说明，审查了国务院提出的2008年中央预算调整方案，同意全国人民代表大会财政经济委员会在审查报告中提出的建议。会议决定，批准2008年中央预算调整方案。

（《中华人民共和国全国人民代表大会常务委员会公报》，2008年第5期）

国务院及国务院办公厅文件

中华人民共和国国务院公告

（2008年5月18日）

为表达全国各族人民对四川汶川大地震遇难同胞的深切哀悼，国务院决定，2008年5月19日至21日为全国哀悼日。在此期间，全国和各驻外机构下半旗志哀，停止公共娱乐活动，外交部和我国驻外使领馆设立吊唁簿。5月19日14时28分起，全国人民默哀3分钟，届时汽车、火车、舰船鸣笛，防空警报鸣响。

（《中华人民共和国国务院公报》，2008年第15号）

关于国务院抗震救灾总指挥部工作组组成的通知

（2008年5月18日）

根据抗震救灾工作需要，国务院抗震救灾总指挥部决定设立9个工作组。现将各工作组工作职责、牵头单位和成员单位通知如下：

一、抢险救灾组

负责清理灾区现场，搜索营救被困群众和受伤人员，发动基层干部群众开展自救互救，组织救援人员和物资的空运、空投工作。

由总参谋部牵头，公安部、安全监管总局（国家安全生产应急救援指挥中心）、地震局、武警部队、成都军区参加。

二、群众生活组

负责制订实施受灾群众救助工作方案以及相应的资金物资保障措施，搞好灾区生活必需品供应，指导有关地区做好因灾倒房群众的紧急安置，保障灾区群众基本生活，保障灾区市场供应，接受和安排国内捐赠、国际援助，处理涉外事务。

由民政部牵头，外交部、发展改革委、财政部、住房城乡建设部、农业部、商务部、红十字会参加。

三、地震监测组

负责地震监测和次生灾害防范，调集必要的技术力量和设备，密切监视震情发展，全力做好余震防御；加强对重大地质灾害隐患的监测预警，一旦发生险情及时组织疏散群众；加强河湖水质监测和危险化学品等污染物防控，切实保障核设施运行安全。

由地震局牵头，科技部、国土资源部、环境保护部、气象局、国防科工局参加。

四、卫生防疫组

负责医疗救助和卫生防疫，组织医疗救护队伍，调集医疗器械、药品，对受伤人员进行救治；检查、监测灾区饮用水源和食品，防范和控制各种传染病等疫病的暴发流行。

由卫生部牵头，发展改革委、农业部、质检总局、食品药品监管局、总后勤部、武警部队参加。

五、宣传组

负责灾情和抗震救灾信息新闻发布、宣传报道的组织工作，做好向国外和港澳台地区通报情况，及时准确发布灾情，加强舆情收集分析，正确引导国内外舆论。

由中央宣传部牵头，外交部、广电总局、台办、新闻办、港澳办、地震局参加。

六、生产恢复组

负责帮助群众抓紧开展生产自救，对受灾的工矿商贸和农业损毁情况进行核实，指导制订科学恢复生产方案，积极落实有关扶持资金、物资，开展恢复生产工作。

由工业和信息化部牵头，发展改革委、财政部、商务部、人力资源社会保障部、农业部、国资委、安全监管总局、保监会、国防科工局参加。

七、基础设施保障和灾后重建组

负责铁路、公路、桥梁、隧道等交通设施，供电、供水、供气、通信等设施抢修维护；组织调集抢险救援装备，做好储备物资和医药调度，切实保障灾区抢险应急物资供应；协调运力，优先保证应急抢险救援人员和救灾物资的运输需要。

负责组织研究拟定灾后重建规划，指导协调灾后重建工作。

由发展改革委牵头，工业和信息化部、民政部、财政部、住房城乡建设部、交通运输部、铁道部、农业部、国资委、广电总局、安全监管总局、银监会、电监会、邮政局、民航局、国家电网公司参加。

八、水利组

负责灾区水库安全，河道受灾造成变形的治理，研究解决饮用水源安全等问题。

由水利部牵头，发展改革委、财政部、国土资源部、环境保护部、住房城乡建设部、卫生部、农业部、地震局、气象局、电监会、总参作战部参加。

九、社会治安组

负责协助灾区加强治安管理和安全保卫工作，预防和打击各种违法犯罪活动，维护社会治安，维护道路交通秩序，加强对党政机关、要害部门、金融单位、储备仓库等重要场所的警戒，切实维护社会稳定。

由公安部牵头，教育部、司法部、人民银行、银监会、证监会、旅游局、信访局、武警部队参加。

国务院办公厅负责承办总指挥部会议和总指挥、副总指挥召开的专题会议；统一收集、汇总、分析、报送、发布重要信息；负责总指挥部议定事项的督促落实；做好有关地区、部门以及军队、武警等方面重要事项的沟通、联络和协调；完成总指挥部交办的其他事项。

（《中华人民共和国国务院公报》，2008年第16号）

国务院批转国务院抗震救灾总指挥部关于当前抗震救灾进展情况和下一阶段工作任务的通知

（国发〔2008〕16号）

各省、自治区、直辖市人民政府，国务院各部委、各直属机构：

国务院同意国务院抗震救灾总指挥部《关于当前抗震救灾进展情况和下一阶段的工作任务》，现转发给你们，请认真贯彻执行。

国务院

二〇〇八年五月二十八日

关于当前抗震救灾进展情况和下一阶段的工作任务

国务院抗震救灾总指挥部

一、我国经历了一次历史罕见的大地震

5月12日14时28分，四川省汶川县发生8.0级特大地震。这次地震，是新中国成立以来破坏性最强、波及范围最广、救灾难度最大的一次地震。一是强度烈度高。震级达里氏8级，最大烈度达11度，均超过唐山大地震。二是影响范围广。波及四川、甘肃、陕西、重庆等16个省区市，417个县、4624个乡（镇）、46574个村庄受灾，灾区总面积44万平方公里，受灾人口4561万人。其中四川省灾区面积达28万平方公里，重灾区达12.5万平方公里，极重灾区达1.1万平方公里，受灾人口2961万人。三是余震频次多。截至5月27日12时，发生余震8668次，其中4级以上182次，5级以上28次，6级以上5次。据地震部门预测，余震活动还会持续一段时间，仍有发生6~7级地震的可能。四是救灾难度大。重灾区多为交通不便的高山峡谷地带，加上地震造成交通、通信中断、河道阻塞，天气恶劣，救援人员、物资、车辆和大型救援设备无法及时进入现场。

地震造成极大破坏。一是人员伤亡惨重。截至5月27日12时，已确认因灾遇难67183人，受伤361822人，其中四川省遇难66674人、受伤350133人。此外，尚有20790人失踪（四川20779人），其中相当数量可能已经遇难。估计这次地震遇难总人数将超过8万人。二是房屋大面积倒塌。倒塌房屋652.5万间，损坏房屋2314.3万间。北川县城、汶川县映秀镇等部分城镇被夷为平地。三是基础设施严重损毁。震中地区周围的15条国道省道干线公路和宝成线等5条铁路中断，电力、通信、供水等系统大面积瘫痪。四是次生灾害多发。滑坡、崩塌、泥石流频发，江河阻塞形成堰塞湖35处，2385座水库一度出现不同程度险情。五是正常生产生活秩序受到严重影响。工矿商贸企业停产面较大，机关、学校、医院等严重受损。部分农田和农业设施被毁。四川省因灾损失畜禽4433.56万头（只）。

由于统计尚难完全，余震仍然不断，灾害所造成的损失还没有见底，实际情况可能更为严重。

二、抗震救灾工作有力有序有效，取得阶段性成果

党中央、国务院高度重视抗震救灾工作。地震发生后，胡锦涛总书记立即作出重要指示，连续主持召开中央政治局常委会议和政治局会议，全面部署抗震救灾工作，并亲赴四川灾区指导抗震救灾。国务院成立抗震救灾总指挥部，震后立即赶赴地震灾区，直接指挥抗震救灾工作。党中央、国务院和中央军委其他领导同志也对抗震救灾工作给予了有力指导和协调。按照中央的部署，抗震救灾工作正在紧张、全面地展开。

（一）全力解救被困人员。共动用解放军、武警部队兵力超过13万余人，公安民警、消防官兵和特警2万余人，国内外地震专业救援队5257人；累计出动各种飞机4560架次，解救被困人员、运送紧急物资。解放军和武警官兵组成小分队，冒着余震、泥石流、滚石等危险，翻山越岭，克服重重困难，于5月14日中午到达全部受灾县，15日24时到达全部重灾乡镇，19日14时28分到达灾区所有村庄。截至27日12时，共解救被困群众69.8万人，其中救活被掩埋人员6541人。

（二）救治受伤群众。各地（包括军队、武警）向灾区派出14950名医疗卫生人员，共投入医疗卫生人员约9.13万人，其中投入一线6.5万人。截至27日12时，累计救治伤员36万人，其中送院治疗84810人，出院54374人，现有住院伤员16288人。已处理遇难者遗体64847具。卫生防疫工作全面展开，已无害化处理死亡畜禽2230.6万头（只），目前灾区未发生与地震有关的传染病暴发流行。

（三）安置受灾群众。截至27日12时，中央财政已拨付救灾资金151.26亿元，地方财政投入40.9亿元。已向各灾区调运救灾帐篷56.64万顶、活动板房5.32万套、衣被1184.52万件。先后向灾区运送食品、瓶装水等生活物资上千吨。全国共接受社会各界捐赠款物合计327.22亿元。各灾区累计紧急转移安置受灾群众1500.6万人。

（四）抢修受损设施。各重灾县和主要城镇实现了至少有一条干线公路对外连接。宝成线等因灾中断的5条铁路线均已恢复正常运行。四川54个重灾县已基本恢复或部分恢复供电。调运大批移动通信机站和卫星电话，抢通受损光缆，所有受灾区县对外通信已不同程度恢复。修复供水

管线13649.6公里，通过架设临时供水管线、抢修村镇供水设施和临时送水等措施，基本解决群众临时用水问题。加强水库、水电站、堰塞湖险情及地质灾害监测排查、防险抢险工作，至今未发生重大次生灾害。

（五）加强震情监测。地震部门坚持24小时不间断跟踪监测地震序列活动，增设流动观测站，密切监视震情发展，加强趋势会商研判，全力做好余震防范工作，实时跟踪震情的动态变化。

（六）做好宣传报道。及时准确客观公布灾情和抗震救灾情况，全面深入报道抗震救灾工作，营造了良好的舆论氛围。广大军民在抗震救灾中表现出不屈不挠、团结奋斗的民族精神和感天动地的英雄事迹，凝聚了全国人民和全球华人的情感和力量，增强了战胜灾害的信心和勇气，赢得了国际社会的普遍尊重和赞誉。

经过前一阶段艰苦卓绝的努力，抗震救灾工作有力有序有效，最大程度抢救了被困群众，受灾群众基本生活初步得到安排，社会治安秩序保持总体稳定。这是党中央、国务院和中央军委坚强领导、统一指挥的结果，是灾区各级党委、政府和各地区、各部门紧急行动、全力以赴的结果，是解放军、武警部队官兵、民兵预备役人员和公安民警临危不惧、顽强奋战的结果，是全国各族人民万众一心、大力支持的结果。

三、下一阶段抗震救灾工作的主要任务

当前，抗震救灾形势依然严峻，任务十分艰巨。最为突出的，一是受灾群众生活安置面临很多困难。这次地震，受灾群众数量巨大，无家可归的人员多，伤病员多，“三孤”（孤儿、孤老、孤残）人员多，受灾群众吃饭、饮水、看病、上学等方面都有许多亟待解决的问题，尤其是住的问题更为突出。二是防疫形势严峻。灾区环境卫生特别是饮用水和食品卫生条件差，加上近期气温升高、降雨较多，极易发生传染病疫情，控制动物疫病和人畜共患病的难度也比较大。三是次生灾害隐患多。灾区水利设施密集，不少水库、水电站、堤防等存在安全隐患，山体滑坡形成了不少堰塞湖，加上余震不断和汛期来临，随时可能发生重大次生灾害。

这次抗震救灾工作的艰巨性还在于，重灾区道路通行和保障能力很低，特别是一些边远乡村救灾物资设备运入和伤员运出都十分困难，影响救灾工作进程；灾区基础设施和生产能力遭到很大破坏，许多保留下来的设施存在不少地质和建筑隐患，恢复生产十分困难；灾后重建需要开展地质条件评估论证等大量前期工作，不少城镇和乡村要异地重建，灾后重建需要较长时间；许多家庭失去亲人，遭受严重心理创伤，大量“三孤”人员需要安置和抚慰；一些基层组织遭受很大损失，社会管理恢复正常难度很大，灾后维护社会稳定任务繁重。

当前抗震救灾工作已经进入新的阶段，要在继续做好被困群众搜救工作的同时，把安置受灾群众、恢复生产和灾后重建工作摆在更加突出的位置。总的要求是，坚持以人为本，切实做好伤员救治和卫生防疫，安排好受灾群众生活，严密防范余震破坏和次生灾害，维护社会正常秩序，同时部署恢复生产，规划灾后重建。

（一）抓紧救治伤病人员。在不放弃搜救被困人员的同时，尽最大努力保障伤员生命安全。加强对当地和外来医疗救护队伍的组织协调，尽快空运医疗队到尚未进入的乡村，争分夺秒抢救受伤群众。增派有经验的专家，加大医疗急救物资供应力度，确保救出人员得到及时救治。及时把部分重伤员分流转运到省内外城市医院实施救治。

（二）着力安排好受灾群众生活。千方百计解决受灾群众临时居住问题，在1个月内再紧急生产调运90万顶帐篷和80万套篷布房材料，3个月内生产安装100万套活动板房，同时启动第二批再生产50万套的工作，实行对口支援，保质保量按时完成。灾区各级政府要统筹安排，搞好规划选址，制订分配使用方案。优先安排教学用房，尽快复课。同时，积极组织自救，通过投亲靠友，利用体育、文化、培训中心等公用设施，鼓励具备重建条件的受灾群众自建住房等多种渠道，因地制宜安置受灾群众。在继续应急供应方便食品、瓶装水的同时，抓紧向灾区组织调运粮食、食用油等生活物资。在3个月内向灾区困难群众每人每天发放1斤口粮和10元补助金。加快修复供水设施，修建小型应急集中供水系统，加强对城乡水源的水质监测、检验和防护，确保饮水安全。继续组织采购和捐赠，向灾区调运衣被。尽快恢复商业网点，搞活商品流通，维护市场和物价基本稳定。

（三）全面加强卫生防疫工作。把卫生防疫作为抗震救灾的重大任务摆在突出位置，确保大灾之后无大疫。继续增派卫生防疫人员，加强山区和边远地区防疫工作，保证每个行政村有1~3名防疫技术人员和卫生监督员，实行医疗救治与卫生防疫相结合，积极做好卫生防疫、健康知识宣传普及等工作；抓紧防疫药品的组织生产和运输，保证防疫工作需要；及时切断污染源，加快死亡动物的处理，加强动物防疫免疫和防控鼠害工作，认真组织好建筑物废墟等消毒工作，及时清运生活垃圾；加强对饮用水监测和食品卫生监督检查；精心组织易感人群免疫接种工作，建立免疫屏障；加强疫情监测，实行疫情零报告制度，防止传染病流行蔓延。

（四）妥善做好遇难者善后处理工作。尽快做好遇难者遗体身份辨认和火化、埋葬工作，对因灾遇难人员家庭按每位遇难者5000元的标准发放抚慰金。做好灾区孤儿、孤老、孤残安置工作，确保基本生活，在3个月内为“三孤”人员每人每月提供600元基本生活费。

（五）严防次生灾害。加强地震监测预报，准确把握震区及全国震情变化，做好余震防范工作。严密防范由于降雨和余震引发的滑坡、泥石流、滚石造成人员伤亡，防范因水库、水电站、堤坝等垮塌而引起的水灾。重点做好唐家山等堰塞湖险情的处置，实行统一指挥，加强水位和堰体监测，及时组织人员转移避险，抓紧实施工程除险。认真排查危险化学品生产储存设备、输油气管道、工业生产重点设施因灾造成的隐患，及时采取安全防范措施。

（六）组织恢复生产。抓紧抢修灾毁基础设施，尽快全面恢复重灾区的交通、供电、供水，恢复乡镇和行政村的通信保障。灾区企业要自力更生、奋起自救，在确保安全的前提下，尽快恢复生产。要积极组织广大农民抢收、抢种，保障“三夏”农资供应，尽快恢复农业生产。

（七）保持灾区社会稳定。严密防范、严厉打击盗窃、抢劫、哄抢救灾物资及以赈灾募捐名义诈骗敛取不义之财、散布传播各种谣言制造社会恐慌等违法犯罪活动。充分发挥政治优势、组织优势，组织党员干部深入灾区群众特别是要走访遇难者家属，耐心细致地做好心理安抚、思想疏导工作。积极主动帮助受灾群众解决实际困难，及时发现和化解各种不稳定因素，维护好灾区社会秩序。

（八）做好灾后重建前期工作。成立灾后重建规划组，按照统筹规划、科学评估、分步实施的原则，在国家汶川地震专家委员会现场调查研究、科学论证的基础上，开展地质地理环境条件评估和建设项目选址工作，抓紧编制灾后重建总体规划，并着手编制重建的各专项规划和具体实施方案，明确各项支持政策。要注意保护民族文化遗产，保护具有科学价值的地震遗址，对损毁的公共建筑要进行鉴定。通过政府投入、对口支援、社会募集，多渠道筹集灾后重建资金。建立和完善对口支援机制，实行一省帮一重灾县，几省帮一重灾市（州），举全国之力，加快恢复重建。

四、加强组织领导，确保抗震救灾各项措施的落实

（一）加强指挥协调。地方、部队及各方面救援力量要实行统一领导、统一指挥，加强军地协调，形成大力协同、密切合作的机制。受灾地区各级党委和政府要充分发挥作用，建立健全强有力的市县乡村抗震救灾领导体制，确保党中央、国务院各项要求落到实处。

（二）做好资金保障工作。通过政府投入、对口支援、社会募集、市场运作，多渠道筹集灾后重建资金。中央财政加大支持力度，安排250亿元用于当前抗震救灾的各项支出，并将根据需要增加投入。今年安排700亿元建立灾后重建基金，明后两年中央预算还要再做相应安排。地方政府也要及时调整年度财政预算，增加抗震救灾资金投入。继续鼓励社会捐赠，动员各方面力量参与和支持救灾工作。全国各地和灾区都要倡导节约，反对浪费，用好每一分钱。加强对抗震救灾资金和物资的监管，提高救灾款物管理使用效益。救灾资金和物资的分配使用要公开透明，接受纪检、监察、审计等部门和群众监督。

（三）做好宣传舆论工作。继续及时准确公布震情灾情和抗震救灾情况。大力宣传中央关于抗震救灾的各项政策和决策部署，深入宣传抗震救灾中涌现出来的模范集体和先进人物，激励广大干部群众振奋精神、坚定信心，发扬自强不息、顽强拼搏、友爱互助的精神，团结一心搞好抗震救灾。

（四）充分发挥基层党组织的战斗堡垒作用和党员的先锋模范作用。抓紧健全灾区基层党组织和政权组织，带领广大群众开展生产自救、互帮互助、重建家园。广大共产党员要发挥先锋模范作用。各级领导干部要深入基层、靠前指挥，支持和帮助群众解决实际问题。

当前，抗震救灾仍处在刻不容缓的紧要关头，保持国民经济平稳发展仍面临许多挑战，北京奥运会、残奥会也日渐临近。面对十分繁重和艰巨的任务，要按照中央的决策和部署，坚持两手抓，一手毫不松懈地抓抗震救灾工作，一手坚定不移地抓经济社会发展，克服一切困难，排除一切险阻，坚决夺取抗震救灾斗争的全面胜利，努力保持经济平稳较快发展和社会和谐稳定，确保北京奥运会顺利举办。

（《中华人民共和国国务院公报》，2008年第16号）

国务院
关于四川汶川特大地震抗震救灾及
灾后恢复重建工作情况的报告

——2008年6月24日在第十一届全国人民代表大会常务委员会第三次会议上

国务院副总理、国务院抗震救灾总指挥部副总指挥　回良玉

全国人民代表大会常务委员会：

我受温家宝总理的委托，代表国务院及国务院抗震救灾总指挥部，向全国人大常委会报告前一阶段四川汶川特大地震抗震救灾及灾后恢复重建有关工作情况。

一、震情和灾情

（一）震情。5月12日在四川省汶川县发生的特大地震，是新中国成立以来破坏性最强、波及范围最广、救灾难度最大的一次地震灾害。一是强度烈度高。震级达里氏8级，最大烈度达11度，都超过了唐山大地震。二是影响范围广。四川、甘肃、陕西、重庆等省（区、市）的417个县、4656个乡（镇）、47789个村庄受灾，灾区总面积44万平方公里，重灾区面积达12.5万平方公里，受灾人口4624万。其中四川省灾区面积达28万平方公里，受灾人口2983万。三是余震频次多。截至6月23日12时，累计发生余震13685次，其中4~4.9级189次，5~5.9级28次，6级以上5次。据地震部门预测，余震活动还会持续一段时间，最大强度为6.5级左右，近期仍存在发生5~6级余震的可能。四是救灾难度大。重灾区多为交通不便的高山峡谷地区，加之地震造成交通、通信中断，救援人员、物资、车辆和大型救援设备无法及时进入。

（二）灾情。这起历史罕见的地震灾害所造成的巨大破坏，举国震惊，举世关注。一是人员伤亡惨重。截至6月23日，已确认因灾遇难69181人、受伤374171人、失踪18498人，其中四川省遇难68669人、受伤360352人、失踪18498人。失踪人员中相当数量可能已经遇难，估计这次遇难总人数将超过8万人。二是房屋大面积倒塌。倒塌房屋778.91万间，损坏房屋2459万间。北川县城、汶川映秀等一些城镇几乎夷为平地。三是基础设施严重损毁。震中地区周围的16条国道省道干线公路和宝成线等6条铁路受损中断，电力、通信、供水等系统大面积瘫痪。四是次生灾害多发。山体崩塌、滑坡、泥石流频发，阻塞江河形成较大堰塞湖35处，2473座水库一度出现不同程度险情。五是正常

生产生活秩序受到严重影响。6443个规模以上工业企业一度停工停产，其中四川5610个。机关、学校、医院等严重受损。部分农田和农业设施被毁，因灾损失畜禽达4462万头（只）。

二、抗震救灾工作进展

党中央、国务院和中央军委高度重视抗震救灾工作。地震发生后，胡锦涛总书记立即作出重要指示，多次主持召开中央政治局常委会议和政治局会议，全面部署抗震救灾工作，并亲赴四川灾区一线指导。全国人大对抗震救灾工作给予了大力支持，吴邦国委员长赶赴灾区指导工作。温家宝总理在地震发生后立即赶到灾区一线，指挥抗震救灾。贾庆林、李长春、习近平、李克强、贺国强等中央其他领导同志都先后赶赴地震灾区，指导抗震救灾工作。国务院迅速成立抗震救灾总指挥部和四川前方指挥部，全面负责组织指挥抗震救灾工作。四川等地震灾区各级党委、政府紧急启动应急预案，组织广大干部群众奋起抗灾。解放军、武警部队、公安民警、消防官兵和民兵预备役不畏艰险、冲锋在前。各地区、各部门以及社会各界发扬“一方有难、八方支援”的精神，投入大量人力、物力、财力支持灾区。港澳台同胞、海外华人华侨心系祖国、情系灾区，积极捐款捐物，彰显了血浓于水、危难时刻见真情的深厚情怀。以更加开放的姿态接受有关国家和国际组织援助救援的友善之举，赢得国际社会的高度赞誉。按照中央的部署，整个抗震救灾工作果断有力、紧张有序、持续有效地全面展开。

（一）迅速解救被困群众。抗震救灾工作一开始就把救人作为首要任务，只要有一线希望，就要做百倍努力，决不放弃。解放军和武警官兵组成小分队，在通信、道路中断的情况下，冒着余震、泥石流、滚石等危险，翻山越岭，克服艰难险阻，于5月14日中午前到达全部受灾县，15日24时前到达全部重灾乡镇，19日14时28分前到达灾区所有村庄。地震灾害发生以来，共出动解放军、武警部队兵力14万余人，公安民警、消防官兵和特警2.8万余人，民兵预备役人员7.5万余人，国内外地震专业救援队5257人；出动各种飞机7084架次，解救被困人员、运送救灾物资。截至6月23日，共解救转移被困群众146万余人，累计从废墟中抢救被掩埋人员84017人。

（二）精心救治伤病人员。在全力搜救被困人员的同时，尽最大努力挽救伤员生命。迅速向灾区调派大批医护人员、救护车、药品和医疗器械，空运医疗队到达偏远乡村，派遣医疗专家参加和指导救治，组织专列、包机等向20个省（区、市）转运了10015名重伤病员，争分夺秒，确保伤病群众得到及时救治。截至6月23日，累计投入医疗卫生人员9.68万人，救治伤员204.01万余人次，其中住院治疗96140人，已出院82325人。

（三）全力安置受灾群众。保障上千万受灾群众的吃、穿、住、用是一项空前艰巨的任务。国务院决定在3个月内，向灾区困难群众每人每天发放1斤口粮和10元补助金，为孤儿、孤老和孤残人员每人每月提供600元基本生活费，对因灾死亡人员的家庭按照每位遇难者5000元的标准发放抚慰金。紧急调运大量救灾物资，受灾群众生活得到了基本安置。截至6月23日，已调运救灾帐篷157.97万顶、活动板房42.59万套、成品粮油16.63万吨、被子486.69万套、衣物1410.13万件、瓶装水216万箱。四川等受灾省份通过建造简易住房、组织投亲靠友等多种方式安置受灾群众。优先安排教学用房，使灾区学生尽快复课。各灾区累计紧急转移安置受灾群众1510.62万人。灾区各级党委、政府组织党员干部和专业人员深入受灾群众，开展心理安抚和思想疏导工作。加强灾区社会治安工作，严厉打击各种违法犯罪行为，确保了灾区治安稳定。

（四）抢修损毁基础设施。抢通修复因灾损毁的道路、电力、通信等基础设施，对抗震救灾的顺利开展至关重要。地震共造成2473座水库、822座水电站、899处堤坝和8426个水厂受损。由于许多设施损毁严重，抢修难度非常大。广大军民不怕疲劳、连续作战，抓紧施工，灾区损毁基础设施得到了初步恢复。各重灾县和主要城镇的对外公路通道已被打通，宝成线等6条受损中断的铁路线已恢复运行，灾区大部分变电站已正常供电，90%以上的10千伏以上输电线路得到修复，所有受灾区县的对外通信已不同程度恢复。紧急抢修供水设施，架设临时供水管线，基本解决了城乡受灾群众的临时用水问题。

（五）加强卫生防疫工作。把卫生防疫工作作为抗震救灾的一项重大任务来抓，确保大灾之后无大疫。从全国各地紧急调集大批卫生防疫人员，共组织调拨消毒药品3670多吨，卫生防疫工作已覆盖到所有受灾县乡村和受灾群众集中安置点，每个村和安置点都有1~3人开展卫生防疫工作。及时组织开展建筑物废墟等环境消毒工作，加强对饮用水的监测和食品卫生监督检查，精心组织易感人群免疫接种，实行突发公共卫生事件每日报告制度，加强疫情监测并严密防范传染病流行蔓延。妥善处理遇难者遗体，目前已处理69164具。对数千万的死亡畜禽进行了无害化处理。目前，地震灾区无传染病暴发和食物中毒等突发公共卫生事件的报告。

（六）降低次生灾害威胁。在加强地震监测预报，全力做好余震防范工作的同时，认真排查危险化学品生产储存设备、输油气管道、工业生产重点设施以及各类建、构筑物因灾造成的隐患，及时采取了安全防范措施。严密防范因水库、水电站、堰塞湖垮塌溃坝引发的水灾，以及降雨和余震引发滑坡、泥石流等灾害造成人员伤亡。这次地震共造成各类地质灾害12536处，其中崩塌3619处、滑坡5899处、泥石流1054处、其他地质灾害1964处，形成了35处较大堰塞湖，尤为严重的是位于北川县的唐家山堰塞湖，坝体土石2000多万方、蓄水2.5亿方，对下游构成严重威胁。坚持“安全、科学、快速”的原则，一面抓工程除险，一面抓转移避险，成功处理了唐家山堰塞湖险情，确保了群众生命财产安全，创造了世界上处理大型堰塞湖的奇迹，积累了宝贵的经验。目前，35处堰塞湖中的28处已基本排除险情，其余的也完成了工程排险任务。

（七）做好灾后重建准备。一是制定了关于地震灾区恢复生产的指导意见，按照统筹安排、确保重点，调整结构、优化布局，主动自救、多方支援，注重安全、维护稳定的原则，提出工业、农业、商贸流通、基础设施、金融服务和旅游业恢复正常运行的主要任务。二是制定出台了《汶川地震灾后恢复重建条例》，确立了灾后恢复重建工作的指导方针和基本原则，规定了一系列制度和措施，使灾后恢复重建纳入依法进行的轨道。三是成立了国家汶川地震专家委员会，负责进行地震和地质构造的现场调查和评估，为制定灾后恢复重建规划提供科学依据。四是专门组建了灾后重建规划组，组织有关方面和专家，就灾后重建的原则、目标、思路和任务等进行了研究，提出了灾后重建规划工作方案。目前，灾后重建总体规划和各专项规划的编制工作正在紧张进行。

（八）做好资金物资的保障和监管。截至目前，中央财政和地方各级财政已投入抗震救灾资金543.13亿元，各有关方面调拨了大量救灾物资，国内外捐赠款物合计已达524.78亿元。为切实做好抗震救灾资金物资监管工作，确保及时拨付、有效使用，最大限度发挥效益，中央专门召开了抗震救灾资金物资监管工作会议，成立了监督检查领导小组，国务院办公厅下发了关于加强捐赠款物管理使用的通知，要求进一步健全规章制度，对资金物资管理使用情况进行全方位监管，严格落实救灾捐赠款物管理使用的有关规定，切实保护好捐赠人和受赠人的权益。组织开展了专项审计，及时发现和纠正资金物资使用过程中出现的问题，依法严肃查处违法违纪行为。

（九）及时公布灾情和抗震救灾工作情况。总指挥部以及四川、甘肃、陕西等受灾省份，建立健全了抗震救灾新闻发布机制，及时准确客观地向国内外媒体发布灾情和人员搜救、医疗防疫、基础设施抢修、次生灾害防范等进展情况，做到了信息公开透明，为抗震救灾工作营造了良好的舆论氛围。广大新闻工作者克服重重困难，深入灾区一线，全面报道广大军民不屈不挠、团结奋斗的民族精神和英雄事迹，激发凝聚了全国人民和全球华人的情感和力量。国务院发布公告，5月19日至21日为全国哀悼日，沉痛悼念四川汶川大地震遇难同胞。全国各族人民化悲痛为力量，增强了战胜自然灾害、夺取抗震救灾胜利的信心和勇气。

经过前一阶段艰苦卓绝的努力，最大限度地解救了被困群众，伤病员得到了精心救治，受灾群众基本生活得到了初步安排，灾区社会秩序保持了总体稳定，抗震救灾斗争取得了重大阶段性胜利。这是党中央、国务院和中央军委坚强领导、统一指挥的结果，是灾区各级党委、政府和各地区、各部门紧急行动、共同努力的结果，是解放军指战员、武警官兵、民兵预备役人员和公安民警临危不惧、顽强奋战的结果，是全国各族人民万众一心、全力支援的结果。

三、继续做好当前各项重点工作

当前，抗震救灾工作已经进入了新的阶段，但形势依然严峻，任务十分艰巨。最为突出的问题：一是受灾群众安置工作面临很多困难，吃饭、饮水、看病、上学等方面都有不少问题需要解决，其中居住问题尤为突出。二是灾后卫生防疫形势十分严峻，灾区环境卫生条件差，受灾群众安置相对比较集中，极易发生传染病疫情。三是次生灾害隐患仍然突出，受余震和强降雨等不利因素影响，滑坡、泥石流、堰塞湖等灾害防范治理工作压力很大。四是恢复正常生产生活秩序刻不容缓，就业援助工作亟待加强。五是灾后恢复重建工作异常繁重，灾区各类公用、民用建筑以及基础设施遭到很大破坏，许多保留下来的也存在不少地质和建筑隐患，不少城镇和乡村还要异地重建。针对抗震救灾面临的形势和任务，下一步要重点做好以下几方面工作：

（一）妥善安置受灾群众生活。继续组织调运粮油、蔬菜、衣被、药品等物资，确保灾区供应。着力解决好受灾群众临时住所和学校、医院等公共设施用房问题，切实使用好前期安排并已生产调运的90万顶帐篷，抓紧完成已安排的活动板房生产调运任务，积极采取措施帮助受灾群众搭建简易住房。坚持以群众自建为主，通过政府补助、对口支援和社会帮扶等多种途径，加快农村倒房重建。倒房重建坚持因地制宜、科学安全，节约和集约利用土地，保护耕地。

（二）全面做好医疗防疫工作。继续全力以赴做好伤员救治，集中力量抢救危重伤员，最大限度降低死亡率和致残率。继续做好遇难者遗体消毒处理、死亡畜禽无害化处理等工作，全面做好受灾地区环境卫生清理。继续加强传染病疫情监测和报告，做好甲肝、乙脑等疫苗调拨与接种工作，大力普及卫生防病知识，严防传染病流行蔓延。

（三）加快基础设施抢修进度。集中力量抢通重灾区国省道干线公路仍未修复的路段，进一步加大乡村公路抢修力度，扩大抢通覆盖面，并做好后续保通工作，全力保障灾区急需物资的运输。抓紧完成修复因灾损毁的供水设施，保证城乡群众用水需要。加快电网特别是地方电网修复工作，尽快恢复受灾地区的通信能力。

（四）进一步做好次生灾害防范。继续做好余震监测预防。抓紧做好水库、水电站、堤防等除险加固工作，加快堰塞湖险情处置进度，全力做好洪涝灾害防御工作，确保安全度汛。严格落实地质灾害隐患排查、治理和防范措施。对受灾地区的桥隧、供水、供电、供气等基础设施以及各类建筑物进行安全隐患排查，及时采取修复加固等措施，落实安全防范责任制度，严防伤亡事故发生。

（五）尽快恢复灾区生产。加大扶持力度，积极创造条件，在确保安全的前提下，全力组织灾区工矿商贸企业和农民群众尽快恢复生产。工业生产方面，加强煤炭、成品油、天然气、磷矿石等能源和原材料的生产调运。结合生产力布局、产业结构调整以及抗震救灾需要，分类组织指导，抓紧恢复工业企业生产。特别要尽早组织供电、供气、供水、煤矿等企业恢复运行，为全面恢复生产创造条件。农业生产方面，及时调运种子、农药、柴油等物资，加强技术指导，全面做好抢收抢种，及时开展改种补种。抓紧抢修受损农田基础设施，恢复灾区农业生产能力。尽快修复畜禽圈舍、良种繁育等设施，做好疫苗、饲料等供应，严密防范重大动物疫情，加快恢复养殖业生产。服务业方面，做好物资调运供应，切实保障灾区急需的食品、建材、工具等货源，搞活商品流通，维护市场和物价稳定。抓紧维修加固商业、银行、证券等服务业网点，采取措施鼓励商贸流通企业到灾区设点经营，为受灾群众提供服务。分类制定旅游业恢复计划，提高服务质量，确保旅游安全。促进就业方面，积极采取有效措施，大力促进受灾地区劳动力就业，加强培训和指导，及时帮助零就业家庭解决就业困难，尽可能安排受灾群众参与灾后恢复重建，千方百计提高灾区城乡居民收入。

四、抓紧灾后恢复重建

灾后恢复重建是一项紧迫而长期的任务，准备用三年左右时间在“十一五”期间初步完成重建，在“十二五”期间继续巩固发展。要按照《汶川地震灾后恢复重建条例》的要求，坚持以人为本、科学规划、统筹兼顾、分步实施、自力更生、国家支持、社会帮扶的方针，做好灾后恢复重建各项工作。

（一）认真做好评估论证。充分发挥国家汶川地震专家委员会的作用，在现场调查研究、科学论证的基础上，抓紧做好地震机理研究、地质地理环境条件评估和建设项目选址等工作。同时，组织专门力量开展灾害范围评估、损失评估和资源环境承载能力评价，充分听取包括地震灾区干部群众在内的各方面的意见和建议，组织专家对重要事项进行论证，为灾后恢复重建规划提供依据。

（二）科学编制重建规划。抓紧编制灾后恢复重建总体规划，以及城镇体系、农村建设、城乡住房建设、基础设施建设、公共服务设施建设、生产力布局和产业调整、市场服务体系、防灾减灾和生态恢复、土地利用等9个专项规划。总体规划和各专项规划的编制，都要坚持从当地实际出发，与经济社会发展水平相适应，全面统筹、分类指导，立足当前、着眼长远，保证重点、兼顾一般，加强资源综合利用，努力争取最大效益和最好效果。

（三）制定完善重建政策。加快制定包括政府投入、税费优惠、金融支持、用地保障、对口支援、社会募集、转移安置、倒房重建等方面的政策措施，充分发挥市场机制的作用，为恢复重建提供资金保障。中央财政今年拟先安排700亿元，建立灾后恢复重建基金，明后年继续作出相应安排。从灾后恢复重建基金中安排400亿元，专项用于补助汶川地震房屋倒损农户重建住房。有关地方财政也将调整预算安排，支持灾区恢复重建。

（四）组织实施对口支援。为充分发挥社会主义制度集中力量办大事的政治优势，加快灾后恢复重建，中央决定建立对口支援机制，按照“一省帮一重灾县”的原则，组织有关省市对口支援灾区，已召开会议对此作出全面部署。根据各地经济发展水平，合理配备力量，组织19个省（市）对口支援四川省18个重灾县（市）和甘肃、陕西两省受灾地区。承担对口支援任务的省（市）按照中央统一部署，为灾区提供人力、物力、财力、智力等各种形式的支持。对口支援按三年期限实施，各支援省（市）每年大体按本地上年地方财政收入的1%来安排对口支援的实物工作量。国务院各部门也将按照中央要求，做好支持地震灾后恢复重建工作。

（五）坚持地方为主开展灾后重建。各受灾地区恢复重建工作将以地方为主，充分发挥广大干部群众的积极性和主动性，坚持自力更生，互帮互助，苦干实干，在中央和全国各地的大力支持下，用自己的双手和辛勤劳动重建美好家园。

面对十分繁重艰巨的抗震救灾和恢复重建任务，国务院及国务院抗震救灾总指挥部将认真贯彻落实省区市和中央部门主要负责同志会议精神，进一步加强组织领导，强化责任落实，继续坚持“两手抓”，一手坚持不懈地抓抗震救灾，做好灾区生产自救和恢复重建工作；一手坚定不移地抓经济社会发展，促进经济平稳较快发展和社会和谐稳定，努力夺取抗震救灾和经济社会发展的全面胜利。

以上报告，请予审议。

（《中华人民共和国全国人民代表大会常务委员会公报》，2008年第5期）

关于提请审议2008年中央预算调整方案（草案）的议案的说明

——2008年6月24日在第十一届全国人民代表大会常务委员会第三次会议上

财政部部长　谢旭人

全国人民代表大会常务委员会：

我受国务院委托，就调整2008年中央预算，并建立地震灾后恢复重建基金的议案作如下说明：

5月12日，四川省汶川县发生8.0级特大地震。这次地震，是新中国成立以来破坏性最强、波及范围最广、救灾难度最大的一次地震。四川、甘肃、陕西、重庆等16个省（区、市）受灾总面积44万平方公里，累计受灾人口4624.90万人（有关统计数字还在变化中）。地震发生后，中央和地方财政及时安排救灾经费，从财力上支持保障抗震救灾工作。截至6月14日，各级财政共投入抗震救灾资金537.62亿元，其中中央财政投入491.54亿元、地方财政投入46.08亿元。为及早谋划和适时开展恢复生产和灾后重建工作，切实保障灾后恢复重建资金需要，中央财政拟调整2008年中央预算，并从今年起建立地震灾后恢复重建基金，根据实际情况分年加以安排，专项用于四川及周边省份受灾地区恢复重建。

一、调整2008年中央预算建立地震灾后恢复重建基金的必要性

一是汶川地震震级和最大烈度均超过唐山大地震，造成四川及周边省份受灾地区居民房屋大面积倒塌，交通、通信、电力、水利等基础设施和教育、卫生、文化、体育及党政机关等公共服务设施毁损特别严重，就地和异地恢复重建任务十分艰巨。适当调整2008年中央预算，安排一定数量的资金用于灾后恢复重建，能够尽快恢复受灾地区正常的生产和生活秩序，促进灾区经济社会恢复和发展。

二是今年中央财政面临许多新情况，收支形势不容乐观。受国内外经济形势发展的不确定性、南方罕见低温雨雪冰冻灾害、汶川地震及调低证券交易印花税税率等因素影响，财政能否超收尚不能确定，难以从中安排资金用于灾后恢复重建。2006年中央财政建立了中央预算稳定调节基金，目前尚有1032亿元可以动用，从中调用一部分资金用于建立地震灾后恢复重建基金，既不

影响正常预算执行，也能适当满足今年恢复重建工作需要。

三是建立地震灾后恢复重建基金有利于统筹安排，发挥资金使用效益。按照多渠道筹集灾后恢复重建资金的原则，中央财政除调用中央预算稳定调节基金外，还将对今年预算支出做相应调整，通过车辆购置税、彩票公益金、中央国有资本经营预算安排部分资金用于灾后恢复重建。这些资金渠道不同，通过建立基金可以集中财力，统筹安排，整合使用，专款专用，充分发挥资金使用效益。

二、2008年中央预算调整的具体办法

2008年中央财政拟安排地震灾后恢复重建基金收入预算700亿元。其资金来源和调整办法如下：

（一）为避免影响正常年度预算执行，保持2008年中央预算平衡，从中央预算稳定调节基金1032亿元中调入600亿元，通过“划转地震灾后恢复重建基金”科目列支后，转入地震灾后恢复重建基金。

（二）从车辆购置税中调整安排50亿元，由“车辆购置税支出”科目列支后，转入地震灾后恢复重建基金。

（三）从政府性基金预算列收列支的彩票公益金中调整安排10亿元，由“彩票公益金”支出科目列支后，转入地震灾后恢复重建基金。

（四）从国有资本经营预算调入40亿元，通过国有资本经营预算相关科目列支后，转入地震灾后恢复重建基金。

以上调整后，第十一届全国人民代表大会第一次会议通过的2008年中央预算中，“中央财政收入”仍为32531.72亿元，没有变化；另“调入中央预算稳定调节基金”增加600亿元。“中央财政支出”增加600亿元，总额为35431.72亿元。

三、地震灾后恢复重建基金预算编制和资金的安排使用

地震灾后恢复重建基金编制预决算，收入按转入基金的各项资金实际数列示，支出按实际安排、使用的数额列示。基金结余结转下年继续使用。地震灾后恢复重建基金安排使用情况向全国人民代表大会及其常务委员会报告。

基金安排使用既要坚持以人为本，优先保障受灾群众基本生活和公共服务设施恢复重建，又要坚持统筹兼顾，协调安排城镇与乡村，基础设施、公共服务设施与工农业生产和商业流通等恢复重建资金。基金主要用途包括：一是因灾倒塌损坏民房的重建补助；二是学校、医院、政府机关及事业单位恢复重建；三是交通、电力、通信、城市供水、污水处理、供气、受损水库等基础设施恢复重建；四是农林水、工业生产及商业流通恢复，以及震后地质灾害治理、移民搬迁等方面的支出。

今年中央财政安排的地震灾后恢复重建基金数额较大，今后中央财政还将根据灾后恢复重建

和资金来源变化情况，对地震灾后恢复重建基金做相应安排。为充分发挥资金效益，当前要严格依照《汶川地震灾后恢复重建条例》，认真做好灾后恢复重建前期工作，统筹规划，合理布局，科学评估，分步实施，抓紧制订灾后恢复重建规划和具体实施方案。中央和地方财政要根据灾后恢复重建规划的总体安排，进一步健全制度，抓紧制订地震灾后恢复重建基金预算管理和资金分配使用办法，强化预算约束，规范基金的筹集、分配和使用，加强对抗震救灾和灾后恢复重建资金的拨付和使用的监督管理，增强资金和物资分配、使用的透明度，防止侵占、截留、挪用，提高资金使用效益。

以上请审议。

（《中华人民共和国全国人民代表大会常务委员会公报》，2008年第5期）

国务院
关于支持汶川地震灾后恢复重建政策措施的意见

（国发〔2008〕21号）

各省、自治区、直辖市人民政府，国务院各部委、各直属机构：

汶川特大地震给四川、甘肃、陕西等地人民生命财产和经济社会发展造成重大损失。为支持和帮助受灾地区积极开展生产自救，重建家园，鼓励和引导社会各方面力量参与灾后恢复重建工作，使地震灾区早日恢复正常的生产生活秩序，现就支持汶川地震灾后恢复重建有关政策措施提出以下意见：

一、指导思想和基本原则

（一）指导思想

以邓小平理论和“三个代表”重要思想为指导，深入贯彻落实科学发展观，坚持以人为本，充分发挥社会主义制度集中力量办大事的政治优势，举全国之力支持地震灾后恢复重建，统筹规划、精心组织，明确政策、加强保障，突出重点、分类指导，努力争取灾后恢复重建的最大效益和最好效果，让灾区人民满意，让全国人民满意。

（二）基本原则

1. 全面支持，突出重点。政策措施支持范围覆盖灾后恢复生产和重建的各方面，同时重点支持城乡居民倒塌毁损住房、公共服务设施和基础设施等恢复重建。

2. 统筹协调，形成合力。综合运用财政、税收、金融、产业、就业等各类政策，统筹协调中央和地方各项财政投入、对口支援、国内银行贷款等资金，引导使用好各类捐赠资金，使政策安排、资金投入及重建规划相互衔接，有机配合，形成合力。

3. 因地制宜，分类指导。根据受灾程度、恢复重建对象的不同，实行分类支持。对受灾严重地区给予重点支持；对公共服务设施和公益性基础设施恢复重建，以政府投入为主，社会捐赠等其他投入为辅；对工商等企业恢复生产和重建，运用市场机制，以企业生产自救为主，国家给予财税等政策支持，带动银行信贷资金投入。

4. 立足自救，各方帮扶。贯彻一方有难、八方支援，自力更生、艰苦奋斗的方针，把国家支持、社会援助和生产自救结合起来，调动和发挥受灾地区干部群众等各方面的积极性，立足自力更生，加快恢复重建。

5. 加大力度，简便易行。根据受灾地区损失严重、恢复重建任务艰巨等特殊情况，依法加大政策措施支持的力度和针对性，同时做到科学简明，便于操作，容易执行。

二、政策措施的主要内容

（一）中央财政建立地震灾后恢复重建基金

为支持受灾地区恢复重建，统筹和引导各类资金，中央财政建立地震灾后恢复重建基金。所需资金以中央一般预算收入安排为主，中央国有资本经营预算收入、车购税专项收入、中央彩票公益金、中央分成的新增建设用地有偿使用费用于灾后重建的资金也列入基金。2008年中央财政安排灾后恢复重建基金700亿元，明、后两年继续做相应安排。同时调整经常性预算安排的有关专项资金使用结构，向受灾地区倾斜。

在加大中央财政投入的同时，要统筹使用好受灾地区财政投入、对口支援、国内银行贷款以及国际组织贷款等资金，引导各类捐赠资金合理配置、规范使用，提高资金使用效益。受灾地区主要是四川省财政比照中央财政做法，相应建立地震灾后恢复重建基金。

（二）财政支出政策

中央财政地震灾后恢复重建基金支出，按照“统筹安排、突出重点、分类指导、包干使用”的原则，采取对居民个人补助、项目投资补助、企业资本金注入、贷款贴息等方式，对城乡居民倒塌毁损住房、公共服务设施、基础设施恢复重建以及工农业恢复生产和重建等给予支持。

1. 倒塌毁损民房恢复重建。对房屋倒塌或严重损坏、无房可住的农户住房建设，中央财政原则上按平均每户1万元的标准给予补助；对其他损房的农户给予适当补助。

对房屋倒塌或严重损坏的城镇居民和其他城镇无房可住居民（包括中央在受灾地区的机关、企事业单位职工）住房建设，中央财政采取对项目投资补助、居民个人补助等方式给予支持。受灾地区根据实际情况，可组织建设安居房出售或出租给符合条件的家庭；由政府投资建设适量廉租住房按照低租金出租给符合条件的家庭；对居民购买各类住房（包括安居房）或其他方式自行解决住房的，每户按一定标准给予补助。对城镇居民住房经鉴定需除险加固的，给予适当补助。

2. 公共服务设施恢复重建。对教育、卫生、基层政权等公共服务设施，恢复重建资金原则上由中央和受灾地区财政按比例负担，其中中央垂直管理部门（含直属事业单位）由中央财政负担。同时，对口支援和社会捐赠资金要优先用于教育、卫生等公共服务设施建设。

3. 工商企业恢复生产和重建。中央财政对国资委管理的中央国有重点骨干企业恢复生产和重建，采取按因灾毁损恢复重建投资的一定比例注入资本金或贷款贴息方式给予支持。其中，注入资本金资金从中央国有资本经营预算收入中安排。

中央财政对中央军工企事业单位恢复生产和重建，通过项目投资补助或贷款贴息给予支持。

对地方工商、旅游等企业恢复生产和重建，除中央财政对受灾严重地区的重点行业给予贷款贴息支持外，原则上由地方负责统筹考虑资金支持办法。鼓励地方政府通过财政注资等方式，支持受灾严重地区地方法人金融机构恢复重建。

4. 农业、林业恢复生产和重建。中央财政对种子、种苗、种畜等农业生产资料、土地整理以及受损农田水利设施、规模化种养殖棚舍池、良种繁育设施、农林推广和服务基础设施、森林防火设施、受损林木和农林业病疫情控制等，采取项目投资补助、贷款贴息等方式给予适当支持。中央财政增加扶贫贷款贴息资金。

5. 基础设施恢复重建。中央财政重点对破坏严重需整体重建或搬迁的非经营性城镇市政设施给予项目投资补助；对经营性或有收费（收入）来源的城镇市政设施恢复重建给予贷款贴息。

中央财政对交通基础设施恢复重建采取项目投资补助、贷款贴息等方式给予支持。其中公路包括受损国道、省道及桥梁、涵洞、县乡公路，所需资金以车购税专项收入调剂安排为主，中央一般预算收入适当安排为辅。

中央财政对受损水库结合病险水库除险加固工程给予投资补助；对受灾严重地区的其他水利设施给予适当支持。

6. 其他恢复重建。中央财政对震后地质灾害治理、环保监测设施等给予项目投资补助。

（三）税收政策

促进企业尽快恢复生产：

1. 自2008年7月1日起，对受灾严重地区实行增值税扩大抵扣范围政策，允许企业新购进机器设备所含的增值税进项税额予以抵扣。国家限制发展的特定行业除外。

2. 对受灾严重地区损失严重的企业，免征2008年度企业所得税；对受灾地区企业取得的救灾款项以及与抗震救灾有关的减免税收入，免征企业所得税。

3. 对受灾地区企业、单位或支援受灾地区重建的企业、单位进口国内不能满足供应并直接用于灾后重建的大宗物资、设备等，在三年内给予进口税收优惠。

减轻个人税收负担：

对受灾地区个人取得的各级政府发放的救灾款项、接受捐赠的款项；对抗震救灾一线人员，按照地方各级政府及其部门规定标准取得的与抗震救灾有关的补贴收入，免征个人所得税。

支持受灾地区基础设施、房屋建筑物等恢复重建：

1. 由政府为受灾居民组织建设的安居房免征城镇土地使用税，转让时免征土地增值税。

2. 对地震中住房倒塌的农民重建住房的，在规定标准内的部分免征耕地占用税。

3. 由政府组织建设的安居房，所签订的建筑安装、销售、租赁合同，免征印花税。

4. 对在地震中损毁的应缴而未缴契税的居民住房，不再征收契税；对受灾居民购买安居房，按法定税率减半征收契税。

5. 经省级人民政府批准，在2008年年底前免征损毁房产、土地的房产税、城市房地产税和城镇土地使用税。

鼓励社会各界支持抗震救灾和灾后恢复重建：

1. 对单位和个体经营者将自产、委托加工或购买的货物通过公益性社会团体、县级以上人民政府及其部门无偿捐赠给受灾地区的，免征增值税、城市维护建设税及教育费附加。

2. 对企业、个人通过公益性社会团体、县级以上人民政府及其部门向受灾地区的捐赠，允许在当年企业所得税前和当年个人所得税前全额扣除。

3. 财产所有人将财产（物品）捐赠给受灾地区所书立的产权转移书据免征应缴纳的印花税。

4. 对专项用于抗震救灾和灾后恢复重建、能够提供抗震救灾证明的新购特种车辆，免征车辆购置税。

促进就业：

1. 受灾严重地区的企业在新增加的就业岗位中，招用当地因地震灾害失去工作的城镇职工，经县级劳动保障部门认定，按实际招用人数予以定额依次扣减营业税、城市维护建设税、教育费附加和企业所得税。

定额标准为每人每年4000元，可上下浮动20%，由灾区省级人民政府根据本地实际情况具体确定。

2. 受灾严重地区因地震灾害失去工作的城镇职工从事个体经营的，按每户每年8000元的限额扣减其当年实际应缴纳的营业税、城市维护建设税、教育费附加和个人所得税。

以上优惠政策中，除增值税扩大抵扣范围政策外，凡未注明优惠期限的，一律执行至2008年年底止。确需延长期限的，由国务院另行决定。

（四）政府性基金和行政事业性收费政策

为了减轻受灾严重地区的企业、单位和个人基金、收费负担，三年内对受灾严重地区减免部分政府性基金和行政事业性收费。

1. 减免部分政府性基金。对受灾严重地区内的用电企业、单位和个人，免收三峡工程建设基金、大中型水库移民后期扶持基金；对企业和有关经营者免收属于中央收入的文化事业建设费、国家电影事业发展专项资金、水路客货运附加费。

四川、甘肃、陕西省根据本地实际情况，对受灾严重地区酌情减免属于地方收入的政府性基金。

2. 减免部分行政事业性收费。对受灾严重地区内的建筑企业，全部免收属于中央收入的工程定额测定费、建设工程质量监督费、占用农业灌溉水源及设施补偿费、水利建设工程质量监督费、铁路工程质量监督费；对矿产资源开采企业，全部免收属于中央收入的矿产资源补偿费、探矿权采矿权使用费、石油（天然气）勘查开采登记费、采矿登记费、矿产资源勘查登记费；对银行、信用社、邮政储蓄机构（包括注册地在受灾地区的法人机构及在受灾地区的分支机构），全部免收银行业机构监管费和业务监管费；对保险公司、保险中介机构（包括注册地在受灾地区的法人机构及在受灾地区的分支机构），全部免收保险业务监管费；对证券、基金、期货公司（包括注册地在受灾地区的法人机构及在受灾地区的分支机构），全部免收证券市场监管费；对电力企业全部免收电力监管费。

四川、甘肃、陕西省根据本地实际情况，对受灾严重地区酌情减免由中央级批准属于地方收入的行政事业性收费，以及本省出台的行政事业性收费。

（五）金融政策

支持金融机构尽快全面恢复金融服务功能：

1. 支持金融机构基层网点恢复重建。加快修复和合理布设金融基层网点，加强和改进对受灾居民集中安置点的金融服务。对受灾损失严重的全国性金融机构由其总行（部）提供对口援助，对受灾损失严重的地方法人金融机构，鼓励有实力、经营稳健的金融机构按照市场化原则对其兼并重组。鼓励金融机构在有效控制风险的前提下到受灾地区设立分支机构。

2. 保障支付清算、国库、现金发行、证券期货交易和邮政汇兑系统的安全运营，为受灾地区资金汇划提供便捷、高效的金融服务。

3. 支持适当减免金融业收费。支持适当减免受灾严重地区金融机构缴纳的交易场所会费、投资者保护基金、保险保障基金等收费。鼓励受灾地区金融机构适当减免客户账户查询、挂失和补办、转账，证券持有人的证券账户卡挂失与补办、证券查询、证券继承等收费。

鼓励银行业金融机构加大对受灾地区信贷投放：

1. 对受灾地区实施倾斜和优惠的信贷政策。在坚持总量从紧宏观政策的同时，对受灾地区信贷投放实行区别对待、有保有压。全国性银行业金融机构要加大系统内调剂力度，将信贷资源向受灾地区倾斜。受灾地区地方性法人银行业金融机构可在满足资本充足率等要求的前提下充分运用资金，支持当地恢复重建合理的信贷需求。允许银行业金融机构开展并购贷款业务，在受灾地区没有营业网点的银行业金融机构可以开展跨地区贷款业务，支持受灾地区恢复重建。对灾前已经发放、灾后不能按期偿还的各项贷款延长还款期限六个月，在2008年底前不催收催缴、不罚息，不作为不良记录，不影响其继续获得受灾地区其他信贷支持。

2. 加大对受灾地区重点基础设施、重点企业、支柱产业、中小企业和因灾失业人员的信贷支持力度。对受灾地区吸纳就业强、产品有前景、守信用的中小企业加大支持力度。对因灾失业人员和吸纳受灾群众就业达到一定比例的劳动密集型中小企业，参照下岗失业人员小额担保贷款政策执行。

3. 加大对受灾地区“三农”发展的信贷支持力度。积极发展适合受灾地区特点的村镇银行、农村资金互助社、贷款公司和小额贷款公司等新型农村金融机构。采取专项票据兑付等方式增强农村信用社信贷投放能力。拓宽农村贷款抵押担保范围，鼓励发展农村小额信贷。鼓励各金融机构大力发放面向受灾地区农户的小额信用贷款和农户联保贷款，对农村种养大户、特色种养业予以重点扶持。增加对受灾地区扶贫贴息贷款，支持农村受灾群众恢复生产。

4. 对受灾地区实行住房信贷优惠政策。各商业银行对政府组织的住宅恢复重建项目优先给予贷款支持。对国家确定的重灾区的普通商品住宅和经济适用住房开发建设项目，鼓励银行业金融机构在贷款条件方面给予优惠。鼓励商业银行发放农民自建住房贷款，用于重建和修复因灾损毁住房。对受灾地区居民购置自住房的贷款利率下限由人民银行规定的现行水平统一下调为贷款基准利率的0.6倍，最低首付款比例下调为10%；具体利率水平和首付款比例由商业银行根据风险管理原则自主确定。个人住房公积金贷款利率各档次均优惠1个百分点。

支持受灾地区金融机构增强贷款能力：

1. 加大对受灾地区的再贷款（再贴现）支持力度。2008年增加受灾地区200亿元再贷款（再贴现）额度，今后根据实际需要可再适当增加支农再贷款额度，并相应拓宽其使用范围，再贷款利率在现行优惠支农再贷款利率水平上再降1个百分点。

2. 继续对受灾地区地方法人金融机构执行倾斜的存款准备金政策；允许受灾地区金融机构提前支取特种存款，增加信贷资金来源。

发挥资本、保险市场功能支持灾后恢复重建：

1. 支持受灾机构通过债券市场募集灾后重建资金。支持符合条件的地方法人金融机构通过发行各类债券用于补充资本金和灾后重建信贷资金来源。鼓励符合条件的企业集团财务公司、非金融企业等通过债券市场发行企业债券、公司债券、短期融资券等债务融资工具。鼓励融资创新，支持有稳定收益的交通、水务等基础设施项目发行资产证券化产品。鼓励开展针对受灾地区重建发展的直接投资和集合理财、专项理财业务。

2. 支持受灾地区企业通过股票市场融资。在符合法定条件下，优先安排受灾地区企业申请首次公开发行股票和上市公司再融资，优先审核拟将募集资金投向受灾地区和生产受灾地区重建、安置急需物资的公司的融资申请。支持受灾地区上市公司并购重组、资产注入和整体上市。支持证券交易所适当减免受灾地区上市公司的上市年费等费用。加强对受灾地区企业的上市培育服务，推动符合条件的企业上市。

3. 积极引导保险机构参与灾后恢复重建。积极引导和协调保险机构，将保险资金优先投资受灾地区关系国计民生的重大项目，支持受灾地区基础设施恢复重建。发挥保险产品的功能作用，提供受灾地区所需的各类保险，给予费率优惠。大力发展针对受灾地区的保险产品。

4. 鼓励和引导各类基金支持灾后恢复重建。

加强受灾地区信用环境建设：

1. 保护受灾地区客户合法权益。加快整理核实受灾地区金融机构客户基本信息。对暂时无主客户的债权，另账保存。依法确认和保护遇难者账户资金、金融资产所有权和继承权。为遇难者亲属妥善办理周到、便利、快捷的各项金融服务。原则上按合同进行地震保险赔付。加快保险理赔进度，提高理赔效率。

2. 对于符合现行核销规定的贷款，按照相关政策和程序及时核销。积极鼓励和支持金融机构对因灾形成的不良债务实施有效重组，促使企业和个人恢复生产和偿债能力。金融业按照市场化、法制化、可持续的原则支持灾后重建，防止金融风险和道德风险。

3. 推进受灾地区信用体系建设。加强受灾地区金融运行监测，保持受灾地区金融秩序和金融安全。加强受灾地区信贷统计、征信和金融知识普及宣传工作。

（六）产业扶持政策

1. 恢复特色优势产业生产能力。大力支持符合国家产业政策、当地资源环境条件、灾后恢复重建规划的特色优势产业发展。重点恢复重建农牧业、农副产品加工业、大型发电设备基地、高新技术、环保建材等产业以及化肥、农药、饲料等农业生产资料生产。把旅游业作为先导产业，加快重点旅游景区、景点的恢复重建。

2. 调整产业结构。产业恢复重建要高起点、高标准、高水平，发展循环经济，加强节能减排，提高技术水平。坚决淘汰高耗能、高污染企业以及不符合国家产业政策和不具备安全生产条件的落后产能，关闭重要水源保护区内的污染严重企业。中央财政对地方淘汰“两高一资”落后产能给予适当奖励。

3. 优化产业布局。对不适宜原地重建的企业要异地迁建。在成都、德阳、绵阳、广元等地将企业相对集中，形成资源集约利用、土地节约使用、环境综合治理、功能有效发挥的产业集中区。

4. 改善产业发展环境。在恢复重建期内，按灾后恢复重建规划要求适度调整煤炭新建项目规模限制。实行直购电试点。

（七）土地和矿产资源政策

1. 免收新增建设用地土地有偿使用费和土地出让收入。对受灾地区为安置受灾居民新建各类安置住房以及非地震受灾地区为安置受灾居民新建各类安置住房；受灾地区的行政机关、学校等事业单位、各类企业、人民团体、社会团体等单位因地震造成房屋倒塌、毁损，需要在原地区进行重建或迁至异地重建的，免收新增建设用地土地有偿使用费和土地出让收入。

2. 划拨土地。对利用政府投资、社会捐助以及自筹资金为受灾居民建设非商品住宅用地；采取BOT、TOT等方式建设的经营性基础设施、公益性设施用地；规划易地重建村庄确需用地；按规划需要整体搬迁并收回其原有土地的工商企业用地，实行划拨土地。

3. 降低地价。对投资规模大、促进经济发展作用明显的新建工业或大型商业设施等项目用地，可根据实际情况降低地价。

4. 增加矿产资源补偿费等留成。为支持受灾严重地区的矿山企业恢复生产和发展，三年内将四川、甘肃、陕西三省的矿产资源补偿费、探矿权采矿权使用费、矿业权价款收入等中央分成部分全额留给地方。

（八）就业援助和社会保险政策

加大就业援助：

除前面所列鼓励就业的税收和金融政策外，加大对受灾地区的就业援助力度。

1. 将省级人民政府确定的因地震灾害出现的就业困难人员按规定及时纳入就业援助的对象范围，优先保证受灾地区零就业家庭至少有一人就业。

2. 将本地就业困难人员正在参与的抗震救灾相关工作，按规定纳入现有和新开发的公益性岗位认定范围，时限为三个月。对从事公益性岗位工作的就业困难人员，按规定提供岗位补贴和社会保险补贴。

3. 对受灾地区企业在重建中吸收就业困难人员的，按规定给予相应的社会保险补贴。

4. 对从事灵活就业的就业困难人员，按规定享受社会保险补贴。

5. 对因灾中断营业后重新开业的个体工商户，按规定给予小额担保贷款扶持。

6. 省级人民政府在确保失业保险基金按时足额发放的前提下，对受灾地区企业采取适当降低失业保险费率等措施。

7. 按规定对受灾地区从事个体经营的有关人员实行三年内免收管理类、登记类和证照类等有关行政事业性收费。

8. 受灾地区企业恢复生产、公路、农田水利等基础设施以及对口支援项目建设，要优先吸纳当地受灾群众。组织引导好受灾群众参加以工代赈和生产自救活动。

9. 对受灾地区实行就业援助所需相关资金，按规定从就业专项资金中列支，中央财政通过专项转移支付给予适当支持。

保障工伤保险待遇支付：

1. 为解决四川受灾地区工伤保险基金收不抵支问题，对参加工伤保险的职工伤亡的，在核实伤亡人数、伤残等级及具体待遇标准的基础上，按规定支付相关待遇，所需资金在地方尽快实行市级或省级统筹、动用历年结余、加大基金调剂力度解决的基础上，仍有不足的，可动用部分全国社会保障基金。

2. 对未参加工伤保险伤亡职工的待遇支付，由职工所在企业（单位）负责解决，企业（单位）无力支付或不存在，并符合救助条件的，可通过相关的社会捐助、社会救助制度予以帮助。

保障养老保险待遇支付：

对因灾困难企业距法定退休年龄不足5年的职工，可按《国有企业富余职工安置规定》（国务院令第111号）有关规定办理内部退养，达到退休年龄后，享受相应的养老保险待遇；对受灾较重、暂停生产的企业，允许缓缴社会保险费；对因灾关闭破产企业欠缴的养老保险费，应按国家有关规定使用破产财产清偿，不足部分应按规定报批后予以核销。

保障受灾困难人员基本生活：

对受灾地区符合《失业保险条例》（国务院令第258号）规定的失业人员，按时足额发放失业保险金；符合享受城市居民最低生活保障条件的人员，按规定纳入城市低保范围，享受城市低保待遇；符合享受临时生活救助条件的人员，按规定实施临时生活救助。

（九）粮食政策

1. 稳定受灾地区粮食市场。适时充实受灾地区中央和地方粮食储备，增加受灾地区市场供应。对已安排出库的抗震救灾中央储备粮，新粮上市后要及时补库。做好市场应急调控预案，运用中央和地方粮食储备吞吐，确保当地市场稳定。中央财政对抛售的中央储备粮统负盈亏。

2. 支持受灾地区受损粮库维修重建。中央财政对四川省专门安排应急维修资金，用于抢修该省地震灾区受损粮库。受灾地区确需恢复重建的粮食仓房，纳入灾后重建规划统筹考虑。

3. 促进受灾地区种粮农民增收。粮食直补、农资综合直补等资金适当向受灾地区倾斜，促进受灾地区粮食增产和农民增收。

上述九个方面的政策属于新制定或扩大了原有政策执行范围。凡现行法律法规及政策中适用于抗震救灾和灾后恢复重建的各项优惠政策措施，受灾地区均继续执行。

三、工作要求

（一）统一思想，加强领导

各地区、各部门要切实把思想和行动统一到党中央、国务院各项决策部署上来，进一步增强政治意识、大局意识、责任意识，加强领导、周密部署，把大力支持抗震救灾和灾后恢复重建工作作为当前的一项重要任务，切实抓紧抓好。

（二）明确责任，密切配合

各地区、各部门要各负其责，加强协调配合。国务院有关部门要尽快落实好相关政策措施，并加强指导和监督检查。受灾地区省级人民政府要立即全面部署本地支持地震灾后恢复重建工作，明确相关部门的责任、分工和工作要求。承担对口支援任务的省市人民政府要抓紧做好对口支援各项工作。

（三）细化政策，完善办法

国务院有关部门要尽快制订有关政策措施的具体实施办法，明确政策措施适用范围和执行期限，并根据灾后恢复重建进展情况和实际需要，及时调整和完善各项政策措施。受灾地区省级人民政府要结合本地区实际制订贯彻实施具体操作办法，便于各项政策措施执行。

国务院

二〇〇八年六月二十九日

（《中华人民共和国国务院公报》，2008年第19号）

中华人民共和国国务院公告

（2008年6月30日）

2008年5月12日14时28分，中国汶川发生8级特大地震，造成重大生命和财产损失。在中国人民遭受这场特大灾难的时刻，国际社会表达真诚同情和慰问，提供了各种形式的支持和援助，充分体现出崇高的人道主义精神和对中国人民的友好情谊。中国政府和人民谨对所有向我们表达深切同情和提供宝贵援助的国家政府、团体和个人、国际组织以及华侨华人，表示衷心的感谢！

这次地震是中华人民共和国成立以来破坏性最强、波及范围最广、救灾难度最大的一次地震。灾难发生后，中国政府举全国之力投入抗震救灾，各族人民万众一心、众志成城、顽强奋战、共克时艰，夺取了抗震救灾斗争的重大阶段性胜利。在这一过程中，国际社会的帮助和支持发挥了积极作用。当前，抗震救灾工作已进入了安置受灾群众和恢复重建阶段。我们坚信，在全国人民的共同努力和国际社会的继续支持下，灾区人民一定能够战胜灾害，重建美好家园。

（原题为《国务院发表公告，感谢国际社会对中国抗震救灾工作提供支持和援助》。《人民日报》，2008年7月1日第1版）

国务院
关于做好汶川地震灾后恢复重建工作的指导意见

（国发〔2008〕22号）

各省、自治区、直辖市人民政府，国务院各部委、各直属机构：

汶川地震灾后恢复重建是一项艰巨繁重的任务。为有力、有序、有效地做好灾后恢复重建各项工作，尽快恢复灾区正常的经济社会秩序，力争用三年左右时间完成灾后恢复重建的主要任务，使灾区群众的基本生活生产条件达到和超过灾前水平，并为可持续发展奠定坚实基础，现提出以下意见：

一、指导思想和基本原则

（一）指导思想

深入贯彻落实科学发展观，坚持以人为本、尊重自然、科学重建。优先恢复灾区群众的基本生活条件和公共服务设施，尽快恢复生产条件，合理调整城镇乡村、基础设施和生产力的布局，逐步恢复生态环境。坚持自力更生、艰苦奋斗，以灾区各级政府为主导、广大干部群众为主体，在国家、各地区和社会各界的大力支持下，精心规划、精心组织、精心实施，又好又快地重建家园。

（二）基本原则

1. 科学规划、有序推进。灾后恢复重建必须建立在科学规划的基础之上，认真做好灾害评估和地质地理条件、资源环境承载能力分析等基础工作，考虑经济、社会、文化、自然等各方面因素，突出重点、兼顾一般，先急后缓、统筹安排，有计划、分步骤地开展恢复重建工作。

2. 因地制宜、分类指导。灾后恢复重建要从灾区实际出发，尊重民意，注重实效，立足当前、着眼长远，科学界定适宜重建和不适宜重建的区域，调整优化城乡布局、人口分布、产业结构和生产力布局。

3. 自力更生、艰苦奋斗。灾区各级政府要充分发挥领导组织作用，充分调动广大干部群众的积极性、主动性和创造性，增强信心、振奋精神，自己动手、生产自救，苦干实干、重建家园。

4. 一方有难、八方支援。要大力弘扬中华民族的优良传统，充分发挥社会主义制度的优势，把政府主导和充分调动社会资源结合起来，组织实施好对口支援工作，广泛动员社会各界力量，采取多种形式，加快灾区恢复重建。

二、主要任务和工作要求

（三）城乡住房

要把修复重建城乡居民损毁住房摆在突出和优先的位置。针对城乡居民住房建设的不同特点，制定相应的政府补助政策。对于可以修复的住房，要尽快查验鉴定，抓紧维修加固；对于需要重建的住房，要科学选址、集约用地、合理确定抗震设防标准，尽快组织实施。让受灾城乡居民早日住上安全、经济、适用、省地的住房。

农村居民住房的恢复重建，要与建设社会主义新农村和扶贫开发相结合。充分尊重农民意愿，实行农户自建、政府补助、社会帮扶相结合。要改进建筑结构，提高建筑质量，符合抗震设防要求，满足现代生活需要，体现地方特色和民族传统风貌，节约用地，保护生态。灾区各级政府要对农村建房的安全选址进行指导，组织规划设计力量，为农村居民免费提供多样化的住房设计样式和施工技术指导。

城镇居民住房的恢复重建，要按照政府主导、市场运作、政策支持、群众自助的原则，实行原址重建、异地新建和维修加固相结合，优先安排维修加固轻微损坏和中等损坏住房。与现行城镇住房供应体系相衔接，在搞好城镇总体规划的基础上抓紧建设廉租住房、经济适用住房和普通商品住房，满足受灾城镇居民多层次的住房需求。

（四）公共服务设施

整合资源，优化布局，推进标准化建设，提高抗震设防标准和建筑质量。优先安排学校、医院等公共服务设施的恢复重建，严格执行强制性建设标准规范，将其建成最安全、最牢固、群众最放心的建筑。

合理调整学校布局，整合教育资源，提高教育质量。农村地区普通高中、中等职业（技工）学校原则上建在县城，初中建在中心乡镇，小学布局相对集中。

重点恢复重建县乡两级医疗卫生机构和计划生育机构，全面恢复市县乡村基本医疗和公共卫生服务体系。加强基层计划生育、妇幼保健、医疗服务资源的有效整合。

合理布局公共文化、体育设施，抓好县级文体设施的恢复重建，加强资源共享。实现广播电视村村通。

注重民族文化的抢救和保护，对世界文化遗产、重要文物保护单位实施抢险修缮，保护具有历史价值和少数民族特色的建筑物。建设地震遗址及纪念设施。

恢复重建社会福利、社会救助、优抚安置和残疾人服务、劳动就业、社区管理等设施。

在基本完成公共服务设施建设的基础上，按照节俭实用的要求，恢复重建各级行政机关办公设施。

（五）基础设施

各类基础设施的恢复重建，要把恢复功能放在首位，根据地质地理条件和城乡分布合理调整布局，与当地经济社会发展规划、城乡建设规划、土地利用规划相衔接，远近结合，合理确定建设标准，增强安全保障能力。

交通设施的恢复重建，要着眼于完善综合交通体系，重点恢复重建干线铁路、干线公路、农村公路和通往重要工矿企业、重点林区的专用道路以及受损民航设施，抓紧恢复旅游交通。

通信设施的恢复重建，要体现资源共享、先进实用、安全可靠的要求，重点加强通信干线网的恢复重建，做好公众通信网和应急通信能力建设。恢复重建邮政设施。

能源设施的恢复重建，要与节约资源、保护环境、安全生产和体制改革相结合，重点恢复重建高压输变电设施、城乡低压配电网和油气管线，修复重建水电、火电、油库、加油站和符合建矿标准的大中型煤矿。

水利设施的恢复重建，要统筹考虑防洪安全、饮水安全、恢复生产等需求。重点抓好水库工程、堰塞湖及河道淤堵处理工程、堤防工程、乡村供水设施、灌排水利设施、水文水资源设施等的恢复重建。

市政公用设施的恢复重建，要符合调整后的城镇总体规划，恢复重建城镇供水、排水、污水处理、燃气、供热、垃圾处理、公园绿地和避难场所等设施。积极推进农村基础设施建设。

（六）产业结构调整和生产力布局

以市场为导向，根据资源环境承载能力、产业政策和就业需要，与转变经济发展方式、促进产业结构优化升级有机结合，合理安排受灾企业的原地重建、异地迁建和关停并转，支持发展特色优势产业。

加快恢复农业、林业、畜牧业生产能力，抓紧农村水利、畜禽圈舍、养殖池塘、农机提灌站等基础设施和良种繁育、动植物病虫害防控、农技服务等设施的重建，恢复发展特色种养业和农副产品加工业。

加大旅游业恢复重建工作力度，充分发挥其带动就业、拉动消费和增加收入的重要作用。加快恢复重建重要旅游景区景点和旅游基础设施，加强旅游市场的宣传促销。

引导各类企业适度集中布局，发展循环经济，促进资源集约利用、土地节约使用和环境综合治理。积极扶持为恢复重建直接服务、符合节能环保要求的建材产业，重点支持重大装备和农业生产资料生产企业，支持中央和地方骨干企业和军工企业。扶持特色优势中小企业发展，淘汰高耗能、高污染的企业和不符合国家产业政策及安全生产要求的落后产能。

（七）市场服务体系

按照稳定市场、保障供应、满足需求、便民安全、增加就业的要求，优先恢复重建对保障灾区群众基本生活和恢复生产具有重要作用的市场服务设施，恢复市场服务体系基本功能。

恢复重建粮库、食用油库、粮油供应站和军供站点等粮食流通设施，成品油、通用物资等国家物资储备设施。恢复完善日用消费品网点和农副产品贸易网点。

恢复金融服务功能，加快修复和合理布设金融机构基层网点，完善服务网络，配备营业设备，保障金融系统安全运营。

（八）防灾减灾和生态修复

坚持尊重自然、尊重规律、尊重科学，建立健全防灾减灾体系，加强生态保护和环境治理，促进人口、资源、环境协调发展。

重视防治威胁灾区群众生命安全和重要基础设施安全的各种次生灾害，抓紧治理危险性大的地质灾害点。加强土地整治和复垦，做好耕地特别是基本农田的修复。

坚持自然恢复与人工治理相结合，逐步修复生态系统的功能。重点做好天然林保护、退耕还林等重点生态工程区的森林恢复，抓好补植补造和抚育管理。加快森林防火、林木种苗、动植物病害防控等基础设施重建。有计划地开展水源涵养区、自然保护区、风景名胜区、森林公园、地质公园、大熊猫自然保护区的恢复重建。

结合城镇乡村和工业集中区的恢复重建工作，恢复重建各级环境监测设施，加强水源地和土壤污染治理，做好废墟清理、垃圾无害化处理、危险废弃物和医疗废弃物处理。

加强防灾减灾体系建设，恢复和强化气象、防汛抗旱、防震、地质灾害、水污染预警预报系统和指挥调度系统，提高灾害监测预测预防能力。

三、实施步骤和保障措施

（九）坚持规划先行

灾后恢复重建规划是恢复重建工作的重要依据，必须建立在全面调研、科学评估、充分论证的基础上。规划编制要充分听取灾区干部群众的意见和建议，借鉴国内外灾后恢复重建的有益经验，组织专家对重大问题进行深入论证，科学民主决策。要加强总体规划与各专项规划之间的衔接协调，形成有机整体。灾区的市、县人民政府要在省级人民政府的指导下，组织编制本行政区域的灾后恢复重建规划和实施计划。切忌在没有规划的情况下盲目动工，仓促上马。

（十）精心组织实施

灾区各级政府要按照精心组织、精心施工、精心管理的要求，统筹安排好恢复重建的各项工作。要抓紧做好永久性住房建设与过渡性安置的衔接，确保受灾群众安全度过灾后第一个冬天。在明确选址和抗震设防标准的前提下，先行启动建设居民住房、公共服务设施和对恢复生产有先导作用的基础设施。要根据灾后恢复重建规划，制订年度计划，明确建设时序，落实责任主体。严格实行项目法人责任制、招标投标制、合同管理制和工程监理制，严把设计、施工、材料质量关，确保高质量地完成恢复重建任务。

（十一）加大政策支持

认真落实《国务院关于支持汶川地震灾后恢复重建政策措施的意见》（国发〔2008〕21号），综合运用财税、金融、土地、产业、就业等政策手段，支持灾后恢复重建。各地区、各部门要各负其责，各司其职，尽快落实好、组织实施好相关政策措施。要继续鼓励社会各界自愿捐助，引导国内外捐助资金用于灾后重建。运用市场机制，鼓励国有大企业集团多承担社会责任，支持各类企业到灾区投资兴业。加大以工代赈力度，鼓励灾区群众投身灾后重建。制定异地务工经商的灾区群众及其家属由就业地政府安排就地落户的政策措施。

（十二）落实工作责任

地方各级人民政府和国务院有关部门要充分认识灾后恢复重建任务的艰巨性、复杂性和紧迫性，树立全局意识，切实加强组织领导，全面做好灾后恢复重建的各项工作。灾区各级政府要建立健全灾后恢复重建工作领导机构。灾区省级人民政府对本地区的灾后恢复重建负总责，统一领导、组织协调、督促检查灾后恢复重建规划的实施，市、县人民政府具体承担和落实恢复重建的各项任务。国务院有关部门要按照职责分工，做好指导、协调和帮助恢复重建的各项工作。

（十三）强化监督检查

灾区各级人民政府要按照《汶川地震灾后恢复重建条例》（国务院令第526号）的要求，加强重建工程项目的管理，不超标准，不盲目攀比，不铺张浪费。定期公布恢复重建资金和物资的来源、数量、发放和使用情况，主动接受社会监督。加强对恢复重建资金拨付和使用的管理，并进行全过程跟踪审计。加强对建设工程质量和安全以及产品质量的监督，组织开展对重大建设项目的稽察。加大对恢复重建所需重要物资的价格监管力度，严格控制主要建材价格，必要时可采取临时价格干预措施。

（十四）做好宣传工作

要加强新闻宣传工作，正确把握舆论导向，大力弘扬抗震救灾的伟大精神，大力宣传恢复重建中涌现出来的先进集体和模范人物，鼓舞和激励广大干部群众自力更生、艰苦奋斗，振奋精神、同心协力，做好灾后恢复重建工作。要定期公布灾后恢复重建进展情况，做到公开透明，有效发挥舆论监督的作用。

国务院

二〇〇八年七月三日

（《中华人民共和国国务院公报》，2008年第20号）

国务院
关于四川汶川特大地震灾后恢复重建工作情况的报告

——2009年6月24日在第十一届全国人民代表大会常务委员会第九次会议上

国家发展和改革委员会主任　张平

全国人民代表大会常务委员会：

我受国务院委托，向全国人大常委会报告四川汶川特大地震灾后恢复重建工作情况，请予审议。

一、关于灾后恢复重建进展情况

在党中央、国务院坚强领导和亲切关怀下，灾区广大干部群众发扬伟大的抗震救灾精神，全党全军全国各族人民弘扬一方有难、八方支援的优良传统，深入贯彻落实科学发展观，坚持“以人为本、科学规划、统筹兼顾、分步实施、自力更生、国家扶持、社会帮扶”的方针，灾后恢复重建取得了重要的阶段性成果，为夺取抗震救灾工作的全面胜利奠定了坚实基础。据四川、甘肃、陕西三个重灾省统计数据，截至2009年4月底，三省灾后恢复重建项目已开工21000多个，完工项目9400多个，完成投资3600多亿元，占规划总投资的36%左右。

（一）城乡住房重建进展较快。城乡居民住房重建是恢复重建工作的重中之重、重中之急。在恢复重建启动后，灾区各级政府始终把城乡住房重建摆在首位。三省已维修加固农村住房277.5万户，完成任务的99.5%。三省农村新建住房已开工168.5万户、竣工134.9万户，分别占农村新建住房任务的95.7%和76.6%。城镇住房重建，已完成维修加固住房73.74万套，占规划任务的48.9%；已开工新建住房14.09万套，完工3.15万套，分别占规划任务的40.1%和8.9%。中央投资安排的廉租房建设投资向三个重灾省倾斜，已下达廉租房补助资金45.2亿元，新开工廉租房7.2万套、359万平方米。

（二）公共服务设施建设顺利推进。地震灾区学校、医院等公共服务设施受损严重，社会最关注、百姓最关心，恢复重建任务十分艰巨。灾区各级政府根据城乡规模和人口变化，整合资源，优化布局，提高抗震设防标准和建筑质量，确保把学校、医院等公共服务设施建成“最安全、最牢固、群众最放心的建筑”。已开工建设各类学校2770所、医疗卫生机构项目1522个，分别占恢复重建任务的75.03%、60.6%；已完工学校287所、医疗卫生机构项目325个，分别占恢复重建任务的7.8%、12.9%。目前已有近70%的灾区学生进入永久性校舍上课。已开工建设4325个文化体育等项目，占恢复重建任务的74%。

（三）基础设施恢复重建有序展开。坚持恢复功能与发展提高相结合，优先安排与民生直接相关的重建项目，并积极推进具有基础性、先导性、支撑性的新建项目。目前，交通、通信、水利、能源等基础设施项目已开工1140个，占恢复重建任务的60%。高速公路已经恢复到灾前水平，干线公路101个项目已有94个开工建设，农村公路完成6000多公里，占恢复重建任务的15%。宝成线、成昆线等严重受损的铁路设施完成修复加固。通信恢复重建项目全部开工，完成恢复重建投资的70%。水库、堤防除险，乡村供水、灌区水利工程设施等已开工71个项目，占恢复重建任务的41.5%；电源、电网等能源项目已开工797个，占恢复重建任务的60.9%。

（四）产业重建和结构调整初见成效。根据资源环境承载能力、产业政策和就业需要，积极推进企业重建，促进结构调整，发展特色优势产业。目前，灾区98%的工业企业已经恢复生产，工业、旅游、文化产业恢复重建项目开工3574个，占恢复重建任务的85.9%。东方汽轮机厂在厂房损坏、设备损毁、职工家属伤亡惨重的情况下，克服多重困难，2008年实现总产值108亿元，比上年增加8亿元。

（五）城镇体系建设全面启动。市政设施、历史文化名城保护、风景名胜区等恢复重建项目累计开工413个，占恢复重建任务的40.1%。世人瞩目的北川新县城重建已正式开工；青川县政府驻地确定不再搬迁，按照适当分流县城部分教育机构和工业企业，减轻县城承载压力的原则，全面开展县城恢复重建工作；汶川县城、映秀镇、擂鼓镇等严重受损城镇已按新的规划开始建设，目前各项工程进展顺利。

（六）农业生产和农村建设稳步实施。坚持产业恢复和生产设施重建两手抓，灾区农村经济形势呈现良好势头，三省农业生产总体保持了增产增收，2008年粮食等主要农产品产量均比上年有一定程度增加，粮食总产量达1105.62亿斤，比上年增长4.63%，实现了“大灾之年不减产要增收”的目标。种植业、畜牧业和农机设施、农村沼气及乡村清洁工程等恢复重建项目649个全部开工，已修复受损农田76.77万亩、农业生产大棚242.11万平方米、畜禽圈舍1771万平方米，修建机电提灌站706处、机耕道827公里，建设良种繁育基地16个、种畜场61个以及技术服务体系用房12.96万平方米。

（七）市场服务体系基本恢复。灾区商贸服务、粮食流通和金融服务等设施项目开工40%左右，超过95%的受损商业网点恢复经营，保障了灾区群众基本生活需求。各金融机构受损网点维修加固已经基本完成，重建迁建工作全面展开，未完成重建任务的金融服务网点，均搭建了临时场所为灾区群众提供金融服务。

（八）生态修复、防灾减灾和土地利用等项目积极推进。受损林地植被恢复和林区水电设施、道路、通讯、公共用房以及林木种苗等项目开工80个，占恢复重建任务的40.6%。国家直属自然保护区重建基金已到位43%，碧峰峡大熊猫应急分流项目基本完成，其他项目已完成开工准备；防灾减灾项目开工397个，占恢复重建任务的53.4%；39个土地整理复垦项目全面启动，整理复垦灾毁土地5.4万公顷。

二、关于灾后恢复重建的政策措施

汶川地震灾后恢复重建涉及面积广大、自然条件复杂、建设任务艰巨。根据党中央、国务院的统一部署，国务院出台了重建条例，印发了重建总体规划，有关部门和地方也分别编制了重建规划，通过加大政策措施支持力度，共同促进灾后恢复重建工作。

（一）将灾后恢复重建纳入法制化轨道。2008年6月8日，国务院公布实施《汶川地震灾后恢复重建条例》，这是我国首个地震灾后恢复重建专门条例，确立了灾后恢复重建的指导方针和基本原则，明确了恢复重建规划编制的原则、要求和程序，确定了实施恢复重建的责任主体，以及各级政府和各部门在恢复重建中的职责和任务。对恢复重建资金和物资的筹集、使用和管理，对恢复重建项目的监督检查，对违反条例应承担的法律责任等方面也都作出了明确规定。

（二）科学制定灾后恢复重建规划。2008年5月23日，国务院抗震救灾总指挥部决定成立灾后重建规划组，负责灾后重建规划的编制工作。规划工作坚持以人为本、科学重建、深入调研、广纳民意，统筹兼顾生活与生产、当前与长远、物质与精神，从灾区实际情况出发并注意借鉴国内外的有益经验，提出“家家有房住、户户有就业、人人有保障、设施有提高、经济有发展、生态有改善”的重建目标。同年9月19日，国务院印发了《汶川地震灾后恢复重建总体规划》。此后，有关部门相继印发了城乡住房、城镇体系、农村建设、公共服务、基础设施、生产力布局和产业调整、市场服务体系、防灾减灾、生态修复和土地利用等十个专项规划。四川、甘肃、陕西三省根据当地实际制定了恢复重建年度实施计划，纳入规划的51个重灾县（市、区）分别制定了具体实施规划。

（三）加强灾后恢复重建政策支持。为支持和帮助受灾地区开展生产自救、重建家园，鼓励和引导社会各方面力量参与灾后恢复重建，使灾区早日恢复正常的生产生活秩序，国务院及时印发了《关于支持汶川地震灾后恢复重建政策措施的意见》、《关于做好汶川地震灾后恢复重建工作的指导意见》，明确了灾后恢复重建的主要任务、工作要求、实施步骤和保障措施，决定中央财政建立汶川地震灾后恢复重建基金，并明确财税、金融、土地、产业、就业和社会保险等方面支持恢复重建工作的政策。国务院有关部门、各受灾省政府、各监管机构，陆续制定出台了一系列支持灾后恢复重建的政策措施。

（四）把灾后恢复重建作为扩大内需的重要举措。面对国际金融危机的冲击，党中央、国务院明确把加快灾后恢复重建作为扩内需、保增长的一项重要举措，强调必须树立抓重建就是抓发展的观念，把恢复重建作为加快灾区发展的重要契机，作为促进全国发展的强大引擎，努力实现又好又快地重建。国家有关部门及时和提前预拨部分资金，中央财政已累计下达灾后恢复重建基金预算1542.25亿元，并安排利用国外优惠紧急贷款18亿美元，支持恢复重建项目建设。

（五）健全组织机构落实工作责任。灾后恢复重建进入实施阶段后，国务院明确由灾区省级人民政府对本地区灾后恢复重建负总责。四川省成立了灾后恢复重建委员会，省委书记、省长担任委员会主任，并根据灾后恢复重建任务下设7个协调小组。甘肃和陕西省也成立了灾后恢复重建领导小组。灾区省级人民政府统一领导、组织协调、督促检查灾后恢复重建规划的实施，市、县人民政府具体承担和落实恢复重建各项任务。国务院成立了汶川地震灾后恢复重建工作协调小组，指导规划实施，协调政策落实，研究解决灾后恢复重建中的有关重大问题。

（六）有效推进对口支援工作。对口支援省市认真贯彻落实党中央、国务院的决策部署，以高度的政治责任感、紧迫感和使命感，迅速选派大批有责任心、有能力、有经验的干部到灾区一线工作，深入了解灾情，考察项目选址，制定实施方案，快速启动了一批民生工程的建设。特别是在国际金融危机发生后，对口支援省市提出支援灾区的决心不变、力度不变、目标不变，压缩本地行政开支，保证支援资金及时到位。截至2009年4月底，已确定对口支援项目2418个、援建金额565亿元，其中1298个援建项目已开工建设，援建资金到位206.6亿元，233个项目建成投入使用。各对口支援省市与受援地区还签约产业合作项目400多个，总投资1800多亿元。各对口支援省市充分发挥自身在人才、技术、管理等方面的优势，先后派出3万多人次到灾区服务，目前仍有近万人工作在灾区。此外，还帮助受援地区转移安置学生异地就学1.6万人，为受援地区群众提供就业岗位33万个。

一些没有对口支援任务的省（区），也通过多种形式，大力支持灾后重建。香港、澳门特区政府也积极支持灾区民生工程的恢复重建。据有关部门统计，地震发生以来，共接收社会各界及国际社会捐赠款物760多亿元，这些资金除前期部分用于抗震救灾外，也主要用于恢复重建项目建设。

（七）切实做好建材供应保障。随着恢复重建工作的全面展开，灾区建材需求量大幅增加，特别是农房建设所需砖、瓦等建材供应紧张，价格上涨较快，增加了群众负担。党中央、国务院十分关心群众住房重建建材供应问题，多次指示有关部门采取有效措施，确保建材供应和质量，稳定市场价格。灾区各级政府积极采取应对措施，扩大建材产量，建立特供机制，实行临时价格干预，千方百计保障建材生产供应和价格基本平稳。交通运输部和发展改革委为跨省调运建材开辟了运输“绿色通道”。成都军区还适时出动运输车辆，为灾区群众抢运重建所需建材，对保障建材供应和建房进度发挥了重要作用。

（八）及时协调解决有关重大问题。根据灾后恢复重建工作的需要，国务院灾后恢复重建工作协调小组及成员单位及时协调解决恢复重建过程中的有关重大问题，提出了推进农房重建、支持灾区农村信用社、促进群众就业、落实银行贷款、规范学校医院建设标准等一系列政策措施：减免灾区政府性基金和行政事业性收费，对灾区所得税、房产税、契税、增值税等实行优惠政策并根据实际情况对部分税收优惠政策给予适当延长；简化恢复重建项目用地、环评工作程序，提高审批效率；对灾区银行业金融机构实行差别准备金政策，加大货币政策支持，加大信贷投放力度，实行灵活的信贷政策，开办并购贷款、集合理财和灾区保险等业务；出台对灾区劳动者异地转移就业、自主创业等扶持政策，扩大灾区群众就业；及时制定和修订有关建筑标准规范，确保工程建设质量和安全。有关部门组织调集系统内专业技术力量，支持帮助灾区加强恢复重建项目的勘察、设计、施工和监理。同时，纪检监察、审计部门全过程加强对资金、物资筹集和使用的监管，确保重建资金按照规定专款专用。

三、当前存在的主要问题

灾后恢复重建是一项艰巨复杂的系统工程，随着灾后恢复重建工作的深入推进，实际工作中还存在不少困难和问题。

（一）农村贫困户住房重建资金困难较大。在农村居民住房重建中，部分贫困农户由于家庭经济困难，收入来源有限，缺少劳动人口，难以获得贷款支持。

（二）城镇住房恢复重建进展相对缓慢。由于城镇住房的产权关系比较复杂，群众对住房重建方式需要协调统一等原因，目前城镇住房重建面临一些困难，重建速度进展相对缓慢。

（三）贷款存在一定困难。人民银行、银监会多次进行调查研究，做了大量工作，出台了对灾区的支持政策，但灾区金融贷款困难特别是中小企业贷款难的问题仍然较为突出。特别是灾区农村信用社承担了发放农房重建贷款任务的90%以上，也是支持农业生产恢复的主要贷款渠道。此次地震又造成三省农村信用社各类损失上百亿元，使信用社的融资功能受到重大影响。

（四）一般受灾地区困难较多。灾区政府和有关部门多次反映，除纳入总体规划的51个重灾县（市、区）外，其他一般受灾地区由于缺少资金，恢复重建面临困难较多，特别是教育、卫生等公共服务设施恢复重建缺乏建设资金。

（五）建材供应、技术力量等问题突出。随着灾后恢复重建加大力度、加快进度，建材集中使用与供应相对不足的矛盾仍然比较突出。由于恢复重建任务繁重，特别是重灾地区恢复重建项目多，专业技术人员紧缺，急需加强建筑、道路、桥梁等设计、监理方面的技术力量支持。

（六）灾区干部群众心理健康问题。汶川特大地震灾情严重，受灾面积广、受灾人员多，需要对大量灾区群众、干部、师生、伤残人员进行心理治疗和精神抚慰。一段时间以来，虽经心理干预和抚慰，个别干部群众因亲人遇难、财产损失、生活和工作压力大等多种原因，出现心理健康问题。

四、下一步工作措施

十一届全国人大二次会议审议通过的《政府工作报告》，要求灾后重建要加大力度，加快进度，力争在两年内基本完成原定三年的目标任务，让灾区人民早日过上更加幸福美好的生活。下一步要深入做好灾后恢复重建规划实施和政策落实工作，加快灾后恢复重建步伐。

（一）确保所有灾区群众早日住上永久性住房。安居乐业是灾区群众的期盼，也是各级党委、政府义不容辞的责任。要继续把住房重建作为恢复重建的第一要务，统筹安排好农村住房重建，加快推进城镇住房重建。今年底前，要全面完成农村住房的重建任务，让灾区农村居民在温暖的新房里过上新年。加强对城镇住房重建工作的指导和协调，协调处理好产权关系，组织好廉租住房和经济适用住房建设，合理安排普通商品住房建设，确保在明年5月前全部完成城镇居民住房重建任务。要特别关心农村和城镇特困群众的住房建设，以更扎实的工作、更有力的措施，帮助解决好资金、建材、用工等方面的困难，让每一户困难群众都能及时搬入新居，实现家家有房住的目标。

（二）全面恢复和提升公共服务水平。教育、医疗卫生、文化体育等基本公共服务设施是灾区群众恢复正常生产生活的重要保障。要继续把公共服务设施建设放在重要位置，加快重建步伐，全面恢复和提升公共服务水平。孩子是祖国的希望、灾区的未来，要切实抓好学校的恢复重建，今年底前确保95%以上的灾区学生进入永久性校舍上课，明年春季开学时，余下的学生也都能进入新校舍，在环境优美、宽敞明亮、坚固安全的新教室学习知识、健康成长。灾区县级医院和疫病预防控制、妇幼保健、计划生育服务机构以及乡镇卫生院，明年9月底前基本完成重建任务。建立更加完善的公共服务体系和社会保障体系，使灾区群众普遍享有基本生活保障，享有义务教育、公共卫生和基本医疗、公共文化体育、社会福利等基本公共服务，服务条件达到或超过灾前水平。做好精神家园恢复重建，加强人文关怀，营造关心帮助孤儿、孤老、孤残的社会氛围。建设好体现伟大抗震救灾精神的重点纪念设施。

（三）大力提高基础设施保障能力。进一步加快交通、通信、水利、能源等基础设施恢复重建，并以此为契机，力争在加强和改善基础设施薄弱环节上实现较大突破，为灾区长远发展打下坚实基础。继续加强灾区公路建设，力争明年9月底前基本完成干线公路重建任务，形成灾区生命线公路网。在全面完成现有铁路设施恢复重建的同时，积极推进支撑灾区未来发展的新铁路项目建设。抓好机场、通信、电力等工程建设，加快形成满足灾区恢复重建和发展需要的基础设施保障体系。加快城镇恢复重建及配套公共交通、给排水、供气供热、污水垃圾处理等市政公用设施建设。到明年9月底，四川省北川、汶川、青川县城和映秀、汉旺镇等重灾城镇建成城镇基本框架，形成城镇基本功能，其他城镇完成重建主体任务。加快通乡通村道路、农村沼气等基础设施建设，完善农业生产服务体系，为农村生产生活提供有力保障。

（四）积极促进特色优势产业发展。全面恢复工业、农业、旅游业、市场服务设施，结合国家十大产业调整和振兴规划，优化生产力布局，调整产业结构，促进灾区经济平稳较快发展。

积极发展电子信息、重大装备、新型建材、新材料、新能源、医药等特色优势产业，建设优质粮油、特色果蔬、畜牧业等农业生产基地，发展农副产品深加工。发挥大型骨干企业的优势，通过兼并、联合、重组等方式，实现调结构、上规模、上水平、上档次。建设好循环经济产业集聚区，积极承接产业转移，引导企业集中布局，培育产业集群。大力振兴旅游业，加强重点旅游区和精品旅游线建设，恢复和提高旅游设施服务功能，充分发挥旅游业安民富民的重要作用。发展壮大特色文化产业。要把产业恢复、产业发展与扩大就业紧密结合起来，以扩大就业为导向，积极发展个体私营企业、中小企业和劳动密集型产业，确保有劳动人口的家庭至少有一人稳定就业，使灾区群众收入超过灾前水平。

（五）努力推进生态文明建设。进一步加强生态修复，尊重自然、尊重规律、尊重科学，通过自然修复与人工治理相结合，恢复受损植被，恢复水源涵养、水土保持等生态功能。做好环境综合整治，加强污染源和环境敏感区域的监督管理，加快改善灾区环境质量。加强对自然规律的认识和总结，努力提高地质灾害防治水平，完善群测群防监测网络，增强防灾减灾能力，有效预防自然灾害威胁。通过努力，使灾区的山更绿、水更清、人与自然更加和谐相处。

（六）深入做好对口支援工作。实施对口支援是中央的重大决策部署，在灾后恢复重建中发挥了十分重要的作用。各对口支援省市要进一步增强责任感、使命感和大局意识，特别是要努力克服国际金融危机的影响，保持原定对灾区的资金支持力度不变、规模不减。要加强协调配合，深入抓好实施方案的落实，进一步加强人力、财力、物力、智力等方面的支援，及时安排建设资金，推进对口支援项目建设，力争到明年9月底基本完成对口支援建设任务。

（七）全力做好各项保障工作。按照扩内需、保增长、调结构的要求，继续增加灾后恢复重建各类资金投入。今年用于恢复重建的中央财政重建基金要及时拨付到位，并根据加快进度的要求，适时预拨一部分资金。对一般受灾地区，要落实好国务院确定的有关政策，通过现行体制加大中央财政转移支付、扶贫开发等方面力度给予支持，同时在扩大内需的资金安排中，加大对一般受灾地区的支持力度。

进一步做好银行贷款落实工作，增加对灾区中小企业贷款的支持力度，中央财政用于支持中小企业贷款担保的业务也要向灾区倾斜。根据灾区实际情况，积极开发信贷产品，有效增加对中小企业的信贷投放。从今年起将免征灾区农村信用社所得税的政策延长五年，有关部门要做好落实工作。尽快出台对从事发放农村小额贷款业务的金融机构免征营业税的优惠政策，帮助灾区农村信用社渡过难关。

进一步加强建材生产供应，保持市场价格基本稳定，已经实施的跨省建材运输“绿色通道”政策即将到期，必要时再适当延长执行时限。结合扩大内需政策加大对灾区建材生产企业技术改造支持力度，扩大建材生产和供应保障能力。有关部门要根据灾区省实际需要，组织力量，加大村镇规划、交通、建筑、工程管理等方面专业技术人员的支持。

坚持实事求是，严格执行国家建设标准及技术规范，在保证质量和安全的前提下，加快恢复重建进度，做到形态服从功能、进度服从质量，严格质量管理。坚持厉行节约，不超标准建设，不盲目攀比，不铺张浪费，争取最大效益和最好效果。坚持严格管理，加强对建设资金和物资使用的监管、审计，防止和杜绝腐败现象发生，本着对人民负责、对历史负责的态度，使灾后恢复重建经得起实践、历史和人民的检验。

（八）切实做好对灾区干部群众的心理援助工作。在全国范围选派具有中级以上职称、专业从事心理卫生服务工作达到一定年限的专业心理卫生人员，到灾区工作半年或一年以上，一方面直接为灾区干部群众提供心理咨询，另一方面为灾区市（州）和重灾县培训心理卫生专（兼）职人员。同时，组织灾区基层医务人员分三年到省外医院进修学习一年，逐步充实灾区自有心理卫生专业人员数量，对重点人群实行长期持续的心理援助。

当前灾后恢复重建取得的成绩还只是阶段性的，下一步的工作任务仍然十分繁重。我们要充分认识恢复重建工作的紧迫性、艰巨性和复杂性，继续发扬伟大的抗震救灾精神，深入贯彻科学发展观，坚持“以人为本、尊重自然、统筹兼顾、科学重建”的指导思想，把握好加快进度与确保质量的关系、加大投入与厉行节约的关系、整体推进与突出重点的关系、立足当前与着眼长远的关系、争取外援与自力更生的关系，努力建设人民安居乐业、城乡共同繁荣、人与自然和谐相处的幸福美好的新家园，以优异成绩迎接新中国成立60周年。

（《中华人民共和国全国人民代表大会常务委员会公报》，2009年第5期）

国务院
关于进一步加强防震减灾工作的意见

（国发〔2010〕18号）

各省、自治区、直辖市人民政府，国务院各部委、各直属机构：

防震减灾事关人民生命财产安全和经济社会发展全局，党中央、国务院对此高度重视，采取一系列加强防震减灾工作的重大举措。在各地区、各部门的共同努力下，我国防震减灾事业取得了较大进展，在抗击历次地震灾害中有效减轻了损失。但也存在监测预报水平较低、城乡建设和基础设施抗震能力不足、应急救援体系尚不健全、群众防灾避险意识和能力有待提高等问题。为进一步加强防震减灾工作，现提出以下意见：

一、指导思想和工作目标

（一）指导思想

以邓小平理论和“三个代表”重要思想为指导，深入贯彻落实科学发展观，坚持以人为本，把人民群众的生命安全放在首位，坚持预防为主、防御与救助相结合，依靠科技，依靠法制，依靠群众，全面提高地震监测预报、灾害防御、应急救援能力，形成政府主导、军地协调、专群结合、全社会参与的防震减灾工作格局，最大限度减轻地震灾害损失，为经济社会发展创造良好条件。

（二）工作目标

到2015年，基本形成多学科、多手段的覆盖我国大陆及海域的综合观测系统，人口稠密和经济发达地区能够监测2.0级以上地震，其他地区能够监测3.0级以上地震；在人口稠密和经济发达地区初步建成地震烈度速报网，20分钟内完成地震烈度速报；地震预测预报能力不断提高，对防震减灾贡献率进一步提升；基本完成抗震能力不足的重要建设工程的加固改造，新建、改扩建工程全部达到抗震设防要求；地震重点监视防御区建立比较完善的抗震救援队伍体系，破坏性地震发生后，2小时内救援队伍能赶赴灾区开展救援，24小时内受灾群众基本生活得到安置；地震重点监视防御区社会公众基本掌握防震减灾知识和应急避险技能。

到2020年，建成覆盖我国大陆及海域的立体地震监测网络和较为完善的预警系统，地震监测能力、速报能力、预测预警能力显著增强，力争做出有减灾实效的短期预报或临震预报。城乡建筑、重大工程和基础设施能抗御相当于当地地震基本烈度的地震；建成完备的地震应急救援体系和救助保障体系；地震科技基本达到发达国家同期水平。

二、扎实做好地震监测预报工作

（三）进一步增强地震监测能力

科学规划和布局，加强立体地震监测网络建设，大力推进强震动观测台网和烈度速报台网建设，积极推进重点水库及江河堤防、油田及石油储备基地、核设施、高速铁路等重大建设工程和建筑设施专用地震台网建设。建立健全地震台网运行维护、质量检测技术保障体系，依法加强地震监测设施和地震观测环境的保护。加强火山、海洋地震监测及海啸防范。

（四）加强地震预测预报

充分发挥地学界等各方面的作用，多学科、多途径探索，专群结合，完善地震预测信息会商机制，努力提高地震预测预报能力。大力推进地震预测理论、方法和技术创新，加快建立南北地震带和华北地区地震预报实验场。完善地震预测预报管理制度，依法规范社会组织、公民的地震预测行为，建立开放合作的地震预测预报机制。

（五）加强群测群防工作

继续推进地震宏观测报网、地震灾情速报网、地震知识宣传网和乡镇防震减灾助理员的“三网一员”建设，完善群测群防体系，充分发挥群测群防在地震短临预报、灾情信息报告和普及地震知识中的重要作用。研究制定支持群测群防工作的政策措施，建立稳定的经费渠道，引导公民积极参与群测群防活动。

三、切实提高城乡建筑物抗震能力

（六）加强建设工程抗震设防监管

完善全国地震区划图，科学确定抗震设防要求。修订抗震设计规范和分类设防标准。国土利用规划、城乡规划、环境保护规划等相关规划，必须依据地震活动断层探测和抗震设防要求，充分考虑潜在的地震风险。要把抗震设防要求作为建设项目可行性论证的必备内容，严格按照抗震设防要求和工程性建设标准进行设计。加强工程勘查、设计、施工、监理和竣工验收等环节的抗震设防质量监管，切实落实工程建设各方责任主体的质量责任。

（七）全面加强农村防震保安工作

加强对农村基础设施、公共设施和农民自建房抗震设防的指导管理。村镇基础设施、公用设施要按照抗震设防要求和抗震设计规范进行规划、设计和施工。各地区要从实际出发，制定推进农村民居地震安全工程的扶持政策，引导农民在建房时采取科学的抗震措施。完善农村民居建筑抗震设防技术标准，建立技术服务网络，加强农村建筑工匠培训，普及建筑抗震知识。

（八）着力加强学校、医院等人员密集场所建设工程抗震设防

抓紧实施中小学校舍安全工程，逐步开展其他学校、医院等人员密集场所建设工程抗震普查、抗震性能鉴定，根据鉴定结果进行加固改造。新建的学校、医院等人员密集场所的建设工程，要按照高于当地房屋建筑的抗震设防要求进行设计和施工。要建立健全学校、医院等人员密集场所建设工程地震安全责任制，落实各项防震抗震措施，提高综合防灾能力。

（九）组织开展震害防御基础性工作

制定实施全国主要地震构造带探测计划，抓紧完成省会城市和地震重点监视防御区大中城市的地震活动断层探测和危险性评价。进一步做好全国地震区划工作，尽快完成地震重点监视防御区县级以上城市的地震小区划和震害预测。对处于地震活动断层以及地质灾害易发地段的建筑，要抓紧组织搬迁、避让和实施地质灾害防治工程。加强抗震新技术、新材料研究和推广应用。

四、强化基础设施抗震设防和保障能力

（十）全面提升交通基础设施抗震能力

严格落实公路、铁路、航空、水运等交通设施抗震设防标准，加快危险路段、桥梁整治改造，在地震重点监视防御区、人口稠密和经济发达地区适当提高设防标准。完善交通运输网络，建立健全紧急情况下运力征集、调用机制，增强应对巨灾的区域综合运输协调能力和抢通保通能力。

（十一）加强电力、通信保障能力建设

本着安全性和经济性相结合的原则，适当提高电力、通信系统抗震设防标准。优化电源布局和电网结构，对重要电力设施和输电线路实行差异化设计，加强重要用户自备保安电源的配备和管理。加强公用通信网容灾备份能力建设，提高基础电信设施防震能力。充分利用国家应急通信网络资源，结合卫星通信、集群通信、宽带无线通信、短波无线电台等各种技术，保证信息传输及时可靠。

（十二）提高水利水电工程、输油气管线、核设施等重大工程的抗震能力

优化抗震设计、施工，确保重大工程安全。加强抗震性能鉴定与核查登记，及时消除安全隐患。加快落实水库、重点江河堤防的安全保障措施，抓紧完成地震重点监视防御区内病险水库的除险加固。加强输油气管线、核设施、重点污染治理设施等管理和维护，防止地震引发次生灾害。

（十三）加强建设工程地震安全性评价监督管理

重大建设工程和可能发生严重次生灾害的建设工程，必须严格依法开展地震安全性评价，按照评价要求进行抗震设防。强化地震安全性评价资质单位和从业人员的监督管理，实行建设工程地震安全性评价质量终身负责制。

（十四）开展重要工程设施紧急自动处置技术研究

组织开展城市轨道交通、高速铁路、输油输气主干管网、核设施、电力枢纽等重要工程设施地震紧急自动处置技术系统研究，选择地震重点监视防御区的相关工程设施进行试点，逐步将紧急自动处置技术纳入安全运行控制系统，提升重要工程应对破坏性地震的能力。

五、大力推进地震应急救援能力建设

（十五）健全完善地震应急指挥体系

按照统一指挥、反应迅速、运转高效、保障有力的要求，加强抗震救灾指挥体系建设。完善规章制度，明确职责分工，健全指挥调度、协调联动、信息共享、社会动员等工作机制。结合防震减灾工作实际，加强灾害损失快速评估、灾情实时获取和快速上报等系统建设，为抗震救灾指挥决策提供支撑。进一步增强地震预案及相关预案的针对性和可操作性，经常性地开展预案演练，适时组织跨地区、跨部门以及军地联合抢险救灾演练。

（十六）加强地震灾害救援力量建设

加强国家和省级地震灾害紧急救援队伍建设，完善装备保障，提高远程机动能力，满足同时开展多点和跨区域实施救援任务的需求。建立健全军地地震应急救援协调机制，充分发挥解放

军、武警部队在抗震救灾中作用。加强以公安消防队伍及其他优势专业应急救援队伍为依托的综合应急救援队伍建设，提高医疗、交通运输、矿山、危险化学品等相关行业专业应急救援队伍抗震救灾能力。积极推进地震应急救援志愿者队伍和社会动员机制建设，规范有序地发挥志愿者和民间救援力量的作用。

（十七）推进应急避难场所建设

各地区要结合广场、绿地、公园、学校、体育场馆等公共设施，因地制宜搞好应急避难场所建设，统筹安排所需的交通、供水、供电、环保、物资储备等设备设施。学校、医院、影剧院、商场、酒店、体育场馆等人员密集场所要设置地震应急疏散通道，配备必要的救生避险设施。

（十八）完善应急物资储备保障体系

加强国家、省、市、县四级救灾物资储备体系建设，优化储备布局和方式，合理确定储备品种和规模，完善跨地区、跨部门的物资生产、储备、调拨和紧急配送机制。加强救灾物资设备的质量安全监管。鼓励引导社会力量开展应急物资储备，推进应急救援产品动员生产能力建设，实现专业储备与社会储备、物资储备与生产能力储备的有机结合。

六、进一步健全完善政策保障措施

（十九）制定实施防震减灾规划

各地区要结合本地区地震安全形势，编制防震减灾规划，并纳入国民经济和社会发展总体规划，实现防震减灾与经济社会同步规划、同步实施、同步发展。做好防震减灾规划与其他各相关规划之间的衔接，统筹资源配置，确保防震减灾任务和措施有效落实。

（二十）增加防震减灾投入

要把防震减灾工作经费列入本级财政年度预算，并引导社会各方面加大对各类工程设施和城乡建筑抗震设防的投入，建立与经济社会发展水平相适应的防震减灾投入机制。健全完善抗震救灾资金应急拨付机制。加大对地震重点危险区、中西部和多震地区防震减灾工作的支持力度。研究探索符合国情的巨灾保险制度，进一步完善再保险体系，提升全社会抵御地震灾害风险的能力。

（二十一）加强防震减灾法制建设

有关部门要依照《中华人民共和国防震减灾法》的规定，抓紧制定完善相关法规规章和标准，建立健全防震减灾政策法规体系。各地区要结合本地区经济社会和防震减灾工作实际，做好地方立法工作。完善防震减灾行政执法、行政监督体制和机制，加强执法队伍建设，提高执法队伍素质。

（二十二）强化科技和人才支撑保障体系建设

落实《国家地震科学技术发展纲要（2007—2020年）》，加大防震减灾科技创新力度，深化大陆地震构造、地震孕育发生机理、地震成灾机理等重大基础科学研究，推进地震、火山监测预警、灾害防御、灾难医学和应急救援等领域的关键技术研发，努力突破制约防震减灾事业发展的科技瓶颈，提升科技对防震减灾的贡献率。要建立科学的防震减灾人才培养、选拔、使用评价制度，为防震减灾事业发展提供智力支持。

（二十三）加强国际交流合作

加强与有关国家、地区及国际组织在防震减灾领域的合作，建立完善大震巨灾参与和接受国际救援工作机制。密切跟踪国际地震科技和防震减灾发展趋势，学习借鉴国际先进技术和管理经验，促进我国防震减灾事业的发展。

七、加强组织领导和宣传教育

（二十四）落实防震减灾责任

地方各级人民政府要把防震减灾工作列入重要议事日程，切实加强领导，及时研究解决影响防震减灾事业发展的突出问题。各有关部门要依法履行防震减灾职责，形成工作合力。加强市县基层防震减灾力量，保障工作条件，切实保证防震减灾基层管理责任得到落实。

（二十五）大力开展防震减灾宣传教育培训

建立防震减灾宣传教育长效机制，把防震减灾知识纳入国民素质教育体系及中小学公共安全教育纲要，并作为各级领导干部和公务员培训教育的重要内容。加强防震减灾科普宣传，推进地震安全社区、示范学校和防震减灾科普教育基地等建设，充分利用国家防灾减灾日等开展宣传活动，增强公众自救互救意识，提高防灾能力。

（二十六）做好信息发布和舆论引导

完善地震信息发布制度，加强信息发布、新闻报道工作的组织协调。建立健全重大地震灾害舆情收集和分析机制，提高主要新闻单位地震突发新闻报道快速反应能力。建立地震谣言应对机制，及时澄清不实报道和传闻。

各地区、各有关部门要按照本意见的精神，结合实际，制定贯彻实施的具体措施和办法，并加强监督检查，推进防震减灾法律法规和各项工作部署的贯彻落实。

国务院

二〇一〇年六月九日

（《中华人民共和国国务院公报》，2010年第28号）

国务院办公厅
关于加强汶川地震抗震救灾捐赠款物管理使用的通知

（国办发〔2008〕39号）

各省、自治区、直辖市人民政府，国务院各部委、各直属机构：

2008年5月12日汶川地震发生后，全国各族人民、港澳同胞、台湾同胞、海外华侨华人以及外国政府、国际组织和国际友人慷慨捐助，为抗震救灾提供了大量资金和物资。为加强和规范救灾捐赠款物的管理和使用，依据有关法律法规，经国务院同意，现就有关问题通知如下：

一、加强救灾捐赠款物管理使用的基本原则

地方各级人民政府、各有关部门和单位要充分认识做好救灾捐赠工作的重要性，加强组织领导，规范救灾捐赠活动，管好用好救灾捐赠款物，切实保护捐赠人、受赠人和灾区受益人的合法权益。工作中要遵循以下原则：

（一）自愿捐赠，不得摊派。救灾募捐要坚持自愿的原则，不得摊派或变相摊派。

（二）尊重意愿，专款专用。救灾捐赠款物的使用要充分尊重和体现捐赠人的意愿，不得将捐赠款物挪作他用。

（三）统一规划，突出重点。救灾捐赠款物的使用要根据抗震救灾和灾后恢复重建实际需要，合理安排，有效使用，重点向受灾严重地区倾斜。

（四）公开透明，加强监督。规范救灾捐赠款物的安排使用程序，及时向社会公开安排使用情况，加强监督检查，确保救灾捐赠款物的安全。

二、规范救灾捐赠款物接收管理，保证捐赠工作有序进行

各级民政部门负责以政府名义接收救灾捐赠款物，各有关部门可接收本系统的捐赠款物。各级红十字会、慈善会等具有救灾宗旨的公募基金会可以救灾名义向社会开展募捐活动，接收救灾捐赠。没有救灾宗旨的公募基金会以救灾名义开展募捐活动，应经民政部门批准，未经批准已经开展募捐活动的公募基金会要及时到民政部门补办审批手续。其他社会组织接收的捐赠款物要及时移交民政部门或者红十字会、慈善会等具有救灾宗旨的公募基金会。组织开展义演、义赛、义卖等各类救灾募捐活动，要按规定报有关部门批准，募集的捐赠款物要及时移交民政部门或者红

十字会、慈善会等具有救灾宗旨的公募基金会。

救灾捐赠款物接收部门和单位要依照《中华人民共和国公益事业捐赠法》及有关法规政策，制定严格的工作程序，明确纪律要求，建立责任制度。接收救灾款物必须做到手续完备、专账管理、专人负责、账款相符、账目清楚，并向捐赠人出具财政部或省级财政部门统一印制的票据。

民政部通过中央财政汇缴专户接收救灾捐赠资金，有关资金纳入财政专户，实行“收支两条线”管理。地方各级民政部门接收的救灾捐赠资金按省（区、市）人民政府现行规定执行，纳入专户管理。

三、加强规划引导，合理有效使用救灾捐赠款物

民政部要会同有关部门定期向接收捐赠的部门和单位及社会公布需求信息。救灾捐赠款物要在各级人民政府的统一协调下合理使用，提高使用效益，避免重复投入和浪费。灾民过渡安置房建设和灾后恢复重建要合理确定资金来源，可以协商方式引导接收捐赠部门和单位安排资金。

定向捐赠的款物，由接收捐赠部门和单位按照捐赠人意愿安排使用。在捐赠款物过于集中同一地方同一项目的情况下，接收捐赠部门和单位要主动征求捐赠人的意见，经捐赠人书面同意后，按有关规定调剂使用。民政部要根据抗震救灾需要和灾后恢复重建规划，按有关规定，提出其接收的非定向捐赠资金分配方案，财政部审核拨付。地方民政部门接收的非定向捐赠资金分配办法，由各省（区、市）人民政府制定。红十字会、慈善会等公募基金会接收的非定向捐赠资金可根据抗震救灾需要和灾后恢复重建规划，自行安排使用并报民政部门备案，但不得用于增加本机构的原始基金。

各级民政部门在救灾捐赠工作中，一律不得在捐赠资金中列支管理费用，相关费用由财政部门按规定安排。红十字会、慈善会等公募基金会开支的管理费用要严格执行国家法律法规及其自身章程的规定，并尽可能少提取或不提取管理费用，管理费用提取使用情况要向社会公布。

四、完善统计和信息公开制度，增强救灾捐赠工作透明度

救灾捐赠款物接收部门和单位要认真做好救灾捐赠款物的统计工作，按照捐赠人意愿，分清定向捐赠和非定向捐赠款物。要建立救灾捐赠款物信息公开制度，各省级民政部门要按照属地原则汇总统计本省（区、市）救灾捐赠款物的接收和分配使用情况并报民政部，中国红十字会总会、中华慈善总会等社会团体和组织要将捐赠款物的接收和分配使用情况报民政部，由民政部汇总并定期公布全国救灾捐赠款物的接收和分配使用情况。地方各有关部门以及红十字会、慈善会等公募基金会要定期向社会公布捐赠款物的接收和分配使用详细情况。

五、建立部门协调机制，加强对救灾捐赠工作的监督检查

各级人民政府有关部门要切实加强对救灾捐赠款物管理使用的监督检查，建立部门监管协调配合机制。民政部门要会同有关部门及时查处和取缔各类非法募捐活动。公安、司法部门要坚

决打击借募捐名义从事诈骗活动等违法行为。审计、财政部门要对救灾捐赠款物接收部门和单位相关工作进行跟踪检查，定期公布检查结果，发现问题及时处理。监察部门要对救灾捐赠款物的管理使用情况，以及有关部门履行监管职责的情况开展专项检查，对违纪违法的单位和个人要迅速查办，从严处理。新闻媒体要充分发挥舆论监督作用，及时披露救灾捐赠活动中的违法违规行为。救灾捐赠款物接收部门和单位要加强内部监管，建章立制，自觉接受监察、审计、财政等部门及社会的监督。

国务院办公厅

二〇〇八年五月三十一日

（《中华人民共和国国务院公报》，2008年第16号）

国务院办公厅 关于汶川地震抗震救灾捐赠资金使用指导意见

（国办发〔2008〕51号）

各省、自治区、直辖市人民政府，国务院各部委、各直属机构：

为做好汶川地震抗震救灾和灾后恢复重建工作，引导各类捐赠资金的合理配置、规范使用，充分体现捐赠人意愿，提高捐赠资金的使用效益，避免交叉重复和损失浪费，经国务院同意，现就汶川地震抗震救灾捐赠资金使用提出以下指导意见：

一、本意见所指的捐赠资金包括：各类机关、事业单位、人民团体和社会组织接收的向汶川地震灾区捐赠的各类资金和中央组织部接收的特殊党费。

二、捐赠资金使用要依照有关法律、法规和章程的规定，坚持尊重捐赠者意愿和政府引导相结合的原则，符合国家灾后恢复重建规划的要求。在统筹安排各类捐赠资金时，对有明确捐赠意向的，要按捐赠人意向安排使用；对重复集中于同一地区或同一项目的定向捐赠资金，要按照规划要求，在与捐赠人协商后调整使用。

捐赠资金全部用于汶川地震受灾省份，优先用于民生项目，同时兼顾地区之间、项目之间投资规模和建设标准的基本均衡。安排捐赠资金遵循以下顺序：一是房屋倒损农户住房重建；二是学校、医院、社会福利等公共服务设施及配套设备；三是对特困群众、“两孤一残”人员等特殊群体的生活补助；四是农村道路、桥梁等基础设施建设。

三、各类捐赠资金按以下要求安排：中央和国家机关及事业单位、人民团体接收的各类捐赠资金，中央组织部接收的特殊党费，集中到在民政部开设的汶川地震抗震救灾捐赠专户，按照规划安排使用。

中国红十字会总会、中华慈善总会和经民政部批准的可接收捐赠的其他公募基金会，可根据国家公布的灾后恢复重建规划，与受灾省份人民政府协商，认建或认领项目。

承担对口支援任务的省份接收的捐赠资金，由该省级人民政府按照国家灾后恢复重建规划与受援省级人民政府协商安排使用。

未安排对口支援任务的省份接收的捐赠资金，可按照国家灾后恢复重建规划，直接用于与受灾省份人民政府协商确定的项目，也可以集中到在民政部开设的汶川地震抗震救灾捐赠专户，统一安排使用。

四川、甘肃、陕西、重庆、云南等五省市接收的捐赠资金，在符合捐赠者意愿的前提下，原则上留归本省市用于抗震救灾和恢复重建。

其他机构和社会组织接收的捐赠资金或缴入民政部开设的汶川地震抗震救灾捐赠专户，或缴入中国红十字会总会、中华慈善总会，按规定安排到受灾省份使用。

四、为保障捐赠资金规范管理和有效使用，在国务院抗震救灾总指挥部领导下，建立由民政部、财政部和发展改革委组成的指导协调机制，沟通相关工作信息，提出捐赠资金总体安排意见，加强对地方政府的指导和协调。受灾省份也要建立相应的指导协调机制，及时研究解决捐赠资金安排使用中的问题。

五、捐赠资金的管理使用要规范、高效、公开、透明，确保资金使用的安全、有效。民政部门要建立捐赠信息统计制度，定期统计和报告捐赠资金来源、规模、捐赠者意愿等情况，及时公开发布。各有关部门和接收捐赠的机构要按照《国务院办公厅关于加强汶川地震抗震救灾捐赠款物管理使用的通知》（国办发〔2008〕39号）要求，强化监督管理，提高资金使用效益，切实保护捐赠者的合法权益。

国务院办公厅

二〇〇八年六月十三日

（《中华人民共和国国务院公报》，2008年第18号）

国务院办公厅印发
关于地震灾区恢复生产指导意见的通知

（国办发〔2008〕52号）

各省、自治区、直辖市人民政府，国务院各部委、各直属机构：

《关于地震灾区恢复生产的指导意见》已经国务院同意，现印发给你们，请认真贯彻执行。

做好地震灾区恢复生产工作，对于搞好抗震救灾，促进灾区经济社会发展，具有十分重要的意义。当前，恢复生产工作已经取得阶段性进展，但任务仍十分艰巨。各地区、各部门要充分认识做好灾区恢复生产工作的重要性，增强紧迫感和责任感，按照党中央、国务院的统一部署，把恢复生产和灾后重建摆在更加突出的位置，加强协调配合，认真组织实施，确保灾区工业、农业、服务业等早日恢复。

国务院办公厅

二〇〇八年六月十六日

附

关于地震灾区恢复生产的指导意见

为切实做好地震灾区恢复生产工作，尽快恢复灾区生产、生活基本条件，促进灾区经济社会发展，夺取抗震救灾的全面胜利，特制定本意见。

一、指导思想和主要原则

（一）指导思想

贯彻落实科学发展观，按照党中央、国务院的统一部署，充分发挥灾区各级人民政府、企业和广大干部群众的主体作用，坚持自力更生、生产自救；加大政府支持力度，鼓励社会广泛援助，调动各方面积极性，形成合力；统筹人力物力财力，加强与灾后恢复重建规划的衔接，确保灾区工业、农业、服务业等早日恢复。

（二）主要原则

1. 统筹安排，确保重点。坚持恢复生产与抗震救灾急需相结合。科学评估受灾损毁情况，科学制定恢复生产方案，以修复重要基础设施、抓好农业抢收抢种、搞活商贸流通、保障救灾物资和群众生活、保证国家重点工程为重点，分类指导，先急后缓，分步实施。

2. 主动自救，多方支援。国家积极组织各方面力量，实施对口支援，加大政策支持和社会帮扶力度。同时，充分依靠灾区各级人民政府，组织受灾企业和干部群众开展生产自救，自力更生、艰苦奋斗，减轻灾害损失。

3. 调整结构，优化布局。灾区受损严重企业恢复生产，要与调整区域生产力布局和产业结构相结合，贯彻国家产业政策，按照市场需求，结合当地资源、环境条件，发展优势产业。要与推进节能减排、淘汰落后生产能力和促进企业技术进步相结合，推动产业升级，促进可持续发展。

4. 注重安全，防范事故。加强地震监测，防范次生灾害。加强隐患排查治理，严格安全审查验收，确保在安全前提下恢复生产。

5. 广开渠道，扩大就业。实施多种形式的就业援助，开发公益服务等就业岗位，加强岗位技能培训，开展以工代赈，增加就业机会，鼓励多渠道多形式就业。

二、主要任务

（一）工业

1. 分类分批组织恢复生产。组织技术力量，指导组织重点企业对厂房、设备加快检测鉴定，分批抓紧复产。基本具备恢复生产条件的，要尽快恢复生产；需要重建或异地重建的，纳入灾后重建规划。

2. 抓紧恢复生产要素的生产供应。加大煤炭、成品油、天然气、矿石等物资的调运力度，加快电力系统抢修进度，优先恢复供电、供气、供水、煤矿等企业生产，为全面恢复工业生产创造条件。

3. 努力确保生产救灾、重建物资企业的恢复。协调解决企业流动资金、原材料供应、产品运输等突出问题，加紧组织帐篷、活动板房、食品、消毒防疫用品、水泥、建材、化肥、农药、农膜、农用机械、饲料等企业尽快恢复生产。

4. 重点支持大型骨干企业恢复生产。对短期内可以恢复生产的重点骨干企业，要组织力量重点帮扶，指导制定复产方案，尽快恢复生产。要统筹考虑中央企业恢复生产工作，积极协调解决生产要素供应和供电、供水、供气等外部保障条件，以及职工安置和住房重建问题。

5. 加强对中小企业恢复生产的政策指导。优先恢复资信好、技术含量高以及劳动密集、与大企业协作配套的中小企业生产。对于受损较重、严重浪费资源、污染环境和不具备安全生产条件的企业不再恢复，合理关停并转。

6. 积极组织实施对口支援。落实国务院确定的对口支援方案，有效组织同行业、同类企业，尤其是大型骨干企业，对受灾严重的企业进行对口帮扶。以市场为导向，组织引导东部地区企业通过联合、兼并、重组等多种方式参与恢复和重建。

7. 加快工业园区恢复。对具有资源优势和环境承载能力的地区，加快修复工业园区的基础和服务设施，尽快恢复园区功能，为企业恢复生产和产业集聚创造条件。

（二）农业、林业

1. 抓好抢收抢种。积极组织和调剂农机及农用柴油、种子、化肥、农药、农膜等农业生产资料，继续组织好夏收归仓，推进夏播夏种，抓紧开展改种、补种，切实做到应收尽收、应种尽种。

2. 抢修农业生产和服务设施。抓紧对农田基础设施、良种繁育设施、温室大棚、农机具等进行抢修，及早恢复农业技术推广、农产品市场信息等服务。

3. 加快恢复养殖业生产。组织好仔畜雏禽的调运工作，优先保证灾区所需疫苗、饲料等物资供应，充分利用青绿饲料资源；抓紧修复受损的畜禽圈舍、鱼池鱼塘，加快补栏、补苗，尽快恢复畜禽及淡水养殖业生产。

4. 尽快恢复林业生产能力。组织抢修受损林木、种苗生产基地基础设施，恢复林木种子、苗木生产；尽快恢复受损的森林防火基础设施；恢复和加固人工饲养大熊猫等野生动物圈舍。

5. 加强对灾区农林生产的指导和服务。组织技术人员指导、帮助开展田间和林间管理，有针对性地开展技术培训，提高生产自救能力；强化病虫害监测、预警和检疫工作，推进病虫害统防统治和专业化防治，做好有害生物防控和应急处置工作。

6. 强化动物疫病防控。继续做好死亡畜禽、鱼类和野生动物的无害化处理和消毒防疫，强化人畜共患疾病的免疫工作，加大鼠害防控力度，防止发生重大动物疫情和人畜共患疾病流行。

（三）商贸流通

1. 尽快恢复灾区商业网点。在受灾群众集中居住地安排流动售货车、帐篷商店和板房便民商店等商业网点，区分轻重缓急，逐步恢复原有固定商业零售网点；安排好符合少数民族风俗习惯商业网点的恢复和商品供应。

2. 积极为灾区群众提供急需的基本生活服务。鼓励和引导企业在重灾区建设一批大众食堂和主食加工配送中心；在受灾群众集中安置点建设公共洗浴场所和洗衣网点。

3. 切实保障灾区重要商品供应。组织调运、配送食品和日用消费品等急需商品；建立农产品绿色通道，搞活农产品流通；为灾区群众提供安全、便利、实惠的生活必需品和生产资料。

4. 维护灾区正常市场秩序。密切监测灾区重要生活用品和生产资料的市场供求变化及价格走势，严厉打击囤积居奇、哄抬物价和商业欺诈、假冒伪劣、以次充好等行为。

（四）基础设施

1. 尽快抢通灾区公路、铁路。集中力量抢通符合重建规划要求的国道、省道和通往重要工矿企业、重点林区的专用道路，加强已抢通公路、铁路的监测和维修，道路抢通工作要向乡村延伸。

2. 尽快恢复电网正常运行。优先保证骨干网架和受损严重地区电网的恢复。

3. 尽快恢复灾区通信。围绕“保县、保乡、保救灾”的工作重点，及时抢修受损通信局（所）、通信设备、传输线路等设施，尽快使灾区公众通信能力基本恢复正常。

4. 尽快恢复受灾群众集中地区的供水、排水。及时抢修恢复受灾较轻的城乡供排水系统和污水处理设施，在受灾群众集中安置点设置供水系统，加强水质监测，保障供水和水质安全。

5. 尽快恢复其他基础设施。加快修复病险水库、广播电视、学校、医院等基础设施。

（五）金融服务

1. 银行业。抓紧修复受损机构网点，尽快恢复金融服务；核实震前存贷款的风险状况，做好风险评估和不良资产处置工作，维护债权人、债务人的合法权益，防止恶意逃避银行债务；抓紧制定和落实灾区金融机构网点、基础设施恢复重建规划；加强银行业金融服务应急管理，在地方政府的支持下，防范和打击金融犯罪，保障金融安全，维护金融秩序和金融稳定。

2. 证券业。加快对营业网点建筑物进行安全评估和排险加固；尽快恢复证券期货经营机构场地、设备等交易和服务设施；维持网上交易、电话委托等交易途径通畅；妥善处理震灾死难、失踪人员家属对死难者和失踪人员证券基金期货资产的权利主张。

3. 保险业。抓紧修复保险业务系统，尽快恢复保险业务正常经营；认真做好灾后理赔服务工作，简化理赔程序，尽快到位理赔资金；抓紧做好保险营业网点的重建规划。

（六）旅游业

1. 分类制定旅游业恢复计划。抓紧恢复旅游接待能力，确定陆续恢复旅游接待的地区、线路、时间和措施，并适时公布。根据旅游基础设施、接待设施的损毁程度和接待能力，在具备条件时依次分批启动旅游接待。适时开展旅游宣传促销，逐步恢复旅游市场信心。

2. 强化旅游安全。恢复旅游接待必须通过安全检查评估，加强旅游设施设备的检修维护，排查整改安全隐患，加强应急响应和紧急救援准备。

3. 确保旅游服务质量。加强旅游市场秩序监管和服务质量投诉受理，恢复旅游接待的规模要严格控制在接待能力、环境承载力和供应保障能力范围之内。

三、组织实施

（一）加强组织领导

地方各级人民政府和国务院有关部门要充分认识当前的严峻形势，树立全局意识，增强使命感和责任感，在继续做好受灾群众安置工作的同时，把恢复生产和灾后重建摆在更加突出的位置，建立健全强有力的恢复生产领导体制，统一指挥，明确任务，落实责任。各地要结合实际，根据本意见制定和完善恢复生产的具体方案。

（二）注重协调配合

地方各级人民政府负责恢复生产工作的组织实施，国务院有关部门要加强协调、指导，及时解决出现的各种问题，切实做好服务。地方各级人民政府和有关部门要认真负责、紧密配合，充分调动各方面的积极性，共同做好恢复生产工作。

（三）制定扶持政策

鉴于灾区各类企业和个体工商户在地震中财产损失巨大，恢复生产任务繁重，需要在财政支持、税收减免、贷款贴息、信贷支持、金融机构不良资产处置、就业援助、产业政策，以及对困难国有企业注入国有资本金等方面给予政策扶持，请财政、税务、金融、社保、国资监管等有关部门和单位，根据国务院抗震救灾总指挥部第十六次会议精神，抓紧研究相关政策报国务院审批。

（四）强化监督检查

加强财政资金使用的监督管理，充分发挥资金使用效率。审计、监察部门要适时开展恢复生产专项检查，及时公布检查结果，及时处理违法违纪问题。进一步强化恢复生产过程中的安全监管监察。充分发挥新闻媒体的舆论监督作用，为恢复生产创造良好的社会环境。

（《中华人民共和国国务院公报》，2008年第18号）

国务院办公厅
关于进一步做好地震灾区医疗卫生防疫工作的意见

（国办发〔2008〕54号）

各省、自治区、直辖市人民政府，国务院各部委、各直属机构：

汶川地震发生后，在党中央、国务院坚强领导下，各地区、各有关部门和解放军、武警部队紧急行动，数万名医疗卫生防疫人员及时赶赴灾区，全面开展医疗救治和卫生防疫工作。目前，灾区大规模集中应急医疗救治工作基本结束，卫生防疫工作正在有力、有序、有效展开，没有发生聚集性传染病疫情和突发公共卫生事件，但是灾区的医疗卫生防疫形势仍很严峻。一是卫生环境遭受严重破坏，公共卫生设施严重不足，食品和饮用水安全隐患突出，特别是夏季气温升高，容易导致传染病流行；二是一些重症伤员需要较长时间治疗，大批出院人员需要妥善安置，大批伤员需要康复治疗，部分残疾伤员需要装配辅助器具；三是医疗卫生基础设施损坏严重，一些地方卫生人员伤亡较多，医疗卫生服务不能满足群众需要；四是一段时期内群众生产生活困难，医疗支付能力普遍较弱。

各地区、各有关部门要充分认识做好地震灾区医疗卫生防疫工作的紧迫性和艰巨性，认真贯彻落实党中央、国务院的决策部署，进一步采取有效措施，切实做好地震灾区医疗卫生防疫工作，维护人民群众生命安全和身体健康。经国务院同意，现就做好地震灾区下一阶段医疗卫生防疫工作提出以下意见：

一、进一步做好重症伤员的医疗、康复和安置工作

卫生部门要继续发挥军地协同优势，加强对重症伤员医疗救治的组织和指导，最大限度地提高治疗效果，降低死亡率和致残率。

民政部门要做好伤员出院后安置工作。对符合卫生部规定出院标准的伤员，要动员和支持其返乡。对从救治地返乡的伤员和陪护人员，救治地民政部门给予交通等费用补助，原籍地民政部门做好接收和安置工作。所需经费由省级政府从社会捐赠资金中解决。

民政、卫生部门和残联要密切配合，共同做好伤员的康复工作，提高他们的生活质量。对其中符合条件的残疾伤员，及时转移到康复机构安装假肢、矫形器或者配发轮椅等康复辅助器具，并妥善安排康复训练，改善肢体运动功能。卫生、中医药部门要提供必要的技术支持。所需经费由省级政府在社会捐赠的有关资金中安排。

二、落实卫生防疫工作措施，防止传染病流行蔓延

要坚持以灾区政府为主，继续做好灾区环境卫生综合整治工作。对受灾群众安置点的医疗废弃物、生活垃圾、粪便和动物尸体进行无害化处理，有重点、有针对性地开展科学防疫和消毒、杀菌、灭蚊蝇工作。卫生、环保、建设等部门按照职责分工，做好居民生活区环境卫生管理工作。灾区政府要充分发挥基层组织作用，动员群众积极参与，广泛开展以治理卫生环境为重点的爱国卫生运动。

加强疫情监测工作，保证疫情报告渠道畅通。灾区县、乡要尽快恢复建立传染病疫情和突发公共卫生事件网络直报系统，修复或购置疫情网络直报设备，及时、准确报告疫情。做好传染病疫情的搜索、分析和预测工作，加强聚集性病例的监测、调查与处理，防止疫病扩散。加强传染病病因及食品、饮用水的现场快速检测，及时发现传染病流行苗头。高度重视并切实防控人畜共患疾病的发生和传播。要坚持中西医并重，充分发挥中医药作用，采用方便、快捷的方式，做好常见病、多发病的预防控制工作。

及时开展应急疫苗接种，尽快恢复常规预防接种服务。做好适龄儿童的乙脑、甲肝等疫苗接种，建立有效免疫屏障。发展改革部门要保证疫苗的生产、供应，食品药品监管部门要加强监管，保证疫苗质量。卫生部门要做好疫苗储备、运输和接种工作。教育等部门要协助做好托幼儿童、学生及其他人群的预防接种组织工作。农业部门要做好狂犬病、猪链球菌病等人畜共患病的免疫接种工作。

卫生、农业、商务、工商、质检和食品药品监管等部门要按照职责分工，加强协调配合，切实落实食品安全监管责任，尽快恢复食品安全检验检测能力，全力保障受灾群众安置点、集中生活区及救灾物资集中分发场所的食品安全。加强农产品和捐赠食品质量的监管，开展安全检查，严防假冒伪劣、腐败变质和超过保质期等不合格食品流入灾区。尽快恢复灾区正常的农产品和食品流通秩序，保障市场供应。重点加强集中供餐单位的餐饮原料采购、储存、加工和餐饮器具消毒的卫生监督管理，改善集中供餐场所的食品加工环境和设施。要严防重大食物中毒事件和食源性疾病的发生。

卫生、环保、建设、水利和农业等部门要密切配合，积极采取措施，切实做好灾区饮用水安全保障工作。环保部门要加强污染源排查和整治，加强集中式饮用水源地水质监测，保证饮用水水源安全。水利和建设部门要加快受损供水设施和管网的抢修，尽快恢复正常供水能力。受灾群众安置点要配备必要的饮用水净化处理设施或消毒设施，卫生部门要加强对饮用水的监督检查，保障群众饮水安全。特别要加强学校、医院等公共场所供水设施建设，保障饮用水达到卫生标

准。各有关部门要建立协作机制，按照职责分工，做好水源地、公共供水设施、集中供水点和末梢水的水质监测工作，做到信息共享。要尽快恢复灾区饮用水安全检验检测能力。

要加强卫生防病宣传教育，普及卫生防病知识，增强群众卫生防病参与意识和自我保护意识。积极开展心理援助工作，依托现有医疗、心理卫生服务网络，对不同人群特别是高危人员实施分类干预，及时治疗精神疾患。

三、尽快恢复灾区正常医疗卫生服务秩序

要尽快将医疗服务、医疗收费和费用支付纳入正常管理轨道。灾区省级政府要统筹规划并组织好临时医疗卫生基础设施建设，尽快建立临时医疗服务和卫生防疫机构，添置必要设备，开展医疗卫生服务，恢复药品检验检测条件。要编制好灾区卫生系统恢复重建规划，优先恢复基本医疗服务和卫生防疫设施，地震灾后恢复重建基金相应给予支持。灾区省要尽快在省内调配专业人员支持医疗卫生人员伤亡较多的县、乡卫生机构，对口支援省（市）可选派必要的医疗卫生人员，帮助灾区恢复正常医疗卫生工作。对重灾县的县级公共卫生机构、县乡医疗机构的人员经费和公用经费以及乡村医生的工作经费补助等，由灾区省级政府统筹安排，保证正常医疗卫生服务工作的开展。对各地向灾区派出的医疗防疫队所需费用，由各省（区、市）酌情给予补助，有对口支援任务的省（市）从对口支援经费中给予必要补助。

要抓紧恢复灾区各项医疗保障制度的运行，妥善解决受灾群众看病就医问题。伤员应急救治工作完成后，受灾群众的医疗费用原则上通过现行社会保障制度解决。今年内可在重灾县、乡实行过渡性医疗照顾措施，向受灾群众免费提供基本医疗卫生服务，包括一般常见病、传染病和卫生防疫。具体办法和所需经费由灾区省级政府统筹研究确定。要推进灾区城镇居民基本医疗保险试点工作。2009年、2010年灾区困难群众参加城镇居民基本医疗保险和新型农村合作医疗所需的个人缴费，由城乡医疗救助资金帮助解决。各级社会保险经办机构和农村合作医疗经办机构要加强管理服务，按规定及时结算并支付医疗费用，切实保障城乡居民的基本医疗保障权益。

四、落实医疗卫生对口支援

按照汶川地震灾后恢复重建对口支援方案，做好对口支援灾区医疗卫生防疫工作，推进灾区县、乡医疗卫生服务体系建设。医疗卫生对口支援工作遵循属地管理、分级负责、省外支援与省内支援相结合的原则。各支援省（市）要与受援地一起，制订医疗卫生对口支援工作方案，明确支援医疗卫生人员的规模、结构和分布，落实好卫生帮扶的各项任务和措施。要制订对口支援工作计划，加强人员培训，购置必要设备，加大智力支持，重点加强县、乡两级医疗卫生服务体系建设，帮助灾区尽快恢复正常医疗卫生服务秩序，提高医疗卫生工作质量和水平。卫生部要继续组织国家专业机构予以指导，并根据实际情况，对各地赴灾区医疗队的规划、管理、轮换通盘考虑，统筹安排。

灾区医疗卫生防疫工作要坚持地方政府为主、对口支援协助、国家有关部门指导监督的原则。灾区各级政府要保障必要的经费，中央财政酌情给予适当支持。各有关方面要明确责任，加强协调，密切配合，确保今年实现以下目标：7月底前，灾区县、乡和受灾群众安置点普遍恢复建立医疗卫生服务体系，开展基本医疗和卫生防疫及动物疫病防治工作。9月底前，全面完成灾区县、乡临时医疗卫生机构建设，基本恢复正常医疗卫生服务和动物防疫秩序。年底前，全面恢复灾区医疗卫生服务体系和动物防疫体系，配备比较齐全的临时业务用房、基本设备和技术人员，能够全面开展正常医疗服务和卫生防疫工作，确保不发生重大传染病疫情。

国务院办公厅

二〇〇八年六月二十三日

（《中华人民共和国国务院公报》，2008年第19号）

最高人民法院文件

最高人民法院
关于依法做好抗震救灾期间审判工作
切实维护灾区社会稳定的通知

（法〔2008〕152号）

各省、自治区、直辖市高级人民法院，解放军军事法院，新疆维吾尔自治区高级人民法院生产建设兵团分院：

四川汶川发生特大地震灾害后，在党中央和国务院的坚强领导和周密部署下，抗震救灾取得阶段性成果，灾后重建工作有序展开。当前，抗震救灾工作正处于关键时刻，全国各级人民法院要坚持在党的领导下，充分发挥人民法院的审判职能作用，立足于维护社会稳定，化解矛盾，促进和谐，为抗震救灾和灾后重建工作提供有力的司法保障，为夺取抗震救灾全面胜利，确保灾后重建工作顺利进行做出新的更大的贡献。为做好当前的审判工作，切实维护灾区社会稳定，现将有关事项通知如下：

一、各级人民法院要深刻领会党中央、国务院关于继续做好抗震救灾工作的一系列部署和胡锦涛总书记的重要指示精神，认真贯彻落实中央政法委员会关于全力以赴做好抗震救灾和社会稳定工作的具体要求，继续把抗震救灾作为当前最重要最紧迫的任务。对于涉及四川汶川特大地震灾害案件的审判和执行工作，应从大局出发，有利于维护社会稳定，有利于维护最广大人民的根本利益，有利于巩固抗震救灾的成果和灾后重建工作的顺利进行。要认真学习和准确适用《防震减灾法》《突发事件应对法》等处理涉灾案件的相关法律、行政法规和司法解释，要结合当前抗震救灾工作的实际，加强统筹协调，为抗震救灾和灾后重建提供有力的司法保障，切实维护灾区治安秩序，增强灾区群众的安全感。

二、依法严惩危害抗震救灾和灾后重建的各种犯罪活动，坚决维护灾区社会稳定。人民法院要认真落实党中央、国务院关于维护灾区稳定、保障灾区人民群众生命财产安全的各项指示精神，严厉打击故意破坏灾区稳定、损害抗震救灾成果、不利于灾后重建工作顺利进行、影响灾区人民群众重建家园信心和决心的违法犯罪行为。严格贯彻宽严相济的刑事政策，注意区分性质不同的违法犯罪行为，彰显司法权威，以人民群众看得见、感受得到的方式为灾区的生产生活提供有力的司法保障。

对抗震救灾和灾后重建期间发生的以下犯罪行为应依法从重处罚：

（一）盗窃、抢夺、抢劫、故意毁坏用于抗震救灾的物资、设备设施，以及以赈灾募捐名义进行诈骗、敛取钱财，拐卖灾区孤残儿童、妇女等犯罪行为。

（二）为牟取暴利，囤积居奇、哄抬物价、非法经营、强迫交易等严重扰乱灾区市场秩序，影响灾区人民群众正常生产生活的犯罪行为。

（三）故意编造、传播、散布不利于灾区稳定的虚假、恐怖信息，严重影响抗震救灾和灾后重建工作开展的妨害公务、聚众扰乱社会秩序、公共场所秩序、交通秩序、聚众冲击国家机关等犯罪行为。

（四）在灾区生产、销售或者以赈灾名义故意向灾区提供伪劣产品、有毒有害食品、假药劣药等犯罪行为。

（五）国家工作人员贪污、挪用抗震救灾款物、滥用职权或玩忽职守危害抗震救灾和灾后重建工作顺利进行，严重损害党和国家形象的犯罪行为。

（六）破坏电力、交通、通讯等公共设施的犯罪行为。

（七）妨害传染病防治等危害公共卫生的犯罪行为。

坚持特殊时期、特殊案件、特殊办理的方针，对那些严重危害抗震救灾和灾后重建工作进行的犯罪行为，要在法定期限内快审、快判，力争在最短的时间内使灾区人民群众感受到人民法院维护灾区稳定和打击犯罪的决心与力度，震慑潜在的犯罪分子，预防其他犯罪的发生。

三、各级人民法院特别是灾区人民法院要坚持在党委、政府的统一领导下，及时化解抗震救灾和灾后重建过程中的各种矛盾纠纷，鼓励、支持人民调解等组织化解纠纷，积极支持行政机关运用行政手段解决纠纷。对于起诉到人民法院的民事等案件，要区分不同情况办理：对于涉及灾区群众基本生活保障、恢复生活生产的案件，要依法快立、快审、快执；对于可能影响抗震救灾和灾后重建工作顺利进行、群体性以及社会比较敏感的案件，要积极与有关部门进行协调，慎重审查立案。在审理过程中，特别要注意进行诉前调解，多做当事人的调解、协调工作，尽可能通过调解或者和解撤诉的方式化解纠纷，切实做到“案结事了”。在审判和执行过程中，要特别注意保护灾区的未成年人、孤寡老人、因地震伤残人员的合法民事权益。要积极主动地推出便民利民措施，加大司法救助的力度，扩大对地震灾区群众司法救助范围，建立抗震救灾司法救助绿色通道，简化受理手续，努力做到应助尽助。

四、对于有的灾区人民法院审判人员一时不能补充到位的，高级人民法院要统一协调，根据诉讼法的有关规定，加大移送管辖、指定管辖、提级管辖的力度，将灾区人民法院已经受理或者有待受理的适合交由其他人民法院管辖的案件，移交或指定其他人民法院管辖，或者由上级人民法院直接提审、执行。

五、各级人民法院在抗震救灾期间，要结合相关案件的审判工作，加强法制宣传，耐心做好灾区群众特别是遇难者家属的心理安抚、思想疏导工作，协助安置好灾区群众。要努力扩大审判的社会效果，为抗震救灾和灾后重建工作营造良好的法制氛围。要与有关部门一起全面排查、及时化解灾后重建过程中的矛盾纠纷。

各高级人民法院，特别是灾情比较严重地区的高级人民法院，要加强对有关案件审判、执行工作的调研。受理或者审判的重要、敏感案件及相关情况、问题，应当及时报告最高人民法院。

中华人民共和国最高人民法院

二〇〇八年五月二十六日

（《司法业务文选》，2008年第22期）

最高人民法院
关于依法做好抗震救灾恢复重建期间民事审判和执行工作的通知

（法〔2008〕164号）

各省、自治区、直辖市高级人民法院，解放军军事法院，新疆维吾尔自治区高级人民法院生产建设兵团分院：

四川汶川特大地震是新中国成立以来破坏性最强、波及范围最广的一次地震，造成了灾区人民群众生命财产的巨大损失。中共中央政治局常务委员会于2008年6月5日专门研究部署汶川地震灾后恢复重建对口支援工作。灾后恢复重建是一项十分艰巨的任务，为加快灾后恢复重建，必须充分发挥社会主义制度的政治优势，举全国之力。各级人民法院要紧紧围绕全党全国工作大局，要把人民利益放在高于一切的位置，真正做到想灾区人民之所想、急灾区人民之所急，充分认识灾后恢复重建任务的艰巨性，充分发挥人民法院的审判职能作用，依法维护人民群众的生命财产安全，维护正常的社会秩序，维护人民群众的根本利益。

为依法做好灾区民事审判和执行工作，保障灾区人民群众合法权益，维护灾区社会稳定，为抗震救灾和灾后重建提供有力的司法保障，特通知如下：

一、各级人民法院特别是灾区人民法院一定要在党委领导下，积极支持当地政府把恢复重建工作纳入法制轨道，充分发挥人民法院在依法解决各种类型民事纠纷中的职能作用，扎扎实实做好民事案件的审判和执行工作。要在严格执法的前提下，正确认识和把握人民法院工作法律效果和社会效果的统一。灾区人民法院受理、审理和执行民事案件一定要从大局出发，要有利于维护灾区社会稳定，有利于维护灾区广大人民的根本利益，有利于巩固抗震救灾的成果和灾后恢复重建工作的顺利进行。

二、人民法院要积极支持和协助政府部门进行行政安置、抚慰、补助、救助等项工作，对于在工作中产生的矛盾和纠纷，人民法院要从法律的角度主动研究，主动提出如何依法行政、解决纠纷的建议和对策。特别是要在当地党委的统一领导下，充分发挥行政调解、诉讼调解、人民调解的作用，形成三位一体的综合性的纠纷解决体制，从源头上化解矛盾，减少纠纷。

三、在灾后重建期间，对于当事人起诉到人民法院的案件，符合立案条件的起诉，尤其是宣告失踪、宣告死亡以及对灾区输出农民工追讨劳动报酬等纠纷，应当及时立案，切实保障当事人诉权的实现。对于灾民被异地安置、投亲靠友后，因纠纷起诉到人民法院的，由于目前居住地发生了变化，在管辖问题上，由相关高级人民法院依照民事诉讼法等有关法律规定，从方便灾民、有利稳定的原则出发，统筹安排。对属于人民法院收案范围的纠纷，人民法院受理案件后，要切实加强涉灾民事案件的诉讼指导和法律释明，注重对当事人进行诉讼风险的提示；对不属于或不宜由人民法院处理的纠纷，应认真做好群众思想疏导工作，引导当事人选择其他有效途径和方式解决争议。

四、当事人因四川汶川特大地震不可抗力不能及时主张权利的，依照民法通则的规定诉讼时效中止，从中止时效的原因消除之日起，诉讼时效期间继续计算。人民法院对当事人因抗震救灾、灾后重建而不能参加诉讼活动的，要依法延期或中止审理；延期或中止的原因消除后，及时恢复审理。

五、对于宣告失踪、宣告死亡案件，人民法院要依法积极受理，以便尽快明确身份关系和财产关系。由于四川汶川特大地震后，下落不明人住所地基层人民法院受到严重破坏，难以开展审判工作，不能行使管辖权的，上级人民法院可以依照民事诉讼法第三十七条第一款的规定，指定其他基层人民法院管辖。

对灾区输出农民工追讨劳动报酬等纠纷案件，必须做到快立、快审，切实加强诉讼指导和法律释明，必要时可以先予执行。对因灾区输出农民工返乡参加抗震救灾，用人单位请求解除劳动关系的，人民法院应慎重处理。

对于起诉到人民法院的民事案件，当事人提出证据保全申请的，有关法院要依法采取保全措施。对于因地震毁损和灭失相关证据，带来当事人举证困难的，可以放宽举证期限，并加强依职权调查取证。要主动推出便民利民措施，为灾区当事人诉讼提供便利。要加大缓、减、免诉讼费用的力度，保证灾区群众不因缴不起诉讼费用而无法打官司。

六、人民法院在执行工作中，应当慎用强制执行措施。特别是对明确专用于抗震救灾的资金和物资，一律不得采取查封、扣押、冻结、划拨等财产保全措施和强制执行措施。

七、灾区人民法院要根据当地民事纠纷的实际情况和特点，积极向有关部门提出注意保护人民群众合法民事权益的司法建议，为有关部门有序、依法采取有效措施出谋划策。

各高级人民法院，特别是地震灾区的高级人民法院，要加强对房地产、储蓄存款合同、保险合同、借款合同纠纷等有关案件审判、执行工作的调研。受理或者审判的重要、敏感案件及相关情况、问题，应当及时报告最高人民法院。

二〇〇八年六月六日

（《中华人民共和国最高人民法院公报》，2008年第7期）

最高人民法院印发《关于处理涉及汶川地震相关案件适用法律问题的意见（一）》的通知

（法发〔2008〕21号）

各省、自治区、直辖市高级人民法院，解放军军事法院，新疆维吾尔自治区高级人民法院生产建设兵团分院：

为依法做好灾区审判和执行工作，保障灾区人民群众合法权益，最高人民法院制订了《关于处理涉及汶川地震相关案件适用法律问题的意见（一）》，现印发给你们，请结合审判实际，遵照执行。

各高级人民法院，特别是灾情比较严重地区的高级人民法院，要加强对有关案件审判、执行工作的调研，发现新情况、新问题的，应及时报告最高人民法院。

2008年7月14日

关于处理涉及汶川地震相关案件适用法律问题的意见（一）

为依法做好灾区审判和执行工作，保障灾区人民群众合法权益，维护灾区社会稳定，为抗震救灾和灾后恢复重建提供有力的司法保障，最高人民法院分别于5月27日和6月6日发布了《最高人民法院关于依法做好抗震救灾期间审判工作切实维护灾区社会稳定的通知》（法〔2008〕152号）和《最高人民法院关于依法做好抗震救灾恢复重建期间民事审判和执行工作的通知》（法〔2008〕164号），上述两个《通知》对涉灾案件审判和执行工作的基本原则和一些具体法律适用问题作出了规定，各级人民法院要严格执行。根据灾后恢复重建的实际情况，为尽快恢复灾区正常的经济、社会秩序，现对涉及四川汶川地震灾害相关案件适用法律的有关问题进一步提出以下意见：

一、对于涉及灾区群众人身、财产关系的婚姻家庭、继承、宣告死亡、宣告失踪等案件，人民法院要依法积极受理，尽快解决因地震造成相关人身和财产权利义务关系变化而带来的问题。

二、灾区群众安置地与原住所地、经常居住地不在同一行政区的，对于异地安置以后发生的诉讼，可以将安置地视为当事人的居住地依法确定管辖。

三、农村承包地因地震灾害导致不能耕种、边界不明，当事人起诉要求进行调整、边界划定或重新确权的，人民法院应当告知当事人向有关政府行政主管部门申请解决。

四、案件承办法官因遇难或者其他原因无法履行职责的，人民法院可依据《最高人民法院关于人民法院合议庭工作的若干规定》（法释〔2002〕25号）的程序更换办案人员继续审理。案件被移送或者被指定管辖的，由受移送或者被指定管辖的人民法院继续审理。

五、人民法院正在审理的刑事案件、民事案件、行政案件以及执行案件中，当事人死亡或失踪的，要依法分别处理。刑事案件被告人死亡的，终止审理。民事案件、行政案件和执行案件当事人死亡或者失踪的，裁定中止审理、执行，待灾区安置及恢复重建工作进行到一定阶段，经法定程序对涉案人身、财产关系明确后，人民法院依法决定是否恢复审理、执行，或者按撤诉处理、终结诉讼、终结执行，或者变更主体等。

六、当事人在诉讼中提交给法院的证据如系原件，在未经质证的情况下在地震中灭失，待证事实或者损毁灭失的证据内容又不能通过其他证明方法证明的，人民法院应当通过调解等办法妥善处理。

七、对民法通则第一百三十九条规定的“中止时效的原因消除”、民事诉讼法第七十六条规定的“障碍消除”、第一百三十六条规定的“中止诉讼的原因消除”以及第二百三十二条规定的“中止的情形消失”，《最高人民法院关于执行〈中华人民共和国行政诉讼法〉若干问题的解释》第五十一条规定的“中止诉讼的原因消除”之日的确定，要区别灾区不同情况，坚持从宽掌握的原则，结合个案具体情况具体分析。

人民法院在确定时可以考虑以下因素：1. 人民法院恢复正常工作的情况；2. 当地恢复重建进展的情况；3. 失踪当事人重新出现、财产代管人经依法确定、被有关部门确定死亡或被人民法院宣告死亡明确继承人的情况；4. 作为法人或其他组织的当事人恢复经营能力或者已经确立权利义务承受人的情况。

八、正在审理中的案件当事人在地震灾害中下落不明的，人民法院在核实当事人的身份、下落等有关情况后可以公告送达法律文书。

利害关系人申请宣告下落不明人失踪的，人民法院作出宣告失踪判决后，应当变更财产代管人为当事人，相关法律文书向财产代管人送达。

九、在诉讼过程中，因地震造成已查封、扣押的财产损毁、灭失的，应当参照最高人民法院《关于人民法院民事执行中查封、扣押、冻结财产的规定》第二十四条的规定处理；申请人提供其他财产线索申请查封、扣押的，可不再交纳申请费。

对于已评估过的财产，因地震造成损毁或价值贬损的，可以根据申请人的申请重新予以评估，评估费用按照《诉讼费用交纳办法》第十二条的规定确定。

十、申请执行人为非灾区企业或者公民，被执行人为灾区企业或者公民，财产无法确定或者确无财产可供执行的，应当中止执行；被执行人遭受灾害后有财产可供执行的，执行机关应尽力促成和解结案；申请执行人要求继续执行，但执行该财产将严重影响恢复重建工作顺利进行的，可以中止执行。中止执行的情形消失后，应当及时恢复执行。

灾区受灾企业或者公民申请强制执行，被执行人为非灾区企业或者公民的，人民法院应当加大执行力度，依法及时执行，以利于灾区企业和公民更好地恢复生产、重建家园。

（《中华人民共和国最高人民法院公报》，2008年第9期）

最高人民法院印发《关于处理涉及汶川地震相关案件适用法律问题的意见（二）》的通知

（法发〔2009〕17号）

各省、自治区、直辖市高级人民法院，解放军军事法院，新疆维吾尔自治区高级人民法院生产建设兵团分院：

为依法做好灾区审判和执行工作，保障灾区人民群众合法权益，维护灾区社会稳定，最高人民法院分别于2008年5月27日、6月6日以及7月14日发布了最高人民法院《关于依法做好抗震救灾期间审判工作切实维护灾区社会稳定的通知》（法〔2008〕152号）、最高人民法院《关于依法做好抗震救灾恢复重建期间民事审判和执行工作的通知》（法〔2008〕164号）以及最高人民法院《关于处理涉及汶川地震相关案件适用法律问题的意见（一）》（法发〔2008〕21号）等规范性文件，上述文件对涉灾案件审判和执行工作的基本原则和一些具体法律适用问题作出了规定，各级人民法院要严格执行。对于可能影响灾后恢复重建工作顺利进行、群体性以及社会比较敏感的案件，对于有关部门已经协调处理过的案件，要慎重审查立案。当前，根据灾区审判工作的需要，最高人民法院制定了《关于处理涉及汶川地震相关案件适用法律问题的意见（二）》，现印发给你们，请结合审判实际，遵照执行。

各高级人民法院，特别是灾情比较严重地区的高级人民法院，要加强对有关案件审判、执行工作的调研，发现新情况、新问题的，应当及时报告最高人民法院。

特此通知。

2009年3月23日

关于处理涉及汶川地震相关案件适用法律问题的意见（二）

为依法做好灾区审判和执行工作，保障灾区人民群众合法权益，维护灾区社会稳定，根据《中华人民共和国民法通则》、《中华人民共和国合同法》、《中华人民共和国物权法》和《中华人民共和国民事诉讼法》等法律的规定，结合灾后恢复重建的实际情况，现对涉及四川汶川地震灾害相关案件适用法律的有关问题进一步提出以下意见：

一、买受人要求出卖人按照房屋买卖合同的约定继续履行交房义务的，人民法院应予支持，但是因地震不能实际履行或者实际履行费用过高的除外；因地震造成房屋不能交付或者不符合约定的交付条件，买受人要求解除房屋买卖合同的，人民法院应予支持。

二、出卖人通过认购、订购、预订等方式向买受人收受定金作为订立商品房买卖合同担保的，如果因当事人一方原因未能订立商品房买卖合同，应当按照法律关于定金的规定处理；因地震导致商品房买卖合同未能订立的，出卖人应当将定金返还买受人。

三、对房屋的转移占有，视为房屋的交付使用，但当事人另有约定的除外。房屋毁损、灭失的风险，在交付使用前由出卖人承担，交付使用后由买受人承担；买受人接到出卖人的书面交房通知，无正当理由拒绝接收的，房屋毁损、灭失的风险自书面交房通知确定的交付使用之日起由买受人承担，但法律另有规定或者当事人另有约定的除外。

四、因地震灾害致使在合理期限内出卖人迟延交付房屋或者买受人迟延支付购房款，当事人一方请求解除合同的，人民法院不予支持，但当事人另有约定的除外。

五、商品房买卖合同约定买受人以担保贷款方式付款，因地震导致未能订立商品房担保贷款合同并致使商品房买卖合同不能继续履行的，当事人可以请求解除合同，出卖人应当将收受的购房款本金及其利息或者定金返还买受人。

六、出租人因自住房垮塌或者经鉴定成为危房无法居住，起诉到人民法院要求解除房屋租赁合同收回自住的，人民法院应予支持，但要给承租人合理期限腾退房屋。

七、承租人因承租房已经垮塌或者经鉴定成为危房需加固或拆除，导致房屋无法正常使用，起诉要求解除租赁合同的，人民法院应予支持。

八、因地震灾害引起房屋垮塌、建筑物或者其他设施以及建筑物上的搁置物、悬挂物发生倒塌、脱落、坠落造成他人损害的，所有人或者管理人不承担民事责任。

九、因地震灾害致使堆放物品倒塌、滚落、滑落或者树木倾倒、折断或者果实坠落致人损害的，所有人或者管理人不承担赔偿责任。

十、因抗震救灾需要采取的排险、抢修、拆除等紧急避险行为造成公民人身或者公民、法人财产损害的，行为人不承担民事责任或者承担适当的民事责任。

十一、租赁经营期间，因地震灾害造成租赁经营的厂房、设备以及经营场所严重受损无法恢复正常经营，当事人起诉要求解除租赁经营合同的，人民法院应予支持。

十二、当事人以地震造成所处地域的消费水平降低、经济不景气等经营环境改变为理由，主张预期经营目的不能实现，承租人要求减少租金的，人民法院可以根据案件具体情况，适用公平原则处理。要求解除租赁合同的，人民法院不予支持。

十三、地震期间，劳动者因履行职务受到伤害，符合《工伤保险条例》第十四条、第十五条规定情形之一的，应当认定为工伤或者视同工伤，享受工伤待遇。依法应当参加工伤保险统筹的用人单位的劳动者，在地震中遭受人身损害，劳动者或者其近亲属向人民法院起诉请求用人单位承担民事赔偿责任的，告知其按《工伤保险条例》的规定处理。

十四、地震期间，用人单位为维护国家利益和公共利益的需要，在恢复交通、通信、供电、供水、排水、供气，抢修道路，保障食品、饮用水、燃料等基本生活必需品的供应，组织营救和救治受害人员等过程中，临时雇用员工受到伤害的，可参照《工伤保险条例》的规定进行处理。

十五、地震期间，对于行政机关基于应对突发事件的需要做出的行政处罚、行政强制措施等行为，当事人不服向人民法院提起诉讼的，人民法院应当依法受理。在审理中，应当依据《中华人民共和国突发事件应对法》的规定和精神审查衡量被诉行政行为的合法性；对于行政机关在抗震救灾和灾后重建过程中依法行使职权、维护灾区行政管理秩序和社会秩序的行为，人民法院应当依法予以支持。

十六、公民、法人或者其他组织就有关人民政府及其部门依照突发事件应对法作出的行政征用行为提起诉讼的，人民法院应当依法受理，并可判决或者建议有关人民政府及其部门在使用完毕或者突发事件应急处置工作结束后，及时返还被征用的财产。对于财产被征用或者征用后毁损、灭失的，应当给予补偿。

十七、因地震造成人民法院已查封或扣押的财产毁损、灭失或价值贬值，协助人民法院查封、扣押的协助执行人以及人民法院指定的查封、扣押财产的保管人（被执行人除外）没有过错的，不承担赔偿责任。人民法院应当努力通过促成执行和解妥善解决纠纷。

（《中华人民共和国最高人民法院公报》，2009年第6期）

其他重要文件

审计署
关于汶川地震抗震救灾资金物资审计情况公告
（第1号）

（2008年6月12日）

根据中央抗震救灾资金物资监督检查领导小组关于“从快从严从重处理抗震救灾资金物资管理使用中的违法违纪行为”，“发现一起迅即查处一起，并公开曝光”的要求，现将截至目前救灾款物审计发现的3起违法违规事件公告如下：

一、河南省安阳县工商业联合会主要负责人擅自将27.11万元捐赠资金用于购买救灾物资，其中涉嫌以权谋私

根据群众举报，审计署和河南省委、省政府对河南省安阳县工商业联合会主要负责人擅自将27.11万元捐赠资金用于购买救灾物资、涉嫌以权谋私的问题进行了联合审计调查。

2008年5月15日，河南省安阳县工商业联合会、安阳县红十字会接收到河南利源焦化公司等3家企业共60万元抗震救灾捐赠资金。之后，该负责人未经联合会领导班子集体研究，擅自将这些捐赠资金中的27.11万元用于购买物资。其中，17.95万元由该负责人经办，购买了服装、火腿肠、矿泉水、方便面和棉被。其购买的4.15万元服装全部是其弟为法定代表人的安阳市北关区罗蒙服饰专卖店（该店营业执照已于2007年7月被该区工商分局注销）经销的，所出具的销售发票为假发票；其从另一家商店购买的9.5万元火腿肠，所出具的销售发票也是假发票。以上物资，按照河南省红十字会和四川省红十字会商定的发往地点，由该负责人经办于5月16日直接发往四川

省广元市红十字会。审计抽查这些物资中的衣物发现，有的是他人定做的服装，有的是旧服装。

问题查明后，安阳市委、市政府高度重视，目前正在根据调查结果和省委、省政府的要求，依法依纪追究有关人员责任。

二、中国工商银行绵阳涪城支行用“抗震救灾特别费”为本行职工购买名牌运动鞋

2008年5月28日，中国工商银行绵阳涪城支行弄虚作假，将为该行56名职工购买的56双耐克运动鞋（价值2.85万元）的销售发票中的商品名称填写为雨衣、雨靴和雨伞，之后在其上级行安排拨给的“抗震救灾特别费”（按工商银行四川省分行《关于抗震救灾期间财务管理相关事项的补充通知》的要求，“抗震救灾特别费”是用于维护灾区工行系统员工生命安全和基本生活、保全资产和维持营业网点基本运作的资金）中报销了这笔开支。

审计查明并指出上述问题后，该行已归还了所占用的“抗震救灾特别费”。

三、在一些地方发生涉嫌利用手机短信骗取赈灾募捐款的问题

“5·12”汶川地震发生后，在一些地方出现了“四川地震紧急募捐”的群发手机短信，要求将捐款汇入指定账户。审计机关发现这一现象后，对这些短信进行了收集、整理和排查。一方面告知有关银行采取监控措施，防止一些人以抗震救灾募捐为名诈骗钱财，另一方面根据已掌握的问题线索进行了跟踪追查。经查，已有部分群众向这类短信指定的募捐账户汇入了抗震救灾捐款，审计机关已将这些问题线索移送给公安机关。目前，正在立案侦查中，已发现的此类账户现已被冻结。

（审计署办公厅：《抗震救灾资金物资审计情况公告（第1～4号）》，第2～3页）

审计署
关于汶川地震抗震救灾资金物资审计情况公告
（第2号）

（2008年6月24日）

汶川特大地震发生后，审计署按照党中央、国务院的要求，立即部署对抗震救灾资金和物资（以下简称救灾款物）的筹集、分配、拨付、使用和管理情况开展全方位、全过程跟踪审计。截

至目前，全国各级审计机关已组织10650名审计人员对19850个部门和单位进行了审计，包括中央部门和单位19个、省级的520个、地级的4289个、县级的15022个；对四川、甘肃、陕西等3个地震重灾省的1068个乡镇和2451个村进行了延伸审计，对14587个受灾户进行了入户调查。对3省审计的资金总量为289.46亿元。本次审计的目标是，促进救灾款物筹集、管理和使用的安全完整、公平公正、合规有效、规范有序、公开透明，确保不出问题或少出问题，向人民群众交一本明白账、放心账。审计范围主要是中央和地方各级财政安排的救灾款物、国内国际社会捐赠款物及中国共产党党员自愿缴纳的“特殊党费”。为严明审计工作纪律，确保审计质量，审计署制定了关于严格救灾款物审计纪律的规定。审计署还通过设立和公布举报电话和网址收集问题线索进行核查。

根据《中华人民共和国审计法》的规定和中央纪委、监察部、民政部、财政部、审计署《关于加强对抗震救灾资金物资监管的通知》等要求，现将截至6月12日的救灾款物审计情况公告如下：

一、中央及地方财政安排救灾款物审计情况

（一）安排、拨付、管理和使用基本情况

截至6月12日，中央财政共安排抗震救灾资金190.09亿元，其中：直接安排专项补助资金104.25亿元，通过交通部、卫生部等中央部门和相关单位安排资金69.85亿元，安排用于灾区粮食调拨经费、小麦收购和代储经费、灾区市场供应经费、救灾物资采购经费及教育抗震救灾补助的资金15.99亿元。此外，全国31个省（区、市）和新疆生产建设兵团还安排财政性救灾款物65.91亿元。

四川、陕西、甘肃、云南和重庆5个地震受灾省市收到各级财政性救灾资金共计184.76亿元，已支出59.47亿元，其中：综合财力补助支出1.48亿元，民政救济支出29.16亿元，卫生支出4.72亿元，物资储备和调运支出4.18亿元，基础设施抢修支出10.03亿元，公安、教育、广电等救灾支出4.83亿元，其他支出5.07亿元。

（二）审计评价

地震发生后，中央和地方各级政府领导坚强、反应迅速、措施有力、工作透明，迅速依法紧急调整财政支出结构，要求中央国家机关今年的公用经费支出一律比预算减少5%，切实减少会议、接待、差旅和公车使用支出，压缩出国团组，控制公车购置，安排拨付了巨额救灾款物，紧急拨付调往灾区。为加强救灾款物管理，中央专门召开抗震救灾款物监管工作会议，成立了抗震救灾款物监督检查领导小组，并组织对抗震救灾资金管理使用情况进行全方位监督。中央纪委、监察部、民政部、财政部、审计署联合下发了《关于加强对抗震救灾资金物资监管的通知》，有关部门紧急制定了《关于加强汶川地震救灾采购管理的紧急通知》《地震灾区过渡安置房建设资金管理办法》等加强救灾款物管理的规章制度，监督救灾款物按照专款专用和重点使用的原则安排使用，有效保证了灾区群众在衣、食、住、医等方面的基本需要和抗震救

灾重点工作的顺利开展。中央还将根据抗震救灾和灾后重建工作需要，进一步加大财政资金投入力度。

截至目前，审计尚未发现重大违法违规问题。

（三）审计发现的问题及整改情况

对各级财政安排的救灾款物审计发现的主要问题是：管理不够规范、政策不够完善、执行不完全到位等。

1. 部分乡镇尚未完全落实“每天一斤粮、十元钱”的救助政策。如四川省汶川、黑水、茂县和理县等4个重灾县应领取临时生活救助款的65个乡镇中，由于交通阻塞、灾情统计核查难度较大等原因，只有28个乡镇按时领到了救助款，理县的各乡镇均未领到；汉源县一些乡镇要求受灾群众承诺拆除地震受损房屋才发给其补助款和救济粮。审计指出问题后，这些地方正按国家规定积极整改，采取有效措施尽快落实救助政策。

2. 个别地方在国家统一规定的地震遇难者抚慰金之外，又发放了地方抚慰金，且各地标准不统一，易引起相互攀比、产生矛盾。审计已向有关部门提出建议，这些部门和地方正研究完善相关政策规定。

3. 个别地方多领财政补助。如汉源县由于一些乡镇交通通讯中断，灾情核实困难，统计出现差错，导致重复统计、多报多领财政补助金1333万元和补助粮133万斤。审计指出问题后，汉源县有关部门正在重新核实灾情，待重新核准情况后退回多领取的补助金和救济粮，有关部门正在进一步调查处理。

4. 一些政府部门、财政拨款单位使用本部门、本单位经费等给灾区的援助款，被统计到社会捐赠资金范围，造成救灾款物统计上的不规范。审计指出问题后，有关部门对此类资金正据实分清类别统计、逐步规范。

二、社会捐赠救灾款物审计情况

（一）接受、拨付、管理、使用和结存情况

1. 中央和非地震灾区接受、拨付、使用和结存捐赠款物情况

截至6月12日，中央和非地震灾区接受捐赠款物共计452.97亿元，支出134.87亿元，结存318.10亿元。具体是：

（1）中央部门和单位接受、拨付、使用和结存捐赠款物情况

审计的15个中央部门和单位接受捐赠款物109.44亿元（捐款到账99.06亿元，捐赠物资折款10.38亿元），其中：民政部接受18.57亿元，中国红十字会总会及中国红十字基金会共接受45.38亿元，中华慈善总会接受8.99亿元；外交部、商务部、卫生部、统战部、侨办等5部门共接受20.54亿元，海峡两岸关系协会、中国扶贫基金会等团体组织及公募基金会共接受15.96亿元。

上述捐赠款物已拨付使用43.46亿元，其中：拨付四川23.41亿元、陕西2.56亿元、甘肃

3.14亿元、重庆3825万元、云南440万元、贵州210万元，直接购买救灾物资7.85亿元交付灾区，拨付上海市和广东省红十字会共5亿元用于援建灾区过渡安置房；按照统筹安排，中国红十字基金会将国资委接受的捐款拨付中国东方电气集团公司6626.8万元，中国化工集团所属企业1000万元，中国水利水电建设集团公司1000万元，中国铁道建筑总公司1000万元；其他支出900万元。

截至6月12日，这些捐赠款物结存65.98亿元。其中：民政部结存12.08亿元，中国红十字会总会及中国红十字基金会结存32.26亿元，中华慈善总会结存2.34亿元，商务部等5部门结存共计9.82亿元，海峡两岸关系协会、中国扶贫基金会等团体组织及公募基金会结存共计9.48亿元。

（2）非地震灾区接受、拨付、使用和结存捐赠款物情况

全国非地震灾区的26个省（区、市）和新疆生产建设兵团接受捐款共297.79亿元，其中：这些省（区、市）民政部门接受90.40亿元，红十字会接受81.54亿元，慈善会接受122.46亿元，其他基金会等组织接受2.60亿元，其他行政事业单位接受0.79亿元。

各地还接受各类捐赠物资折款45.74亿元。

上述捐赠款物共支出91.41亿元，其中：用于救治灾区伤病员、转运捐赠物资等支出11.13亿元，拨付灾区80.28亿元（其中：拨付四川74.14亿元，陕西3.02亿元，甘肃2.74亿元，云南 725万元，重庆3132.78万元）。结存252.12亿元。

2. 地震灾区接受、拨付、使用和结存捐赠款物情况

全国5个地震受灾省市（川、甘、陕、渝、滇）实际接受捐赠款物150.39亿元（包括本省捐赠、中央和其他省区市等拨入捐赠款物），其中：四川106.51亿元，甘肃15.16亿元，陕西13.26亿元，重庆8.16亿元，云南7.3亿元。

上述捐赠款物已支出35.51亿元（捐赠资金11.89亿元，捐赠物资折价23.62亿元），其中：四川21.19亿元、甘肃6.81亿元、陕西3.02亿元、重庆2.98亿元、云南1.51亿元。结存114.88亿元。

（二）审计评价

灾情发生后，社会各界、港澳台同胞、海外华侨华人以及国际社会及时、迅速捐助了大量救灾款物，为灾区群众渡过难关提供了有力支持。国务院下发了《关于加强汶川地震抗震救灾捐赠款物管理使用的通知》，相关主管部门紧急制定了10多个关于救灾捐赠款物接受、管理、使用等方面的法规和规章。捐赠款物主要接受机构认真履行职责，执行有关规定，加强了捐赠款物管理，建立了信息公开制度，通过网站向社会公布捐赠收入和支出情况。民政部门、红十字会和慈善总会系统救灾款物管理制度比较健全，建立了严格的款物接受、拨付审批手续及拨款程序和有效的内部制约机制，接受捐赠救灾款物的管理比较规范。地方各级政府及部门将捐赠款物作为监管重点，结合实际情况及时修订和完善管理办法，仅四川就制定了12个管理办法。捐赠款物的管理从应急抢险初期一定时间内的忙乱状况逐步实现了有章、有序、有力和有效。捐赠款物的使用总体上满足了灾区的实际需求。

到目前为止，审计尚未发现重大违法违规问题。

（三）审计发现的问题及整改情况

在捐赠款物审计中，发现一些地方和部门在捐赠款物筹集、管理、分配等方面存在一些不规范问题，个别人员涉嫌违纪违规。

1. 有些地方在抗震救灾初期对捐赠款物的管理等工作不够规范。捐赠款物来源广、数量大、品种多、时间集中，加之有关部门和地方政府相关制度尚未建立健全、应急管理经验不足，致使接受捐赠款物登记不及时、手续不健全、质量检查不严格、统计数据不准确，重报漏报、折价无依据无标准、救灾款物供求信息不畅、部分物资积压甚至浪费以及违规存放等问题。审计发现后，向各级政府和有关部门提出了12个方面的建议。各级政府和有关部门针对这些问题和审计建议，迅即采取措施，制定和完善了相关制度。随着救灾捐赠管理制度不断完善，有关地方和部门正在对这些问题逐步进行纠正和解决。

2. 非地震灾区接受社会捐赠资金上缴有关中央部门和单位统筹安排或拨付灾区不够及时，结存量大。非地震灾区接受的捐赠资金本应及时拨付灾区，但因接受捐赠渠道多、捐款资金归集难度大、上划速度慢和管理措施不健全，加之大部分资金需要用于灾后重建，截至6月12日结存在接受地的尚有243.71亿元，占接受捐款总量的81%，未及时上缴有关中央部门和单位统筹安排或对口拨付有关灾区。审计指出后，各地正积极与中央有关部门和单位研究加快统筹安排的办法。

3. 一些捐赠物资与灾区实际需求脱节。如甘肃省接受的“锁阳固精丸”等非抗震抢险救治急需的保健品，至今闲置未用；四川省北川县、彭州市商务局和陕西省宝鸡市民政局接受的17350顶旅行用等类型帐篷，因空间小不适用而积压。

随着抗震救灾工作由抢险向灾后安置过渡，部分捐赠物资出现了结构性“过剩”与短缺并存的现象。如一些地方接受的矿泉水、方便面、医用注射液和注射器等食品、物资存在积压现象。有些捐赠物资将过保质期，不及时处理会形成损失浪费。

上述问题，经审计指出后，有关部门正在研究积极妥善的解决办法。

4. 少数捐赠物资存在质量问题。如甘肃省接受的外地捐赠的旧衣物中，包括存在卫生安全隐患的内衣、衬衣等；四川省卫生厅接受的“过氧化氢消毒液”等38吨消毒杀菌药物属“三无”产品；汶川县接受的2000斤食品和德阳市接受的1800余件矿泉水为质量不合格产品；四川、甘肃灾区接受的帐篷中有15981顶存在配件不全或不配套问题，仅汶川县就有2667顶帐篷因此而无法使用，约占该县收到帐篷总数的20%。对这些问题，有关部门正按审计建议，积极采取措施，争取尽快解决。

5. 有些捐赠款物管理不规范。一是部分捐赠物资拨付与接受过程中出现丢失短少问题，如甘肃省抗震救灾物资天水转运站5月30日接受捐赠的6200张板材后，未作清点即送往陇南市，该市民政局实际仅收到1790张。二是接受捐赠救灾物资的统计口径不统一，如由于有关救灾主管部门、机构对救灾物资如何计量和估价未及时作出统一规定，导致同一类型的物资在统计中使用了不同的计量单位，以及部分捐赠物资只统计了数量而未作估价，影响了对这些物资的准确统计和科学合理分配、调拨和使用。三是部分捐赠资金未按规定实行专户存放，如四川省商务厅将商务部拨入的救灾资金3800万元存放在本单位经费账户等待安排。有关部门已根据审计建议采取了相关措施。

6. 个别部门接受的非定向捐赠资金未纳入专户管理，有的直接拨付到在灾区的本系统单位用于救灾工作。有关部门已根据审计建议采取了相关规范措施。

7. 审计发现河南省安阳县工商联主要负责人在办理向灾区捐款过程中涉嫌以权谋私等8个违法违规问题。其中，审计署6月12日公告了安阳工商联负责人涉嫌以权谋私的违法问题后，该负责人已被依法免除职务，有关部门正在对其立案调查。其他问题正在进一步核查中，核查结果将另行公告。

三、“特殊党费”审计情况

地震发生后，全国广大共产党员纷纷自愿交纳“特殊党费”支援抗震救灾。截至6月12日，中央组织部接受的“特殊党费”已到账50.19亿元，拨付灾区12亿元，其中四川10亿元、甘肃和陕西各1亿元。审计的31个省（区、市）和新疆生产建设兵团党委组织部门共接受“特殊党费”65.03亿元，其中：已上缴中央组织部43.81亿元，中央企业在地方的下属机构上缴其上级主管单位党委组织部门2250.75万元，各地组织部门暂存待缴20.99亿元。

为加强“特殊党费”收缴、使用和管理，中央组织部成立专门工作组，负责收缴管理工作；设立了专用账户和接待处，接受全国各地党组织和党员个人交纳的“特殊党费”；制定了《关于抗震救灾“特殊党费”收缴、使用和管理的暂行办法》等规定，并及时公开收缴、使用情况，接受社会监督。地方各级党委组织部门也都采取了相应措施，加强和规范管理。目前审计中尚未发现违纪违规问题，但也有个别单位存在资金存放和核算不够规范等问题。有关单位根据审计意见和建议，正在采取措施，认真落实关于“特殊党费”管理使用的各项规定。

四、审计建议

根据前一阶段审计情况，审计署建议：

（一）应尽快建立汶川地震救灾款物全国信息公开网，对有关部门管理的救灾款物的筹集、拨付、分配、使用去向和结存状况上网公布，对所有捐赠人或单位的捐赠信息上网公布（捐赠人不愿公布的除外），对救灾物资需求等信息上网公布。

（二）民政部门作为社会捐赠款物归口管理部门应尽快落实《国务院办公厅关于加强汶川地震抗震救灾捐赠款物管理使用的通知》等有关规定，规范募集秩序，在主流媒体上公布经民政部门批准的具有接受社会捐赠合法资质的团体、组织名单。同时应尽快理清已捐赠到账的定向和非定向捐赠资金的金额、定向捐赠资金的用向构成及其拨付地区的分布状况。

（三）财政、民政、发展改革委等部门应进一步完善救灾款物分配使用的统筹协调机制，细化受灾群众救助和安置政策，及时掌握灾区对救灾款物的实际需求，做到宏观上科学安排、微观上合理调配，特别是灾后恢复重建，要严格按照国务院《汶川地震灾后恢复重建条例》和《国务院办公厅关于汶川地震抗震救灾捐赠资金使用指导意见》，按重建进度来安排拨付财政资金和社会捐赠资金，防止出现拨付过度集中、资金滞留和损失浪费，进一步提高救灾款物和灾后重建资金的使用效益。

随着抗震救灾的中心工作逐渐转到灾后恢复重建，审计署将进一步调整和突出审计重点，及时对灾后恢复重建资金的筹集、拨付、分配、管理和使用情况进行审计，继续加大对重大违法违规、损失浪费等问题的查处力度，加强对救灾款物的分配和使用效益的审计，并继续实行审计情况定期公告制度，查出的重要问题随时向社会公布，使广大人民群众及时了解救灾款物的管理、使用及其审计情况，予以监督。

（审计署办公厅：《抗震救灾资金物资审计情况公告（第1～4号）》，第4～11页）

民政部、国家发展改革委、财政部、国土资源部、中国地震局关于印发汶川地震灾害范围评估结果的通知

（民发〔2008〕105号）

各省、自治区、直辖市人民政府，国务院各部委、各直属机构：

根据《汶川地震灾后恢复重建条例》及《国务院办公厅关于印发国家汶川地震灾后重建规划工作方案的通知》（国办函〔2008〕54号）要求，民政部、发展改革委、财政部、国土资源部、地震局、统计局、国家汶川地震专家委员会会同四川、甘肃、陕西三省人民政府，在实地调查核定和综合分析评估汶川特大地震致灾强度、灾情严重程度和地质灾害影响等因素的基础上，对汶川地震灾害范围进行了全面客观的评估，《汶川地震灾害范围评估结果》已经国务院抗震救灾总指挥部第23次会议讨论通过，现予印发。

民政部
国家发展改革委员会
财政部
国土资源部
中国地震局
二〇〇八年七月二十二日

汶川地震灾害范围评估结果

一、极重灾区

共10个县（市），分别是四川省汶川县、北川县、绵竹市、什邡市、青川县、茂县、安县、都江堰市、平武县、彭州市。

二、重灾区

共41个县（市、区），其中：

四川省（29个）：理县、江油市、广元市利州区、广元市朝天区、旺苍县、梓潼县、绵阳市游仙区、德阳市旌阳区、小金县、绵阳市涪城区、罗江县、黑水县、崇州市、剑阁县、三台县、阆中市、盐亭县、松潘县、苍溪县、芦山县、中江县、广元市元坝区、大邑县、宝兴县、南江县、广汉市、汉源县、石棉县、九寨沟县。

甘肃省（8个）：文县、陇南市武都区、康县、成县、徽县、西和县、两当县、舟曲县。

陕西省（4个）：宁强县、略阳县、勉县、宝鸡市陈仓区。

三、一般灾区

共186个县（市、区），其中：

四川省（100个）：郫县、成都市金牛区、成都市青白江区、成都市新都区、成都市成华区、成都市锦江区、成都市青羊区、成都市温江区、成都市武侯区、名山县、邛崃市、金堂县、南部县、蒲江县、成都市龙泉驿区、射洪县、乐山市金口河区、巴中市巴州区、新津县、丹巴县、南充市顺庆区、夹江县、天全县、丹棱县、金川县、通江县、雅安市雨城区、洪雅县、双流县、仁寿县、乐山市沙湾区、峨边彝族自治县、康定县、沐川县、仪陇县、马边彝族自治县、井研县、南充市高坪区、彭山县、犍为县、荥经县、荣县、西充县、泸定县、乐山市五通桥区、峨眉山市、简阳市、马尔康县、青神县、南充市嘉陵区、蓬安县、资阳市雁江区、眉山市东坡区、华蓥市、平昌县、乐山市市中区、营山县、安岳县、达州市通川区、乐至县、大英县、遂宁市船山区、万源市、甘洛县、威远县、遂宁市安居区、红原县、岳池县、达县、武胜县、广安市广安区、自贡市大安区、资中县、越西县、渠县、蓬溪县、自贡市自流井区、自贡市沿滩区、富顺县、内江市东兴区、自贡市贡井区、内江市市中区、隆昌县、屏山县、宜宾县、南溪县、大竹县、宜宾市翠屏区、若尔盖县、宣汉县、美姑县、雷波县、泸县、邻水县、开江县、阿坝县、道孚县、冕宁县、九龙县、高县。

甘肃省（32个）：礼县、宕昌县、清水县、崇信县、天水市秦州区、临潭县、武山县、甘谷县、灵台县、平凉市崆峒区、天水市麦积区、秦安县、迭部县、张家川回族自治县、通渭县、岷县、漳县、庄浪县、渭源县、泾川县、华亭县、静宁县、陇西县、镇原县、卓尼县、定西市安定区、庆阳市西峰区、会宁县、宁县、临洮县、碌曲县、康乐县。

陕西省（36个）：宝鸡市金台区、南郑县、留坝县、凤县、汉中市汉台区、陇县、麟游县、太白县、宝鸡市渭滨区、眉县、西乡县、岐山县、千阳县、城固县、扶风县、凤翔县、佛坪县、镇巴县、永寿县、洋县、石泉县、周至县、武功县、乾县、彬县、长武县、咸阳市杨陵区、兴平市、西安市碑林区、汉阴县、宁陕县、紫阳县、礼泉县、西安市雁塔区、户县、西安市莲湖区。

重庆市（10个）：合川区、荣昌县、潼南县、大足县、双桥区、铜梁县、北碚区、璧山县、永川区、梁平县。

云南省（3个）：绥江县、水富县、永善县。

宁夏回族自治区（5个）：隆德县、泾源县、西吉县、彭阳县、固原市原州区。

（民政部供稿）

审计署
关于汶川地震抗震救灾资金物资审计情况公告
（第3号）

（2008年8月4日）

随着抗震救灾工作从紧急救援向安置受灾群众和恢复重建阶段逐步转移，审计署在继续对抗震救灾资金和物资（以下简称救灾款物）进行全方位跟踪审计的同时，及时调整工作重点，关注受灾群众救助和安置情况。到目前，全国各级审计机关已对18个中央部门和单位、31个省（自治区、直辖市）和新疆生产建设兵团的1126个省级部门和单位、5281个地级部门和单位、20741个县级部门和单位进行了审计，对四川、甘肃、陕西、重庆、云南等5省（市）延伸审计了2676个乡镇、5763个村，并对45149户受灾群众进行了调查。

审计结果表明，在党中央、国务院的坚强领导下，灾区和全国其他各地党委政府高度重视抗震救灾工作，按照党中央、国务院的部署和要求，积极贯彻落实抗震救灾各项政策，救灾资金投入力度不断加大，救灾款物的管理和使用水平不断提高。一是切实做好受灾群众的安置救助；二是努力建立健全救灾款物的管理办法，不断规范救灾款物的接收、管理、分配和使用；三是积极组织恢复工农业生产，及时开展灾后重建的规划、对口支援协调等相关准备工作；四是高度重视审计公告和审计建议中反映的问题，积极整改。通过各方面的共同努力，救灾款物的使用效率和效果不断提高。

目前，审计尚未发现重大违法违规问题。

根据《中华人民共和国审计法》的规定和中央纪委、监察部、财政部、民政部、审计署《关于加强对抗震救灾资金物资监管的通知》等要求，现将上次公告以来至7月18日的审计情况公告如下：

一、 救灾款物筹集、使用和结存的基本情况

（一）中央及地方财政安排救灾款物基本情况

中央和地方各级财政安排637.08亿元。

中央财政共安排应急抢险救灾资金250.64亿元（其中：直接安排专项补助资金175.89亿元，通过交通部、卫生部等中央部门和相关单位安排资金58.76亿元，安排用于灾区粮食调拨经费、小麦收购和代储经费、灾区市场供应经费、救灾物资采购经费及教育抗震救灾补助的资金15.99亿元）；安排灾后恢复重建资金300亿元。

全国31个省（自治区、直辖市）和新疆生产建设兵团共安排财政性救灾资金86.44亿元。

四川、甘肃、陕西、重庆和云南5个地震受灾省市收到中央及地方各级财政性救灾资金共计486.95亿元，已支出117.82亿元，其中：综合财力补助支出7.69亿元，民政救济支出61.81亿元，卫生支出7.26亿元，物资储备和调运支出7.12亿元，基础设施抢修支出17.16亿元，公安、教育、广电等支出10.62亿元，其他支出6.16亿元。

（二）社会捐赠救灾款物基本情况

18个中央部门单位、31个省（自治区、直辖市）和新疆生产建设兵团共接受捐赠款物586.33亿元，其中：18个中央部门单位直接接收捐赠款物116.65亿元，地方直接接收捐赠款物469.68亿元；支出123.10亿元，主要用于民政救济、物资储备和调运、基础设施抢修等方面；结存款物463.23亿元（其中资金453.43亿元，物资9.8亿元）。

（三）“特殊党费”基本情况

中央组织部接受“特殊党费”81.93亿元（含地方上缴67.23亿元），已拨付灾区12亿元。31个省（自治区、直辖市）和新疆生产建设兵团党委组织部门共接受“特殊党费”75.63亿元，已汇缴中央组织部67.23亿元。

二、救灾款物审计中发现的主要问题

（一）社会捐赠款物结存于多级和多个部门、单位

接受的捐赠款物结存于中央、省、地、县四级共计463.23亿元，其中：中央部门单位结存

69.16亿元，占14.93%；省级结存195.7亿元（其中27个非灾省市112.17亿元），占42.25%；市（地）级结存121.63亿元（其中27个非灾省市96.16亿元），占26.26%；县（区）级结存76.74亿元（其中27个非灾省市54.56亿元），占16.56%。以上捐赠款物结存具体分布在 17个中央部门和省、地、县三级的民政、慈善协会、红十字会及其他行政事业单位、公募基金会、人民团体、社会组织等众多单位中。这种状况不利于集中财力统筹安排使用。如四川省有4.22亿元捐赠资金分别结存在交通厅、国土资源厅等21个单位；安徽省各市县民政部门接收的社会捐赠资金5.89亿元有近50%结存在各市县民政部门。

针对上述问题，各级各部门正按党中央、国务院要求，采取有效措施，加大整合、统筹力度。

（二）个别地区抗震救灾物资存在积压或不适用的情况

由于信息不畅、供需脱节、产品质量不合格等原因，造成个别地区的部分救灾物资出现积压或不适用。如陕西省由于省民政厅核实的受灾人数比原上报人数有所减少，使中央第一批救灾粮计划多下拨原粮1.68万吨，分别积压在民政和粮食部门的中转点和各乡镇。四川省阿坝州茂县、黑水县帐篷需求已基本饱和，阿坝州政府又调入这两个县1万余顶。四川灾区有7000余吨消毒杀菌药物，短期内无法用完，有的又没有相应的储存条件，存在安全隐患，理县、汉源县已出现消毒杀菌药物自燃、泄漏等情况。浙江海宁市接收的9批次物资存在霉变、有异味、存放时间过长、pH值超标等情况，经质检部门检验认定为不合格物品，无法发送受灾地区使用。

针对上述问题，有关地方政府和部门已采取措施，加强信息沟通，调剂物资余缺，严格对接收物资的检查验收。

（三）少数地方和个别单位在发放补助时存在搭车收费、自行提高标准的现象

一是个别地方设置门槛甚至搭车收费，损害受灾群众利益。例如，四川省广元市元坝区丁家乡青龙村337户受灾群众的10.11万元补助金被抵扣作为修路集资款。崇州市怀远镇将拆除危房与发放钱粮补助挂钩，造成该镇221户不愿拆除危房的困难群众一直未能得到钱粮补助。汉源县九襄镇城乡建设管理所依据受灾农户自报重建房屋面积，按每平方米15元的标准，向该镇规划区内的20户因灾重建房屋的农户收取城市基础设施配套费共计4.61万元。陕西省宝鸡市陈仓区天王镇曹家沟村擅自决定对全村98户受灾群众建房收取每户200元“建设规划费”和2000元“重建保证金”，实际已向85户收取18.7万元。

二是个别单位在国家规定补助标准的基础上，使用上级单位拨付的捐赠资金向本系统职工发放补助。如四川省气象局给予北川县气象局职工每人5万元生活困难补助；四川省科学技术协会按每人2000元标准给予在灾区的本系统遇难和困难职工补助。

针对上述问题，有关地方政府已作出严肃处理，并制定了相关制度。

（四）个别地区活动板房建设与灾区实际要求衔接不够

一是个别地方集中建设过渡安置的活动板房，与受灾群众生产生活实际需要不适应。安

排受灾群众高密度、大规模集中居住的做法，造成农民远离承包地，生产生活半径过大等诸多不便。

二是活动板房实际需求减少，个别地方已出现闲置。自建过渡安置房和自建永久性住房补助政策出台后，选择自行过渡安置的受灾群众不断增加，导致活动板房的需求量减少，四川灾区的部分地区已经出现活动板房闲置的现象。如都江堰市个别安置点已建成的活动板房闲置4011间。

三是少数地方由于活动板房援建计划数量调减，导致活动板房的生产企业设备、原材料闲置。如重庆市有关部门按照前期援建计划，向重钢集团等六家企业采购活动板房共约3万套。活动板房援建计划调减后，将有1.65万套不再继续履约，造成厂家按照合同新购置的活动板房生产线和原材料闲置浪费。

针对上述问题，有关部门和地方政府已加大规划力度，及时调整计划。

（五）救灾款物使用中存在的主要问题

在救灾款物使用中，少数地方和个别单位存在上缴不及时、挤占挪用救灾资金等违规问题，个别基层干部存在优亲厚友现象。审计共发现此类问题共36起。

例如，山东省郯城县杨集镇民政办公室会计徐某，在未向所在单位报告的情况下，没有将13299.5元捐款及时上缴。审计查明并指出这一问题后，徐某交出了相关的存单和现金，郯城县组成联合调查组目前正在进一步核实和处理中。四川省都江堰市安龙镇卫生院开假处方套取救灾药品22.68万元。该市卫生局通报了审计查出的这一违规问题，已对该院院长钟某予以停职处理。陕西省太白县焦家山村村支书陈某、村文书胡某将不符合规定条件的本人及其亲戚共3户13人，列为“重建户”和“三无”人员，已领取“三无”人员1个月生活补助3900元。审计揭示这一问题后，该县已对陈某给予党内严重警告处分，对胡某进行了批评教育，取消了这3户“重建户”资格，追回已发放的上述补助款。

上述问题，审计机关已移送相关地方政府或相关部门，各相关地方党委、政府和相关部门高度重视，立即组织查处。现上缴不及时、挤占挪用的资金物资已全部追回，并对21名责任人给予了党纪政纪处分。

三、整改情况

全国各级审计机关发挥对抗震救灾款物的跟踪审计优势，及时提出审计建议2642条，其中，针对国家各项救灾政策贯彻执行中存在问题的建议309条，规范救灾款物接收、分配、使用和管理的建议1914条，提高救灾款物的使用效益和避免损失浪费的建议115条，其他建议304条。

各有关地方人民政府和部门、单位高度重视审计建议，已采纳2545条，同时对审计中发现的各类违规问题，采取有效措施进行了纠正，对有关责任人员依法进行了处理。如四川省广元市元坝区人民政府根据审计建议，已明令禁止将受灾群众补助款抵扣修建公路集资款，并将违规抵扣的补助款如数退还给了受灾群众，对相关责任人进行了处理；四川省交通厅等省直各有关部门根据审计建议，已将结存的捐赠资金全部缴入省财政专户。

各级政府根据审计建议已出台规定和完善制度411项。如黑龙江省政府办公厅根据审计反映的问题和提出的建议，专门制定下发了《关于加强汶川地震抗震救灾捐赠款物管理使用的通知》，明确了加强抗震救灾捐赠款物管理使用的基本原则，提出了统一计划、统一调配、统一使用抗震救灾款物等具体要求。四川省绵阳市根据审计建议建立健全救灾款物管理使用工作的规章制度13项，彭州市根据审计建议制定了5项管理制度和规定，以确保救灾款物科学、合理、有效使用。

（审计署办公厅：《抗震救灾资金物资审计情况公告（第1～4号）》，第12～16页）

民政部公告

（第128号）

“5·12”汶川特大地震发生后，国内外社会各界纷纷向灾区奉献爱心，踊跃捐赠资金、物资，有力地支持了地震灾区开展应急抢险救灾和各项恢复重建工作，现将截至2008年11月25日的全国接收救灾捐赠款物及管理使用情况公告如下：

一、全国抗震救灾捐赠款物接收拨付使用总体情况

全国共接收国内外社会各界捐赠款物合计751.97亿元，其中“特殊党费”97.3亿元，其他捐款549.37亿元，物资折价105.3亿元，已向灾区拨付、使用捐赠款物合计338.05亿元，其中拨付使用捐款243.42亿元，拨付使用捐赠物资折价94.63亿元。

二、各有关方面捐赠款物接收拨付使用情况

1. 中央组织部

由中央组织部接收的全国共产党员自愿交纳的97.3亿元“特殊党费”中，前期已由中央组织部向灾区预拨17.42亿元，剩余的79.88亿元已于近日划拨到“民政部—中央财政汇缴专户”。“特殊党费”的分配方案已报国务院抗震救灾总指挥部同意，正按既定程序下拨灾区。

2. 民政部

民政部本级共接收抗震救灾捐款47.24亿元（不含79.88亿元“特殊党费”），已拨付灾区39.29亿元，其中拨付四川灾区20.29亿元，甘肃灾区15.84亿元，陕西灾区2.28亿元，重庆灾区4562.18万元，为灾区直接采购救灾物资4281.35万元。上述捐款中，民政部本级直接接收19.05亿元，中央部门单位转交28.19亿元，转交捐款具体情况是（按转交时间顺序）：外交部19.58亿元、卫生部4227.37万元、商务部3958.69万元、国务院侨办1106.94万元、统战部9258.33万元、体育总局103.79万元、海峡两岸关系协会（国务院台办）5.79亿元、中华全国铁路总工会1202.88万元、团中央1542.3万元、新闻出版总署136.14万元、全国总工会6718万元。民政部未直接接收捐赠物资。

3. 中国红十字会总会

中国红十字会总会共接收捐款46.9亿元，已向灾区拨付、使用19.97亿元；接收捐赠物资折价6.08亿元，已全部拨付灾区使用。

4. 中华慈善总会

中华慈善总会接收捐款9.19亿元，已向灾区拨付、使用8.29亿元；接收捐赠物资折价1.56亿元，已全部拨付灾区使用。

5. 16个全国性社会组织

经批准可以开展抗震救灾捐赠活动的16家全国性基金会（中国老龄事业发展基金会、中国宋庆龄基金会、中国光华科技基金会、中国残疾人福利基金会、中国人口福利基金会、中国青少年发展基金会、中国儿童少年基金会、中国少数民族文化艺术基金会、中华思源工程扶贫基金会、中国绿化基金会、中国光彩事业基金会、中国教育发展基金会、中国健康促进基金会、中华环境保护基金会、中国妇女发展基金会、中国扶贫基金会）共接收捐款10.9亿元，已向灾区拨付、使用5.77亿元；接收捐赠物资折价2.58亿元，已安排使用物资1.28亿元。

6. 26个非受灾省份

北京市等26个非受灾省份共接收捐款333.85亿元，已向灾区拨付、使用142.29亿元；接收捐赠物资折价54.03亿元，已拨付灾区37.08亿元。

7. 5个受灾省份

四川省直接接收捐赠款物合计91.26亿元，其中捐款66.23亿元，物资折价25.03亿元；甘肃省直接接收捐赠款物5.01亿元，其中捐款3.77亿元，物资折价1.24亿元；陕西省直接接收捐赠款物合计9.38亿元，其中捐款8.88亿元，捐赠物资折价0.5亿元；重庆市接收捐赠款物合计9.97亿元，其中捐款7.66亿元，捐赠物资折价2.31亿元；云南省接收捐赠款物合计7.45亿元，其中捐款6.88亿元，捐赠物资折价0.57亿元。

8. 其他

据统计报告，外交部、商务部、国务院侨办、香港中联办等部门和单位接收捐赠款物19.27亿元（不含转交民政部的捐款），其中捐款7.87亿元，已直接拨付灾区7.18亿元；捐赠物资折价11.4亿元，已直接拨付灾区10.05亿元。

三、“5·12汶川地震抗震救灾捐赠信息管理系统”使用情况

为了加强对救灾捐赠资金接收、管理、拨付、使用和便于社会公众的监督，民政部紧急组织开发了“5·12汶川地震抗震救灾捐赠信息管理系统”，对全国民政、红十字会和慈善会系统救灾捐赠统计人员进行了培训，要求各地民政部门率先使用该管理系统，将接收的捐款信息、使用信息全部录入管理系统，同时做好对捐赠资金的统计汇总上报工作。目前全国所有省市民政部门都已使用该系统录入数据，部分省市红十字会、慈善会和全国性基金会开始使用该系统。截至11月25日，“5·12”地震捐赠信息管理系统共录入民政部、全国31个省市民政厅、1676个市县民政局、21个省市级慈善会、484个市县慈善会、10个市县级红十字会、10个全国性社会组织的地震捐赠数据170多万笔、313.62亿元。除全国民政系统录入了捐赠信息外，有10个基金会组织已经录入了数据，其中7个已经完成了数据录入工作，分别是：中国宋庆龄基金会、中华思源工程扶贫基金会、中国绿化基金会、中国光彩事业基金会、中国教育发展基金会、中华环境保护基金会、中国妇女发展基金会。即日起，社会公众可通过登陆捐赠信息系统（网址http://www.juanzhu.gov.cn/jzxx）查询捐赠资金到账情况、拨付去向。

特此公告。

民政部

二〇〇八年十二月五日

（民政部供稿）

审计署
关于汶川地震抗震救灾资金物资审计情况公告
（第4号）

（2008年12月31日）

四川汶川地震发生后，在党中央、国务院的坚强领导下，全国各级党委、政府带领各族人民团结一致，发扬一方有难、八方支援的精神，坚持以人为本，及时实施各项救助、安置措施，全力抢救伤员和安置受灾群众，努力恢复灾区生产，抗震救灾工作取得了重大胜利。从5月14日至11月底，全国各级审计机关对18个中央部门和单位、31个省（自治区、直辖市）和新疆生产建设

兵团的1289个省级部门和单位、5384个地级部门和单位、24618个县级部门和单位进行了审计，延伸审计了四川、甘肃、陕西、重庆、云南等5省（市）的3845个乡镇、9526个村，并对76709户受灾群众进行了调查。抗震救灾资金物资审计过程中，审计署已发布3次阶段性审计情况公告。现根据《中华人民共和国审计法》的规定和中央纪委、监察部、民政部、财政部、审计署《关于加强对抗震救灾资金物资监管的通知》要求，将抗震救灾资金物资总体审计结果公告如下：

一、救灾款物筹集、使用和结存的基本情况

（一）中央及地方财政安排救灾资金的基本情况

1. 截至11月底，中央和地方各级财政安排抗震救灾资金1287.36亿元。

中央财政共安排抗震救灾资金382.42亿元（其中：直接安排专项补助资金264.96亿元，通过交通部、卫生部等中央部门和相关单位安排资金109.3亿元，其他用于灾区粮食调拨、灾区市场供应及教育抗震救灾）；安排灾后恢复重建资金651.71亿元。

全国31个省（自治区、直辖市）和新疆生产建设兵团共安排财政性救灾资金253.23亿元。

2. 四川、甘肃、陕西、重庆和云南5个地震受灾省市收到中央及地方各级财政性救灾资金共计1166.48亿元，已支出480.17亿元，其中：综合财力补助支出20.41亿元，民政救济支出266.07亿元，卫生支出13.22亿元，物资储备和调运支出13.13亿元，基础设施抢修支出79.7亿元，公安、教育、广电等支出49.63亿元，其他支出38.01亿元。

（二）社会捐赠救灾款物基本情况

18个中央部门单位、31个省（自治区、直辖市）和新疆生产建设兵团共接受救灾捐赠款物640.91亿元，其中：18个中央部门单位直接接受救灾捐赠款物127.81亿元，31个省（自治区、直辖市）和新疆生产建设兵团直接接受救灾捐赠款物513.1亿元；支出231.76亿元，主要用于民政救济、物资储备和调运、基础设施抢修等方面；转入灾后恢复重建结存款物409.15亿元（其中资金402.36亿元，物资6.79亿元）。

在接受捐赠的社会团体和各类基金会中，中国红十字会总会及红十字基金会接受46.9亿元，支出19.97亿元，结存26.93亿元；中华慈善总会接受9.2亿元，支出8.37亿元，结存0.83亿元；海峡两岸关系协会接受6.73亿元，支出6.73亿元（含转交民政部）；中华全国总工会接受3.26亿元，支出3.26亿元（含转交民政部）；中国共产主义青年团中央委员会本级接受0.56亿元，支出0.56亿元（含转交民政部）；中国宋庆龄基金会接受0.42亿元，支出0.15亿元，结存0.27亿元；中国扶贫基金会接受1.95亿元，支出0.51亿元，结存1.44亿元；中国教育发展基金会接受1.72亿元，支出1.02亿元，结存0.7亿元；中国光彩事业基金会接受1.89亿元，支出1.52亿元，结存0.37亿元；中国妇女发展基金会接受0.26亿元，支出0.06亿元，结存0.2亿元；中国儿童少年基金会接受1.34亿元，支出0.34亿元，结存1亿元；中国青少年发展基金会接受2.31亿元，支出0.64亿元，结存1.67亿元；中国光华科技基金会接受0.15亿元，支出0.1亿元，结存0.05亿元。

截至11月底，承诺向灾区捐款但由于按捐赠协议应分期捐赠、捐赠项目未确定、部分认捐单

位资金周转困难以及无法与认捐单位和个人取得联系等原因，未到账金额在10万元以上的单位和个人共有89个，这些承诺捐款总计为2.78亿元。

（三）“特殊党费”基本情况

全国共有4559.7万名党员缴纳“特殊党费”97.3亿元，其中汇缴到中央组织部“特殊党费”专户91.89亿元（不含专户利息），留存四川、陕西、甘肃等5.41亿元。中央组织部已从“特殊党费”专户向灾区拨付12亿元，其余部分（不含专户利息）已按照中央组织部、国家发展改革委员会、民政部、财政部联合制定的使用管理办法，转缴到民政部中央财政汇缴专户，将用于支援四川、甘肃、陕西、重庆、云南5个灾区省（直辖市）抗震救灾和灾后恢复重建工作。

二、审计评价

按照党中央和国务院关于所有款物要及时用于灾区，用于受灾群众，向人民交一本明白账、放心账的要求，民政部、财政部等救灾款物主管部门根据救灾工作的需要，出台了一系列加强救灾款物管理的规章制度和管理办法，提高了救灾款物的管理水平和使用效率；灾区各级党委、政府积极贯彻落实抗震救灾各项政策，在全力开展抗震抢险、安置受灾群众和恢复工农业生产的同时，根据灾区的实际，进一步完善和细化了对救灾款物的管理，努力实现分配使用的公开透明，不断提高救灾款物管理使用效益；红十字会、慈善总会等接受救灾捐赠款物主要机构，严格对接受救灾捐赠款物的管理，建立了比较完善的内部制约机制，确保了救灾款物筹集及时、管理安全与使用有效；监督检查部门及时介入，密切配合，形成了监管合力，通过及时查处、纠正各种违法违纪和管理不规范问题，有效预防了问题的发生和蔓延，确保了中央制定的各项政策措施落实到位。

审计结果表明，救灾资金和物资基本做到了筹集合法有序、拨付及时到位、分配公开透明、管理严格规范、使用合规有效、存放安全完整，各类救灾资金和物资账目比较清楚。审计中，未发现重大违法违规问题。

截至11月底，审计署共接到群众举报1962件，其中有176件有较明确的问题线索，已批转审计机关核查168件，转地方政府处理8件。批转审计机关核查的已全部办结，对于核查属实的违纪违规事项，审计机关和有关部门依法依纪进行了严肃处理。

三、审计发现的主要问题及整改情况

全国各级审计机关在审计过程中，按照边审计、边规范的要求，随时发现问题，随时提出建议，随时督促整改，以多种方式提出了在严格执行国家各项救灾政策，强化对救灾款物接受、分配和使用的管理，提高救灾款物的使用效益和防止损失浪费等方面的审计建议3640多条。各级政府和部门、单位对审计提出的建议高度重视，已采纳2940多条，根据审计建议出台了570多项规定和制度，确保了救灾款物的科学、合理、有效使用。如四川省抗震救灾指挥部为解决审计反映的6个重灾市州大量救灾物资积压问题，制定了《剩余抗震救灾药品医疗器械处置意见》；汉源县根据审计建议，纠正了部分乡镇将必须拆除自家危房作为向“三无”困难群众发放临时生活救助条件的不正确做法。

（一）8月4日前审计情况公告反映救灾款物管理使用问题的整改情况

审计署6月24日发布的汶川地震抗震救灾资金物资审计情况第2号公告中，揭示了财政安排的救灾款物管理不够规范、政策不够完善、执行不完全到位等问题。对此相关地方政府十分重视，制定和完善了政策规定，全面规范，认真整改。对于揭示的一些地方和部门在救灾捐赠款物筹集、管理、分配等方面存在的一些不规范问题，相关部门认真研究解决办法，制定和完善了相关制度，强化了对救灾捐赠款物的监管，规范了救灾款物的管理，确保了各项政策的贯彻落实。

审计署8月4日发布的汶川地震抗震救灾资金物资审计情况第3号公告中，反映了社会救灾捐赠款物结存于一些部门、单位，个别地方抗震救灾物资积压和不适用，少数地方和个别单位在发放补助时搭车收费、自行提高标准，个别地区活动板房建设与灾区实际需求衔接不够等问题。相关地方和部门及时出台了管理制度和办法，加大了对社会救灾捐赠款物的整合、统筹力度，及时调剂、处置不适用和积压的物资，全面纠正搭车收费、自行提高标准的行为，调整活动板房建设计划，提高了救灾款物的使用效益，避免了损失浪费。

（二）8月4日后审计发现的主要问题及整改情况

在8月4日至10月底的审计中，发现个别地区、单位在救灾款物管理使用中存在以下问题：

1. 个别地区灾情上报不准确

由于震后交通、通讯不便，难以实地核实灾害数据和情况，部分地区、单位依据局部灾情对本地区、本单位损失情况进行推算、估算，以及对相关政策、要求的理解有偏差等原因，导致了在抗震救灾初期上报的受灾损失和受灾人数不准确。如四川省崇州市旅游局、交通局将通往九龙沟和鸡冠山景区的47公里公路受灾损失作为各自行业损失同时上报，造成数据汇总重复，多列受灾损失12.34亿元。甘肃省天水市报表反映的“三无”人员数大于县乡两级汇总数，存在填报“三无”人员数不准确的情况。上述两市的问题经审计指出后，崇州市政府及时组织相关部门对上述受灾损失重新进行了核定，纠正了多报损失的问题；天水市政府组织人力严格按照规定程序进行核查，共核减“三无”人员71419人。

2. 少数地区救灾资金拨付、使用不及时

一是救灾资金拨付不及时。如四川省财政厅将收到财政部安排的地震引发次生地质灾害调查评价经费2000万元未及时拨付到位，造成省地矿局等项目实施单位不得不自行垫支经费开展工作。审计指出后，省财政厅已于9月5日将上述经费拨付给有关单位。

二是救助金发放不及时。截至9月底，陕西省财政厅共下拨给市县救助金46000万元，市县未发放18514.15万元，占40.25%。安康市收到省财政厅下拨的灾民救助金4476万元，未发放4403.28万元。对于审计发现的上述问题，陕西省政府高度重视，要求各市县落实整改，截至10月20日，全省各市县发放救助金已占应发放数的82.06%，其中，安康市的发放比例已达83.46%。

三是个别地区地震遇难人员家属抚慰金发放缓慢。截至9月20日，四川省茂县尚未兑付3862名遇难人员家属抚慰金。审计指出这一问题后，该县在组织对遇难人数核查的前提下，加快了抚慰金发放。

四是资金开支范围、标准不够明确，导致资金结存大。四川省阿坝州财政局5月和6月拨给黑水县的抗震救灾资金共1259万元，至9月17日作为借款仍留存在县财政局。彭州市建设局6月和7月收到财政拨给的抢险救灾资金490万元，至8月4日仍未使用。审计指出上述问题后，相关地区和单位正按照规定的用途使用资金。

3. 个别单位救灾物资管理不规范

一是个别救灾物资未纳入统计。截至8月20日，四川省彭州市抗震救灾抢险指挥部、市公安局接受捐赠的302万元移动电话充值卡收、发、余情况，未纳入救灾物资统计，也未对外公示和上报。根据审计意见，上述物资已于10月21日全部纳入救灾物资统计。

二是部分接受物资未入账核算。由于接受物资的资产权属不清、缺少发票等原因，截至8月16日，四川省彭州市人民医院、中医院等31家医疗机构接受了捐赠和上级调拨的320台（套）X光机、监护仪、越野车等物资，绵阳市交通局、建设局、水务局等单位接受了捐赠的124台设备、260辆汽车、78台（套）精密仪器，上述固定资产均未及时入账核算。审计指出上述问题后，彭州市相关医疗机构已于8月31日完成了固定资产入账工作，绵阳市相关单位也已按照有关规定对相关物资进行评估，履行入账核算的必要程序和手续。

4. 少数单位救灾物资未按需采购，部分物资价格偏高

一是由于部门之间缺乏有效的信息沟通机制，导致救灾物资重复采购。四川省卫生系统截至7月31日库存消毒杀菌药品1700余吨、喷雾器7800余台。在此情况下，四川省动物防疫监督总站于8月13日又采购消毒杀菌药品300吨、喷雾器12500台。

二是采购价格明显偏高。四川省医药公司在根据省卫生厅通知对省内8家企业生产的消毒杀菌药品实行临时统购措施时，仅按照生产企业报价进行结算并支付价款2044万元。后经审计抽查成都奥凸科技有限公司发现，该公司供应给四川省医药公司的两类消毒杀菌药品，其价格比地震前批发价分别高出16%和32%。天津市红十字会和陕西省民政厅因采购时间紧迫，在未进行市场调查或询价的情况下，于5月分别向蓝通工程机械（天津）有限公司采购照明灯车45台和100台，其价格比该公司2008年1月至6月同型号产品平均售价高40%以上。

对于审计发现的上述问题，有关地方政府十分重视，建立健全了部门之间信息沟通机制，及时出台了严格物资采购的办法，加大了价格监管力度，并责成相关单位核减了物品的价款。

5. 个别单位擅自改变救灾资金用途

一是个别单位擅自改变救灾资金用途。四川省茂县卫生局将县财政拨入的捐赠资金2.02万元以会务费的名义列支，用于抗震救灾先进个人和集体奖励。审计指出此问题后，该局已使用办公经费抵顶了在抗震救灾专项资金中列支的奖金。

二是共青团甘肃省委将上级拨付给以及自行接受的救灾捐赠资金下拨至基层单位用于工作经费86万元。根据审计意见，团省委已下发通知，将下拨的经费全部用于组织灾区重建青年志愿者服务行动。

三是甘肃省陇南市交通征稽处将省交通征稽局下拨的抗震救灾专项补助款用于奖励、发放职工补助和防暑费4.96万元。目前，该处已纠正上述不合规资金支出，调账归还了抗震救灾专项补助款。

6. 部分行业募集的本系统内职工捐款大量结存

四川省电力公司、成都铁路局等7家中央在川单位组织本系统职工为灾区群众和本系统内受灾职工捐献的救灾资金，截至8月底，尚有2640.43万元存放在这些单位。审计指出此问题后，这些单位正按照规定渠道安排使用募集的捐款。

针对审计发现的少数人员违法违纪问题，相关地方党委、政府和部门，迅速采取措施，追究相关人员的责任，涉嫌违法犯罪的已移交司法机关处理。审计机关移送给纪检、监察和司法机关案件146起，涉案人员162人；相关责任人已分别受到了党纪政纪处分或被依法追究法律责任。

审计署组织对汶川地震抗震救灾资金物资进行的全过程、全方位跟踪审计任务已顺利完成，下一步将全面转入灾后恢复重建跟踪审计。审计署将根据国务院同意的《审计署关于汶川地震灾后恢复重建审计工作安排意见》，重点审计恢复重建物资和资金筹集、分配和管理使用，灾后恢复重建政策实施，灾后恢复重建规划落实和恢复重建工程质量等情况。同时将按照“谁审计、谁公告”的要求，由审计署和地方审计机关分别适时向社会公告灾后恢复重建审计情况。

（审计署办公厅：《抗震救灾资金物资审计情况公告（第1～4号）》，第17～23页）

民政部公告

（第135号）

现将截至2009年2月28日的全国接收“5·12”汶川特大地震救灾捐赠款物及使用情况公告如下：

一、全国抗震救灾捐赠款物接收拨付使用总体情况

全国共接收国内外社会各界捐赠款物760.22亿元，其中“特殊党费”97.30亿元，其他捐款555.82亿元、物资折价107.10亿元。

非灾区省份、新疆生产建设兵团及有关机构共接收捐赠款物635.26亿元，已向灾区拨付、使用捐赠款物351.13亿元，其中捐款274.19亿元、物资折价76.94亿元。

四川、甘肃、陕西、重庆、云南等5个受灾省市直接接收捐赠款物合计124.96亿元，其中捐款94.80亿元、物资折价30.16亿元。

二、各有关方面捐赠款物接收拨付使用情况

1. 民政部

民政部本级共接收抗震救灾捐款49.49亿元（不含中组部转交的79.88亿元“特殊党费”），已拨出48.24亿元，其中拨付四川灾区22.28亿元，甘肃灾区17.30亿元，陕西灾区7.63亿元，重庆灾区0.59亿元，为灾区直接采购救灾物资0.44亿元。余款及今后陆续收到的捐款将商有关部门及时拨付灾区。民政部未直接接收捐赠物资。

2. 中国红十字会总会

中国红十字会总会共接收捐款47.79亿元，已向灾区拨付、使用25.72亿元；接收捐赠物资折价6.08亿元，已全部拨付灾区使用。

3. 中华慈善总会

中华慈善总会共接收捐款9.26亿元，已向灾区拨付、使用8.47亿元；接收捐赠物资折价1.56亿元，已全部拨付灾区使用。

4. 16个全国性社会组织

经批准可以开展抗震救灾捐赠活动的16家全国性基金会（中国老龄事业发展基金会、中国宋庆龄基金会、中国光华科技基金会、中国残疾人福利基金会、中国人口福利基金会、中国青少年发展基金会、中国儿童少年基金会、中国少数民族文化艺术基金会、中华思源工程扶贫基金会、中国绿化基金会、中国光彩事业基金会、中国教育发展基金会、中国健康促进基金会、中华环境保护基金会、中国妇女发展基金会、中国扶贫基金会）共接收捐款11.15亿元，已向灾区拨付、使用6.03亿元；接收捐赠物资折价2.60亿元，已全部拨付灾区使用。

5. 26个非受灾省份和新疆生产建设兵团

北京市等26个非受灾省份和新疆生产建设兵团共接收捐款335.94亿元，已向灾区拨付、使用161.13亿元；接收捐赠物资折价55.22亿元，已全部拨付灾区使用。

6. 5个受灾省份

四川省直接接收捐赠款物合计93.71亿元，其中捐款68.17亿元，物资折价25.54亿元；甘肃省直接接收捐赠款物5.04亿元，其中捐款3.78亿元，物资折价1.26亿元；陕西省直接接收捐赠款物合计9.38亿元，其中捐款8.88亿元，物资折价0.50亿元；重庆市直接接收捐赠款物合计9.40亿元，其中捐款7.09亿元，物资折价2.31亿元；云南省直接接收捐赠款物合计7.45亿元，其中捐款6.88亿元，物资折价0.57亿元。

7. 其他

据统计报告，除转交民政部的捐款外，外交部、教育部、商务部、卫生部、侨办、香港中联

办、团中央、全国总工会等部门和单位直接接收捐赠款物18.87亿元，其中捐款7.39亿元，已直接拨付灾区7.18亿元；捐赠物资折价11.48亿元，已全部拨付灾区使用。

特此公告。

民政部

二〇〇九年三月九日

（民政部供稿）

民政部公告

（第140号）

现将截至2009年4月30日的全国接收“5·12”汶川地震抗震救灾捐赠款物及使用情况公告如下：

一、全国抗震救灾捐赠款物接收拨付使用总体情况

全国共接收国内外社会各界抗震救灾捐款659.96亿元，其中“特殊党费”97.3亿元；捐赠物资折价107.16亿元，已全部拨给灾区使用；捐赠款物合计767.12亿元。

非灾区省份、新疆生产建设兵团及有关机构共接收直接捐款566.68亿元，已向灾区拨付捐款397.50亿元。

五个灾区省份共接收直接捐款93.28亿元，其中，四川省直接接收捐款68.17亿元，甘肃省直接接收捐款5.09亿元，陕西省直接接收捐款5.98亿元，重庆市直接接收捐款7.10亿元，云南省直接接收捐款6.93亿元。

二、各有关方面接收抗震救灾捐款拨付使用情况

1. 中央组织部

中央组织部接收的全国共产党员自愿交纳的“特殊党费”97.3亿元，目前已下拨灾区86.91亿元，其余“特殊党费”将继续按照规定程序由有关部门对援建项目方案进行审核后下拨。

2. 民政部

民政部本级共接收抗震救灾捐款50.31亿元（含外交部、商务部等部委及部分群团组织转交款），目前已全部下拨使用。其中拨付四川灾区22.78亿元，甘肃灾区18.39亿元，陕西灾区8.1亿元，重庆灾区0.59亿元，云南灾区100万元，为灾区直接采购救灾物资0.44亿元。

3. 中国红十字会总会

中国红十字会总会共接收捐款49.55亿元，已向灾区拨付使用27.61亿元。

4. 中华慈善总会

中华慈善总会共接收捐款9.27亿元，已向灾区拨付使用8.59亿元。

5. 16个全国性社会组织

经批准可以开展抗震救灾捐赠活动的16家全国性基金会（中国老龄事业发展基金会、中国宋庆龄基金会、中国光华科技基金会、中国残疾人福利基金会、中国人口福利基金会、中国青少年发展基金会、中国儿童少年基金会、中国少数民族文化艺术基金会、中华思源工程扶贫基金会、中国绿化基金会、中国光彩事业基金会、中国教育发展基金会、中国健康促进基金会、中华环境保护基金会、中国妇女发展基金会、中国扶贫基金会）共接收捐款12亿元，已向灾区拨付使用6.14亿元。

6. 26个非受灾省份和新疆生产建设兵团

北京市等26个非受灾省份和新疆生产建设兵团共接收捐款342.85亿元，已向灾区拨付使用211.72亿元。

7. 其他

抗震救灾初期，有关部门和单位接收的抗震救灾捐赠资金，除直接向灾区拨付6.22亿元外，余款汇缴到民政部—中央财政汇缴专户，已由民政部统筹划拨给了灾区。

特此公告。

民政部

二〇〇九年五月十二日

（民政部供稿）

中国的减灾行动[①]

（2009年5月）

目　录

① 本文是2009年5月国新办发布的中国政府白皮书。

前　言

近年来，全球频发的自然灾害给人类社会造成了巨大的生命和财产损失，自然灾害成为各国面临的共同挑战。

中国是世界上自然灾害最为严重的国家之一。伴随着全球气候变化以及中国经济快速发展和城市化进程不断加快，中国的资源、环境和生态压力加剧，自然灾害防范应对形势更加严峻复杂。

中国政府坚持以人为本，始终把保护公众的生命财产安全放在第一位，把减灾纳入经济和社会发展规划，作为实现可持续发展的重要保障。近年来，中国全面贯彻落实科学发展观，进一步加强减灾的法制和体制、机制建设，努力推进减灾各项能力建设，大力倡导减灾的社会参与，积极开展减灾领域的国际合作，不断推进减灾事业发展。

2008年5月12日发生的四川汶川特大地震，造成重大人员伤亡和财产损失，给中国人民带来巨大伤痛。中国政府决定，自2009年开始，每年的5月12日为国家“防灾减灾日”。值此四川汶川特大地震发生一周年和首个“防灾减灾日”之际，对中国减灾事业的发展状况做一介绍，使世人更全面地了解中国政府和中国人民为减灾所做的巨大努力。

一、自然灾害状况

中国的自然灾害具有以下几个主要特点：

（一）灾害种类多。中国的自然灾害主要有气象灾害、地震灾害、地质灾害、海洋灾害、生物灾害和森林草原火灾。除现代火山活动外，几乎所有自然灾害都在中国出现过。

（二）分布地域广。中国各省（自治区、直辖市）均不同程度受到自然灾害影响，70%以上的城市、50%以上的人口分布在气象、地震、地质、海洋等自然灾害严重的地区。三分之二以上的国土面积受到洪涝灾害威胁。东部、南部沿海地区以及部分内陆省份经常遭受热带气旋侵袭。东北、西北、华北等地区旱灾频发，西南、华南等地的严重干旱时有发生。各省（自治区、直辖市）均发生过5级以上的破坏性地震。约占国土面积69%的山地、高原区域因地质构造复杂，滑坡、泥石流、山体崩塌等地质灾害频繁发生。

（三）发生频率高。中国受季风气候影响十分强烈，气象灾害频繁，局地性或区域性干旱灾害几乎每年都会出现，东部沿海地区平均每年约有7个热带气旋登陆。中国位于欧亚、太平洋及印度洋三大板块交汇地带，新构造运动活跃，地震活动十分频繁，大陆地震占全球陆地破坏性地震的三分之一，是世界上大陆地震最多的国家。森林和草原火灾时有发生。

（四）造成损失重。1990—2008年19年间，平均每年因各类自然灾害造成约3亿人次受灾，倒塌房屋300多万间，紧急转移安置人口900多万人次，直接经济损失2000多亿元人民币。特别是1998年发生在长江、松花江和嫩江流域的特大洪涝，2006年发生在四川、重庆的特大干旱，2007年发生在淮河流域的特大洪涝，2008年发生在中国南方地区的特大低温雨雪冰冻灾害，以及2008年5月12日发生在四川、甘肃、陕西等地的汶川特大地震灾害等，均造成重大损失。

当前和今后一个时期，在全球气候变化背景下，极端天气气候事件发生的几率进一步增大，降水分布不均衡、气温异常变化等因素导致的洪涝、干旱、高温热浪、低温雨雪冰冻、森林草原火灾、农林病虫害等灾害可能增多，出现超强台风、强台风以及风暴潮等灾害的可能性加大，局部强降雨引发的山洪、滑坡和泥石流等地质灾害防范任务更加繁重。随着地壳运动的变化，地震灾害的风险有所增加。

二、减灾战略目标和任务

近年来，中国政府在《国家综合减灾“十一五”规划》等文件中明确提出“十一五”期间（2006—2010年）及中长期国家综合减灾战略目标，即：建立比较完善的减灾工作管理体制和运行机制，灾害监测预警、防灾备灾、应急处置、灾害救助、恢复重建能力大幅提升，公民减灾意识和技能显著增强，人员伤亡和自然灾害造成的直接经济损失明显减少。

中国减灾的主要任务是：

——加强自然灾害风险隐患和信息管理能力建设。全面查明重点区域主要自然灾害风险隐患，基本摸清减灾能力底数，建立自然灾害风险隐患数据库，编制全国灾害高风险区及重点区域灾害风险图。建立自然灾害灾情统计体系，建成国家、省、市、县四级灾情上报系统，健全灾情信息快报、核报工作机制和灾害信息沟通、会商、通报制度，建设灾害信息共享及发布平台，加强对灾害信息的分析、评估和应用。

——加强自然灾害监测预警预报能力建设。在完善现有监测站网的基础上，适当增加监测密度，建设卫星遥感灾害监测系统，构建自然灾害立体监测体系。推进监测预警基础设施的综合运用与集成开发，完善灾害预警预报决策支持系统。注重加强频发易发灾害和极端天气气候事件的监测预警预报能力建设。建立健全灾害风险预警信息发布机制，充分利用各类传播方式，准确、及时发布灾害预警预报信息。

——加强自然灾害综合防范防御能力建设。全面落实各项减灾专项规划，建设好各类减灾骨干工程，提高大中型工业基地、交通干线、通信枢纽和生命线工程的防灾抗灾能力。按照土地利用总体规划要求和节约集约利用土地原则，统筹做好农业和农村减灾、工业和城市减灾以及重点地区的防灾减灾专项规划编制与减灾工程建设，全面提高灾害综合防御能力。

——加强国家自然灾害应急抢险救援能力建设。建立健全统一指挥、综合协调、分类管理、分级负责、属地管理为主的灾害应急管理体制，形成协调有序、运转高效的运行机制。基本形成纵向到底、横向到边的自然灾害救助应急预案体系。加强中央和地方抗灾救灾物资储备网络建设，提升救灾物资运输保障能力，加强各类骨干抢险救援队伍和专业救援队伍建设，改善减灾救灾装备。建立完善社会动员机制，充分发挥民间组织、基层自治组织和志愿者队伍在综合减灾工作中的作用。

——加强流域防洪减灾体系建设。坚持全面规划、统筹兼顾、标本兼治、综合治理的原则，逐步建成以堤防为基础、干支流控制性水利枢纽、蓄滞洪区、河道整治相配合，结合干垸行洪、退田还湖、水土保持等工程措施及防汛抗旱指挥系统和防洪调度管理、洪水风险管理等非工程措施建设，构建较为完善的流域防洪减灾体系，保障流域防洪安全。

——加强巨灾综合应对能力建设。加强对巨灾发生机理、活动规律及次生灾害相互关系研究，开展重大自然变异模拟和巨灾应急仿真实验。建立健全应对巨灾风险的体制、机制、政策措施和应对方案，开展应对巨灾的演练。推进农业、林业保险试点，探索建立适合中国国情的巨灾保险和再保险体系。加强巨灾防御工程建设。建立亚洲区域巨灾研究中心。

——加强城乡社区减灾能力建设。完善城乡社区灾害应急预案，组织社区居民演练。完善城乡社区减灾基础设施，创建全国综合减灾示范社区。全面开展城乡民居减灾安居工程建设。在多灾易灾的城乡社区建设避难场所。建立灾害信息员队伍。加强城乡社区居民家庭防灾减灾准备，建立应急状态下社区弱势群体保护机制。

——加强减灾科技支撑能力建设。加强减灾关键技术研发，研究制定国家综合减灾中长期科技发展战略。加快遥感、地理信息系统、全球定位系统和网络通讯技术的应用。加大综合减灾科技资金投入。加强减灾学科建设和人才培养，建设综合减灾的人才培养基地。建设综合减灾的技术标准体系，提高综合减灾的标准化水平。

——加强减灾科普宣传教育能力建设。强化地方各级人民政府的减灾责任意识。将减灾知识普及纳入学校教育内容，纳入文化、科技、卫生“三下乡”活动，开展减灾普及教育和专业教育，加强减灾科普教育基地建设。建设国家减灾科普教育支撑网络平台。编制减灾科普读物、挂图或音像制品，推广地方减灾经验、宣传成功减灾案例和减灾知识，提高公民防灾减灾意识和技能。

三、减灾法制和体制机制建设

中国注重减灾的法制建设，颁布实施一系列减灾法律、法规，逐步把减灾工作纳入法制化轨道。20世纪80年代以来，颁布了《中华人民共和国突发事件应对法》《中华人民共和国水土保持法》《中华人民共和国防震减灾法》《中华人民共和国水法》《中华人民共和国防洪法》《中华人民共和国防沙治沙法》《中华人民共和国气象法》《中华人民共和国森林法》《中华人民共和国草原法》《中华人民共和国水污染防治法》《中华人民共和国环境噪声污染防治法》《中华人民共和国固体废物污染环境防治法》《中华人民共和国海洋环境保护法》《中华人民共和国消防法》和《中华人民共和国抗旱条例》《中华人民共和国水文条例》《中华人民共和国防汛条例》《森林防火条例》《草原防火条例》《重大动物疫情应急条例》《森林病虫害防治条例》《地质灾害防治条例》《破坏性地震应急条例》《水库大坝安全管理条例》《人工影响天气条例》等30多部防灾减灾或与防灾减灾密切相关的法律、法规。中国将根据减灾工作的实际需要，进一步加强减灾的法制建设。

多年来，中国政府坚持把减灾纳入国家和地方可持续发展战略。1994年3月，中国政府颁布《中国21世纪议程》，从国家层面明确减灾与生态环境保护的关系，把提高对自然灾害的管理水平、加强防灾减灾体系建设以及减少人为因素诱发和加重自然灾害作为议程的重要内容。1998年4月，国家颁布《中华人民共和国减灾规划（1998—2010年）》，第一次以专项规划的形式提出了国家减灾的指导方针、发展目标、主要任务和具体措施。2006年10月，中国政府颁布《国家“十一五”科学技术发展规划》，把建立国家公共安全应急技术体系、提升国家应对公共安全灾害事故与突发公共事件能力作为未来发展的重点任务之一。2007年8月，中国政府颁布《国家综合减灾“十一五”规划》，明确要求地方政府将减灾纳入当地经济社会发展规划。

中国实行政府统一领导，部门分工负责，灾害分级管理，属地管理为主的减灾救灾领导体制。在国务院统一领导下，中央层面设立国家减灾委员会、国家防汛抗旱总指挥部、国务院抗震救灾指挥部、国家森林防火指挥部和全国抗灾救灾综合协调办公室等机构，负责减灾救灾的协调和组织工作。各级地方政府成立职能相近的减灾救灾协调机构。在减灾救灾过程中，注重发挥中国人民解放军、武警部队、民兵组织和公安民警的主力军和突击队作用，注重发挥人民团体、社会组织及志愿者的作用。

在长期的减灾救灾实践中，中国建立了符合国情、具有中国特色的减灾救灾工作机制。中央政府构建了灾害应急响应机制、灾害信息发布机制、救灾应急物资储备机制、灾情预警会商和信息共享机制、重大灾害抢险救灾联动协调机制和灾害应急社会动员机制。各级地方政府建立相应的减灾工作机制。

——灾害应急响应机制。中央政府应对突发性自然灾害预案体系分为三个层次，即：国家总体应急预案、国家专项应急预案和部门应急预案。政府各部门根据自然灾害专项应急预案和部门职责，制定更具操作性的预案实施办法和应急工作规程。重大自然灾害发生后，在国务院统一领导下，相关部门各司其职，密切配合，及时启动应急预案，按照预案做好各项抗灾救灾工作。灾区各级政府在第一时间启动应急响应，成立由当地政府负责人担任指挥、有关部门作为成员的灾害应急指挥机构，负责统一制定灾害应对策略和措施，组织开展现场应急处置工作，及时向上级政府和有关部门报告灾情和抗灾救灾工作情况。

——灾害信息发布机制。按照及时准确、公开透明的原则，中央和地方各级政府认真做好自然灾害等各类突发事件的应急管理信息发布工作，采取授权发布、发布新闻稿、组织记者采访、举办新闻发布会等多种方式，及时向公众发布灾害发生发展情况、应对处置工作进展和防灾避险知识等相关信息，保障公众知情权和监督权。

——救灾应急物资储备机制。已经建立以物资储备仓库为依托的救灾物资储备网络，国家应急物资储备体系逐步完善。目前，全国设立了10个中央级生活类救灾物资储备仓库，并不断建设完善中央级救灾物资、防汛物资、森林防火物资等物资储备库。部分省、市、县建立了地方救灾物资储备仓库，抗灾救灾物资储备体系初步形成。通过与生产厂家签订救灾物资紧急购销协议、建立救灾物资生产厂家名录等方式，进一步完善应急救灾物资保障机制。

——灾情预警会商和信息共享机制。建立由民政、国土资源、水利、农业、林业、统计、地震、海洋、气象等主要涉灾部门参加的灾情预警会商和信息共享机制，开展灾害信息数据库建设，启动国家地理信息公共服务平台，建立灾情信息共享与发布系统，建设国家综合减灾和风险管理信息平台，及时为中央和地方各部门灾害应急决策提供有效支持。

——重大灾害抢险救灾联动协调机制。重大灾害发生后，各有关部门发挥职能作用，及时向灾区派出由相关部委组成的工作组，了解灾情和指导抗灾救灾工作，并根据国务院要求，及时协调有关部门提出救灾意见，帮助灾区开展救助工作，防范次生、衍生灾害的发生。

——灾害应急社会动员机制。国家已初步建立以抢险动员、搜救动员、救护动员、救助动员、救灾捐赠动员为主要内容的社会应急动员机制。注重发挥人民团体、红十字会等民间组织、基层自治组织和志愿者在灾害防御、紧急救援、救灾捐赠、医疗救助、卫生防疫、恢复重建、灾后心理支持等方面的作用。

四、减灾能力建设

中国政府重视减灾的能力建设，在减灾工程、灾害预警、应急处置、科技支撑、人才培养和社区减灾等方面做了大量工作。

（一）实施减灾工程，提高灾害综合防范防御能力

近年来，国家实施防汛抗旱、防震抗灾、防风防潮、防沙治沙、生态建设等一系列重大减灾工程。

——大江大河治理工程。国家通过实施积极的财政政策、发行国债等，大幅增加江河治理投入，加快大江大河大湖治理步伐。目前，长江中下游干堤全部修完修好，黄河下游标准化堤防建设全面展开，治淮19项骨干工程基本建成，长江三峡、黄河小浪底、淮河临淮岗等枢纽工程全面发挥效益。中国大江大河防洪能力进一步提高，部分主要河段已基本具备防御100年一遇洪水能力。中小河流防洪能力不断提高，重点海堤设防标准提高到防御50年一遇洪水能力。

——农村困难群众危房改造工程。国家注重提高农村居民住房抗灾能力建设。在灾后倒房重建工作中加强房屋选址设计、施工验收等环节的技术指导和质量监督，结合扶贫开发工作推进减灾安居工程建设。自2005年以来，全国各地共投入资金175.35亿元人民币，完成改造、新建农村困难群众住房580.16万间，使180.51万户、649.65万人受益。

——中小学危房改造工程。从2001年开始，国家实施对全国中小学危房改造工程。截至2005年，中央财政安排专项资金90亿元人民币，全国纳入农村中小学危房改造规划的项目学校共4万多所。从2006年起，将全国农村义务教育阶段中小学校舍维修改造纳入农村义务教育经费保障机制。

——中小学校舍安全工程。从2009年起，国家将用三年时间，在全国中小学开展抗震加固、提高综合防灾能力建设，使学校校舍达到重点设防类抗震设防标准，并符合对山体滑坡、岩崩、

泥石流、热带气旋、火灾等灾害的防灾避险安全要求。

——病险水库除险加固工程。2008年3月，国家颁布《全国病险水库除险加固专项规划》，提出在三年内完成现有大中型和重点小型病险水库除险加固。2008年，全国即安排专项规划内病险水库除险加固工程项目4035个，占规划内全部6240座病险水库的65%。

——农村饮水安全工程。“十五”期间（2000—2005年），国家共投入资金223亿元人民币，解决了6700万人的饮水问题，基本结束了农村严重缺乏饮用水的历史。从2006年开始，农村饮水工作进入以保障饮水安全为中心的新阶段。从2006年到2008年，安排中央投资238亿元人民币，地方自筹配套资金226亿元人民币，累计解决1.09亿农村人口的饮水安全问题。

——水土流失重点防治工程。20世纪80年代，国家开始在黄河、长江等水土流失严重地区实施水土流失重点防治工程。进入“九五”（1996—2000年）末期，开始加大投入力度并扩大治理规模，水土流失重点防治工程覆盖了全国七大江河（长江、黄河、淮河、海河、松辽、珠江、太湖）的上中游地区。截至2008年，重点防治工程共治理水土流失面积26万平方公里，已实施重点区域治理的水土流失治理程度达到70%，减沙率达40%以上。长江上游嘉陵江流域土壤侵蚀量减少三分之一，黄河流域每年减少入黄河泥沙3亿吨左右。

——农田灌排工程。自“九五”以来，国家加大投入，开展以大型灌区续建配套与节水改造为重点的农田灌排工程设施建设，农田灌排能力明显提高，抗御干旱、洪涝灾害能力得到加强。

——生态建设和环境治理工程。21世纪初，国家开始实施天然林资源保护、退耕还林、三北（东北、华北、西北）防护林建设、长江中下游重点防护林建设、京津风沙源治理、岩溶地区石漠化综合治理、野生动植物保护以及自然保护区建设、沿海防护林建设、退牧还草等重点生态建设工程，抑制荒漠化扩张速度，缓解极端气候的危害程度。开展生态补偿试点工作，确定山西省煤炭资源开发等6个生态环境补偿试点。组织开展生态省、市、县和环境优美乡镇、生态村建设，推进建设103个重点生态环境工程示范县。

——建筑和工程设施的设防工程。国家出台《市政公用设施抗灾设防管理规定》，发布《城市抗震防灾规划标准》《镇（乡）、村建筑抗震设计规程》。发布国家标准《中国地震动参数区划图》，完善重大建设工程地震安全性评价管理制度，推进全国农村民居地震安全工程的实施，完成约245万户抗震安居房的建设和改造加固。四川汶川特大地震后，修订《建筑工程抗震设防分类标准》、《建筑抗震设计规范》。

——公路灾害防治工程。从2006年起，结合公路水毁震毁等灾害发生情况，国家开始实施公路灾害防治工程。截至2008年，全国各地共投入资金15.4亿元人民币，以增设和完善山岭重丘区公路的灾害防护设施为重点，对公路边坡、路基、桥梁构造物和排（防）水设施进行综合处治，普通公路防灾能力全面提高。

（二）构建立体监测体系，提高监测预警预报能力

建立包括地面监测、海洋海底观测和天—空—地观测在内的自然灾害立体监测体系，灾害监测预警预报体系初步形成。

——灾害遥感监测业务体系。成功发射环境减灾小卫星星座A、B星，卫星减灾应用业务系

统初具规模，为灾害遥感监测、评估和决策提供先进技术支持。

——气象预警预报体系。成功发射“风云”系列气象卫星，建成146部新一代天气雷达、91个高空气象探测站L波段探空系统，建设25420个区域气象观测站。初步建立全国大气成分、酸雨、沙尘暴、雷电、农业气象、交通气象等专业气象观测网。基本建成比较完整的数值预报预测业务系统，开展灾害性天气短时临近预警业务，建成包括广播、电视、报纸、手机、网络等覆盖城乡社区的气象预警信息发布平台。

——水文和洪水监测预警预报体系。建成由3171个水文站、1244个水位站、14602个雨量站、61个水文实验站和12683眼地下水测井组成的水文监测网。构建洪水预警预报系统、地下水监测系统、水资源管理系统和水文水资源数据系统。

——地震监测预报体系。建成固定测震台站937个，流动台1000多个，实现了中国三级以上地震的准实时监测。建立地震前兆观测固定台点1300个，各类前兆流动观测网4000余测点。初步建成国家和省级地震预测预报分析会商平台，建成由700个信息节点构成的高速地震数据信息网，开通地震速报信息手机短信服务平台。

——地质灾害监测系统。从2003年起，开展地质灾害气象预警预报工作，已建立群测群防制度的地质灾害隐患点12万多处。三峡库区滑坡崩塌专业监测网和上海、北京、天津等市地面沉降专业监测网络基本建成。

——环境监测预警体系。组织开展环境质量监测、污染物监测、环境预警监测、突发环境事件应急监测等，客观反映全国地表水、地下水、海洋、空气、噪声、固体废物、辐射等环境质量状况。新建成环境一号A、B星，大范围、快速和动态地开展生态环境宏观监测及评价，初步形成环境监测天地一体化格局。目前，全国共有2399个环境监测站、49335名环境监测技术人员。

——野生动物疫源疫病监测预警系统。建立全国野生动物疫源疫病监测总站，已在候鸟等野生动物重要聚集分布区设立350处国家级监测站、768处省级监测站、1400多处地县级监测站，初步形成国家、省、地县三级野生动物疫源疫病监测预警网络。

——病虫害监测预报系统。建立由3000多个站组成的农作物和病虫害测报网，240多个台（点）组成的草原虫鼠害监测预报网。全国性系统监测预报的农作物有害生物种类由上世纪90年代初的15种增加到目前的26种，重大病虫害由旬报制缩短为周报制。建立国家、县、乡（镇）三级2500多个站点组成的森林病虫害监测预报网络，主测对象35个种（类），涵盖最具危险性的和常发的森林病虫害种（类）。

——海洋灾害预报系统。对原有海洋观测仪器、设备和设施进行更新改造，大力发展离岸观测能力，海上浮标观测能力和断面调查能力进入整体提升阶段。新建改造一批海洋观测站点，对一些中心站进行实时通讯系统改造。建设海气相互作用—海洋气候变化观测及评价业务化体系，积极开展对海平面上升、海岸侵蚀、海水入侵、咸潮等与气候变化密切相关的海洋灾害的业务化监测。

——森林和草原火灾预警监测系统。完善卫星遥感、飞机巡护、视频监控、瞭望观察和地面巡视的立体式监测森林和草原火灾体系，初步建立森林火险分级预警响应和森林火灾风险评估技术体系。

——沙尘暴灾害监测与评估体系。建立沙尘暴卫星遥感监测评估系统和手机短信平台，在北方重点区域布设沙尘暴灾害地面监测站，组成国家、省、市、县四级队伍，初步形成覆盖中国北方区域的沙尘暴灾害监测网络。

（三）建立抢险救灾应急体系，提高应急处置能力

以应急救援队伍、应急响应机制和应急资金拨付机制为主要内容的救灾应急体系初步建立，应急救援、运输保障、生活救助、卫生防疫等应急处置能力大大增强。

——应急救援队伍体系。以公安、武警、军队为骨干和突击力量，以抗洪抢险、抗震救灾、森林消防、海上搜救、矿山救护、医疗救护等专业队伍为基本力量，以企事业单位专兼职队伍和应急志愿者队伍为辅助力量的应急救援队伍体系初步建立。国家陆地、空中搜寻与救护基地建设加快推进。应急救援装备得到进一步改善。

——应急救助响应机制。根据灾情大小，将中央应对突发自然灾害划分为四个响应等级，明确各级响应的具体工作措施，将救灾工作纳入规范的管理工作流程。灾害应急救助响应机制的建立，基本保障了受灾群众在灾后24小时内能够得到救助，基本实现“有饭吃、有衣穿、有干净水喝、有临时住所、有病能医、学生有学上”的“六有”目标。

——救灾应急资金拨付机制。包括自然灾害生活救助资金、特大防汛抗旱补助资金、水毁公路补助资金、内河航道应急抢通资金、卫生救灾补助资金、文教行政救灾补助资金、农业救灾资金、林业救灾资金在内的中央抗灾救灾补助资金拨付机制已经建立。积极推进救灾分级管理、救灾资金分级负担的救灾工作管理体制，保障地方救灾投入，有效保障受灾群众的基本生活。

（四）建立减灾科技支撑体系，提高减灾科技水平

注重科技在防灾减灾中的重要作用，通过制定专门的防灾减灾科技发展规划、建立科技应急机制、实施科技项目等措施，不断提高防灾减灾的科技水平。

——组织制定《国家防灾减灾科技发展规划》。针对自然灾害预警预报、应急响应、恢复重建、减灾救灾、信息平台等各个环节存在的问题，加强顶层设计，统筹布局，强化薄弱环节，逐步建立和完善防灾减灾国家科技支撑体系。

——加强科技应急机制建设。建立国家突发公共事件科技应急机制，明确科技应急体系的建设、科技支撑能力建设、应急技术应用与示范等环节的工作机制和部署安排。

——启动一批防灾减灾科技项目。在国家科技项目、863计划和国家自然科学基金重大项目中安排实施一批气象、地震、地质、海洋、水利、农林、雷电等方面的科技项目。资助一批关于防灾减灾的基础研究项目，深入揭示各类自然灾害的形成机理和演变规律，以及综合风险防范的模式等。开展亚洲巨灾综合风险评估技术及应用研究、中国巨灾应急救援信息集成系统与示范、中国重大自然灾害风险等级综合评估技术研究，以及“汶川地震断裂带科学钻探”（WFSD）等项目。

——加强科研技术机构建设。分别于2003年、2007年、2009年成立民政部国家减灾中心、国

际减轻旱灾风险中心和民政部卫星减灾应用中心，2006年成立民政部和教育部减灾与应急管理研究院。

（五）建立人才培养体系，提高减灾工作人员素质

将防灾减灾人才队伍建设纳入国家人才队伍建设发展规划，减灾的国民教育体系和减灾的培训平台逐步建立。

——把减灾纳入国民教育体系。加强人才培养教育，充分利用高校的减灾研究与学科优势培养多层次防灾减灾人才。加强防灾减灾学科体系建设，按照现有的财政管理体制支持防灾减灾技术类本专科院校，以及开设防灾减灾管理和技术专业的院校，提高人才培养质量。

——把防灾减灾纳入干部培训规划。全国各级行政学院、干部学院根据人才队伍建设的需要，开设防灾减灾和应急管理的专门培训课程。筹建国家应急管理人员培训基地，对政府中高级公务员、各类企事业单位高层管理人员、高层次理论研究人员开展防灾减灾和应急管理培训。国家地震灾害紧急救援培训基地已经建立并投入使用。

——开展领导干部灾害应急管理专题培训。举办"省级干部灾害应急管理专题研究班"和"省部级干部突发事件应急管理研讨班"，各省（自治区、直辖市）和国务院有关部门分管防灾减灾及应急管理工作的负责人参加了专题研讨。2005年以来，积极开展公务员灾害应急管理专题培训活动，有效提高各级灾害应急管理人员防范处置自然灾害及各类突发事件的综合素质和能力。2005—2006年，连续举办四期地市级干部灾害应急管理专题培训班，自2006年起连续举办四期地市级防汛抗旱行政首长培训班。

——对各类企业和应急救援队伍开展应急救援能力培训。各级政府会同有关部门采取集中培训和自主培训相结合的办法，组织开展对企业负责人、管理人员和各类应急救援队伍的防灾减灾和应急管理培训工作，提高他们在灾害突发情况下实施救援、自身防护和协同处置的能力。

（六）开展社区减灾工作，提高社区防灾减灾能力

社区减灾能力建设工作全面展开，基层社区抵御灾害风险的能力和水平逐步提高。

——推动社区建立减灾工作机制。在各级政府的推动下，全国社区逐步建立健全负责社区减灾工作的组织，制定规范的减灾工作制度，组织减灾志愿者队伍，制定突发灾害发生时保护儿童、老年人、病患者、残疾人等弱势群体的对策，建立起有效的减灾工作机制。

——指导社区制定灾害应急救助预案并定期演练。基层政府根据《国家突发公共事件总体应急预案》《国家自然灾害救助应急预案》以及地方政府制定的应急预案，结合社区所在区域环境、灾害发生规律和社区居民特点，指导社区制定社区灾害应急救助预案，明确应急工作程序、管理职责和协调联动机制。社区在政府有关部门的支持、配合下，经常组织社区居民开展形式多样的预案演练活动。

——加强社区减灾公共设施和器材装备建设。通过政府财政支持和社会积极参与，社区利用公园、绿地、广场、体育场、停车场、学校操场或其他空地建立应急避难场所，设置明显的安全应急标识或指示牌，建立减灾宣传教育场所（社区减灾教室、社区图书室、老年人活动室）及设

施（宣传栏、宣传橱窗等），配备必需的消防、安全和应对灾害的器材或救生设施工具，使减灾公共设施和装备得到健全和完善。

——组织社区开展减灾宣传教育活动。社区结合人文、地域等特点，定期开展形式多样的社区居民减灾教育活动，在社区宣传教育场所经常张贴减灾宣传材料，制订结合社区实际情况的减灾教育计划，社区居民的防灾减灾意识和社区综合减灾能力得到提高。

——开展减灾示范社区创建活动。2007年，国家开展了减灾示范社区创建活动。截至2008年，国家共授予284个社区为“全国综合减灾示范社区”称号。

五、减灾的社会参与

中国重视社会力量在防灾减灾工作中的地位和作用，积极支持和推动社会力量参与减灾事业，提高全社会防灾减灾的意识和能力。中国政府及时发布灾情和灾区需求信息，加强引导，规范管理，提供保障服务，不断完善社会动员机制，统筹安排政府资源和社会力量，形成优势互补、协同配合的抗灾救灾格局。每遇大灾，社会各界积极参与抗灾救灾，香港同胞、澳门同胞、台湾同胞以及海外华侨华人踊跃为灾区提供援助。四川汶川特大地震中，中国接收境内外各类救灾捐赠款物近760亿元人民币。社会力量还开展有效的心理抚慰等个性化服务，帮助灾区群众树立战胜灾害的信心。

慈善事业在减灾中发挥重要作用，国家采取措施支持慈善事业发展。在鼓励捐赠的税收优惠制度上，2008年1月起施行的《中华人民共和国企业所得税法》，将企业公益性捐赠的税前扣除标准由年度应纳税所得额3%以内统一规定为企业年度利润总额12%以内。四川汶川特大地震发生后，国家规定企业、个人通过公益性社会团体、县级以上人民政府及其部门向受灾地区的捐赠，允许在当年企业所得税前和当年个人所得税前全额扣除。2008年12月，政府有关部门发布通知，明确公益捐赠事业范围、公益性社会团体捐赠税前扣除资格以及捐赠税前扣除资格的认定权限和程序等问题。国家鼓励基金会的正常发展，截至2008年，中国共有各类基金会1531家，比上年增加162家。近年来，国家推进慈善组织社会公信力建设，推广基金会年度检查办法和评级制度。

国家积极推动捐助活动日常化和社会化，鼓励并引导志愿者参与减灾行动。近年来，以捐助活动经常化、募集主体民间化、参与捐助自愿化为特点的经常性社会捐助活动在中国全面展开。截至2008年，在大中城市和有条件的小城市设立接收社会捐助站点和慈善超市3.4万个，初步形成全国经常性社会捐助服务网络。随着国家现代化建设不断取得新成就和人民生活水平的日益提高，减灾志愿者队伍快速发展。截至2008年，中国社区志愿者组织数达到43万个，志愿者队伍规模近亿人，其中仅共青团、民政、红十字会三大系统就比上年增加志愿者1472万人，年增长率达31.8%。四川汶川特大地震发生后，中国公众、企业和社会组织参与紧急救援，深入灾区的国内外志愿者队伍达300万人以上，在后方参与抗震救灾的志愿者人数达1000万以上。

中国政府重视防灾减灾的宣传教育。在每年10月的“国际减灾日”，国家举办内容丰富的减灾宣传教育活动。有关部门和地方政府在公共场所设置减灾宣传专栏，在报纸、杂志、电台、电视台、互联网门户网站等开设减灾知识宣传栏目，制作公益广告，向公众宣传灾害预防避险的实用技能。在中小学开设防灾减灾课程，开展多种演练活动。开发一系列减灾宣传教育产品，编制系列减灾科普读物、挂图、音像制品和宣传案例教材。红十字会等社会团体积极开展急救培训，普及急救知识和技术，在提高全社会防灾减灾意识和能力方面发挥重要作用。

国家重视对灾害保险业防灾减灾作用的政策研究和试点工作。不断总结并完善农业、林业自然灾害保险与财政补贴相结合的农业、林业风险防范与救助机制，统筹考虑农业、林业巨灾风险分散机制，逐步加大保险对灾害损失的经济补偿和转移分担功能。

六、减灾的国际合作

中国本着开放合作的态度，积极参与减灾领域的国际合作，建立和完善国际减灾合作机制，加强国际减灾能力建设，在重大灾害中相互援助。

中国在减灾领域与联合国开发计划署、联合国国际减灾战略、联合国人道主义援助事务协调办公室、联合国亚太经社理事会、联合国世界粮食计划署、联合国粮农组织和联合国外空委等机构建立紧密型合作伙伴关系，积极参与联合国框架下的减灾合作。2006年3月，向联合国成立的“中央紧急应对基金”认捐100万美元。2006年11月，与联合国驻华机构共同举办印度洋海啸紧急援助回顾研讨会，回顾中国多边援助使用情况。与联合国国际减灾战略共建国际减轻旱灾风险中心，参与联合国灾害管理与应急反应天基信息平台（UN-SPIDER），积极筹建北京办公室。派遣专家参与联合国灾害评估队，多次执行灾害评估任务，积极参与联合国搜索与救援咨询国活动，积极推进全球灾害应急救援领域的合作，举办2006年联合国亚太地区地震应急演练。

中国积极推动建立亚洲国家间的减灾对话与交流平台。2005年9月，中国政府在北京主办第一届亚洲部长级减灾大会，会议通过了《亚洲减少灾害风险北京行动计划》，为亚洲各国进一步加强减灾合作奠定基础。中国政府积极参与第二届、第三届亚洲部长级会议，共同推动《2007亚洲减少灾害风险德里宣言》《2008亚洲减少灾害风险吉隆坡宣言》的形成。2008年12月举办了加强亚洲国家应对巨灾能力建设研讨会。

中国重视与东盟和南亚国家讨论签署双边或多边减灾救灾协定，注重开展减灾人力资源开发合作。2005年5月，中国为印度洋地震海啸受灾国举办了防灾减灾人力资源培训班，2006年5月在北京召开了中国—东盟框架下的防灾减灾研讨会。2007年先后举办了东盟和亚洲国家应急和救助研讨会、灾害风险管理研修班和灾后恢复重建管理研修班。中国积极参与东盟灾害管理各项活动，出席东盟举办的各类研讨会，观摩灾害应急演练，积极探讨中国—东盟合作协议和行动计划。

中国努力推动上海合作组织成员国政府间救灾协作。2002年4月，上海合作组织成员国紧急救灾部门领导人在俄罗斯圣彼得堡举行首次会晤。2003年4月，上海合作组织在北京举行救灾部门专家级会议，对《上海合作组织成员国政府间救灾互助协定》进行磋商。2005年10月，《上海合作组织成员国政府间救灾互助协定》在莫斯科签署。2006年11月，第二次上海合作组织成员国紧急救灾部门领导人会议在北京召开，通过《上海合作组织成员国2007—2008年救灾合作行动方案》，为上海合作组织成员国在救灾联络、信息交流、边境区域救灾、人员研修和技术交流等方面开展活动奠定行动框架。2007年9月，成员国紧急救灾部门领导人第三次会议在比什凯克举行，研究落实救灾合作协定，深化救灾领域合作等问题。成员国商定将建立上海合作组织救灾中心。2008年9月下旬，中方在乌鲁木齐主办了上海合作组织成员国边境地区领导人首次会议。会议就开展成员国边境地区救灾合作，推动建立边境地区联合救灾行动机制，以及开展有关信息交流、人员培训等问题达成共识。

在应对重大自然灾害中，中国和国际社会相互支持，相互援助。2004年12月印度洋海啸发生后，中国向各有关受灾国政府及联合国有关机构提供了中国有史以来最大规模的紧急救援，救灾援助总额达68763万元人民币，并在第一时间派出中国国际救援队和医疗救援队赴印尼开展紧急救援。2005年8月29日，美国南部地区遭受“卡特里娜”飓风袭击，中国政府向美国提供500万美元救灾援款，并另提供一批救灾急需物资。2005年10月8日巴基斯坦发生7.8级大地震后，中国政府先后四次向巴提供总价值2673万美元的紧急人道主义援助，自10月9日至11月29日，共向巴空运26批次救灾物资，并派出中国国际救援队、医疗救援队，深入灾区一线，帮助巴方开展救灾行动。2008年，缅甸发生“纳吉斯”热带风暴，中国政府先后提供价值100万美元的紧急援助物资、3000万元人民币援助款和1000万美元援助，并派出医疗救援队救治伤员。

2008年5月四川汶川特大地震发生后，中国得到国际社会的大力援助。先后有170多个国家和地区、20多个国际组织向中国提供了资金或物资援助。国际社会向中国地震灾区提供了现金援助44亿多元人民币以及大批救灾物资。俄罗斯、日本、韩国、新加坡还派出专业救援队伍，参与地震灾区的紧急救援工作。来自英国、日本、俄罗斯、意大利、法国、古巴、印度尼西亚、巴基斯坦政府和德国红十字会的9支医疗队共223名医疗技术人员参与四川和甘肃两省地震灾区的伤员救治工作。在重灾区之一的四川省北川县，美国、英国和墨西哥等国家的16名志愿者立即投入救援行动。10名英国搜救小组的志愿者到震区开展救灾活动。来自日本ALOS、意大利COSMO－SkyMed、美国LandSat等多颗卫星向中国提供了灾区遥感影像。中国政府和中国人民对此深怀感激，深表感谢。

结束语

中国正处于全面建设小康社会的重要历史时期，经济社会发展的任务繁重而艰巨。面对日益严峻的自然灾害风险，中国的减灾工作任重道远。

中国政府为减灾事业付出了巨大努力，但也清醒地认识到，中国的减灾工作还存在一些亟待加强的薄弱环节：减灾综合协调机制尚不健全、减灾综合性法律法规和相关配套政策不够完善、灾害监测体系还有待健全、防灾减灾基础设施建设亟待加强、社会公众减灾意识仍需提高。中国政府将始终坚持以人为本的理念，以提高全社会的综合减灾能力为核心，以提升城乡基层社区的综合减灾能力为重点，以提高全社会民众的防灾减灾意识和避灾自救水平为基础，全面提高综合防范防御自然灾害的能力和水平。

自然灾害是人类面临的共同挑战，减灾是全球的共同行动。中国愿与世界各国一道，为减轻灾害风险和灾害损失，为促进人类社会的发展进步作出不懈努力。

（中华人民共和国国务院新闻办公室：《中国的减灾行动》，外文出版社，2009年第1版）

汶川地震灾后恢复重建跟踪审计结果（第1号）

——76个重点项目阶段性跟踪审计结果

（2009年9月14日公告）

根据《汶川地震灾后恢复重建条例》、《汶川地震灾后恢复重建总体规划》和《审计署关于汶川地震灾后恢复重建审计工作安排意见》有关规定，审计署自2009年1月开始，统一组织四川、甘肃、陕西3个汶川地震受灾省和20个对口支援省市（含深圳市）地方审计机关，以及审计署驻成都、西安、兰州、重庆4个特派办，累计派出1233个审计组，共4502名审计人员，按照“统筹安排、分级负责、把握总体、分头公告”的原则，对四川、甘肃、陕西3个受灾省的灾后恢复重建情况进行了跟踪审计。截至2009年5月底，重点对3个受灾省的3948个项目进行了跟踪审计。其中，23个省级审计机关组织跟踪审计项目3872个，审计资金1352亿元，阶段性跟踪审计结果将由各省级审计机关分别向社会公告。审计署组织驻成都等4个特派办对投资较大的76个重建项目（以下简称76个项目，涉及计划总投资336.94亿元）进行重点跟踪审计。审计工作得到四川、甘肃、陕西3省各级政府及所属部门、参建单位、灾区有关中央企业的支持和配合，进展顺利。现将第一批76个项目阶段性跟踪审计结果公告如下：

一、跟踪审计情况和审计评价

（一）项目跟踪审计情况。本次公告的76个项目分布在四川、甘肃和陕西10市（州）28个重灾县（区）。其中，农村居民住房项目10个、学校项目4个、交通项目21个、电力和电网项目20个、水利项目7个、通信项目5个、重点产业项目6个、其他项目3个，共涉及10个行业，计划总投资336.94亿元。截至2009年5月底，已完成投资104.72亿元，占31.08%。其中已完工项目14个，计划总投资3.08亿元，已完成投资2.25亿元；在建项目62个，计划总投资333.86亿元，已完成投资

102.47亿元。

本次审计以资金为主线，从项目入手，及时跟进，及时查处，及时整改。通过跟踪审计，及时揭示了灾后恢复重建项目前期审批、资金使用和工程管理等方面的问题，以点带面，积极反映重建规划实施等方面情况，及时防止和纠正一些项目建设中违纪违规问题。审计中，各审计组提前介入，全过程跟踪，立足服务，着眼预防，帮助规范，坚持边审计、边整改、边提高，督促各参建单位及有关部门及时整改，充分发挥国家审计"免疫系统"功能。76个项目跟踪审计共提出审计建议36条，有关部门和单位全部采纳，目前已整改完成28条，另有8条正在整改中。

（二）审计评价。审计结果表明，四川、甘肃、陕西3个受灾省各级政府部门和各项目参建单位认真落实《汶川地震灾后恢复重建总体规划》和专项规划要求，积极采取措施保障灾后恢复重建进度和工程质量。76个项目中，农村住房重建、学校及交通、电力和通信等基础设施建设进展比较顺利。截至2009年5月底，9个农村住房恢复重建项目完工率达70%，宝成铁路新109隧道改线工程已于2008年11月提前通车，都汶高速公路和汶马二级公路已恢复通车，映秀湾电站3台机组已恢复发电，二台山变电站也恢复运行。东方汽轮机有限公司新基地37个单项合同中，有27个项目完成50%以上工作量，7个单项工程完成90%以上工作量。

76个项目的重建资金和建设管理水平逐步提高。各级政府主管部门和项目建设单位对灾后恢复重建资金和工程质量的"高压线"意识较强，不断建立健全各项管理制度，项目资金基本上做到专户管理、专账核算，加强了项目建设管理和监督，并对跟踪审计发现的问题及时整改规范。

76个项目的资金使用和建设管理情况总体是好的，没有发现重大违法违规问题。但跟踪审计也发现，部分项目存在一些应引起重视的问题。

二、跟踪审计发现的主要问题及整改情况

（一）8个项目规划编制及落实不够准确。其中，四川省安县新县城堤防工程多计地震受灾损失，造成项目规划与实际情况不符，导致多安排中央财政资金1554万元；广元电力局110千伏乔庄站扩建输变电项目包含地震前已建设，并已支付部分设备款的工程；广元市元坝区堤防工程高报概算，多申请中央资金104.3万元；广元市剑阁县剑门蜀道风景区恢复重建项目包含地震前已基本完工的剑门关隧道建设工程，导致规划与实际情况不符；陕西省勉县将震前已支付征地款400万元，并正在实施的诸葛路工程项目纳入灾后重建规划；四川省德阳市中江县省道101线中江段2个道路修复项目和省道106中江到乐至界道路修复项目在规划实施过程中，重复列入当地投资计划，多列1.84亿元。

审计发现上述问题后及时提出审计建议，目前，安县政府已将新县城堤防工程中重复安排的中央资金1544万元收回财政，其他项目多安排的829.3万元中央资金正在整改中；中江县已根据审计意见对投资计划进行了调整。

（二）5个项目建设资金管理使用不够严格，涉及金额2605.73万元。其中甘肃省陇南市成县

农村住房重建、康县整村就地重建2个项目因进展缓慢，农房维修加固资金1601万元滞留在乡镇恢复重建专户；陇南市武都区城关镇将农村住房灾后重建项目资金850万元，借给武都区发展改革委，用于2004年、2005年该区扶贫搬迁试点工程；剑门关景区项目指挥部将剑门蜀道风景区恢复重建项目资金150万元拨付剑门关景区管委会，用于支付以前年度其他项目所欠的设计费；广元市元坝区水务农机局在泉坝防洪工程项目资金中，列支办公设备款4.73万元。

根据审计意见，甘肃省陇南市成县、康县滞留在乡镇恢复重建专户的农房维修加固资金1601万元，已拨付到农户；陇南市武都区、广元市元坝区已归还了被改变用途的资金854.73万元；其他项目资金使用问题正在整改中。

（三）28个项目环境评价、设计、招标等前期工作不到位。其中，省道210线宝兴至夹金山122公里公路、国道108线雅安至菩萨岗段二级公路154公里、中国移动陇南公司生产楼工程等18个项目没有环境评价审批。四川省阿坝州茂县500千伏输变电恢复重建、攀钢集团四川长城特殊钢有限公司异地重建等14个项目边设计审批、边施工。阿坝二台山220千伏输变电恢复重建等8个项目未按规定进行招投标。

根据审计意见，上述项目正在逐步补充完善相关建设审批手续；项目主管和审批部门在简化审批程序、缩短前期工作时间的同时，也在着手规范和加强关键环节审批管理。

（四）5个项目工程建设管理不规范。其中，四川省广元市元坝区堤防工程浆砌石砂浆强度较低、石质较差，工程所使用的部分水泥无检验单；陕西省勉县金牛大道项目设计单位无相应设计资质，12个施工单位有6个无城市市政工程所需资质，且该项目业主单位勉县城建指挥部超付工程款41万元；甘肃省陇南市武都区汉王镇和两水镇农村住房重建项目拖欠供应商钢材、水泥款946万元；陕西省宝鸡市陈仓区阳平镇概算投资100万元的水塔加固项目因政府投资未足额到位，建设资金由村民集资和施工单位垫付；四川省安县高川乡灾后防洪堤新建和加固工程在未得到主管部门审批情况下变更设计，导致工程结算价比中标价增加164万元。

此外，审计抽查的汶川县6栋住房维修加固工程，报送的结算价为258.84万元，经审计核实，实际工程造价仅为90.88万元，占送审造价的35.11%。

跟踪审计过程中，审计人员就上述问题及时向有关地方政府和参建单位提出审计建议，各有关项目建设单位正在认真进行整改。

三、审计建议

（一）发展改革、财政、民政、国土资源、住房城乡建设等有关部门和四川、甘肃、陕西3省应按照国务院部署和要求，对重建规划实施情况开展专项调研，尽快启动规划中期评估、修订工作，调整和完善重建规划，进一步增强规划的科学性、可行性，并明确规划的强制性。

（二）四川、甘肃、陕西3省有关部门在优化建设程序的同时，应加强对关键环节的审核把关。项目可研、环评、土地等政府审批部门要区分项目类型，优化审批程序；对列入规划的中小项目，通过集中办公等方式，并联审批流程、及时下放审批权限，提高审批效率。同时，强化建设用地审批、可研、环评、勘查设计、地质灾害评估等关键环节审批控制，完善相关程序。

（三）四川、甘肃、陕西3省各级政府部门应强化灾后恢复重建项目投资控制和资金管理。统筹安排好各项资金，控制好投资规模，防止铺张浪费，充分发挥各项重建资金的使用效益。切实完善项目与资金管理制度，强化项目建设监管机制，保障灾后恢复重建资金安全、有效使用。

（审计署办公厅：《汶川地震灾后恢复重建跟踪审计结果（第1~3号）》）

汶川地震社会捐赠款物审计结果

（2010年1月6日公告）

最近，全国审计机关对28个中央部门单位、31个省（自治区、直辖市）和新疆生产建设兵团汶川地震社会捐赠款物的筹集、支出和结存情况进行了全面审计。

截至2009年9月30日，全国共筹集社会捐赠款物797.03亿元（含“特殊党费”）。具体情况是：按形态划分，资金687.90亿元，物资109.13亿元；按捐赠意向划分，定向291.93亿元，非定向505.10亿元；按捐赠渠道划分，境内捐赠723.05亿元，国际组织、海外华侨等国外捐赠40.48亿元，港澳台地区捐赠33.50亿元。

全国共支出捐赠款物527.69亿元，其中：用于应急抢险173.79亿元，用于灾后重建213.28亿元，140.62亿元与财政资金统筹安排用于灾后恢复重建。

全国尚结存捐赠款物269.34亿元，其中：中央部门单位和社会团体0.35亿元，有关全国性基金会22.66亿元，18个有援建任务的非灾省市78.09亿元，8个没有援建任务的非灾省区和新疆生产建设兵团6.14亿元，5个重灾省市162.10亿元。结存款物中有119.26亿元正随重建项目进度陆续拨付，150.08亿元将按恢复重建规划安排使用。

现将具体情况公告如下：

一、中央部门单位和社会团体社会捐赠款物接收、划拨、使用和结存情况

民政部接收捐赠资金50.67亿元（含外交部等有关单位、有关基金会汇缴30.39亿元）。支出50.32亿元，其中：拨付灾区44.97亿元（四川18.87亿元，甘肃17.40亿元，陕西8.10亿元，重庆0.59亿元，云南0.01亿元），拨付北京市和浙江省5.29亿元，用于为灾区购买活动板房和篷布，其他

定向救灾支出0.06亿元。结存0.35亿元（这部分资金是2009年4月后陆续直接接收以及有关单位汇缴的），目前正按照程序拨付灾区。

中央统战部、外交部、商务部、卫生部、国务院侨办等中央国家机关，全国总工会、共青团中央、全国妇联以及海峡两岸关系协会等人民团体和社会组织共接收捐赠款物39.58亿元（资金36.68亿元，物资2.90亿元）。支出39.58亿元，其中：汇缴民政部30.28亿元，用于应急抢险和灾后重建0.11亿元，拨付灾区8.49亿元（四川7.31亿元，甘肃0.61亿元，陕西0.43亿元，重庆0.13亿元，云南0.01亿元），用于采购抢险物资等0.70亿元。

二、中国红十字会总会及红十字基金会、中华慈善总会和其他16家全国性基金会社会捐赠款物接收、划拨、使用和结存情况

中国红十字会总会及红十字基金会、中华慈善总会和其他经批准可以开展抗震救灾捐赠活动的16家全国性基金会共接收捐赠款物84.28亿元（资金73.68亿元，物资10.60亿元）。

捐赠款物支出61.62亿元，其中：用于应急抢险5.92亿元，用于灾后重建4.23亿元（主要是城乡住房建设0.19亿元，学校及配套设备2.98亿元，医院及配套设备0.06亿元，其他重建支出1亿元），拨付灾区45.29亿元（四川34.73亿元，甘肃5.44亿元，陕西3.93亿元，重庆0.86亿元，云南0.33亿元），拨付其他省区5.25亿元用于购置活动板房，其他支出0.82亿元，汇缴民政部0.11亿元。

捐赠款物结存22.66亿元（资金22.61亿元，物资0.05亿元），分别为中国红十字会总会及红十字基金会15.94亿元，中华慈善总会0.57亿元，中国宋庆龄基金会0.17亿元，中国残疾人福利基金会0.02亿元，中国青少年发展基金会1.87亿元，中国儿童少年基金会1.01亿元，中国绿化基金会0.01亿元，中国光彩事业基金会1.33亿元，中国教育发展基金会0.48亿元，中国环境保护基金会0.02亿元，中国妇女发展基金会0.16亿元，中国扶贫基金会1.08亿元。结存款物中有13.40亿元正随重建项目进度陆续拨付，其他款物将按重建规划安排使用。

三、18个有援建任务的非灾省市社会捐赠款物（不含“特殊党费”）接收、划拨、使用和结存情况

北京、天津、河北、山西、辽宁、吉林、黑龙江、上海、江苏、浙江、安徽、福建、江西、山东、河南、湖北、湖南、广东等18个有援建任务的非灾省市接收捐赠款物386.94亿元（资金334.10亿元，物资52.84亿元）。

捐赠款物支出308.85亿元，其中：用于应急抢险35.61亿元，用于灾后重建36.63亿元（主要是城乡住房建设11.14亿元，学校及配套设备12.93亿元，医院及配套设备4.10亿元，道路、桥梁等基础设施建设5.21亿元，其他重建支出3.25亿元），拨付灾区114.01亿元（四川105.01亿元，甘肃5.53亿元，陕西2.64亿元，重庆0.56亿元，云南0.27亿元），拨付其他省区0.39亿元，有关

系统上划中央部门单位5.39亿元统筹安排用于灾后重建，116.82亿元捐赠资金与财政资金统筹用于对口支援县市的学校及配套设备、城乡住房建设、医院及配套设备、道路及桥梁等基础设施等重建项目。

捐赠款物结存78.09亿元（资金75.62亿元，物资2.47亿元），分别为北京1.42亿元，天津0.25亿元，河北1.95亿元，山西1.77亿元，辽宁1.68亿元，吉林1.37亿元，黑龙江1.55亿元，上海4.83亿元，江苏10.52亿元，浙江11.02亿元，安徽4.81亿元，福建1.30亿元，江西0.74亿元，山东11.55亿元，河南0.71亿元，湖北1.55亿元，湖南2.04亿元，广东19.03亿元。上述结存资金结存在省级41.63亿元，地市级28.66亿元，县区级7.80亿元。结存款物中有27.14亿元正随重建项目进度陆续拨付，其他款物将按重建规划安排使用。

四、8个没有援建任务的非灾省区和新疆生产建设兵团社会捐赠款物（不含“特殊党费”）接收、划拨、使用和结存情况

内蒙古、广西、海南、贵州、西藏、青海、宁夏、新疆等8个没有援建任务的非灾省区和新疆生产建设兵团共接收捐赠款物28.63亿元（资金25.28亿元，物资3.35亿元）。

捐赠款物支出22.49亿元，其中：用于应急抢险0.89亿元，用于灾后重建1.18亿元（主要是城乡住房建设0.07亿元，学校及配套设备0.03亿元，道路、桥梁等基础设施建设0.73亿元，其他重建支出0.35亿元），拨付灾区19.40亿元（四川11.82亿元，甘肃4.63亿元，陕西2.67亿元，重庆0.23亿元，云南0.05亿元），拨付其他省区0.04亿元，有关系统上划中央部门单位0.98亿元统筹安排用于灾后重建。

捐赠款物结存6.14亿元（资金6.02亿元，物资0.12亿元），分别为内蒙古3.16亿元，广西0.16亿元，海南1.53亿元，贵州0.80亿元，西藏0.04亿元，青海0.24亿元，宁夏0.14亿元，新疆0.03亿元，新疆生产建设兵团0.04亿元。上述结存款物已于2009年12月31日前，全部转交受灾省市安排使用。

五、“特殊党费”接收、划拨、使用和结存情况

全国共有4559.7万名中国共产党党员缴纳“特殊党费”97.30亿元。

中央组织部直接接收和各地汇缴共计91.89亿元（中央组织部直接接收19.69亿元，四川等5个重灾省市汇缴4.30亿元，18个有援建任务的非灾省市汇缴61.37亿元，8个没有援建任务的非灾省区和新疆生产建设兵团汇缴6.53亿元），以上资金已全部拨付灾区（四川77.50亿元，甘肃8.76亿元，陕西3.63亿元，重庆1亿元，云南1亿元）。各灾区省市及有援建任务的非灾省市接收并直接用于重建的“特殊党费”5.41亿元（5个重灾省市直接接收并用于重建4.73亿元，有援建任务的非灾省市接收并用于陕西省重建0.68亿元）。

“特殊党费”已支出用于灾后恢复重建29.40亿元，其中：城乡住房建设15.75亿元，学校及配套设备10.66亿元，医院及配套设备1亿元，其他重建支出1.99亿元。

四川等5个重灾省市“特殊党费”结存67.90亿元，其中：省本级5.53亿元，地市本级4.05亿元，县区本级58.32亿元。结存“特殊党费”中有25.58亿元正随重建项目进度陆续拨付，其他资金将按重建规划安排使用。

六、5个重灾省市社会捐赠款物（不含“特殊党费”）接收、划拨、使用和结存情况

四川、甘肃、陕西、重庆、云南等5个重灾省市共接收社会捐赠款物390.18亿元，其中直接接收170.74亿元，中央部门单位和其他省市划拨219.44亿元（该部分资金在前项中已有表述，下述各省市接收捐赠款物总额，均为本省市直接接收和上级、外省市划转数的合计）。

（一）四川省共接收捐赠款物293.49亿元（资金201.95亿元，物资91.54亿元）

捐赠款物支出217.93亿元，其中：用于应急抢险104.66亿元，用于灾后重建107.78亿元（主要是城乡住房建设21.49亿元，学校及配套设备45.54亿元，医院及配套设备8.77亿元，道路、桥梁等基础设施建设8.30亿元，其他重建支出23.23亿元），5.49亿元捐赠资金与财政资金统筹用于灾区学校及配套设备、城乡住房建设、医院及配套设备、道路及桥梁等基础设施等重建项目。

捐赠款物结存75.56亿元（资金73.18亿元，物资2.38亿元），分别为省级30.10亿元，地市级17.16亿元，县区级28.30亿元。结存款物中有39.78亿元正随重建项目进度陆续拨付，其他款物将按重建规划安排使用。

（二）甘肃省共接收捐赠款物51.19亿元（资金34.79亿元，物资16.40亿元）

捐赠款物支出35.85亿元，其中：用于应急抢险16.53亿元，用于灾后重建19.28亿元（主要是城乡住房建设13.25亿元，学校及配套设备2.80亿元，医院及配套设备0.96亿元，道路、桥梁等基础设施建设0.14亿元，其他重建支出2.13亿元），拨付其他灾区0.04亿元，6亿元捐赠资金与财政资金统筹安排全部用于本省受灾地区城乡住房建设。

捐赠款物结存9.34亿元（资金7.53亿元，物资1.81亿元），分别为省级7.74亿元，地市级0.87亿元，县区级0.73亿元。结存款物中有6.08亿元正随重建项目进度陆续拨付，其他款物将按重建规划安排使用。

（三）陕西省共接收捐赠款物30.90亿元（资金26.38亿元，物资4.52亿元）

捐赠款物支出23.59亿元，其中：用于应急抢险5.95亿元，用于灾后重建6.89亿元（主要是城乡住房建设2.23亿元，学校及配套设备3.10亿元，医院及配套设备1.08亿元，道路、桥梁等基础设施建设0.35亿元，其他重建支出0.13亿元），拨付其他灾区0.70亿元，有关系统上划中央部门单位0.03亿元统筹安排用于灾后重建，10.02亿元捐赠资金与财政资金统筹安排用于灾区学校及配套设

备、城乡住房建设、医院及配套设备等重建项目。

捐赠资金结存7.31亿元，分别为省级3.40亿元，地市级1.40亿元，县区级2.51亿元。结存资金中有4亿元正随重建项目进度陆续拨付，其他款物将按重建规划安排使用。

（四）重庆市共接收捐赠款物11.87亿元（资金9.40亿元，物资2.47亿元）

捐赠款物支出10.66亿元，其中：用于应急抢险2.34亿元，用于灾后重建3亿元（主要是城乡住房建设0.72亿元，学校及配套设备0.95亿元，医院及配套设备0.39亿元，道路、桥梁等基础设施建设0.71亿元，其他重建支出0.23亿元），拨付其他灾区3.03亿元，有2.29亿元捐赠资金与财政资金统筹安排用于灾区城乡住房建设、医院及配套设备、道路及桥梁等基础设施等重建项目。

捐赠款物结存1.21亿元，分别为省级0.65亿元，县区级0.56亿元。结存的捐赠资金中有0.92亿元正随重建项目进度陆续拨付，其他款物将按重建规划安排使用。

（五）云南省共接收捐赠款物8.25亿元（资金7.63亿元，物资0.62亿元）

捐赠款物支出7.48亿元，其中：用于应急抢险0.76亿元，用于灾后重建4.89亿元（主要是城乡住房建设1.01亿元，学校及配套设备0.34亿元，医院及配套设备0.44亿元，道路、桥梁等基础设施建设3.09亿元，其他重建支出0.01亿元），有关系统上划中央部门单位0.08亿元统筹安排用于灾后重建，拨付其他灾区1.75亿元。

捐赠资金结存0.77亿元，分别为省级0.27亿元，地市级0.49亿元，县区级0.01亿元。结存资金中有0.73亿元正随重建项目进度陆续拨付，其他款物将按重建规划安排使用。

在汶川地震社会捐赠款物中，共接收国际组织、海外华侨等国外和港澳台地区捐赠款物73.98亿元，其中：定向捐赠37.73亿元，非定向捐赠36.25亿元。定向捐赠中，中央各部门单位、社会团体以及全国性基金会接收 26.23亿元（已按捐赠者意愿分别下拨到四川15.32亿元、甘肃6.05亿元、陕西1.60亿元），四川、甘肃、陕西直接接收10.62亿元，其他省区市接收0.88亿元。全部定向捐赠款物已按捐赠者意愿下拨相关单位或项目。非定向捐赠中，中央各部门单位、社会团体以及全国性基金会接收23.72亿元，四川、甘肃、陕西直接接收11.99亿元，其他省区市接收0.54亿元。非定向捐赠款物已与其他来源社会捐赠统筹用于灾区，主要用于农村居民住房、中小学校和医院设施等建设。

审计署已先后4次向社会公告了汶川地震社会捐赠款物的管理使用情况，本次审计没有发现重大违纪违规问题。审计署将继续对用于灾后重建的社会捐赠款物进行跟踪审计，并适时向社会公告。

（审计署办公厅：《中华人民共和国审计署审计结果公告》2010年第1号，总第48号）

汶川地震灾后恢复重建跟踪审计结果

（第2号）

——72个重点项目、753所学校和22个县城乡居民住房恢复重建跟踪审计结果

（2010年1月27日公告）

2009年6月至11月，审计署和地方审计机关先后组成1289个审计组，派出4549人次，对规划总投资2607.72亿元的6960个汶川地震灾后恢复重建项目进行了跟踪审计和审计调查。其中，审计署直接对72个重点项目、753所学校和22个县（含县级市、市辖区，下同）城乡居民住房重建项目（规划总投资768.50亿元，已完成投资372.88亿元）进行了审计和审计调查。按照“统筹安排、分级负责、把握总体、分头公告”的原则，现将审计署直接审计项目的审计结果公告如下：

一、灾后恢复重建进展顺利，成效明显

审计结果表明，恢复重建一年多来，四川、甘肃、陕西3省（以下简称3个受灾省）各级政府及各部门艰苦奋斗，各援建省市切实履行援助承诺，各参建单位积极参与，保障灾后恢复重建工作顺利进行，帮助灾区人民重建美好家园。

（一）灾后恢复重建整体进展顺利。截至2009年10月底，跟踪审计的72个重点项目，已开工65个，已完工11个，分别占审计数的90%和15%；审计调查的753所学校已开工718个，已完工480个，分别占调查数的95%和64%。审计调查的22个县农村居民住房规划维修加固79.79万户，已全部完工；规划重建68万户，已开工66.66万户，已完工60.25万户，分别占规划任务的98%和89%。上述22个县城镇居民住房规划维修加固26.73万户，已全部开工，已完工21.29万户，占规划任务的80%；规划重建10.58万户，已开工6.16万户，已完工2.58万户，分别占规划任务的58%和24%。

（二）灾后恢复重建资金管理使用情况总体规范。3个受灾省各级政府及各部门不断加强灾后恢复重建资金管理，跟踪审计的72个重点项目和审计调查的学校及城乡居民住房恢复重建项目，基本上做到了专账、专户核算，内控制度比较健全，资金管理使用比较规范，纪检、监察等部门监管体系不断完善，基本保证了资金的安全完整和有效使用。

（三）灾后恢复重建项目建设管理不断加强。针对审计发现的问题，各级政府主管部门举一

反三，不断加强对工程建设各环节的管理。根据审计署提出的审计意见和建议，灾区政府加快了45个项目的建设进度，改进了169个项目的工程质量管理，为国家节约资金和挽回损失2.58亿元，保障了灾后恢复重建顺利进行。

审计没有发现重大违法违纪和损失浪费问题。

二、灾后恢复重建过程中存在的主要问题及其整改情况

（一）由于地址选择、产权关系等因素，截至2009年10月底，审计调查的3个受灾省22个重灾县中，有9个县城镇居民住房恢复重建达不到计划要求，其中一部分城镇居民住房尚未按计划开工建设，多数城镇居民重建户主要通过投亲靠友、租房或在板房居住的方式临时安置；四川省中江县、甘肃省陇南市武都区和成县、陕西省宁强县和略阳县及宝鸡市陈仓区等6县，共有854户居民又重新住进了应拆除的房屋。

对于城镇居民住房恢复重建进展缓慢问题，3个受灾省政府高度重视，积极采取多种措施，加快城镇居民住房恢复重建工程进度。上述854户重新住进应拆除房屋的城镇居民，已有446户1300多人迁出，对其余408户居民，有关县政府正在采取措施重新安置。

（二）截至2009年10月底，审计调查的甘肃省138所学校，仅建成投入使用27所，占抽查学校数的20%，而审计调查四川省319所学校和陕西省296所学校，已建成239所和214所，分别占抽查学校数的75%和72%。

甘肃省各级政府正在采取措施解决制约学校重建的征地问题，在保证工程建设质量的前提下，加快学校恢复重建步伐。

（三）72个重点恢复重建项目中，有3个项目超规划建设规模6.92万平方米，超规划投资1.55亿元。其中：甘肃省文县城关初级中学新校舍和体育场馆项目实际建筑面积4.39万平方米，是规划建筑面积2.44万平方米的1.8倍。甘肃省西和县体育场恢复重建项目截至2009年10月已完成90%的工程量，累计完成投资2772.62万元，比省发展改革委批复投资超出1272.62万元。陕西省略阳县批复卫生系统重建医疗机构建筑面积6.86万平方米，投资18108万元，分别是省政府批复规划的3.63倍和4.67倍。

甘肃省文县、陕西省略阳县政府已明确在新建项目中加强投资审批和规模控制。甘肃省发展改革委已调整西和县体育场项目概算，并上报省政府批准。

（四）违规安排使用灾后恢复重建资金2.30亿元。72个重点项目中，四川省绵阳市投资控股（集团）有限公司违规将永安大道1.40亿元灾后恢复重建资金，安排用于规划外的城南新区建设；甘肃省陇南通途公路工程处等单位将704.71万元灾后恢复重建资金，用于归还灾前工程银行贷款和日常经费支出等。3省22个重灾县中，四川省广汉市财政局等4个单位违规将8292.42万元城乡居民住房补助资金，安排用于扩大内需廉租住房建设项目、主街道楼群楼面装饰装修等规划外项目建设。

上述问题已全部整改，其中：四川省绵阳市投资控股（集团）有限公司、甘肃省陇南通途公路工程处等单位已归还资金1.46亿元；四川省广汉市财政局已将调整使用城乡居民住房补助资金

情况报上级主管部门审批。

（五）重复申请灾后恢复重建资金2.40亿元。72个重点项目中，四川省广元市疾病控制中心、陕西省宝鸡市陈仓区宝虢路供水管网项目和排污管网项目、甘肃省成县城区生活垃圾处理工程和城关初级中学2号教学楼等5个项目，用灾前已落实资金的项目和设备重复申请灾后恢复重建资金7483.79万元；甘肃省康县迷坝乡马连小学教学楼和舟曲县村级卫生室2个项目，重复申请中央灾后恢复重建资金和社会捐赠资金共计208.76万元。3省22个重灾县中，四川省成都市、阿坝州和甘肃省陇南市3个市州所属12个县，重复统计8615户城乡居民，导致多安排城乡居民住房补助1.63亿元，上述资金绝大部分已下拨到各灾区县，其中861.90万元已发放到个人。

上述问题已基本整改完毕，其中：四川省广元市卫生局和陕西省宝鸡市陈仓区已经修改了规划，调整了项目建设内容；甘肃省成县城区生活垃圾处理工程、城关初级中学2号教学楼工程、康县迷坝乡马连小学教学楼和舟曲县村级卫生室等4个项目正在整改中；四川省成都市、阿坝州和甘肃省陇南市3个市州有关县已对城乡住房个人补助重复统计情况进行了清理，对重复申报户进行了核销，尚未发放给个人的重复补助已停止发放，重复发放到个人的861.90万元已全部清退。

（六）72个重点项目和753所学校恢复重建工程中，有14个项目存在违规转分包，151个项目存在工程管理技术人员未按合同要求到位，145个项目管理不符合国家规范，126个项目存在屋面渗水等问题，37个项目存在天棚吊顶安装不牢或脱落、室内护栏缺失、扶手松动等问题，5个项目存在钢筋间距不符合设计要求等施工缺陷。比如，彭州市白鹿小学教学楼78个基础承台中，有34个的轴线偏移超出国家规范要求，主体结构混凝土存在露筋、疏松和框架柱尺寸偏小等问题。

对于上述工程建设管理问题，有关建设主管部门和相关建设单位已进行了全面清查，大部分问题已整改完毕，同时加强了工程建设管理。白鹿小学建设单位和主管部门已对相关问题进行了整改，并委托四川省建筑科学研究院对白鹿小学教学楼工程整改后质量安全进行了鉴定，鉴定认为质量符合要求。

（七）审计抽查四川省都江堰、彭州、崇州、大邑4个重灾县（市）已建成投入使用的学校发现，有82所学校的3967亩新增建设用地未办理审批手续，其中45所学校1670亩新增建设用地采用以租代征方式提供。同时，一些地方还存在异地新建项目原占用土地未及时安排利用的问题，如抽查四川省都江堰市等7个重灾县发现，有285所学校在布局调整和异地新建后原校址遗留土地面积3279亩，其中只有731亩土地已安排使用，其余2548亩至审计时尚未明确用途。

对于上述问题，相关政府部门正积极筹措征地资金，并督促相关单位和部门加快办理新征建设用地报批手续。四川省正在对布局调整和异地新建形成的空闲土地进行全面清理，拟定具体利用方案。

此外，审计中还发现了一些违法违纪案件线索，已向司法机关、纪检监察机关和其他有关部门移送案件线索4起，涉案人员14人，涉案金额134.84万元。有关部门正依法立案查处。

为加强灾后恢复重建的审计监督，审计署通过在3个受灾省建立跟踪审计协调机制、选派30

多名干部到主要受灾市县挂职、邀请特约审计员监督等方式，整合审计资源，提高审计质量和水平，全力做好灾后恢复重建跟踪审计工作。审计中，坚持审计与整改相结合，对于灾后恢复重建资金和项目管理中存在的不规范、不合规问题，及时向相关单位通报审计情况，督促整改。审计署在审计中共提出132条审计建议，有关部门和单位已全部采纳，目前已整改完成40条，其余92条正在整改，较好地促进了灾后恢复重建规范、有序进行，有效地发挥了审计的“免疫系统”功能。

23个省市审计机关的跟踪审计结果，将由各省市审计机关分别向社会公告。

（审计署办公厅：《汶川地震灾后恢复重建跟踪审计结果（第1～3号）》）

汶川地震灾后恢复重建跟踪审计结果（第3号）

——107个重点项目跟踪审计结果

（2010年7月30日公告）

2009年12月至2010年5月，审计署和地方审计机关派出4371人次组成1343个审计组，对汶川地震灾后恢复重建项目开展了第三批跟踪审计，共审计和调查了总投资为2690.7亿元的9561个项目。其中，审计署对北川中学、都江堰市七一聚源中学、汶川七一映秀中学、唐家山堰塞湖后期整治工程等总投资为684.54亿元的107个重点项目（以下简称107个项目）进行了跟踪审计。按照“统筹安排、分级负责、把握总体、分头公告”的原则，现将107个项目的跟踪审计结果公告如下：

一、汶川地震灾后恢复重建加快推进

审计结果表明，四川、甘肃、陕西3个受灾省认真落实党中央、国务院关于“三年重建任务两年基本完成”的要求，全力推进灾后恢复重建，不断加强重建资金和项目管理，顺利完成了各项阶段性任务。

（一）灾后恢复重建阶段性成果显著。截至2010年4月底，灾区农村居民住房重建基本完成，学校、医院等公共服务设施和交通、电力、通信等基础设施不断改善，审计抽查的都江堰市七一聚源中学、水磨中学、都映高速公路等18个重点项目已经建成并投入使用，灾区的经济和社会事业发展步伐明显加快。

（二）项目建设管理总体较好。审计的107个项目基本按规定实行了项目法人制、合同管理制、招投标制和监理制，工程建设质量总体较好。其中，木鱼中学项目获得了四川省优质结构工程和四川省“天府杯”工程金奖，都江堰市七一聚源中学项目被评为“2009年度成都市优质结构工程”和“2009年度成都市优质工程”。

（三）资金管理比较规范。截至2010年4月底，中央财政已向3个受灾省拨付地方包干使用资金2498.2亿元，有力地支持了灾区重建和经济恢复发展。灾区各级政府部门和有关参建单位建立健全了财务管理制度，不断规范资金管理流程，基本做到了专款专用、专账核算。

二、审计发现的主要问题及整改情况

（一）7个项目未如期开工建设，14个项目未完成规划建设进度。如，按计划应于2009年12月初开工的四川省广元市广播电视局重建项目至今仍未开工，造成1.1亿元中央资金闲置；由于初步设计报告报批时间较晚等原因，计划应于2009年底前完成2.94亿元投资的四川省紫坪铺水库除险加固项目，至2010年4月底仅完成4191.59万元。

审计指出上述问题后，相关地方和部门加快了建设进度。其中：广元市广播电视局项目已完成前期事项；紫坪铺开发有限责任公司正在根据批复的初步设计，加紧施工。

（二）11个项目未批先建或边设计边施工，12个项目未严格执行招标有关规定。如，2009年5月正式开工的四川省映汶高速公路项目，其施工图设计文件及预算2010年4月才通过省交通厅评审，尚未获得批复；在成都至都江堰铁路新建项目一标段的210册施工图中，有50册是在完工后才提供的；2008年11月开工的甘肃省陇南市西和县晚霞湖景区项目，其初步设计报告至2010年4月22日才获该市发展改革委批复，而由于施工图设计不到位，设计变更频繁，截至2010年3月底，该项目因设计变更增加投资569万元，占合同金额842万元的68%。陕西省宁强县玉带河堤防工程未严格按照工程类别和招标文件要求审查资质，将工程发包给不具备相应资质的投标单位。

审计指出上述问题后，灾区有关部门要求相关建设单位切实整改，严格执行基本建设程序和招投标有关规定。其中：映汶高速公路项目的施工图和预算已于5月获得批复；成都至都江堰铁路项目的建设单位表示要加强项目运营监管；晚霞湖景区的建设单位已制定措施，加强工程结算签证审批工作，强化投资控制；宁强县已制定措施，加强对灾后恢复重建项目的招投标管理和监督，并已对其他恢复重建项目进行清查，防止类似问题再发生。

（三）4个项目勘察设计不到位，42个项目未按合同规定派驻监理和施工等技术管理人员，或相关人员履行职责不到位。如，四川省省道105线安昌至北川段地质勘测深度不够，实际软弱地基为7046米，是地质勘探确定的304米的23倍；四川省茂县15所学校的19个施工单位按合同规定应派驻施工管理人员151人，实际到位137人，其中23人没有执业资格；四川省省道202线元坝至南江界项目压浆工程的砂浆抗压强度试验应不少于90次，但监理单位实际仅进行了5次；宝成铁路德阳车站的站房工程屋面10根预应力梁使用的灌浆水泥及预应力孔道灌浆剂，未经监理见证取样、送检。

审计指出上述问题后，省道105线项目的建设单位已根据实际地质条件，优化了施工设计，调整了施工方案；茂县15所学校的施工单位已制定整改措施，充实和变更监理人员；广元市交通局已责令省道202线元坝至南江界项目监理纠正，按规定对监理单位进行了处罚，并要求项目建设单位加强后续运营管理维护工作；宝成铁路德阳车站的站房项目施工单位已在监理的见证下，对所使用的水泥进行了取样送检，复检结果满足了设计规范要求。

（四）8个项目未按设计施工，4个项目的检测报告不够真实准确。如，四川省青川县东河口堰塞湖汛前一期治理工程未按图纸施工，右坝坝顶的局部高程与设计高程相差约2米；四川省梓潼县石牛镇卫生院安装的全部75个弱电插座，不符合设计间距要求，造成弱电信号不稳定，无法正常使用；四川省三台县滨江 1 号路已建成的长约100米路面平整度误差约20毫米，远超过设计标准允许的1.8毫米误差，同时石料级配与设计要求不符，石料间隙过大，路面压实度明显低于设计要求；四川鹏达建设工程有限公司等4个单位负责建设的茂县4个项目材料试件检测报告中，有20份不真实。

审计指出上述问题后，青川县已要求东河口堰塞湖汛前一期治理工程的建设单位，补办设计变更报告，经成都市水利电力勘测设计院对行洪进行论证，对行洪没有影响；梓潼县石牛镇卫生院已责令施工单位按设计要求进行整改，并通过了梓潼县质检站的检查验收；三台县政府已责成施工单位采取措施进行整改，并要求今后严格按照设计规范施工；茂县政府已委托检测机构对4个工程进行了鉴定，并根据鉴定结果采取了整改措施，对涉及此事的监理和施工单位的违规行为已依法予以处理，同时对全县已建和在建项目开展拉网式质量安全大检查。

（五）5个项目工程管理不严格。如，四川省都映高速公路项目的施工单位为赶工期，紫坪铺隧道和龙溪隧道的路面不符合规范要求，加铺一层沥青混凝土路面后，新铺装路面运行仅6个月又出现了分离起层等问题；四川省雅安市公路管理局在国道108线雅安至菩萨岗段建设中，自行降低建设标准，造成部分路段未达到二级公路标准，其中E标段路肩墙存在空洞，部分墙体背面因砂浆质量不合格已出现裂缝，部分路段盖板涵墙体混凝土存在蜂窝麻面和漏浆现象，经河桥桥墩的焊接施工不能满足受力要求。

审计指出上述问题后，有关工程存在的问题已整改完毕，国道108线雅安至菩萨岗段施工单位拆换了经河桥桥墩不合格钢筋，部分路段降低建设标准的问题正在整改中。

（六）2个项目的投资控制不够严格，3个项目支付的工程款和设计费不够规范。包括：四川省民航飞行学院和梓潼县人民医院项目投资超概算2207万元；陕西省略阳县观音乡卫生院业务综合楼项目的125万元工程款，直接汇入了施工单位项目经理的个人账户；在映汶高速公路和国道317线汶川至马尔康公路改建工程中，四川都汶公路有限责任公司和四川兴蜀公路建设发展有限责任公司未签订合同或违反合同约定，提前支付设计费和工程款2385.95万元。

审计指出上述问题后，民航飞行学院已向相关部门反映了情况，正在协调解决；梓潼县人民医院正在报请该县主管部门调整项目概算；略阳县已责令建设单位收回违规支付的工程款，并进行清查，防止此类问题再发生；兴蜀公路建设发展有限责任公司已与勘察设计单位补签了正式合同；都汶公路有限责任公司正在与设计单位协商合同签订事宜，未签合同前不再支付设计费。

（七）2个项目建设用地征地不够规范，2个项目未严格执行国家环境保护相关政策要求。其中：四川省德阳市绵远河城市污水处理厂项目在尚未完成建设用地征用手续的情况下，通过以租代征获取建设用地108亩；四川省金堂县人民政府批复阿坝工业集中发展区项目的详细规划面积，比省发展改革委批准的规划面积10平方公里多1.4平方公里，该项目的建设单位四川成阿发展实业有限公司实际征地6591.87亩，比省政府批准的第一批次建设用地计划多2093.67亩；四川省青城山——都江堰风景名胜区项目在环境评价报告尚未通过审批的情况下，占用景区林地建设，其中消防蓄水池、供水管网、燃气管道项目即将完工；甘肃省成县垃圾处理厂项目在建设中，自行取消了甘肃省环境保护局在环评报告批复中要求建设的垃圾渗滤液处理系统。

审计指出上述问题后，德阳市绵远河污水处理厂项目正在完善征地手续；四川省发展改革委调整了成都阿坝工业集中发展区的用地规划，该项目多征的土地已由省国土资源厅在2010年单列下达计划，金堂县正在完善多征用地的审批手续；都江堰市政府正在督促青城山——都江堰风景名胜区项目业主尽快补充完善有关手续，加快完成环境评价工作；甘肃省成县正就成县垃圾处理厂项目改变垃圾渗滤液处理方式问题，向甘肃省环境保护厅补报审批手续。

在这一阶段的跟踪审计中，审计署向司法、纪检监察机关和其他有关部门移送案件线索2起，涉及人员2人，涉及金额424.26万元。有关部门正在依法立案查处。

3个受灾省和北京等20个对口支援省市审计机关的跟踪审计结果，将由各省市审计机关分别向社会公告。

（审计署办公厅：《汶川地震灾后恢复重建跟踪审计结果（第1～3号）》）

汶川地震灾后恢复重建跟踪审计结果（第4号）

——1404个灾后恢复重建项目跟踪审计及审计调查结果

（2011年6月17日公告）

2010年6月至11月，审计署和地方审计机关先后组成2360个审计组，派出6737人次，对汶川地震灾后恢复重建项目开展了第四批跟踪审计，共审计和审计调查了总投资为2808亿元的8069个项目。其中，审计署对总投资为1130亿元的1404个重点项目进行了跟踪审计和审计调查。按照“统筹安排、分级负责、把握总体、分头公告”的原则，现将审计署跟踪审计和审计调查结果公告如下：

一、汶川地震灾后恢复重建进展总体较好

审计结果表明，四川、甘肃、陕西3个受灾省和20个对口支援省市（含深圳市，下同）按照国务院提出的灾后恢复重建目标要求，积极采取措施，全力推进灾后恢复重建，不断加强恢复重建资金和项目管理，汶川地震灾后恢复重建工作取得了重大的阶段性成果。

（一）灾后恢复重建总体进展顺利。截至2010年10月底，灾区农村居民住房重建已基本完成，大部分灾区城镇居民住房、学校、医院等优先建设的民生工程完成情况较好，城镇主体功能基本恢复，灾区群众生产生活和学习条件得到了极大改善，经济发展明显加快。

（二）项目建设管理较好。灾区各级政府和对口援建省市不断完善工程建设管理的有关规章制度，审计的116个重点项目基本都实行了项目法人责任制和合同管理制，大多数项目履行了必要的基本建设程序，依法实行了招投标，项目建设管理水平明显提高，工程建设质量总体较好。

（三）资金管理比较规范，使用效果较好，未发现重大违法违纪问题。各项目建设单位不断加强资金拨付使用的监督检查，规范审批程序和管理流程，积极办理工程资金结算和竣工验收。已完工程顺利移交了资产和档案资料并投入使用，有效地发挥了灾后恢复重建项目的经济效益。

二、审计发现的主要问题及整改情况

跟踪审计和调查的1404个项目1130亿元规划总投资中，审计发现有36个项目、16个施工单位和11个监理单位不同程度地存在管理不合规的问题（详见附件）。

（一）36个项目存在的主要问题。

1. 有些项目存在项目可行性研究报告或初步设计未获批准先行建设，未组织环境影响评估、未取得规划许可证和施工许可证就开工建设，未经批准擅自改变建设规模或建设内容，未竣工验收就投入使用，以及项目建成投入使用后仍未办理新征用土地手续等问题。

审计指出上述问题后，有关单位及时进行了整改。对可行性研究报告或初步设计未经批准就先行建设问题，有关建设单位认真吸取教训，在今后的项目建设中注意严格执行国家基本建设程序；对未组织环境影响评估问题，有关建设单位组织补办了项目环境影响评估；对未取得规划许可证、施工许可证等问题，有关建设单位补办了相关许可证；对未经批准擅自改变建设规模或建设内容问题，有关建设单位已经或者正在按照规定，报初步设计原审批单位审批或者重新申报项目；对已建成投入使用项目未办理征地手续问题，有关建设单位正在补办征地手续。

2. 有些项目不同程度地存在未按规定招投标，直接指定施工单位或者以议标方式确定施工单位，评标不规范等招投标方面的问题。

审计指出上述问题后，有关单位及时进行了整改。有关建设单位修改完善了内部招投标管理办法，并表示今后注意严格执行招投标程序，规范操作；有的建设单位对中介机构进行了公

开招标，初步建立了中介机构库；有的灾区政府发文要求所有灾后恢复重建项目严格执行招投标制度。

3. 有些项目存在前期工作不充分、施工中设计变更多、随意增加建设内容或者扩大建设规模、多结算工程款等投资控制不严的问题，投资超概算2.73亿元。

审计指出上述问题后，有关单位及时进行了整改。有关政府主管部门要求相关建设单位进一步加强投资控制，有关建设单位已经或准备就实际投资超概算问题，向原审批部门或上级部门呈报投资增项和相关设计变更申请，向概算原审批单位申请调整概算，多结算的工程款已被扣减。

4. 有些项目存在建设资金未按照规定及时登记入账、财务核算不规范、违规安排使用、挤占挪用以及侵占灾后恢复重建资金等问题，涉及金额1.88亿元。如甘肃省文县政府未按规定报省政府批准，自行将应补助企业的8083万元中央重建基金，改为设立工业发展基金和农业特色产业发展基金，以无息借款的方式借给企业使用，截至2010年11月底，除将160万元资金以无息借款的方式借给中寨纹党产区代元有限公司使用外，其余7923万元闲置在县财政局。

审计指出上述问题后，有关单位及时进行了整改。有关建设单位进一步规范了资金管理和财务核算，已经按照规定收回或者正在按照规定收回违规安排使用、挤占挪用和侵占的灾后恢复重建资金。对甘肃省文县政府未经批准调整中央重建基金使用用途问题，文县的上一级政府陇南市政府已经向省财政厅上报中央重建资金使用调整方案。甘肃省财政厅经省政府同意已于2011年1月28日批准了该方案，并报财政部备案。

（二）16个施工单位存在不按规范操作、不按设计施工、偷工减料、违规转包工程等问题。如甘肃省文县尚德镇任家坝村经村民大会讨论，62户重建户中有51户选择统一建设住房。经该村重建领导小组同意，上述51户统建住房未经公开招标，直接委托给无施工资质的桑繁荣个体施工队施工。施工中，没有规范的设计施工图，没有聘请工程监理，钢筋、水泥等主要建筑材料未经报批验收就投入工程使用，施工队未按规范施工，擅自按照村民要求增加房内高度，增加墙体负重，致使已建成的44户房屋出现墙体裂缝、地基下陷等质量问题。甘肃省建筑科学研究院工程质量检测中心检测后认为该工程房屋安全性为C级，不符合抗震要求，需加固维修后方可入住。

审计指出上述问题后，有关单位及时进行了整改。有关建设主管部门对相关施工单位进行了处理，对有关施工单位和责任人给予了处罚，并对存在的工程质量缺陷已经采取或正在采取修复、拆除返工等补救措施；有关建设单位责成施工单位终止了违规转包合同，并对相关违规行为进行了立案调查。对任家坝村44户统建房存在的质量问题，审计署发现后立即向尚德镇政府指出了该问题，并于2011年1月11日向文县政府发出审计情况通报。甘肃省委、省政府高度重视，专门派出由纪检、发展改革委、民政、监察、审计等部门组成的工作组赶赴文县核实问题，处理有关责任人。文县人民政府决定自行筹措资金对44户有质量问题的房屋进行拆除重建。除1户自愿维修加固外，其余43户房屋已全部拆除，目前正在重建过程中。同时，对相关责任人分别给予了撤销党内职务、党内警告、行政开除、行政记大过等党纪政纪

一、基本情况

（一）“特殊党费”资金收支情况。2008年5月12日，汶川发生8.0级特大地震后，全国4550多万名共产党员自愿交纳了“特殊党费”97.30亿元，积极支援灾后恢复重建。按照《国务院办公厅关于汶川地震抗震救灾捐赠资金使用指导意见》（国办发〔2008〕51号）精神，中央组织部将97.30亿元“特殊党费”全部划拨到民政部中央财政汇缴专户，由民政部将全部“特殊党费”拨付到汶川地震灾区，其中四川省80.30亿元、甘肃省10亿元、陕西省5亿元、重庆市和云南省各1亿元，用于支持灾区城乡居民住房、中小学校、乡镇卫生院、村级组织活动场所和农村党员干部现代远程教育接收站点建设。

截至2011年9月底，四川、甘肃和陕西3省已累计安排使用“特殊党费”资金89.02亿元。其中49.20亿元用于补助131.91万户农村房屋倒损户住房重建、1.81亿元用于补助4.13万户城镇房屋倒损户住房重建、23.36亿元用于援建84所中小学校项目、12.45亿元用于援建11560个村级组织活动场所、1.18亿元用于援建8905个农村党员干部现代远程教育接收站点、1亿元用于183个乡镇卫生院项目、168万元用于向56名抗震救灾因公牺牲烈士家属发放慰问金。

由于部分援建项目调整以及项目实施过程中加强投资控制等原因，截至2011年9月底，四川省有6.28亿元“特殊党费”资金结余。经报中央组织部和发展改革委、民政部、财政部审定，结余资金将继续用于援助四川省51个国定和省定重灾县的村级组织活动场所、社区服务中心和远程教育站点建设。2011年11月30日，中共四川省委组织部和四川省发展改革委、财政厅、民政厅联合印发了《关于四川省抗震救灾“特殊党费”结余资金使用管理有关工作的通知》。目前这些续建项目正在抓紧实施过程中。

（二）跟踪审计情况。按照中央组织部办公厅和审计署办公厅联合下发的《关于加强抗震救灾“特殊党费”援建项目审计监督的通知》（组厅字〔2009〕41号）的要求及审计署工作安排，2009年以来，审计署和四川、甘肃、陕西3省审计机关累计派出643个审计组共1980人次，对3省管理使用的95.30亿元“特殊党费”实施了全过程跟踪审计，现场审计工作量18586人·天。审计重点抽查了78.96亿元“特殊党费”援建的17761个灾后恢复重建项目，分别占3省95.30亿元“特殊党费”资金和20730个援建项目的82.86%和85.68%。

跟踪审计过程中，审计机关立足于服务，着眼于预防，坚持边审计、边整改、边规范、边提高，通过跟踪审计督促有关单位及时整改，帮助规范资金和项目管理，提高“特殊党费”资金使用效益，充分发挥审计的“免疫系统”功能。

二、审计评价

审计结果表明，中央组织部和地方各级党委政府高度重视“特殊党费”资金的管理和使用，援建项目管理严格，建设进展顺利，社会效果良好。

（一）各级党委政府高度重视，落实责任，有力保障了“特殊党费”安全合理使用。中央组织部高度重视“特殊党费”的管理和使用，指定专门机构、指派专职人员负责，资金安排坚持民生优先，援建项目坚持科学规划，先后与有关部门联合发布了《关于抗震救灾“特殊党费”使用管理有关问题的通知》、《关于做好“特殊党费”审计监督工作的通知》等文件，强化“特殊党费”资金及其援建项目管理。灾区各级党委、政府分别成立了“特殊党费”使用管理工作领导小组，明确各部门职责分工，确保领导到位，责任落实到人，有效地保证了资金及时拨付到位，安排使用合理。

（二）“特殊党费”项目总体进展顺利，资金使用成效显著。截至2011年9月底，3省城乡居民住房重建“特殊党费”补助和抗震救灾因公牺牲烈士家属慰问金均已经发放到位；84个中小学校援建项目已建成83个，占规划数的98.81%；11560个村级组织活动场所和183个乡镇卫生院项目已全部建成；8905个农村党员干部现代远程教育接收站点已建成8903个，占规划数的99.98%。“特殊党费”援建项目使汶川地震灾区教学基础设施进一步得到改善，群众就医环境和条件得到明显改善，村级组织活动场所和远程教育水平得到全面提高。

（三）“特殊党费”资金和项目管理严格。灾区各级党委政府和各项目参建单位非常重视“特殊党费”资金及其援建项目管理，对跟踪审计发现的问题及时进行了整改，并举一反三全面清查类似问题，不断完善“特殊党费”资金及其援建项目管理制度，着力规范审批程序和管理流程。总体来看，“特殊党费”资金拨付及时，做到了专款专用、专账核算，项目建设管理比较严格，工程质量和投资控制不断加强，工程建设质量总体良好。

三、跟踪审计发现的主要问题及整改情况

跟踪审计中未发现重大违法违纪和工程质量问题。审计发现有个别不够规范的问题，审计指出后，各相关地方党委政府和单位迅速进行了整改。具体情况是：

（一）甘肃省西和县十里乡初级中学、陕西省略阳县农村党员干部现代远程教育县级平台和宁强县农村党员干部现代远程教育县级平台3个项目未按规划进度完成建设任务。因建设用地的地界不清导致施工受阻以及气候寒冷、年有效施工时间较短等因素，截至2011年9月底，1688万元“特殊党费”援建的甘肃省西和县十里乡初级中学项目尚未建成，累计完成投资占项目总投资的87.7%；陕西省略阳县和宁强县2个县的农村党员干部现代远程教育县级平台项目因无法确定机房位置，尚未实施。

审计指出上述问题后，有关县委县政府高度重视，立即督促整改。西和县委、县政府及时研究解决了项目建设用地问题，并采取有力措施加快冬雨季施工进度，西和县十里乡初级中学项目已于2011年11月18日完工；略阳县和宁强县的县委县政府已经做好了农村党员干部现代远程教育县级平台项目的前期准备工作，正着手开工建设。

（二）少数灾区县“特殊党费”资金管理不够规范，涉及金额53.15万元。四川省什邡市师古镇、洛水镇和蓥华镇3个镇因旧宅基地未及时还耕等原因，有11户应领补助金的受灾群众未及时领取2.85万元农房重建“特殊党费”补助资金；什邡市师古镇、洛水镇、马祖镇和马井镇4个镇部分农房重建户不符合“特殊党费”相应等次补助政策，相应的47.30万元结余资金未上缴上级财政

专户；四川省安县、梓潼县和什邡市9户跨乡镇拥有住房的受灾群众，重复领取“特殊党费”城乡住房重建补助资金3万元。

审计指出上述问题后，相关县市党委政府高度重视，立即督促整改。2.85万元滞留的农房重建补助资金已发放给11户受灾群众；47.30万元“特殊党费”结余资金已全部退回四川省财政专户；安县、梓潼县和什邡市组织部门已责成相关乡镇于2011年11月10日前全部清退了9户群众重复领取的3万元补助资金。

（三）审计抽查“特殊党费”援建的8632个项目发现（2011年度审计项目数），19个项目建设管理不够规范。绵阳市涪城区杨家镇王家桥村、朵朵树村、柏林湾村、云林村和回龙寺村5个村级综合服务设施项目的施工单位，违规将其承包的工程转包给个人实施；绵阳市跃进北路学校原址整体重建校舍工程和绵阳市涪城区金峰镇莲花池村、新丰村、穿山洞村3个村级综合服务设施灾后重建工程等4个项目的施工单位，未按合同要求配备主要管理人员；四川省汶川县、崇州市、彭州市、剑阁县、旺苍县和甘肃省成县“特殊党费”援建的10个项目建成后未及时办理竣工决算和资金清算。

审计指出上述问题后，有关地方党委、政府高度重视，立即督促整改。涪城区政府已按管理权限将相关情况上报绵阳市住房和城乡建设局，绵阳市住房和城乡建设局已要求对5个违规转包工程、4个未按合同要求配备主要管理人员的施工、监理单位及有关人员给予罚款处罚，并在全区进行通报，禁止其3年内在涪城辖区内承揽工程项目，同时依法追究了有关单位失察和监督不力的责任，目前上述9个项目均已通过了工程质量验收并投入使用；四川省汶川县、崇州市、彭州市、剑阁县、旺苍县和甘肃省成县党委政府已责成相关部门和单位采取措施积极整改，10个项目现已完成了竣工决算和资金结算工作。

（审计署办公厅：《汶川地震灾后恢复重建跟踪审计结果（第6号）》）

国家发展改革委办公厅
关于印发汶川地震灾后恢复重建工作总结的通知

（发改办西部〔2012〕633号）

四川、甘肃、陕西、山东、广东、浙江、江苏、北京、上海、河北、辽宁、河南、福建、山西、湖南、吉林、安徽、江西、湖北、重庆、天津、深圳、黑龙江省（市）人民政府办公厅，教育部、科技部、工业和信息化部、国家民委、公安部、民政部、财政部、人力资源社会保障部、国土资源部、环境保护部、住房城乡建设部、交通运输部、铁道部、水利部、农业部、商务部、文化部、卫生部、人口计生委、人民银行、国资委、税务总局、广电总局、体育总局、国务院扶贫办、林业局、旅游局、地震局、气象局、银监会、能源局、文物局办公厅（室）：

国务院汶川地震灾后恢复重建工作协调小组（以下简称“协调小组”）关于汶川地震灾后恢复重建工作总结已经国务院同意。协调小组已完成党中央、国务院赋予的工作任务和使命，经国务院同意予以撤销。现将《汶川地震灾后恢复重建工作总结》印发你们，并衷心感谢各单位对协调小组工作的支持和贡献。

二〇一二年三月十九日

附

汶川地震灾后恢复重建工作总结

国务院汶川地震灾后恢复重建工作协调小组

2008年5月12日发生的汶川特大地震，是新中国成立以来破坏性最强、波及范围最广、救援难度最大的一次地震，灾后的恢复重建也是人类历史上罕见的浩大和艰难工程。2008年5月22日，中央政治局常委会提出要在深入调查、综合评估、科学规划的基础上，及早规划和适时开展灾后重建工作。2008年9月19日，国务院批准颁布《汶川地震灾后恢复重建总体规划》。三年来，在党中央、国务院坚强领导下，在全国人民大力支持下，四川、甘肃、陕西三省灾区广大干部群众自力更生、艰苦奋斗，以科学发展观为指导，坚持“以人为本、尊重自然、统筹兼顾、科学重建”的方针，全面完成了灾后恢复重建各项任务。

一、灾后恢复重建取得全面胜利

到2011年9月底，四川、甘肃、陕西三省经过三年的艰苦奋战，已胜利完成《汶川地震灾后恢复重建总体规划》中确定的各项任务，全面实现“家家有房住、户户有就业、人人有保障、设施有提高、经济有发展、生态有改善”的重建目标，灾区基本生活条件和经济社会发展水平达到并明显超过震前水平，人民安居乐业、城乡共同繁荣、人与自然和谐相处的美好新家园呈现在世人面前。

（一）居民住房条件显著改善。灾后恢复重建始终将城乡居民住房建设作为重中之重。震后一年，震损住房修复加固全面完成；震后一年半，农村住房重建全部完成；震后两年，城镇住房重建基本完成。三省灾区共维修加固农村住房292万户、城镇住房146万套，新建农村住房191万户、城镇住房29万套。重建后的城乡住房安全牢固、经济实用、布局合理、配套完善，合理避让安全隐患并提高了抗震设防标准，既具有浓郁的区域、民族特色，又适应现代生活需要，极大地改善了灾区群众的居住条件。

（二）城乡面貌焕然一新。城镇重建坚持高水平规划、高起点建设，注重与民族传统、风俗文化相协调，形成一批山水特色之城、生态园林之城、人文魅力之城，北川新县城拔地而起，汶川、青川县城重建一新，震中映秀镇如山水画卷，水磨镇被全球人居环境论坛理事会和联合国人居署誉为“全球灾后重建最佳范例”。农村重建与新农村建设相结合，全面提高村庄规划水平和民居设计水平，农业生产设施恢复提升，市场服务体系不断完善，建成北川吉娜羌寨、黑水色尔古藏寨、绵竹年画村等一大批特色村寨。

（三）公共服务能力大幅增强。灾区公共服务设施全面恢复提升，资源进一步整合，布局更加合理，重建和修复各类学校3976所，建成各类医疗卫生机构2979个，学校、医院设施装备明显改善，抗震标准比当地民用建筑提高1度设防，成为最安全、最牢固、群众最放心的建筑。一大批文化体育和社会福利设施建成并投入使用。因灾失业失地人员实现就业，生计问题得到妥善解决。切实加强地震后续治疗康复工作，积极组织实施受灾家庭再生育项目，确保灾区参保群众社会保险待遇按时足额发放。灾区公共服务条件显著改善，服务水平大幅提高，基本公共服务设施水平和均等化程度跃居西部地区前列。

（四）基础设施保障能力明显提高。交通、水利、能源、通信、市政公用等基础设施全面恢复，一大批关系灾区长远发展的重大项目相继建成。修复既有铁路4376公里，恢复和建设干线公路7132公里、农村公路48540公里，成都至都江堰高速铁路、都江堰至映秀高速公路等建成投入使用，综合交通体系更加完善。2934个水利灾后重建项目全面完成，1257座震损水库完成除险加固，唐家山等114处堰塞湖得到有效处置，防洪减灾能力显著提高。骨干电网和农村电网全面建成，受损电站、油气管网、油库、加油站恢复运行，公众通信网完全恢复，服务水平和应急能力显著增强。城镇供水、供气、排水等基础设施全面恢复，并向周边农村延伸，所有的县城和重要的城镇都建成了污水处理设施，乡镇市政公用设施实现跨越式发展。灾区基础设施建设普遍超越震前水平，为灾区的经济社会长远发展提供了有力保障。

（五）产业发展优化升级。根据资源环境承载能力和就业需要，积极推进产业重建、振兴，灾区特色优势产业顺势而起。工业、特色农业、旅游、文化等5333个产业恢复重建项目已全部完成，东汽、二重、阿坝铝厂等工业企业规模、产能及技术水平超过灾前。加快产业结构优化升级，抓住重建时机淘汰落后产能和企业，对原有分散、落后的产业布局进行调整，恢复和建设了一批特色产业园区，建成了一批特色农产品生产基地，旅游业成为灾区发展的新亮点。市场服务网点及流通基础设施全面提升，城乡市场繁荣稳定。灾区经济发展能力不断增强，特色产业优势得到发挥，主要经济指标超过震前水平。

（六）生态修复初见成效。坚持自然恢复与人工治理相结合，以自然修复为主，灾区受损林地和山体植被逐步恢复，野生动物栖息地、自然保护区得到有效保护，水土流失状况明显改善，恢复林草植被527万亩、林木种苗基地1.5万亩，林区水电路、通讯及防火设施等项目完成重建任务。灾区水源地保护、废弃物处理、土壤污染治理等环境保护设施重建任务全面完成，绝大部分的建筑垃圾得到了再利用，环境监管能力得到加强和提升。加强对重大次生灾害隐患点的治理，防灾减灾水平明显提升。灾害监测预警预报体系得到恢复，应急能力显著增强。重视生态系统恢复的长期性和复杂性，一些生态修复和次生灾害治理项目将持续建设。

（七）精神家园重建同步推进。坚持社会主义核心价值体系建设与人的全面发展相结合，不仅重建了一个物质家园，也重建了一个精神家园。实施心理康复工程，积极开展受灾群众心理疏导。注重人文关怀，孤儿、孤老、孤残人员的基本生活得到保障。实施地震遗址保护，抢救修复灾区文物、文化典籍及珍贵非物质文化遗产，都江堰古建筑群、藏羌民居、碉楼等历史文化遗产全面修复，博物馆等公共文化设施得到了恢复和加强。全国对口支援和各族人民的互相帮助，进一步促进了各民族的团结。灾区干部群众自强不息、感恩奋进，用勤劳的双手重建家园，开放意识、创业意识、文明意识大大增强，曾经饱受创伤的灾区人民正满怀信心地创造新的生活。在废墟上重新崛起的美好家园，已经成为爱国主义教育基地、社会主义核心价值体系学习教育基地、民族团结进步宣传教育基地和展示中国特色发展道路的重要窗口。

二、灾后恢复重建主要措施

（一）科学编制规划。地震发生后不久，国务院抗震救灾总指挥部决定成立灾后重建规划组，负责灾后重建规划的编制工作。规划工作坚持以人为本、科学重建、深入调研、广纳民意，组织专家委员会、国家减灾委、中国科学院等开展灾害范围评估、灾害损失评估和资源环境承载能力评价，广泛听取灾区干部群众和社会各界的意见和建议，组织专家对重大事项进行论证，借鉴国内外的有益经验，科学开展总体规划和专项规划编制工作。国务院印发《汶川地震灾后恢复重建总体规划》，科学确定了重建范围、重建目标和重建任务，成为指导灾后恢复重建工作的纲领性文件。有关部门相继编制和印发城乡住房、城镇体系、农村建设、公共服务、基础设施、生产力布局和产业调整、市场服务体系、防灾减灾、生态修复和土地利用等十个专项规划，四川、甘肃、陕西三省根据当地实际制定了恢复重建年度实施计划，51个重灾县（市、区）分别制定了具体实施规划，形成灾后恢复重建完整的规划体系。

（二）制订重建政策。为保证顺利推进灾后恢复重建，鼓励和引导社会各方面力量积极参与，使灾区早日恢复正常的生产生活秩序，国务院及时颁布了《汶川地震灾后恢复重建条例》，迅速出台了《国务院关于做好汶川地震灾后恢复重建工作的指导意见》和《国务院关于支持汶川地震灾后恢复重建政策措施的意见》，明确了灾后恢复重建的主要任务、工作要求、实施步骤和保障措施，以及财税、金融、土地、产业、就业和社会保险等方面支持恢复重建工作的政策。中央财政大力压缩一般性开支，积极筹措并建立了3000亿元的汶川地震灾后恢复重建基金，同时，统借统还国外优惠贷款15亿美元。面对国际金融危机的冲击，党中央、国务院明确把加快灾后恢复重建作为扩内需、保增长的重要举措之一，把恢复重建作为加快灾区发展的重要契机。国务院有关部门、各受灾省政府、各监管机构，先后制定出台了一系列支持灾后恢复重建的政策措施。

（三）精心组织实施。在党中央、国务院的领导下，建立了省负总责，市、县具体承担落实恢复重建任务的领导体制和组织实施体系，加强对重建工作的系统领导、全程指挥和监督检查。坚持自力更生、艰苦奋斗，充分发挥灾区党委、政府和干部群众的主动意识、主体作用和主导力量，把伟大的抗震救灾精神转化为建设灾后美好新家园的实际行动。坚持整体谋划、科学设计，强化科学布局、科学选址，确保了恢复重建工作的质量和效果。坚持突出重点、统筹兼顾，始终坚持把城乡居民住房重建摆在恢复重建的突出和首要位置，优先安排学校、医院等公共服务设施建设。坚持政府主导、社会参与，广泛动员和组织社会力量参与和支持灾后恢复重建。坚持探索创新、破解难题，充分运用市场机制，有效解决资金筹集、物资保障、道路运输、物价稳定等困难。坚持科学组织、科学施工，抓前期工作、抓施工环节、抓时间节点、抓集中攻坚，加快重建步伐。

（四）动员社会力量。2008年6月13日，中央召开省市区和中央部门主要负责同志会议，决定按照“一省帮一重灾县”的原则，建立对口支援机制，就对口支援工作作出具体部署，由东、中部等19个省市对口支援24个重灾县。国务院办公厅印发了《汶川地震灾后恢复重建对口支援方案》，各对口支援省市坚决贯彻中央的决策部署，以高度的政治责任感、紧迫的使命感，迅速选派大批有责任心、有能力、有经验的干部到灾区一线工作，深入了解灾情，考察项目选址，制定实施方案，快速启动了一批民生工程的建设，全面推进人力、物力、财力、人才和智力支援及就业援助。特别是在国际金融危机发生后，对口支援省市在自身面临很多困难的情况下，提出支援灾区的决心不变、力度不变、目标不变，压缩本地行政开支，保证支援资金及时到位。19个对口支援省市共实施对口支援项目4121个，投入对口支援资金856.6亿元；落实产业援助项目577个，投资184亿元；帮助灾区学生转移就学33643人次，补充教师4858人，培训教师1万多人；组织劳务输出67.7万人，其中输出省外劳务48.6万人；本地就业139.6万人，其中公益性岗位安置22.2万人，为灾后恢复重建作出了突出贡献。人民解放军指战员、武警部队官兵及时组织抢运重建物资，精心援建学校、医院。一些没有对口支援任务的西部省（区），通过多种形式支持灾后重建。中组部筹集特殊党费，中国侨联、中国红十字会、中华慈善总会等各类社会组织在资金募集、恢复重建、职业技能培训和中介服务等方面发挥了重要作用，广大志愿者通过开展社会调查、心理抚慰、扶危济困等多种方式为灾区无私奉献，港澳台同胞、海外侨胞倾情支援灾区学校、医院、民房、社会福利、交通等恢复重建，充分体现了中华民族一方有难、八方支援的优良传统。

（五）强化监督检查。坚持安全第一，确保灾后恢复重建质量。严格执行国家新的抗震设防标准，严格实行项目法人责任制、招投标制、合同管理制和工程监理制，建立健全质量安全监督检查制度，确保灾后恢复重建经得起实践、历史和群众的检验。在2010年8月四川遭受的特大山洪泥石流灾害中，以震中映秀镇为代表的重建成果经受住了严峻考验。对资金物资使用采取最严格的监管措施，中央纪委、监察部牵头成立的中央抗震救灾资金物资监督检查工作领导小组，深入灾区督促检查，发现问题督促及时整改。审计部门开展了有史以来最大规模的审计工作，对灾后恢复重建进行全过程跟踪审计，及时向社会公告审计结果。

（六）加强综合协调。2008年11月27日，国务院成立汶川地震灾后恢复重建工作协调小组（以下简称“协调小组”），指导规划实施，协调政策落实。协调小组深入灾区调查了解灾后恢复重建进展情况，先后召开七次协调小组全体会议和多次专题会议，及时研究解决灾后恢复重建中的有关重大问题。根据灾后恢复重建总体工作安排，2009年9月组织开展恢复重建规划实施的中期评估和规划项目调整，为进一步推动规划任务全面完成提供了科学依据。协调小组33个成员单位分工负责、密切配合，妥善做好受灾群众应急救助和基本生活保障工作，出台灾区部分在外务工经商人员及其家属在就业地落户等扶持政策；组织调集各类专业技术力量，支持帮助灾区加强恢复重建项目的勘察、设计、施工和监理，及时制定和修订有关建筑标准规范，确保工程建设质量和安全；实行特殊的用地政策，多途径保障建设用地计划指标，调整用地审批程序，简化环评工作程序，提高审批效率；统筹调配运力，对灾后重建物资运输车辆实行“绿色通道”政策；积极解决征地拆迁补偿资金缺口问题，安排过渡期综合财力补助，用于灾区基本公共服务支出；延长新增建设用地土地利用年度计划指标预支和追加认定政策、支持灾后恢复重建有关财税政策、免征灾区农村信用社所得税优惠政策、灾前贷款延期偿还的“四不政策”、灾区家庭经济困难学生特别资助政策和灾后恢复重建对口就业援助政策的执行期限；研究确定在《全国中小河流治理和病险水库除险加固、山洪地质灾害防御和综合治理总体规划》中，加强对灾区地质灾害的防治力度。今年10月14日，发展改革委、人力资源社会保障部和解放军总政治部召开汶川地震灾后恢复重建总结表彰大会，国务院领导同志对恢复重建进行了总结，三部门对汶川地震灾后恢复重建先进集体和先进个人给予了表彰。

三、灾后恢复重建的经验体会

汶川地震灾后恢复重建涉及人口多、面积大、自然条件复杂、建设任务艰巨。仅用三年时间胜利完成灾后恢复重建任务，是我们战胜自然灾害的又一伟大壮举。回顾三年多来灾后恢复重建工作，有以下几点经验体会。

（一）党中央、国务院坚强领导是恢复重建的根本保证。汶川地震发生后，党中央、国务院坚强领导、总揽全局、靠前指挥、科学决策，及时作出实施对口支援重大部署，颁布灾后恢复重建条例，出台灾后恢复重建政策措施，组织力量科学编制规划，建立灾后恢复重建工作协调机制，举全国之力，有力、有序、有效推进灾后恢复重建工作。党中央、国务院领导同志心系灾区、情系群众，多次深入灾区指导恢复重建工作。各级党员干部冲锋在前、身先士卒。上万亿元重建资金的顺利筹措，几十万援建大军的迅速组织，四万多个重建项目的快速推进，充分展示出党和政府强大的应急动员能力、资源调配能力、统筹协调能力和驾驭复杂局面的能力，有力证明了中国特色社会主义制度的巨大优越性。

（二）以人为本、民生优先是灾后恢复重建的核心理念。以人为本的执政理念在抗震救灾和灾后恢复重建斗争中得到充分体现。把保障和改善民生作为最基本出发点，优先推进住房、学校、医院等民生设施建设。采取多种措施，有效解决过渡安置、群众就业、特困帮扶等实际问题，积极关怀“三孤”人员，对困难学生给予特别资助，认真做好再生育服务，灾区民生事业和综合保障能力显著提升。灾后恢复重建的每一项政策措施、每一个环节都体现出以人为本精神，赢得了人民群众的拥护和支持。

（三）依靠群众、激发活力是恢复重建的决定力量。坚持灾区群众在恢复重建中的主体地位，充分发挥灾区群众积极性、主动性和创造性。通过宣传引导，开展感恩教育，调动灾区群众战胜困难、互帮互助、共建家园的自觉性。通过民主决策，调动灾区群众参与规划设计、重建选址、工程施工等各个环节的积极性。通过财税政策，调动灾区群众建房兴业、创业就业、增收致富的主动性。广大灾区群众不屈不挠的坚强意志，深刻展示了“任何困难都难不倒英雄的中国人民”强大的精神力量，有力推动了灾后恢复重建的顺利实施。

（四）对口支援、多方参与是灾后恢复重建的关键之举。“一省帮一重灾县”的对口支援措施，是我国抗灾史上的第一次，也是世界救灾史上的首创。创新对口支援形式，创造出“交钥匙”“交支票”“统一援建”“包片援建”等多种形式，有效调动了援建省市与灾区省的积极性。丰富对口支援内容，将“硬件”与“软件”“输血”与“造血”、当前与长远有机结合，协调推进恢复重建与发展提升。扩大对口支援效应，不仅使灾区群众生产生活在较短时间内得到了恢复和提升，而且促进了东中西部经济、文化的合作交流，探索出一条先富帮后富、逐步实现共同富裕的成功之路。香港、澳门特别行政区政府和港澳社会各界积极参与灾后恢复重建，不仅为灾区提供了多方面的巨大援助，而且探索出“一国两制”条件下内地地方政府与港澳特区合作交流的新模式。

（五）尊重自然、遵循规律是灾后恢复重建的重要原则。坚持尊重自然、尊重规律、尊重科学，部署生态修复、环境整治和土地整理复垦等生态恢复重建任务。坚持科学布局，根据资源环境承载能力，充分考虑潜在灾害威胁，科学确定不同区域的主体功能，优化城乡布局、人口分布、产业结构和生产力布局。坚持科学选址，避让地质灾害隐患点、避让泄洪通道，做到预防为主科学设计，提高防灾减灾能力。坚持科学治理，坚持自然修复与人工治理相结合，以自然修复为主，生物措施与工程措施相结合，最大限度减少次生灾害发生。

（六）科学规划、统筹兼顾是灾后恢复重建的根本方法。在规划理念上，贯穿城乡统筹和社会主义新农村建设的时代要求，突出灾后恢复重建不是简单复制，而是发展方式的转变、功能的完善、结构的优化。在规划制定过程中，坚持全域全程规划、开门开放规划、高起点规划、突出特色规划，确保了重建布局和设计的合理性与先进性。在规划内容上，将恢复重建与优化经济布局、转变经济发展方式、充分开放合作、改善城乡环境、加强生态建设和环境保护结合起来，确保了生活与生产、当前与长远、物质与精神的统筹兼顾、和谐发展。在规划体系上，将总体规划与专项规划、行业规划紧密衔接起来，形成了目标明确、层次分明、全程覆盖的规划体系。在规划的实施上，坚持总规统领、因地制宜、分类指导，同时，做好规划实施中期评估，及时对部分项目进行必要调整，使规划更加符合灾区实际。

（七）依法重建、加强监管是灾后恢复重建的基本保障。国务院颁布《汶川地震灾后恢复重建条例》，确保灾后恢复重建纳入法制化轨道。同时，强化工程质量、资金和施工安全，监督检查工作有效跟进，严格管理制度，严格执行法定的基本建设程序，严格进行质量监督。纪检监察、审计部门全过程加强对资金、物资筹集和使用的监管和审计，确保重建资金按照规定专款专用。充分利用信息网络平台，及时公布重建规划、项目、资金等相关信息，主动接受社会公众和舆论监督。

（八）开拓进取、勇于创新是灾后恢复重建的有效途径。灾后恢复重建中遇到的很多困难和问题都是前所未有的，必须创新运用各种方式来解决每一个难题。通过创新资金筹措方式，将政府的引导作用和市场配置资源的作用有机结合，以有力的财政金融政策和市场化运作模式，激发了金融机构和民间资本的投资热情。通过创新住房重建方式，开拓出原址重建、统规统建、统规自建、开发重建、异地安置，以及业主联建等成功模式。通过创新产业重建方式，将产业恢复重建与优化经济布局、转变经济发展方式结合起来，不仅注重当前，同时兼顾长远，增强了发展后劲。

历时三年艰苦卓绝的奋斗，汶川地震灾后恢复重建工作已胜利结束，灾区浴火重生，获得了跨越式发展。但巩固恢复重建成果、全面提升灾区发展水平，还任重道远。灾区省和中央有关部门要继续发扬伟大的抗震救灾精神，着力巩固灾后恢复重建成果，把建成的项目运营好、维护好、管理好，使恢复重建的成果长期有效地服务灾区人民；着力保障和改善民生，把促进就业和发展产业作为灾区发展振兴的优先目标，继续抓好特殊困难群体帮扶工作，继续对灾区贫困村给予扶持，切实解决好灾区群众建房还贷、上学、就医等实际困难，继续做好心理抚慰和再生育服务工作；着力加强生态建设和环境保护，加大灾区中小河流治理和中小水库除险加固，加强地质灾害防治，坚持不懈抓好生态修复；进一步推进对口支援省市与灾区省的长期合作，探索完善长效合作机制，促进优势互补，共同拓展发展空间，继续拓宽区域协调发展、实现共同富裕的新路子。牢牢把握科学发展主题和加快转变经济发展方式主线，抓住实施“十二五”规划和新一轮西部大开发战略的新机遇，不断增强自我发展能力，为灾区经济社会可持续发展奠定坚实基础，促进灾区经济社会发展再上新台阶，开创灾区发展振兴新局面。

(发展改革委供稿)

中央号召，全党和全国军民要更加紧密地团结起来，一切为了灾区，全力支援灾区，以实际行动为抗震救灾贡献力量。中央坚信，有灾区干部群众不屈不挠、顽强奋战的大无畏英雄气概，有全国人民万众一心、共克时艰的社会主义协作精神，我们一定能够战胜这场特大地震灾害

人民生命高于一切

温家宝深入北川察看

截至14日13时，救援人员进入四川省所有发生地震灾害的县，标志着四川地震灾区的救援工作全面向纵深展开

温家宝乘直升机进震中汶川

强调把救人摆在抢险救灾工作的第一位

让 路

评 论

《人民日报》社论

《人民日报》评论员文章

港澳台评论

《人民日报》社论

悲痛中凝聚不屈的力量

当阳光再临大地，时针指向2008年5月19日4时57分40秒，天安门广场，鲜艳的五星红旗缓缓下降。

当笛声警报长鸣，13亿中国人齐身肃立，低首默哀，历史定格在2008年5月19日14时28分。

这一刻，大江南北，长城内外，神州共悲；这一刻，山峦无语，江河呜咽，举国同哀！为四川汶川大地震中我们同胞失去的生命，为四川汶川大地震中我们同胞遭受的灾难……

这是中华人民共和国成立以来，第一次为严重自然灾害造成重大伤亡举行的全国性哀悼活动，也是第一次为自然灾害中罹难同胞降半旗志哀。

我们向遇难同胞致哀，向那些在黑暗中寂灭的生命致哀！截至5月19日12时，汶川大地震已造成34073人遇难，而这冰冷的数字还在无情地增长。他们是父亲、母亲、儿女、兄妹，是我们血脉相连的骨肉同胞，是共和国无法割舍的挚爱。这份痛楚，将由13亿中国人共同承受；这份哀伤，将由中华民族一起分担。

我们向遇难同胞致哀，向那些与死神不屈抗争的生命致敬！汶川大地震，是对脆弱生命的无情摧残，也是对生命意志的永恒见证。残垣断壁之下，多少生命依靠顽强的信念苦苦支撑，不管是否创造了生命奇迹，但他们都与死神搏斗过，与命运抗争过。他们的执著，他们的不屈，他们的坚韧，他们的渴望，都将作为人类的共同记忆，永远留存在我们的生命里。

我们向遇难同胞致哀，向那种生死瞬间的人间大爱致礼！山崩地裂，造成了狰狞恐怖的自然断裂，却也呈现了可歌可泣的挚爱真情。在灾难来临的瞬间，多少人将生的希望让给别人；在生与死的边缘，多少人将死的选择留给自己。让我们记住他们的爱，记住这些普通生命绽放出的温暖光辉，记住中华民族优秀儿女的精神疆界。

人民高于一切，生命高于一切。一个文明进步的现代社会，一个以人为本的社会主义国家，一个全心全意为人民服务的执政党，必定把人的生命置于最高的价值地位。因为每一个公民都是国家的主人，失去任何一个生命，都是国家的损失，都是民族的哀伤。尊重生命，铭记苦难，将使一个国家在挫折中奋起，将让一个民族在磨难中前行。

7天7夜，在以胡锦涛同志为总书记的党中央的坚强领导下，气壮山河的生死营救，感天动地的举国驰援，爱心涌动的无私奉献，激发了中国人民和衷共济、万众一心的民族精神，再现了我们民族在艰难困苦面前不屈不挠、团结奋斗的光荣传统。历史会证明，地震能摧毁一些东西，但它必将以另一种形式重塑。世界将看到，“一个能够出动十多万救援人员的国家，一个企业和私人捐款达到上百亿的国家，一个因争相献血、自愿抢救伤员而造成交通堵塞的国家，永远不会被打垮！”

救援还在继续，挑战仍在眼前。愿全民哀悼凝聚起抗震救灾、重建家园的顽强信念，用我们的不屈斗志和实际行动激励国人，告慰逝者——

“任何困难都难不倒英雄的中国人民！”

（《人民日报》，2008年5月20日第4版）

战胜新挑战　夺取新胜利

6月13日，中央在京召开省区市和中央部门主要负责同志会议。这次会议是在国际国内形势出现不少新的复杂因素、党和国家工作面临不少新的严峻挑战的情况下，在我国抗震救灾和恢复重建、经济社会发展、北京奥运会筹办等工作的关键时刻，召开的一次极其重要的会议。

在这次会议上，胡锦涛同志发表了重要讲话。讲话站在党和国家工作全局和战略的高度，全面分析了当前形势，明确提出了做好抗震救灾和恢复重建工作、推动经济社会又好又快发展、做好北京奥运会筹办工作、做好维护社会稳定工作、加强和改进党的领导工作的总体要求和主要任务。认真学习、全面贯彻会议精神，对于我们进一步统一思想认识，坚定必胜信心，全力做好工作，夺取新的胜利，具有十分重要的意义。

四川汶川的特大地震，给受灾地区人民生命财产和经济社会发展造成重大损失。在党中央、国务院和中央军委坚强领导下，全党全军全国各族人民万众一心、众志成城，迎难而上、百折不挠，形成了抗击地震灾害的强大力量，展开了气壮山河的抗震救灾斗争。这场斗争，显示了党和人民的伟大力量，弘扬了中华民族的伟大精神，谱写了自强不息、团结奋斗的英雄凯歌。

抗震救灾斗争已取得了重大阶段性胜利，但形势依然严峻，任务十分繁重，决不能有丝毫松懈。地震灾后恢复重建是一项十分艰巨的任务，我们必须全面贯彻落实科学发展观，充分发挥社会主义制度能够集中力量办大事的政治优势，坚持一方有难、八方支援，自力更生、艰苦奋斗，科学规划、分步推进，因地制宜、分类指导，全面贯彻中央关于抗震救灾和恢复重建的各项部署。确保受灾群众安置措施落实到位，确保受伤群众救治和卫生防疫措施落实到位，确保严防次生灾害措施落实到位，确保地震灾后恢复重建和对口支援措施落实到位，奋力夺取抗震救灾的全面胜利。

大灾之后，做好今年经济社会发展各项工作更显重要而紧迫。今年以来，面对国际环境重大变化和国内严重自然灾害的突然冲击，我们党团结带领全国各族人民沉着应对，顽强拼搏，保持了经济平稳较快发展的势头，经济发展的基本面是好的。同时，也必须清醒地认识和高度重视经济社会发展中存在的突出矛盾和问题。我们要继续深入贯彻落实科学发展观，坚持一手抓抗震救灾工作、一手抓经济社会发展，继续保持经济平稳较快发展，防止出现大的起落；有效治理通货膨胀，控制物价过快上涨；全力抓好农业生产，实现增产增收；扎实推进经济发展方式转变，提高经济发展质量和效益；注重防范经济风险，促进增收节支和保障金融安全。坚持两手抓、夺取双胜利，我们才能完成经济社会发展各项任务，也才能为成功举办北京奥运会创造良好环境。

举办奥运会，是中华民族的百年期盼，是海内外中华儿女的共同心愿，也是我们对国际社会的郑重承诺。在全国各族人民和海内外中华儿女坚定支持下，在国际友好力量积极帮助下，北京奥运会各项筹办工作有序推进。现在距离北京奥运会开幕只有不到两个月了，时间非常紧迫。这就要求我们，正确处理好抗震救灾和奥运会筹办的关系，精心做好涉奥外事工作，全力做好奥运安保工作，深入做好奥运宣传工作，广泛开展迎奥运、讲文明、树新风活动，努力把各项筹办工作做实做细，确保奥运会的成功举办。

在抗震救灾和恢复重建、保持经济发展良好势头、筹办北京奥运会等各项任务十分繁重的形势下，做好维护社会稳定工作极为重要。切实保障和改善民生，妥善处理人民内部矛盾，扎实搞好社会治安，着力保障国家安全，这样才能确保社会大局稳定，确保社会生活安定和谐。

战胜新挑战，夺取新胜利，关键在加强和改进党的领导。各级党委要增强政治意识、大局意识、责任意识，坚决贯彻落实中央的决策部署，紧紧围绕全党的中心任务，以开拓创新的精神，以迎难而上的锐气，以昂扬向上的斗志，以坚忍不拔的品格，以求真务实的作风，更好地发挥领导核心作用。在工作实际中，要坚持统筹兼顾、突出重点，充分发挥各级党组织和广大党员、干部的作用，特别是要大力弘扬抗震救灾的伟大精神，使之转化为自力更生、艰苦奋斗、重建家园的坚定意志，转化为办好奥运、建设祖国的实际行动，转化为推动科学发展、促进社会和谐的强大力量，经受住任何困难和风险考验，不断把党和国家事业推向前进。

（《人民日报》，2008年6月14日第4版）

《人民日报》评论员文章

紧急行动起来

《人民日报》评论员

5月12日14时28分，四川省汶川县发生7.8级地震，全国许多省区市均有震感。这场地震强度之大，波及之广，为几十年来所罕见，人民群众生命财产安全受到严重威胁。

灾害牵动着党中央、国务院的心。地震发生后，胡锦涛总书记立即作出重要指示，要求尽快抢救伤员，确保灾区人民群众生命安全。温家宝总理当即赶赴灾区，现场指挥抗震救灾工作。当晚，中共中央政治局常委会召开会议，全面部署抗震救灾工作，还决定立即成立抗震救灾总指挥部。中国地震局、国家减灾委、民政部、卫生部、公安部、解放军总参谋部、四川省委省政府、成都军区等有关方面急援灾区抗震救灾。这一切，充分表明党中央十分关心灾区人民群众生命财产安全、高度重视抗震救灾工作，充分显示党和政府全力以赴抗震救灾的坚定决心，充分体现党和政府与灾区人民同呼吸共命运心连心。

灾害也牵动着全国人民的心。短短几个小时内，云南、西藏等周边省份已派出地震专家驰援灾区，中国扶贫基金会紧急发出募捐倡议，中国红十字会全力调拨物资救援，全国很多省市区已经做好支援灾区的准备。网络上无数情真意切的祈愿帖子传递着同胞情感，手机中接连不断的慰问信息温暖着灾区人心。人们关注着汶川传来的每一点信息，挂念着震区人民的生命安危。这一切，让人们看到了中华民族和衷共济、众志成城的伟大精神力量。

灾情火急，人命关天。抗震救灾工作特别紧迫，责任特别重大，任务特别艰巨。在突如其来的自然灾难面前，各级党委、政府和中央各有关部门一定要紧急行动起来，把抗震救灾作为当前的首要任务，尽最大努力把地震灾害造成的损失减少到最低程度。要立即组织人民解放军、武警部队、民兵预备役和医疗卫生人员，尽快赶赴灾区，全力抢救受伤人员。要千方百计向灾区运送食品、饮用水、药品和帐篷、防寒衣被等救灾物资，确保灾区群众有饭吃、有衣穿、有干净水喝、有临时住处。要迅速组织力量，抢修受损公共设施，尽快恢复灾区的通路、通电、通信和供水，保证重要基础设施和水库大坝、铁路、涵洞安全，保证社会秩序的稳定。

灾情就是命令，时间就是生命。各级领导干部和广大共产党员一定要坚持人民利益高于一切，奋不顾身地投入到抗震救灾第一线，急人民群众之所急，解人民群众之所难，把党和政府的关怀送到每一个受灾群众中去。要充分发挥先锋模范带头作用，充分发扬不怕牺牲、不怕疲劳、连续作战的作风，努力保护人民群众生命财产安全。我们相信，在党中央国务院的坚强领导下，全国人民万众一心、众志成城，迎难而上、百折不挠，就一定能够夺取抗震救灾斗争的胜利。

（《人民日报》，2008年5月14日第1版）

人民生命高于一切

《人民日报》评论员

汶川地震造成人员严重伤亡，目前还有很多群众被困在废墟之下。确保灾区人民生命安全，把人员伤亡降到最低限度，是当务之急，重中之重。

在党中央、国务院的关心和周密部署下，灾区各级党委、政府和中央各有关部门紧急行动起来，全力做好各项抗震救灾工作。人民解放军、武警部队、民兵预备役和医疗卫生人员以最快速度赶赴灾区，全力抢救受伤人员。中国国际救援队和四川、重庆、山东等地的地震救援队分别抵达灾区，全力搜救埋压在废墟下的群众的生命。各相关抢险救援队伍争分夺秒抢修公路和受损公共设施，努力争取救援人员在最短的时间内抵达重灾区。这充分表明，在党和政府心中，在全体救援人员心中，人民生命高于一切。

抗震救灾，救人最紧要。以人为本是救灾的核心，抓住时机、抓紧时间抢救人员，是整个抗震救灾工作的重中之重，全部工作都要紧紧围绕救人展开。当此之际，身处危境中的人民群众，等待救援人员的心情最焦急，渴望被救助的企盼最迫切。当此之时，没有什么比最快出现在受伤群众身边更紧迫，没有什么比全力抢救群众生命更重要。只要有一线希望，我们就要尽最大的努力；只要有一点可能，我们就要不惜一切代价。废墟下哪怕还有一个人，我们都要竭尽全力，抢救到底。

时间就是生命，效率就是生命。确保灾区人民生命安全，要求我们克服一切困难、排除一切险阻，尽快通路、通电、通水、通信，早一秒到达灾区，多一分救灾保障，生命的抢救就多一分希望。要千方百计向灾区运送食品、饮用水、药品和帐篷、防寒衣被等救灾物资，才能确保群众有饭吃、有衣穿、有干净水喝、有临时住处。要妥善安置好受灾群众，做好被困群众和受伤群众的救治工作，安排好受灾群众生活，满足群众基本生活需要，让灾区群众感受温暖，稳定情绪，增强战胜地震灾害的自信心。要科学组织抗震救灾工作，把各种抗震救灾资源和力量有效地协调、整合起来，投入到灾情最严重的地方，投入到群众最需要的地方，提高救灾效率，加速救灾进展。

在突如其来的地震灾害面前，党和政府是灾区人民的主心骨。各级党委和政府要把保护人民生命安全放在首位，急人民群众之所急，解人民群众之所难，把各方面可能出现的情况和问题想得深些、想得透些，把各项抢救和安置工作做到实处、落到细处，把党和政府的关怀送到每一个受灾群众中去，把人民群众抢险救灾的积极性调动起来，组织起来，凝聚成万众一心、迎难而上，共御天灾的伟大力量。

（《人民日报》，2008年5月15日第1版）

打通生命之路　伤亡减到最低

《人民日报》评论员

中共中央政治局常委会再次召开会议，进一步研究部署抗震救灾工作。中央要求，各地各有关方面务必把抗震救灾工作作为当前最重要最紧迫的任务，不畏艰难，连续作战，团结协作，全力以赴，坚决打胜抗震救灾这场硬仗。我们看到，从各级领导干部到人民子弟兵，从各地震救援队到广大医护人员，从各相关救援队伍到众多的抢险救灾志愿者，大家夜以继日，全力以赴，朝着一个共同的目标顽强奋战，不惜一切代价，采取一切措施，最大限度减少人员伤亡。

与地震灾害搏斗，必须争分夺秒。流逝每一分钟，都令人心焦。赢得每一分钟，都意味着生的希望。现在，一切工作都在紧紧围绕救人展开。全体救援人员心里的一个坚定信念，就是争取每一秒钟，不放弃一线希望，尽快搜救埋压在废墟下的群众。每一个救援人员心里都万分焦急，千万不能错过最佳救援时间，必须在最短的时间内赶到受困群众身边。我们一定要想尽一切办法，采取一切手段，排除一切困难，奋力打通生命之路，让更多的救援人员尽快到达重灾区。

这次大地震，影响范围广，人员伤亡多，抢救难度大，抗震救灾工作面临极为严峻的挑战。越是在复杂情况下，越是在紧急关头，抗震救灾工作越需要更加有力有序有效展开。科学组织救灾工作至关重要。统筹协调，精心组织，科学指挥，严明纪律，才能最大限度地发挥集体的智慧和组织的力量，确保人力、物力、财力投入到抗震救灾最需要的地方，确保党中央抗震救灾决策部署落到实处。

汶川地震以来，余震不断，部分公共设施也出现险情；连续的降雨等不利因素，容易导致山体滑坡、泥石流；灾后衍生疾病乃至瘟疫的可能性也很大。这些次生灾害更会使本来异常脆弱的灾区陷入连环困境之中。对此我们要高度警惕，切实做好预防工作，避免次生灾害对人民生命财产的再次损害，尤其要加强卫生防疫工作，防止灾区疫病流行。要继续筹措和调运灾区急需的食品、饮用水、衣被、帐篷等物资，努力解决受灾群众的吃饭、饮水、穿衣、住宿等问题，同时深入细致地开展灾区群众思想工作，确保灾区社会稳定。

“为什么我的眼里常含泪水，因为我对这土地爱得深沉。”从手拉手的那一刻起，就再也没有人会无助地哭泣。我们坚信，有灾区干部群众部队官兵不屈不挠、顽强奋战的大无畏英雄气概，有全国人民万众一心、共克时艰的社会主义协作精神，我们一定能够战胜这场特大地震灾害。

（《人民日报》，2008年5月16日第1版）

当务之急仍然是救人

《人民日报》评论员

在抗震救灾的关键时刻，中共中央总书记、国家主席、中央军委主席胡锦涛亲赴四川地震灾区，慰问灾区干部群众，看望奋战在抗震救灾第一线的部队官兵、公安民警和医护人员，并主持召开会议，对下一步抗震救灾工作作出重要部署。胡锦涛风尘仆仆，深入灾区，视察灾情。他亲切地拉着灾民的手，询问亲人伤了没有，房子倒了没有；他满含深情地亲吻着受伤儿童的脸颊，叮嘱医护人员要照顾好孩子；他俯身询问受伤群众，动情地说你们受苦了；他来到安置点，细心倾听受灾群众的诉说。胡锦涛强调指出，现在虽然已经过了震后72小时的“黄金救援”时间，但仍然要把挽救人的生命作为当务之急、作为重中之重。这充分体现了党中央时刻把灾区人民的生命安危记挂在心，与人民群众始终同呼吸、共命运、心连心。

在党中央、国务院和中央军委坚强领导下，在抗震救灾总指挥部直接指挥下，抗震救灾工作正有力有序有效地进行，但面临的挑战仍然十分严峻，任务仍然十分艰巨，时间非常紧迫。党中央的亲切关怀为抗震救灾注入了巨大动力。我们一定要全力抢救被困群众，把抢救人民群众生命作为重中之重，紧紧抓住每一分钟、每一秒钟，与时间赛跑，与死神抗争，实行科学救援，尽最大可能救人。只要有一线希望，就要做出百倍努力；只要有一点可能，我们就绝不放弃。我们一定要全力救治受伤人员。随着营救工作全面展开，大批伤员被转送到各个救护点和医院，全体医护人员要像对待自己的亲人一样，精心治疗，精心护理，使受伤人员得到更好的照顾。还要做好卫生防疫工作，防止灾后疫病流行。我们一定要全力安排好群众生活，尽最大可能使受灾群众喝上干净的水，吃上热乎的饭，穿上御寒的衣，住进遮风挡雨的帐篷，尽快通电通水，保持通信畅通，努力满足群众基本生活需要。从而，为下一步全力恢复生产、重建家园奠定基础、创造条件。

自然界的大灾大难，是对一个民族意志品质的考验。保持坚定的信念，鼓足战胜困难的勇气，凝聚全体人民的力量，我们就可以把困难踩在脚下。中华民族是一个坚强的民族，在任何困难险阻面前，都有一种坚忍不拔、百折不挠的英雄气概。我们坚信，在以胡锦涛同志为总书记的党中央领导下，全国各族人民紧密团结，同舟共济，挺直腰杆，咬紧牙关，不怕疲劳，连续作战，我们就一定能创造抗击自然灾害的奇迹，夺取抗震救灾的伟大胜利。

（《人民日报》，2008年5月17日第4版）

举全国之力抗震救灾

《人民日报》评论员

汶川大地震紧紧揪着党中央、国务院和全国人民的心。人们关注震区每一个村落的灾情，人们期待每一片废墟下生命的搜寻，人们企盼每一个受伤人员的及时救治……海内外中华儿女都紧急行动起来，投入到旷世罕见的生命大营救，投入到风雨兼程的千里大驰援，投入到感天动地的爱心大奉献。

这次大地震，震级之高，破坏之大，波及之广，营救之难，均超过了唐山大地震。面对这场特大地震灾害，全党全军全国人民紧密团结起来，共同抗击天灾。十多万解放军、武警、公安、消防官兵奋战在抗震救灾的第一线，大批抢险救援队伍加紧抢修受损设施，各省区市医疗救护队伍全力救治伤员，中央各部门、各省区市及社会各界组织大批救灾物资源源不断运往灾区，无数普通群众组成的志愿者大军活跃在抗震救灾的现场。此时此刻，人们比以往任何时候都更加清醒地认识到，战胜这场特大地震灾害，必须举全国之力。

一方有难，八方支援，这是共克时艰的力量所在。九八抗洪、抗击非典、战胜特大雪灾，我们都胜利地走过来了。这场抗震救灾，我们依然在戮力同心，同舟共济，形成强大合力。从政府到民间，从军队到地方，从单位到个人，都发扬了军民团结、干群团结、党群团结的优势，形成一个强有力的救援体系，保证了救援人员和救灾物资的运送，使救援工作迅速取得进展，让受灾群众得到妥善安置。无数撼人心魄、感人肺腑的场面，构成了社会主义大团结大协作的动人画卷。

“我们都是汶川人！”“我们与你们在一起！”长城内外，大江南北，到处都是支援灾区的实际行动，到处都是捐款捐物奉献爱心的长长队伍。从中央领导到广大群众，从企业家到普通员工，从海外华侨到港澳台同胞，从白发苍苍的老人到天真活泼的孩子，人们莫不慷慨解囊争相捐款，莫不尽己所能出一份力。国际友人这样感叹：“难以置信，这些人民没有抱怨，只是将自己的注意力集中于救济工作。13亿人同样如此……你能在世界别的地方找到这样的13亿人么？”

一切为了灾区，全力支援灾区。各行各业、社会各界，还在继续向灾区提供援助，爱心捐款捐物数额还在直线上升。全体中华儿女的大力支援，凝结着骨肉同胞的深情厚谊，极大地增强了全体军民夺取抗震救灾胜利的信心和力量。

天摇地动，摧不垮万众一心的钢铁意志；桥断路绝，斩不断心心相系的骨肉情深。抗震救灾，是对我们民族精神的一次洗礼，是对我们民族团结的一次检验，是对我们民族力量的一次凝聚。我们深信，抗震救灾的胜利，一定属于伟大的中国人民。

（《人民日报》，2008年5月18日第2版）

坚决打胜抗震救灾这场硬仗

《人民日报》评论员

在抗震救灾的危急时刻，在攻坚克难的紧要关头，正在四川指导抗震救灾工作的中共中央总书记、国家主席、中央军委主席胡锦涛，17日连夜在成都召开会议，研究部署下一步抗震救灾工作，并发表重要讲话。胡锦涛同志强调，要把抗震救灾作为当前最重要最紧迫的任务，以更加顽强的精神、更加迅速的行动、更加密切的配合，克服一切艰难险阻，坚决打胜抗震救灾这场硬仗。

胡锦涛同志的重要讲话，是党中央着眼于抗震救灾全局作出的全面战略部署，体现了党中央对人民群众生命安危的高度关切，体现了人民利益高于一切的根本要求，是夺取这场抗震救灾全面胜利的行动纲领。各级党委、政府和中央各有关部门务必坚决贯彻中央的决策部署，把各项要求坚决落实到抗震救灾的全部工作之中。

当前，抗震救灾斗争形势依然严峻，任务艰巨，时间紧迫。打胜抗震救灾这场硬仗，当务之急就是按照胡锦涛同志的部署，做好六个方面的工作：要继续争分夺秒地搜救被困群众，坚持以人为本，把抢救人民群众生命作为首要任务；要全力救治受伤人员，尽最大努力抢救伤员生命，医治群众病痛；要想方设法安排好受灾群众基本生活，继续筹措灾区群众急需的生活必需物资；要抓紧抢修因灾毁坏的基础设施，尽快实现灾区通路、通电、通水、通信息；要做好恢复重建准备工作，及早谋划恢复生产、灾后重建；要切实加强对抗震救灾工作的领导，尽快形成大力协同密切合作的机制。我们要遵照这些战略部署，更加积极主动地开展工作，把抗震救灾有力有序有效地推向深入。

抗震救灾是一场生死时速的较量。连日来，在党中央、国务院和中央军委坚强领导下，在国务院抗震救灾总指挥部直接指挥下，人民解放军指战员、武警部队官兵、民兵预备役人员和公安民警顽强奋战解救被困群众，灾区干部群众临危不惧奋起自救，全国各族人民患难与共全力支援，为我们打胜抗震救灾这场硬仗奠定了坚实基础。

六天奋战感天动地，气壮山河，但困难仍在眼前，挑战还在后头。自然界的大灾大难，是对一个民族意志和品格的锤炼。打胜抗震救灾这场硬仗，迫切需要顽强的精神、迅速的行动、密切的配合。我们只有咬紧牙关、鼓足勇气，凝聚起无坚不摧的力量，才能共同战胜一切风险挑战；我们只有争分夺秒，与死神抗争，才能创造更多生命奇迹；我们只有军民团结，齐心协力，才能共克时艰，战胜灾难。

每个时代，每个民族，都不可避免地要经历磨难和考验。在几千年历史长河中，中华民族虽历经沧桑，饱受磨难，但每一次都能以我们民族特有的毅力和勇气，化险为夷，转危为安，愈挫愈奋，愈折愈强。我们坚信，有中华民族不屈不挠、团结奋斗的光荣传统，有党中央沉着冷静、卓有成效的坚强领导，有全国各族人民众志成城、同舟共济的顽强拼搏，抗震救灾斗争的胜利必将属于伟大的中国人民！

（《人民日报》，2008年5月19日第1版）

一线希望　百倍努力

《人民日报》评论员

时间已经整整过去7天，抗震救灾进入最紧急时刻。当此之时，抢救人民群众的生命仍然是当务之急、重中之重，我们仍然要继续争分夺秒地搜救被困群众。这是党中央着眼于抗震救灾全局、坚决打胜这场硬仗提出的明确要求。

人民生命高于一切。作为国家的主人，作为国家的公民，每个生命都拥有尊严，都必须格外珍惜。这是党中央实施千里大救援展示的生命宣言，是全体救援人员赖以顽强拼搏的坚定信念。

对于在大地震中的遇难同胞，我们设立全国哀悼日，国旗为罹难同胞而降，汽笛为罹难同胞而鸣，防空警报为罹难同胞而响，全国人民为罹难同胞而哀。这彰显的是生命的尊严，是一个国家和民族对生命的尊重。而在每一片废墟之上，救援人员仍在竭尽全力搜寻，只要有一线希望，就绝不放弃；只要有一点生还可能，就付出百倍努力。这是我们珍惜生命的最好体现，是对废墟下仍然顽强坚持的每一个生命的庄严承诺。

生命不息，奋斗不止。尽管现在早已过了震后72小时的“黄金救援”时间，但受困人员获救的喜讯仍然不断传来，至今在一些废墟下仍然发现有生命的气息。埋压在废墟下的生命的坚持和抗争，不仅创造了一个又一个生命的奇迹，展现了顽强的生存意志，更体现了对党和政府、对人民子弟兵的高度信任。“我就等你们来救我，我相信你们会来救我！”这是埋压在废墟下人们的期待和呼唤。

随着时间的推移，受困人员抢救成活率会越来越低，这不以人的意志和情感为转移。现在，最紧要的就是要充分发挥人民子弟兵的突击队作用，在救援队伍进入所有乡镇的基础上，尽快进入所有村庄，排查每一处倒塌房屋，竭尽全力搜救被困群众。要充分发挥专业救援队伍的优势，实行科学救援，尽最大努力抢救被困群众的生命。只要还有一个生命，只要还有一息尚存，我们都要不惜一切代价，付出百倍努力。

对人民生命的珍惜，必将赢得人民的尊重，极大地凝聚起人民的力量，极大地凝聚起压不倒、摧不垮的民族精神。这种精神，这种力量，是中华民族千百年来薪火相传的宝贵财富，是我们战胜前进道路上一切困难、风险和挑战的强大动力。有党中央的坚强领导，有全体军民的顽强拼搏，有全国各族人民的同舟共济，我们就能克服一切艰难险阻，坚决打胜抗震救灾这场硬仗。

我们礼赞生命，我们期待奇迹！

（《人民日报》，2008年5月20日第9版）

逝者安息　生者奋进

《人民日报》评论员

国旗半垂，汽笛长鸣，江河呜咽，举国同哀。

2008年5月19日，当为四川汶川大地震遇难同胞默哀结束后，聚集在一起的人们久久不愿离去，他们振臂高呼："四川挺住！""中国加油！""祖国万岁！"发自心底的呼喊不绝于耳，响彻天际。

在这个神州共悲的时刻，我们刻骨铭心地体会到了失去同胞的哀痛，更感受到中华民族的伟大。这是一种灾害愈重斗志愈强、灾害愈烈团结愈固的坚韧品质，这是一种"压倒一切困难而决不被困难所屈服"的英雄气概。

8.0级强震，最大烈度达11度，破坏特别严重的地区超过10万平方公里。灾难中，一个个生命的消失、一声声悲痛的哭泣，让我们体会到生命的脆弱；一桩桩生还的奇迹、一幕幕人性的光辉，让我们见证了生命的不屈。

在挫折中奋斗，在逆境中崛起，在悲痛中凝聚，在废墟上重建。房子塌了，公路断了，我们还可以再修。只要人在，我们就一定能够渡过难关，战胜这场重大自然灾害。面对灾难，抗震救灾的军民们不抛弃、不放弃，紧咬牙关，强忍泪水，从废墟里救出一个又一个生命，创造一个又一个奇迹。全国人民有钱出钱、有力出力，显示出空前的凝聚。失去了亲人的灾区同胞，擦干眼泪，忍住悲痛，奋力救助其他同胞。那种坚韧、那种无私，让死神却步，令世界动容。这一切都昭示着，地震可以摧毁我们的家园，但摧不毁中华民族的坚强意志；可以夺去同胞的生命，却夺不走华夏儿女的手足深情。大江南北，长城内外，所有的生息繁衍于中华大地上的人民，凝聚成一个密不可分的命运共同体。

每一个时代、每一个民族都会遭受灾难，承受考验。面对灾难，我们这个从大风大浪中走来的五千年历史的民族，不会屈服于任何灾难，不会被任何艰难困苦所压倒。正是这种伟大力量，推动着中华民族生生不息，开拓前进。

逝者安息，生者奋进。哀悼日，让我们沉痛祭奠，真诚致敬，把我们的意志和团结凝聚成抗击天灾、重建家园的坚强力量，告慰逝者的灵魂，挺起不屈的脊梁，坚决打胜抗震救灾这场硬仗。

（《人民日报》，2008年5月21日第1版）

“不愧为人民子弟兵”

《人民日报》评论员

“解放军到了，人心就定了！”“解放军来了，我们就有救了！”这是灾区人民群众对人民子弟兵的深切呼唤和发自肺腑的感激。胡锦涛主席在视察四川地震灾区时，对在那里抗震救灾的解放军和武警部队官兵说：“你们不愧为人民子弟兵！”这是对部队官兵的高度评价，也是全国人民的共同心声。

灾情就是命令，灾区就是战场。在人民生命财产受到严重威胁的紧急关头，人民解放军、武警部队和公安干警遵照党中央和中央军委的命令，紧急行动起来，以飞机运送、铁路运送、紧急空降、摩托化开进和徒步飞奔等不同方式，快速抵达地震灾区。到目前为止，抗震救灾的解放军、武警官兵已达11万余人。其中，13日一天人民解放军就组织出动军用运输机22架，调用民用客机12架，在恶劣天候条件下不间断飞行79架次，把11420名官兵空运到成都附近，创下解放军历史和中国航空史上单日出动飞机最多、飞行架次最多、投送兵力最多的航空输送纪录。这充分体现了人民子弟兵为了人民利益不惜一切代价的神圣使命感和责任感，充分体现了我军出色的组织指挥能力、快速反应能力和强大的战斗力。

在抗震救灾现场，人民解放军和武警部队发扬我军听党指挥、服务人民、英勇善战的优良传统，不怕牺牲，不怕疲劳，连续作战。哪里有险情，哪里就有迎风飘扬的军旗；哪里有呼救，哪里就有奋不顾身的战士。我军官兵满怀对人民群众的深厚感情，冒着频繁余震的危险，与时间赛跑，和死神抗争，克服了一个又一个困难，打赢了一场又一场硬仗，把成千上万群众的生命从死亡线上夺了回来。

抗震救灾，又是拥军爱民的伟大实践。随处可以看到军民挽手并肩、共御天灾的感人场景，地方政府和人民群众像战争年代那样踊跃拥军支前，70余位将军和10多万部队共同奋战在抗震救灾最前线。在抗震救灾的殊死搏斗中，官兵一致、尊干爱兵的优良传统经受了考验，得到了弘扬。官兵同吃一锅饭，同卧一张铺，汗流在一起，心贴在一块，甘苦与共，生死相依，在抗震救灾的重大斗争中凝聚为更加坚强的战斗集体。

沧海横流，方显英雄本色。我们永远都不会忘记，无论唐山抗震救灾，还是九八抗洪抢险，无论年初抗击冰雪灾害，还是这次抗震救灾，人民子弟兵都是舍生忘死，冲锋在前，以英勇无畏的奋斗和牺牲保护了人民群众的生命财产安全，成为当之无愧的抢险救灾主力军和生力军。他们坚定的信念、无畏的气概、过硬的本领、刚毅的品格、钢铁的纪律，来自于全心全意为人民服务的根本宗旨，来自于对党和人民的无限忠诚，来自于保家卫国的神圣职责，来自于对祖国无比深沉的热爱。

人民子弟兵的卓越功勋、丰功伟绩，人民不会忘记，祖国不会忘记，历史不会忘记。中国人民为拥有这样一支英雄的子弟兵而感到无比的骄傲和自豪。人民子弟兵依然是新时代最可爱的人！

（《人民日报》，2008年5月21日第2版）

在废墟上托起生命的方舟

《人民日报》评论员

一场突如其来的灾难，缩短了生与死的距离。抢救，早一秒就多一分生的希望；晚一秒就多一分死的危险。四川汶川大地震的10个日日夜夜，在异常艰辛的生死营救中，党和政府始终牵挂地震中受伤的灾区群众。"要全力抢救伤员生命、医治群众病痛。"这是党中央提出的明确要求，也是全体救援人员的坚定信念。

汶川大地震破坏之严重，人员伤亡之多，均为历史罕见。而随着时间的推移，我们没有放弃营救幸存者的努力，同时也展开了前所未有的对伤员的救治。截至5月20日18时，汶川大地震受伤者已达247645人。几十万灾区群众正在忍受伤痛的煎熬，流逝的分分秒秒，都是对生命希望的呼唤，是对白衣战士的考验，是对我们救援能力的见证。

生命高于一切。我们看到，十几万大军奋不顾身地从废墟里抢救生命，数万名医务工作者火速开赴抗震救灾一线，参与抢救生命的接力。10天来，全国医疗卫生战线的救援人员从四面八方源源不断地驰援四川，组成了一支覆盖灾区每个县乡的医疗救援队伍，打响了一场与死神抗争的战斗。

面对灾区群众生命的呼唤，医疗救援人员将生死置之度外，不畏艰险，不顾疲劳，为生命抗争，与死神赛跑。在气壮山河的举国大救援中，在余震不断的灾区大地上，白衣战士以巨大的勇气和无私的奉献，呈现了崇高的精神力量，庄严阐释了"救死扶伤"职业信仰，生动见证了可歌可泣的民族精神。

目前，灾区医疗机构的负荷很重，其中不少受伤群众伤势严重，救治伤员面临更为严峻的形势，医疗救援人员面临更为艰巨的挑战。在这个关键时刻，全力治疗受伤者，挽救更多生命；尽力医治群众病痛，确保灾后无大疫，是当前刻不容缓的重要任务，更是千方百计将地震损失降到最低的必然要求。

繁重的任务和挑战，要求我们加强对医疗救护队伍的组织协调，尽最大努力救治幸存者；要求我们切实保障灾区医疗急救物资供应，尽最大努力满足救治工作需要；要求我们统筹安排，及时将部分能够安全转移的伤员送往外省市条件较好的医疗机构救治；要求我们采取对口支援的办法，充实防疫专业力量，切实做好灾区卫生防疫工作，尤其要重视饮水和食品安全，严防灾区传染病流行。

灾难，考验着中国人民抗震救灾的精神意志，也标注着一个民族的生命境界和人性尺度。我们为顽强的灾区人民祝福，向伟大的白衣战士致敬，愿抗灾军民和白衣战士们在废墟上托起生命的方舟！

（《人民日报》，2008年5月22日第2版）

灾难铸就伟大的中国

《人民日报》评论员

5月19日至5月21日，长歌当哭，时间见证一个民族的哀伤。

自“5·12”灾难发生的那刻起，汶川时间便以血泪生死来凝记，国人心情亦因大痛大悲而淤积。三天哀悼，让悲痛得以表达，也让坚忍得以持续。雪域高原、边陲海疆，繁华都市、偏僻县乡，汶川成为亿万中国人血脉同搏、泪水涌动之所在。13亿中国人以共同的悲伤共度刻骨铭心的瞬间，让罹难者生命在国家记忆里永存。

这三天里，人们看到的不只是举国同悲的恣肆泪水，更是万众一心的民族精神。“汶川不哭”，“中国加油”，大地震中穿越生死的深情呼唤，哀悼日里高亢悲壮的激昂呐喊，当是我们哀思过后凝聚力量的信心和源泉。而这一切，是进步的中国对生命价值的尊重，是发展的中国在人文精神上的回归，是历经磨难的中国在民族复兴征途上前所未有的凝聚力。

汶川作证，这一刻国家与人民同在。“人民利益高于一切”，“一线希望，百倍努力”，大震之后，党和政府始终如一的坚定信念，支撑着感天动地的举国大救援。第一时间公布信息，争分夺秒抢救生命，开放国际救援队进入灾区，设立哀悼日降半旗祭奠平民……对人民负责、对生命敬畏、对世界开放，反映了我们党执政理念的进步，让世界看到一个坚强自信、开放透明、以人为本的中国。

汶川作证，这一刻爱心与希望同在。日继之夜，生继之死。在这场新世纪以来死伤最为严重的地震灾难中，呈现于世界眼前的，不只是哀伤，更有生死瞬间的人性光辉。即使在死亡阴影笼罩的日子，那些爱与献身的故事仍给人以温暖的慰藉。父母张开双臂把生的机会留给孩子，老师俯身低首支撑生命的港湾……废墟下深沉壮阔的无私大爱，拓展了我们民族的精神疆界。

汶川作证，这一刻公民精神与国民意识同在。当家国受灾，同胞有难，亿万国人的集体道德感和现代公民意识被勃然唤醒。民间抢险突击队日夜兼程驰援灾区，救灾志愿者不避艰险奔赴一线，全国人民上下同心守望相助，10天10夜中华大地纵横千里的爱的足迹，让我们看到公民精神的成长、国民意识的重塑。

5月19日，地震重灾区北川中学师生高唱国歌重新开学。

5月20日，四川九峰村60岁的王有群在被埋废墟下196个小时后获救。

这是顽强生命的礼赞，也是不屈中国的象征。

恩格斯说过，“没有哪一次巨大的历史灾难不是以历史的进步为补偿的”。给国家新期待，给民族新精神，给公民新责任，对于历经磨难的中华民族而言，汶川大地震是一个悲壮的过去，更是一个伟大的开始。

希望与中国同在！

（《人民日报》，2008年5月22日第10版）

一手抓抗震救灾工作　一手抓经济社会发展

《人民日报》评论员

22日召开的中共中央政治局常务委员会会议，研究部署继续全力做好抗震救灾工作。会议强调，在全力做好抗震救灾工作的同时，各地区各部门要按照中央的决策部署，一手抓抗震救灾工作，一手抓经济社会发展，全力以赴支援灾区，努力保持经济平稳较快发展，努力保持社会和谐稳定。这是中央根据抗震救灾工作进展，把握经济社会发展形势，总揽全国大局，作出的重要决策，对夺取抗震救灾斗争胜利、促进经济社会发展具有重要指导意义。

突如其来的汶川特大地震灾害，给人民生命财产造成重大损失。在党中央、国务院的坚强领导下，灾区干部群众和人民解放军、武警官兵、公安民警迅速投入抗震救灾。全国人民万众一心，千方百计支援灾区。当前，抗震救灾形势依然严峻，任务十分艰巨，面临许多困难和问题。继续搜救被困人员，救治伤病群众，妥善安置受灾群众，保障群众基本生活，防止发生疫情和次生灾害，抢修毁损基础设施，都需要付出艰苦努力。灾区生产恢复和灾后重建任务非常繁重。抗震救灾仍处在刻不容缓的紧要关头。

今年我国经济发展面临较多内外不确定因素，汶川大地震对灾区经济造成严重影响，也给整体经济运行增加了一些新的不确定因素，但不会改变经济发展的基本形态，不会改变经济又好又快发展的势头。当前我国经济运行继续保持总体平稳态势，农业生产形势较好，夏季粮油有望获得较好收成，生猪生产继续恢复，工业生产基本平稳，市场消费持续较旺。存在的突出矛盾主要是价格上涨压力仍然存在，部分地区煤电油供应较紧，财政支出压力较大等。进一步加强和改善宏观调控，化解不利因素，防止通货膨胀，努力实现今年经济发展目标，仍需做大量工作，丝毫不能放松。

以科学发展观总揽全局，就要坚持“两手抓”，一手要毫不松懈地抓抗震救灾，要继续把抗震救灾作为当前最重要最紧迫的任务，扎扎实实做好各项抗震救灾工作，全力以赴支援灾区；一手要坚定不移地抓经济社会发展，努力保持经济平稳较快发展，努力保持社会和谐稳定。一手抓抗震救灾，一手抓经济社会发展，两者相辅相成。抓好抗震救灾，把灾害造成的损失减少到最低限度，尽快恢复生产重建家园，既是为了灾区人民，也有利于经济发展、社会和谐。抓好经济社会发展，保持经济平稳较快发展，保持社会和谐稳定，会给抗震救灾和灾后重建提供有力的物资保证和财力支持，创造有利的社会环境。

抗震救灾和经济社会发展，两手都要抓，两手都要抓紧。坚决贯彻党中央、国务院的部署，统筹协调，科学指挥，下更大的力气，付出更艰苦的努力，我们就能战胜种种困难，夺取抗震救灾和经济社会发展的双胜利。

（《人民日报》，2008年5月23日第2版）

心连心　同呼吸　共命运

《人民日报》评论员

“这是心的呼唤，这是爱的奉献。”抗震救灾大型募捐活动《爱的奉献》唱出了全国各族人民心中一曲爱的颂歌，震撼人心、催人泪下，在海内外中华儿女中引起强烈反响。“我们心连心，同呼吸，共命运，就没有克服不了的困难。胜利一定属于英雄的中国人民。”胡锦涛总书记对《爱的奉献》的热情鼓励和发出的号召，反映了中华儿女的共同心声，极大地鼓舞了全国人民的信心和斗志，激励着我们坚决打胜抗震救灾这场硬仗。

泪水与歌声交织，爱心与真情同在。作为新中国成立以来我国宣传文化界最大的一次募捐活动，晚会不仅汇聚了千位名人齐聚一台为灾区人民祈福，也以其逾15亿元人民币的现场募款，创下我国募捐活动的最高纪录，被称为“史上最强”的赈灾义演晚会。这台晚会，充分展示了全国人民的爱心和热情，彰显了举国上下同灾区人民心连心、同呼吸、共命运的伟大情怀。

这场山崩地裂的大灾难，无情地夺去许多同胞宝贵的生命、摧毁美丽富饶的家园，却极大地凝聚起了中华民族的精神和力量。我们心连心——在第一时间里，党中央号召全党全军全国人民紧急行动起来，全力投入抗震救灾。与时间赛跑，与死神抗争，不惜一切代价，采取一切措施，把人民生命放在高于一切的位置，全力抢救埋压在废墟下群众的生命。这充分体现了我们党坚持以人为本、一切为了人民的执政理念，体现了党与人民群众生死相依的深厚感情。我们同呼吸——从人民解放军到武警官兵，从公安民警到民兵预备役人员，从医护人员到广大志愿者，争分夺秒，顽强拼搏，竭尽全力挽救群众生命，竭尽全力救治受伤群众。全国各省市区有力出力，有钱出钱，举全国之力支持地震灾区。充分发挥了“一方有难、八方支援”的强大合力，充分展现了社会主义制度的巨大优越性。我们共命运——“我们都是汶川人！”“我们就在你身边！”所有中华儿女视灾区同胞为自己的亲人，视灾区的痛苦为自己的痛苦，不分老幼，不分远近，只要是中国人，都在尽自己的一份力量，尽自己的一份心意。这充分显示了中华儿女血浓于水、情重于山的一往情深，昭示着中华民族不屈不挠、万众一心的民族精神。

“因为爱着你的爱，因为梦着你的梦，所以悲伤着你的悲伤，幸福着你的幸福。”这是爱的表达，这是情的呼唤。历经磨难的中国人民千百年来同声相应、同气相求、血脉相连、患难与共地一路走来。每一次大灾大难，总是让我们心相通、情相牵、意相连，坚强不屈地共同面对一切困难。抗震救灾斗争仍处在刻不容缓的紧要关头，重建美好家园的任务十分紧迫而繁重，我们面临着大量的困难和问题。但任何困难都难不倒英雄的中国人民。只要我们更加紧密地团结在以胡锦涛同志为总书记的党中央周围，心连心，同呼吸，共命运，就一定能够共克时艰，夺取抗震救灾斗争的全面胜利。

（《人民日报》，2008年5月23日第4版）

把安置工作放在突出位置

《人民日报》评论员

当前，抗震救灾形势依然严峻，困难依然很多，任务十分艰巨。把抗震救灾作为当前最重要最紧迫的任务，要求我们扎扎实实做好各项工作，继续搜救被困群众，继续抓紧救治伤病群众，继续做好卫生防疫工作，下大气力做好受灾群众安置工作，继续抢修因灾损毁的基础设施。

安置好灾区群众生活，十分重要而紧迫。这次特大地震灾害，造成大批房屋倒塌，有上千万群众需要安置，衣、食、住等基本生活条件需要解决。这就迫切要求我们把安置灾区群众生活放在突出位置，各项工作必须突出重点、有序开展、及时周到。这样，才能有效推进抗震救灾工作，稳定灾区社会秩序，为打胜抗震救灾这场硬仗奠定坚实基础。

现在，灾区群众基本生活面临不少困难。迫切要求我们加强组织调运，继续筹措受灾群众急需的生活必需物资，想尽一切办法把粮食、食品、饮用水、药品、衣被等物资运往灾区，确保灾区群众有饭吃、有衣穿、有干净水喝、有安全住处。当前，灾区急需帐篷，要采取挖掘库存、抓紧调运、扩大生产、争取外援等办法加以解决，尤其要尽快把已经筹集到的帐篷送到灾区群众手中。

重建家园需要一个过程，帐篷成为受灾群众遮风挡雨的临时住所，需求量巨大。没有帐篷，受灾群众就难以安顿下来，他们的基本生活就难以得到保障。为此，中央决定千方百计组织生产并加紧调运帐篷，要求在一个月内向灾区提供90万顶帐篷。胡锦涛总书记亲赴浙江湖州考察救灾帐篷生产情况，要求生产厂家开足马力生产，全力以赴支援灾区。我们希望全国各地所有具备生产能力的企业都要积极主动承担帐篷生产任务，发扬“一方有难、八方支援”的精神，为国家分忧，为受灾群众解难，尽全力帮助受灾群众解燃眉之急。

安置灾区群众生活千头万绪，一定要从实际出发，精心组织，统筹安排。特别要安排好孤儿、孤老、孤残的基本生活，深入灾区群众特别是遇难者家属，耐心细致地做好思想工作，做好心理安抚。要加强社会管理，维护好灾区的社会秩序，确保灾区社会安定、人心稳定。要在确保安全的条件下，组织灾区干部群众尽快恢复生产，帮助广大农民抢收抢种，创造条件帮助灾区学生恢复上课，努力把这场地震灾害造成的损失减少到最低程度。

这场特大地震灾害，是对各级党组织和党员领导干部最现实最直接的考验。我们一定要牢记全心全意为人民服务的根本宗旨，深入一线，以身作则，真正做到想群众之所想、急群众之所急、办群众之所需、解群众之所难。我们要发扬不怕疲劳，连续作战的作风，保持昂扬向上的精神状态，把各项安置工作做细做实，明确责任，落实任务，切实把受灾群众的生活安置好，把党和政府的温暖送到每一个受灾群众的心坎上。

（《人民日报》，2008年5月24日第2版）

党旗在灾区高扬

《人民日报》评论员

“党一定会来救我！”这是废墟下一位被困人员的坚定信念。“是谁为我们撑起力量的手臂，是党！是谁为我们搭建起心灵的帐篷，是党！”这是一位获救的女学生发自肺腑的赞美与讴歌。

在这次抗震救灾的斗争中，哪里危险最多，哪里灾情最重，哪里困难最大，哪里群众最需要，哪里就有共产党员的身影，哪里就有党的先进性闪光，哪里就有党旗高高飘扬。

这是一场生死时速的竞赛，这是一场危难重重的搏击。在这场最现实最直接最险峻的考验面前，一个党员就是一面鲜艳旗帜，一个支部就是一座坚强堡垒。各级党组织、各级领导干部和广大共产党员，坚持人民利益高于一切，急人民群众之所急，解人民群众之所难，成为人民群众的主心骨；充分发挥战斗堡垒作用、模范带头作用和先锋模范作用，彰显了党的神圣使命与责任，实践了党旗下的庄严宣誓。

在各种救援力量汇聚的大军中，人们无法从着装上辨识谁是党员，但从那些冲锋在前、不畏艰险、勇挑重担的救援行动中看得出来。在抗震救灾的每一个现场，他们或是解放军指战员，或是武警部队官兵，或是公安干警，或是民兵预备役人员，或是医护人员，或是普通志愿者……但党性都在他们胸中激荡，责任都促使着他们奋勇向前。

“顾不上救妈了，先救学生吧！”“我是党员，我主刀！”这是党员们在重要关头作出的决定。从全力疏散抢救学生而不幸被围墙砸中的老师郑发富，到把亲人离世的悲伤留给自己、为受灾群众一刻不停地付出爱的民警蒋敏；从强忍15位亲人遇难的巨大悲痛奋不顾身抢救群众的北川民政局长王洪发，到在父母失踪、没有接到指令的情况下自觉投入抗震救灾的消防战士黄恒，这是党员在生死关头、危难时刻作出的抉择。而灾难发生后，许多党员就发出了这样的紧急“请战书”：“作为一名外科医生，一名年轻党员，我请求赴灾区贡献自己的一份力量！”“我是一名党员，当党和人民需要我们的时候，不惜牺牲个人的一切！”

人们深深地被感动，是党中央在第一时间作出抗震救灾全面部署，把人民生命放在高于一切的位置，举国上下紧急行动共御天灾。人们深深地被感动，是胡锦涛、温家宝等中央领导同志深入灾区指导抗震救灾工作，稳定了情绪，鼓舞了士气，激发了斗志。“现在是关键时刻、危难关头，所有党员干部都要豁得出来、冲得上去。”各级党组织和广大共产党员，响应党中央的号召，听从人民群众的呼唤，以对党和人民的无限忠诚，挺起不屈的脊梁。正是广大党员领导干部的率先垂范，唤起了灾区军民抗击天灾的巨大勇气和无穷力量。人们深信，有党中央的坚强领导，有各级党组织和广大党员团结带领人民群众共同奋斗，有全国各族人民的大力支持，抗震救灾斗争必定取得全面胜利。

（《人民日报》，2008年5月25日第2版）

用奉献书写崇高

《人民日报》评论员

佩戴着黄丝带、红丝带、绿丝带，在城市、在乡村、在救援现场、在安置点、在医院……哪里有需要，哪里就有他们的身影。他们来自四面八方，有学生、有教师、有农民、有企业家、有退伍军人、有退休职工……他们都有着一个共同的名字——志愿者。

十多天来，据不完全统计，各地参与抗震救灾的志愿者已超过20万人。护理病人、搬运物资、搭建帐篷、捐款捐物、维持秩序……他们所有的工作，都为了一个共同的目标：“为灾区尽点力。”志愿者对同胞的牵挂、关爱和无私奉献，奏响了感天动地的爱的乐章，赓续了乐善好施的优良传统，弘扬了助人为乐的时代精神。

开辟道路，徒步也要提前抵达；寻声救困，徒手也要全力救援。当地震灾害袭来时，许多志愿者第一时间赶赴灾区，有的不远万里送来了食品和水，有的运来了各种救援的机械，有的怀着丧亲之痛毅然投入救援……这是一种高尚的人间至爱，一种“老吾老，以及人之老；幼吾幼，以及人之幼”的博大之爱。志愿者的可贵，就在于主动、无私、自觉、自愿。他们在把关爱带给社会的同时，也传递了爱心，传播了文明。人们正是从无数志愿者身上，看到强烈的爱国情感、责任意识和无私奉献。这正是最可宝贵的志愿者精神。大力弘扬志愿者精神，我们的社会必定更加友爱和谐，我们的国家必定更加繁荣富强，我们的民族必定更加文明进步。

现在，安置受灾群众生活面临着十分艰巨繁重的任务。一位志愿者这样写道：“一个看似巨大的灾难，除以十三亿就变得很小；十三亿人民每人献出一点爱心，就会汇成一片爱的海洋……”无论是抢险救援，还是重建家园，灾区都需要更多的支持和帮助，全社会都需要大力弘扬志愿者精神，为灾区贡献一份智慧和力量。

志愿者的奉献岂止在灾区。我们看到，许多地方都在加班加点生产灾区所亟须的帐篷，许多人一次再次地捐出自己的钱物，许多人在受伤群众转移的医院里默默地护理伤员，更多人在把对灾区人民的悲痛之心和关切之情转化为做好本职工作的实际行动，用推动经济社会发展的新成就为灾区重建提供更强大的支持。

在我们的社会生活中，在每一个需要帮助的地方，到处都有志愿者在行动。志愿者用奉献书写的崇高，展示着中国人民的崭新风貌，也必将为中国的现代化建设注入新的精神力量，做出新的贡献，推动我们伟大的民族不断从胜利走向新的胜利。

（《人民日报》，2008年5月26日第1版）

迎接新的考验

《人民日报》评论员

随着抗震救灾工作的全面推进，我们面临着许多新困难新问题：余震不断给救灾工作带来许多难题，1400多万被转移的受灾群众需要妥善安置，灾后恢复重建的工作极其艰巨。我们仍然需要以坚定的信心、百倍的干劲和昂扬的斗志，全力以赴迎接这场新的考验。

安置好受灾群众的任务十分紧迫。其中，最突出的就是要全力解决住的问题，迫切需要大批帐篷、活动板房作为受灾群众的临时住所。所有具备生产能力的企业都要积极主动地承担任务，开足马力加紧生产救灾帐篷；所有承担过渡安置房生产和装配任务的企业都要挖掘生产潜力，确保产品质量，抓紧抢运装配，力争提前完成任务。这是中央提出的明确要求，也是灾区群众的殷切期待。

受灾群众面临的还不仅仅是住的问题。伤员需要加紧救治和转送，确保他们在接受地得到很好的治疗；卫生防疫工作迫在眉睫，需要大量卫生防疫人员深入到每一个乡村，确保灾后无大疫；防止次生灾害形势依然严峻，迫切需要加强震损出险水库的排查除险和预防，尤其需要对堰塞湖情况进行全面核查和防范；受灾群众的基本生活急需保障，迫切需要加强对灾区食品等物资供应。与此同时，市区要恢复交通，银行要恢复营业，市场要恢复供应，学校要尽快复课，农民要抢收粮食，等等，这些都涉及群众的正常生产生活，都需要做大量具体而细致的工作。抗震救灾的新考验要求我们，务必从灾区的实际和受灾群众的需要出发，加强组织领导，加强统筹安排，加强科学调度，努力为抗震救灾提供各方面的坚实保障。

大灾之后的受灾群众安置和恢复重建工作极其重要，是对我们驾驭复杂局面、处理各种难题的考验。面对紧迫任务和一系列新情况、新问题，我们一定要保持清醒，统揽全局，突出重点，坚持一手抓抗震救灾工作，一手抓经济社会发展。这是中央着眼经济发展社会稳定全局、着眼打胜抗震救灾这场硬仗而作出的战略部署。我们要按照中央的部署和要求，一方面继续为灾区竭尽所能地提供人力、物力、财力支持，一方面切实把本职工作做好，切实把本地区本部门的事情办好。保持经济发展的良好势头，维护社会和谐稳定，这本身就是对灾区人民的有力支持。

在新的考验面前，我们必须直面困难，奋勇向前。灾难来时，我们昂起倔犟的头颅；考验面前，我们挺起不屈的脊梁。只要我们继续勠力同心、迎难而上、百折不挠，就一定能够克服一切困难，排除一切险阻，在迎接新的考验中夺取新的胜利。

（《人民日报》，2008年5月27日第1版）

自力更生　奋起自救

《人民日报》评论员

抗震救灾斗争向纵深推进，安置受灾群众、恢复生产、灾后重建工作已经摆在更加突出的位置。当前，对于灾区的广大干部群众来说，一个十分重要的问题就是，在确保安全的前提下，要自力更生，奋起自救。

这次特大地震灾害，给灾区人民的生命财产安全造成了极大损失。房屋倒塌，亲人遇难，灾区人民的正常工作生活遇到了极大的困难，他们的安危冷暖紧紧牵动着十三亿同胞的心。这些天来，全国各地、社会各界、海外侨胞都倾情奉献，给予灾区人民无私的支持和帮助。满含深情的捐款、源源不断的物资、灾区急需的帐篷和活动板房等，都以最快的速度送达灾区。国际社会也纷纷伸出援手，给以人力物力财力的支援。来自四面八方的关心、支持和帮助，温暖了灾区同胞的心，鼓舞了抗灾军民战胜困难的勇气，也激发了灾区干部群众重建家园的信心。

大灾大难如大考，不仅考验着我们应对的能力，更考验着我们自立自强的信念。生逢大难，人们没有消沉。家园没了，他们没有气馁。他们坚信，党在，希望就在；人在，梦想就在。“灾难已经发生了，我们还要生活，不能什么都靠政府。”在这场大灾难面前，灾区群众揩干了眼泪，在悲痛之中毅然前行。废墟间有琅琅读书声，田野里有村民忙碌的身影。灾区干部群众的脸上是坚毅镇定的神情，内心是不屈的呐喊：“我们可以从头再来！”

受灾群众安置和灾后重建工作极其艰巨繁重，既要举全国之力，也要灾区的广大干部群众自立自强。这些天，我们看到，灾区的干部群众没有被灾难吓倒，在第一时间竭尽全力展开自救，互帮互助。我们还看到，灾区群众在努力克服困难，奋起自救。这种自救互助的精神，这种自强不息的奋斗，已经并正在化为灾区广大干部群众的实际行动。

这场特大自然灾难也是对我们民族、我们国家的一次磨砺。困难是阻挡弱者的大山，也是冶炼强者的熔炉。四川人民勤劳智慧，灾区百姓不屈不挠，在全国各族人民的大力支持下，他们以无所畏惧的勇气直面这场大灾难，也完全有能力浴火重生，自力更生，奋发图强，满怀信心地重建美丽家园、创造美好生活。

自信者兴，自强者胜。

（《人民日报》，2008年5月28日第2版）

一省帮一重灾县

《人民日报》评论员

5月27日，国务院抗震救灾总指挥部就下一阶段抗震救灾工作作出重要部署。其中一项有力措施是，建立和完善对口支援机制，实行一省帮一重灾县，几省帮一重灾市（州），举全国之力，加快恢复重建。夺取抗震救灾的全面胜利，迫切需要我们全力以赴对口支援灾区。

连日来，在有关部门的统一安排下，全国21个省区市分别全力对口支援灾区，为四川等受灾省份紧急筹措、运送帐篷等急需物资，援建过渡安置房，为受灾群众提供临时住所，帮助解决灾区群众的基本生活。各省区市的全力支援，温暖着灾区人民的心，为灾区人民撑起了遮风挡雨之家。

受灾群众安置和灾后恢复重建工作十分繁重，对口支援任务也十分艰巨。各支援省区市要根据国务院的要求，快速启动对口支援工作，紧急向对口灾区提供帐篷、活动板房等临时住所；筹措并组织调运受灾群众生活所用的各种物资；责成各有关部门协助恢复对口灾区的道路、电力、交通等各种基础设施；由各省区市发改委等部门牵头，协助灾区恢复发展经济，恢复生产，帮助受灾群众开展生产自救。

对口支援是帮助灾区渡过难关的有力举措，也是抗震救灾工作的一种科学安排，有利于抗震救灾物资和款项的均衡合理配置，有利于增强各地支援灾区的责任感、针对性、有效性和可持续性，也有利于灾后重建完成后双方的经济合作和全方位交流。一方有难、八方支援，是中华民族的优良传统。每当重大自然灾害发生，中国人民就更加团结一致、更加无私奉献。对口支援，体现了血浓于水的同胞情谊，体现了团结协作的精神，体现了我国社会主义制度的优越，体现了社会主义大家庭的温暖和中华民族的强大凝聚力。

对口支援要着眼当前的救灾，更要着眼灾区的长远发展。因而，对口支援不仅是款物的捐赠，也不仅是让灾区群众有饭吃、有衣穿、有房住，而是要按照科学发展观的要求，从灾区经济社会发展的全局出发，通过资金、人员、技术、设备、项目等各种手段和途径进行综合援建，让受灾地区获得新生，恢复生机，恢复自我发展的基础和增强自我发展的力量。

对口支援灾区，是党中央国务院赋予的光荣使命。各支援省区市一定要树立大局观念，以高度的政治责任感和求真务实的作风，坚决落实对口支援任务。要将对口支援工作作为当前的首要任务抓紧抓好，抓出成效。要加强沟通，密切协作，形成良好的对接机制，保障对口支援工作顺利开展。灾区干部群众也要自立自强，奋起自救，敢于面对困难，主动克服困难。我们深信，有党中央的坚强领导，有各支援省区市的大力支持，有全国人民的倾情奉献，有灾区广大干部群众顽强不屈的精神，我们一定能战胜一切困难，迎来更加美好的明天。

（《人民日报》，2008年5月29日第2版）

做好本职工作　支持抗震救灾

《人民日报》评论员

在地震中遭遇苦难的灾区群众，让全国人民十分牵挂。人们都密切关注着抗震救灾的进展和受灾群众的生活，踊跃向灾区捐款捐物，竭尽所能奉献爱心。同时，许多人还希望奔赴灾区，为抗震救灾出一份力，为灾区群众尽一份心，帮助他们渡过困难，恢复生产，重建家园。

这份爱心，这份情意，这份担当，是骨肉同胞血浓于水的真情流露，体现了社会主义大家庭的温暖，展现了中国人民万众一心、共克时艰的民族精神，深深感动着灾区人民，也鼓舞着全国人民抗震救灾的信心。然而，现在的灾区，道路等基础设施遭到损毁还没有完全恢复，1500万紧急转移的受灾群众需要妥善安置，受灾群众基本生活的物资供应比较紧张，灾区余震不断仍然存在危险。如果我们自行前往灾区，会给紧张的安置工作带来不便，给灾区人民的生活增添新的负担，也给自己增加安全风险。这是灾区人民和所有心系灾区的同胞们都不希望看到的。

支持灾区的方式有很多，做好本职工作就是有力支持。当前，受灾群众安置等任务极其艰巨繁重：受伤人员需要全力救治，受灾群众的衣食住等基本生活物资需要保障，卫生防疫需要切实做好，次生灾害需要有效预防，因灾毁坏的大量基础设施需要抢修。因此，灾区所需求的各种物资数量不仅十分庞大，涉及面也十分广泛，需要各行各业提供坚实保障。灾区恢复重建准备工作已经开始，重建家园的任务同样十分艰巨，需要我们加大对口支援力度，举全国之力支持灾区重建家园。这既是对全国人民团结协作精神的一次考验，也是对国家综合实力的一次考验。我们坚守自己的本职岗位，切实做好自己的本职工作，更好更快地生产出灾区人民急需的各种物资，才能保障灾区人民的各种基本需求，才能更好地重建美好家园。

坚持一手抓抗震救灾工作、一手抓经济社会发展，这是党中央着眼经济社会发展全局作出的决策部署，更是灾区恢复重建对我们提出的必然要求。我国经济发展的势头良好，但还面临许多挑战，北京奥运会、残奥会也日渐临近，这些都需要我们加倍努力做好本职工作。保持经济平稳较快发展和社会和谐稳定，把奥运会各项准备工作做得更好，这就是对抗震救灾最有力的支持。

灾难只会让我们更坚强，艰苦只会让我们更奋发。每一个人都把本职工作做好，每个单位都把自己的事情办好，凝聚起各方面的智慧和力量，我们就一定能够形成战胜一切困难的强大合力，就一定能够夺取抗震救灾的全面胜利。

（《人民日报》，2008年5月30日第1版）

管好用好救灾款物

《人民日报》评论员

近日，中央有关部门专门召开抗震救灾资金物资监管工作汇报会，强调要切实加强抗震救灾资金物资监管，确保廉洁救灾，确保救灾款物真正用于受灾地区和受灾群众。并决定采取多方面措施加强抗震救灾资金物资监管，成立抗震救灾资金物资监督检查领导小组，切实加强组织领导。这充分表明党中央高度重视廉洁救灾工作，充分反映了全国人民对于管好用好救灾款物的强烈期待。

四川汶川等地发生特大地震灾害后，中央和地方各级政府投入大量资金物资，全国各地、社会各界、港澳台同胞以及海外华侨华人踊跃捐献，众多外国政府、国际组织和国际友人积极支援，投入和捐赠的抗震救灾资金物资数量之大，来源之广，都是空前的。这些救灾款物，凝聚着全国人民和海外侨胞的深厚感情，是灾区人民基本生活和家园重建的物质保证，关系灾区人民的切身利益和未来发展。这些救灾款物，是亿万人民滚烫的爱心，无比纯洁，无比神圣，容不得丝毫玷污。

我们应当看到，负责筹集和管理救灾款物的各有关部门，为管好用好救灾款物做了很多工作，付出了大量心血，为抗震救灾斗争做出了重要贡献。同时也应看到，救灾款物的筹集、管理、调用，头绪繁多，涉及面广，灾后重建的工作会持续很长时间，这给救灾款物的管理和使用带来很大挑战。

管好救灾款物，关键是建立健全有效的监管制度和机制。我们要充分发挥各方面作用，对救灾款物管理使用情况进行全方位监督。在纵向上，把监督贯穿于救灾款物募集、分配、拨付、管理、使用等每一个环节；在横向上，覆盖到所有涉及救灾款物募集和管理使用的地区、部门和单位，确保不留死角。要开展专项审计，确保救灾款物及时拨付、有效使用；组织专项检查，及时发现和纠正救灾款物管理使用过程中出现的问题；坚持公开透明，切实把救灾款物管理使用置于阳光之下。

用好救灾款物，要求我们科学配置合理使用。社会各界捐赠的款物，来之不易，都是人民的辛苦钱。人们希望能够把这些款物用到最需要的地方，用到最需要帮助的群众身上，最大限度地发挥这些款物的效用。我们要坚持一切从灾区的实际出发，以极端认真负责的态度，合理调配这些款物。各受灾地区也要从大局出发，发扬先人后己的精神，十分珍惜和节约使用受援款物，努力把党的温暖和同胞的爱心送到每一个受灾群众的心坎上。

管好用好救灾款物，关系抗震救灾斗争的全局，关系党和政府的威信，关系中国的国际形象，体现着党和政府的执政能力，是一个极其重大的政治问题。各级党委和政府要高度重视这项工作，采取最严格的措施，实行最严格的纪律，确保救灾款物的管理使用万无一失。对于救灾款物管理使用中的违纪违法行为，一定要从快从严从重处理。特别是对于那些贪污挪用、截留救灾款物的，一定要坚决查处，严惩不贷。

（《人民日报》，2008年5月31日第4版）

灾难中挺立伟大的中国

——写在中国人民抗击四川汶川大地震之际

任仲平

（一）2008年5月12日14时28分。北纬31度，东经103.4度。山崩地陷，江河呜咽。

这一刻，即成国殇。

8.0级强烈地震，短短80秒，数百万生命被推到生死边缘。这是新中国成立以来破坏性最强、波及范围最大的一次地震。这场21世纪发生的毁坏性灾害震惊了世界，全球的目光投向中国……

"任何困难都难不倒英雄的中国人民！"

20天前，汶川震动中国；20天来，中国感动世界。

气壮山河的生命大救援，迸发出世所罕见的中国速度、中国力量、中国精神，将这段日日夜夜标注成共和国历史进程中的一个新起点。

"万众一心，众志成城，迎难而上，百折不挠。" 在以人为本的时代旗帜下，正在迎来改革开放30周年的中国，渴望实现奥运百年梦想的中国，在这场突如其来的"大考"面前，以一种特殊的方式呈现自己。

汶川作证：我们这个民族，经得起颠簸！

（二）20个昼夜，汶川作证，中国速度赢得赞誉。

人民生命高于一切！在第一时间，党中央、国务院果断决策，紧急号令。震后不到1小时，胡锦涛总书记的重要指示随电波传遍全国；震后不到两小时，温家宝总理飞赴灾区。中共中央政治局常委会连夜召开，全面部署抗震救灾工作。抗震救灾总指挥部迅速成立，指挥机构高效运转。主题只有一个："第一位是救人！""一线希望，百倍努力！"

人民生命高于一切！在第一时间，解放军、武警、公安快速反应。震后13分钟，全军启动应急机制。在第一时间，受灾地区省委、省政府部署救灾，各级干部奔赴现场指挥。在第一时间，国家减灾委、中国地震局、民政部等启动应急预案，派遣救援队伍，调拨救灾物资。在第一时间，中国红十字会、中华慈善总会等发出紧急呼吁，号召全社会伸出援手。

时间就是生命。在这场生死竞速中，"第一时间"成为最有力的号令，最引人关注的新闻，最能够体现动员能力和应急能力的指标。20个日日夜夜，一个个急促的时间刻度，清晰地记录下一个政党一个政府对生命的尊重、对人民的责任。

（三）20个昼夜，汶川作证，中国力量令人惊叹。

灾情重，蜀道难，救援急。全军和武警部队11万精锐20余个专业兵种雷霆挺进，短短几天全部到位。逢山开路、遇水架桥，一支支工程部队短短几天打通生命线，电网、通信全面修复。近400支专业救援队，4.5万医务人员源源赶赴一线，覆盖到每一个受灾村庄。灾区各级党组织站起来，冲上去，共产党员这个名字再一次叫响。

空中、铁路、公路、水路立体运输，国家战略储备紧急筹措，各种救援力量迅速集结，数百万吨食品、药品、帐篷、机械驰援灾区。截至6月1日，中央财政拨款已达182.98亿元，社会捐助超过400亿元。

"一切为了灾区，全力支援灾区"。全国一盘棋，有力、有序、有效。这场举国参与的生命大营救，是对社会主义中国强大组织动员能力、强大物质保障条件的集中检阅。20个日日夜夜，世界看到：灾难有多大，中国有多强。

（四）20个昼夜，汶川作证，中国精神感天动地。

日继之夜，生继之死，生死关头呈现温暖深沉的人性光辉。父母张开双臂为孩子撑起生命的天空，老师用血肉之躯为学生肩起死亡的闸门……灾难来临的瞬间，多少人将生的希望让给别人；生与死的边缘，多少人将死的选择留给自己。当母亲给怀里的孩子留下临终短信"亲爱的宝贝，如果你能活着，一定要记住我爱你"，当年幼的孩子在废墟下吟唱"幸福和快乐是结局"，当痛失亲人的县长从废墟中爬起冲向救灾一线……我们读懂了什么叫人间大爱，什么叫尊严勇气，什么叫凝聚挺立。

强忍悲痛，守望相助，中华大地奔涌空前规模的爱心热流。成都数百“的哥”冒着余震赶往都江堰抢救伤员；南京拾荒老人把零钱换成百元钞票塞进募捐箱；许许多多城市，献血长龙将血站“挤爆”；一笔笔“特殊党费”，表达着7300万党员的忠诚；全国宣传文化系统《爱的奉献》募捐现场，短短4小时募集15亿元；各式衣着各方口音，近20万志愿者奔向灾区；大江南北、长城内外，全国各族人民伸出援手……“我们都是汶川人！”成为震撼神州的强音，国际舆论纷纷赞叹中国民众“井喷式”热忱。

血脉相通，骨肉相连，全球华人结成空前亲密的生命整体。香港特区搜救队、台湾红十字会搜救队赶赴灾区，港澳台同胞、海外华侨华人遥寄哀思、慷慨解囊。重洋隔不断手足情，关山挡不住中华心。同呼吸，共命运，心连心，在世界各个角落，义赈义演、捐款捐物……“我们都是中华民族一分子”的共同心声，又一次道出这个民族历尽磨难而弥坚的生命宣言。

中华民族在大难面前的表现令世界动容。美国媒体载文指出：在这场举国上下的民族行动中，世界看到中国人民百折不挠，再铸民族之魂。俄新社则赞誉：“一个能够出动十万救援人员的国家，一个企业和私人捐款达到数十亿的国家，一个因争相献血、自愿抢救伤员而造成交通堵塞的国家，永远不会被打垮。”

（五）20个昼夜，汶川作证，中国的透明度世界瞩目。

这次抗震救灾，从第一刻起，就在前所未有的公开透明中进行。

地震发生不到半小时，震情得到了公开报道。几小时内，国家和地方数次召开新闻发布会披露最新震情统计数据，地震伤亡人数在互联网上实时更新。相关地方政府迅速通过手机短信发出上百万条安民信息。国务院新闻办公室、受灾地区政府的发布会天天举行。及时准确公开透明的信息传播，安定了人心，稳定了局面，凝聚了力量。

在这场信息传播中，新闻工作者刷新着中国传媒对重大事件的报道模式。电视、广播、报纸、刊物、网络、手机，所有的传媒一起开动，全程进行“实况直播”。大幅照片，前沿报道，在线访谈，生死文字，全面真实地传达了最近的现场、最近的感动。新闻工作者成为又一支抗震救灾先遣队，开放、客观的报道，在传递真相的同时，展现着一个文明社会的公信与责任。

（六）大地震带来了大灾难，但这过去的日夜也让我们看到，突如其来的自然灾难，未必不是一个国家成长的特殊历练，未必不是一个民族生命力的强烈激发。困难是阻挡弱者的高山，也是冶炼勇者的熔炉，更是砥砺强者的砺石。挫折让中国更加团结，磨难让中国走向进步。

回望20个昼夜，许多意味深长的“第一次”令人感怀。

5月19日至21日，全国哀悼日。五千年中国文明史，第一次，普通百姓可享国哀。新中国近60年，第一次，国旗为自然灾害中罹难同胞而降。

“国之兴也，视民如伤。”一个以人为本的政府，履行最庄严的承诺；一个把人的生命摆到最高位置的社会，刻下迈向现代文明的标记。当国旗缓缓垂下，人的尊严冉冉升起，一个国家的品格抬升到新的高度。

汶川大地震，作为受灾国的新中国第一次向国际救援队敞开大门。

爱，没有了疆界；生命，超越了种族。废墟之上一幕幕感人场景，展示了跨越国界的人性和亲情，是人类命运相连、同舟共济的见证，也是中国人民战胜自然灾害的精神支撑。

中国感谢世界。中国人民将铭记这危难时刻的温暖援助，铭记国际社会的深情话语“整个世界都是你们坚强的后盾”，并把它化作自强不息的动力，为世界和平与发展贡献力量。

（七）“中国原来是这样！”20天来，人们都在感叹。

衡量一个现代国家文明程度的重要标志，就是看它在大灾大难面前的国家意志、社会价值和公民精神。那些灾难面前一个个“第一时间”，一个个“中国纪录”，不仅是政府危机处理能力的展示，更是进步的中国对人民生命的尊重，是发展的中国人文精神的提升，是开放的中国走向世界的见证，是一个历经磨难的民族文明力量的升华。

抗震救灾让中华民族空前凝聚，也让世界重新认识中国。普通网友留言：“汶川，挺住！中国，加油！”海外华人寄语：“我为有这样的祖国而骄傲！”外国媒体评价：这场地震让世界看到一个有爱心的中国，一个有竞争力的中国，一个真实可敬的中国。

（八）回首20个昼夜，抗震救灾这场伟大战役催生的一切，必将成为珍贵的国民记忆，写进共和国文明进步的历史。

——我们看到了一个以人为本的执政党。

生命权是最大的人权。抗震救灾20个昼夜，写下中国人权辉煌纪录。及时通畅的信息披露，举国动员的生死营救，生命至上的国家信念，以人为本的制度创新……始终支撑着大地震中的大爱大智大勇，阐释着中国共产党人生命至上、人民为先的政治伦理，彰显着一个执政党的成熟与坚定。

——我们看到了一个自信开放的大国形象。

公开透明、全程监督、阳光赈灾，充分保障了人民的知情权、表达权、参与权、监督权，推动了中国社会的文明进步。中国离不开世界。开放，体现社会主义中国对国际人道主义的认同，表达13亿人口的发展中大国融入国际大家庭的信心。

——我们看到了民族精神的丰富升华。

“天下兴亡，匹夫有责”，中国传统文化迸发出凝聚力；“团结、奉献、互助、友爱”，现代志愿精神拓展着新内涵；“众志成城、和衷共济”，因千万个平民英雄的真情故事而鲜活；“坚守岗位、干好本职”，为爱国主义增添着理性的厚度。以爱国主义为核心的民族精神注入了崭新的时代元素。

——我们看到了公民意识的蓬勃生长。

公民意识的培育是民主政治的必由之路。抗震救灾筑就公民精神的里程碑：民间爱心涌动，志愿大军汇集，社会资源与政府资源良性互动。灾难中无数普通人用朴素的行动，诠释着主体意识和责任担当。美国一家周刊这样评价，“这里的人民不仅懂得如何哀悼，而且懂得如何给予，中国的‘公民精神’并未缺失”。

——我们看到了社会主义核心价值的集中展现。

集中力量办大事、一方有难八方支援、军民鱼水情、民族一家亲……抗震救灾让我们重新品读这样一些字眼，再次看到社会主义国家和人民的价值取向，深切体会到社会主义制度的优越性。在利益诉求日趋多元的今天，社会主义价值理念找到了生长壮大的空间。

（九）抚定思绪，回望汶川。

面对数万同胞的骤然逝去，汶川依然是亿万国人血脉同搏、泪水涌动之所在。但20多个昼夜的坚守拼搏，13亿人民的同风共雨，更蕴藉着中华民族向死而生的期待，书写着共和国浴火重生的希望。

美国媒体感慨，“在八级地震的废墟上站起来的中国，是那么令人惊讶的现代、灵活、开放”。

毫无疑问，灾难之中，国家政治文明的演进，民族内在精神的重塑，公民责任意识的增强，必将让“以人为本”的理念深植于国家的肌体。它会升华为一种文化力量，也会激发出一种制度动力，成为推动中国社会进步的底气所在，成为中华民族迈向未来的“软实力”所在。

（十）汶川大地震，还让人们从更广阔的视野认识中国。

这是一次发生在信息时代的大灾难，也是一场展开于改革开放30年后的大救援。它让全体中国人又一次深刻领悟到“发展是硬道理”“不改革死路一条”。

汶川大地震，唤起人们对当年唐山大地震的痛苦记忆。两次灾难相隔32年，其间，正好经历了30年的改革开放。表面看来，这一次，是突如其来的危机，改变了中国社会的信息传播方式、应急管理方式、灾难救助方式。仔细思之，这一切改变，莫不有着鲜明的时代背景，莫不系着深刻的社会变革。可以说，这次抗震救灾中呈现的新理念、新实践、新突破，正是对于30年改革开放的一次特殊检阅。

没有30年一心一意谋发展成就的综合国力，就没有这次抗震救灾中强大的技术保障和丰厚的物质支持；没有30年全面推进的体制改革和制度创新，就没有今天协调联动的应急救援体系和现代高效的国家管理能力。

而信息的公开透明、公民精神的成长壮大，更是深深刻下30年民主法治建设、政治文明进步的烙印。

一位网友留言：“这一次，我们悲恸而不苦痛，哀伤而不绝望，关切而不惊慌，焦急而不失信心。因为，国家的进步已经成为佑民的天。”

灾难面前，我们比任何时候都更清楚地看到，30年的改革开放，不仅增强了中国抗击灾难的物质基础，更深刻改变了社会主义中国的整体形象和中国人民的精神面貌，显示了中国特色社会主义的伟大力量。

西班牙报纸写道：“在任何一场灾难中，都未曾见过中国这样的举国动员能力、勇往直前的决心和强大的团结互助精神。毋庸置疑，这个民族表现的精神与力量将使它在前进的道路上坚不可摧。”

（十一）再过67天，我们将迎来第二十九届北京奥运会。

奥运盛会，百年梦想。然而，悲欣交集的2008考验着我们。挫折面前，中华民族表现出的坚强自信，让世界感叹：中国人以高分通过了意外的“考试”。历经百年的现代奥林匹克精神，也因此得以升华——

当火炬手高擎圣火举起手臂为灾区人民加油，当火炬传递沿途无数群众在募捐箱前表达爱心，“更快、更高、更强”的奥林匹克精神，与超越苦难、自强不息的中国品格找到了结合点。

当胡锦涛主席紧握俄罗斯救援队员的手，当温家宝总理拥抱美国志愿者，当中国灾区居民为日本救援队送去方便面，当联合国秘书长潘基文站在汶川废墟上感叹：中国人民是充满力量、勇敢无畏、坚忍不拔、富有自助和合作精神的伟大人民，“和平、友谊、进步”的奥林匹克精神，以一种凝重的方式闪现光辉。

新加坡报纸评论：“四川大地震给中国人带来巨大悲痛，但抗震救灾的快捷、有序、开放和深沉的人道精神，却给世界留下深刻印象。北京奥运会所期待的展示现代中国形象的目标，已经在抗震救灾中得到一定程度的实现。”

冰雪阻断归途，我们没有放弃；圣火遭遇阻挠，我们团结反击；今天当地震撕裂大地，我们以同样的声音告诉世界：坎坷和磨难，只会激发我们更加出色地办好奥运会，只会推动我们更加积极地融入地球村，一同兑现诺言，一同承担责任，一同分享荣光。

（十二）余震还在继续，大地仍在痉挛。

这是一场艰苦卓绝的持久战。

抗震救灾已经取得重大阶段性胜利。但随着工作重心的逐步转移，形势依然严峻，任务十分艰巨。受灾群众的安置牵动人心，堰塞湖的安全令人担忧，疾控防疫尤为紧迫，恢复重建异常繁重……打胜抗震救灾这场硬仗，需要真情更需要实劲。

中国没有停步。中央国家机关行政经费支出减少5%，用于抗震救灾。各个部门继续同心协力，给予灾区急需。全国人民一如既往，奉献爱心与力量。支援灾区，每个人每个岗位都是主角；重建家园，灾区人民艰苦奋斗自立自强。

万众一心，共克时艰，一手抓抗震救灾工作，一手抓经济社会发展，中国人民一定能够赢得抗震救灾的全面胜利。

（十三）汶川5月，满目伤情。但垅间的小麦已在收割，6月的新绿就在眼前。

5月19日，全国哀悼日第一天，地震重灾区北川中学师生齐唱国歌重新开学。

6月1日，国际儿童节，灾区的孩子说最想要的礼物是“快乐”。

这是顽强生命的礼赞，也是不屈中国的象征。

恩格斯说过，“没有哪一次巨大的历史灾难，不是以历史的进步为补偿的”。也许我们无法回避灾难，但我们可以选择如何面对灾难，是生者的勇气将人类无数次劫难，砌入文明演进的长河。

从治河而兴的黄河文明，到浴血重生的近代中国；从32年前的唐山大地震，到1998年抗洪抢险；从2003年抗击非典，到今年年初迎战冰雪，正是一次次灾难忧患的严峻考验，砥砺着中华民族的伟大精神，推动着中国社会在挫折中奋进，在逆境中前行。

“一方有难，八方支援；自力更生，艰苦奋斗”。大巴山深处，在灾区考察工作的胡锦涛总书记在简易防震棚小黑板上给孩子们写下16个大字。

从灾难中汲取信心，从灾难中汲取力量，对于历经磨难的中华民族，汶川大地震是一个悲壮的过去，更是一个伟大的开始。

希望与中国同在！

（《人民日报》，2008年6月2日第2版）

坚持两手抓 夺取双胜利

《人民日报》评论员

当前，在党中央、国务院的坚强领导下，全党全军全国各族人民万众一心，共克时艰，抗震救灾取得了重大阶段性成果。从抗震救灾实际出发，着眼改革发展稳定大局，党中央及时作出了一手抓抗震救灾工作，一手抓经济社会发展的决策部署。坚持“两手抓”，对于夺取抗震救灾的全面胜利、保持我国经济又好又快发展、促进社会和谐，具有十分重要的意义。

目前，抗震救灾形势依然严峻，任务十分艰巨。今年以来，国内外环境错综复杂，汶川大地震又给国民经济运行增加了一些新的不利因素，但总体上不会改变经济发展的良好基本面。以科学发展观统揽全局，就要一手毫不松懈地抓抗震救灾，坚持以人为本，把安置受灾群众、恢复生产、灾后重建摆在更加突出的位置，举全国之力支援灾区，打赢抗震救灾这场硬仗；一手坚定不移地抓好经济社会发展，保持经济的良好发展态势，维护社会和谐稳定，把奥运会各项筹备工作做得更好。抗震救灾和经济社会发展相辅相成，二者密不可分，坚持“两手抓”，两手都不能放松。抓好抗震救灾，尽快恢复灾区工农业生产和商业流通，重建家园，有利于整体经济运行和社会安定；抓好经济社会发展，就能为抗震救灾和灾后重建提供坚实的经济基础、稳固的物质保障和更强大的财力支持，这本身就是对灾区最有力的支援。

抓好经济社会发展，要把农业放在更重要的位置。“农业稳，天下安”。眼下正值“三夏”生产的关键时节，全国麦收已过三成，夏粮丰收在望，早稻长势喜人，春播进展总体顺利，但要实现全年粮食稳定发展的目标，丝毫不可懈怠。今年初，我国南方遭受了雨雪冰冻灾害，这次大地震又使灾区损失惨重，给粮食等农产品生产带来不少困难。汛期即将来临，农业生产还面临一些不确定因素。迫切要求我们切实加强农业，把灾害造成的损失尽可能降低到最小程度。夏粮丰收来之不易。要组织好小麦跨区机收，力争颗粒归仓，搞好夏种，稳定扩大玉米、水稻等粮食作物面积，做好防汛抗旱的各项准备，确保农业增产、农民增收，努力夺取全年农业丰收。

抓好经济社会发展，要坚持和改善宏观调控。现在，我国经济继续平稳较快发展，但价格上涨压力仍然存在，部分地区煤电油运供应较紧，财政支出压力较大，灾区恢复重建工作也异常繁重。要坚决贯彻宏观调控政策措施，妥善应对各种冲击，有效化解不利因素，着力控制物价上涨，保证煤电油运稳定供应，努力实现全年经济社会发展目标。切实安排好工农业生产，特别是灾区急需物资的生产调运。认真做好就业、社会保障、教育卫生等事关群众切身利益的工作，着力改善民生，促进社会和谐。

抓好经济社会发展，确保经济平稳较快发展，各地区各部门要坚决贯彻中央的决策部署，切实加强领导，继续发扬抗震救灾精神，迎难而上，统筹兼顾，坚持“两手抓”，努力夺取抗震救灾和经济社会发展的双胜利。

（《人民日报》，2008年6月4日第1版）

自力更生　奋起自救

《人民日报》评论员

在地震灾区，到处都是挥汗忙碌的身影，到处都是紧张工作的场面，广大干部群众争分夺秒抢收抢种、维修设备，抓紧时间恢复工农业生产……

中华民族是不屈的民族，灾区人民是自强的人民。在这场特大的地震灾害面前，人们从废墟中爬起来，在灾难中站起来，迅速投入到抗震救灾、生产自救之中。

二十多天来，灾区人民和全国各族人民万众一心、众志成城、迎难而上、百折不挠，谱写了一曲抗击天灾的英雄壮歌。这种在灾难面前所迸发出的精神力量，令世界动容，成为人们抗震救灾的巨大动力，保障了抗震救灾工作有力有序有效地展开。

“天行健，君子以自强不息”。灾区人民在抗震救灾中所展现的奋发有为、自强不息精神，反映了中华民族愈挫愈奋的精神状态和坚忍不拔的精神品质，也是我们国家能够不断取得改革建设巨大成功的力量所在。

当前，安置工作和恢复生产、灾后重建的任务仍十分繁重，我们要继续发扬不屈不挠、自强不息的精神，奋力生产自救，用自己的双手创造幸福生活。党中央日前发出号召：“在确保安全的前提下，灾区企业要自力更生、奋起自救，农村要组织抢收、抢种，尽快恢复工农业生产。”“要引导灾区群众发扬自力更生、艰苦奋斗精神，互帮互助，苦干实干，在全国人民支持下满怀信心重建家园、创造美好生活。”我们要坚决落实党中央的号召，把自力更生、艰苦奋斗的精神贯穿到抗震救灾、恢复生产和重建家园的全过程。

我们看到，在经历巨大的灾难后，灾区人民正在一面清理废墟，一面抢收抢种。许多工厂克服重重困难，抓紧恢复生产，炼出了灾后第一炉钢，造出了灾后第一台机器，拿到了灾后第一份订单。这种勇气，让我们感动：倒下的是房屋，挺立的是精神。这种意志，让我们感奋：在逆境中凝聚，在废墟上重建。这些，是震区的希望，是国家的希望。

废墟旁，插秧忙；工厂中，机器响；校园内，书声朗。站在灾区大地上，看着那些自立自强的身影，我们深信，再过几年，又是一个新家园！

（《人民日报》，2008年6月6日第1版）

向小英雄们致敬

《人民日报》评论员

当地震袭来，那些稚嫩生命的安危，是怎样牵动着人们的心灵；在灾难面前，那些孩子们的英雄故事，又是怎样感动着中国人民！

3岁、9岁、11岁……如花般的年龄，正需要呵护的年纪。然而灾难当前，这些年幼的孩子，却用坚强和勇敢，诠释着生命的勇气，闪耀着人性的光芒。

让我们铭记这些灾难发生后的场面：9岁半的林浩在自救后，把一名已昏迷的同学背出废墟，又毅然重返废墟，再次背出另一名被废墟掩埋的同学；14岁的小女孩邓清清，在被武警官兵救出时，还在废墟里面打着手电筒看书；3岁的小男孩郎铮，艰难地举起还能动弹的右手，朝救出他的武警官兵敬礼；11岁的张吉万背着3岁的妹妹，在地震发生后走了10多个钟头到达绵阳安置点……

这一个个场面，动人心魄，让人们在悲伤中感到了欣慰，在欣慰中汲取着力量。

他们是灾区的孩子，中国的孩子。在灾难来临的生死瞬间，他们没有被灾难和悲伤压倒，却在内心生长力量，挺起稚嫩的肩膀。面对家园的破碎、面对亲人的离去，他们用坚强、勇气、乐观和善良与灾难搏斗，与死亡较量，让人们在满目疮痍的灾区大地上，看到了向死而生的希望。

自古英雄出少年。在这些新时代的小英雄身上，反映了中华民族坚强不屈的品格。他们在巨大灾难来临时所表现出的意志坚强，让我们钦佩和骄傲。

灾难终将过去，生活重新开始。在灾害中磨砺意志，在危难中坚韧成长，这些稚嫩的脸庞，这些幼小的身影，带给了我们永久的感动和不灭的梦想。“童年的情形，便是将来的命运”。看到这些小英雄们，我们就看到了祖国的未来，民族的希望。

少年智则国智，少年强则国强。让我们向小英雄们致敬，让我们为他们祝福，祝他们在祖国的蓝天下茁壮成长！

（《人民日报》，2008年6月7日第2版）

灾后恢复重建要依法进行

《人民日报》评论员

《汶川地震灾后恢复重建条例》6月8日公布施行，为灾后恢复重建工作提供了重要法制保障。

依法治国是我国的一项基本方略，突发自然灾害发生后的救灾和灾后恢复重建工作也必须依法进行。国务院公布施行的条例，确立了灾后恢复重建工作的指导方针和基本原则，规定了一系列制度和措施，体现了以人为本、执政为民的时代精神，是各地区、各部门开展灾后恢复重建工作的重要法律依据。

地震灾后恢复重建必须坚持以人为本、科学规划、统筹兼顾、分步实施、自力更生、国家支持、社会帮扶的方针和相关原则。条例对此提出了具体要求。1400多万名被转移群众的妥善安置，是灾后恢复重建的重要基础性工作和紧迫任务。条例对过渡性安置的方式方法、安置地点选址、配套设施建设以及资金和物资的分配使用等作出明确规定，要求安置资金、物资和临时住所的分配使用公开透明。

灾后恢复重建规划必须尊重科学、着眼未来。规划是实施恢复重建的基本依据，对规划的编制主体、原则、要求和程序，条例都已作出规范，并且要求吸收有关部门和专家学者参加，充分听取地震灾区干部群众的意见，批准的规划要及时公布。调查评估是编制灾后恢复重建规划的前提条件和重要基础，其科学性、准确性在一定程度上决定着规划的科学性、可行性，条例要求对地震灾害进行调查评估、对毁损的重要公共设施工程质量进行鉴定。

各级人民政府要切实承担起地震灾后恢复重建的责任。条例对各级政府和有关部门在灾后恢复重建中的具体职责作了明确规定。灾区省级人民政府应当有计划、分步骤地组织实施灾后恢复重建，国务院有关部门应当支持、协助、指导灾区的恢复重建工作。条例还规定，灾后恢复重建要统筹安排交通、铁路、通信、供水、供电、住房、学校、医院、社会福利、文化、广播电视、金融等基础设施和公共服务设施建设，并规定学校、医院等人员密集的公共服务设施，要按照高于当地房屋建筑的抗震设防要求进行设计，增强抗震设防能力。

资金筹集与政策扶持，是顺利开展灾后恢复重建的重要保障。为了保证恢复重建资金的有效筹集，加大对恢复重建的政策扶持力度，条例明确了恢复重建的资金筹集与政策扶持原则，并对恢复重建资金、物资和工程质量监管作了严格规定。为了保证灾后恢复重建工作的顺利进行，条例还设专章对恢复重建工作的监督管理和违反本条例规定应当承担的法律责任作了具体规定。

灾后恢复重建必须依法进行。各地区、各部门必须抓紧落实党中央、国务院关于灾后恢复重建的部署，按照科学发展观的要求统筹安排各项工作，严格执行条例的各项规定，依法开展恢复重建工作，坚决打好恢复重建这场硬仗，确保恢复重建工作有力、有序、有效开展。

（《人民日报》，2008年6月10日第10版）

中国人民的英雄本色

《人民日报》评论员

抗震救灾英模事迹报告团首场报告会在京隆重举行，千千万万的人们通过广播、电视和网络，收听收看了来自抗震救灾第一线的英雄模范的先进事迹。他们的报告感人肺腑，催人奋进，在全社会引起极其强烈的反响。人们通过英雄模范们朴实无华的叙说，感受到抗震救灾军民生死大营救的英勇悲壮，感受到全国人民同舟共济抗天灾的英雄气概，感受到十三亿人民守护家园的爱国热情和民族精神，感受到中国共产党的坚强领导和社会主义制度的巨大优越性。大家满含热泪，充满感动，深受震撼。

在这场特大地震灾难面前，中国人民在党中央的坚强领导下，凝聚起万众一心、共克时艰的精神与力量，展开了撼天动地、气壮山河的抗震救灾斗争，显示出沧海横流中的英雄本色。报告团成员是英雄的中国人民的优秀代表，是中华民族的骄傲。

时势铸就英雄，艰难砥砺品格。报告团成员，有的是解放军指战员，有的是武警官兵，有的是公安干警，有的是医护人员，有的是学校师生，有的是基层干部群众，有的是新闻工作者。他们都是普通的干部群众，在平凡的岗位上工作，但在危难时刻、紧急关头，经历了生与死的考验、血与火的洗礼，展现出非同寻常的勇气，谱写了惊天地、泣鬼神的英雄史诗。在这场大灾难面前，他们临危不惧、自强不息，舍己救人、无私奉献，恪尽职守、团结互助，以坚定的信念、顽强的意志、崇高的精神，与人世遭逢的巨大灾难进行了殊死抗争，实践并升华着伟大的民族精神。他们是我们这个时代的楷模，是全社会学习的榜样。

房倒屋塌，使同胞罹难；地动山摇，摧毁美丽家园。这场大灾难，压不倒也摧不垮伟大的中华民族。千百年来，中华民族历经磨难，生生不息，灾难只会使我们的力量更加凝聚，挫折只会使我们的旗帜更加高扬。这场抗震救灾斗争，显示了党和人民的伟大力量，也锤炼出了伟大的抗震救灾精神。这是中华民族最可宝贵的精神财富，极大地增加了中国人民战胜前进道路上一切艰难险阻的勇气和力量，也必将激励着我们信心百倍地实现中华民族伟大复兴。

任何困难都难不倒英雄的中国人民。抗震救灾仍在继续，灾后重建繁重艰巨，经济社会发展任重道远。夺取抗震救灾和经济社会发展的双胜利，需要我们付出更加艰辛的努力。我们要认真学习抗震救灾英雄模范事迹，大力弘扬伟大的抗震救灾精神，把这种精神转化为推动科学发展、促进社会和谐的强大动力。哲人说，一个民族在灾难中失去的，必将在民族的进步中得到补偿。我们深信，经历这场灾难的伟大中国，必将更加开放、更加自信地迈向未来；经受灾难考验的中国人民，必将更加团结、更加奋进地建设美好家园、创造幸福生活。

（《人民日报》，2008年6月12日第1版）

振作奋斗意志 抚平精神创伤

《人民日报》评论员

思想政治工作是我们党的优良传统和政治优势。在这次抗震救灾斗争中，各级党组织在奋力抢险救灾的同时，大力加强思想政治工作，统一干部的思想，激励群众的斗志，凝聚社会各方面的力量，使广大干部群众在抗震救灾最艰难的日子里，始终坚定着战胜灾害的信心，始终保持着昂扬向上的士气，为夺取抗震救灾斗争的胜利提供了强有力的思想保障和精神动力。

这次特大地震灾害，不仅是对我们应急能力的挑战，也是对人们精神和意志的考验。经验表明，越是在困难的时候，越是在危险的时候，越要加强思想政治工作。抗震救灾斗争极其艰苦、复杂而危险，灾区群众和救援人员都不可避免地会遇到种种困难和风险，可能会有这样那样的思想问题。针对这些问题，做好思想政治工作极其重要。

党员干部的表率作用，是最有力的思想政治工作。在这次抗震救灾斗争中，党中央迅速决策部署，各级党组织发挥战斗堡垒作用，广大党员干部冲锋在前、舍生忘死。这些都使受灾群众倍感温暖，倍受鼓舞，也激发着灾区人民自力更生、奋起自救。人们正是从党员干部身上看到了全心全意为人民服务的生动实践，正是从党组织的行动中看到了无坚不摧的巨大力量。广大党员干部以自己的模范行动成为人民群众的主心骨，各级党组织以自己的先锋作用成为抗震救灾的中流砥柱，感召着、激励着灾区人民克服困难、夺取胜利。

一场大灾难袭来，怎样面对人世遭逢的不幸？怎样尽快走出灾难的阴影？怎样振奋精神开始新的生活？这些都是我们必须正视和解决的思想问题。做好思想政治工作，就是要充分运用抗震救灾英雄模范的先进事迹教育人、激励人、鼓舞人，使那些在抗震救灾斗争中所焕发的爱国主义的情怀、集体主义的精神、助人为乐的品德，进一步发扬光大。要把思想政治工作同心理安抚结合起来，注重人文关怀和心理疏导。运用科学方法，进行心理干预，有效调节人们的情感和心理，消除地震灾害带来的忧郁感、孤独感和恐惧感，缓解心理压力、促进心理健康、实现心理和谐。要及时做好解疑释惑工作，把党和政府抗震救灾的政策措施以及灾后重建的各种安排，向群众说清楚、讲明白，消除思想负担，解除后顾之忧。要把思想政治工作同解决实际困难结合起来，深入灾区的每一个村落，深入每一个受灾群众，了解他们的实际状况和生产生活需求，千方百计地为他们排忧解难。

加强思想政治工作是夺取抗震救灾全面胜利的重要一环。思想政治工作越深入人心，就越能尽快抚平精神创伤，振作奋斗精神；思想政治工作直面问题，上上下下多理解，方方面面多体谅，才能使灾区社会安定、人心稳定，才能确保抗震救灾恢复重建各项工作顺利推进。

（《人民日报》，2008年6月13日第1版）

展示社会主义优越性的重要决策

《人民日报》评论员

国务院办公厅日前印发了《汶川地震灾后恢复重建对口支援方案》，提出了灾后恢复重建对口支援的基本原则、安排方案，明确了对口支援的内容、方式、任务及工作要求。这对于做好对口支援工作，加快推进灾区恢复重建进程，具有重要指导意义。各有关省、自治区、直辖市人民政府，国务院各有关部委和直属机构，一定要按照《对口支援方案》的要求，认真贯彻执行。

一方有难八方支援，是中华民族的优良传统，更体现了社会主义大家庭的温暖。每当重大自然灾害发生，全国人民总是万众一心，团结互助。针对汶川地震造成严重灾害的情况，中央根据各地经济发展水平和区域发展战略，组织东部和中部相关省市支援地震受灾地区，按照“一省帮一重灾县”的原则，依据支援方经济能力和受援方灾情程度，合理配置力量，建立对口支援机制，这是中央做出的重要决策，是举全国之力加强灾区重建的重大举措，也是显示党和人民的力量、显示社会主义制度优越性的重要机制，体现了党和政府对灾区恢复重建工作的高度重视、对灾区人民的亲切关怀。应当说，对口支援也是抗震救灾、恢复重建的科学安排，有利于救灾和重建物资、款项的均衡合理配置，有利于增强各省市支援灾区的责任感、针对性、有效性和可持续性，也有利于灾后重建完成后双方的经济合作和全方位交流。

对口支援要着眼当前的救灾，更要着眼灾区的长远发展。对口支援不仅是款物的捐赠，也不仅是让灾区群众有饭吃、有衣穿、有房住，而是要按照科学发展观的要求，从灾区经济社会发展的全局出发，通过人力、物力、财力、智力等各种形式对灾区进行综合援建，帮助灾区获得新生，恢复生机，恢复自我发展的基础和增强自我发展的力量。按照《对口支援方案》的具体要求，承担对口支援任务的有关省市积极为灾区提供资金、人员、技术、设备、项目等各种形式的支援；受援地区要树立地方为主的思想，充分发挥干部群众的积极性，互帮互助，苦干实干，生产自救，重建家园。在具体安排时，要尽量与安置受灾群众阶段已形成的对口支援关系相衔接。力争用三年左右的时间，在国家的支持下，集各方之力，实现灾后恢复重建规划的目标。

对口支援重灾区，是党中央国务院赋予的光荣使命，也体现了各地群众对灾区群众的深情厚谊。承担支援任务的各省市一定要树立大局观念，以高度的政治责任感和求真务实的作风，坚决落实对口支援任务，将对口支援工作作为当前的首要任务抓紧抓好，抓出成效。要加强沟通，密切协作，形成良好的对接机制，保障对口支援工作顺利开展。我们深信，有党中央的坚强领导，有各省市的对口支援，有全国人民的大力帮助，有灾区广大干部群众自力更生、奋起自救的精神，我们就一定能战胜各种困难，重建美好新家园。

（《人民日报》，2008年6月19日第1版）

自古英雄出少年

《人民日报》评论员

“抗震救灾英雄少年”评选表彰活动揭晓，林浩等20名同学荣获“抗震救灾英雄少年”，马小凤等30名同学荣获“抗震救灾优秀少年”，受到隆重表彰。中央文明办、教育部、共青团中央、全国妇联发出通知，号召广大未成年人向“抗震救灾英雄少年”和“抗震救灾优秀少年”学习。

汶川大地震已过去40多天，回想危难时刻，这些活泼可爱、聪明睿智的孩子奋勇自救与舍己救人，人们依然为之动容。

灾难面前，这些孩子们异常勇敢坚强。他们有的高喊“后排同学从这里往外跑”，为同学们赢得了生命的时间。有的机智脱险后，又冲进废墟抢救老师和同学。有的冒着余震给被困的同学送水，有的在全力搜救其他同学。有的在废墟之下，以歌声驱散恐惧，为同学们打气。有的为救同学而受伤，甚至献出了宝贵生命……他们在灾难面前所表现出的非凡勇气、顽强意志和可贵爱心，体现了当代少年的优秀品质。

鹰隼试翼，乳虎啸谷，自古英雄出少年。灾难来临时，孩子们展现的是沉着镇静、智勇双全的英雄本色，是临危不惧、奋勇救人的崇高精神，是坚强勇敢、顽强不屈的优秀品格，是团结友爱、乐观向上的良好风貌。这些，充分展示了中华民族的伟大精神，展示了爱国主义的强大力量，展示了新时代少年的精神风貌。他们的英雄事迹和可贵精神激励着全国的青少年，也深深地感动了全国人民。

青少年是祖国的未来，是民族的希望。从这些可爱、可敬的抗震救灾英雄少年、优秀少年身上，我们看到了这一代青少年的广阔前程，看到了伟大祖国的壮美前景，看到了中华民族的璀璨希望。广大未成年人要以英雄少年、优秀少年为榜样，学习他们坚强勇敢、团结互助、乐观向上的可贵精神，从中汲取成长的智慧和力量，树立远大志向，养成良好品德，掌握过硬本领，锻炼强健体魄，成长为德智体美全面发展的中国特色社会主义事业的合格建设者和接班人。

伟哉，中华英雄少年！我们深信，随着一代代青少年的茁壮成长，我们伟大的祖国必定更加繁荣昌盛，我们伟大的民族必定更加兴旺发达！

（《人民日报》，2008年6月28日第1版）

让党的旗帜更加鲜红

《人民日报》评论员

6月30日下午，中共中央召开“抗震救灾先进基层党组织、优秀共产党员代表座谈会”，胡锦涛总书记发表重要讲话。此前，中央组织部举行了隆重的表彰仪式，表彰54个“抗震救灾先进基层党组织”和65名“抗震救灾优秀共产党员”。这些受到表彰的抗震救灾先进典型，是党的光荣和骄傲，在党的87岁生日来临之际，让我们面向鲜红的党旗，向这些战斗在抗震救灾一线的英雄们致以崇高的敬礼!

汶川特大地震灾害面前，广大基层党组织和共产党员经受住了考验。灾情就是命令。灾区广大党组织和共产党员带领各方面救援人员，不畏艰险，冲锋在前，把生的希望留给群众，把死的危险留给自己，哪里任务最艰巨、情况最危险，哪里就有党旗飘扬；哪里群众最需要、工作最艰苦，哪里就有共产党员的身影。危急关头，救灾一线，每个支部都是一座战斗堡垒，每名党员都是一面冲锋旗帜。全国各地广大党组织和共产党员，有的舍小家、为大家，组成抢险队、救援队千里驰援奔赴灾区；有的尽己所能，无私奉献，带头捐款捐物。全国4000多万名党员自愿交纳“特殊党费”80多亿元。这场灾难再一次告诉中国，也告诉世界：中国共产党与灾区人民患难与共，心手相连，中国共产党带领全国人民与灾区人民众志成城，共克时艰。中国共产党不愧为中国工人阶级的先锋队，不愧为中国人民和中华民族的先锋队。

这119个受到表彰的“抗震救灾先进基层党组织”和“抗震救灾优秀共产党员”是抗震救灾众多英雄集体和个人中的优秀代表，他们的先进事迹，集中体现了我们党全心全意为人民服务的根本宗旨，集中体现了党是工人阶级先锋队、是中国人民和中华民族先锋队的性质，集中体现了党的先进性。他们的先进思想和模范事迹充分体现了万众一心、众志成城，不畏艰险、百折不挠，以人为本、尊重科学的伟大抗震救灾精神，是爱国主义、集体主义、社会主义精神的集中体现和新的发展，是我们党和军队光荣传统和优良作风的集中体现和新的发展，是中华民族民族精神在当代中国的集中体现和新的发展。他们和所有奋战在抗震救灾一线的共产党员，都是新时期最可爱、最可敬的人。他们为我们树立了学习的榜样。我们要学习他们始终与党中央保持高度一致，围绕中心、服务大局的政治坚定性和组织纪律性；学习他们牢记共产党人的光荣使命，只要人民群众需要，不惜牺牲个人一切的使命意识和热血忠魂；学习他们不怕疲劳、不畏牺牲、顽强拼搏、敢于胜利的责任意识和英雄气概；学习他们一方有难、八方支援、舍己救人、无私援助的大局意识和奉献精神。

多难兴邦，忧患砺党。汶川大地震虽然毁掉了许多美丽的家园，夺走了数万名同胞的生命，但摧毁不了伟大的中华民族精神，灾难会让历经沧桑、饱受磨难的中华民族更加坚强，凝聚起更为强大的发展力量；经过灾难考验的中国共产党，会更加团结、坚强，更加奋发有为。

对先进基层党组织、优秀共产党员进行表彰，既是对前一阶段广大基层党组织和共产党员为抗震救灾工作作出突出贡献的充分肯定，也是向夺取抗震救灾全面胜利，促进经济社会科学发展吹响的战斗号角。灾后重建是一场新的战斗，任务紧迫而繁重。我们要按照胡锦涛总书记在座谈会上提出的要求，大力弘扬抗震救灾的伟大精神，使之转化为自力更生、艰苦奋斗、重建家园的坚定意志，转化为办好奥运、建设祖国的实际行动，转化为推动科学发展、促进社会和谐的强大力量，团结带领广大人民群众一手毫不松懈地抓抗震救灾，一手坚定不移地抓经济社会发展，努力夺取抗震救灾和经济社会发展双胜利，让党的旗帜更加鲜红！

（《人民日报》，2008年7月1日第4版）

担起新闻工作者的光荣责任

《人民日报》评论员

“感谢新闻媒体，感谢新闻记者！”在抗震救灾取得重大阶段性胜利的时刻，人们由衷地表达着内心的敬意。

5月12日，一场特大地震突然袭来，交通中断、通讯中断，汶川、北川、绵竹……顿成“信息孤岛”。灾情牵动着全国人民的心，考验着政府的执政能力，也检验着新闻媒体的责任感和使命感。

“千方百计在第一时间赶到现场！”灾难面前、废墟之上，新闻工作者紧急动员，迅速行动，不顾个人安危、不怕辛苦疲劳，从地震灾区发回了一篇篇感人肺腑的报道、一张张震撼心灵的图片、一个个凝聚人心的镜头。报纸、广播、电视、网站，全方位、多角度、大规模的报道，在中国新闻史上写下了光辉的一页。

正是这些报道，为我们记录了举国动员、气壮山河的生死大营救，呈现了万众一心和衷共济的民族精神，展示了以人为本、开放透明的中国形象。新闻工作者也是抗震救灾的英雄。

新闻，是时代的记录。肩担道义，手著文章——在前线，随处可见新闻工作者艰辛的足迹。加班加点，废寝忘食——在后方，新闻工作者夜以继日地紧张工作。灾难面前，媒体不仅是信息传播者，更是社会责任的践行者。这种责任，源于对新闻职业精神的坚守，更源于对祖国和人民的忠诚。

正是在强烈的社会责任感的驱使下，新闻工作者用自己的努力，及时传递党和政府应对灾害的重要决策，鼓舞人们众志成城战胜灾难的勇气，激发全社会一方有难八方支援的互助精神，发挥了稳定人心、凝聚力量、引导舆论的巨大作用，为抗震救灾提供了强有力的思想保证和舆论支持。

灾区重建，任重道远；北京奥运，大幕将启。时代在召唤，责任在砥砺。希望新闻工作者，认真总结抗震救灾的宣传报道经验，进一步提高舆论引导能力，营造继续解放思想、坚持改革开放、推动科学发展、促进社会和谐的良好舆论氛围，担起责任，不辱使命，再立新功。

（《人民日报》，2008年7月2日第4版）

凝聚起民族复兴的力量

——论伟大的抗震救灾精神

任仲平

（一）若干年后，当人们回望2008年初夏的中国，会看到什么？

他们会看到，大地的裂痕尚未弥合，汶川、北川、青川……伤痛依然沉重，残垣断壁前，撕裂的伤口让五千年中华为之神伤。

然而，生活已经重新开始。

他们看到，废墟上的危房正在拆除，一排排活动板房拔地而起，朗朗书声重又回荡；

他们看到，震后的巴蜀大地，黄澄澄的麦子已经归仓，绿油油的禾苗正在生长；

他们看到，痛失家园的人们艰难地从悲痛中走出，13亿中国人擦干泪水，期待那个百年梦圆的时刻……

大灾大恸，大爱大义，大智大勇；“汶川不哭！”“四川挺住！”“中国加油！”

一场猝不及防的灾难，是一次国家力量的检验，更是一次民族精神的重振！

（二）这是一种什么样的精神？

6月30日，汶川大地震49天之后，胡锦涛总书记指出——

“在同特大地震灾害的艰苦搏斗中，我们的民族和人民展示出了十分崇高的精神。这就是万众一心、众志成城，不畏艰险、百折不挠，以人为本、尊重科学的伟大抗震救灾精神。”

这是对抗震救灾实践的精辟总结，也是对抗震救灾精神的深刻揭示。

历史将见证：13亿中国人挺起的铮铮脊梁，铸成一座民族复兴的精神丰碑。

（三）2008年5月12日14时28分，北纬31度，东经103.4度。

一瞬间，大地痉挛，山崩地裂，中国进入“汶川时间”。

面对新中国成立以来破坏性最强、波及范围最广、救灾难度最大的地震灾害，整个国家迅速进入紧急状态。

这是13亿中国人必将共同铭记的一段日子。突如其来的巨大灾难，将中华民族紧紧凝聚在一起。规模空前的生死大营救，历经艰险的千里大驰援，处处涌动的爱心大奉献，共克时艰的社会主义大协作，汇聚成全民族风雨同舟、生死与共的强大合力。

8级地震的生死考验，几十天救援的举国动员，展现了一个国家历经劫难而不屈的坚强意志，拓展了我们民族自强不息的精神疆界——

“万众一心、众志成城”，人们看到了中国人民团结奋进的强大力量。在特大灾难面前，全党全国各族人民坚持一方有难、八方支援，举国上下患难与共，前方后方同心协力，海内海外和衷共济，各地区各部门各方面以灾情为最高命令、以救灾为神圣使命，紧急行动，守望相助，倾力支持，无私奉献，凝聚起抗震救灾的强大合力，显示了中国人民和中华民族的伟大力量。

“不畏艰险、百折不挠”，人们看到了中国人民泰山压顶不弯腰的英勇气概。面对极其惨烈的灾难，面对极其严重的困难，广大军民临危不惧、奋不顾身、舍生忘死，哪里灾情危急就向哪里冲去，哪里有生死考验就向哪里挺进，哪里有受灾群众就向哪里集结，展现了中国人民压倒一切困难而不为任何困难所压倒的超人勇气，体现了中国人民战胜一切艰难险阻的大无畏精神。

“以人为本、尊重科学”，人们看到了对人民的高度关爱、对科学的高度尊重。广大军民把人的生命放在高于一切的位置，坚持只要有一点生还可能就要作出百倍努力，最大限度地抢救了人民生命；坚持依靠科学、运用科学，把科技的力量与顽强的斗争紧密结合起来，既充分发挥人的能动精神，又充分发挥科技的重要作用，攻克道道难题，化解种种风险，使科技成为战胜地震灾害的强有力支撑。

惨烈的天灾，在给中华民族带来巨大悲伤的同时，再次让伟大的民族精神集中迸发、凝聚升华。它震醒了中国人思想深处的高尚情怀和共同信念——过去很长一段时间里，人们一度以为它被“现代化的激烈竞争、市场化的锱铢必较”遮盖掩埋。

那一瞬间，世界触摸到了五千年中华文明的核心，发现了这个国家一次次濒临绝境而不倒的秘密，感受到了一个民族走向复兴最可依托的力量。

它让人们想起鲁迅说过的话：“惟有民魂是值得宝贵的，惟有他发扬起来，中国才有真进步。”

（四）民族精神是一个民族赖以生存和发展的精神支撑。在五千多年历史长河中，中华民族形成了以爱国主义为核心的团结统一、爱好和平、勤劳勇敢、自强不息的民族精神。

一个民族的精神力量，可以在长期的历史过程中不断显露，但在紧急关头、重大事件中，更容易瞬间爆发。一个民族的精神世界，可以在平时的生产、生活中逐步成长，但更能在生与死、血与火的熔炉中显现本色。一个民族的精神取向，可以从英雄人物、典型代表那里找到答案，但更应在广大人民的普遍行为和社会实践中得到张扬。

大地震震出了亿万国人的爱国情怀和民族认同。山摇地动，废墟上挺起不屈的脊梁；生死较量，危难中铸就坚强的意志。“5·12”以来的日日夜夜，无数普通人用自己的行动诠释了天塌地陷时的人间大爱，定格了山河破碎后的美丽瞬间。抗震救灾伟大实践就像一部特殊的“精神探测仪”，测出我们民族蕴藏的大真大善大美。

外国媒体评价：世界在关切中国，中国在感动世界。感动世界的不是地震本身，而是中国人在灾难面前显现的民族精神，是赈灾过程中写下的一个个大写的“人”字。正是这个“人”字，体现出中华民族的价值取向。

抗震救灾精神，是爱国主义、集体主义、社会主义精神的集中体现和新的发展，是我们党和军队光荣传统和优良作风的集中体现和新的发展，是中华民族民族精神在当代中国的集中体现和新的发展。

（五）多少年后，回望2008年初夏，人们会更加深切地体会到，抗震救灾的伟大精神，是以爱国主义为核心的民族精神的升华。

爱国主义深植于优秀文化传统之中，成为中华民族生生不息的力量源泉。古往今来，千锤百炼，爱国情怀在中华民族最广大成员中找到生根发芽的沃土。

抗震救灾的伟大实践让民族精神又一次提升。生死瞬间，老师们以血肉之躯护卫学生；余震再袭，被迫撤离的消防战士跪地哭喊：“求求你们让我再去救一个！”一夜之间，成千上万的志愿者奔向灾区；低垂的国旗下，悲痛中的人民爆发出“汶川加油，中国加油”的呐喊……

不同地域、不同职业、不同信仰的人们以各自的方式表达同一个声音。灾难面前，中华民族用力量传递力量，用温暖印证温暖，古老中国结成坚强紧密的生命共同体。这种精神与社会主义“集中力量办大事”的优势相结合，迸发出更加强劲的力量，增添着爱国主义的厚度。

这种深切认同，再一次证明爱国主义是中华民族共同的思想基础，是凝聚民族精神、推动民族复兴的伟大旗帜。

（六）多少年后，回望2008年初夏，人们会更加深切地体会到，抗震救灾的伟大精神，是以改革创新为核心的时代精神的彰显。

改革创新是新时期最鲜明的特点。抗震救灾的伟大实践，处处可见时代造就的开放意识、世界眼光、法制观念……其中最为突出的，当数以人为本、尊重科学。

“人民生命高于一切”，“第一位是救人”，“一线希望，百倍努力”……从气壮山河的生死营救，到举国动员的灾后重建，始终贯穿着以人为本的主线，始终体现着中国共产党和中国政府对生命的尊重和关怀，抢救人的生命、维护人民利益成为执政党的最大政治。

截至7月3日，中央财政拨款497.48亿元，过渡安置房建成逾40万套，灾区群众的权益得到有力保障，抗震救灾体现的人文关怀，正是立党为公、执政为民的生动写照。

汶川大地震，让人领受了自然的威力，也看到了科技的发展、文明的进步。当通信中断，“风云”、“资源”、“北斗”、“遥感”等15颗卫星，成了抗震救灾的“千里眼”；当道路阻隔，中国自行研制的运输机、直升机、通用飞机等，成了抗震救灾的“千里马”……

尊重科学，运用科学。在科学精神的烛照下，才有了“与时间死神赛跑”的勇气，才有了“将损失降到最低”的底气，才有了被困群众的转危为安、堰塞湖的化险为夷、灾后重建的科学谋划。严峻考验中，尊重科学成为民族进步的标识。中国共产党带领中国人民以富有时代特点的创造，为民族精神注入新的内涵。

（七）大地震使山川移位、河流改道，却无法撼动中华民族的英雄气概。这其中，有年轻一代催人泪下也催人奋进的乐章。

“不管让他们做什么，回答始终都是一个字：‘好！’”一位灾区的团委书记如此评价。

“我们是能担当的一代，是值得信赖的一代。”一位从灾区归来的青年志愿者这样表示。

以“80后”为主体的中国年轻一代在这次抗震救灾中给了社会一个惊喜。5000米高空跳伞的，是他们；徒步急行军挺进的，是他们；呈现无私奉献志愿精神的，是他们。让人感佩的，还有大难当头无私无畏的少年英雄。

这是在改革开放新时期生长起来的一代人，人们曾经认为他们一帆风顺，扛不住风浪。然而在抗震救灾中，他们英勇地站到共和国的前线，用实际行动证明了自己。

少年强则国强。当中国站在民族复兴的又一个关口，百年前梁启超先生的激情呼喊，不期然间听到一代人热烈而整齐的应答。在抗震救灾的洗礼中，中国年轻的一代，血管里奔涌着爱国情怀和责任担当，成为我们伟大民族精神的青春载体。

（八）历史和现实告诉我们，民族精神是一个国家综合国力的重要组成部分。一个国家要发展，一个民族要自立于世界民族之林，不仅要有强大的物质基础，更要有强大的精神力量。

没有精神支撑的民族行之不远。历史上有的国家因灾难而倾覆，有的文明因灾难而消亡。中华民族在五千年长河中也曾经历太多的苦难，但文明血脉一直未绝，民族历史一直绵延，正是在与每一次灾难的碰撞中，我们的民族不断激发出新的精神资源。

百年来争取民族独立、自由、解放的血火锻造，30年改革开放时代大潮的荡涤洗礼，丰富着民族精神的时代内涵。迈入新世纪新阶段，从抗击非典到迎战冰雪，每一次考验，都是一次民族精神的体现。

“万众一心、众志成城，不畏艰险、百折不挠，以人为本、尊重科学。”伟大的抗震救灾精神，是我们民族精神与时代精神在社会主义中国的交融激荡，激励着中华民族以新的姿态大踏步走向未来。

（九）现代化的历史进程，总会与艰难曲折相伴随，这不是历史的宿命，而是历史对国家民族的大考。

正如外国媒体所说：中国以高分通过了汶川大地震这场意外的大考，在灾难中重塑了中华民族的精神。

五千多年来，伟大的民族精神是中华民族生生不息、发展壮大的强大精神支撑，是我国各民族世世代代自强不息、团结奋斗的牢固精神纽带，也是我们不断开辟新征程、开创新未来的不竭精神动力。

在新的历史阶段，夺取全面建设小康社会的新胜利，实现中华民族的伟大复兴，前进道路并不平坦。面对曲折与艰辛，抗震救灾精神是我们自强不息、应对挑战、迎接考验，发展中国特色社会主义的强大精神动力。

从灾难中汲取信心，从灾难中汲取力量，坚持一手抓抗震救灾工作，一手抓经济社会发展，把抗震救灾精神转化为自力更生、艰苦奋斗、重建家园的坚定意志；转化为办好奥运、建设祖国的实际行动；转化为推动科学发展、促进社会和谐的强大力量。这是我们对抗震救灾伟大精神最好的弘扬。

（十）2008年仲夏的中国，汶川地震的余波尚未平复，北京奥运的脚步清晰可闻。

88岁的萨马兰奇在发给中国媒体的电子邮件中这样写道：“中国人民在地震发生后，所展现的与灾难顽强斗争的伟大精神，本质上和奥林匹克精神是一脉相通的。你们的坚强意志和挑战极限的精神，是对奥林匹克内涵的最好诠释。”

一个多月之后，中国大地上第一场奥林匹克盛会将如期开幕；

三个多月之后，中国宇航员将走出神舟七号飞船，开始第一次太空行走。

一个迈上复兴之路的国家，一个历经劫难的民族，在严峻考验中顽强前行。四川德阳汉旺广场上那座著名的时钟，永远定格在灾难来临的那一刻，但时间没有停留，我们的脚步没有停留。

2008年，不仅将中国人民战胜自然灾难的不屈奋斗写入史册，也将中华民族精神力量的空前提升，标注成珍贵的民族记忆，熔铸为民族复兴的里程碑。

（《人民日报》，2008年7月4日第1版）

国家的柱石　民族的脊梁

《人民日报》评论员

今天，是中国人民解放军建军81周年纪念日。战胜了特大地震灾害、正在夺取灾后重建新胜利的灾区人民和全国各族人民，更加热爱自己的军队，拥护自己的军队。我们和全军将士一道庆祝这个光辉的节日，向在汶川抗震救灾中作出卓越贡献的人民子弟兵致以崇高的敬意。

今年5月12日，新中国成立以来一场破坏性最强、波及范围最广的特大地震灾害突袭神州，瞬间山崩地陷，数万人伤亡。紧急关头，人民解放军、武警部队遵照党中央和中央军委的命令，立即行动起来，快速抵达灾区。广大官兵怀着对人民群众的深情，冒着余震频繁的危险，与时间赛跑，和死神抗争，勇敢奋战，不怕牺牲，不怕疲劳，连续作战，克服了难以想象的困难，打赢了一场又一场硬仗，把成千上万的群众从死亡线上夺了回来，凝聚了万众一心夺取抗震救灾胜利的力量，为夺取抗震救灾胜利作出了不可磨灭的贡献。

人民解放军是一支听党指挥的军队。抗震救灾中，当人们感动于解放军“三大纪律、八项注意”时，当外国媒体惊叹于子弟兵的英勇善战时，人民军队的不朽军魂在赓续传承，这就是坚持党对军队的绝对领导，一切行动听从党的指挥，始终坚持以党的旗帜为旗帜，以党的意志为意志，以党的方向为方向。正是由于高度自觉听党指挥，人民解放军才始终保持了坚定正确的政治方向，始终保持了强大的凝聚力和战斗力，始终保持了蓬勃旺盛的生机活力。在一次次抗灾抢险的战斗中，一批批80后、90后的年轻军人坚决执行党中央、中央军委的命令，主动请缨，英勇奋战，让人们看到，人民军队的参天巨树，增长着坚实年轮；人民军队的不朽军魂，增添着青春载体。

人民解放军是一支服务人民的军队。生死关头，正是人民的子弟兵，出现在最危急的时刻，战斗在最艰险的地方，是人民群众最忠实的依靠、最强大的力量。危难时刻，誓死捍卫国家和民族的利益，军旗插到哪里，鲜血就挥洒到哪里；灾难面前，人民军队是拦截洪水的大坝，扑灭火灾的金刚，抗御地震的奇兵。红军、八路军、解放军，名称虽然因历史而改变，但人民军队为人民服务的宗旨却始终不变。"我是一个兵，来自老百姓"，和人民同呼吸、共命运、心连心，不论是战争年代还是和平时期，军民鱼水的深情始终不变。脚踏着祖国大地，背负着民族的希望，是人民军队夺取胜利最深厚、最伟大的力量源泉。

人民解放军是一支英勇善战的军队。从南昌起义到两万五千里长征，从八年抗战到解放全中国，人民解放军经历了由小到大、由弱而强、从胜利走向胜利的伟大历史，英勇善战无往不胜，成为人民军队的鲜明特征。新中国建立以来，哪里有艰险，哪里有困难，哪里就有军旗飘扬，军歌嘹亮。哪里有了人民的军队，哪里就有胜利。这次抗震救灾中，科技手段、科学指挥、科技装备、科学调度，大大提升了人民解放军的战斗力。空中运送、铁路输送、摩托化开进、徒步强行军、水陆并进，多军兵种协同，展示了人民解放军现代化建设的伟大成就。

一个强大民族的背后，必然站立着一支强大的军队。实现富国与强军的统一，是党的十七大确立的光荣任务。全面履行党和人民赋予的新世纪新阶段军队历史使命，人民军队必须坚持以毛泽东军事思想、邓小平新时期军队建设思想、江泽民国防和军队建设思想为指导，把科学发展观作为国防和军队建设的重要指导方针，贯彻新时期军事战略方针，加快中国特色军事变革，做好军事斗争准备，提高军队应对多种安全威胁、完成多样化军事任务的能力，坚决维护国家主权、安全、领土完整，为维护世界和平贡献力量。

有着光荣历史的人民军队，必将创造更加辉煌的未来。

（《人民日报》，2008年8月1日第1版）

穿越灾难　迎接光荣

——写在四川汶川大地震抗震救灾百日之际

任仲平

（一）今天，2008年8月20日，北京奥运会开幕第十三天，汶川大地震百日祭。

8月8日，在奥运会开幕式上，当东道主最后入场，一大一小两个身影，定格为感动世界的瞬间，湿润了亿万观众的眼睛——

与2.26米的旗手姚明一起引领中国代表团的，是1.18米的汶川小英雄林浩。就是这个9岁的小学二年级学生，灾难一刻从废墟中奋力救出两个同学。此刻的他，头上还留着疤痕，一手执五星红旗，一手执五环旗，神情坦然而快乐。

万里之外，蜀中大地，地震灾区，损毁的道路正在修复，灾后重建加快推进，上千万搬进过渡安置房的灾区群众，在电视机前，与全球观众共享奥运开幕直播。

这一刻，汶川在说：灾区人民已经勇敢迈出新生活的步伐，走出悲痛的汶川感谢世界。

这一刻，世界看到：享受奥运激情的北京并没有忘记汶川，穿越灾难的中国迎接光荣。

五千年中华大地上，伟大的抗震救灾精神与奥林匹克精神同行。

（二）抗震与奥运同行，呈现一个完整的中国。

8月4日，奥运火炬在四川灾区传递，火炬手中很容易找到“可乐男孩”、“敬礼娃娃”和许多抗震救灾英雄的身影。

8月6日，奥运开幕前两天，国务院抗震救灾总指挥部第二十四次会议召开，深入讨论汶川地震灾后恢复重建总体规划。

8月12日，抗震救灾3个月之际，《国家汶川地震灾后恢复重建总体规划》向国内外公开征求意见。

这一天，来自四川泸州的小将邹凯和队友一起勇夺男子体操团体金牌。“我特别想把这枚金牌和父老乡亲一起分享。在那些危难时刻，他们表现了不屈不挠、众志成城的精神，这一切让我觉得，身为一名四川人，时时刻刻充满力量！”随后，“充满力量”的邹凯在自由体操和单杠决赛中再夺两枚金牌……

这就是今天的中国节拍。一边担当全球最大“派对”的领舞者，给几十亿人带来激情与快乐；一边为灾区源源输送力量，将抗震救灾伟大战役推向前进。

2008年，汶川大地震与北京奥运会接踵而来，让13亿中国人经历了大悲大喜大考验。震后100天，我们可以自豪地说，中国没有因为汶川大地震影响北京奥运会的成功举办，也没有因为北京奥运会让抗震救灾工作有一刻松懈。

奥运会上，那些大地震中焕发出的国民精神新面貌、社会开放新元素告诉人们，灾难带来的，是生活更坚定的一次重启；浴火重生的现代中国，更加团结更加自信。

（三）抗震救灾百日之际，奥运火热进行之时。

当体育健儿奋力拼搏、摘金夺银，当东道主因为一届“有特色、高水平”的奥运会赢得世界赞誉，在与重大自然灾害抗争的另一个竞技场上，中国同样拿下了一块宝贵的金牌，创造出一批令人惊叹的“世界纪录”。

——这是新中国成立以来烈度最强、破坏最大、灾情最重、救援最难的大地震。然而从地震发生瞬间到“黄金救援72小时”结束，再到震后10天废墟下生命之火趋于熄灭，对生命的拯救从未停息，83988名同胞从废墟中获救，360多万伤病员得到及时救治。

——蜀道难，抢通灾难中的蜀道更难。各路大军以血肉之躯劈开拦路石、荡平堰塞湖、阻隔泥石流，90多天里，254个不通公路的乡镇“孤岛”抢通251个，820多万群众紧急转移安置。

——灾区病床告急！医疗设备告急！医护力量告急！一场“非战状态下最大规模伤员转运战”打响了。13天里，10048位重伤员安然转送全国20个省区市的375家医院。

——4600多万人受灾，超过北欧五国人口总和，每8个四川人中就有一个失去安身之所。仅仅过了3个月，450余万户、1000多万受灾群众基本实现住房过渡安置。

——大量房屋倒塌，数万人被埋废墟，然而震后3个月，大灾之后无大疫，灾区没有发生一起与地震相关的传染病暴发疫情和突发公共卫生事件。

走进今日震区，灾区群众有饭吃、有衣穿、有干净水喝、有板房住、有病能及时医治，生产生活秩序基本恢复；重灾区学校复课率已达93%，325万余中小学生9月1日将全部走进课堂……

百日抗击，动魄惊心，抗震救灾取得重大阶段性胜利。灾后重建中，“汶川奇迹”在延续。

（四）在人类抗击特大自然灾害的历史上，如此大的安置规模，如此快的重建速度，未有见闻。

大地震不仅让山河易位，摧毁了灾区的地理秩序，更打乱了社会的生活秩序，重创了人们的心理秩序。当“汶川时间”进入灾后重建，较之抢救生命的气壮山河，重振家园之路更加艰苦卓绝，无时不在考验着我们的智慧与理性。

废墟之上，百废待兴，不仅要着眼于当下灾区急需恢复的基础设施和灾民急盼回归的日常生活，还要以长远的眼光、人性的视角、科学的举措，谋划灾区未来的持续发展。而今，百日攻坚，灾区大地写下的答卷令人感喟，也让世界探寻——

是什么，让我们在灾难发生后的“每时每刻”，以细致的政策安排、高效的运作模式，最大限度地保护人民群众的利益，让千万受灾群众心有所依、居有定所？

是什么，让我们在百日之内完成了抢救生命、安置群众、恢复生产重建家园的“三级跳”，创造了若干“史无前例”：政府投入规模史无前例，民间捐助资金史无前例，社会动员力度史无前例，援助灾区人数史无前例，安置受灾群众数量史无前例……

一百个日日夜夜，一段不屈不挠的历程，一曲愈挫愈奋的壮歌，一个现代中国精神和意志的传奇。

（五）百日搏击，灾难见证国家信念。

生命、民生、群众利益……100天来，“人”成为每一次行动的原点和终点，成为每一项决策的始发站和目的地。

生命高于一切。100个日日夜夜，从感天动地的生死营救到规模空前的伤员转移，从众志成城的举国动员到深谋远虑的灾后重建，以人为本、生命至上贯穿每一个时间刻度，彰显着中国共产党笃信坚守的政治伦理。

一切为了人民。100个日日夜夜，从堰塞湖排险的“谨小慎微”到灾区延期高考的“兴师动众”，从受灾群众的临时补贴到税收减免的政策出台，执政为民、民生优先串连每一个时间节点，阐释着社会主义中国矢志不渝的价值追求。

一切依靠人民。100个日日夜夜，从各级政府及时准确的信息发布到新闻媒体的全程“直播”，从赈灾款物的跟踪督查到面向国内外征集良策，抗震救灾每向前推进一步，决策者听民意、察民情、聚民智，人民群众的知情权、表达权、参与权、监督权得到充分尊重。

一场突如其来的灾难，考验着一个政党的执政能力，检阅着一个国家的危机处理能力。100天生死时速，100天顽强搏斗，有力有序有效，我们以“百日图强”通过了这场“大考”。

应急抢险的紧张时刻，党中央就做出加快恢复重建的部署；震后刚10天，国务院就成立灾后重建规划组。信息及时公开、赈灾阳光透明、科学规划先行、法治释放力量，书写了中国救灾史上多项纪录，联合国减灾战略秘书处称其“提供了一个典范”。

（六）百日攻坚，世界重新认识中国。

“一方有难，八方支援；自力更生，艰苦奋斗”，胡锦涛总书记在地震灾区写下的十六个大字，是大地震中创造奇迹的力量之源，更是大地震后延续奇迹的奥秘所在。

抢救生命，10余万救援大军迅速集结。转移伤员，100辆救援专列急调入川。灾后重建，中国科学院、中国社会科学院、中国建筑勘察设计院，所有“中”字头规划设计单位都派出专家……中国在抗震救灾中彰显了强大的组织动员力量。

“一省帮一重灾县”，党中央、国务院适时启动对口支援机制。山东—北川，广东—汶川，浙江—青川，江苏—绵竹，北京—什邡，上海—都江堰，河北—平武，辽宁—安县，河南—江油，福建—彭州，山西—茂县，湖南—理县，吉林—黑水，安徽—松潘，江西—小金，湖北—汉源，重庆—崇州，黑龙江—剑阁，广东（以深圳为主）—甘肃受灾严重地区，天津—陕西受灾严重地区……过去它们相隔遥远，今天他们密不可分。

“需要什么，就给什么！”“人歇机不歇，惜时不惜力！”四川6个重灾区3400余个板房安置点上，来自全国各地的10万援建大军挥汗如雨、追星逐月。“对口支援”这一重大决策，把承载着无数爱心的涓涓细流汇聚成奔涌的江河大川，滋润着饱受创伤的土地；用13亿坚强的臂膀拨开阴霾，为灾区撑起一片艳阳天。灾区群众落泪：“有家真好！”外国媒体感叹：“中国式帮扶力量惊人！”

一位西方哲人说过：“仁爱是社会大厦的花环。”灾后重建中的“中国式帮扶”，已经超越了哲学家眼中“仁爱”的范畴。社会主义制度的优越性，在灾后重建中又一次闪烁出人性的光芒。它用举国上下的戮力同心，引发人们对制度文明的新思考，更以13亿中国人的风雨同舟，呈现一个国家强大的凝聚力和“软实力”。

外国媒体就此评价，中国制度体系“很多方面的优越性中，最显著的莫过于现存制度的动员能力。在短时间内，中国政府能够动员如此巨大的力量投入赈灾，这是其他任何制度所不能比拟的”。

（七）百日回望，中国精神贯穿始终。

走进今日灾区，田垄上、河滩头、公路旁，到处可见自搭自建的过渡安置房，180多万农户不等不靠，重建家园。青川受灾群众远赴上海、浙江、广东就业。绵竹提出三年恢复、五年提升、八年全面小康，产业布局更合理，城市功能更完善。北川尽力整理保存现有文物资料，力争重建一个羌味十足的新城。彭州借助对口支援瞄准产业升级，近200家外省企业前来考察洽谈……

把灾难变机遇，重塑经济社会发展的内生机制，培植自我再生的造血功能。废墟上站起的灾区，短短数月气象一新。在这个过程中，以人为本、尊重科学的主线始终如一。

我们应当感到骄傲，重建家园的急切梦想并未影响灾区重建的科学理性。为保护环境，四川人民研制出地震垃圾制成的再生标准砖；为节约耕地，许多村民利用原有的屋基、晒坝建过渡房；临时板房也有周密规划——公共管理如何完善，配套服务如何跟进，社区文化如何开展，就业创业如何实现，都有方案有路径，科学发展观融入灾后重建的每个环节。

我们应当感到欣慰，恢复生产的热切愿望并未削弱以人为本的时代精神。“要优先解决灾区群众基本生活条件”，“先期援建康复医院，残疾人、老年人、儿童福利机构设施”，“灾区重建要尊重灾区人民的意愿”……这样的表述和行动中，“人”的位置，被放在了第一高度。尊重灾区人民的意愿、发挥灾区人民主人翁精神，成为灾区走向新生的不竭动力。

“万众一心、众志成城，不畏艰险、百折不挠，以人为本、尊重科学”。100天里，灾区人民与救援大军一道，将伟大抗震救灾精神深深镌刻在神州大地。

（八）2008年的中国人，在抗震救灾中筹备奥运盛会，在举办盛会中推进灾区重建。两件大事历练中国，两个赛场相互激荡，共同诠释着“同一个世界，同一个梦想”。

灾难过后，全世界都在关注中国。国际社会表达真诚同情和慰问，提供了各种形式的支持和援助。余震不断的灾区大地，我们看到了日本、俄罗斯、韩国、新加坡等国际救援队的身影；重建家园的过程中，灾区规划受到了国外专家的高度关注；8月初，俄罗斯、匈牙利、保加利亚精心安排中国灾区孩子前往疗养；奥运会前夕，国际奥委会和联合国以“给予就是获得”为主题，共同发起为中国灾区的捐赠活动……这一切，都传递着国际大家庭的温暖情谊，何尝不是“团结友谊和平”奥林匹克精神的闪光！

百余年来，奥林匹克运动之所以在全世界范围得到广泛认同，正因为它以体育的形式寓意着人类的追求和奋斗。百日攻坚，灾难中的中国之所以能够坚强挺立，离不开世界人民的深情厚谊，离不开奥林匹克精神的独特表达。

3个月前，外国媒体评价，“北京奥运会所期待的展示现代中国形象的目标，已经在抗震救灾中得到一定程度的实现”。3个月后，中国告诉世界，抗震救灾精神与奥林匹克精神都是人类精神的耀眼光辉，都将成为迈步复兴征程的中华民族最可宝贵的精神财富。

（九）百日之际，我们把最深切的哀思献给大地震中罹难同胞，愿逝者安息，更愿生者的奋斗抚慰那些逝去的生命。

再有4天，满载激情与梦想的第二十九届奥运会将圆满闭幕，13亿中国人将与世界人民一起完成奥林匹克的北京乐章。但抗震救灾的奋斗和挑战尚未结束，人类社会精神与勇气的旅程仍在继续。

8月8日，奥运会开幕式上，国际奥委会主席罗格向中国人民在抗震救灾中表现出来的“伟大勇气和团结精神”由衷致敬。

穿越灾难，迎来荣光。这勇气和精神仍将激励13亿中国人民攻坚克难，续写一个古老民族奋发图强的激情文字，托起五千年中国走向现代化的百年梦想。

（《人民日报》，2008年8月20日第1～2版）

抗震救灾精神永恒

《人民日报》评论员

汶川大地震，留下了永久的伤痛；抗震救灾斗争，铸就了永恒的精神。由中宣部、国家发改委、解放军总政治部联合举办的“万众一心、众志成城——抗震救灾主题展览”隆重开幕。主题展览，从六个方面，以数千幅图片，全方位再现了汶川大地震的真实场景，展示了军民携手抗击天灾的英勇斗争，讴歌了大灾难面前的人间真情，诠释了伟大的抗震救灾精神。

面对地震考验，我们万众一心、众志成城。通过展览，人们看到，面对新中国成立以来烈度最强、破坏最大、灾情最重、救援最难的大地震，党和政府是主心骨，全国各族人民是靠山，解放军和武警官兵冲锋在前，千百万共产党员模范带头，共同筑就了一道抵御和战胜重大自然灾害的钢铁长城。山崩地裂，山河色变，但动摇不了中国人团结自强、共克时艰的坚强意志。

面对生死考验，我们不畏艰险、百折不挠。在展览中，我们可以看到无数感人肺腑的故事：党员干部舍小家为大家；人民教师用身躯保护幼小的学生；白衣战士日以继夜救死扶伤；灾区群众强忍失去家园和亲人的悲痛奋力抢险；还有无数海外华夏儿女和国际友好人士，积极参与各种救援。这一切使我们深切感到，伟大和崇高正是平凡的人们书写的。

面对危机考验，我们以人为本、尊重科学。生命第一，救人要紧，一切为了人民，一切依靠人民，一切服务人民，这些执政理念，充分体现在党和政府的决策与千百万人的行动中。从总指挥部到救灾一线各个工作环节，科学决策、科学救援、科学重建，显示了我们党和政府在重大突发事件面前，坚定沉着，多谋善断，具有卓越的组织和领导能力。

抗震救灾主题展览内容丰富、感人至深、催人奋进，是一个生动的社会主义和集体主义教育的大课堂。来自现场、朴实无华却动人心魄的一幅幅照片和一件件实物，教育人们也告诉人们：有以胡锦涛同志为总书记的党中央的坚强领导，有改革开放30年的伟大实践和丰硕成果，有中华民族的强大凝聚力和全国人民的大力支持，我们一定能够克服任何困难，战胜任何挑战，夺取抗震救灾和灾后重建的新胜利，夺取改革开放和现代化建设的新胜利。

（《人民日报》，2008年9月21日第1版）

在艰难困苦中升华民族精神

《人民日报》评论员

昨天，在北京举行的全国抗震救灾总结表彰大会上，一大批抗震救灾英雄集体和模范，受到了隆重表彰。他们的英雄事迹和精神风貌，集中体现了中华民族的宝贵品格，展现了社会主义中国的伟大力量。

历史将铭记——2008年5月12日，当一场特大地震突袭四川等地时，中华大地上规模空前的生死大营救、历经艰险的千里大驰援、处处涌动的爱心大奉献、共克时艰的社会主义大协作，所迸发的中国速度、中国力量、中国奇迹，所形成的“万众一心、众志成城，不畏艰险、百折不挠，以人为本、尊重科学”的伟大抗震救灾精神。

这种精神，激励着人们在满目疮痍的土地上创造了惊天地、泣鬼神的感人业绩，奠定了我们战胜这场特大地震灾害的坚强基石。它集中体现和进一步发展了爱国主义、集体主义、社会主义精神，集中体现和进一步发展了我们党和军队的光荣传统和优良作风，集中体现和进一步发展了中华民族的伟大民族精神和当代中国人民的时代精神，是我们极为宝贵的精神财富。

经过30年的改革开放，我国社会经济成分、组织形式、利益分配和就业方式等日益多样化，人们的价值取向、道德观念、文化生活也日趋多样化，承认这种多样化，推动这种多样化，是社会进步的体现。但与此同时，一个社会必须要有自己的核心价值观，这是社会系统得以运转、社会秩序得以维持的基本精神依托。在四川汶川大地震中，人们之所以能形成生死与共、风雨同舟的伟大合力，就在于中华民族在生与死的严峻考验、历史和时代的碰撞交流中所形成的共同的价值取向和理想信念。正是这种共同的价值取向和理想信念，培育和彰显了伟大的抗震救灾精神，成为我们攻坚克难、战胜灾难的不竭动力。

在走向未来的道路上，我们的道路并不平坦，还将面临这样那样的挑战。作为世界上自然灾害最为严重的国家之一，灾害种类多、分布地域广、发生频率高、造成损失重，是我们必须面对的基本国情。作为世界上最大的发展中国家，要全面建成惠及十几亿人口的更高水平的小康社会，进而基本实现现代化、实现全体人民共同富裕，我们的奋斗远未结束。我们弘扬抗震救灾精神，就要使抗震救灾精神在全社会进一步传播开来，使之转化为艰苦奋斗、重建家园的坚定意志，转化为推动经济社会又好又快发展的强大力量，为夺取全面建设小康社会新胜利、开创中国特色社会主义事业新局面而不懈奋斗。

从五千年历史深处走来的中华民族，经历了太多的坎坷和磨难，却一直保持着生生不息的旺盛生命力。原因就在于，每一次同艰难困苦的碰撞中，始终有一种精神在中华民族的血脉里流淌奔涌。历史经验证明，在任何一项伟大事业的背后，必然存在着一种精神力量，这种精神力量与伟大的事业息息相关。大力弘扬伟大的抗震救灾精神，中国特色社会主义事业的发展必将注入强大的精神力量，浴火重生的中华民族必将以新的姿态大踏步走向未来！

（《人民日报》，2008年10月9日第1版）

天气转寒　心驰灾区

《人民日报》评论员

为贯彻落实中央领导同志关于今年10月开展全国向汶川地震灾区捐赠御寒衣被活动的指示精神，切实帮助地震灾区和贫困地区困难群众安全过冬，全国“送温暖、献爱心”——向汶川地震灾区捐赠衣被活动即将展开。

今年“送温暖、献爱心”救灾捐赠活动以“捐赠衣被、温暖灾区”为主题，充分发挥各级党政军机关干部和共产党员的带头作用，广泛动员社会各界和广大人民群众，弘扬团结互助、扶贫济困的中华民族传统美德，为汶川地震灾区困难群众排忧解难。

党中央、国务院高度重视抗震救灾工作，“5·12”汶川地震灾害发生后，以胡锦涛同志为总书记的党中央总揽全局、审时度势，在震后第一时间就把抗震救灾确定为全党全军全国最重要最紧迫的任务，周密组织、精心部署，举全国之力抗震救灾。面对特大地震灾害，从中央到地方各级党委和政府始终与灾区人民心连心、同呼吸、共命运。

去年11月，民政部会同中宣部、中央直属机关工委、中央国家机关工委、铁道部、交通部和解放军总政治部，共同组织开展了全国“送温暖、献爱心”社会捐助活动。胡锦涛总书记等中央领导带头捐助，表达对灾区人民和困难群众的真情关怀，中央各部门干部职工和军队领导机关官兵积极响应，率先行动，为全国各地的捐助活动起到了示范和带动作用。当前，天气逐渐转寒，灾区群众面临缺衣少被等困难。及时开展向汶川地震灾区捐赠衣被活动，体现了党和政府对灾区人民的深切关怀，展示了全国人民“一方有难、八方支援”的传统美德，续写着“同一个家园、同一份牵挂”的爱心篇章。今年的捐助活动一定会更加积极、更加动人、更加有效。

近年来，每到年末“送温暖、献爱心”社会捐助活动都会形成高潮，一颗颗爱心凝聚，一股股暖流汇集，像春风化雨，似雪中送炭。领导带头、群众参与，媒体报道，一时间红红火火、热热闹闹，寒冬无情人有情，爱心暖流满神州。通过这些既有意义又能解决一部分实际问题的活动，可以帮助受灾群众和部分困难群众抵御寒风、平安过冬，以解燃眉之急，也可以鞭策各级干部进一步实践“以人为本”的理念，心系群众、服务人民。同时，通过倡导行善举、献爱心的慈善意识和良好风尚，推动提高全民族的整体素质，提高公民的文明程度，把我们的社会建设得更温暖、更和谐、更美好。

（《人民日报》，2008年10月13日第2版）

春风化雨　润物无声

《人民日报》评论员

为弘扬伟大的抗震救灾精神，推动社会主义核心价值体系建设，动员社会各界关心、支持和参与公民道德建设，中央宣传部举办了第五届中国公民道德论坛。举办这样的论坛很有必要，很有意义。

道德是一种力量，它春风化雨，润物无声；道德是一面旗帜，它鼓舞人们，引领方向。

在全国抗震救灾总结表彰大会上，胡锦涛总书记强调，在波澜壮阔的抗震救灾斗争中，我们用理想凝聚力量、用信念铸就坚强、用真情凝结关爱，大力培育和弘扬了万众一心、众志成城，不畏艰险、百折不挠，以人为本、尊重科学的伟大抗震救灾精神。

伟大抗震救灾精神，是党和人民极为宝贵的精神财富，充分体现了社会主义核心价值体系孕育出的崇高境界和美丽心灵。伟大抗震救灾精神所蕴涵的民族精神和时代精神，是构建公民道德建设的重要内容。

“人无德不立、业无德不兴、国无德不威。”从五千年历史深处走来的中华民族，经历了太多的坎坷和磨难，却一直保持着生生不息的旺盛生命力。原因就在于，每一次同艰难困苦的碰撞中，始终有一种精神在中华民族的血脉里流淌奔涌。“有德不可敌。”一个拥有道德力量支撑的民族，必能成为伟大的民族。灾难无情，人间有爱；一方有难，八方支援。地震发生后，全国人民火速行动起来，危急之际，纷纷奉献爱心，伸出援助之手，形成了抗震救灾的强大合力。

道德建设离不开榜样的引领带动。伟大的时代孕育了千千万万的道德楷模，伟大的事业需要千千万万的道德楷模来推动。从领导干部到普通党员，从科学家、教师到工人、农民，从将军到士兵，各个地区、各行各业、各类人群，一个个先进典型的名字在大江南北广为传颂，温暖群众，感动中国。他们彰显着凡人善举的道德品格，推动着我们的社会更加文明，更加和谐，更加美好。

舆论是构建公民道德建设大厦的排头兵。近年来，从报刊、广播、电视、互联网，到板报、灯箱、电子显示牌、农村和社区文化长廊，从歌曲、漫画、快板、评书、故事会、公益广告到电影、话剧，各地各部门开动脑筋，动员一切力量，使公民道德建设来到普通百姓的身边，走入普通百姓的心里。中宣部、中央文明办会同有关部门连续多年举办中国公民道德论坛和公民道德建设系列网谈，举办公民道德建设知识竞赛，举行全国道德模范评选表彰活动；各地开展的公民道德宣传教育活动形式多样、内容丰富。这一切，都有力地促进了公民道德建设良好氛围的进一步形成。

道德建设是常抓常新的事业。道德需要传承，更需要弘扬光大。人民群众殷切期望加强道德建设，人民群众中也蕴藏着极其丰富的道德资源和力量。生机勃勃的中华大地上，新时期道德观念正在迸发出巨大的力量，推动公民道德建设的巨轮滚滚向前。虽然在社会生活中，不道德或违背道德规范的现象时有发生，但我们有信心，以道德的正义之剑，祛除流弊，正本清源。

道德力量是经济社会发展、社会和谐、人民幸福的重要因素。培育道德的力量，是全社会共同的责任。让我们每个人从点滴做起，从现在做起，做社会主义核心价值体系的实践者，做思想道德建设的推动者，共同建设属于每一个中国人的温馨和谐的道德家园。

（《人民日报》，2008年10月19日第4版）

“东汽精神”催人奋进

《人民日报》评论员

突如其来的特大地震，瞬间摧毁了东方汽轮机有限公司的大片厂房和大量设备，几百人遇难，上千人受伤。然而，东汽人没有被地震震垮，他们以特有的坚忍和毅力，从余震不断的废墟上跃起。他们掩埋好遇难同伴和亲人的遗体，擦干泪水，抗震救灾，恢复生产，以辉煌的业绩书写了中国工人阶级“泰山压顶不弯腰”的伟大篇章。

这就是东汽人的志气和精神！这种在平常中历练、在危难中迸发的“东汽精神”，就像当年王铁人带领工人创造的“大庆精神”一样，凝聚成催人奋进的时代精神、民族精神，鼓舞着人们，感动了中国。

不怕牺牲、敢于胜利，灾难彰显“东汽精神”。“厂房塌了可以重建，机器坏了可以修理，只要精神不倒，东汽就不会倒！”面对破碎的家园、受难的同胞、肆虐的灾难，东汽人振臂高呼，迅速把一支生产大军组织成强大的抢险救灾大军。震后第八天，东汽灾后第一批产品起运出厂；震后1个月，大部分关键设备恢复运转，总体产能恢复到震前50%以上；震后半年，遭受毁灭性打击的东汽圆满完成全年生产任务，工业总产值刷新了历史纪录。巴蜀大地，东汽人以血肉之躯为倾覆的厂房筑起最坚实的脊梁，用震不垮的精神托起废墟上最坚强的希望。

坚忍不拔、艰苦创业，历史铸就“东汽精神”。40多年前，北京、上海等大城市的年轻人响应国家号召，来到川西小镇，靠手拉肩扛建起了东方汽轮机厂。40多年来，无论是当年“一根麻绳艰辛创业”，还是与自然灾害、金融危机抗争的今天，东汽人始终秉承知难而进、勇于担当的传统，书写坚忍不拔、艰苦创业的故事。正是这样的历史和传统，支撑着东汽从小到大、由弱到强，支撑着东汽度过一段段峥嵘岁月，成就了危难降临时惊人的一搏。

自主创新、勇攀高峰，时代催生“东汽精神”。在东汽人的“企业语言”中，创新是永恒的话题。推进机制创新增强发展后劲，推进市场创新应对金融危机，推进制度创新提高管理水平，推进技术创新打造核心竞争力……作为国家重大技术装备工业基地，东汽不仅拥有国内和世界最先进的汽轮机制造设备，而且拥有不断攻坚克难、推陈出新、勇攀高峰的创新能力。有了自主创新的能力和勇攀高峰的精神，东汽人才能凤凰涅槃，在地震留下的废墟上迅速恢复生产，在大灾之年创造了辉煌业绩。

在新中国60年发展史上，英勇的中国人民创造了无数精神标杆。“大庆精神”“红旗渠精神”“抗洪抢险精神”“北京奥运精神”“载人航天精神”……每一个时代精神，都是人民群众的激情创造，都是国家力量的不断提升，都是民族精神的丰富拓展。作为伟大抗震救灾精神的重要组成部分，“东汽精神”以其伟大的力量和独特的内涵，标注出我们国家和民族的精神高度。

在国际风云不断变幻、各种挑战层出不穷的今天，东汽人不怕牺牲、敢于胜利，坚忍不拔、艰苦创业，自主创新、勇攀高峰的精神，必将激励我们以更大的信心、更强的奋斗、更多的创新，积极应对国际金融危机、促进经济平稳较快发展，实现中华民族复兴征程上的新跨越!

（《人民日报》，2009年2月27日第1版）

处处温暖处处春

《人民日报》评论员

春节前后，本报派出采访小分队，深入四川等地震灾区，采访灾区群众度过的第一个冬天。连日来，中央主要媒体对灾区群众安全过冬和灾后重建进行了充分报道。党和政府的亲切关怀，全国人民的倾力支持，灾区干部群众的自立自强，让人感动不已。人们更深切地感受到，在我们伟大的祖国，处处温暖处处春。

人们还记得，党中央、国务院明确提出，周密安排、做好规划，扎实搞好受灾群众住房建设，加快推进灾区基础设施和公共服务设施建设，切实安排好受灾群众基本生活，特别是要确保灾区群众安全过冬。

人们还记得，去年十月，全国各地掀起了“捐衣被、献爱心”热潮。棉被厂车间，工人加班加点赶制棉被；各地街头，人们争相捐赠衣被；通往四川灾区的道路上，一辆辆满载棉衣、大米、菜和油等过冬物资的大货车，成为一道道风景；雪域高原的藏族同胞，在藏历新年到来之前，也把他们的深情厚谊送到地震灾区……

踏冰雪、顶寒风，各级党组织、特别是基层干部走村串户，帮灾区群众铺被褥，上门板，挂灯笼，贴春联。细致入微的关爱，送去了党和政府的温暖，奏响了与人民群众心连心、心相映的和谐乐章。

四方爱心涌动，八面真情相牵。亿万人的自觉行动，亿万人的火热情感，传递到一排排板房、一座座新居，温暖了北川羌寨，融化了汶川雪岭。社会主义大家庭的温暖充分显现，并在隆冬的灾区丰富升华。秋风起时送寒衣，送的是党的阳光，送的是战胜灾难的信念和力量，送的是春天的希望。

猝然降临的自然灾难，不以人的意志为转移。然而，精神和信念的力量是伟大的。面对灾难，中国人民万众一心、不屈不挠、自强不息、团结奋斗、共克时艰，把命运紧紧掌握在自己的手中。家园毁了，省对县、市对镇的对口支援重建迅速展开；工厂倒了，各地企业纷纷伸出援助之手；学校待建，一批批孩子被送往全国各地就读；冬天来了，凝聚着全国人民爱心的过冬物资源源不断送到灾区……正如一家外国媒体所言："中华民族在震灾中表现出的团结、合作和奉献，历史上少见。"

一个民族在灾难中失去的，必将在民族的进步中获得补偿。前进的道路上，我们还会遭遇困难，面临考验，但灾区大地洋溢的温暖情义、呈现的感人场景让我们坚信，伟大的民族精神、优越的社会制度和"万众一心、众志成城，不畏艰险、百折不挠，以人为本、尊重科学"的抗震救灾精神，将成为我们不断开辟新征程、开创新未来的不竭动力。

冬去春来，一排排永久性住房在灾区拔地而起。人们正在齐心协力，力争把灾区早日建成"家家有房住、户户有就业、人人有保障、设施有提高、经济有发展、生态有改善"的新家园，让下一个冬天更加温暖。在冬天里感受温暖的人们，也必将满怀信心和勇气，迎接美好的新生活。

（《人民日报》，2009年3月1日第1版）

确保灾区群众早住新房

《人民日报》评论员

汶川特大地震造成人民生命的巨大伤亡，也无情地摧毁了灾区群众的家园。地震发生以后，受灾群众住在哪里，什么时候才能回到新建的永久性住房里，真正开始新的生活？党中央国务院牵挂在心，全国人民惦记在心。

时隔一年，再回到灾区，人们看到最多的就是住房建设的忙碌景象。在农村，几乎家家户户都在忙着盖新房，一大批灾区群众已经住进漂亮的新房。在城镇，许多震毁的房屋也在重建，一些居民搬回了经过修复加固的楼房。

"最关心、最重要、最优先"，三个"最"，体现了灾民住房重建在地震灾区恢复重建工作中的突出地位。有房才有家，有家最温馨。早日住进安全舒适的房屋，是灾区人民的热切期盼。对灾区住房重建，党中央、国务院迅速作出部署，灾区党委、政府积极努力，援建省市全力支持。

地震发生后不到100天，在各援建省市的努力下，灾区迅速建起62万多套活动安置房，使所有受灾群众都有了临时的住所。

随即，永久性住房的重建工作也如火如荼地展开。灾区住房重建工作量巨大，仅四川省倒塌和损坏的房屋就有400多万间，部分城镇几乎夷为平地；甘肃和陕西也有70多万间房屋倒塌和损坏。从国际经验来看，破坏力如此严重的自然灾害发生后，住房重建工作一般至少需要3~5年完成，有的持续长达10年左右。而从永久性住房重建全面铺开算起，仅仅用了8个多月的时间，四川、甘肃、陕西三省灾区农村住房维修加固已经全部完工，震毁重建住房开工超过98%，完工超过80%。城镇居民住房加固开工超过60%，重建住房开工超过40%，完工超过10%，共有3万多套。灾区住房建设速度之快，成果之大，令人难以想象。

更令人难以想象的是灾区住房重建的困难有多大，建设者们有多么艰辛。地质条件复杂，交通不便，气候条件不利于施工，规划、选址困难，建材供应紧张，难题一个接着一个。但是，灾区干部群众和来自全国各地的建设者们迎难而上，用汗水和辛劳，用智慧和科学，加固一座座房屋，建起一座座新房。

为了让仍生活在过渡安置房里的群众早日住进永久性住房，有关部门提出了更高的要求：明年春节以前，农村住房重建工作全部完成，争取让农民在新房里过冬。到明年9月，城镇居民要争取全部住进新房，提前1年实现“家家有房住”的重建目标。要实现这样的目标，任务十分艰巨。在受到国际金融危机冲击的背景下，各援建省市仍然要保持对灾区的援建力度，并根据建设进度的需要进一步加大力度。为了让受灾群众住得安心、舒适、经济，需要多方考量，对建设项目进行更科学的规划设计，并严格把好建筑质量关。

现在还有部分群众住在临时板房里，要继续做好过渡安置工作，要更多地关心他们的生活，为他们提供更好的保障和服务，让他们在活动板房这个临时的家里同样住得方便、安全，充满希望地迎接美好的新生活。

（《人民日报》，2009年5月11日第1版）

那些不屈的力量让我们前行

——写在四川汶川特大地震一周年

任仲平

（一）日历再次掀到了这一页：5月12日。

去年今日，四川汶川发生里氏8.0级强烈地震。这场新中国成立以来破坏性最强、波及范围最广、救灾难度最大的地震，让八万多鲜活的生命骤然消逝，千万个温暖的家庭永失至爱。深创巨痛，撕扯着13亿同胞的心灵。

“用一束朝阳，点燃祝福的烛光；用一缕白云，写满回忆的诗行；用一朵鲜花，盛开不尽的思念；用一声鸟啼，敲出祭奠的钟响……”

365个日日夜夜过去，汶川依然是中华民族伤痛之所在，灾区依然是亿万国人情思之所系。从气壮山河的生死大救援，到艰苦卓绝的百万灾民紧急安置，再到举国参与灾后恢复重建，这一年，灾区不曾停步，中国奋力前行。

“万众一心、众志成城，不畏艰险、百折不挠，以人为本、尊重科学”，伟大的抗震救灾精神，依然在中国大地光大延绵。

（二）整整一年了。

那猝然而至的地动山摇，举国动员的生死营救，生命至上的国家信念，万众一心的民族精神，定格为无数震撼心灵的画面，仿佛就在昨天。

相对于“一线希望，百倍努力”的生死驰援，相比于三分钟震后巨大的情感震撼和众志成城，这一年来，日复一日的重建家园之路无疑更加复杂更加繁巨。当我们擦干泪水走向未来，所面临的是更多挑战和困难。

大地震留给我们一连串冰冷的数字：400多万伤病员需要救治，50万平方公里的土地受灾，数以百万计的民房受损，波及4600万百姓。

国际舆论惊叹：汶川大地震造成的受灾面积，相当于西班牙的整个国土，受灾人口“比北欧五国人口总和还多”，直接经济损失达8000多亿元。赈灾难度之大，需救济人数之多，重建工作之浩大复杂，在世界范围内屈指可数。

从城市到山乡，房屋大量倒塌损坏，基础设施大面积损毁，工农业生产遭受重创，生态环境破坏严重——我们能否及时“复原”？

四川、甘肃、陕西，重灾区处于中西部欠发达地区，本来薄弱的经济基础，能否支撑灾后重建?

巨大的伤亡与破坏，也危及着灾区人民的精神家园与文化传统。文化重建与精神重建，这个对国人来说陌生而沉重的任务，我们能否扛得起来?

当天灾震碎无数家庭，哀恸穿透心灵，生者如何在痛楚中重获希望? 日子怎样进行，血脉如何延续，不屈的生命之花如何继续绽放?

翻开中国灾难史，大灾之后往往继之大乱；纵览世界救灾史，乱象频生的，往往集中于灾后这一年。疫病蔓延、治安混乱、资源浪费、重建缓慢……这一切会不会在中国重演?

大地震一年后，中国将交出怎样的答卷?

（三）仿佛是一种回答，更是一种象征。

一年前，都江堰—汶川公路沉埋于垮塌的山腹。“挺进汶川”，曾是救援部队最渴望的目标也是最难打的硬仗。那条在余震中时断时续的“生命线”，成为全国人民心头之痛。

一年后，汶川传来喜讯：全长82公里的“都汶生命线”定于5月12日正式通车，都江堰至映秀镇全长近26公里的高速公路，也将双向通行。

大地震没有击垮中国人民。如同一家英国媒体所言，震灾造成了伤痕，“但我们也看到了忍耐、尊严、勇气和爱”。在这永载史册的沉重苦难中，大勇与大爱，让中华民族挺直不屈的脊梁。

汶川大地震之后，没有发生饥荒，没有出现流民，没有爆发疫情，更没有引发社会动荡。悲痛中的中国，创造了人类救灾史上的奇迹。

震后不到三个月，数百万户住房损毁家庭的过渡安置，基本完成；

寒风蚀骨之际，中华大地掀起“暖冬行动”，四面八方踊跃捐助的棉被棉衣，带着全国人民的体温，温暖着每一幢板房；

春天来了，越来越多的受灾百姓离开板房，搬进新居；越来越多的遗属重组家庭，用坚强的微笑迎接新生活；越来越多的孩子离开“帐篷学校”，走进全国各地援建的新校舍；越来越多的普通人在最平凡的处境里，诠释生命的意义，寻找生活的出路……

3个月，半年，一年，几乎每天都有新开工的项目，每天都有新推进的道路。

一年来，川甘陕三省灾后恢复重建项目完成投资3600亿元，农村住房维修加固完工99.5%，98%受灾工业企业恢复生产；

一年来，18省市援建四川的资金已达394.75亿元。39个重灾县所需重建的3340所学校七成已开工建设，今年底95%以上的学生将搬进永久性校舍学习；

一年来，巴蜀大地经济仍然保持较强走势。地震百余日，经济急剧下滑的势头就被遏制，经济走势图呈V型探底回升。四川人仿佛用这个象征胜利的“V”字，宣告“最困难的时期已经过去”；

一年来，多达78亿元的四川重建投资，用于恢复公共文化设施，保护抢救非物质文化遗产。损毁于大地震的世界文化遗产二王庙重新站起，千年都江堰经保护安然无恙，川北群山之巅“云朵中的民族”笑容依然动人……

物质重建，文化重兴，社会重构，短短的一年，灾区沿着这三个维度，一砖一瓦重绘破碎的山川、倾覆的家园。

如果说突如其来的灾难最能考验一个国家的意志，那么漫长艰辛的重建则最能测试一个民族的坚忍。那些废墟上升腾的希望，灾难中萌生的力量，让人在毁灭中见证复生，在痛苦中感受坚强。

岷江之畔，滔滔江水奔腾而过，巴蜀之地，精神永存，魂魄犹在，文脉不绝。

（四）是什么支撑一个民族在灾难中不断创造感动世界的奇迹？是什么让“世界猛然发现了一个在危难时刻闪耀着人性光辉的伟大中国”？

美国历史学家胡克说过，判断一个社会能否解决它所面临问题的依据是：“它的领导层的质量和它的人民的品质。”汶川大地震以最惨烈的形式，将前所未有的困难和挑战带给了中国，但也正是在应对这些困难和挑战中，人们看到了“领导层的质量”和“人民的品质”，看到了上下同心造就的万众一心，看到了由此迸发的中国精神、中国力量。

胡锦涛总书记在抢险救援的危急关头和灾后重建的关键时刻亲临一线，所有中央政治局常委都曾走进灾区，走进最需要他们的人民中间。“党和政府一定会帮助灾区人民渡过难关”，一句朴实的承诺抚慰了悲痛中的灾区群众，感动了中国，打动了世界。法国前总理拉法兰感叹：胡锦涛主席和温家宝总理在抗震救灾中表现出的专注和积极态度，值得所有外国朋友尊重和赞扬。

抗震救灾一年来，党中央第一时间发布全国总动员令，第一时间启动国家一级应急预案，第一时间部署公开透明的信息发布，第一时间从各大军区调集十万大军，第一时间调动全国各种资源汇聚成救援合力。震后27天，国务院颁布汶川地震灾后恢复重建条例；震后四个月，在公开征求国内外社会各界意见的基础上，灾后重建总体规划正式发布——处变不惊、沉着应对，总揽全局、运筹帷幄，外媒评价“中国已具有较高水平的现代化国家管理能力”。

无论是在救援现场，还是在急救帐篷，无论是在临时过渡房，还是在震区孩子寄读的异地他乡，无论是汇集共产党员真情的“特殊党费”，还是凝聚全国人民爱心的无私捐助，这一年，中国人民以自己的方式，诠释着感天动地的“人民品质”。在波澜壮阔的抗震救灾斗争中，13亿中国人表现出前所未有的自信和从容，表现出前所未有的爱心和热情，表现出前所未有的勇敢和智慧。

“地动山摇摇不散中华魂魄，山崩地裂裂不开万众一心。”这灾区大地最醒目的标语，成为“中国力量”的最好注脚。坚定的领导层，坚强的人民，让这块灾难频仍的土地，蕴藉着中华民族向死而生的期待，书写着共和国浴火重生的希望。

（五）这一年，我们守望相助，甘苦备尝，全民携手重建破碎的家园。

震后19天，胡锦涛总书记在大巴山深处防震棚的黑板上写下“一方有难，八方支援；自力更生，艰苦奋斗”16个大字。在号召灾区自力更生、奋起自救的同时，中央果断作出恢复重建的重大决策，启动对口支援机制。震后37天，国务院制定《汶川地震灾后恢复重建对口支援方案》，统一部署对口支援任务。

“一省帮一重灾县，举全国之力，加快恢复重建”，这一科学决策是灾后重建中最大的创新。承载着无数爱心的涓涓细流，汇聚成奔涌的江河大川，造就了社会主义制度优越性的“汶川样本”。

山东—北川，广东—汶川，北京—什邡，上海—都江堰……来自东部和中部地区的19个省市与四川18个重灾县及陕甘重灾地区结成对子。“把北川当作山东的一个县来建”、“都江堰就是上海的第20个区”，“对口援建是检验东部各省综合实力和政治觉悟的窗口”——原来相距遥远的两地，从此手足相连。

江苏人把“苏南模式”带进绵竹重灾区，以市场化手段援建开发区项目；浙江人将“走遍千山万水，吃尽千辛万苦，说尽千言万语，历尽千难万险”的创业精神，注入青川那一方水土……资金、人才、产业迅速从东部向灾区集结转移，东部先进的改革经验与管理模式，也迅速在重建中推广传递，生根开花。

亚洲开发银行的代表们赞叹：大灾之后，由中央统一安排，发达地区支援灾区的做法，世所罕见。“政府强大的动员能力，是救灾速度和效率的保证”。

对口援建，让西部重镇从地震的阴影里迅速走出，新的思路、新的观念带来了新的起点、新的出发，加快了建设西部经济发展高地的步伐。对口援建，让“先富起来”的东部地区，找到了缩小东西部差距的支点，与灾区协力同心，谱写了“区域协调发展”的篇章。

用理想凝聚力量，用信念铸就坚强，用真情凝结关爱。汶川大地震以一种猝不及防的特殊方式，验证了社会主义制度的优越性，验证了改革开放30年中国的“物质实力”和“制度活力”，也验证了我们党的决策能力和执政能力。

（六）这一年，我们用13亿人的同风共雨，将民族精神的内涵拓展到新的疆界。

“在八级地震的废墟上站起来的中国，是那么令人惊讶的现代、灵活、开放”，大地震之后，世界如此感慨。灾难中呈现的伟大中国，废墟上站起的大写的“人”，诠释了一个古老民族的伟大精神。

这一年，伟大的抗震救灾精神转化为艰苦奋斗、重建家园的坚定意志，转化为推动经济社会又好又快发展的强大力量，并以无数感人的细节和执著的坚守，给予我们新的震撼。

山崩地裂，灾区人民替整个民族承受了巨大灾难。共和国版图上的每一个地区，每一个公民，都有责任有义务为灾区人民排忧解难。“做灾区人民最坚强的后盾”，强烈的公民意识与国家意识，在960万平方公里土地上升华。

当习惯冬日暖气的山东大汉，在寒冬阴湿的板房里纷纷病倒，北川人感动得喊出“鲁川同心”；当上海人不辞辛劳，为各乡镇重建项目夜以继日地奔忙，都江堰人说：“你们感动了一座受伤的城市。”

真情在这片走向复苏的热土上流淌，感动在奉献者与受助者之间双向传递。灾区人民不屈不挠、顽强拼搏的精神，同样让全国人民真切地感受到，“山河可以移位、道路可以阻断、房屋可以摧毁，但抗震救灾、重建家园的信念永远不会倒塌”。与灾区人民甘苦与共，让每个人深深懂得什么是“祖国情结”，体会了社会主义大家庭血浓于水的彼此关爱。

一场大灾难凝聚起中华民族的意志和情感。曾有人担心，这种精神会在琐碎的生活中逐渐磨灭，那些心手相连的情谊和震撼心灵的感动会让位于世俗的计较，回复于日常的淡漠。然而一年为证，这情感并没有因为时间的推移消失。相反，它经历了从“非常”到“平常”的考验，完成了从“瞬间爆发”到“静水流深”的转换。在灾后重建的艰辛历程中，亿万中国人日日夜夜的坚守，全国人民点点滴滴的努力，见证着抗震救灾精神的永生。

我们看到，在地震初期的生命大营救中释放出巨大能量的爱国热情，理性地投入到灾后重建之中。14.5万志愿者赶赴灾区，越来越多的心理学者、医务人员和教师，深入灾区的一顶顶帐篷、一座座板房——共和国公民意识的蓬勃生长，为我们伟大的民族精神注入了时代元素。这种公民意识的逐渐成熟，是一个国家走向文明和现代化的重要标志。

我们看到，在废墟上锻造的灾区人民自强不息的生命意志，顽强地贯穿于重建家园的历程之中。“有手有脚有条命，天大的困难能战胜”，从灾难的记忆中挣扎出来，灾区临时校舍里的朗朗书声，活动板房上空的袅袅炊烟，大地田垄间的滴滴汗水，构成了巴蜀大地最坚毅的表情。不等不靠不要，坚定坚强坚韧，这种生活的信心和生命的尊严，凝聚起缔造明天的深厚力量。

我们看到，大地震中感天动地的共产党人身影，依然行进在灾后重建的艰辛路途上。最危险最繁重的任务，最坚忍最顽强的意志，最无私最动人的奉献，碎石瓦砾之中，英勇的共产党人始终奋战在恢复生产、重建家园的最前沿。一个支部就是一个堡垒，一名党员就是一面旗帜，一个干部就是一个标杆。无数共产党人用朴实的行动，践行着党对人民的忠诚，验证着理想与信念的伟大力量。

灾后重建，经年不懈。是亿万中国人的执著与努力，让社会主义核心价值日益突显，让民族精神生生不息，不断充实着中国社会进步的底气，不断铸就中华民族迈向未来的软实力。

（七）这一年，我们用共和国的坚韧奋斗，将以人为本的实践推向新的历史高度。

大地震吞噬了美好的家园、和谐的社区、明亮的教室、活泼的孩子，也震毁了灾区群众休戚与共的生活体系，曾经的身份关系，曾经的社会生活，曾经的温暖情爱。

重建，不是纯粹物质意义上的复制，不是依靠简单的物质救助与政策支援来解决暂时的问题，而是在以人为本的时代旗帜下，将目光放在灾区人民自我发现与自我重建的需要上，尊重他们的生活逻辑，提高他们的“可行性能力”。

以科学发展观为指导，把抗震救灾同扶贫开发结合起来，增强灾区自我发展的能力；把国家支持、社会帮扶同生产自救结合起来，坚持自力更生、艰苦奋斗；把推进物质重建同构建精神家园结合起来，坚持“两手抓”；把发展经济同保护环境结合起来，建设生态文明……让生命自主把握命运和前途，让人民的主体地位得到现实的尊重，这是灾后重建的文化意义，也是执政党“以人为本”理念的深刻表达。

从共和国首度为平民的群体遇难设立国家哀悼日，到保留地震遗址为灾区人民留下永恒的记忆；从将资金安排的自主权下放受灾地区，到采取各种政策措施力促百万劳动力稳定就业；从关爱生者、为灾区干部群众提供心理服务，到尊重逝者、统计核实地震中遇难和失踪人员名单……

灾后重建这一年，党和政府格外关注灾区人民的主体意识，在帮助人们走过危机的同时，努力开辟更为广阔的空间，提供更多人生发展机会，促进文化传统的接续，推进社会的和谐，重振人们生活的信心与希望。

“努力用自己的双手开辟新生活”，以人为本的理念唤起了灾区人民自强自救的激情。这种激情化为现实的创造力，使灾后重建成为新进步、新提升的开端。

（八）在神秘的三星堆青铜时代遗址，出土过许多“纵目”巨人。他们眼观六路，注视着古往今来。

蜀地多难，蜀道多艰，一次次的灾难磨砺，却成就了举世无双的巴蜀文明，成就了川人百折不挠的品格。

“一个民族在灾难中失去的，总会由进步来补偿。”但巨大的灾难如何才能推动历史的进步，深切的伤痛如何才能凝聚为前行的力量?

一周年，按照民族的习俗，该为逝去的亲人点上白烛，深情告慰：长者安居，幼者安学；全国相助，同胞相亲；绝路已通，家园新生……

一周年，全国人民将再一次向大地震遇难者致哀，共和国的信心与力量会在13亿人的泪光中再次凝聚、焕发；

一周年，当灾难渐渐远去，伤痛渐渐平复，我们要让灾难变成财富，让人性的光辉永存，民族的精神永在，社会的进步永续。

多难兴邦，不仅在于灾难在一瞬间唤醒了良知，更在于良知和责任的苏醒带来了制度的建设和完善。而制度的创新，会使得公众的热情和力量在未来的征程上有序而持久地释放。

多难兴邦，不仅在于灾难在一瞬间震出了精神认同，更在于让伟大的抗震救灾精神，升华为推动历史进步、实现中华民族伟大复兴的强大动力，深深熔铸在民族的生命力、凝聚力和创造力之中。

一切刚刚开始，重建之路依然漫长。在过去的365个日日夜夜，我们担起了灾后重建的繁重艰巨，也创造了北京奥运会的光荣梦想；我们经历了金融危机的风暴考验，也实现了经济社会的和谐发展。大地震摧不垮我们的信心，社会主义的制度优势，13亿人的精神认同，以人为本的国家信念，正凝聚为一种不屈的力量，深植于我们民族的肌体，推动共和国在挑战与逆境中淬火成长。

“一个聪明的民族，从灾难和错误中学到的东西会比平时多得多。”五千年薪火相传的中华民族，将以此证明自己的智慧和理性，用社会的进步和文明的演进，告慰那些曾经闪亮又骤然消逝的灵魂，让逝者在爱与希望中永生，让生者在爱与希望中前行。

（九）5月12日。又一个初夏。

世界将目光再次投向中国，投向地震灾区的广袤大地。人们从四面八方赶来，他们中的许多人曾用眼睛和心灵见证了毁灭。今天，他们重赴灾区，见证复生。

灾难的痕迹已经变得有些模糊，顽强的野草渐渐覆盖大自然的伤口。汶川，北川，映秀，绵竹……这些曾经让亿万国人血脉同搏的名字，在“重建”“机遇”“发展”中重现生机。

5月12日，在地震中救出29个人的志愿者陈岩，将以震区里的婚礼，告慰地震中遇难的亲人，向世人传递这样的信息：“逝者安息、生者图强，我们应该坚强，我们应该对未来充满希望，我们应该追求幸福。”

灾难磨砺精神，苦痛铸就坚韧。民族复兴漫漫征程上的中国人民，以这一年的特殊精神积淀和顽强奋斗，在艰苦考验中慨然前行。坚强，希望，幸福，这些普通人生活与命运的呐喊渴望，交织成中华大地最动人的乐章。

我们的耳畔，再次响起胡锦涛总书记的坚定话语：“任何困难都难不倒英勇的中国人民！”

（《人民日报》，2009年5月12日第4版）

在前进的道路上团结拼搏

《人民日报》评论员

一个民族在灾难中失去的，必将在民族的进步中获得补偿。

5月12日，在纪念四川汶川特大地震一周年活动中，胡锦涛总书记发表重要讲话。讲话回顾了抗震救灾的重大胜利，总结了灾后恢复重建的突出成就，深刻阐述了中华民族在空前惨烈的天灾面前众志成城、迎难而上的伟大精神，强调指出，抗震救灾和灾后重建取得的成绩，必将鼓舞全国各族人民满怀信心地把改革开放和社会主义现代化事业继续推向前进。

将灾难的记忆，磨砺为民族振兴的坚强意志；让伟大的精神，升华为社会进步的强大力量。

胡锦涛总书记的重要讲话饱含深情、催人奋进，表达了中华民族弘扬伟大的抗震救灾精神的坚毅决心，提出了奋力夺取抗震救灾斗争全面胜利的目标任务，将进一步鼓舞和激励全党全国各族人民，勇敢战胜前进道路上的一切困难和风险，不断开创中国特色社会主义事业新局面。

这一年的中国，有精神的收获，也有体制的创新；有社会的进步，也有发展的启迪。这一年的中国，万众一心、众志成城的精神力量空前迸发，不畏艰险、百折不挠的民族品格集中体现，以人为本、尊重科学的国家理念日益彰显。愈是苦难，愈是坚强；愈是艰难，愈是团结；愈是磨难，愈是向前。党和人民在血与火考验中的英雄壮举，充分显示了中国人民和中华文明生生不息的旺盛生命力，显示了社会主义制度的强大凝聚力和巨大优越性。

一年恢复重建，取得了重要阶段性成果，但这只是夺取抗震救灾斗争全面胜利的起点，是我们夺取经济社会发展新胜利的起点。扎实推进灾后恢复重建，需要我们全面落实中央关于灾后恢复重建的方针政策和工作部署，从灾区群众根本利益入手，从灾区长远发展着眼，加大力度，加快速度，攻坚克难。扎实推进经济社会又好又快发展，需要我们牢牢坚持发展是硬道理的战略思想，把保持经济平稳较快发展作为经济工作的首要任务，全力做好保增长、保民生、保稳定的各项工作。

人类文明进步的历程，总会与艰难曲折相伴随。在五千年历史长河中，中华民族经历了无数的苦难，但正是在与每一次灾难的抗争中，我们的民族不断激发出新的精神力量。当前，我国正处在应对国际金融危机冲击、保持经济平稳较快发展的关键时刻。前进的道路上，还会有更多的困难和挑战。大力弘扬伟大的抗震救灾精神，从灾难中增强信心，在挑战中凝聚力量，历经磨难的中华民族将以自己的意志、勇气和力量，续写坚忍不拔的英雄壮歌。

团结就是力量，拼搏才能胜利。这是历史的结论，也是抗震救灾和灾后恢复重建伟大实践的启示。让我们更加紧密地团结在以胡锦涛同志为总书记的党中央周围，满怀信心，奋力开拓，以优异成绩迎接新中国成立60周年，书写中华民族伟大复兴的新篇章。

（《人民日报》，2009年5月14日第4版）

民族精神的时代强音

《人民日报》评论员

十几万平方公里土地受灾，数万同胞不幸罹难，百万家庭失去世代生活的家园，汶川特大地震所造成的深重灾难在中华大地上刻下累累伤痕。然而，山崩地陷震不垮伟大的民族精神，房倒屋塌难不住英雄的中国人民，从千里驰援的生死大营救，到举国之力的灾后重建，伟大的中华民族在苦难中演绎着一段荡气回肠的传奇，灾后恢复重建的伟大实践，再次奏响民族精神的时代强音。

这强音，源自灾区人民自立自强的不屈奋斗。面对突如其来的重大灾难，在党中央、国务院的坚强领导下，在国家有关部委、兄弟省区市和全国人民的大力支持下，在国际社会和港澳特区的友好援助下，灾区人民万众一心、众志成城，开展了一场艰苦卓绝的灾后重建斗争。不等不靠不要，调整结构、“发展起跳”……他们用自己的双手重绘家乡的秀美山川。物质重建、文化重兴、社会重构，不到两年的时间，灾区人民寻求“跨越”的坚韧努力，让伤痕累累的灾区大地，在特大地震灾难打击下顽强崛起，在国际金融危机袭来时坚强挺立。

这强音，源自社会主义中国的强大支撑。在这样一个受灾面积广大、受灾人口众多、自然条件复杂的地区进行灾后恢复重建，任务繁重，挑战艰巨。“加大力度，加快速度，攻坚克难”，“三年任务两年基本完成”，这样的信念背后始终伴随着中南海凝重自信的目光。四川、甘肃、陕西灾区市县重建资金投入，相当于以往几十年建设资金投入的总和。“一方有难、八方支援”，全国亿万人民同心协力，各地的援建者不畏艰辛，与灾区人民携手拼搏重筑家园。在巨大天灾面前，社会主义集中力量办大事的制度优势，改革开放积累的强大综合国力，汇集成震撼世界的“中国力量”，谱写了自强不息的民族强音。

曾庇护数万灾民的绵阳九洲体育馆告别熙攘重归宁静，因堰塞湖变得沉寂的唐家山再现人声鼎沸，龙门山“废墟镇”变成了“精品镇”，阿坝水磨羌城迭现“丽江”靓影……灾后重建所展现的“中国智慧”、“中国速度”、“中国奇迹”，诠释了中国共产党运筹帷幄的执政能力，印证了中华民族坚忍不拔的伟大精神。

“万众一心、众志成城，不畏艰险、百折不挠，以人为本、尊重科学”，伟大抗震救灾精神在灾区重建的伟大实践中得到了更为集中的体现。它发展了爱国主义、集体主义、社会主义精神，升华了伟大的民族精神和时代精神。这种精神将在中华民族的血脉里奔涌流淌、生生不息，成为我们继往开来的精神支柱，成为实现民族复兴的强大动力。

（《人民日报》，2010年2月2日第5版）

让人民满意

《人民日报》评论员

从2008年5月12日到2010年5月12日，整整两年，汶川地震灾区10多万平方公里的土地上，展开着一场重整河山、再塑民生的伟大壮举。

这是一次全方位的恢复，这更是一场高水平的重建。如今的灾区，不仅居民住房条件极大改善，而且城乡整体布局得到全面优化；不仅公共服务设施整体跨越，而且群众生活方式发生历史性变迁；不仅城乡环境风貌焕然一新，而且群众精神状态实现深刻转变……这份恢复重建的壮丽答卷，人民满意，世界惊叹。

让人民满意，是把民生作为重建的根本。把灾区群众的利益当做根本利益，把保障人民的生活当做头等大事，灾后重建的一个又一个奇迹，贯穿着以人为本的理念：震后一百天，完成1200万人的过渡性安置；震后一年内，350多万户震损住房修复加固全面完成；震后一年半，150多万户农房重建全部完成；震后不到两年，25万户城市居民住房基本完成，四川全省51个重灾县城镇居民人均可支配收入和农村人均纯收入，已超过震前水平。

让人民满意，是把民生作为重建的重点。两年间，民生成为重建工作的出发点和落脚点，人民满意与否成为检验工作成效的第一标准。中央财政和18个对口支援省市，在安排灾后恢复重建项目时，都把保障民生作为基本出发点，优先安排学校、医院等公共服务设施重建。如今，3000多所需重建的学校，已有2600多所竣工；在建的医疗卫生项目近六成已竣工……走进灾区，最漂亮的是民居，最优美的是社区，最坚固的是学校，最满意的是群众。

让人民满意，体现着我们党的执政理念与根本宗旨。“三年目标任务两年基本完成”，“把群众安顿好，把民生保障好，把灾区建设好”，基本实现“家家有住房、户户有就业、人人有保障、设施有提高、经济有发展、生态有改善”的目标，这一切，宣示着以人为本的科学发展观。“举全国之力”加快灾后恢复重建；扩大内需4万亿元投资中，1/4将用于灾后重建；国际金融危机严重冲击下，支援灾区“决心不变、力度不变、目标不变”，这一切，显示出社会主义制度的巨大优越性。

汉旺镇老厂大钟，时间仍然定格在14时28分；旁边，3.5平方公里的花园式新型场镇已然崛起。两年过去，震区灾后重建将逐步转向以提升发展能力为重点的新阶段。挑战仍存，艰辛仍在，但是，“任何困难都难不倒英雄的中国人民”，有党和政府的坚强领导，有灾区干部群众的奋发自强，有全国人民的鼎力支持，灾区重建定将书写出一份又一份让人民满意的答卷！

（《人民日报》，2010年5月12日第6版）

党的领导和社会动员的壮丽篇章

——汶川特大地震灾后重建启示之一

《人民日报》评论员

“任何困难都难不倒英雄的中国人民！”

五月的鲜花再次开放。当世界的目光又一次投向汶川特大地震灾区，重温胡锦涛总书记的铿锵宣示，尤感坚定昂扬。3年来，党和国家坚强领导，全国上下心手相连，灾区人民感恩奋进，面对重建规模空前、难度空前的“世界性难题”，恢复重建三年目标任务两年基本完成。物质重建、经济重振、文化重兴、社会重构，中国交出了让人民满意、世界惊叹的“汶川答卷”，书写了从悲壮走向豪迈的壮丽篇章。

在现代化的“中国道路”上发挥着决定性作用的“政治领导”，是恢复重建“汶川之路”的关键。没有强大的组织动员能力、统筹协调能力、科学发展能力，绝不会有从抢险救援、过渡安置到恢复重建的一个个“汶川奇迹”。奇迹，系于我们党在种种风险与挑战中不断增强的决策能力和应对能力，系于30多年改革开放创造的物质实力和制度活力，系于60多年治国理政积累的政治优势与执政资源。

震后3年来，在党中央的领导下，我们调动全国各种资源汇聚成重建的合力，第一次为自然灾害中遇难的同胞降下国旗，第一次为一个地方灾后恢复重建制定总体规划和法规条例，第一次为灾区重建启动大规模对口支援……无论是非常态的制度安排还是常态化的制度实践，都生动体现着党的执政能力。这种能力的持续释放，成为恢复重建中动员最广大社会力量、协调最广大社会资源的有力保障。

胡锦涛总书记在抢险救援的危急关头和灾后重建的关键时刻亲临一线；所有中央政治局常委都曾走进灾区，与最需要他们的人民在一起。从“把群众安顿好，把民生保障好，把灾区建设好”，到基本实现“家家有房住，户户有就业，人人有保障，设施有提高，经济有发展，生态有改善”目标，执政为民的基本理念、民生为先的积极实践，成为恢复重建中最有效的社会动员，唤起灾区人民坚强奋进的内生力量，使恢复重建成为新进步、新提升的新开端。

执政党坚定自信的领导力，激发出社会主义制度的能量，大规模协调市场、社会和政治资源，形成了握指成拳的强大合力。“一省帮一重灾区，举全国之力，加快恢复重建”，涉及全国近2/3省份的对口支援，集中体现着“全国一盘棋”的整体性；扩大内需的4万亿投资1/4用于恢复重建，国际金融危机冲击下支援灾区“决心不变、力度不变、目标不变”，生动展示了“集中力量办大事”的优越性。正如国外学者所赞叹的：“中国在短时间内动员巨大的力量投入，这是其他任何制度所不能比拟的。”

“办好中国的事情，关键在党。”3年时间，我们党用“以人为本”的时代旗帜将整个国家凝聚成一个整体，在灾后的大地上，奏响了万众一心、同风共雨的伟大乐章。在党的领导和社会动员的强大合力之下，灾区焕然一新的面貌激发出的强烈自豪感，自强不息的奋斗催生的伟大精神，必将让亿万人民更加坚定走中国特色社会主义道路的信心，在中华大地携手并肩创造更为美好的未来。

（《人民日报》，2011年5月3日第1版）

自力更生与八方支援的雄浑交响

——汶川特大地震灾后重建启示之二

《人民日报》评论员

13亿同胞深切关注，几十万援建大军艰苦鏖战，几千万灾区人民奋勇拼搏……1000多个日夜，饱受创伤的灾区成为迸发创新热情和创造活力的源泉。灾后重建的三年，是社会主义制度力量和灾区人民顽强精神的伟大胜利。

自力更生和八方支援的雄浑交响，激荡在灾区的广袤大地。2008年汶川特大地震发生后，党中央国务院高瞻远瞩、科学决策，按照“一省帮一重灾县”的原则，建立对口支援机制。中东部19个省市立即行动起来，以令人惊叹的重建速度，与灾区人民携手铸造让后人世代安宁的优质工程。面对灾后重建规模空前、难度空前的“世界性考验”，灾区人民不等不要不靠，用自己的双手重建美好家园。灾后重建的“中国答卷”，创造了人类灾后重建史上新的奇迹。

绵绵巴山，见证着援建大军的深情厚谊；汤汤蜀水，诉说着灾区人民的感恩之情。穿行在今日四川，新地名让人目不暇接：永昌镇、江苏小区、天津小区、京安小区……每个名字背后，都铭刻着一段感人的故事。及时有力、立体高效的对口支援，彰显中国“集中力量办大事”的国家能力，体现了祖国大家庭的温暖。

勤劳智慧的灾区人民，把来自四面八方的爱心援助转化为自强自立、重建家园的豪情。“有手有脚有条命，天大的困难能战胜。”从山崩地裂的惨烈瞬间，到灾后重建的艰辛岁月，灾区人民以不屈意志和顽强精神，书写着民族精神的新高度。1.7万亿元重建资金，80%是灾区自筹；几百万套过渡住房，近一半由灾区群众自搭自建；启动省内对口支援，四川十多个地市“一市对口援建一个灾区乡镇”……灾难磨砺精神，痛苦铸就坚韧，灾区人民以重建家园的汗水和成就回报全国人民的支持与关爱。

重建是学习的契机，是跨越的起点。灾区人民将援建地区的先进理念与当地实际相结合，努力提高“造血”能力，催生出“飞地经济”等众多改革创新的新鲜经验；灾区经济坚持恢复与发展“两手抓”，优化经济结构、淘汰落后产能，不但在废墟上“站立起来”，还实现了“发展起跳”，收获了“创造性复兴”“跨越式发展”。

重建凝聚感恩之情，孕育反哺之心。玉树地震和舟曲泥石流灾害发生后，第一支赶赴灾区的外省公安特警队伍来自成都，第一支实现跨省异地救援的民兵队伍来自青川，汶川灾区群众纷纷捐款捐物、紧急调运物资。四川的规划师、陕西的施工队、甘肃的志愿者带着恢复重建的经验，在另一片土地上铺展新的画卷。

“苦干两三年，跨越二十年”，灾后重建的“中国速度”“中国效率”“中国能量”，书写了一部党领导人民创造的英勇豪迈的救灾史诗、艰苦卓绝的创业史诗、开拓创新的奋进史诗。自力更生与八方支援的雄浑交响，将融汇到时代精神的主旋律中，激励我们在民族复兴的伟大征程中阔步前进。

（《人民日报》，2011年5月5日第1版）

物质重建与精神崛起的豪迈凯歌

——汶川特大地震灾后重建启示之三

《人民日报》评论员

城乡面貌大变样、基础设施大提升、各项产业大发展、社会建设大跨越，今天的灾区生机盎然。每一个置身其中的人，无不为眼前的巨大进步所震撼。

“看得见”的变化令人欣喜，“看不见”的变化更振奋人心。人们的思想观念更开放了，干群的思想觉悟更高了，精神面貌更加积极向上，文化内涵更加丰富多彩，社会文明更加和谐进步，灾后重建的历程，铭刻了物质重建的伟大奇迹，也唱响了精神世界崛起的豪迈凯歌。

三年来，灾区物质世界的每一处变化背后，都伴随着心灵世界的顽强生长，激荡着“无穷如天地，不竭如江河”的精神力量。对口援建夜以继日，建设进度一日千里，辉映着社会主义大家庭的团结互助精神；灾区人民奋力用自己双手开创幸福新生活，展现了艰苦奋斗、自力更生的顽强意志；各族群众相互帮扶，社会志愿者默默奉献，灾区人民为玉树强震、舟曲泥石流、日本地震等慷慨解囊，高扬起大爱无疆、催人奋进的文明旗帜……

这一幕幕壮丽的精神图景，充分说明灾后恢复重建既是物质基础重建的过程，也是精神文化重建的过程。无论是灾后重建规划明确提出“在重建生活家园的同时，注重精神家园建设”，还是大力加强心理救援和心理抚慰；无论是培育文明风尚，还是保护羌文化等少数民族文化，灾后重建始终以物质重建打基础，向精神重建要动力，激发出重整山河、重塑心灵的强大力量，创造了浴火重生、跨越发展的人间奇迹。

抗震救灾和灾后重建中的精神崛起，是中华民族精神和时代精神又一次凝聚和升华。三年来，“自强不息、顽强拼搏，万众一心、同舟共济，自力更生、艰苦奋斗”的抗震救灾精神在灾区土地上落地生根，在恢复重建中发扬光大。“出自己的力流自己的汗，自己的事情自己干”，乐观向上、自立自强的精神，挺起恢复重建的脊梁。“特别讲大局、特别讲付出、特别讲实干、特别讲纪律”，党员干部克己为民、无私奉献，构建起更加和谐的干群关系。科学规划、科学选址、科学施工，科学精神熔铸于重建中的每一项任务；告别“盆地意识”，向东部取经、向世界先进水平学习，重建带来更宽广的视野、更博大的胸襟……三年重建，优秀的文化传统在这里弘扬，民族精神与时代精神的宝库中，增添更多鲜活内容。

今天，废墟上挺立的美好家园，是爱国主义、社会主义核心价值体系和民族团结进步学习教育最鲜活的教材，是展示中国发展模式、发展理念、发展道路勃勃生机的窗口。深刻理解和大力弘扬抗震救灾和恢复重建形成的宝贵精神财富，我们将更加坚定走中国特色社会主义道路、实现中华民族伟大复兴的信念和信心，更加珍惜我国发展的重要战略机遇期，更加振奋精神，乘势而上，为“十二五”时期良好开局而努力奋斗，以优异成绩迎接中国共产党成立90周年。

（《人民日报》，2011年5月9日第1~2版）

在这里我们写下“中国信心”

——汶川特大地震三周年志

任仲平

（一）一场吞噬近9万人鲜活生命的8级地震过后，把十多万平方公里的破碎山河重整为安居乐业的家园，需要多久？

在如此广阔的土地上，为遭受重创的经济重新注入活力，将震区社会发展水平提升一二十年，需要多久？

抚平千万颗心灵的创痛，从毁灭走向新生、从悲壮走向豪迈，又需要多久？

3年。

这是一段浓缩的时间。从瞬间“归零”到经济重振、社会重整、文化重生，仅仅1000多个日夜，谁能有这样的信心，把一场惨烈的天灾变成新跨越的起点？

这是一个震撼世界的数字。1995年日本阪神大地震，重建用了近10年。2005年美国新奥尔良遭受风灾，6年过去，还有大量灾民流离失所。面对恢复重建的世界难题，谁有这样的气概，将被灾难倒拨的发展时钟逆转？

中国，汶川。

培根说过：“超越自然的奇迹，总是在对厄运的征服中出现。”汶川，早已不只是川西崇山峻岭间一个小小的县城，也不仅指川、陕、甘那片3年前震颤不已的土地。它是一种象征，一种印证中华民族精神信念的象征；一把钥匙，一把解读社会主义中国的钥匙。

（二）当绵竹市失去双腿的舞蹈教师廖智跳起“鼓舞”，当虹口乡党支部书记马远见开始为游客的停车位不够发愁，当金花镇农妇刘小蓉费心琢磨自家餐厅推出的新菜式，我们看到了什么？

普通人的命运，是时间的尺度。3年来，廖智、马远见、刘小蓉与几千万灾区干部群众、与13亿中国人民一起，走过风雨，走向新生。

这不同寻常的3年，是社会重生的3年。汶川、北川、绵竹、青川……农房重建完成，城镇住房重建完成，“最漂亮的是民房，最坚固的是学校，最现代的是医院，最满意的是群众”。山川的伤痕尚未抹平，生活却已昂然前进。“决定性胜利”带来“历史性剧变”，一个生机勃发的新灾区，为巴蜀大地、陕陇高原的人民注入信心。

这不同寻常的3年，是发展跨越的3年。变压力为动力，视重建为机遇，灾区寻求新的经济增长点和新的发展模式，铸造发展振兴的强大引擎，城乡面貌、基础设施、产业发展、社会建设出现了历史性跨越。打造西部综合交通枢纽，建设西部物流中心、商贸中心和金融中心。“突破性进步”伴随“长远性发展”，一个充满力量的新灾区，为原地起跳、奋力摸高的发展注入信心。

这不同寻常的3年，是精神凝聚的3年。看得见的跨越背后，是看不见的变化。乡间里巷的灿烂笑脸，写满对未来的美好希望。整洁雅致的城乡社区，新的生活方式、新的文明理念，丰富着巴蜀文化的内涵。东西部的文化交融、观念碰撞，体制机制上的创新探索，迸发出新的思想火花。告别“盆地意识”，今日四川从历史上的“四塞之国”跃至西部开发的前沿。“激情性燃烧”变成“持久性释放”，一个坚定从容的新灾区，为穿越灾难、拥抱光荣的未来注入信心。

如果说3年前那场深重的灾难让世界记住了汶川，那么3年间一连串难以置信的变化让世界再次为之震撼——

震后十天，完成1500多万人的应急安置；震后一百天，完成1200多万人的过渡性安置；震后一年内，355万户震损住房修复加固全面完成；震后一年半，150万户农房重建全部完成；震后两年，25万户城市居民住房基本完成；如今，震区“经济总量大幅提升，发展速度超过震前；工业化程度提高，产业结构优于震前；居民收入明显增加，人均水平高于震前”……

新中国成立以来尤其是改革开放以来，“奇迹”、“震撼”已经成为世人观察和评价中国的关键词，但这一次的“中国震撼”，比深圳、上海、北京等地日新月异的变化，在人们心中激起更为强劲的冲击波——

水磨镇被联合国人居署视为“全球灾后重建最佳范例”，美丽的羌藏村寨被赞为“世界灾后重建的灯塔”。加拿大原总督感慨，“四川树立了世界灾后重建的典范，你们宝贵的经验可以在世界推广”。近日走近汶川的60多个外国记者面对这些经验带来的巨变，“震惊”之余坦言：“只有亲自来到灾区，才能读懂‘奇迹’的含义。”

（三）时间为我们呈现结果，却往往省略了过程。奇迹从来就不是一时的激情喷发和瞬间的灵光闪现，而是一个持续而漫长的努力中从量变到质变的积攒。看到这个过程，才能真正走近

"汶川奇迹"的核心。

如果说，救援抢险是一个国家应急能力的集中体现，那么，漫长的灾后重建，则是对国家全方位能力的不断考验。这3年中，社会主义中国如何砥砺自身，促成灾区的全面复苏？

如果说，支撑抗震救灾的是强大的动员能力，那么，漫长的灾后重建，需要的是更广泛的制度保障。这3年中，是什么样的制度持续释放沉潜的力量，让灾区岿然前行？

如果说，面对灾难需要的是迅速反应，那么，漫长的灾后重建，则需要战略布局与战略协调的综合能力。这3年中，怎样的发展模式在灾区造就了难以置信的巨变？

如果说，灾难激活了一个民族最强烈的情感，那么，漫长的灾后重建，更需要这种情感从"非常"到"日常"的转化。这3年中，抗震救灾精神如何成为激励我们前行的思想航标？

三年重建，一个民族同生共死、守望相助的深情凝聚于此，一个国家举国携手、风雨同舟的力量倾注于此，一个政党以人为本、科学发展的理念展现于此，一种制度协同整合、握指成拳的优势印证于此。那些在汶川重新生长起来的东西，将成为整个人类共同的财富。

（四）2008—2011，汶川。以人为本的国家理念在此得到深刻阐述，它告诉我们，只有激发人的自主性，才能激发人的创造力。

大规模的调查显示，96%的灾区群众最担忧的是重建住房，94%的群众最期待的是安置新家，数以万计借读他乡的孩子最盼望的是重返故乡。"三年目标任务两年基本完成"，为的是群众少一年焦虑中的等待，早一年幸福安宁。中国没有美国那样的雄厚财力，没有日本那么丰富的抗灾经验，但在重建安民、重建利民的问题上，我们的努力有过之而无不及。倾听人民呼声，尊重人民意愿，维护人民利益，千头万绪的灾后重建指向"人"这个核心，唤起灾区人民坚强奋进的内生力量。

把"人的自主性"放在第一位，不仅发挥制度的整合作用，更强调群众的"主体力量"。信息公开、平等协商，变"政府包办"为"群众自治"，救灾物资分配由群众做主，住房重建充分尊重群众意愿，经济恢复与群众利益和发展愿景相结合。这3年，"参与式重建"推动千万民众对灾后社会的再适应，人们对未来的信心和重建的积极性空前高涨。

把"人的自主性"放在第一位，不仅关切群众的眼前利益，更重视可持续发展的能力。优先重建城乡住房，优先供给公共服务，优先恢复基础设施，优先发展重大产业。"建房子还要给路子，补资金也要提素质"，在物质援助的同时加强技能培训，在"输血"的同时努力提高"造血"功能。重建超越了简单的复制，危机变为跨越式发展的契机。

把"人的自主性"放在第一位，灾区人民不仅是地震灾害的承受者，更是重建奇迹的创造者。"坝坝会"、"板房夜话"，协商式民主改变自上而下的决策程序，群众意见得以充分表达。"一事一议"、"一执行一监督"，议事型民主让矛盾和纠纷大大减少。村庄重建规划、民居设计图纸供居民讨论选择，引导型民主推动政府向服务型转变。开放、民主、参与、监督的现代观念和公民意识，在灾后重建中萌发、积累、传播。

青川县东河口地震遗址公园，矗立着一座"大爱崛起碑"，一个大写的"人"字，寓意着灾后恢复重建最核心的价值理念——以人为本。这一价值最生动的体现，莫过于3年间灾区大地站立起来的大写的人。正是人民群众迸发出强烈的自主性、持久的能动性和非凡的创造性，书写了世界抗灾史上的壮丽篇章。

最深刻的变化在于人，最实在的成果施于人，最持久的动力源于人。“人权”，这个国际政治中高度意识形态化的字眼，在汶川震区还原了它的本意。它点点滴滴渗透于民众的日常生活，经得起任何一部白皮书的挑剔。

（五）2008—2011，汶川。社会主义中国的制度优势在此得到生动印证，它告诉我们，善用政府和市场两种手段配置资源，就能最大限度地推进社会发展。

震后仅一个月，国务院即出台《汶川地震灾后恢复重建对口支援方案》，全国近2/3的省份行动起来，对口支援重灾县市。3年来，中央财政在恢复重建的投入达到2200亿元，税费优惠、金融支持、用地保障、法制保障……党和国家的一系列“顶层设计”，为恢复重建提供了最强有力的制度支撑。

寿光的蔬菜，在北川抽出嫩芽；江苏的草莓，在绵竹结出果实；汶川的教师，在羊城深造；都江堰的保姆，在上海找到工作。温州精神、辽宁经验，东部先进的发展理念与管理模式，在重建中推广传递，生根开花。3年过去，“对口援建”正向“对口合作”演进：青川经济社会发展，编入浙江省的“十二五”规划；广东每年异地培训上千名汶川籍农民工、山东学校医疗机构对口帮扶北川，都将持续多年……

三年重建，五湖四海的人才资源、技术资源和智力资源在这里聚集，全国各地的灾害防治和建设经验在这里交汇。汶川，成为中国体制创新、机制创新、科技创新、观念更新的最大实验场。如此巨大的制度力量，如此炽烈的民族情感，世人惊叹：这是多么牢固的一个共同体。

当都江堰运用市场手段解决数以十亿计的资金缺口，完成农房重建；当什邡市建立重大事项联席会议制度，保证资金效益和项目廉洁；当四川金融机构3年贷款增加量超过新中国成立以来该省贷款总和；当3年过后四川人民拿出这样的答卷：1.7万亿元重建资金，80%是灾区自筹；几百万套过渡住房，近一半由灾区群众自搭自建，人们充满敬意地得出结论——

汶川奇迹，是政府动员与市场力量的雄浑交响，是自力更生与八方支援的壮丽凯歌。

美国红十字会驻中国地区代表雷伊斯感慨：“你们确实有一个能帮助人民的强大中央政府。这十分重要。”他只说出了一个方面。让政府力量与市场手段相互补充彼此呼应，将强大的组织动员能力服务于以民生福祉为根本的“国家目的”，把无私援助从个人的自由选择上升为不可动摇的制度意志，这才是中国特色社会主义的本质特征。

（六）2008—2011，汶川。科学发展的时代规律在此得到深刻揭示，它告诉我们，没有“全面协调可持续”，就没有灾区大地脱胎换骨的超越与新生。

震后两年，最高时速220公里的成灌快铁顺利发车，四川跑步进入“快铁时代”；震后三年，“家家有房住、户户有就业、人人有保障、设施有提高、经济有发展、生态有改善”的重建目标基本实现。回首3年历程，如果没有十六大以来科学发展观在神州大地贯彻落实所形成的全民共识，如果没有我们时代所秉持的“生命至上、民生为先”的治国理念，就没有今日灾区举世瞩目的“发展转型”“社会发育”与“民生跨越”。凤凰涅槃，灾区的新生是一部波澜壮阔的重建史、一往无前的奋斗史、豪迈雄壮的发展史。

把建设社会主义新农村作为重点内容，在统筹城乡的清晰思路中，发展实现历史性跨越。震区总结和推广成都先行先试的经验，首次把农村建设纳入规划范畴，结合重建推动城乡一体化进程。新型工业化、新型城镇化和农业现代化“三化”联动，农村居民“放下锄头进车间，屋后还有一片田”，收入渠道大大拓展。城乡一体的社保制度、教育机制、公共设施，让广大农民逐步享受到和城里人一样的公共服务。

把加快经济发展方式转变作为重要方向，在实施西部大开发的宏伟战略中，发展呈现历史性嬗变。东汽跻身世界一流行列，戴尔全球运营基地落户成都，北川新县城有了农产品电子交易平台……淘汰落后产能、承接产业转移，重塑发展的空间布局与产业结构，灾后的四川崛起为中国西部经济社会发展的新高地。

把“民生为先”作为恢复重建的重要标准，在让灾区人民“大踏步走向新生活”的执政信念中，发展凸现历史性进步。从保障灾民基本生活，到提供更多就业机会；从关怀“三孤”人员，到做好再生育服务、为失去孩子的家庭燃起希望；从崭新的城镇丰饶的乡村，到新辟的道路崛起的园区，巴山蜀水浓墨重彩书写民生情怀。穿行震区，面对白墙青瓦的川西民居、石墙灰顶的羌寨石阁、粉墙金瓦的藏式小楼，你会理解为什么会有“苦干两三年，跨越二十年”的“汶川巨变”。

（七）2008—2011，汶川。伟大的抗震救灾精神在此得到广泛验证，它告诉我们，3年时间，我们不仅重建了一个山河壮美的物质家园，更重建了一个意义深远的精神故乡。

“汶川不哭，中国加油”，“我们都是汶川人”，当年响彻中国的呐喊，在3年重建中依然诠释着一方有难、八方支援的民族情怀。“有手有脚有条命，天大困难能战胜”，“泰山压顶不弯腰”，曾经激荡灾区的强音，在3年重建中依然传递着灾区人民自强不息的坚韧精神。

山东援建干部崔学选病危之际仍牵挂着灾区的“三个家”；北川擂鼓镇茨沟村年轻的村委会主任尹显波最后才修自家的房子，感动的村民自发为他添砖加瓦；玉树遇险、舟曲遭灾，第一支赶赴灾区的外省公安特警队伍来自成都，第一支跨省异地救援的民兵队伍来自青川……

“万众一心、众志成城，不畏艰险、百折不挠，以人为本、尊重科学”，3年来，千百万干部群众的奋斗，亿万中国人民的坚守，无数建设者的奉献，崇高的理想、坚定的信念和深沉的感恩，汇入社会主义中国一脉相承的精神谱系。

过去的时代，这些精神让地底的石油喷薄、让卫星遨游太空，战胜过自然领域的水旱天灾、也战胜过社会发展的风险挑战。今天，伟大的精神再次迸发出重整山河、重塑心灵的强大力量。恢复重建激发的社会责任与使命，共同理想唤起的精神体认与凝聚，灾区巨变催生的民族自豪与自信，升华为我们这个时代弥足珍贵的精神财富。

这种宝贵的精神财富，铸就了党领导人民自强不息、顽强拼搏、不怕牺牲、敢于胜利的又一座历史丰碑，必将长久地留存于我们民族的血脉。

（八）“在我眼里，灾区每一幢新建筑，都是一面飘扬的国旗！”一位去过四川的网友这样说。

此时，走过90年风雨征程，中国共产党引领社会主义中国抵达新的历史起点。飘扬的五星红旗凝聚了怎样的信念？不屈的中华民族走过了怎样的历程？也许这才是“汶川奇迹”的根源。从嘉兴南湖的一艘红船出发，这个为着民族独立、国家富强、人民幸福而不懈奋斗的政党，在历经北伐战争的洗礼、土地革命的磨砺、抗战岁月的硝烟、解放战争的炮火、社会主义改造和建设的激荡风云、改革开放的历史考验之后，所建立的功勋，所铸就的旗帜，所探索的道路，是“汶川奇迹”乃至“中国故事”最令人信服的历史逻辑与现实答案。

人的自主性，制度的灵活性，发展的协调性，精神的创造性。3年重建不过是再次呈现了一个政党对人民的信念、一个民族对未来的想象，再次检验了社会主义中国的国家能力，再次增强了我们走“中国道路”的坚定信心。

这种信心，源于党中央的坚强领导。胡锦涛总书记在抢险救援的危急关头和灾后重建的关键时刻亲临一线；所有中央政治局常委都曾走进灾区，与最需要他们的人民在一起。恢复重建3年历程中，党和政府表现出高超的驾驭全局与应对危机能力，资源整合和利益协调能力，依法执政和高效行政能力，自我调适和开放转型能力。汶川作证，党中央的坚强领导，往前溯，承续90年波澜壮阔的光辉历程、60年执政兴国的伟大实践、30年改革开放的辉煌业绩；往后看，决定着“十二五”开局的宏伟蓝图、全面建设小康的奋斗目标、中华民族复兴的漫漫征程。

这种信心，源于“中国道路”的正确选择。安置群众百日攻坚，灾后重建千日奋战，发展振兴万米长跑。无论是政府强大的组织动员能力，还是国家责任的持续释放；无论是民生为大的基本理念，还是包容性增长的基本模式；无论是精神信仰的强大力量，还是有统有分的统筹协调，灾区提供的样本不仅是在为自己寻找答案，也在为中国的未来积攒经验。汶川作证，恢复重建的3年，是“中国探索”的实验场，“中国力量”的汇集地，“中国道路”的浓缩版。

这种信心，源于党员干部的精神追求。发展的“主心骨”，致富的“火车头”，生活的“贴心人”……同样经历家园破碎的苦楚，同样承受痛失亲人的悲伤，但领救济、发帐篷、住板房，他们朝后让；挑重担、克难关、解纠纷，他们往前冲。“我们是有组织、有信仰、有觉悟的人。”在地震中失去11位亲人的北川县委副书记瞿永安的话，道出了千万震区党员干部的心声。汶川作证，觉悟、组织、信仰，是这个有着90年历史、7800万党员的政党最坚实的基础，是凝聚力、动员力和战斗力的源泉。到汶川震区考察的外国友人感慨：“有一条‘经’我们很难取走——你们有这么多勇于献身的中共党员。”

2008—2011，汶川。惨烈的地震，在中国的“心腹之地”划开了一道深深的伤口。但龙门山断裂带上，透过地震掀开的一个小角，世界得以纵览一个民族3年、60年、90年、5000年的精神脉络，窥见“中国共产党为什么能”的奥秘，解开社会主义制度在中国欣欣向荣的政治密码。

（九）灾害挡不住四季轮回，生命蓬勃。

当大地再次开满鲜花，新北川中学的教室里，一群学生打听如何向日本灾区捐款。在灾区，几千个失去孩子的家庭迎来新的生命。“地震宝贝”张震安满地跑了，“敬礼男孩”郎铮读学前班了，“芭蕾女孩”李月迈动永不停跳的舞步……

永不停跳的舞步，一个古老民族向死而生的脚步。

“你只有去中国才能看见未来。”2008年，《纽约时报》一位专栏作家以这样的句子，总结中国走过的这大喜大悲之年。

时间是考量一切事物的标准。3年，奔腾不息的岷江，把灾难与痛苦沉积在历史河床的深处，也把气壮山河的声响激荡在岁月的天空。面对未来，我们比任何时候都坚信——

“任何困难都难不倒英雄的中国人民！”

（《人民日报》，2011年5月11日第1、2版）

以人为本再造家园　科学重建开创未来

《人民日报》评论员

距离“5·12”那场震惊世界的汶川特大地震，已经过去了一千多个日日夜夜。这场新中国成立以来破坏性最强、波及范围最广、救灾难度最大的震灾，给灾区人民生命和财产造成巨大损失。经过三年重建，地震灾区基本生产生活条件和经济社会发展水平得到全面恢复并超过灾前水平，实现了“家家有房住、户户有就业、人人有保障、设施有提高、经济有发展、生态有改善”的重建目标。灾后重建，贯彻了科学发展观的要求，实现了地震灾区脱胎换骨的变化，创造了世界灾后恢复重建史上的奇迹。如今，昔日支离破碎的地震废墟上，不仅矗立起一座座新楼、新村和新城，更矗立起灾区人民的信心、力量和精神。

汶川灾后恢复重建取得全面胜利，归功于党中央、国务院的坚强领导，全国人民的倾力相助，灾区干部群众的自强不息。

党中央总揽全局、科学决策、周密组织。恢复重建工程浩大复杂，世所罕见。从科学编制《汶川地震灾后恢复重建总体规划》、制订恢复重建法规政策、筹措上万亿元的重建资金，到动员全国各地的力量、组织几十万建设大军、快速推进4万多个重建项目，党中央、国务院对灾后恢复重建的坚强领导，再次向世人展示了党和政府强大的应急动员能力、资源调配能力、统筹协调能力和驾驭复杂局面的能力。

全国人民齐心协力、无私奉献、合力支持推进灾区恢复重建。汶川灾后重建采取了“一省帮一重灾县”的对口支援举措。这是我国抗灾史上的首创。19个对口援建省市顾全大局，勇挑重担，35万援建大军用汗水和心血为灾区恢复重建立下了汗马功劳。在遍布城乡的施工现场，有来自全国各地的工程技术人员和科技工作者；在抢运物资、修桥铺路的征途上，有无数人民解放军和武警官兵的身影；在募集重建资金、提供各类服务的工作中，红十字会等各类社会组织充分发挥作用；在心理抚慰、扶危济困的队伍里，有来自四面八方的志愿工作者。波澜壮阔的重建热潮中，汇聚着“一方有难、八方支援”的民族大爱。

灾区干部群众不等不靠、奋发图强，用自己的双手重建家园。基层党组织旗帜不倒，充分发挥战斗堡垒作用。广大党员以身作则、冲锋在前，带领震后的灾区人民，抖落了灰尘，掩埋好亲人，从废墟上顽强地站起来，投身于家园的恢复重建中。如今那美丽的新家园里，凝聚着全国人民的贡献和爱心，更展示着灾区群众不屈不挠的精神和主人翁意识。

三年恢复重建再次证明，中国共产党是中国特色社会主义事业的坚强领导核心，中国特色社会主义制度是当代中国发展进步的根本制度保障。三年恢复重建再次彰显了党的以人为本执政理念，群众利益高于一切，民生重于泰山。三年恢复重建发扬了中华民族生死与共、守望相助的优良传统，进一步增强了中华民族凝聚力。坚持这些政治优势和精神传统，不畏艰难，改革创新，我们就能沿着中国特色社会主义道路不断前进。

灾难考验我们，奋斗开创未来。我们创造了抗震救灾和恢复重建的伟大奇迹，但也要清醒看到，巩固灾后恢复重建成果、全面提升灾区发展水平，任重而道远。让我们继续弘扬伟大的抗震救灾和恢复重建精神，以先进集体和先进人物为榜样，再接再厉，继续奋斗，努力开创灾区发展振兴新局面。

（《人民日报》，2011年10月15日第1版）

港澳台评论

记住总理眼角的泪花

天动地撼，肝肠寸断。“5·12”汶川大地震，像一幕突如其来的黑纱，挂在华夏儿女沉重的臂上。如果说惊悚与泪花是这个初夏突袭我们的忧心语汇，那么阳光却分明穿透黑暗闪耀出人性的光芒。这缕动人的阳光来自急行军赶赴灾区投入紧张救助的子弟兵；来自连续工作十几小时的生命救护神；来自不畏艰险前往灾区的广大志愿者；来自成都街头星夜排队献血的市民……

这缕动人的阳光温暖着华夏大地。特别是13日下午4时许，绵阳九洲体育馆一间孤儿室里，温家宝总理的手和几名地震孤儿的手握在一起。总理眼含热泪哽咽着抓起一名孩子的手说：“政府要管你们的生活，你们在这里就像在自己家里一样……你们幸存下来了，就要好好活下去。好吗？”温情、关爱、互助、坚强，让这间孤儿室里闪烁着人性的阳光。

我注意到，总理紧绷着颤动的双唇，似乎在用强力压抑自己内心的巨大波澜，从总理握着地震孤儿的那双颤抖的手，我们可以感受总理当时心中的无限悲伤，以及他人格魅力的博大和善良。总理强忍着继续掉下的滚烫的泪花，对身边的工作人员说，孩子们心里的创伤很大，将来要专门研究，要派人好好安慰这群孩子。看到这样的场面，相信国人都会为之震撼。

依稀中，我仿佛看到了周总理“吾貌虽瘦，必肥天下”的风范和情怀。还记得温总理常常吟哦的“衙斋卧听萧萧竹，疑是民间疾苦声”的肺腑之声。每次重大灾情发生时，总理总是奔赴第一线。上万同胞永别我们而去，我们祭奠他们的最好方式，是坚定我们的抢险防震的信心，是呵护好他们留下的孤儿。作为公民安全“主心骨”的各级部门的领导，肩上的责任重于泰山。那么，温总理面对地震孤儿流下的热泪，理应鞭策各级政府部门领导去用真心和爱心，架起一座政府与人民之间坚挺的“连心桥”。

那么，请记住总理眼角滚出的泪花，记住总理作出的“一线希望百倍努力”的抗震救灾指示。让总理的亲民和善政真正感动更多的公共管理部门的“守夜人”，以总理的真心为民、心念苍生的博大胸怀感召我们心系一脉、连手兴邦。当同胞离散、孤儿哀伤，有我们血浓于水的亲人，有我们的竭力找寻，有我们守望相助。天佑中华，祈福灾民，我们将无以可阻地行走在文明与关爱的大道上。

(香港《大公报》，2008年5月19日，外文局供稿)

在饱历磨难中迈向民族复兴

昨天是一连三日的全国哀悼日的第一天，举国同悼，薄海同悲，整个香港也在呜咽声中定格。当时钟指向14时28分，撞击心扉的鸣笛声响彻中华大地，中国人民在默哀中凝聚爱国主义精神和汇聚战胜灾难的力量，世界也感受着中国人民在默哀中蕴含的人道力量与坚忍不拔的伟大精神。中华民族曾历经沧桑，饱受磨难，但从来没有屈服于灾难和挫折。新中国成立后首次为重大灾害而举行的全国哀悼日，是发扬民族魂和重塑民族精神的悲壮日子。

昨天，是共和国以及13亿中国人的国殇，国旗为平民而降，鸣笛为死难百姓而响，生命的尊严冉冉升起，关爱不幸者的温馨弥漫大地，民族精神在众志成城中升华。任何一次重大的灾难，都是一次民族心灵的洗礼和震撼，都考验中华民族在危难时刻精诚团结的优良传统和意志。全国哀悼日不仅表达了国家对普通民众生命的尊重和以民为本的理念，而且体现了中华民族在面对苦难的过程中，团结一致、相互扶助、共理创伤，坚韧不拔地迈向复兴的决心。

鲁迅说："惟有民魂是值得宝贵的，惟有他发扬起来，中国才是真的进步。"面对大地震灾难，中华大地充盈着万众一心、众志成城、和衷共济的无畏气概。中国呈现给世界的，是在灾难中百折不挠的强大精神力量，是在困难和考验中更加团结，是在尊重生命和关爱不幸者中显示出一个负责任的大国形象。中国亿万民众的表现，为伟大的中华民族精神注入新的时代内涵。

昨天，随着鸣笛在细雨中响起，在香港特区政府总部、立法会楼外、时代广场、金紫荆广场、各大中小学、闹市商场、证券交易所和出入境关口，香港无分官民，都肃立默哀，表情凝重，眼含泪水，祈愿遇难同胞得到安息，为受灾同胞祈福。这一刻，香港市民与祖国人民同此心、共此情，表现出血浓于水、守望相助、风雨同舟、共赴时艰的骨肉深情。

四川大地震发生后，一场声势浩大的赈灾行动在香港持续进行，其规模之大史无前例。值得指出的是，全国哀悼日也强化了港人的爱国情怀和民族认同，港人真切地感受着两地血脉相连、休戚与共的感情。这是一次宝贵的国民教育，将进一步建立港人对内地同胞的关爱和对国家民族的责任感。

(香港《文汇报》，2008年5月20日，外文局供稿)

国旗为平民而降　人心为死者而哀

全国从昨天开始为四川地震死难同胞哀悼三天，这是自1949年以来，中国第一次因自然灾难而举行全国哀悼，也是第一次因平民百姓死亡而下半旗志哀；过去，这种全国哀悼只会因领导人逝世而举行，下半旗也只为领导人而降。昨天的哀悼日，除了是悼念四川的地震死者，也为大陆的政治揭开了另一页，这一页写上的，是要尊重人的生命、重视人的价值，是要把老百姓的生命牺牲等同于国家领导人逝世，国家要哀悼的不一定是在上位者，也可以是人民怀念的普罗百姓。

为重大灾难设全国哀悼日是国际惯例，在中国却是第一次，我们希望中国政府的决定不是为了政治权宜，而是真正承认公民地位和以人为本的精神。地震发生之后，抢救生命是首要任务，现在灾情稍微缓和，进行追思、悼念，表达集体的哀伤，将是未来数天的“主要活动”，稍后要进行的，就是对灾区的重建，以及协助灾民重过新生活。

自久远皇朝开始，效忠权力而不是国家的传统在相当长的时间内，是这个东方国家的古老特色。“国家认同”的培养在面临日益复杂的现代政治、经济、文化挑战的今天，或会成为跨越意识形态、组织归属及多元利益纠葛的凝聚桥梁。“9·11”现场那些蒙满灰尘、拥抱在一起的身影，同样可以叠加在今天地震灾难中的中国现实场景之后——来自地震的鲜血与苦难，带给中国人心灵的冲击，在这个不平静的2008年，具有不同的意义。

李连杰率领他的基金慈善团队运送救灾物资到现场，并动手在现场搭建帐篷学校。中国行政体系的惊人动员能力在此次救灾行动中再次获得证明，而同样让人印象深刻的是，中国民间的自我动员能力也正在显著提升：数量庞大的志愿者、NPO组织从各个方向，汇聚灾区。通过民间渠道动员的救济资金和物资也已达不容小视的比例。

行政力量与民间力量的参与，或是中国社会治理模式的转换现实，更是填补既往行政系统一家独大的政府主导型制度下出现的服务空白、应对不足的必由之路。中国共产党在去年举行的“十七大”公布的治国方略中首次强调“更加注重社会建设”“推进社会体制改革”“扩大公共服务，完善社会管理”“促进社会公平正义”等概念。

而此次汶川地震危机中暴露的社会问题，也在由救灾的攻坚转向疗伤、清理的过程中渐渐明显，比如有关校舍质量的广泛质疑。昨天，有记者在什邡市红白镇小学倒塌的教学楼前，随意砸开几块废墟上的水泥预制板。在相机和摄像镜头的见证下，他们看到，有的预制板的断面上，看不到钢筋。

汶川地震，抢险仍未结束，紧接其后的灾后重建、社区规划、经济重振、心理复苏、投资监管、善款投放等等，会是中国改革30年来所面临的最复杂的挑战之一。这个过程，不仅是对中国行政能力的再检验，更会给中国现有社会治理模式带来空前压力。而在废墟上恢复社区的过程，正是引进新的改良制度的重要时机。

昨天的默哀，是给过去七天，被压在中国地震废墟中的那些死难者准备的全民祭祀。这次空前的祭祀，为从不同角度解读中国提供了丰富的联想：78后成长起来的政治精英们的治理特点；中国公民社会的推进；中国应急机制的改良；中国国家形象的改变，等等。

过去七日，在中国媒体铺天盖地的报道中，那些普通的中国小人物在灾祸中迸发的人性光泽，远比中国互联网上经常出现的"炮轰""围攻""怒！！"等空洞字眼更有力量。

(香港《信报》，2008年5月20日，外文局供稿）

国际赞救灾　中国更自信

四川汶川特大地震造成的巨大灾难，对中国来说是个严峻挑战，正在考验中国人民的救灾意志，也考验中国政府的应变指挥能力。这几天，中国灾区的灾情和救灾的震撼场景，毫无保留地展露在世人的目光下，一场全国总动员的大规模抗震救灾行动赢得了国际社会的普遍赞誉。

最突出的赞点在中国政府的迅速行动。英国《金融时报》说，中国政府对汶川大地震作出的迅速反应值得称赞：中共中央政治局常委会召开紧急会议，总理温家宝几小时内就赶赴灾区。就连素来对华不友好的美国《华盛顿时报》也不由感叹："中国迅速应对震灾赢得世界赞誉。"该报特别报道了总理温家宝辗转于四川各灾区视察灾情和指挥救灾的消息，包括看望灾民和安慰在地震中失去了亲人的孩子们的情景；赞扬中国快速调动数以万计军队开入灾区的应变能力。中国领导人那种不避劳累、爱民如子的真情显然感动了美国的记者。

好评还来自红十字会与红新月会国际联合会驻北京的工作人员，弗朗西斯·马库斯说："我们感觉到面对这次大规模的地震，中国政府以有效和坚决的方式作出了令人难以置信的迅速反应。"救助儿童会的中国项目负责人温德姆·詹姆斯说："在这种时候，中国能以不寻常的速度采取行动。很少有哪个国家的政府能像中国那样集中资源和注意力。"

这次地震，中国政府让媒体全面深入报道地震灾害的透明做法，不但满足了国人的知情权，也赢得了国际社会的肯定和赞赏。中国领导层采取的坦诚的应对方式，被视为应对大型灾难的态度的转变。这种看法来自于32年前中国政府对河北唐山大地震处理方式的对比。韩联社指出，1976年唐山大地震发生时，中国对媒体报道实行管制，直到3年后才公开死伤者人数。相比之下，此次地震后中国政府的做法让人感到"耳目一新"。中国最高领导层意识到，在发生大型灾难时不应一味遮掩，只有如实公开事实才是解决问题的快捷方式。英国《金融时报》也指出，与唐山大地震不同，中国政府没有试图掩盖灾难的规模。领导层已从以往的错误中吸取了教训。

许多人还记得，唐山大地震发生后在清一色的官方媒体中，遭灾百姓家破人亡的哀伤场面难以看到，而多数是歌颂抗震救灾中的英雄事迹，这是想用革命英雄主义精神激励人们的斗志，但却隐瞒了地震的真实情况，而隐瞒灾情的目的之一，是为了拒绝国际社会提供救灾援助，因而影响了救灾和重建。而这都是闭关锁国、盲目自大的恶果。这种愚昧的做法今天再也看不到了。

外国传媒注意到，中国国家媒体对地震进行24小时报道，“全面展现了这场中国二十几年来最严重的自然灾害的恐怖景象”。电视台几乎是在不间断地报道形势发展。这样做并未给社会带来不良影响，相反更激发起国人和海外华人对灾区人民同情和援助之心，调动起一切积极因素，同赴国难，共度时艰。从内地到港澳台到全球，一个声势浩大、规模空前的救灾行动席卷华人社会，令国际社会刮目相看。

与此同时，中国也打开国门，让外国媒体到灾区采访，接受国际援助，各国的救灾物资和人员正有序地赴运中国。

韩国媒体说得好，“如果说中国应对大型灾难方式有一些固定不变的东西，那就是继承了‘上级领导，发动群众’式的救灾工作传统”。这确实是中国的一个优良传统。

经历了改革开放30年洗礼的中国，国力比前大为增强，正以更加自信、更加开明、更加务实的态度处理四川地震，以快速反应与有效的救灾行动向国际社会展示了新的风貌。正如美国《拉斯韦加斯太阳报》一篇文章所说，“这同时也向世界表明，中国政府能够经受住可能在今年8月的奥运会中出现的任何问题”。其意义超出救灾本身。

(澳门《澳门日报》，2008年5月16日，外文局供稿）

天灾考验中共能力自信

中国大陆在短期内已连续遭受年初的华中雪灾与现下的四川汶川地震等重大天灾，倒数计时的北京奥运会也面临民族尊严的挑战。不过目前看来，无预期的自然灾害，并没有妨害中国大陆与周边国家的关系正常化流程，而且大陆官方快速发布新闻的透明度更令人耳目一新，展现出一个有自信的大国形象。与32年前唐山地震时的处理方式不可同日而语，自信且实力正日趋巩固的中国大陆，将会对两岸关系带来新的契机与挑战。

首先，北京应付无预期天然灾害的应变能力与速度的确有明显提升。今年初华中雪灾之际，虽然温家宝数次亲临灾区的湖南与广东指挥救灾，但是抢通南北交通网牛步化速度令人不耐烦，电力供应柔肠寸断，气象单位应变能力与预警作用更为人所诟病。相比之下，大陆对汶川地震反应速度则有明显改善，无论是气象单位讯息沟通与救灾单位反应，均能在发生震灾后的第一时间快速启动，的确令人印象深刻。

其次，北京控制民族主义情绪的能力不容忽视。举办奥运是中国强化国际形象与巩固内部执政能力的关键。在进入奥运倒数百日前，先后遭遇西藏事件和奥运圣火传递受冲击等一连串考验，中国国际形象受到严重挫伤，内部民族主义情绪高涨，甚至发生抵制外商的内部争辩。不过大陆以大局为重，透过疏导等方式，缩减民间不满情绪，重振中国的国际形象。中国共产党控制民族主义民气的左右舆论能力，实在不能轻忽。

第三，北京营造外部稳定的举措，并未因内部压力而改弦更张。内部经济通膨压力与天灾试炼，并没有激化中国大陆采取冒进策略。相反地，中国大陆与日本发布第四项公报，明言中日两国互不威胁，及淡化日本历史责任等处理，显见政府有能力排除内部民族主义压力，以放眼未来气度稳固中国崛起的周边安全环境。中国大陆与新西兰于今年4月6日签署自由贸易协定，新西兰成为第一个承认中国具备完全市场经济地位的开放国家，为中国大陆强化其经贸大国地位开启一个突破口，未来与澳洲签署类似的协定也在预期之中。

以上这些迹象显示，中国大陆虽饱受天然灾害的一连串考验，但是不容否认，政府的天灾反应速度有快速的提升。中国大陆虽仍面临基础建设不足与整体素质有待提升的发展瓶颈，即便在即将盛大举办北京奥运时刻也不时面临无预期自然灾害的考验。倘若中国大陆能渡过一连串的内外挑战，一个有能力而且有高度执政自信的中国共产党政权，将会是未来进行两岸谈判的一个可敬对手。且让我们做好准备拭目以待。

（台湾《中国时报》，2008年5月14日，外文局供稿）

地震震出了两岸关怀

对中国大陆而言，2008年是多灾多难的一年，先有1月的大雪灾，现又发生罕见的大地震，造成更多的死亡和更大的财产损失。不过，在这两次特大自然灾害中，却展现出了整个社会的凝聚力，而政府应急行动的效力也令人印象深刻。

以这次地震为例，不到两小时，中国国家主席胡锦涛即下抗灾指示，总理温家宝更自河南考察转赴第一线，建立抗灾总指挥部。当晚，中央政治局常委会召开会议，号召全党、全民、全军全面动员救灾，发挥“一方有难、八方支援”的精神。

中国大陆是实行民主集中制的社会主义国家，因此它的动员组织能力，通过党、军、政以及群众团体系统，比一般西方资本主义国家能量更大，这在2003年的SARS风暴中得到了证明。在这次地震灾害中，由于这些年来大陆快速发展电信通讯系统，包括卫星电视传媒，因此在信息传播及透明化方面起了很大作用。这几天，通过大陆的中央电视台、新华社及各地方媒体的连续不间断报道，强化了自上而下的命令与信息的贯彻，迅速并且全方位地进行救援物资的集合并转运到灾区。这种社会动员能力不得不令人刮目相看，也有值得参考学习之处。

另外，西方主流媒体对此次灾难的报道十分积极。例如美国CNN在报道“西藏事件”时，和中国人民产生了紧张关系；但在中国地震灾害的报道上，CNN采取正面关怀的报道方式，而舍弃以往挑毛病的手法，CNN还特别赞美解放军在救灾中所扮演的重要角色。

的确，在历次的自然灾害中，中国共产党军队都发挥重要效用。这次更是加大力度，3天之内就集结了武警、解放军和民兵10万兵力，以及公安民警等5万人力。以速度和效率而言，是中国共产党建政以来所未有。因此，北京已赢得外国政府与国际媒体之赞誉。

台湾有“9·21”之伤痛，这次四川大地震，也会让台湾人民有感同身受的关怀，是一个可以拉近心理差距的良好机会。

这几天，中央电视台报道了台湾各界对四川强震的关切、捐款、支援。尤其是灾区有台商、台胞、台湾观光客，就使得两岸的心更能集结在一起。然而从微妙的两岸关系之政治角度观察，就比较耐人寻味。

5月13日，中央电视台晚间新闻报道了国民党中委会致中国共产党的电文。当晚8时30分的央视“海峡两岸”节目，除报道国民党的电文外，还有连战和宋楚瑜致胡锦涛的电文，以及郁慕明致陈云林电文，然后才报道马萧办公室和海基会的声明。前4份电文皆提到两岸同胞血浓于水的表述，但马萧和海基会则强调人道主义的立场。当然，前4份电文内容及后两份声明内容，大陆人民听起来味道就不太一样。

目前，北京仍喜欢用“台湾同胞”称呼台湾人民，而台北则用“大陆人民”或“中国人民”来称呼大陆百姓，这其中就显示了观念上和心理上的差异。这次灾难中大陆民众所表现出的爱国凝聚力，以及在反击“藏独”和支持北京奥运中，所出现的海内外华人的民族主义声浪，应该可以给即将走马上任的台北新当局有所思考，并作为大陆政策的参考依据。

（台湾《苹果日报》，2008年5月19日，外文局供稿）

2009年5月12日 星期二　副　刊　人民日报

生命高于一切

让汶川告诉世界（报告文学）

——写在“5·12”大地震一周年之际

文艺作品

诗　歌

散　文

报告文学

碑　文

诗 歌

生死不离

王平久

生死不离　你的梦落在那里
想着生活继续
天空失去了美丽
你却等待梦在明天站起
你的呼喊刻在我的血液里

生死不离　我数秒等你消息
相信生命不息

与你祈祷一起呼吸
我看不到你却牵挂在心里
你的目光是我全部的意义

无论你在哪里　我都要找到你
血脉能创造奇迹

生命是命题

无论你在哪里　我都要找到你
手拉着手　生死不离

生死不离　全世界都被沉寂
痛苦也不哭泣
爱是你的传奇
彩虹在风雨后坚强升起
我的努力看到爱的力气

无论你在哪里　我都要找到你
血脉能创造奇迹
大山毅然举起
无论你在哪里　我都要找到你
天裂了去缝起
你一丝希望是我全部的动力
搭起我的手筑成你回家的路基

（作者供稿）

我有一个强大的祖国

叶　浪

那是一张熟悉的脸，
是我痛失亲人后
看到的最亲切的笑脸，
她眼里闪着泪花，
话里充满着力量。
那一刻，我感到
我有一个强大的祖国。

那是一张陌生的脸，
是我埋在瓦砾下

看见的最勇敢的脸，
他撬开了残垣，
搬走了巨石。
那一刻，我感到
我有一个强大的祖国。

地动天不塌，
大灾有大爱。
这一刻，我感到
我有一个强大的祖国。

那是一张美丽的脸，
是我躺在病床上
看见的天使的脸，
她包扎着我的创伤，
驱走了我的恐惧。
那一刻，我感到
我有一个强大的祖国。

那是一张慈祥的脸，
是我奔离教室前
看到的最镇定的脸，
她为了自己的学生，
成就了自己的永恒。
那一刻，我感到
我有一个强大的祖国。

地动天不塌，
大灾有大爱。
这一刻，我感到
我有一个强大的祖国。

那是一张年轻的脸，
是我在排队长列里
看到的最急切的脸，

她为了灾区的伤员，
献出了自己的殷殷鲜血。
那一刻，我感到自己
有一个强大的祖国。

那是一张忙碌的脸，
是我在抢险救灾中
看到的最疲惫的脸，
她眼里布满血丝，
来不及探询家人的安危。
那一刻，我感到
我有一个强大的祖国。

那是世界上最可爱的脸，
是家乡地震后
不曾面见的男男女女的脸，
她远在他乡海外，
温暖的目光却紧紧地
落在了我的身上。
那一刻，我感到
我有一个强大的祖国。

（《光明日报》，2008年5月22日灾区特刊·文艺专版1）

书　包[1]

李　瑛

一个个红色的绿色的
书包，乖乖的
排列在小学操场上

① 原为《生命的尊严如此美丽（组诗）》之一。

这些从瓦砾下挖出的
书包，惊惧地排列在这儿
它们不知道这里
发生了什么，只在早晨
还负在孩子稚嫩的肩头
一蹿一蹿地走在上学的路上

书包装满课本、铅笔
阳光、灯光、哭和笑
男孩的调皮，女孩的羞怯
也许还有未吃完的饼干
也许还有未喝完的瓶水
当然，更有不同的闪光的理想

红色的绿色的书包
是一个个如花的生命
还能感到他们的体温
还能看到他们的眼睛
还能闻到他们的气息

此刻，静静地排列在这儿
再等不到自己的小主人
只待他们的父母领回
去做撕心裂胆的
最后的纪念，谁都相信
它们装有一颗颗旺盛的
怦怦跳动的心脏

也许有些始终没人领走
就让它们沉沉地压在
中国北纬31.0度、东经103.4度的交叉点上
压在
一个民族滴血的心头
成为永恒

（《诗刊》，2008年6月上半月刊）

五月，她们是最美丽的女孩

高　星

任思雨　6岁，北川羌族自治县曲山幼儿园大班生。在废墟中度过二天二夜的她，双腿被卡，反而安慰着前来营救的大人说："叔叔，我不怕，你们不用担心。"并唱起了《两只老虎》的歌谣，她说："我唱歌，就不会觉得痛。"

你的心，为什么那样明亮
漆黑的夜也无法将它包裹
你的歌声，为什么那样动听
有福的人都在倾听这天籁之音

你那稚嫩的小手
像还在睡梦中一样
比划着鸽子的翅膀
你举着一根金黄的麦子
骑在一只没有尾巴的老虎上
在月光的沐浴下穿过
在网上，我搜寻着你的名字
一下子出现了1250多条
人们一下子便都喜欢上了你
所有的人都要带你回家

多少双热泪盈眶的双眼
为你点亮满天的星光
他们不再为你担心
他们将永远为你感动
想到你便像遇见了春雨
大地像怀抱一样柔软

小思雨，我有一个和你一样大的女儿
她的名字叫高天行云

和你的名字非常接近
但她至今还害怕黑夜
她说：要同你一同唱歌
让你的疼痛再小一点

张春梅 11岁，汶川县映秀小学四年级学生。她在废墟的掩埋中度过68小时，就在她旁边，有三个已经死去的同学。期间唐礼江老师一直通过空隙与她陪伴。她说："我的头花掉了。"老师说："出来后，我送你一个更好看的！"到了晚上，她说："我困了，想睡一会儿。"老师鼓励她："孩子，千万别睡！老师陪着你。"

死亡就在你的旁边
那是具体的可以触摸的死亡
但是你依然想到了美丽
想到了小小的头花

这时候满天的星斗
都要飞临学校后面的山坡
擦亮落满灰尘的花朵
这时候全国的小朋友
都用一张张灿烂的脸庞
组成五颜六色的花坛

你不再孤单
有花朵陪伴你
有老师陪伴你

你千万不要睡呀
他们舍不得与你分离半秒
老师夸你很乖
你夸水很甜
大人们夸你很美

当直升机将你运往成都的时候
全国小朋友的心呀

也被提升在空中
所有的希望
化作了一朵云彩
托着你，还有
那个美丽的头花

角正娇 20岁，家住都江堰市工农兵街34幢。5月14日，她在废墟中度过了自己的生日，她对营救她的浙江省地震局急救处的叶建青说："我永远忘不了这个晚上，谢谢你们来救我。""土渣掉在我的脸上了，帮我擦一下。"

你终于活下来了
在你生日的那天
有许多人也在过生日
但只有你才是真正的生日
只有你的生日牵动了万人心
有多少烛火为你点燃
成为最亮的生日蜡烛

多年后，我也不会忘记
那年四川地震
有一个女孩在废墟里过的生日
今年她该多大了

喜欢你的那个邻居男孩
今年没有给你送礼物
请你不要埋怨他
他在天国说：走的太匆忙

和你闹过别扭的女同学
她本想给你买个生日蛋糕
让你惊喜，给你祝福
但她在废墟中再也没有醒来

今天没有人对你说
生日快乐
但你今天的快乐是最现实的快乐
那就是你的生命

今天你所有死去的亲人
都听到了你的哭泣
他们都说你还活着
你还可以哭泣

秦静文 15岁，德阳市东汽中学高一学生。13日下午，人们在废墟中发现了她。医生张艳君小心地探身给她注射救护针剂，打完针后，她说：“谢谢阿姨，你快出去吧，这里危险！”张艳君的眼泪夺眶而出！一个小时后秦静文终于获救。

我是在报纸上读到这句话的
“这里危险！”一句戏里的台词
我听得太多了
但只有你说的这句话
才第一次让我听得清楚真切

孩子，我想象你的模样
不是伟岸的大英雄
也不是卧在废墟里的伤员

我的眼泪成为勾画的墨水
用虚线勾画出了一对翅膀
在碧蓝色的天空中
洁白的羽毛一点也没有损伤
每一片羽毛上都有太阳的反光

从今天起
人们夸你懂事
但从今天起
你让多少大人
洗涤了一次心灵

你过去或许说过许多错话
但老师说全都忘记了
只记住了你今天说的这句话
这不是一句普通的话
尽管声音十分微弱　但它是一字千金的话
它是能让沉重的废墟靠边的话

（《诗刊》，2008年6月上半月刊）

孩子　快抓住妈妈的手[①]

网络佚名诗人

孩子　快
快抓紧妈妈的手
去天堂的路太黑了
妈妈怕你　碰了头
快　抓紧妈妈的手　让妈妈陪你走

妈妈　我怕
天堂的路太黑
我看不见你的手
自从倒塌的墙　把阳光夺走
我再也看不见　你柔情的眸

孩子　你走吧
前面的路　再也没有忧愁
没有读不完的课本　再也没有爸爸的拳头
你要记住　我和爸爸的模样
来生还要一起走

① 原为《啊，孩子！（三首）》之一。

妈妈　别担忧
天堂的路有些挤
有很多同学和朋友
我们说　不哭不哭
哪一个人的妈妈都是我们的妈妈
哪一个孩子都是妈妈的孩子
没有我的日子
你把爱给活着的孩子吧

妈妈
你别哭
泪光照亮不了
我们的路
让我们自己
慢慢地走

妈妈
我会记住你和爸爸的模样
记住我们的约定　来生还要一起走

（《诗刊》，2008年6月上半月刊）

抗震组诗（十首）

马　凯

其一　天塌地陷

大地抖，腥风虐；
川改道，山崩裂。
泥流石瀑从天泻，
广厦顿失烟灰灭。
千镇万村呼无应，
断桥残路飞难越。

疮痍满目家何处？
唯听废墟声声咽。
父老乡亲你在哪？
十三亿人心滴血。

其二　集结号响

震惊天，令急颁；
鹰展翅，箭离弦。
风驰电掣犹嫌慢，
恨不分身瓦砾边。
雨倾山摇全不顾，
排兵布阵陋棚间。
八方四面群英汇，
万马千军抢入川。
国难当头齐呐喊，
五星旗下肩并肩。

其三　生死搏斗

请挺住，别远走；
祖国在，坚相守。
派天兵堵鬼门口，
争秒分与死神斗。
顶断梁开希望路，
冒余震救亲骨肉。
残垣但见光一缕，
钻撬刨搬不撒手。
地狱劫生六千还，
人间奇迹新谱就。

其四　铁军无前

绝壁悬，激流湍；
灾情迫，火速前。
十万大军强挺进，
飞石箭雨若等闲。
拼夺孤岛盲区降，
抢掘废墟望眼穿。

生命走廊肩托起，
亲人过后泪满衫。
降洪伏雪英雄手，
蜀道难拦补裂天。

其五　国旗半垂

国旗垂，山河泪；
长风咽，人心碎。
八万同胞一瞬殁，
天何糊涂天之罪。
雏鸽无恙鹰折翅，
乳子安然娘长睡。
永恒雕像心中矗，
天堂路上可宽慰？
笛声回荡向谁鸣，
生命至尊民为贵。

其六　悬湖化险

落石堵，奔流阻；
河塞堰，湖悬谷。
水涨怕逢倾盆雨，
堤决狂泻猛于虎。
千钧一发箭在弦，
除险撤离紧部署。
倾巷空村急转移，
开渠导泄分秒数。
手牵洪魔驯从流，
浩浩安澜过巴蜀。

其七　爱心奉献

川内外，寰宇中；
地虽裂，心相通。
南北东西齐援手，
炎黄一脉本根同。
甘甜母乳孤儿醒，
荡气遗书语惊空。

献血长龙人堵路，
解囊绵薄土积峰。
真情不语天流泪，
大爱无私地动容。

其八　重新出发

洗去血，抚平伤；
含热泪，再起航。
天塌地陷腰未弯，
浴火重生头更昂。
瓦砾丛中兴广厦，
残垣断处抢种粮。
飞桥又架通天路，
信手共织锦绣乡。
篷帐学堂灯一盏，
凤凰涅槃铸辉煌。

其九　人生感悟

面对死，怎做人；
灾难后，悟可深？
失去方觉生宝贵，
幸存当会懂知恩。
虚名浮利原无谓，
博爱亲情乃至珍。
应信平凡出伟大，
从来烈火铸真金。
来时去也何牵累，
奉献无私自在身。

其十　华夏再赞

惊天地，泣鬼神；
五洲叹，四海钦。
多难兴邦缘何在，
临危万众共一心。
山崩地裂脊梁挺，
蹈火赴汤涌千军。

开放坦诚新形象，
自强仁爱民族魂。
顶天立地何为本？
日月同辉大写人。

（《人民日报》，2008年6月19日第6版）

天堂的路标

干海兵

在北川小学倒塌的教室废墟上，一只伸出的小手让救援者感动和落泪……

一只挣出废墟的小手，在时间中凝固
一只白如玉兰花蕊的小手，仿佛灵魂的琥珀
它开在高处，如白玉的标杆
它不再飞翔，翅膀覆盖了我悲哀的夜晚

一只伸向天堂的小手啊，停止了哭泣
黑暗中的瓦砾，被它照亮
一只把热血和眼泪留给世界的手啊，如此干净
她走了，世界就空了，她走了，世界如此孤独

一只描摹过模糊生命的小手，一只刚刚打开
怀念和热爱的小手，现在，它仍然固守着生命的高地
未曾放弃，却已离去
一只让我们仰视的小手啊，透明，洁白
绽放在时光的废墟当中，仿佛
天堂里不倒的路标

（《星星诗刊》，2008年第7期）

散 文

摘下我的翅膀送给你飞翔

——献给母亲

张汝宜

走进汶川、走进北川、走进青川、绵竹、什邡、都江堰、彭州、安县……我抚心自问，还有什么比山崩地裂家破人亡更让人战栗？还有什么比房塌地陷生离死别更让人悲怆？这战颤与悲怆该是长歌当哭，垂泪成井。然而，一种顽强的感动却总在心里流宕奔腾，它沉到骨子里，融入血脉中，淌进无人可以抵达的心底……太深太深！那是因为，在这片刚刚经历过巨灾的土地上，有两个字再次让人铭心刻骨。

那就是——母亲！

母亲，让灾难中长眠于地下孩子的灵魂，能够骄傲地走向于无深处的去程。

母亲，让从逶迤崎岖地震路上艰险穿过的儿童和学子由此获得一种力量，一种精神，在淬炼中浴火重生。

如果要问：世界上什么地方最安全，最温馨？我回答，那是母亲的怀抱。世界上什么地方最坚硬？那是母亲的脊梁！母亲的脊梁硬过钢筋水泥板，硬过最坚硬的合金。因为所有的母亲都愿意用自己的生命去换回孩子的生命。大难来临，许多人急着往安全的地方躲避，而母亲，为了赶到孩子身旁，却纷纷往最危险的区域飞奔——

五月十二日的都江堰。一位名叫周贤年仅二十五岁的母亲，在大地突如其来的摇晃和极度的恐慌中，本能地冲下楼层。突然，她想起了儿子，想起了正在家中熟睡的儿子。没有犹豫，她从二楼迅疾转身……当救援人员发现她血肉模糊尸体的时候，她还没有来得及迈进房门。但是在倒下的一刹那，定格的画面是她张开双臂将儿子扑倒在自己身子下面的身影。

当那面沉重的墙壁在灾区陈家坝山坡下的一间店铺里垮塌，将一对母女无情地压在了废墟下。救援人员吊开压在她们身上的水泥板时，眼前的景象惊呆了在场的每一个人：那是一位三十来岁的妇女，怀中紧紧搂着一个六七岁小女孩，由于搂得太紧，战士们无论怎样都无法分开搂在一起的母女两人。最后，只好把妈妈和女儿合葬在一起——妈妈是面朝下倒地的，她是在墙体塌下来的最后一刻，扑过去用身体保护女儿的生命。

都江堰河边坍塌的民宅，救援人员挖掘出更令人震惊的场景：一名年轻妈妈双手怀抱着自己三四个月大的婴儿，蜷曲在废墟中。她低着头，上衣向上掀起，临死前把乳头放进了自己的女儿嘴里。此时，她虽然已经停止了呼吸，可怀里的女婴依然惬意地含着妈妈的乳头，吮吸着。红扑扑的小脸与母亲沾满灰尘的双乳对比是那么鲜明。

五月十四日的北川县城，被压在垮塌房屋下的三岁小女孩宋馨懿，在已经逝去的父母身体的翼护下，与死神抗争了四十七个小时后获救。已经遇难的年轻父母脸对着脸，胳膊搭着胳膊，用自己的身体搭成了一个拱形，在灾难发生的一瞬间拼力挡住倒塌下来的房屋，以血肉之躯构筑起生命的“掩体”，为了孩子与死神抗争。

透过那一堆废墟的间隙，人们看到另外一位母亲死亡的姿势，双膝跪地，整个上身向前匍匐着，双手扶地支撑着自己已经被压变了形的身体。在她的身体下面躺着她三个月大的孩子，躺着那个用红色带黄花的小被子包裹住的幼稚生命，躺着熟睡在妈妈用生命换来的生存空间里的小宝贝。当抢救医生解开小包被作检查，发现一部手机塞在被子里，屏幕上留下了妈妈的遗言短信：“亲爱的宝贝，如果你能活着，一定要记住我爱你。”

我爱你，我爱你！

这是天下母亲啼血的心声！

为了这份爱，你再看那位千里寻子的伟大女性——

灾难发生，电话不通，联系人杳无音信，让家居贵州凯里，儿子离家在震中地映秀镇工作的她忧心如焚。她作了决定，到汶川映秀寻找儿子。当她千里迢迢，历经艰辛到达儿子居住的映秀宾馆，见到的已经是一片废墟。她在废墟上呼呀、唤呀、寻呀、找呀，不舍不弃、不离不弃……在震后一百二十四小时她的儿子蒋雨航获救，奇迹在超越生命极限的时候发生。

再看看那位名叫龚天秀的母亲——

五月十二日，她被坍塌的北川县农业银行职工宿舍楼掩埋，与她同时被掩埋的丈夫在临死前叮嘱她：“一定要把孩子管好，做个对社会有用的人。”在被埋压重重废墟下的七十三个小时里，为了活下去，她摸着砖头咬牙砸烂自己的小腿，吮吸下自己的汩汩流淌的鲜血求生。被救援的消防官兵发现后，因为她的右腿被沉重的水泥板紧紧压住，且空间狭小，无法施救。她毅然伸手拿过锯子和剪刀，自己“哧哧”锯断小腿，剪断筋肉，爬出废墟。在撕心裂肺的疼痛中说：“我就是要出去，拼了命也要出去。为了娃，哪怕只剩头脑思维，只剩下一双眼睛……”

母爱无私无畏，母爱无怨无悔；

母爱义无反顾，母爱惊天地、泣鬼神！

母爱用奔涌的热血托起孩子生命的诺亚方舟，而另一种爱，更是点燃自己的身躯举起光明。无声地诠释着令世界动容的爱的博大与深沉——

当大楼将倾，德阳东汽中学的谭千秋老师，毅然张开雄鹰展翅般的双臂，匍匐在课桌上，用脊梁护卫着身下的四个学生，把生的希望留给了孩子，自己却永远闭上了眼睛。

灾难来临，汶川县映秀小学的张米亚老师，也是那样张开手臂，用那双曾经捏着粉笔传播过无数知识的手臂，紧护着两个学生，自己却因此付出了生命。当孩子们活下来，他那雄鹰的“翅膀”已经僵硬，救援人员只能含泪将他双手锯断才取出学生。

崇州市怀远镇中学吴忠红老师，明知讲台距教室门最近，教室门距楼梯最近，可是在从讲台到楼梯这条最短最快，原本可以第一个逃生的生命通道上，他却在生死关头逆向而行，从三楼跑回四楼为营救两名被困在教室的孩子而牺牲。

通江县永安坝村教师苟晓超，当他第三次冲进教学楼抢救两名学生，用身躯抵挡住从天而降的坠落物而被砸断双腿献身时，他才结婚十天，年轻的生命刚刚走过二十四载青春历程。

废墟中那个身体已经被断成两截，还将三名学生紧紧呵护在胸前，人们怎么也无法掰开她那搂着学生双手的女性，是什邡市湔氐镇龙居小学教师向倩。

那位伴随着轰隆的楼房垮塌声，用一已羸弱身躯拼命扛住逐渐变形的门框，献出自己生命而疏散几十个学生逃生的北川中学教师，名字叫李佳萍。

还有刘继军、唐春梅、王周明、张辉兵；还有瞿明容、连蓉、母凯贤、张兰、汤鸿、袁文婷、蒲斌……还有许许多多因此失踪、因此牺牲、甚至不知姓、不知名的人。

我看见：倒下的是身躯，托起的是脊梁，撑起的是天空，屹立的是师魂！

他们不是母亲，爱却比母亲更让人刻骨铭心！

为救一个被废墟掩埋的三岁小孩，频频余震中危楼摇摇欲崩，房梁岌岌可危悬在楼顶。艰险中来了亲人解放军。孩子救出来了，咱们的战士却被落下的横梁砸中，废墟顷刻掩埋了他头上闪闪的红星。

危楼下，余震又来临，现场指挥已经数次下达撤离命令。那个被强拉下来的绵竹市消防中队名叫荆利杰的战士，跪地号啕哀求“让我再救一个，我还可以再救一个，求求你们……”的声音，让人动容碎心。

那个叫蒋晓娟的警花妈妈，竟然把自己六个月大的孩子送往乡下，掀起警服把奶头喂进灾区帐篷一个又一个孤儿的嘴唇。

那个强忍失去娇女和十位亲人的悲痛，不停分发食品、矿泉水到孤儿们手里，直到休克昏迷的女民警，名叫蒋敏。

那位抢险中受重伤的女战士，她没有结婚，甚至没有谈过恋爱，没有孩子，没有乳汁。眼瞅着刚刚送进医疗站的灾区孤儿嗷嗷等待乳汁，她在病床上一把拔出了自己身上输着葡萄糖水的吊针瓶。

一名被埋在废墟下三十三个小时的彭州女孩，获救时一直昏迷不醒。那天正是她的生日，一百六十名救援解放军官兵在废墟上齐声唱起“祝您生日快乐，祝您生日快乐”，将她从昏迷中唤醒……

我看见：军徽闪闪，精忠警魂，铁骨铮铮，大爱无痕！

他们，不是母亲，却比母亲还亲！

他们，没有母亲的身，却有比母亲更伟大的心！

那位在汶川废墟里死去的伟大女性，不知道她的名，也没有人叫出她的姓。她脸色惨白满面灰尘，用弯曲的脊背拼命抵住巨大的石板，在黑暗的废墟下，用瓦砾碎片割破自己的手腕静脉，将汩汩的鲜血滴进身边孤儿嘴里……

那位坚持六十九个小时终于获救的安县小女孩，在等待救援的生死攸关时刻，支撑她生命的力量的是黑暗中父亲在地面的深情呼唤："孩子，爸爸就在上面陪你，不能睡着啊，坚持住，解放军就快来救你，救你……"漫长的一天又一天，一夜又一夜，她不知道，杜鹃啼血的焦虑呼唤，不是真的来自父母亲，而是几位从不认识的陌生人，素昧平生……

那些甚至阻塞了道路，来自四面八方的救援车队、志愿者们；

成都、上海、石家庄、广州……排成长龙的成千上万献血的人群；

全国各地雪片一样飞来收养孤儿的申请……

我看见，患难与共的父老乡亲，襟怀阔大的祖国人民，他们不是母亲、胜似母亲！他们没有母亲的名，更有母亲重于泰山的情！

在都江堰向峨乡，当地震袭来时，乡党委幸存地面的领导面对自己被掩埋在废墟下的干部，用三分钟的临时党委会作出了果断而痛苦的决定："先救学校学生！"六十多名学生娃娃得救了，八名乡干部和四位干部家属却失去了第一抢救时间再也没获得生还的可能。

北川大山深处的陈家坝乡，三十六岁的党委书记赵海清。在地震中失去了父亲、母亲，五岁的儿子，妻子受伤住院，双腿面临截肢病危……当他冒着浓浓的烟尘冲上大街，看到乡政府所在的龙湾村已被夷为平地，喊出的第一句话是"是党员干部的站出来"！带着这支危难时刻挺身而出的队伍，抢救乡小学的学生，让大部分孩子获救幸存。

刘延凯，一个被大震彻底毁灭了乡镇的党委书记。灾害发生时他正在彭州市里开会，闻讯冒死穿越决堤咆哮的洪水、巨石翻滚的塌山区火急返程，在惨烈和悲情的废墟上，指挥龙门山镇1700多名中小学师生及时安全撤出危险区，成为整个重灾区仅有的几个没有伤亡学生的乡镇。

平武县南坝镇医生郝兴军，都江堰市基层党支部书记王婉民，一个面对是废墟下疾呼救命的六岁女儿，一个面对的是被掩埋在瓦砾下奄奄一息的八十七岁老母亲，他们斩钉截铁的回答是："先救学生！"

先救学生！——聚源中学展开生死大营救；

先救学生！——北川中学撼天动地的驰援声；

先救学生！——支支部队，武警官兵冒死向灾区纵深铁血挺进；

先救学生！——万千共产党员、领导干部冲锋在前，勇赴艰险，卓绝奋进！

……

"先救学生"，一句平常得不能再平常的话，却是用舍生取义的热血写成。这里，没有慨当以慷的豪言，没有惊天动地的壮举，却以心系苍生的大爱，诠释了共产党人对祖国孩子们的责任担当和道德良心。

为这，苍穹回荡国家总理“孩子们，我是温家宝爷爷，我们一定会救你们出去……”穿越生死的呼唤；

为这，环宇震响共和国主席“我相信，任何困难也难不倒英雄的中国人民”的黄钟大吕之声；

那是贲张着民族血脉的雷霆万钧；

那是心的呼唤，呼唤万众一心，用我们的血肉，筑起我们“心”的长城；

那是爱的凝聚，将十三亿同胞凝结成一个血浓于水的共同生命——

不是母亲，却担负着母亲的责任；不是母亲，却盈满百倍、千倍亲情！

于是，那支摄人心魄的歌声在我心底响起：“摘下我的翅膀，送给你飞翔！”“燃烧我的生命，照亮你的眼睛……”

呵！大江流日月，岁月代古今。

记住吧！孩子们，记住“先救学生”的父辈，记住舍生取义的师长，记住热血澎湃的同胞亲人；记住爱得深沉的母亲……

记住吧！孩子们，记住你们生长在血脉相连的中华民族大家庭。党和人民与你们十指连心。你们有一个强大的祖国，你们有千千万万最慈爱的母亲！

（《四川文苑》，2008年第2期）

每个女孩都是无泪天使

——北川亲历

翟永明

5月17号下午五点，我和几位成都朋友，以及绵阳诗人雨田，驱车前往北川。雨田震后一直在绵阳抗震救灾指挥部工作，为重灾区做了大量的工作。

出了绵阳，经安县，往北，路程不过一小时多而已。一级道路路况良好，多年前，我不止一次到过这里，那时往北川还是一个困难的行程。

5月17号下午三点，突然一起水库决堤传言袭击北川，饱受“5·12”大灾惊吓的民众，被一声“决堤”的大吼惊得一阵狂奔。很快，像多米诺骨牌效应一样，从北川有名的交通要塞两桥一洞开始，人们后浪推前浪地在本就已经拥堵的路上狂奔起来。

此时，我们却正行进在去北川的路上。一路上，关于水库决堤的手机短信，也一直在我的手机上狂传。但是，由于雨田的本地经验和信心，使得我们一直坚持往前行进。到了北川地界，已是五点十分，此时传言已经平息，人们业已各就各位。

过了安县不远，我们就进入山路。一路上都可以看到巨大的山石横在路上，许多路面都已拱起，泥石流曾经冲毁部分路面。即便现在，也不时有小碎石落下。令人心惊的场面，从离北川还有十几公里的地方就开始了。两旁全是倒塌的房屋，有的碎成一地瓦砾，有的还剩下一些石柱。大家的心情随着北川的逼近，变得越来越沉重。

北川地处低洼山沟，据称县址早就有意迁走，但一直未成。此番却经历如此浩大灾祸，让人沉痛。北川风景秀美，居民淳朴良善。就在今天，我们仍然能够看到居住在北川以北，更边远的山上，翻山越岭逃出来的灾民。最感人的是一位中年男子，用大背篼背着他残疾的老母亲，走了两天两夜，翻山越岭从山里步行到了北川，而且，继续前行。

在地震中损失最惨烈、最受瞩目和震惊的北川中学，实际上尚未在县城内，而是在离县城约有几里路的高坡上，照理说，应是处于相对安全的地理位置。但是，在5月12号的灾难中，其教学楼却如此不堪冲击，造成毁灭性的灾难。

在进入北川中学的路上，整整一条街现在都已经成为救助中心。大量的医护人员和军队，都驻扎在这里，远远走来，已是扑鼻的消毒水味道。人来人往的救助人员，大面积囤积的救灾物资，源源不断地从山里逃出来的难民，使这里变得肮脏和无序，让我开始担心灾区疫情蔓延的可能性。进入北川中学后，不由人不心情沉重和欲哭无泪，虽然旁边有大量的救护人员和解放军官兵，但那一座倒塌的废墟，却是如此孤独和凄楚地躺在那里。更令我意想不到的是：整座大楼就像被炮弹直接命中，完全碎成一地瓦砾，连框架都不复存在。而隔壁的五层教学楼也已变为三层。在废墟上，救助人员正在费劲地营救一名已然全身掩埋在水泥中的学生，生命难以预料。七零八落的水泥堆上，洒满了学生的课本和作业本，其中许多课本上已沾满血迹。在一堆瓦砾上，我捡起了一本本教材，一本本记满天真孩子学习情况的作业本。我把其中一些完好的课本和作业本收集了起来，希望某一天，发现其中尚有生者，我能够把这些学习用品还给他们。

有人把遇难学生的用品搜集了起来，上面有学生们的证件照。看到那一张张真实生动的脸，你才发现，死亡如此具体，那些学生证上的名字如此具体，那些他们用过的手机、课本、文具盒，甚至还有一些女孩用过的口红如此具体，它们具体到用你最熟悉的物质形态击倒你。

几天前，还有上千名活蹦乱跳的生命，在这里如花朵开放。网上曾经流传几张图片，北川中学的学生们正在开展体育活动，从图片上看，那座教学楼几乎是簇新的，为什么会坍塌成如此无法收拾的模样。两架起重吊塔，此时也像两个巨大的问号，指向天空。因为面对这一地瓦砾，它们也无法施展、无可奈何。

在来北川时，我一直在想，看看能为灾区做点什么实际的事情。现在，面对死亡，我顿感我的一切想法都是如此无力，要想做的事，也都变成马后炮。巨大的无力感，压在我的心上，与周围飞扬的尘土，刺鼻的消毒药水混合在一起，让我窒息。

回来后，在李承鹏的博客上，我看到了这样一篇文章：“北川汉龙小学无一死亡奇迹背后的真相。”他说道：在单位地域死伤最严重的北川大地震中，那里的邓家小学483名学生一个都没有少，一个都没有死，甚至没有什么重伤。连教学楼正面那块长十几米、高三层楼的玻璃幕墙一小块都没有碎，与在这场大地震学校教学楼动辄压死几百名学生相比，这是一个奇迹。

经办监理学校修建工程的人是当时捐资集团的办公室主任。学校现在无比感谢这位监工的“办公室主任”，这位现在不愿暴露姓名的人，在谈到小学修建质量时，说到了好几件重要的内情。这里姑且谈谈两条最重要的。

十年前，集团老总对他说：“亏什么都不能亏教育，这次你一定要把好质量关，要是楼修不好出事了，你就从公司里走人吧。”这位先生曾经是生产水泥的一家公司的副总，经他手灌注的水泥至少有五十万吨，是绝对的行家。他发现施工公司的水泥有问题，含泥土太多，他要求施工公司必须把沙子里的泥冲干净，也不能用扁平的石子。从建筑专业而言，扁平石子混入水泥，水泥结实度大打折扣。他对施工队大发雷霆，愣让他们把沙子里的泥冲干净，把扁平石头全部拣走。再有一次，按捐赠原则，企业捐款必须先到当地有关部门，再由有关部门把企业的钱下发到具体施工公司去，但施工公司并没有从有关部门及时拿到钱（具体人们想必都能猜到，这可是中国式惯例），于是他又发火了，穷追不舍，终于让款项到位。

这位先生后来给李承鹏发去一手机短信：“绵阳五所希望小学建设均由我经办，而此次大地震未能撼动一幢，巍然屹立！”

我在回成都的路上，给我的建筑师朋友打了一个电话，我说看了现场，不能理解为什么一所建筑可以在几分钟之内粉身碎骨，如灰飞烟灭？而旁边一座老建筑却毫无损伤。仅用地震强度的理由不能服众，更不能服我。作为外行，我想知道除了天灾之外，还有无其他原因，希望他从专业角度，给我和发出这个疑问的人们一个解释。

回来的路上，我翻看了从瓦砾堆中捡回来的作业本，除了作业本之外，还有一些女孩抄录诗句和歌词的本子。其中一个叫张拉拉的女孩，用她略显拙笨的笔迹在一个秀丽的本子上抄写了许多歌词。可以看出这是一位还处于浪漫幻想时期的玫瑰少女，其中一首歌词让我沉思哀伤良久，歌词的名字叫“每个女孩都是无泪天使”。我把它抄录于下：

每个女孩都是无泪天使／当天使爱上男孩便有了眼泪／天使落泪坠入凡间／每个男孩都不该辜负你的女孩／因为她曾为你放弃了整个天堂！

我才发现，这些作业本上大部分都是女孩的名字。她们全是无泪天使。她们也许还没有爱上男孩，也许爱上了，但还没有来得及放弃天堂。但愿她们在今后的日子里，在天堂里，继续她们无泪时的幻想。

下面是这些无泪天使的名字：张拉拉、王蓉、杨青萍、钟蕾蕾、母松萍、陈飞云。老天祈怜，不知她们之中是否还有人存活。女孩王蓉的一本漂亮的笔记本上，几乎每一页都贴着她的偶像刘亦菲的照片。那些照片显然都是她精心搜集而来，小小的、精致的，被贴在作业本正中。不知那位叫刘亦菲的影星，是否也在关注四川大地震，是否知道有那样一位与她命运如此不同的女孩，曾经那样地在远处关心和崇拜着她。

回来后，我上网查了关于无泪天使的资料，网上大部分歌词里，都没有笔记本上截下来的一段。不知这一段是不是女孩自己写的，如果是，那可真是一段让人心惊的谶语：

抓住了快乐的气球

就可以达到幸福的国度吗?
多想
在那零落香泥碾作尘的季节
是你为我驱除尘世的风霜

(《美文(上半月)》，2008年第7期)

感动中国，我们在现场

王 龙

王凯，驻渝某部某红军师师长。五月十三日凌晨一时，他带一千五百名官兵第一时间进入地震重灾区北川县城。这位军人气质十足的师长，带领官兵们抢救出一个又一个已经成为“网络名人”的孩子:“敬礼娃娃”“芭蕾女孩”“总理为她让路的孩子”……

在北太平庄总政招待所，来京作抗震救灾英模事迹报告的王凯师长，讲到他带领官兵在北川县城的救援经历，眼睛始终有些泛红。

“救活了人，本来应该高兴才对。但五月十五日那天救‘芭蕾女孩’李月，却令我最难过……”王凯提起这件事，还忍不住叹息。他说，至今耳边还萦绕着那句童音:“叔叔，不要锯我的腿。”

王凯带领的驻渝某红军师装甲团，是最早到达北川救援的部队。尽管四处的残垣断壁已让他们有了心理准备。当到达曲山小学时，整个坍塌的楼房现场还是触目惊心。在一处倾斜的楼板下，一个女孩正趴在下面，左腿被巨大的水泥板压住，动弹不得。她叫李月，今年十二岁。战士们试图搬走压在她身上的水泥板，但根本挪不动。战士们又准备在墙上打个洞，将女孩的腿取出来，可还是不行。

由于严重塌方堵死的路还没打通，大型机械开不进来，只能手工作业。战士们首先找来了木棒，将摇摇晃晃的破碎楼板多处支撑着。就在这时，余震袭来，只听得轰隆隆一声巨响，山顶的一块石头滚落下来。王凯心都紧了，这块石头下来，引发新的坍塌，所有的人都活不了啦。还好，滚落的石头停在了山腰，好险!

“锯腿吧!”现场的医生和救援人员提出了这个最有效，却最残忍的建议。李月一听，流着泪说:“叔叔，不要锯我的腿好吗?我去年就开始学芭蕾了，我要当一名舞蹈家。”李月的爷爷和姑妈一直守候在旁边，他们坚决不同意这个方案。为了安抚孩子，王凯让战士们为李月送来了水和食物，还和她聊天。李月说，她喜欢的舞蹈家有中国的戴爱莲、英国芭蕾大师安东·道林，她一直梦想有一天去参加国际芭蕾舞大赛。孩子还艰难地笑笑说:叔叔，你们把我救出来，我一定请你们吃烧烤。

“孩子的小脸俊秀美丽，有一股天生的舞蹈家气质。一定是棵好苗。”王凯说，他和战士们的心都在流血。他答应，要保住她的梦想，保住她的腿。

可很快，战士们又发现在李月的身后，居然还有活着的孩子！ 因为李月的坚持，救援行动一直无法展开，而她身后的几个孩子也救不出来。

从十三日到十四日中午，时间已整整过去了二十多个小时，医务人员再次提出了截肢的方案。李月的爷爷和姑妈仍旧不同意。

王凯和他的战士在云南消防的帮助下，救援人员从别的地方凿开了口子，救出了李月身后的李潞等五位同学。大家非常兴奋，“我们一定要把你完整地救出来！”截肢的提议暂时被放在一边。

挖、刨、撬……距离李月被埋已六十九个小时了，战士们想尽了一切办法，换着班轮流上，可楼板实在太多太沉了，蚂蚁搬家似的方式根本不见成效。此时频繁的余震随时会发生，危在旦夕的楼板每分钟都可能塌下来。时间分分秒秒都揪着在场所有人的心。

海军总医院医疗队来了，成都军区昆明总医院医疗队也到了。专家们经过仔细检查，一致确认，李月的左腿已经坏死，就是抢救出来也无法挽回了。再不截肢，她的生命肯定会有危险。

李月还是不同意截肢。“要命还是要腿？”从不爱发火的王凯，一下子提高嗓门发火了。但看到孩子渴盼的眼神噙满了泪水，王凯的心里不是滋味。他俯下身，尽量温和地说：孩子，听叔叔的话，你的路还长。保住了命，什么梦想都可以实现。

李月哭了，她的爷爷和姑妈哭了，王凯和在场的所有救援人员哭了！

“手电筒！”“刀片！”“止血钳！”一台手术在乱石山坡上铺开。麻药起作用，手术开始了。王凯用雨衣紧紧地裹住李月的视线，他不想让幼小的李月见到那残酷的瞬间，留下终生的心理阴影。

上午十一时半，手术结束，李月终于被抱着见到了久违的阳光。那一刻，一直嚷着不要锯腿的她竟然没有哭，还对王凯轻轻地说：“叔叔，给你们添麻烦了。”

令人欣慰的是，李月得到及时救治，著名残疾舞蹈艺术家马丽主动收她为徒，王凯期待着有一天会看到这位“芭蕾女孩”的美丽舞姿。李月一定会记得这个朝她发火的叔叔，他也会永远记住这个坚强的女孩，他相信她没腿的芭蕾人生会更加精彩动人。

在曲山小学救援时，修理连连长黄河听到废墟里有孩子在呼救。他们扒开上面的瓦砾和砖块，透过缝隙看到一位年轻的母亲已经遇难，而她顽强地伸出僵硬的手臂，临死之前紧紧地护着她的孩子。这是个惊恐万状的小女孩，哭声嘶哑，令人心碎。这一幕让现场的官兵们深深地震撼，他们下定决心，就是克服千难万险，也要救出这位幸免于难的孩子，告慰这位伟大的母亲！

此时，官兵们发现孩子已经很虚弱，哭声时断时续。他们用手电筒照进废墟的缝隙，孩子脸色苍白，奄奄一息。战士们一边赶紧清理废墟，一边通过缝隙给小女孩喂水，安抚她的情绪。小女孩哭着无力地问：“叔叔，我什么时候能出来呀？”王凯说：“小妹妹，咱们数数吧，从1数到200，你就可以出来了。”小女孩用稚嫩微弱的声音数着，孩子每数出一个数字，官兵们的心就揪紧一次。小女孩数着数着，声音越来越微弱，官兵的心也越揪越紧，锹挥得更快，镐刨得更猛，早一秒救出孩子，她就多一份生的希望。“197、198、199……”小女孩突然不数了：“你们骗人， 数完了还没出去。”小女孩越来越虚弱，这个时候千万不能让她昏睡过去。王凯急中生智：“娃娃乖，你会背唐诗吗？给叔叔背一首吧！”

小女孩听话地背诵:“床前明月光，疑是地上霜。举头望明月，低头思故乡。”小女孩在王凯的诱导下，一首接一首地背，官兵们流着泪，拼命地挖、拼命地刨。最后，终于把这个叫宋馨懿的小女孩抬了出来。当时，大雨倾盆，山路难行。十名官兵接力护送小馨懿向救治点跑去，快到山口时，正碰上来视察灾情的温家宝总理，总理立刻站到路边，并赶紧示意随行人员闪开，给小馨懿让出了一条急救通道！ 在生命的接力中，官兵们终于抢在了死神的前面，小馨懿成功得救了。

一位可爱的小男孩郎铮，被王凯和他的战士营救出来的那一刻，躺在担架上高举起稚嫩的右手，向抢救他的解放军叔叔们敬礼致谢。这一瞬间被《绵阳晚报》摄影记者杨卫华捕捉拍摄到，在网上发表后，“敬礼娃娃”感动了全国人民。

王凯讲到营救“敬礼娃娃”的过程，充满了自豪。

五月十三日早上七点，天空下着小雨，浩劫之后的北川，一片废墟。当装甲团的官兵们搜索到北川县老城区的曲山幼儿园废墟时，突然听到了一个孩子虚弱的呼喊。副连长白宁用手电筒向发出哭声的废墟中照去，大喊一声:“下面有人吗？听见请回答！”

“叔叔，我在这里。”一个稚嫩的声音从地下传来。战士李帅判断出方向，开始用手电筒搜寻。

“孩子，别怕。你看得见手电筒的光吗？”

“我看得见。”

大家循着声音往手电筒照的方向望去，一个身着黄衣服的小男孩被压在一堆废墟下。他被两块巨大的水泥板夹在中间，头上一块水泥板被半张桌子撑住，摇摇欲坠。幸运的是，还有一道卷帘门隔在砖瓦与孩子的身体中间，孩子似乎未受重伤。

“别怕，叔叔马上救你出去。”二级士官杨加拂安慰他，战士们迅速行动起来。

小郎铮左手被水泥板压着，头和肩露在外面，一个劲喊“叔叔，快救救我”。战士李帅爬过去抱住他刚往外一拖，孩子痛苦地叫道:“叔叔，痛！”

原来孩子的左手伤得不轻，不能盲目施救。看到孩子苍白的小脸，一头的血污，战士们心急如焚。这么幼小的孩子在水泥钢筋丛中被压了近十八个小时，恐惧、疼痛可想而知。战士们恨不得自己有一双钢铁巨手，立即掀翻压在孩子身上的钢筋水泥。可由于大型机械一时开不进来，他们只能跪着趴着，拼命用手刨、用钎撬，将一块块断砖碎石扒开，用脸盆将水泥灰土飞快搬走，用血肉之躯挡住死神的去路。排长李西强用双手一点点扒开砖土，给郎铮扩大呼吸的空间，他的双手很快被磨得血肉模糊。战士牛强、周停、尹龙、阎天柱找来一根很粗的木棒，合力将压在小郎铮身上的水泥板往上撬，突然“叭！”的一声，断为两截。“这里有一根钢管，再试试！”副连长白宁找来一根粗钢管，六个人一起用力，将水泥板成功撬起。

这个幼儿园位于山体滑坡的边缘，强烈的余震中飞沙碎石不断，小男孩随时有二次受伤的危险。战士们加快了救援速度，手指磨破了，膝盖跪麻了，谁也顾不得停下来。救援过程中，看到解放军叔叔累得汗如雨下，直不起腰，动弹不得的小男孩非常懂事，自始至终没有哭闹，忍着疼痛一声不吭，表现得相当配合。战士们分作两组，一组从下面挖，一组从上面不断搬，他们以惊人的速度，四人仅用了半个小时，便成功搬开压住孩子的砖瓦和卷帘门，把小男孩救出了废墟，现场一片欢呼。

被压在地下十多个小时，对于一个几岁的孩子来说实在太残酷了。在被战士抱起的一瞬，他开始大哭。可此时他还不忘喊道："我的鞋子！"战士们赶快从废墟中扒出他的一只鞋子给他穿上。安慰他要坚强，要勇敢。又找来一点葡萄糖水，给孩子喝了一点，他精神显得振奋了一些。男孩的左手小臂已经骨折，装甲团卫生员查万军迅速赶来，在孩子的手上做了一个简易的夹板，开始包扎。男孩突然停止哭泣，"叔叔，谢谢你们。"小男孩突然冒出一句话。战士们这才得知，这个可爱的男孩名叫郎铮。

包扎完毕后，战士们决定将小郎铮送出北川县城，到医院接受进一步治疗。他们从附近找来一块结实的木板，小心翼翼地将小郎铮放在木板上。木板离地的一瞬，所有人的心猛地一颤。小郎铮吃力地举起稚嫩的右手，朝周围的战士敬了一个礼。

"那一瞬间，我们都没有想到。很多人的眼泪当时就流下来了。没想到孩子这么乖，这么懂事。"王凯说。他后来得知，郎铮的父亲郎洪东是北川县公安局小坝镇派出所所长，地震发生前，郎洪东经常爱教儿子敬礼、走正步，从小就教会了孩子行各种礼，郎铮自小就对解放军战士有着特殊的感情。

五月二十三日，绵阳四〇四医院的帐篷医院监护室，温家宝总理俯身亲吻三岁的孩子郎铮，亲切地说：生命是解放军给的，这点一辈子别忘。而拯救小郎铮的装甲团官兵，仍然奋战在抗灾一线，他们还不知道，那个感动人心的经典瞬间已经传遍中国……

采访结束时，王凯一再说，多写写我的战士们，他们才是真正的英雄。

一张被网民们称为"地震中最动人的微笑"的照片，曾经打动了无数人的心。这张照片上抱着孩子微笑的战士叫盛于峰，他就是王凯所在部队的一名士兵。

这个二十一岁的战士，将婴儿揽在怀里，细心地用右手兜住了婴儿的脖子。他逗孩子开心，轻轻拍着孩子的肩膀，孩子顿时就不哭了，抬起头望着盛于峰。盛于峰看着孩子，情不自禁地笑了。这个动人的瞬间被永远定格下来，并迅速被网络和媒体传播，成为知名度非常高的一张照片。

"没有对死的恐惧，只有对生的希望。"王凯说，这次地震，对参加救援的所有战士来说，都是人生的地震和心灵的洗涤。盛于峰家里的条件很好，在家时也是个被娇惯坏了的孩子，可以说饭来张口、衣来伸手。他承认自己的缺点：他是家里的独子，从不做家务，连衣服都没有洗过，还很胆小，见到坟头都害怕。当兵前，他母亲曾经说："我是个教育失败的母亲，我对儿子从小就比较宠爱，什么事也没有让他做过，生下来就是个专门花钱的钱宝宝。虽然没有变成一个坏人，但经不起一点挫折和打击，更不能吃一点苦。我把他送到军队这所大学校，就是要把他锻炼成一个男子汉！"

王凯专门从连里干部了解盛于峰的情况，很高兴："通过这次抗震救灾，这名战士成熟了，长大了！"

盛于峰的表现让所有亲人为他自豪。他救出的第一个人是个老婆婆，她的半张脸已经被砸伤，鲜血直流，盛于峰背着老婆婆往城外走，婆婆脸上的血流了盛于峰一身。不知是紧张还是疼痛，婆婆的双手使劲勒住盛于峰的脖子："我都喘不过气了！"但盛于峰还是使出了全身的劲，将婆婆送达了医疗点。几天后，来不及换衣服的盛于峰发现，那些血迹都开始发臭了，但他已经顾不得那么多了。

在幼儿园，一个小女孩整个身子被压在了石板下，盛于峰和战友怎么也不能撬开石头，小女孩竟然说："叔叔，你把我的脚砍了吧，我想出来！"这么多天从未掉泪的他终于再也忍不住眼泪了。他怪自己没有专业的工具，他只能安慰孩子，要她等着，"叔叔去找人来救你！"后来在消防人员的帮助下，小女孩终于被救了出来，盛于峰高兴得不行。

五月十九日，他结束搜救工作，到北川县非常偏远的一个乡帮助灾区群众恢复生产自救。因为塌方，他们步行了整整两天，才走到了八十三公里外的都坝乡。到达当天，他和教导员袁志明来不及休息，就一起来回走了六十公里，到了最远的一户受灾群众家里，为其送上米和油。再回到驻地时，盛于峰的脚已经起泡了，教导员都很惊讶，这个平常跑十公里都要哭的战士，一路上还主动帮他背包，他只能说："盛于峰，终于长大了！"

王凯感慨地说，在到达北川县城，见到那么惨烈的场景后，他就担心，这些年轻的战士们会不会因为鲜血、遗体带来心灵的创伤，但他的担心是多余的。他们在现场很少看到泪水、听到哭声。这些灾区群众的坚强感染了战士们，从到达现场的那一刻起，他们就忘记了死亡和恐惧，只想着救人。没有挖掘工具，战士们就用水管木棒做工具；没有担架，战士们就自己用门板等制作，甚至为了抬一个盆骨受伤、只能坐着的大姐，他们硬是从废墟里刨出了一个单人沙发来当担架。出城上山的道路被破坏掉了，战士们爬不上去，就用腿跪着抬担架，不管脚下怎么滑，担架上的人永远是固定的姿势。王凯说到这里，眼眶再次湿润了。

不少外电评论说，从这次抗灾中看到了中国军队令人惊讶的实力，中国军人交出了一份合格答卷。而此前，他们很多人是被怀疑为只知个人享受不知社会责任的年轻一代。

那些天，全师上下只有一个念头：救人，快救人，救更多的人！王凯和战士们奔忙在都江堰，在北川，在绵竹，在映秀，在茂县……全师共抢救被埋被困幸存者两千二百余人，转移群众四万二千余人。然而就在他的战士中，有一百八十七名家在重灾区，有的房屋坍塌，亲人遇难、失踪，但他们始终坚强地奋战在抗震救灾的第一线。参谋白杨民的老家就在北川县城，这里生活着他的父母和三十多位亲人，地震发生后音讯全无，生死不明。五月十三日，他随部队赶到北川救援。当他抬着救出的伤员向救治点转送时，碰到满面尘土、满身伤痕的母亲。母亲一下认出了儿子，忍不住抱着儿子放声痛哭，片刻又推开他说："不要管我，你快去救人吧，一定要多救出几个。"白杨民擦干眼泪，又投入到紧张的救人中。他带的救援组从废墟里抢救出二十多个幸存者，却没顾得上去寻找自己的亲人。他的父亲被其他官兵救出后，才得知自己的儿子也在北川救人。白杨民至今还不知道父亲被送到了哪家医院。

结束采访时，王凯反复给我讲了一个细节。那天在北川救援时，整个县城一片废墟，到处是倒塌的房屋，到处是遇难者的遗体和受伤的群众，官兵的心情非常沉重。这时，他忽然发现，被山体滑坡掩埋了的北川中学操场的废墟上，那面五星红旗还在飘扬。顿时，他热血沸腾。在这惨烈的灾难面前，有一个强大的祖国，地震灾害一定会被战胜，艰难困苦一定能够克服。这位红军部队的师长，眼含热泪，缓缓抬起右臂，在场的官兵也跟着他，向国旗敬了一个庄严的军礼。

（《海燕》，2008年第8期）

我的108个孩子

素全法师

“5·12”汶川大地震后，我有了108个孩子。

我的第一个孩子是女孩，也是整个汶川大地震灾区出生的第一个孩子。她的出生最为艰难，哭声也最大，我给她取名叫唐震雯。她的父亲姓唐，母亲很高大，叫陈世抄，是什邡南泉镇人。孩子是在5月13日早上7点36分降生的，重3470克。当时她母亲随什邡妇幼保健院到寺院时，是5月12下午5点，本该正常顺产的陈女士，由于地震过度惊吓，一直没法顺产。半夜5点过后，情况十分危机，暴雨不停，只好在寺院当时唯一没有被破坏而漏雨的小饭堂，用三张饭桌拼在一起，上面垫一些卫生纸，简单消毒后就当产床。没有照明，没有水，护士只好用几盏手电筒照着，就这样通过手术产下了小震雯。在医生忙碌手术的时候，僧人们冒雨取下罩在马祖道一祖师像上面的凉棚，为母女搭了一个简单但是是当时最好的避难所。没有支撑架，只好将输液瓶挂在扫帚上为陈女士输液。当我听到我的第一个孩子巨大的哭声划破清晨寺院的寂静时，感到无比振奋，我们看到了灾区的希望！

我的第二个孩子也是女孩，母亲叫陈春燕，什邡洛水镇人，是5月14号下午6点18分出生的，也是手术产，不过她没有生在饭桌上。13号，僧人们为妇幼医院搭建了一个能容纳十几张床的较大的避难棚，妇幼保健院的桂院长告诉我，还要搭个手术台，看完寺院所有的床后，都觉得高矮和大小不适合，这时，我想到了我们僧人的禅床，于是两张禅床拼在一起，一个坚固的手术台搭了起来，第二个孩子就生在我们的禅床上，重2510克。

我的第三个孩子是个男孩，什邡双顺人，5月14号下午5点52分出生。几乎是老二的妈妈刚下手术台，老三的妈妈张国凤就上手术台，忙得护士团团转，孩子重3140克。

我的第八个孩子是个男孩，5月16号下午5点正出生，他出生时最为危险，因为他妈妈杨启菊已经四十五岁，是个高危产妇。接生医生代明浦告诉我，由于地震惊吓，胎位错乱，非常危险。于是我找到同时驻扎在寺院的南京军区上海85部队医院的专家与什邡妇幼保健院的妇产医生一道会诊，军地医务人员联手，终于助产妇顺利产下一个2660克的男孩，母子平安。僧人医生都无比欣慰。

我的108个孩子中有16个是顺产，其中的第一个生于5月19号下午4点53分，重3180克，母亲29岁，叫刘小绢。

我的第19个孩子是个女孩，重3430克，她母亲叫彭先琴，是绵竹新市人，也是地震后在罗汉寺出生的第一个什邡市以外重灾区的孩子。因为绵竹的妇幼保健院也已经被地震破坏，接生孩子困难，于是来到什邡，桂院长与寺院毫不犹豫地接收了该孕妇，并且顺利产下我这个来自绵竹的孩子。于是我的108个孩子中有15个是来自周边的绵竹市、彭州市。

我的第88个孩子是个男孩，7月4日下午1点45分出生，绵竹孝泉人，妈妈叫杨金秀。他的出生算是幸运的，因为这个时候，成都华西医科大学附属医院送来了一间比较现代化的手术床，条件大为改善；手术室也由简易帐篷改为较先进的医用帐篷；著名演员周迅老师联系香港著名歌星张学友先生，为寺院发来了60件新加坡进口听装惠氏0～6个月婴儿奶粉。社会各界和政府各部门也极力关心我的这些孩子们和他们母亲的健康生活。

我的第108个孩子是个男孩，生于地震后两个多月的8月1号，是什邡市妇幼保健院即将搬出罗汉寺，入住援建单位搭建好的板房医院时，在寺院出生的最后一个孩子，我最小的一个孩子，绵竹玉泉人，妈妈叫何迪芬，重3050克，顺产。

世界无常，当我这108个孩子长大以后，也许那时我已经老得行动不便，也许我已经离开这个世界，但是，无论将来我在那里，我会永远祝福我的这108个孩子，祈佛保佑他们健康吉祥，希望他们长大后努力学习，成为社会有用的人才，不负天地之爱，不负众生之爱。

（素全法师：《从容的人生》，九州出版社，2009年9月版，第66～68页）

报告文学

夜宿棚花村

李春雷

汶川地震过后几天，我随中国作家小分队入川。集中活动后，我申请去重灾区的一个点上采访。于是，就结识了棚花村。

从成都出发，经广汉、德阳，再过绵竹、遵道。汽车沿着龟裂的公路，小心翼翼地颠簸爬行，不足百公里的路程，竟走了四个多小时。大难甫降，余震方歇，正是极度恐慌的时候，路上行人大都心有余悸，惊魂未定。我下车时，已是日影西斜了。

在村头一片刚刚收割的油菜田里，铺着一张帆布，上面堆满了蓬蓬松松的油菜棵子。一个年轻的村妇赤着双脚，两臂猛力地挥舞着连枷，上下翻飞，噼噼啪啪，虽是在捶打脱粒，却更像在冲着地球撒气。一串串油菜夹带着金属般的响声爆裂开来，黑黝黝的籽粒纷纷滚落——这就是几千年来为川人提供了生命能量的油料。

我上前打问村主任的住处。她停下手，抹抹满脸汗水，定定地看着我，客气地询问从何而来？

我打趣地说那是一个遥远而偏僻的地方——北京。

村妇的眼中立时放出光亮来。她身材瘦削而结实，头上戴着一顶时髦的浅黄色旅游帽，红红的脸庞被太阳晒得有些发紫，像一枚刚刚成熟的桑葚。

我问她家里的情况，她叹息一声："全洗白啰。"说着，又狠狠地跺了一下地壳，再一次表示了自己的愤恨。

"今年的庄稼好吧？"我赶紧转移话题。

果然，她的脸上立时多云转晴，笑一笑说："今年春上雨水足，小麦、油菜都盈实，土豆也长得拳头大。唉，这老天爷啊，有时是魔鬼，有时是菩萨。"

攀谈了一会儿，我再一次请她指点去村主任家的路线。她肯定地说："他不在家的。""你知道他在哪儿吗？"

"晓得，晓得。"说着，她放下连枷，领着我走过几个路口，然后朝着村东面一片亮亮的水田指了指。

棚花村分布在一片片高高低低的岗坡地带，自然形成五十多个散碎的部落，零零星星的耕地就更多了，达上千块，大的似球场，小的如炕面。地震过后，房屋全部荡平了，田地却毫发无伤。天府之国的地理和气候特点类似江南，水网密布，极适合油菜、小麦和水稻轮茬种植。现在正是油菜、小麦收获季节，腾田之后马上要翻茬、筑坝、蓄水、插秧。耕牛们并不理喻人间的灾难，依旧在水田里一边尽力地劳动，一边尽情地歌唱。

绕过一堆堆新鲜的废墟和一道道泥泞的田塍，我终于找到了村主任。这是一个40多岁的汉子，中等个头，皮肤黧黑，胳膊粗壮，他和几个村干部正踩在水田里，弯着腰，帮一个受重灾的女人插秧。这个女人的婆婆和孙女都砸死了，丈夫也受了重伤，住在成都的医院里。

看得出，村主任不善言谈，对我的到来，似乎有些为难，尤其听说我还打算住一夜时，更是搓着手，皱起了眉头。

但他还是把我领进了他的家——一顶蓝色的帐篷。

说是家，其实是村委会，因为门口挂着牌子。说是村委会，更是村里的仓库，仅8平方米的地方，堆满了杂七杂八的货物，全是外面救济的日用品和药品。靠南侧的角落里，放着一张单人床，这就是他一家三口人的卧具了。紧挨着卧具，是一张破旧的书桌，书桌上有一个账本，这就是小村的行政事务中心了。

他给我倒了一碗水，不好意思地说："杯子都砸碎了，别见怪。"又指指挂在床头的一包白白胖胖的泡腾片说："水消过毒，放心喝。"

"你们村多少人？"我随口问道。

"1700人，哦，不，不。"他猛地停住，一会儿后，嗫嚅着说："1663人。"说完，背过身去，又陷入了沉默。

地震时多亏是白天，村里的青壮劳力都在户外，可仍有37个孩子和老年人遇难，80多人重伤。震后又下起大雨，全村人跪在山坡上，以手掘土，就地葬埋了死者，大人们像孩子一样嚎哭着，孩子们则像大人一样冷峻。恐惧像四周的大山一样黑魆魆的，那是鬼魅的影子？直到两天后，外面的援救才进来。但是，身受重伤的小村像一条刮去鳞片的鱼，时时疼痛，撕心裂肺的疼痛。

我们谈话时，不时有村干部和村民来找他办事，一个个来去匆匆，气喘吁吁。是的，现在正是最忙乱的时候，大量的救济物品林林总总，都要登记造册，一户户地均分下去。那么多的重灾户，都要帮他们料理家事。还要防疫、捕狗、搭帐篷……更别说迫在眉睫的农活了。

我愈发感觉出了自己的唐突，便有了连夜赶回成都的打算。

他一把按住我："莫客气，莫客气，住处已经安排了。"

天渐渐暗下来了，在滚滚黄尘中奔波了一天的太阳已经困倦了，西侧的蔡家山、鹿堂山、跑马岭像一个个巨大的枕头，静静地横卧在那里。耕牛们也饿极了，纷纷叫嚷着“回家、回家”，“吃饭、吃饭”，急切切地向着小村跑去。还有水田里那些刚刚定居的秧苗们，在晚风中欢快地唱歌、跳舞，像幼儿园里顽皮无忧的娃娃仔。它们哪里晓得小村的痛楚呢。但，生活恒定是要前行的，就像树一样，总往高处长，就像水一样，毕竟东流去。不错的，你看，四外的帐篷里，渐次亮起了蜡烛，烛光幢幢中，妇人们在准备着各自的晚餐。男人们呢？坐在帐篷外，抽着烟，似乎又恢复了原来的本性，开始吹嘘各自的传奇和历险。稠稠的暮色中，不时有笑声弥散开来。一簇簇炉火燃起来了，一缕缕炊烟飘起来了，小村的黄昏在慢慢地浑厚和丰富起来。

这时，一个女人背着一只硕大的竹篓，摇摇晃晃地走进了帐篷——主任娘子回来了。

我看着有些面熟，猛然想起竟是下午帮我引路的村妇。

她疲惫地冲着我笑一笑，弯腰从竹篓里搬出一袋沉甸甸的油菜子——那是她今天的收获了，又拿出两颗圆滚滚的卷心白菜，还有几个黄澄澄的土豆。

眨眼间，她不知从哪里变戏法似地拿出了锅和盆，油和盐，还有砧板和菜刀，已经开始洗菜淘米了。我发现，饭锅和锅盖竟然都是畸形的。

她惋惜地说：“都被砸扁了，捏一捏，又圆了，还能用的。我们家还算幸运，从废墟里刨出了五个碗、一壶油。有的家更稀烂，连筷子都砸断了。”

这时，她又变戏法似的拿出一条猪肉。我真是有些惊奇了。

“作家兄弟，你真是福星哩。这几天，政府把米面油盐都发全了，每人每天还有十元钱，可就是没见荤。今天你一来，村里就分肉了，每人二两半。”

锅灶支在帐篷外，是用几块砖头垒起的。主任娘子往锅里注满水，放在灶上，从竹篓里抽出一束油菜秸，掏出打火机，点燃，又在上面架起几根细长木柴，猩红色的火苗“哔哔剥剥”地欢唱起来了……

她忽然想起了什么，便支使男人出门去借一撮味精、几粒花椒。

男人为难地搓起了手，嘴里直怪女人浪漫多事。

“要的，要的，第一次打牙祭，要好好贺一下哩，没有味精有啥子味道哦？”女人用力地白他一眼，又说：“现在是共产主义，谁也不存私货，前天我们家还赞助出去两只碗、半壶油和五双筷子呢。”

主任看了看我，不情愿地走了出去。

这时，主任娘子诡秘地告诉我，今天还是男人的生日，他42岁，属羊的。

等了好半天，寿星终于回来了，两个拳头攥得紧紧，生怕有所遗漏，想必是走了好几个帐篷吧。娘子小心地接过去，深深地闻了闻，粲然一笑，兴奋得双颊艳红，像刘备得了西川似的。

晚宴终于开席了：一盘炒白菜，一盘炒土豆，一盘土豆炖肉。味精、花椒果然是天生尤物，把肉香渲染得格外浓烈，像花粉一样弥漫了所有的空气。

主任娘子欣赏着自己的杰作，又拿出几瓶矿泉水：“作家兄弟，你陪寿星喝几杯酒吧。”说着，拿来两只大碗，“咕咚咕咚”地倒满了，爽快地对男人说：“往常不让你喝酒，今天你可以放开，一醉方休。”

我的兴致也一下子被点燃了，似乎闻到了浓浓的酒香。

那晚上的饭菜确乎简单了些，但因了味精和花椒的多情襄赞，因了寿星的厚朴和帐篷的别致，更因了主任娘子的美意和厨艺，竟变得别有滋味、别样丰盛，变成了天下最华贵的佳肴和盛宴，连那碗中清淡的白水也变成醇香浓郁的琼浆玉液了。我胃口大开，直吃得唇齿生香。酒也喝得别有洞天，我们一碗接一碗地碰着，痛快淋漓，都变成了梁山好汉。

慢慢地，主任便有了些醉意，脸上也终于绽开了笑容。

主任娘子的话也多了起来，她告诉我，今年小麦收了600多斤，油菜收了300斤，粮食够吃的，菜子一半留着榨油，剩下的卖掉，2元钱一斤。另外，她的另一门手艺——蜀绣年画也要派上用场了，那是她和村上的30多名姑娘媳妇一起拜师学成的。蜀绣和绵竹年画是两门绝技，而把两者结合起来，便是独创。棚花村是绵竹最有名的年画村，国内外的商人每年都来订货呢。政府免费提供的安置房很快要完工了，住不了几年，他们将会盖起自己的房子，比以前的还要好！

说这些话的时候，主任娘子的眼中亮亮的，像一汪蓄满清水的稻田。

天已经很晚了。主任说，我们过去休息吧。

原来，下午的时候，他已经安排新搭了一顶小帐篷，就在他家的后面。

我打着电筒，走进去，发现地面上铺着一层厚厚的油菜秸，油菜秸上面是两床军用棉被，显然这是我俩今晚的新居了。

奔跑了一天的我，躺在松软的棉被上，有些昏昏欲睡了。

村主任却不肯躺下，他对我说："你先睡吧，我出去一趟。"原来，他还要去巡夜。村里这么多重灾户，他要去看一看才放心。

我提醒他，夜半天凉，多穿一件衣服。

他笑一笑说："晓得，晓得，没啥子事，我喝了酒的。"灯光明灭中，他走远了，村路上留下一串清脆的脚步声。

夜已经静下去了，躺在小村坚实的土地上，拥卧着油菜秸散发的香气氤氲，我反而睡不着了，总感觉有一种声音在耳畔回响着。我知道，那是小村的脉搏，那是小村的脚步声，那么浑厚、有力、齐整。听着这些脚步声，我似乎又看到了主任、主任娘子、那个失去婆婆和孙女的女人以及很多很多人的脸，虽然忧郁，却也坚定。是的，他们牵着手，正在一步步地走出灾难，走向阳光，由无序到有序，由慌乱到镇静……想到这些的时候，瞌睡虫们不知不觉地已经爬满了我的眼睑，浩瀚的倦意像温暖的海水一样把我淹没了。

我酣酣地睡着了，连梦里也开满了黄灿灿香喷喷的油菜花。

第二天醒来时，太阳已经高高，早不见了村主任的影子。隔着帐篷往外看，远远的山坡上，一片片闪亮的水田正在向着小村招手。人们或背着竹篓，或扛着连枷，或拎着镰刀，匆匆地向外面走去，连跟在身后的耕牛们也有些迫不及待了……哦，棚花村的五月忙忙的，只有我一个远方而来的闲人。

（《光明日报》，2008年6月28日第6版）

天堂上的云朵

——汶川大地震，那些刻骨铭心的生命记忆

（节录）

朱　玉

16. 情势危急，北川幸存者不得已万人大撤退，许多人对废墟中死去的或仍然活着的亲人，却仍然不离不弃、难舍难分……

学名：成都平原。

号：天府之国。

小名：川西坝子。

一直以来，四川盆地或者叫成都平原，以天府之国的形象亮相于世。

自都江堰修建之后，成都平原“水旱从人，不知饥馑”。

成都平原冬无极寒。在冬天，寒潮霜雪从北向南袭来，直卷南中国的热带城市时，四川盆地几乎是个无霜区。几乎无霜的四川盆地就像一只大眼睛，在满是霜雪的世界中闪烁。

膏腴之地，沃野千里，物产丰富，气候宜人，天府，除了以上这些，还必须有文化的传承和衍生。同时满足以上物质条件的，中国除了“唯楚有材”的两湖地区，其他各地皆不能望成都平原之项背。

此外，还有生活的舒适度。物质丰沛精神紧张之地，并不少见，但没有人认为那是一种美好的生活境界，谁也不愿意拿着一大把钱，每天生活得气急败坏。

这一点，成都平原把中国所有的地方都扔在了后面。以成都为例，不见得人人有钱，但一定要有闲，还要有条件享受条件、没有条件创造条件地休闲。可以说，除成都之外，再也找不到人坐在水面上摆开麻将桌，打“插水麻将”的浩荡景象。

天府的另一要义，是自然灾害的飞地。在汶川地震之前，几乎所有的自然灾害都与四川盆地擦肩而过，很少有人在这个地方，因为灾害颠沛流离……

除了这一次。

北川，属于四川盆地的盆边，而不是盆底。

地震后，北川，出现了向处于盆底、相对安全的绵阳的灾民大迁徙。

离开了下面有巨大化粪池的县委大院，刚刚从县委礼堂里冲出来的北川县县长经大忠，吼着要求下属，在北川老城十字路口、新城的北川大酒店、政府广场和夏禹大桥头，增设4个疏散集中点，把幸存的人集中起来。

一些浑身是土、看上去像陶俑一样的干部，在各个集中点不停地大喊：“政府在这里设立了疏散集中点，你们不要慌、不要乱跑！通知你们单位、家人和周边群众到这里来。”大家一听政府设立了疏散集中点，就迅速往这边跑。很快就集中了近万人。

所有的人都很惊慌。在疏散集中点稍稍喘息，在一阵阵的余震和滑坡中，人群又一次大乱。有的往河滩跑，有的往山上爬。有的喊：“向唐家山方向跑！”有的喊：“向东北方向跑！” 有的喊：“向任家坪方向跑！”还有人喊：“几条路都去不得！”

唐家山方向是大峡谷，东北边有湔江河，可能形成堰塞湖阻断撤离通道，更危险的是，如果前后都同时被阻断，那就是死路一条。

当时的选择，决定着近万人的生死。

经大忠赌了一把。

东南方向，是任家坪，也是北川中学的所在地。任家坪连接往绵阳方面的公路，那边的山体肯定也在塌方和滑坡，但地势较高，没有大的河流，容易获得外面的救援。

经大忠决定，往任家坪方向撤退。

成千上万的老百姓，扶老携幼，带着一身的土和一身的血，艰难地挪向北川中学。

事实证明，这一选择是正确的，如果向唐家山方向跑，好容易从废墟里爬出来的人，迎面正碰上堰塞湖。

至今，贾达国还记得当时的情景。即使在地带相对开阔的北川中学操场上，又冷又饿的灾民挤在一起，一遇余震，灾民全部都从地上跳起来，三二成群，抱在一起。

上有山崩，下有地裂，有的废墟上着起了大火，头顶上还顶着个堰塞湖，灾民想跑无处可跑，想逃无地可逃。

那种惊恐的眼神啊……

贾达国的上衣早已不见了，脱下来给伤员做了包扎物。

他手下的武警战士也一样。有饿得打晃或赤身裸体的灾民走过来。

“有吃的吗？”“给找件衣服吧！”

战士就把自己的衣服脱下来。

那个时候，他们没有权利与灾民坐在一起，青壮年组织了起来，扑到废墟上救人、抬伤员。

在山区小路上，每向外转移一个伤员，担架需要十几个到二十个人轮流抬举，连续抬过伤员，正处壮年的贾达国，几天都无力拉上裤子上的拉链，或扣上自己胸前的衣服扣子。

由于山路陡峭，抬担架的人前后根本无法保持平衡，连续转移伤员后，小路上出现了一级级的台阶——那是解放军战士用膝盖跪着转运伤员所致，只有用前面的人跪下来，后面的人高举的方式，躺有伤者的担架才可以平稳通过山路，不至于将伤员掀下担架。

另一个被人记住的救援场面是，堆在任家坪附近的铁锹山，上面堆满了用秃的铁锹头，这也是战士们刨挖废墟时用坏的。

13日上午8时30分开始，北川县城与外界联系的通道被打通。在县城里被困了10多个小时，满身泥血的灾民开始在政府的组织下，向安县、绵阳等安全的地方疏散转移。重伤员则由武警战士及救灾人员抬出县城后，由来自成都、绵阳等地的救护车抢运出北川救治。

通往北川的公路上，特别是临近县城的地方，有一条道路，是没有人敢于占用的，那是救护车的通道。

在这里，于是有了那张记者抢拍的著名照片：温家宝总理给小伤员让路。

距北川70公里外的绵阳，在此次汶川地震中，以悲悯的胸怀，接纳了数以万计的灾民。

这座城市，已经成为四川北部最大的地震伤者与灾民安置点。从北川转移出来的灾民，基本上集中在绵阳市。伤病员分散在各大医院，其余的集中在九洲体育馆、南河体育中心。

有传说，绵阳南河体育中心建成后获得了建筑评奖的二等奖。之所以没有获一等奖的原因是，它有关安全的设计太多了，评奖人员认为这一点很没有必要。

结果，这个大规模的体育中心，成为震后灾民最大最安全的避难场所。

满身尘土的灾民，成群结队地，从北川、江油、平武等附近受灾县区徒步走出来，绝大多数人连一根针都没有从家里抢出来。

呆滞的母亲抱着死去的婴儿，儿子背着受伤的父亲，解放军战士背着年迈的老人，衣裳褴褛的小姐姐紧牵着年幼妹妹的手，蓬头垢面的妹妹牢牢抓住刚领到的一瓶矿泉水，怎么也不肯放……

他们等候着前往绵阳的卡车、志愿者车辆和过路车。

几万人同时走上了背井离乡之路。

5月14日、5月17日，连续两次，北川城内出现了大撤退的场面。

只不过，这时，灾民已基本转移到绵阳，城里大多数人甚至是绝大多数人，都是救援人员、志愿者、记者和寻找亲友的人。

5月17日中午，“北斗一号”卫星发出警报：“北川县茶坪余震不断，海子水位迅速上升，随时可发生重大洪灾。”

当时的情况有若干说法。一说，直升机发现了坝上的渗水，紧急要求在北川城内的人撤退。

另一说，位于北川中学的抢险指挥部在得到通知的紧急情况下，向天空发射了三颗信号弹，要求救援人员立即撤离。

此时，北川城内由于基站倒塌，手机全无信号。

在北川城内，正在废墟上搜索的部队，在近下午四点时突然之间集体撤退，向任家坪方向奔跑，那个地方的地势，远高于北川。

在城内的记者和群众并没有组织，更没有人通知他们撤离，但几乎所有的人都发现部队的异向，于是，不明白怎么回事的群众和记者，也跟着大队奔跑，边跑边打问到底为什么跑。

一家外国媒体这时还在履行职责，跑一段，记者停下来冲着镜头用英语大喊：“所有的人都在跑！”

然后，记者收拾起东西继续跑。

出北川的道路一度拥塞。勉强开进城的车，一时变成了累赘，拥堵在一起，堵塞了出城的道路。司机这时也顾不了许多，扔下车飞奔。

北川又成了一座空城。

有一位小姑娘没有跑，她坚决不跑。

熊枭是绵阳外国语学校初二的学生，地震当天，她才知道她家所在的北川县城，是此次地震中受灾情况最严重的地方之一。

为了证实父母的生死，熊枭5月16日上午回到一片残垣断壁的县城。她找遍了所有的街道小巷之后，伤心地回到了自家的废墟前。

熊枭流着眼泪拒绝别人要她离开的要求，说："我的爸爸妈妈在这里面。我觉得他们还活着。"

下午，奇迹出现了，生命探测仪探出废墟中有活的生命，里面一个微弱的声音传出来：我是熊吉才。

熊枭的泪水哗地流下来，爸爸！

因重型工程机械未到，救援人员一时无法施救，只好将水用小塑料管送了进去。

到了17日下午2点，一个叔叔告诉熊枭，救援工程车正在驶来。

然而到了4点，熊枭听到了一个令她绝望的消息：因有重大险情变化，县城的部队和人员全部紧急撤出北川县城。

救援人员奉命离开了营救熊吉才的现场。

熊枭痛哭着不肯离去，她抽泣着说："叔叔，我的爸爸还在里面，他真的活着，呜呜，救救他吧。"

最终，这个小姑娘的一句话，打动了救援者："叔叔你们走吧，我留下来陪爸爸，如果洪水过后我们没有被淹死，你们一定再来救我们。"

小女孩的哭打动了现场负责北川抢险工程的总指挥。

他决定大部队继续撤离，亲自带领一个抢救小分队留下来，调来工程车，开始紧张营救工作，并向总指挥部请求随时通报悬湖情况。

当锤子敲穿熊吉才头顶上最后一道楼板时，熊吉才激动地用手紧紧地攥住了锤子。

5月17日晚7时30分，北川县社保局局长熊吉才，熊枭的父亲，在被困6天5夜，共125个小时后，成功获救，熊枭的母亲在地震中失踪。

5月30日，熊枭度过了自己的14岁生日。

她的孝心和眼泪，感动了天、地、人，也让她自己没有成为父母双亡的孤儿。

1998年洪水过后，曾有人问过在场指挥的温家宝，堤坝那么危险，为什么不下令泄洪呢？

温家宝回答，我看到了在泄洪区偷偷回家抢收粮食的百姓，他们舍不得那些到手的收成，我，真是下不了手啊。

对中国国际救援队张建波的领导王洪国来说，说出搜救结束几个字，是一个同样于心不忍的过程。

在绵竹汉旺镇，经过反复搜索，确认再无幸存者后，王洪国下令：此地搜救结束。

对王洪国来说，下令搜救结束，是一个极为复杂痛苦的心理过程。外边的老百姓，眼巴巴地望着救援队一个接一个地从废墟里，掏出他们活蹦乱跳的亲人。

而宣布搜救结束，全体搜救人员撤离，就意味着：这个废墟下面再无活人。

老百姓的希望，会随着这个命令，从天上掉到冰冷的地下，这是如山呼海啸般到来的打击。

接到结束命令的搜救队员往外走，此时，他们已是这个废墟上最后一拨救援队员。

一个妇女突然冲出来，照着搜救队员脸上就是一耳光："你们不能走！"

小伙子被打愣了。此时，一个男人也从人群里出来："要打打我吧！"

失去理智的妇女又朝男人胸上一拳："不能走！"

男人根本不看妇女，他只看着废墟，嗓子嘶哑得几乎不能发声："我的孩子，也在这下面埋着……"

男人继续："他们救活了很多人。"

妇女稍稍缓过一点神来："对不起，我的娃儿，他才17岁……"

救援队员的眼泪顺着口罩边往下流，解释："我不是回去睡觉，是去另外一个现场……"

救援中，很少的故事，会以如熊枭救父般的喜剧结束。

北川县曲山小学，一个老师刚在黑板上写下"难忘的一课"几个字，地震发生了。

处在一楼的四（3）班，被垮塌的二、三楼压在了最下面。坐在班级后排的范泉滟双脚脚踝被卡住，在她的上方，是二楼摇摇欲坠的一块水泥板。

各路救援队伍纷纷赶来，均苦于没有专业设备无法有效施救。直到5月14日22时，云南地震灾害救援队携带专业设备赶到。队员们使用专门的切割和分离设备，不停扩大范泉滟双脚周围的位置。两个小时后，抢救接近成功。

这时，接近60个小时未进餐的小姑娘大声喊饿，她喊了一句，"我饿得想吃泥土"，便再也没有说话。午夜时分，她终于被抬了出来。

正当人们高兴之时，医生发现小姑娘已经昏迷，开始抢救。十几分钟后，医生把一块白布盖在了小姑娘的脸上……

她的父亲无论如何也接受不了这样的现实，不停询问孩子是不是昏过去了，"也许是睡着了呢？"

几番求助后，医生再次掀开了白布，撕下一溜棉絮放在孩子的鼻孔边，可奇迹还是没能发生——棉絮一动不动，孩子没有了呼吸。

父亲将小姑娘的尸体抬到了一个熊熊燃烧的火堆旁，亲戚们不停给火堆加柴，父亲不断揉捏着女儿的双手。"她刚走，身体还柔软，火烤一烤，要是她意志坚强，兴许还能活过来。"

一张照片让很多的人记住了北川中学躺在瓦砾堆中、奄奄一息的小伙子廖波。同时，也有许多人看到了另一张照片，站在廖波面边，手托输液瓶的帅小伙李阳。

他们的名字，是后来才得知的。

在当时遍地灰尘，幸存者也是人人衣衫不整灰尘满面的情况下，李阳穿得近于光鲜亮丽，明显地与周围环境不协调。

如果未出地震这样的意外，李阳举着输液瓶的时候，大概应该是他站在舞台上的时刻。

在县委礼堂的表彰会上，表彰程序结束后，是少年儿童的表演，李阳那天将出演街舞节目。

但是地震发生了。李阳飞跑回学校，他心里惦记着同在北川中学就读的表妹。

表妹没有发现，他发现了躺在缝隙里的廖波。

由于被石板压住了腿部，廖波暂时无法被救出。赶来的医护人员为他打上了点滴，但是此时没有人能够停下脚步照料他，李阳和同学立即交替承担起手举吊瓶的重担。

当时廖波的神志非常清醒，痛苦地呻吟，李阳大声地在一旁鼓励着他，让他一定挺住。李阳扯着嗓子大喊：“你是我最好的兄弟，我不想你死！”

后来，救出的廖波被截肢，李阳亲手刨出了表妹的遗体。

李阳因为他的勇敢行为，获得了篮球明星姚明签名的篮球。

他已经把自己考大学的目标锁定了上海交大，因为，那是他和表妹两个人心里的大学。表妹走后，李阳身上肩负着两个人的目标。

17. 连续扭动几下后，梅骞月的肚子和胸部开始迅速膨胀，压在上面的秦睿婷的头被挤得无法呼吸。一阵剧烈的抽搐之后，梅骞月用微弱的声音对秦睿婷说，自己不行了，让秦睿婷一定要坚持下去，等待大人来救。

秦睿婷至今记得清楚，那天的地理课，讲的就是地震。

老师给她们讲解日本的地理结构和地震多发的原因。

突然间，整个教室开始剧烈摇动，只听见老师大喊：“地震了，大家赶快蹲下……”

就在大家下蹲的一瞬间，上面楼层的老师、同学连同桌椅楼板一起垮塌了下来。当时，秦睿婷使出全身力气把自己的课桌往墙角拉，楼板塌落的一刹那，桌子和墙角为她架出一个空间。

秦睿婷是北川中学初二（2）班的学生，班主任任成蓉。

秦睿婷的教室在一楼，虽然上面已经被压上了厚厚的楼板碎砖，但由于有桌椅等支撑，埋在她周围没有受到重压的同学还可以互相说话。

楼板砸下来后，秦睿婷呈右侧卧状，整个下身被一张砸碎的课桌死死压住，头部被一块巨大的楼板压在邻桌女孩梅骞月的肚子上，另一张被楼板压碎的桌子棱角顶在她的右侧脖子上，除双手以外，头部和腿部无论如何也动弹不得。在她的右手旁还有一个男孩，名叫徐名涛，胸部以下完全被碎石压住。

徐名涛说让大家坚持，不要害怕。

女孩梅骞月说，我们大家一起努力，推开石块赶快出去。

埋在废墟里，大家渴。秦睿婷说，自己书包里有零花钱，出去后第一时间给大家买可乐、雪碧、营养快线和果汁喝。

不远处埋的同学说话她们还能听见。有些同学说要睡觉，秦睿婷就让大家都要坚持，谁也不能睡，说大人很快都会来救他们。

就这样坚持了很长时间。附近被埋同学随着时间的延长，能讲话的人越来越少了。

大约又过了七八个小时，秦睿婷能够清楚地听到，班主任任成蓉老师以及男孩徐名涛父母的呼叫，她也在叫：“任老师……”

任成蓉从废墟被人扒出来，头受了轻伤。

天下着雨，她的头被包扎了一下，任成蓉找了个浴帽，扣在头上，防止雨水浸泡了伤口，造成感染。

她一直站在废墟前，等着女儿，等着学生。

学生叫她，她答应，告诉学生不要老叫，要保存体力，救援的人来了。

她叫同样埋在下面的女儿，女儿不吭声。

有女儿班上的同学回答她，女儿受伤了，但还在。

任成蓉当班主任的那个班，学生们知道老师的心思，在废墟下告诉她，金梦子是好的，没有事。

孩子们都喜欢在她女儿的名字上，加一个子字。

任成蓉明白，学生在安慰她，初二（2）班，与女儿所在的初三，根本不在教学楼一个位置上，埋在下面的孩子们，无从知道女儿的下落。

里面的氧气越来越少，每个人都胸闷气短。

在秦睿婷的对面，有个男同学说："我感到背后凉凉的，有点风，可能有个小小的洞口，我不能堵住这个洞口。但我的腿被压住了，动不了，怎么办？"

最后，这个男同学拧断了自己的腿，为同学们留下了这个救命的洞口。

慢慢地，秦睿婷头下的女孩梅骞月，四肢随着身体使劲扭动，大声喊叫起来，让秦睿婷赶快帮自己推开楼板，她要出去。

连续扭动几下后，梅骞月的肚子和胸部开始迅速膨胀，压在上面的秦睿婷的头被挤得无法呼吸。一阵剧烈的抽搐之后，梅骞月用微弱的声音对秦睿婷说，自己不行了，让秦睿婷一定要坚持下去，等待大人来救。

说完不一会儿，梅骞月的身体就开始变得冰冷了。

徐名涛奋力用手把自己那边的空气往秦睿婷这边扇，希望多把自己的空气给她那边扇点。

就这样，大约又坚持了五个多小时，徐名涛开始出现梅骞月最后时刻的那些动作，全身不断用劲，双手使劲往废墟里抓。

秦睿婷拉住他的手，想不到徐名涛的手越来越用力，并用间断的声音告诉秦睿婷一定要继续坚持，说自己的爸妈都在外面，一定会救秦睿婷出去的。

几分钟后，徐名涛用微弱的声音说自己不行了，话音刚落，一股鲜血从他的口中喷涌而出，喷向秦睿婷大半个身子和腿部。

直到停止呼吸，徐名涛拉着秦睿婷的手始终没有松开。

秦睿婷再也没有相互说话的人了。

四周漆黑一团，空气越来越少，身边不时听见老鼠的窜爬和叫声。她闭着眼睛在黑暗里等了很长时间，突然隐隐约约听见废墟里还有同学向外喊叫的声音，仔细静听，是同班的王青松、曾玉琪、李诗月和王磊。三个男孩一个女孩共四个人。

激动的她立时也加入呼喊，后来很长一段时间，他们几个人一直保持着说话。

又过了很长一段时间，随着一阵机器的轰鸣声，外面人员的声音听起来越来越近了，秦睿婷就使劲用双手敲打身边的桌子。双手敲破了，鲜血直流，她顾不上疼。

由于长时间不能动，她的双腿已完全失去了知觉。为了检验自己双腿是否还有感觉，她抓起一块石头使劲往自己腿上砸，摸着有血流出，但已完全感觉不到痛。

5月14日下午，随着一块巨大的楼板被移开，她的半个身子露在外面被救援人员发现，搬开支在她身下的同学尸体之后，她的身子很快被救援人员从废墟里拉出。

“任老师，我活了！”被救出来的学生还躺在担架上，就兴奋地喊。

被救出来后，初二（2）班的同学告诉任成蓉，他们，是喝了墨水，和同学流出来的血，才活下来的。

但是，金梦，任成蓉15岁的女儿，没有挺到最后。

5月14日上午，孩子从废墟里抬出来，还是温软的，刚刚咽气不久。

女儿的额头上，被钢筋之类的东西扎了一个洞，在废墟里没有止血的东西，乖乖的女儿，就这样走了。

“我的女儿，我的宝贝啊……”

看到女儿，任成蓉一声凄凉的惨叫，就哭倒在孩子身上。

孩子啊，你该多疼？将近两天，你躺在废墟里，是不是特别想妈妈？

与金梦同班的，又从小交好的，有四个同学，这四个同学，又同时都是北川中学教师的孩子。

五个孩子，一同走了。

再没有做不完的作业，任成蓉说，孩子们可以想怎么玩，就怎么玩了。

任成蓉的丈夫，地震时正在乡下办事。路已经垮了，他走了三天，才从乡下走回北川。看到的，是已成废墟的家，和冰冷的女儿。

地震后，也不乏趁火打劫的人。任成蓉在北川中学的宿舍，也被席卷一空，什么都没有了。

她从尚存的东西里，找到了一双女儿的凉鞋，穿在了自己的脚上。

后来她知道，自己的侄女任思雨已经获救，任思雨的爸爸，也是任成蓉的弟弟，在地震中遇难。

18. 白纸上没有字，只有一些浅浅的刻痕，那是用指甲或细木棍之类的东西划在纸上的。只有极其细心地将它朝着阳光，转向一个角度，才能发现上面的痕迹。上面是这个孩子在离开人世前给家人的遗言：“姜栋怀，高中一年级一班。爸爸妈妈对不起，愿你们一定走好。”

姜栋怀，让很多人的心都为他碎了。

就在高一（1）班的同学趴在课桌下不久，整个天花板和音响、电扇一起压了下来，砸在课桌上。

此时教室一片黑暗，仅余课桌下不到半人高的空间彼此联通，如同一个野战坑道。

一些没来得及躲在课桌下的同学，马上被砸在了课桌与天花板之间，很快没有了气息。

在后排坐着的姜栋怀，与一个叫徐波的同学困在一起。姜栋怀的头，枕在徐波的大腿上。徐波用唯一可以动的右手摸了一下姜栋怀的头，发现姜栋怀在颤抖。

不知过了多久，姜栋怀醒了。他让徐波叫人救命，又对徐波喊：我只能坚持15分钟了。

徐波勉强伸着右手，清掉了姜栋怀身上他够得着的碎石，不断鼓励他：我们是兄弟，一定要活下去。

有NBA直播的中午，姜栋怀总是拉着徐波一块在食堂边吃饭边看比赛，渐渐地，徐波也开始关注火箭队的比赛来。

身处教室后部的高一（1）班体育委员朱付敏发现一缕光亮从后墙上的缝隙中透出，那是一个排气扇留下的小洞。

朱付敏一面组织同学朝裂缝方向移动，一面和同学们奋力清理裂缝旁的砖石和水泥预制板，渐渐地，一个约40厘米见方的小洞出现在教室后墙上，在朱付敏的组织下，同学们有序地从洞里钻出教室。

墙外的几位师生此时也发现了这个小洞，他们在外面也拼命地扒。不时有从洞内钻出的同学卡在洞里，外面的师生一起从外面将卡住的同学往外拖，朱付敏则在里面把同学往外推，直到视线内所有同学全部逃生后，朱付敏才从教室里钻出。

班主任一脸悲痛，他的班上65 个孩子，完整出来的33个。

姜栋怀不在其中。

姜栋怀的父母都在浙江宁波打工，姜栋怀和他爷爷奶奶生活在一起。

这是个擅长读书的孩子，在他的身上寄托着这个贫困家庭的全部希望。

父亲姜勇和母亲尹显英为了省下路费给儿子读书，为了给年过六旬的双亲一间明亮的房子，夫妻俩一直努力工作，四年没有回家。

穷人的孩子早当家。姜栋怀一直是父母的骄傲，从小到大没让他们操过什么心。尽管父母不在家，但姜栋怀不仅读书用功，而且对爷爷奶奶也很孝顺，对弟弟很谦让。

去年，一个亲戚考上了复旦大学，暑假里带着姜栋怀到复旦参观，姜栋怀在复旦大学的校门口留了影，回家后马上打电话给父母："爸爸妈妈，我以后也要考复旦，等我大学毕业了，你们就不用这么辛苦了。"

5月10日，姜勇的妻子尹显英还收到了儿子发来的短信，祝她"母亲节快乐"。

2004年，姜勇来到宁波，在一家小厂从事五金抛光工作。后来，他租了一间民房，把妻子也接了过来。

姜勇夫妇住的房间不足10平方米，放了一张床后显得十分拥挤，每月100多元的房租再加上水电费，对月收入不足2000元的夫妻俩来说是笔不小的支出。

由于家中还有年迈的双亲和两个正在读书的儿子，因此姜勇夫妇在宁波打工时非常节省，"我们有个信念，再苦再累也要供孩子上学"。

前年，姜勇夫妇把攒下来的钱寄回老家，终于盖起了房子。

5月13日，在宁波的姜勇夫妇接到老家的电话，说北川中学倒塌了。

这个消息对姜勇夫妇来说，无疑是晴天霹雳。

5月14日赶回老家后，姜勇直奔儿子的学校。"受伤的孩子到处都是，我在废墟上找了一整天也没有找到孩子……"

徐波听到了姜栋怀的爷爷和小姨在废墟外叫他，徐波一边替姜栋怀答应着，一边不停地推已经不吭声的姜栋怀，拼命喊他，但姜栋怀总是不回答。

新教学楼旁，40岁的尹显英和丈夫在焦急等候，儿子姜栋怀就压在这幢教学楼下，经过救灾人员用仪器检测，那下面已经没有任何人存活。

尽管早知道了这个消息，但她依旧没有走开的意思。多日哭泣后，她的哭声已经沙哑：“14时30分就要上课，娃娃就是早了两分钟到教室候课啊……”

相隔四年，父子再见，是5月17日。

此时，姜栋怀什么都不知道了。

老师把一张在姜栋怀遗体边捡到的白纸，交给了姜勇。

白纸上没有字，只有一些浅浅的刻痕，那不是用笔写出的字迹，而是用指甲或细木棍之类的东西划在纸上的。只有极其细心地将它朝着阳光，转向一个角度，才能发现上面的痕迹。

上面是这个孩子在离开人世前给家人的遗言：“姜栋怀，高中一年级一班。爸爸妈妈对不起，愿你们一定走好。”

写作这张便条时的场景，结合毁灭性的地震，几乎可以还原：姜栋怀在一个狭小的空间，没有笔，身负重伤或已知自己处于绝境，又想跟家人交代点什么，于是，就有了这样的“便条”。

雪白的信笺纸上，连一点灰尘都见不到。

在见不到亮光的、全是灰尘的废墟里，背负着一块预制板的重量，谁也不知道，姜栋怀是什么时候找的纸，怎么刻下的，又是多么艰难才做到这一切的。

17岁的大男孩儿，是手捏着这张纸咽的气。

拿到这张无字的遗书，姜勇夫妇瞬间崩溃！

“儿子有什么对不起我们的，是我们对不起他啊！”

姜栋怀5月份向父母要了120元钱，买了一套新运动服，准备在6月份运动会时穿，新运动服没有穿一次，他就走了。

姜勇的妻子异常悲痛，由于不想白天当着小儿子的面哭泣，她只能忍到夜深人静时，躲在黑暗中痴痴地捏着大儿子的遗书，泪流满面……

姜勇原本想把孩子的遗体弄回村里安葬，但看到姜栋怀那么多同学都在那里，又觉得还是让他和同学们在一起闹热些。

四川方言的“闹热”，就是热热闹闹，不孤独的意思。

19. 大难把两个人逼到了绝境，在废墟下，谁也不知是否能够获救，什么时候能获救。灾难让这对中国夫妻，打破了以往只老实过日子，不互诉衷情的局面。

如平时一样，家里的闹钟在14：20准时响起，唐雄起来准备上班。

唐雄和谢守菊都是北川县医院的医生，妻子谢守菊前一天加夜班，今天休息。

北川县城不大，居住离单位都很近，单位两点半上班，他用不着太早出发。

谢守菊躺在客厅中的沙发上继续睡。几乎与地震同时，14：28，唐雄打开屋门。

地震！

从谢守菊和唐雄口中形容的地震到房倒屋塌，不过几秒。

谢守菊被惊醒，睁开眼看了一下，滚下来到沙发旁，房屋就塌了。

唐雄那时刚打开家里的防盗门，他感到了地震，想到谢守菊还在家里，应该把她拉出来。

这样一扭头的工夫，上面的预制板掉了下来。

谢守菊在废墟下面有一个还算舒服的小空间，一束能辨别白天与黑夜的光线，以及一份等待丈夫来救援的希望，但很快，这个希望破灭了，她听到了唐雄的声音，地震时他还没有走出家门。

夫妻俩都被压在了废墟下。

唐雄和谢守菊的家是三居室，地震后谢守菊被困在客厅中间沙发的位置，唐雄被困在了门口靠近餐厅的位置，两人直线距离大约三米，但中间被废墟和楼板阻隔。

北川县医院的宿舍楼一共四层，唐雄夫妇住在一层，地震让楼房整体下陷。

谢守菊蜷缩着可以左右翻身，唐雄的右脚被压得很死，从肩膀以下，整个下半身都被压住了。

透过废墟里的那丝光线，谢守菊知道，又一个白天来临了。但她并不清楚每天的准确时间，废墟下面的那个闹钟仍然会在每天14：20准时响起。

谢守菊摸到了一袋豆腐干，留在需要的时候吃一点，她想递给唐雄，但够不到。

废墟中，唐雄的处境更为困难，一片黑暗，没有水，没有食物，也没有光，又压得很重，只有妻子的鼓励陪伴着他。

两人之间被废墟填充，要大声喊叫才能听到。

13日下午开始，唐雄断断续续陷入昏迷中。

他有些坚持不住了，非常地绝望，说话带着哭腔，告诉妻子，他不想死，他要被压成肉饼了。

在他昏过去时，谢守菊就不断地大声叫，把他叫醒。

人们一般认为，男人在灾难和绝境中更为坚强。但心理学家却否认这一点，他们说，女人最为坚韧，生命力更为顽强。两个人同时埋在废墟中，最先放弃生命的，往往是男人。

一个十六七岁的小女孩儿也曾很安静地告诉于丹，我现在特别想生个孩子。

于丹问为什么，她说：我爸爸妈妈全没了，我的家也没了，我在这个世界上没有根了。我总想自己成为根，我才有活下去的理由。

于丹说，苦难来临时，女孩的彻悟能力比男孩子要深多了，女孩子关心的，是生命。

唐雄和谢守菊，是很传统的中国式夫妻，两个在感情面前都很腼腆，一般都不会说些浪漫话，更吝于表达。

大难把两个人逼到了绝境，在废墟下，谁也不知是否能够获救，什么时候能获救。灾难让这对中国夫妻，打破了以往只老实过日子，不互诉衷情的局面。

到了第三天，两个人开始大声呼喊着平时小声都很少出口的情话。

这一天谢守菊哭了，因为她发现有光线后，喊了丈夫很久都没有人回应，她以为丈夫撇下自己走了。

谢守菊告诉丈夫，出来以后要照顾他，说自己爱他，出去后两个人要生个小宝贝。

唐雄说，出去以后会继续疼妻子、宠妻子，会照顾妻子，会记得每个节日送花给妻子制造浪漫和惊喜。

这个时候的倾诉，两个人都有些心酸。

有一次情人节时，唐雄忘记了。谢守菊给丈夫发短信示威，说你如果今天不送花给我，我就买把青菜回去插到花瓶里面。

15号一早，海南地震救援队发现了埋在废墟下的谢守菊和唐雄。

当天早晨，谢守菊吃完了最后一块豆腐干。为防备万一，她还用客厅里的茶盘接了自己的尿备用，但最后没有用上。

对于谢守菊的救援持续了10个小时，当天下午3点左右，她被成功救出。

救援队为谢守菊打了一个三角形的洞，没有受伤的谢守菊自己从洞中爬出，发现自己站在废墟上，周围都是废墟、废墟，连着废墟。

在这个时候，废墟中的唐雄已经处于半昏迷状态，他不知道妻子已经被救出去了，是连绵不断的梦境，把他从等待的焦急和恐惧中暂时解脱了出来。

被救时，谢守菊一直要求先救唐雄，但是，救援唐雄的难度太大了，没有工具根本无法做到。谢守菊被救出来后，对着废墟喊，自己要找到工具后，再来救丈夫。

但唐雄没有听到，他处于昏迷之中。

唐雄做梦，都与水有关。

他梦到坐很远的车，别人上车下车，他不能动。他也梦到海上坐竹筏，脚被固定在竹筏上了，怎么迈都迈不出来。

唐雄还梦到一个训练矮人的游戏，很高的人，两头夹实施压，训练出来就是一个矮个。唐雄在梦中想，自己是不是可以经过训练再矮些，就又跑去参加训练。

训练的时候那个教官告诉唐雄，看你！做动作晃的幅度那么大，晃得那么凶，肯定以前是个高个！那个教官就告诉唐雄，你不行，你训练不矮了。

所有的梦，似乎都与唐雄当时的处境相关，他脚被压住不能动，潜意识里，总想缩小自己的体积以扩大自己的生存空间。

奇怪的是，梦境里，唐雄一直好像都是非常开心的，多少有些美好。

震后第五天，各种专业救援设备和救援队伍陆续到达北川。救援唐雄的条件已经具备了。

谢守菊带着把她救出的救援队，再次来到了废墟上。

救援队用生命探测仪一探，生命探测仪显示，唐雄的生命力还很旺盛。

17号下午，救援队看到了唐雄。

他们把唐雄的上半身掏出来，救援正在艰难进行的时候，下午突然听说，唐家山堰塞湖有可能溃堤，北川县城所有的人都开始了撤离。

谢守菊面临着如熊枭一样的绝望。救援队员拖着她拼命往山上跑。拖到山上以后，谢守菊自己找了一个地方，在一边痛哭。

她知道，如果真的是那个湖垮坝的话，困在废墟里的丈夫就没指望了。

那天晚上，下雨了。

对于下雨，地震之初，人们对它的心态是十分矛盾的。如果下雨，会妨碍救援进行；但如果不下雨，是大晴天，废墟里可能还活着的人，坚持不了多久。可他们如能有充足的雨水解渴，能坚持半个月。

18日清晨，对于唐雄的救援继续进行。

上午9点10分，唐雄获救。救援人员把他从废墟中救出来时，他还很清醒。

谢守菊看到丈夫在地狱里走了一遭，又重归平安，先是高兴得大叫，然后大哭，最后，给了参与救援的每个战士一个结结实实的拥抱。

唐雄当时真的就想到党和国家，他说：这次要不是党和国家，我肯定就在下面没命了。有人问唐雄第一个愿望是什么，大声地问。唐雄虚弱地答，我要入党。

这是他出了废墟后的第一句话，所有的人都没有想到。

妻子过来把唐雄的手握住了。患难夫妻，终于又见面了。

唐雄能感觉到妻子的手。他脱口而出，咱们要个儿子吧。

获救后，唐雄一度生命濒危，经抢救，脱离危险。

20. 志愿精神是一种利他主义和慈善主义的精神，指的是个人或团体，依其自由意志与兴趣，本着协助他人改善社会的宗旨，不求私利与报酬的社会理念。在这次地震后，这种精神在中国人身上集中爆发。

5月12日汶川地震发生时，被喻为中国首善的陈光标正在武汉开董事会。听到这个消息，董事会改成了抗震救灾部署会。随后，陈光标从江苏、安徽等地的总公司、分公司紧急调度60台机械，其中包括吊车、推土机、挖土机等大型机械。

12日下午4点，机械集结完毕，救援车队开始向绵阳、北川进发。

这个企业家的集结能力和进发速度，甚至比军人还要快，他千里奔袭而至的队伍和军队几乎同时到达灾区。

所不同的是，陈光标的队伍带的是灾区最为需要也是最为缺乏的抢险机械。而很多部队的官兵还只能依靠两只手。

13日中午，陈光标到达都江堰，沿线看到很多民房倒塌，有很多部队官兵正在进行搜救。当时救援机械奇缺，部队领导要求支援一些机械车辆。陈光标留下了大约20台机械和40名操作人员，然后带着剩余车辆继续向北川进发。

途中的一个山坳里，路面全部被坍塌下来的泥石流掩埋了，陈光标当即指挥推土机开路，忙了一个多小时，终于开辟了一条通道。就因为打通了这条路，来自成都军区某部的搜救官兵才得以顺利通过。

之后，这位企业家在废墟中背出了208具遗体。

14日凌晨，山东莒县洛河镇东皂湖村的10位村民，开着一辆农用三轮车，颠簸了四天三夜，走了3000余公里，终于抵达四川参加抗震救灾。

出发前，10位汉子共凑了3000元钱，购买了38箱矿泉水、50箱方便面，作为救灾物资给灾区带去。还在当地购买了50公斤山东大煎饼。

汶川大地震发生后，到底有多少志愿者在灾区出现，谁也说不清楚。

有人说20万，也有人说上百万志愿者集中在四川。

在任何一个灾区现场指挥部的前面，都会停着一些私家车，车主在车前贴一张纸，写着“志愿者”，直接等在那里帮政府往灾区运送物资。如果灾民要从救助点返家取东西，他们也会免费载着去。

那时，所有开进汶川、北川的车，都有搭顺风车的人，所有的司机都有志愿性质。在临近北川的一个平坝，要往北川的人只要看到往北川的车，拉开车门就上。

还有一些志愿者是看不见的。他们在指挥部留下电话，用人或者用车，随传随到。

在任何一个组织的物资捐赠点、物资发放点、灾民救济中心、政府的救灾指挥中心、红十字会的办公地点，甚至是去重灾区的途中、救援的现场……灾区的任何一个地方，甚至那些需要徒步才能进入的地方，都会看到志愿者，大量的志愿者。

“人员构成也非常复杂，有海外华人、医生、律师、公司的董事长、博士生导师、农民工、学生……”四川省红十字会常务副会长张波几乎遇到了各种身份的人，他们从中国各个地方赶来，还包括国外的。

江淮汽车迅速向灾区以及前往灾区的新闻单位等免费投入了200多辆汽车，都配备了司机和汽油，司机们很多是具有相当经验的越野车手，所有的司机，都是无偿投入灾区救助的志愿者。

志愿精神是一种利他主义和慈善主义的精神，指的是个人或团体，依其自由意志与兴趣，本着协助他人改善社会的宗旨，不求私利与报酬的社会理念。在这次地震后，这种精神在中国人身上集中爆发。

绝大多数志愿者本着“看看我能在灾区做什么”的心理，来到了灾区，有些人找到了自己服务的位置，有的人没有找到。

甚至，有些人就不是为了服务而来的，他们只是打着志愿者的名义，进行“地震旅游”，来灾区开眼界的人。

在北川，每天就有不少这样的“志愿者”。进到一片惨景的县城，用手机拍摄倒在街上的遇难者，而且，并不见他们从事什么工作，寻找什么人，更不见他们悲伤。

灾区需要的志愿者，是给别人提供服务、减轻创伤的人。但如果不具备这种能力，抱着一腔热血来到灾区的志愿者，有时会成为灾区的负担，与灾民同样成为被救济的对象。

都江堰市虹口乡，就多次驱逐了这样的志愿者。乡领导说，这些志愿者一个人拿着两包方便面上了山，然后，一顿吃掉三包。

这个时候，虹口乡的灾民，一天只有两次粥喝。

还有的志愿者司机在接送救灾人员的路上，把救灾人员扔在山上，自己临阵脱逃，只因为他看到了道路的险峻和塌方，害怕了。

无论如何，汶川地震揭开了中国公民社会的序幕，谁也不愿意看到并面临的灾难，擦亮的是中国人的社会责任感，以及可以为“中国”二字凝聚的力量和良心。

21. 连北川中学门口农民的自建房，都没有像学校中的教学楼一样，塌得那样惨。建筑专家说，是结构或构件在破坏前无明显变形或其他预兆的脆性破坏。

这就意味着，建筑的质量十分可疑。北川中学校长刘亚春，谈到学校倒塌的建筑时，话只有一句："天总是要睁眼睛的！"

都江堰聚源中学的操场上，摆放了几十具学生的遗体，用临时找来的旧床单遮盖着，空气中弥漫着刺鼻的血腥味。

温家宝总理走过来，哽咽着说："我给这些遇难的孩子们三鞠躬。"

操场上一片号啕。

汶川大地震，所有的人间至痛至惨，全在学校的废墟上出现了。

张建波在原来是教室的废墟上，进行搜救现场作业。

在中国国际救援队中，搜救和搜索，是常用的两个词。

两个词乍看一样，但其中的不同，要与救援队相熟才能体会：搜救，是发现了生命迹象，救援队直指目标，所有的动作，都是为了救活这个埋在废墟里的人；而搜索，则有些大海中捞针的意思。

中国一般的教室，都是前后两块黑板。前面的黑板供老师板书，后面的是评比或出版班级黑板报之类的内容。特殊时期，上面会写出励志的口号。

张建波站在教室中间，偶然回头一看——

他的心一下子疼了起来——教室后面的黑板上写着：距离高考还有28天。

后来，张建波自己说，我也是上过学的人啊，这么熟悉的氛围……

这个写着鼓励高考学子话语的黑板，在四川省都江堰聚源中学。这个中学的教学楼，随着波及到大半个亚洲的大地颤动和一阵烟雾，不存在了。

在救援队到达之后，聚源中学由武警战士用身体进行分割，分成了两条路，一条向南，一条向西。

所有的家长都被阻挡在外面。

聚源镇卫生院院长汪能，那天只做一件事：用手电筒照从废墟里扒出来的学生瞳孔，判断生死。

对光已没有反应的，向南，停尸场。

对光有反应的，向西，"救护车，快！"

在聚源中学这样的"生死之门"前，不到一天，汪能的嗓子就失声了。

救援队把搜救犬放到废墟上，搜索生命迹象。

搜救犬傻了，一直在废墟上打转转儿——死人太多了，人和人之间的密度又太高，狗也分不出哪个是死，哪个是活。

搜救队会首先采用敲击等方法，贴着预制板的洞洞喊："有人吗？"预制板的洞洞，对声音起着扩音器一样的作用。

如果没有声音，搜救队员会将现场分成若干区域，清出闲杂人等，将搜救犬拉上废墟。搜救犬会依照它嗅到的信息，依照有无幸存者和幸存者人体信息强弱，分别表现为无反应、爪子刨地、低声吠叫、狂吠等几种反应。如果搜救犬狂吠起来，或者低声吠叫几声，所有的搜救队员，无论多累，就会突然一下兴奋起来。

如果搜救犬的反应若有若无，生命探测仪就会登场发挥作用，仪器上意味着不明物体的白色方块，可能是搜救人员的最大福音。

在地震后，救护车的声音，就是世界上最美妙的声音。因为这个声音意味着——生命。

5月13日早晨近9点，聚源中学女生高银获救，被抬入了“生之门”。

高银的妈妈喜出望外，冲出几千名等待着的家长人群，一路大哭着，追上了女儿的救护车。

“这个女娃儿被抬过来的时候，我一看她眼睛睁得大大的，眼神亮亮的，紧咬着下嘴唇，”汪能说，“活着！肯定活着！不用查！那一刻我真是太高兴了。”

但，自从高银获救后，再也没有人活着出来。

一具具没有发育完成的少年躯体，被送入了前往另一个世界的通道。

有1800余名师生的都江堰聚源中学顷刻颠覆，一座4层楼的教学楼被震垮，大约有900余名师生遇难。

汶川地震造成四川绵竹市 7 所学校倒塌，其中包括富新二小、东汽中学、东汽技校、九龙中学、汉旺武都学校等，另外还有欢欢、汉旺2个幼儿园，共造成1700人被埋。

而这些只是这次地震引发校舍倒塌情况的一个缩影，惨遭厄运的还有北川县北川中学、曲山小学；绵阳市平武县南坝小学、高新区双碑小学、游仙区魏城中学；汶川县映秀小学、漩口中学、漩口幼儿园；德阳市实古镇中心小学、蓥华镇中心小学、八角镇中心小学、洛水镇洛水中学；崇州市怀远镇中学……

然而，包括聚源中学在内，许多地震中垮塌的学校建筑物旁边，都总有部分建筑物挺立未倒。

在聚源中学所在的聚源镇，除了这所校舍以外，民房因地震而垮塌的并不多见。

北川中学，除了学校的两栋教学楼垮塌外，校内的两栋分别建成于上世纪60年代和70年代的楼，甚至早已被叫成危房，都没有倒。

连北川中学门口农民的自建房，都没有像学校中的教学楼一样，塌得那样惨。建筑专家说，是结构或构件在破坏前无明显变形或其他预兆的脆性破坏。

这就意味着，建筑的质量十分可疑。

聚源中学两边破旧的民房虽然因地震而出现裂纹、瓦片脱落等情况，却没有一处民房像聚源中学校舍那样粉碎性地坍塌。

向峨乡中学是都江堰市另一个受损严重的学校，全校400多名师生，有300多名被掩埋在废墟下遇难。而与该学校相邻的一栋6层高民宅的四面墙壁，因为地震而出现巨大的裂纹，整栋建筑也已经扭曲变形了，但这栋建筑一直没有坍塌，楼内的居民也都得以全身而退。

此外，什邡市蓥华中学和聚源中学、向峨中学一样，在周围民房都没有彻底垮塌的情况下而呈粉碎性的坍塌；绵竹市汉旺镇东汽中学坍塌后，其旁边的几幢多层住宅楼以及一座体育馆在地震后依然大体完好。

据说，北川中学校长刘亚春，谈到学校倒塌的建筑时，话只有一句：“天总是要睁眼睛的！”

也有说法，说刘亚春在遇到前任校长慰问时，昂然而过，不予理睬。遇到教学楼的建筑商时，也只是说：“你建的楼房……”

再也不能说下去了。

他的上千名师生，都死在那栋并没有经过他手建设的楼中。

其中包括他的儿子，北川中学高一（2）班成绩出色的学生刘林青。

就在5月12日中午，刘林青高兴地把全国中学生英语竞赛的奖状拿回家，小心地放到茶几上，又把吃饭的碗筷洗干净……

临走前，向刘亚春打招呼："爸爸，我走了！"

直到救援结束，刘亚春都没有在废墟中找到孩子的遗体。

22. 上千个生命，在北川中学不到两百平方米的地方终止了延续。学生们有的身体被砸弯曲变形，有的没有脑袋或脑袋被砸扁，有的已经没有手脚。废墟上，到处散落着沾满泥土的课本、字典和作业本，有《中国历史》，有《英汉词典》，每本书上面，都有稚嫩的笔迹……

作为父母，孩子是生命中最珍贵的珍宝。

如果遇到二选一的生存机会，99%的父母会挺身而出：把我的生命拿去吧，让我的孩子活下去。

没有父母可以想象，在几秒钟的时间中，在学校，自己认为最安全的地方，用如此悲惨的方式，失去自己的孩子。

哪怕是天灾。作为一个学校，哪怕震后它歪歪倒倒，但是，家长们对它的建筑要求是：总要有让孩子们跑的时间吧？

可偏偏连让孩子们跑的时间都没有！

有的学生与身旁的同学惊恐地抱在一起，有的两两相抱，有的三个成团，清理尸体时，已无法将他们分开，只好把几个孩子合装在一个尸袋里。

北川中学的旧教学楼里，每当吊车吊起一根大梁，就会看到一排整体的小尸体。一处楼板上有一个拳头大的洞，透过它可以看到一堆学生的脑袋，那是孩子们临死前唯一的空气来源。

上千个生命，在北川中学不到两百平方米的地方终止了延续。学生们有的身体被砸弯曲变形，有的没有脑袋或脑袋被砸扁，有的已经没有手脚……

一根水泥横梁下，一个身着蓝色衣服的女孩子，上半身向下倒挂着，两只手和她的黑发一起无力地垂向地面。她身边不到一米的地方，是一个被掩埋的男孩的身体，只露出臀部、一只脚、一条腿。

废墟上，到处散落着沾满泥土的课本、字典和作业本，有《中国历史》，有《英汉词典》，每本书上面，都有稚嫩的笔迹。

不远处，"母校留念"学习栏下，躺着数十具已不再有生命特征的年轻中学生们的躯体，学生们身上，有的覆着破旧的棉被，有的覆着一张旧纸箱，有的什么也没有。

揭开一层楼板，一群死去的学生；再揭开一块楼板，又是一群，救援队员几乎要疯了！

"妈妈，全是戴着红领巾的小孩儿啊，我受不了了！"一位武警战士从映秀镇打电话给母亲，寂静的夜里，小伙子毫不顾忌地哭泣。

都江堰市新建小学。

救援者从废墟里发现了一具身穿红T恤的孩子遗体。

“我的孩子啊……”这位孩子的母亲仰天号哭，全身瘫软，被两个救援人员搀扶着出了现场。

孩子的父亲赵建中看起来还算冷静，此前，他不眠不休，已经在这片废墟上搜寻近两天时间。

赵建中一点表情都没有，也没有眼泪。他把孩子抱出来，蹲下身去，用手帕擦去儿子脸上的灰尘，拿出手机，拍下了他留在人世间的最后样子。

然后，赵建中和周围的人一起，平静地将孩子裹入一块军用毯里，系上。

所有人都静静地望着他。

眼看走到运尸车前，还有两米，突然间，这个此前一直很镇静的父亲，仰天长哭，“啊！”

绵竹汉旺东汽中学。

认出孩子遗体的母亲们几乎都是一样的反应。

看到孩子，晕过去。

醒过来，再去看孩子，再晕过去。

灾情最重的北川县，很少孤儿。

因为，北川县城里的孩子，从3岁到18岁，伤亡过半。

孩子们都死去了。

一连串倒塌学校的名单引发了人们对这些学校可能存在设计和建筑问题的质疑。

废墟上挂起了白布黑字的横幅，写道“天灾不可违，人祸最可恨”。在灾区，发生了遇难学生家长围攻校长和工作人员的事件。

洛城二小教学楼倒塌的形状为“煎饼式”，一层压一层，没有留下仍在起支撑作用的框架；教学楼与邻近的办公楼为同一时期的建筑，教学楼全部倒塌，办公楼虽有损毁但并未倒塌；教学楼墙体的砖与砖之间的灰浆非常少，而且起重要支撑作用的圈梁中的“钢筋”非常细且用量很少。

在都江堰市聚源中学校舍坍塌的地方，坍塌下来的建筑废墟上，砖与砖之间，仅有薄薄一层涂抹严重不匀的水泥凝固物，有人用力掰了一下，竟将两块由水泥凝固在一起的红砖分开，已经凝固的水泥簌簌落下。断裂的预制板中，还居然有木头块！

在向峨乡中学校舍废墟中，从承重柱里冒出的几根细细钢筋，像钢丝一样，风一吹就四处飘摇。

都江堰市新建小学，裸露在预制板外面的“钢筋”，用脚轻轻一碰，细细的铁丝就绕了一个弯，很多预制板都是齐刷刷从中间断裂的，断口整齐划一。

一位遇难学生家长是专门给建筑商拉钢材的，对建筑比较了解。他踏进教学楼废墟，随手捡起一块砖，几下就从残墙上敲下一块砖来，根本就看不到有水泥粘着。承重梁摔破了，里面竟然只有4根比小手指还细的钢筋。家长说：“像这种承重梁，规定用25毫米的螺纹钢筋，但这里只用了8毫米的圆钢。”

依照《中小学建筑设计规范》规定，中学教学楼不得超过5层，而且屋顶必须使用钢筋水泥浇注，不许使用预制板。但从震区传来的消息，这次地震倒塌学校的现场发现许多5层以上的建筑，而且多是预制板屋顶。

作为一国总理，不适合在没有权威机构明确调查结论之前表达自己的意见。但是，温家宝却用自己的行动，表达了对孩子们的同情和关怀。

5月13日上午，温家宝到了都江堰市的新建小学。

新建小学位于都江堰市繁华地带的建设路中段，是一所公立学校。

校园由两排平房、一幢四层教学楼和一个小小的篮球场组成。一年级和学前班的孩子在平房上课，二到六年级则集中在教学楼。四层的教学楼每层有三个班，全校共687名学生。

地震那天，在校学生有680人，除了在平房上课的一年级学生，以及高年级的两个班在教室外面上体育课和练习跳舞外，在楼内的学生随楼垮塌而被埋。

雨还在下着。有人找来一件警察的雨衣给总理披上。

听说救援人员正在解救困在废墟下的孩子，总理坚持爬上废墟。

这里一共发现了六七个小学生，他们挤在教室门后，肢体都缠绕在一起。可以想象，当地震发生时，孩子们跑到了门口，但是门已经打不开了。紧接着教学楼就塌了。

这里有两个孩子还活着。

施救坑里，上面的一个孩子仰面躺着，两只手在搓动。总理蹲下，专注地看着她，眼神充满爱怜。

孩子呻吟着：“喝水！”

救援人员给她拿来了生理盐水。一个医生喊：“先漱漱口！”

孩子歪着头，“噗”的一声把水吐出来，温家宝的脸上有了笑容。

这个孩子叫王佳琪。

温家宝一直惦记着这个孩子，再去灾区时，特地去医院看望了她们。

此时的王佳琪因为做头部手术，长发被剃光了。她的鼻梁骨骨折，门牙也因受伤而脱落。

总理去了，一看她就说：“是新剃的头吧？”

“我有一张照片，就是我蹲在那个地方看抢救你。你很坚强，你遭了一次大难。”

小姑娘稚声稚气地说：“不是吧，应该是两次吧？”

大家都愣了。

小女孩儿接着说：“去年我就摔了一跤，把头摔破了。”

温家宝笑了，俯下身去，拿起王佳琪的小手：“来，摸摸爷爷的脸。”

这是温家宝到灾区后少见的笑容。另一次大笑是在一位百岁老人面前。那位老人开始把温家宝认成是自己的孙子。

后来，老人认出了总理，一本正经地嘱咐他：“你要好好工作。”

温家宝回答：“我会好好工作的。”

所有的人都哄堂大笑。

23. 可以说，没有一个北川家庭得以完整保全。失去亲人，只是多与少的问题。最惨的，只留下了自己。剩下的干部，以完全疯狂的力量在工作。是因为人员缺乏，更是因为，他们把工作，作为防护心灵再度遭受重创的外壳。

贾达国很怕静下来。

经过了这场大灾难，他连死都不怕，但是他怕静。

一静下来，他的脑子里就开始放电影，身不由已地进入那些悲惨的场景里：那些抱着死去的孩子，心痛得在地上打滚的家长；为了救废墟下的活人，脚下踩着的那些软绵绵的死人；还有，为了救下面的活人，又被死去的人挡住，救援人员不得不下手锯开的遇难者；被死去学生的脑浆溅了一身的，哇哇直吐，从此再也见不得豆腐的战士……

地震将近一个月后，一安静下来，这个30多岁的男人，就有无法排解的情绪涌上来。其实，作为一个武警军官，贾达国参加过多次救险救灾，并不是从来没有见过鲜血和尸体的人。

但这次完全不同。

当着手下的兵，贾达国必须控制自己的情绪。

他也看出来了，他手下的战士们，那些在灾难中心的北川县城得以保全的小伙子们，性格上也有微妙的变化。

战士们集体在一起时，该说该笑的，表面上都没有什么事。

但是，战士们跟贾达国一样，地震后不能独处，一独处眼神就变了。

贾达国还怕飞机的颠簸。地震后他来北京，中途遇到气流，飞机不稳，贾达国说，觉得自己脸色都不一样，就那样抱着面前的小桌子，一动不能动。

他又想起了地震。

当时和贾达国一起坐在县委礼堂椅子上的人，被大地的震动弹起来一米多高。

这种极易被激惹的情绪一直被贾达国自己控制着。他参加了抗震救灾的英模报告团，来到北京。

报告团中有一些在灾区经历过地震生死的、各行各业的优秀者，最起码的，也是在震后两三天冲进核心灾区进行救援的救援者、医务人员和新闻记者。在饭桌上，大家难免有些对当时场面的叙说和回忆。

一遇到这种时候，贾达国站起来就走。

他受不了。再不离开，他就会当众大哭。

他心里在念叨，你们后来的，哪里明白啊——报告团里，出自最重灾区北川的人，只有四五个，这几个人，个个伤痕累累，家破人亡，个个死里逃生。

贾达国虽然没有亲人在地震中去世，但是，处于灾难中心的感觉，那种在超乎平常人想象的恐怖，在断壁残垣、血肉横飞中穿行、挣扎，那种对同类的欲救不能、欲罢不忍，那种生死一线，那种无法面对和无法回首，几个人心里都明白。

贾达国回到房间，独自坐在卫生间里，任着自己的情绪，流泪。

震后，北川损失了三分之一的干部。不算教师和医生，仅工作人员，428人死于地震之中。

剩下的干部，以完全疯狂的热情在工作。是因为人员缺乏，更是因为，他们把工作，作为防护心灵再度遭受重创的外壳。

有了这层外壳，内心再疼再苦，可以无人看到。

在这个时候，工作是良药，是医生，是家人，更是支撑他们生命和精神的最后一根承重梁，是最后一根脆弱而易折的树枝。没有这根细细的树枝，他们更不知道会怎么样。

可以说，没有一个北川家庭得以完整保全。失去亲人，只是多与少的问题。最惨的，只留下了自己。

王洪发，妻子幸存。但儿子、岳父等20位亲人，结伴离去。

李跃进，妻子遇难，儿子遇难，母亲遇难。

刘亚春，妻子和儿子双双遇难。

这些人，有的从一参加工作就在北川，几十年来，娶妻生子买房置家工作升职，一步步好不容易走到了一切稳定的程度。一会儿工夫，全没有了，整个人又回到了初始状态，甚至，房子塌得没样了，他们还欠着买房的借款——还有一颗疼得觉不出疼的心。

自地震后，经大忠一直没有找到一双合脚的鞋子，他自己也说不清自己的鞋子跑到哪里去了，一直到了北川中学，学校校长刘亚春才把自己已经去世的儿子的鞋给他穿上。

但是，孩子的鞋是42码，他的脚是43码，经大中就这样穿着刘亚春已经死去的孩子的这双小得挤脚的鞋，指挥救援，分配物资。

后来，武警来了，他的鞋子，才解决了。

经大忠不想面对媒体，他的时间根本不够用。以往在共和国版图上默默无闻的北川，这次变成了灾难的中心，救援和灾后重建任务重，中央领导多次来视察，他的工作强度大得一天恨不得有50小时才够用，一天只能睡上两小时。

但上级批评他，北川重建离不开全社会，你不接受采访，谁会了解北川呢？

于是，他面对媒体。语速很快，快得别人根本来不及往本子上记，更插不进话打断他的思路。

经大忠喜欢经济，对区域经济颇有研究，水平到了可以在区域经济的专题研讨会上作专家发言的程度。

他是土生土长的羌族，从心里希望自己的老家北川，成为世界上最好的地方。

北川不是有熊猫吗？熊猫是世界珍稀动物，熊猫选择的地方，能不是世界上最好的地方？

于是，经大忠找学者研究北川的气候、北川的土壤，北川的羌族文化、历史沿革，北川的旅游，都在他的研究范围之内。

他跟记者谈北川的米黄大理石矿。

中国石材资源储量居世界首位，但高档次大理石储量不多，特别是米黄色大理石资源极为匮乏，在北川米黄被发现之前，全国尚无一处能满足规模开采的米黄矿山。

谈他规划的中国玫瑰精油之乡，谈树莓之乡的远景，谈他经手设立的包括科技网络在内的六大网络如何覆盖了北川，谈仿羌族碉楼设计的北川社会事务服务中心，里面有多少政府职能部门联合办公……

这是在地震之后！而他谈的全是震前的宏伟蓝图。

经大忠所说的仿碉楼建筑，早已明显倾斜，地上一片残垣。他的网络中，最核心的网结——人，因为地震，早已人头不全。

他不是在想象中复原北川。给人的感觉，经大忠在心里，完全不承认北川县城事实上的不复存在。

他彬彬有礼地回绝了媒体对他家人伤亡情况的关注，说，这次伤的人很多，我不是最严重的，比如谁谁谁的家，如何如何了。

他粗线条地勾勒地震当时的场景，几笔带过，很明显地在回避，他强调的是，我是县长，得坚强，群众在看着你，很多工作要做，我没哭过，顶多流下来一滴眼泪吧……

经大忠一副笑迎天灾的口气："有人问我过得怎么样，我说，很好啊！我每顿两个鸡蛋一根火腿肠，地震了，好不容易没有人老拉我喝酒了……"

他似乎完全大无畏。人家说北川白天是死城，晚上是鬼城，我不怕，晚上在北川过夜我也不怕，死的都是我的亲人、同事和街坊……

完全像一篇记下来就可以用的、气势恢宏充满信心的抗震救灾全景式通讯。

然后……

经大忠无意间谈到了大震当天，他在街上来回跑着指挥的情景。他不是一个爱应酬的县官，平时有时间，一般在家读书。但那天，他还是在北川街头看到了许多熟悉的面孔。

他们有的已经死去，有的被压在石头下，向他伸出求助的手……

经大忠好像忘记了刚才的拒绝，主动谈起了家人。

地震后，他在茅坝小学救出了四个孩子，后来在相隔30米的地方，经大忠找到了自己11岁的外甥女。

孩子能歌善舞，平时跟经大忠关系极好。知道经大忠有胃病，常问："舅舅，胃痛不痛，要不要吃药，我给你拿。"还经常搂着经大忠的脖子讲悄悄话……

经大忠找到的，是孩子的遗体。

他把孩子散落的骨头收拾好，默默地坐了十多分钟，摸着外甥女的小脸……

之后，经大忠又看到了与自己关系最好的妹妹家的废墟，在废墟上捡到了妹妹的几件衣服和笔记本，他把它们带在自己身边，让妹妹的东西，陪自己有空坐坐……

这个男人，这时，才褪去了自己的面具！

他的声音明显带着哭腔。语速更快，如果放慢语速，所有感情马上要溃堤而出……

他要承担和忍受的东西，实在太多了！

24. 在地震时，有许多人曾面临着他们的选择，先救谁？亲人还是与自己没有亲缘关系的旁人？无论是当事人作出什么样的选择，灾难都判定了他在今后的日子里都会追悔莫及。

以目前掌握的资料，汶川大地震，没有预兆。

贾达国说，那天天气还好，动物们没有鸡犬不宁。

经大忠说，一点预兆都没有，一点都没有。

北川县县委书记宋明说，完全没有，预报地震的仪器就在我们县委院子里，很平静，没有任何异常。

这不同于32年前的唐山。

唐山地震前，宏观前兆十分猛烈，鼠类出穴，鱼类漂浮，鸡鸣狗跳，牛马惊奔，井水大幅度升降等，但这些预兆在临震前的一两天才形成高潮。

只有在汶川地震后，才有人事后提到，某某天某地，有异常的蛤蟆大规模过街，并以此责难地震部门没有及时作出预报。

也有网友猛醒，在地震前一两天，网上有人贴出了拍到的如绳索状的地震云，那个贴帖子的网友还说，不知道哪里要发生6级以上强震了。

回头想想，无论如何，如果没有其他前兆，仅凭几百或上千公里外的蛤蟆过街或天上的云彩，就发出地震预警，是否也过于草率了？

但一个北川女人固执地认为，地震发生那天早上，她离开家的时候，是有些预感的。

因为儿子是如此舍不得她走。而且，平时很少给丈夫打电话的她，下午2点10分的时候还跟丈夫通了电话，就自己丢失的一条项链，向丈夫抱怨了几句。

赵蓉，北川通口镇党委书记。

5月12日，星期一。

早上赵蓉起床时，儿子张文睿已经系好了红领巾，等着与妈妈一起吃早餐。

餐桌是长条形的，一端抵在墙上，赵蓉挨墙坐着，儿子绕了过来，要挨着妈妈坐。

后来母子俩出门来，一个要到通口镇上班，一个要去曲山小学上课。

赵蓉问：“娃儿，你要几块钱？”

儿子说：“5块钱，一天用一块，用完了，妈妈就回家了。”

这是赵蓉与儿子的最后一段对话。

赵蓉周末才回家。儿子8岁了，但总有一个晚上要赖到妈妈的床上，挨着妈妈睡。

冬天的时候，他会找茬说：“妈妈，我这床上有点冷……”

钻进妈妈的被窝时，儿子笑眯了眼睛。

通口镇距离北川县城23公里，唐家山堰塞湖一旦溃坝，洪峰将席卷已成废墟的北川县城，然后直扑通口镇。

一个记者当着赵蓉信口说：洪水要是来了，肯定把北川县城废墟下面埋着的遗体也冲出来。

听到这句话，正在打电话的赵蓉突然说不出话来，她的父亲，丈夫，8岁的儿子，都埋在北川县城的废墟下面，遗体至今还没找到。

距离那场大地震，已过去几个星期了。每到周末的晚上，她躺在帐篷的行军床上，会蜷着身子留出一个小小的位置，但是，身边再也没有一个紧挨着自己的小小的身体，和一张在妈妈身边甜睡着，嘴角流出口水的小脸。

赵蓉说：“幸亏我很忙，否则，我早就崩溃了。”

这期间，赵蓉只回到北川两次，一次为了汇报灾情，一次为了争取救灾物资。

两次匆匆经过，看着丈夫可能被埋的十字路口，看着孩子曾经上学的曲山小学，她差一点控制不住，想冲下车到废墟上疯狂地刨，刨自己的儿子、丈夫、父亲。

地震后，赵蓉整整瘦了10斤。

大地震发生两天前，5月10日，儿子还写了一篇作文《我的妈妈》，最后一句这么写道：“长大之后，我要报答妈妈的爱。”

她问，娃娃，你怎么报答？

儿子长得有些像童星。他有些羞涩，笑了。

那是儿子献给第二天母亲节的作文。

赵蓉扭头看着北川县城的方向，说，我真后悔啊，我应该站在废墟上，喊一喊他们的名字。可是我没有，这真是终生遗憾。

我应该喊一喊：张文睿！张仁瑜！管他们听得到听不到呢……

史少先涕泪横流，全然不顾周围有诧异地盯着他看的学生。

这些学生和史少先本人，5月14日从北川逃到绵阳时，只有眼白是白色的，周身糊满了泥巴。

后来，一个小区的居民们听说他们是北川刘汉希望小学的师生，纷纷把孩子们抢回家去洗白，换上新衣服，孩子才又像了原来的孩子。

史少先学校的28名在校教师里，有16位失去了直系亲人——父母、配偶和子女，旁系亲人更是很多，有的失去了整个家族。

作为老师，他们是称职的，他们地震时都在陪自己的学生。

史少先不能原谅自己的是，他对得起学生，却无法面对亲人。

他反复假设，哪怕是救了其他人的亲人，再去救自己的；哪怕是没救出来，但总是救了，而他们几个老师，是连顾都没有顾上。

史少先完全沉于自己的悲痛之中：老师们大多数家在北川县城里啊，我们明知道北川县城那边严重，要是不知道那边严重，我们还能安慰自己。

他带着400多个学生躲在山上时，有知道他家地址的幸存者路过，告诉史少先，你家让山埋了。

史少先不可能把几百个孩子都丢下不管，只奔自己家啊，他走不掉。他们的老师，也没有一个提出要走。

路过原来家的位置，他也明白，面对山的力量，自己根本无可奈何。

但是他反复自责，自己为什么当时不去救埋在山石泥土下的父母。他反复地说，哪怕有废墟，让我搬一下，心里也好受些……

那，如果时光能倒流，他能不管孩子，跑回家救父母吗？

他摇头，不。

但他就是原谅不了自己，自己连埋住父母的石头也没有搬一下，就带着一群惊慌失措的孩子离开了。

到达绵阳后，刘汉希望小学的师生，物质生活一下子好起来。绵阳英才学校为他们提供了很好的食宿，为孩子提供了书包、文具。英才学校的外教们带着孩子们做游戏，转移孩子们对地震的注意力，也有人为孩子们作心理辅导。

但史少先说，老师们才是心理问题最大的人，他们除了这群孩子，一无所有了。而且，面对着别人的孩子，时时会想起自己的孩子。

老师们夜里常常哭泣，有的经常呆呆的。而且，这些老师一听到心理医生，就很本能地排斥，他们不愿接受心理治疗，因为觉得如果接受了这样的治疗，就等于承认自己是心理方面有缺陷的病人。

在地震时，有许多人曾面临着他们的选择，先救谁？亲人还是与自己没有亲缘关系的旁人？

这种两难选择容不得细细考量，甚至于，容不得考虑。

大难来临，地动山摇，震后，几乎所有的废墟上都有人喊：“救命啊，救救我！”

这时，很多人都本能地作出了同样的选择，先救埋得浅容易救的，救离自己近的，救有声音的，无论他是不是自己的亲人。

有的人听到了自己亲人的呼唤，对上了话。

但自己的亲人距自己有些距离，要刨挖到亲人面前，这段距离上，还有其他活着的人。

总不能只奔自己的亲人去，对别的人见死不救，装看不见听不见吧？

大多数时间，就在奔亲人所在处一路刨挖，同时救出其他人的时候，自己的亲人没有了声息。

无论是当事人作出什么样的选择，灾难都判定了他在今后的日子里追悔莫及：救出亲人的，后悔自己没有救出更多人；没救出亲人的，更是终生悔恨，没有在大难临头之际，向亲人伸出该伸的手。

复杂的心理，被震后的一些宣传简化了。宣传中说，某某人心中只有他人，没有自己的孩子，他或她一心只扑在他人身上，对埋葬自己孩子的废墟，看都不看一眼，或者只看了一眼，就决绝而去……

这种近乎残忍的解读让读者反感，也让当事者痛上加痛。他们怎么能心中不想到亲人呢？心里没有亲人的人，还是人吗？

汶川映秀幼儿园的聂晓燕老师，地震中一下子抱出来身边的两个小孩子，当她回身再去抱时，楼塌了。

她的亲生孩子也在她的班上，地震时离她四五米远。

后来，孩子的尸体现身了。聂老师痛不欲生：“娃娃……娃娃……妈妈，来不及啊！”

这才是一个母亲兼老师的真实表情，她纵是三头六臂，也实在是来不及啊！

没有水，聂老师找到了瓶啤酒，用它擦拭孩子脸上的尘土。

一边擦，这个妈妈边对自己死去的孩子说：“娃娃，你怎么把脸上搞得这么脏啊？”

聂老师的举动，让旁边一个小伙子，用厚厚的安全帽狠砸自己的脑袋，才没有放声哭出来。

25. 在救灾期间，每个飞行员每天飞行达十几个小时。对于身价贵如黄金的飞行员来说，这个数字已超极限，他们一般每天飞行不会超过6个小时。陆地上的汽车疲劳驾驶尚不被许可，更何况飞行呢？

李弟燕的一句话，让满屋男人放声恸哭。

她说："请你们去安慰别的家属，我能接受这个事实，我为他们的英勇行为感到光荣和自豪……"

李弟燕，是抗震救灾时牺牲的成都军区某陆航团邱光华机长的妻子。

李弟燕的话是出自真心，并不是大话。但实际上，她感情上绝不能接受丈夫如此悲壮地离去。

邱光华参加的，是中国人民解放军建军历史上最大的直升机行动，而且是非军事救援行动。

灾区面积大，多为山区，气象条件很差，很多时间完全不具备飞行条件。但是，在道路交通被完全阻断，一个个县城或乡镇成为孤岛之时，灾民无衣无食无药，空投就是最直接最见效的补给方式。

地震发生2小时7分钟后，成都军区两架察看灾情的直升机冒雨起飞。

5月13日，23架军用运输机和12架民用客机，不间断飞行78架次，将在洛阳、武汉、开封等地集结的1万多名官兵及救灾装备运抵成都地区4个机场。

就在这一天，中国航空史和中国人民解放军历史上，单日空运兵力最高纪录被改写。

后来，有参加行动的军人评价，汶川地震不是战争，但是，它的惨烈严酷，一点不亚于战争，有时甚至超过战争。

仅5月14日一天，邱光华所在的陆航团，就飞行了112架次，向映秀、理县、茂县和汶川县城空投了近64吨物资。

在救灾期间，每个飞行员每天飞行达十几个小时。

对于身价贵如黄金的飞行员来说，这个数字已超极限，他们一般每天飞行不会超过6个小时。陆地上的汽车疲劳驾驶尚不被许可，更何况飞行呢？

邱光华，是陆航团经验最丰富、技术最好的飞行员之一。20多年前，就是他把第一批米-171直升机从国外开回来的。

他对这种机型，熟悉得像对自己的手掌一样。

所有的人都说，在机组遇难者家属里，最为担心的就是李弟燕，她几乎崩溃了。

她一直在等。她哭得几乎支撑不住，所以每天几乎都是一个姿势，坐在那儿，用手支着要倒下去的身体。

就是等候中央军委首长接见的时候，李弟燕也一直是这样的姿态。

在等待接见之时，首长接见家属的时候，机械师陈林的一岁女儿陈婧雯听到外面的飞机轰鸣，不停地手指着窗外喊"爸爸"。

女儿头发的自来卷遗传自陈林。女儿2007年1月出生，名字里的"婧"字取自母亲。

后来，这个还记不清爸爸模样的小姑娘，被抱着参加了追悼会，她依然指着陈林的遗照，"爸爸，爸爸！"

周围的人本来默默垂泪，听了这句天真的儿语，忍不住号啕痛哭！

副驾驶李月刚刚办了结婚登记，还没有办婚宴。

此次，李月的父母失去了独子，李月未办婚礼的妻子，失去了仅仅共同生活了7天的爱人。

在等待李月消息的时候，包括在等候李月遗体归来的时候，年轻的妻子眼泪从来没有停止过，但这个懂事的姑娘，还勉强撑着，不时去抚慰自己的公婆。

地震后，妻子汪玉每天都会收到李月发来的平安短信，这是他们的约定。

5月31日，汪玉没有收到短信。第二天，当部队通知她，李月所在的734机组失踪时，她根本无法接受这个消息，她一遍一遍拨打李月的手机，却总是无法接通。

李月生下来只有4斤6两，像只小猫。医生说，恐怕很难养活，妈妈不信，定要把他养成世界上最健康的小孩。

带娃娃不容易，李月妈妈说，没有语言可以形容把他养大的艰辛。后来他考上飞行员，妈妈的朋友们都很惊奇。

李月从小就是那种很天真的淘气，在同届同学中总是年龄最小的。照合影，李月总是在人家头上摆出两只角。同学都把他当小弟弟。

这次救灾，妈妈问李月飞不飞，他骗妈妈说他不飞。

“肯定轮不到我，团里都派老飞行员飞，我待命。”

父母还鼓励他说，能去就要去救灾。

知道李月出事后，父母嗔怪尚不见踪迹的儿子：怎么不告诉爸爸妈妈你执行救灾任务呢？我们会是你坚强的后盾，你不必因为瞒我们而费心费神。

李月爸爸说，搜救以来，我们在牵挂和痛苦中过了十多天，最后盼来了儿子遇难这样一个结果。但是，我们的儿子不是唯唯诺诺地走的，是为了人民走的，他是光荣的。

陈林与妻子最后一次见面只有五六分钟时间，那是在5月31号中午，他上飞机之前。地震发生后，团里安排家属来团里的帐篷避震，陈林不让妻子来，说不想给团里添麻烦。

这次妻子给他打电话要来，他就同意了。妻子曾婧跟他说的最后一句话是：“注意安全，早点回来。”

谁料，壮士一去兮不复还！

在机场迎接丈夫归来，瘦弱的曾婧，如果没有人在旁边架着，已经哭得完全瘫倒在地上。

最后一面，就是真正的最后一面。

失事直升机找到后，部队首长告诉家属们，“不建议”他们再看自己亲人的遗容。

——飞机撞山失事，机身已四分五裂，何况人乎？

况且，找到这些英雄的遗骸，并把他们的英灵极为艰苦地请下山，再从映秀运到成都，已是失事后的十几天，亲人的脸庞，早已经不是旧时模样。

参加搜救到达现场的人说，只能从着装上分出，哪个是军人，哪个不是。

剩下的，只能交给法医了。

曾婧记得很清楚，她与陈林是2004年3月14日在朋友家里相亲认识的，属于一见钟情，从认识到结婚不到8个月。

妻子评价，陈林这个人很阳光，好像从来没有心事。

5月30号，陈林还在中队跟战友聊灾区的情况，说自己一上飞机就有使不完的劲。

陈林说，有一次飞行，上来的两个伤员是两口子，丈夫在飞机上一直紧紧地抱着妻子，机组人员一个劲说“咱们已经安全了”，两人还是不分开。

陈林说，这是让他最感动的一幕。

26. 两个多小时后，邱光华，中国人民解放军内仅有的两个羌族飞行员之一，与他众多在地震中受尽磨难的同民族同胞以及全体机组人员一起，用一个飞行员的方式，壮烈谢幕。

直到见到遗体的前一刻，李弟燕还在等丈夫回来。

直升机失事的峡谷，皆是原始森林。后来，搜救的人透露，他们运送邱光华机组成员的遗体时，是将装着遗体的尸袋放在大腿上架住，在别人帮助下，用胶带将尸袋紧紧缠在一根木枝上，才运送下来的。运一个人的遗体，要配备20人左右。

他们还说，英雄回去的路，要经过数个几乎达到90度的峭壁，只有这样的捆扎，才有可能将英雄遗体护送下山去。

李弟燕相信丈夫的飞行技术，所以直升机失事刚开始几天，虽然哭，还是抱有很大希望，认为丈夫肯定在什么地方迫降成功了，正在等待救援，几次跟儿子说：“你爸没事，肯定没事。”

她每天盯着电视看，让儿媳妇从网上搜索有关的任何消息。一家媒体“机组人员迫降成功”的不实消息，曾让她欣喜若狂。

邱光华与李弟燕，感情非常好，几乎从来没有吵过架。偶尔吵架，也是因为儿子和父亲观点不一样，李弟燕责怪当爸爸的对儿子说话太凶。

邱光华只要没有飞行任务就肯定回家，很少有外面的应酬。他们喜欢饭后一起散步，或者是邱光华陪着李弟燕去体育馆跳健美操。周末有时一起去爬山。

他们的介绍人是当年接邱光华当兵的武装部部长。李弟燕觉得邱光华说话很诚恳而且对家人孝顺，认为他是个负责任的人。

邱光华经常出差。特别是参加演习和驻训，一去就是几个月甚至半年，平时也只有周末才能回家，每年的军官假几乎都没有休过。所以两人说好了等邱光华退休后就出去旅游，上海、杭州，他们都规划好了。

李弟燕非常贤惠。这个家全部是她在料理。她做得一手好菜，连邱光华的战友们都知道，大家聚会吃饭，就会有人提议“去吃李姐的菜吧”。

邱光华是茂县人。地震发生以后，邱光华老家的事也全是李弟燕在料理。信息不通的日子里，李弟燕告诉邱光华：“你安心飞行，老家的事交给我，一有消息马上告诉你。”

她每天守在电话前，不断尝试与公婆联系。得知老家消息后，她给公公婆婆买去了药品、生活用品，还有一个发电机。

发电机是5月30号才买的，因为听说老家还没有电。发电机还没有送回老家，邱光华的飞机就失事了。

直升机飞行的危险性，李弟燕很了解。

在都江堰虹口乡，在一个小学狭窄操场冒险起飞的直升机，螺旋桨几乎打到了要倒塌的危房。灾民为了烧化死去的鱼群，而在河边点燃的焚烧火焰，让飞来运伤员的直升机误以为是降落地点，飞行员直接把飞机降在了附近的河滩里。

邱光华每一次一上机，李弟燕就很担心，一直要等到他下机后打电话才能做别的事，哪怕只是一个“喂”字，李弟燕就放心了。

有时邱光华飞夜航，她就一直等到夜里才睡。她说，已经习惯这种担心的日子了。邱光华经常安慰她，开飞机跟开汽车一样的，时间长了，就轻车熟路了。

李弟燕对邱光华的工作非常支持。从1982年到2001年，邱家都住在凤凰山机场旁边，距李弟燕上班的地方很远。李弟燕每天骑自行车要用两个小时才能到单位。邱光华提议过搬家，但李弟燕不愿意，说这里方便邱光华上班。

5月31日中午12点多，李弟燕到了邱光华的宿舍里，她带了洗衣粉来洗衣服。他们见面大概10分钟，邱光华就接到电话，通知他12点40分准备起飞执行任务。李弟燕说，我就在这里等你。

邱光华说，好。

这是两人最后一次见面。

两个多小时后，邱光华，中国人民解放军内仅有的两个羌族飞行员之一，与他众多在地震中受尽磨难的同民族同胞以及全体机组人员一起，用一个飞行员的方式，壮烈谢幕。

20多年前，朋友们听说李弟燕嫁给一名飞行员，都特别羡慕——飞行员这个职业，一听就特别神气。但没有人知道李弟燕整天都提心吊胆的。

5月20日，陆航团受命送国家水利部专家前往堰塞湖。陆航团副团长姜广伟驾机搭载7名专家飞抵堰塞湖上空时，在盘旋观察中发现，湖区四周全是山体崩塌后陡峭的山崖，湖堤上乱石林立，根本找不到一小块平地可供着陆。机组准备采取索降，可专家们无一受过专门训练，只好放弃。

机长姜广伟驾机低空盘旋，最终慢慢将战鹰侧身单轮强着陆在湖堤塌方的小土堆上，将专家送上堰塞湖边。这次完美的金鸡独立，正是失事机组的空中机械师王怀远指挥的。

直升机在飞机家族中属于低空飞行器，其安全性在飞机家族中排名最低，一股突袭的气流，一根高压线，一根枯树枝，都可能给直升机带来致命一击。

从成都到理县的空中航线，被飞行员们称为“死亡航线”，更是险上加险。

当天上午邱光华机组已飞了两个架次，接到运送受伤群众的任务时，正值午饭时间，邱光华和机组人员匆匆吃了两口饭，就驾机起飞，运送10名防疫专家前往理县。从理县返航约半小时后，直升机进入银杏至映秀上空的山谷中。

到了31日下午6点多，李弟燕听说了直升机失事的消息。离开团里回家的时候，大家都安慰她说：“邱大绝对能回来。”李弟燕也跟团长说：“拜托，请一定把他找到。”

邱光华当过大队长，战友们尊称“邱大”。

随着时间一天天过去，李弟燕也知道希望越来越渺茫了。见到来探望的人，特别是熟识的邱光华战友，就控制不住，一次又一次大哭。

这几天，李弟燕多次对亲朋好友说，我一定要坚强，我要把儿子和他以后的孩子教育好，让他们成为像邱光华那样的好人。

邱光华没有喝上儿子的喜酒。

儿子邱峰是在5月6日登记结婚的。父亲邱光华定在8月1日办婚宴，作为一个老军人，他认为军人在建军节结婚很好。

地震前几天，这个父亲每天都在跟儿子商量在哪里办、请些什么人。

李弟燕特别喜欢孩子，老催儿子媳妇早点要孩子，“趁我和你爸身体还好，我们好帮你带小孩。”

一切的喜悦和悲哀，邱光华本人都看不到了。

李弟燕还要硬撑着，在公婆面前不落泪，老人年龄大了，更承受不住悲痛。在老人面前忍到极点后，她回到家，抱着被子，为半路离去的丈夫哭。

无数的媒体等着采访英雄的妻子，但都没有结果。

李弟燕不能接受采访，她的伤口完全不可以触碰，根本不能提到已去世的丈夫。

闲下来，她就给设在家里面的邱光华的灵堂烧纸、敬酒，然后，坐在那里抚摸邱光华买给她的玉坠。

李弟燕属猴，玉坠正是猴子。

玉坠买自新疆，那是邱光华第一次飞上蓝天的地方。

在失事现场，找到了邱光华的钱包，钱包里有4张照片：儿子邱峰3张，分别是孩子上初中、高中、大学的老照片，一张邱光华与妻子的合影。

儿子邱峰说：“父亲不是一个浪漫的人，我从来没有想到他会随身带着我们的照片。”

27. 截肢，对于在废墟里埋压的幸存者，是一个巨大的考验，有的人挺了过来，有的人在手术刚刚完成或正在手术时，离开了人世。面对这样的生死，人们会发现，我们平日里在乎的很多东西，精心爱护，为之奋斗甚至争斗的很多很多，都一钱不值。只不过，我们不知道，这种在特殊时期对生命的大彻大悟，能持续多久？

46岁的龚天秀是中国农业银行北川支行信贷部的经理。

那天，刚刚睡醒午觉的她，正准备上班。

“地震！”丈夫王怀俊抓起一件睡衣，遮住龚天秀的脑袋，拉起她往卫生间跑。没等人跑进去，宿舍楼就整体垮塌。

什么也看不见。丈夫王怀俊趴着，左手还护在妻子头上，而龚天秀的身子则蜷曲着，头倒向丈夫的胸前，一条腿侧着紧贴着丈夫的背。龚天秀的右腿被一块石板压着动弹不得，骨头已经断了。

“龚老二，我可能不行了。”这是王怀俊对她的昵称。

此刻，50岁的王怀俊最挂念的，就是在成都一家房地产公司工作的儿子。他对妻子说：“龚老二，死就死嘛！我只有一个要求。我们只有一个娃，我相信你，你要坚强。要是能出去，你一定要把娃培养成人，千万不要成为人渣就对了！”

这是北川县科协主席王怀俊留给妻子龚天秀最后的话。

想起丈夫的话，她决定要硬撑下去。口渴、窒息，她就用手接自己的尿喝。

受伤的右腿已经不流血了，估计里面形成了血栓，但是仍旧动弹不得。意识正在离龚天秀而去。得喝点什么。她顺手摸了一块砖头，开始使劲朝被压住的右小腿砸去。一下，两下，小腿被砸烂了，开始流血。血沿着丈夫的背，混合着泥土流了下来。这个平时怕扎针、怕黑的女人，开始用嘴接着丈夫的背，大口大口喝自己的血。

喊不动了，就继续砸腿、喝血，直到整个右腿打成了肉饼，完全麻木。

救援队来了，但没办法把她从洞中拽出来。

龚天秀看看自己的右小腿，已经血肉模糊，几乎被砸烂了，还连着一些筋骨和皮肉。此时，她作出了决定：亲手锯掉自己的右小腿。

空间狭小，没有麻药，龚天秀忍着剧痛，摸索着用锯子朝自己的右腿锯下去。

骨头锯断了，皮肉锯开了，还有筋连着。疼痛让她无力继续。

“再给我把剪刀，还有一点。”

剪刀剪断了残存的皮肉。半个小时之后，龚天秀摸索着朝洞外爬去，一双手伸进来，拽住了她的双手。

那个幸存者是一个男性，30多岁，搜救队员们钻进废墟里一条仅容一人的狭长夹缝，发现了他，他的左腿，被压在一块巨大的水泥板下。

救援工作已经进行了一天一夜，但水泥板太大了，而且上方堆积的瓦砾摇摇欲坠，除了截肢，没有其他任何办法。

在历时一个多小时的手术过程中，一个戴着安全帽的医生钻进钻出了三次，里面的空间太小了，他的手发酸发抖，实在没有力气再继续锯，只能出来换口气。

终于，这个医生第四次钻进了废墟，十多分钟后，消防队员从废墟里拉出了这个幸存者，手术成功了。

这个医生说，他第四次钻进去的时候，根本就不知道自己能否完成这一次手术，里面的空间太狭窄，锯子连挪动几厘米都很困难。

当他的手臂正在发抖的时候，这个被埋在废墟下已经近100个小时的幸存者突然说话了：“医生，请你坚持住，我都能坚持得了，你有什么不行的？”

随后，这个幸存者从实在无力坚持的医生手中接到锯子，自己锯断了左腿。

另一个版本是，这个医生第四次进去时，惊骇地发现，这个幸存者，已经自己用力把脚从腿上扯了下来！

故事还有下半段。这位叫李科的幸存者，还告诉医生：“这样快一点，省得耽误时间。”

很多大夫说，救援时，他们做得最多的只是一件事：截肢。

从这个洞口爬进去，截肢；再从另一个洞口爬进去，截肢。

手术器械不够，麻药不够。

那就不用手术器械，不用麻药。做医生之初，大夫们怎么也想不到，自己有一天，会用菜刀给不打麻药的伤员截肢。

有的救援现场，扔了一地的胳膊和腿。

不截不行。很多伤员被埋压时间过长，肢体已经坏死。如果不及时截肢，即使被救出，会因为挤压综合征出现肾功能衰竭，迅速致死。

截肢，是丢卒保车，没办法的办法。

截肢，对于在废墟里埋压的幸存者，是一个巨大的考验，有的人挺了过来，有的人在手术刚刚完成或正在手术时，离开了人世。

面对这样的生死，人们会发现，我们平日里在乎的很多东西，精心爱护，为之奋斗甚至争斗的很多很多，都一钱不值。

一场大灾难，让身处其中的人，意识到了生命本身。

这种意识，从每个人的对话中就可以显现出来：“只要人没事就好！”

看到了吗？

对财产的锱铢必较，对职位的孜孜以求，一切都让位给了生命。

只不过，我们不知道，这种在特殊时期对生命的大彻大悟，能持续多久？

面对着生命，张建波是最幸运的一个。结束救援任务后，他得知，自己家里的房子全塌了，而家里人一个都没有伤。

蒋敏，千百种假设，都变成了她不愿承认的现实。

羌族因居住地高，本来就被人称为“云朵上的民族”，妈妈和女儿，乘云远走了。

妈妈曾为蒋敏绣过很多的花。

蒋敏不太会绣花，在北川，不会绣花的女孩子，是会被大家嘲笑的。这个传统再上溯，北川的羌族姑娘，不会绣花，是嫁不出去的。

人们平时因为上班，简单易穿的汉装相对方便。但一到盛大节日，纷纷把自己漂亮的羌族服装穿出来，服装上绣满了羌族女人巧手绣制的花朵图案。羌族女人会绣花，几乎个个打得一手好毛衣，绣钱包，绣鞋垫，在羌族服装上挑、补、绣各种不同的花卉，不用花样子，花的模样刻在女人的心头。

妈妈也总是在打毛衣。有时蒋敏问她，织这么厚的毛裤干吗啊，我又不穿。

妈妈瞪她。年轻时不穿，老了也不怕冷？我眼睛看不到你时，谁给你打？

如今，妈妈的眼睛，真的看不到蒋敏了。

28.“为每一个深爱我的人，”废墟中的他不停地说，“我一定要顽顽强强地活下去。我要坚持、坚持、再坚持。”没有人知道，那时看上去生命力很旺盛的陈坚，已竭尽全力。他的一只脚，已经踏入了鬼门关。

5月11日晚，绵阳市卫生局局长雷百灵主持了绵阳市公安卫生系统的联谊晚会。晚会的最后一个节目是《今夜我们注定无眠》。

这一天晚上，倒没有什么问题，倒是第二天，整个中国无眠。

丈夫见到蒋敏后曾说，敏敏，你是幸运的。

蒋敏初时不解这句话的含义。

后来，她回到了她曾工作的北川擂鼓镇派出所，才觉得丈夫这句话的深刻。因为她看到，在地震中能保持完整的家庭，太少了。

蒋敏旧日同事有的已在地震中去世，很多人都失去了亲人。同事鼓励她，你是北川出去的，北川精神是好样的，没啥子，雄起！

即使失去了亲人，他们也不像外界所想象的那样，动辄号啕痛哭。这种伤痛，只有在较深接触时，才能感觉到。

北川人的心，像一个受过伤但外表完好的水果，里面已经溃不成军，但外表还保持着相当的尊严。

这种外表的平静，有时会显得麻木，有时则会显得略为神经质。比如，失去孩子的母亲，会拉着所有见到的人，不厌其烦地，讲述去世孩子的故事，绝不掉一滴眼泪。

这种伤痕，愈合的日子遥遥无期。

内心的伤，会在未来的日子里，一丝丝地，在夜半无人时，爬出来，静静地噬咬人心。

北川中学的王亮，是一个体重只有45公斤的小伙子。在地震后，他瘦小的身体占了便宜，率先钻出了倒塌的教学楼。

他用手刨，用力拉，救出了一些埋得较浅的同学。许多同年级的同学都在喊：王亮，救我！王亮随着喊声在废墟间来回奔跑，谁喊他都答应，喊话，递水……

他对每个同学都说：来了，救人的马上就来了！

王亮的嗓子最后都哑了。

那天的北川中学废墟上，最多的是两种叫声：妈妈！王亮！

孩子们那么想活下去！到最后都没有放弃这种努力。

还有他们的老师，北川中学政治教师李佳萍，她曾经那么想活。

地震的前一天，是星期天。李佳萍上街的时候，买了双凉鞋。

她让丈夫猜多少钱。

丈夫刘全是她在北川中学的同事，太了解节俭的妻子了，说，你买的东西多少钱，也就是几十块钱。

是打折，120块钱。

那双凉鞋，李佳萍没有来得及上脚。

地震后，李佳萍班上的孩子，将李佳萍的遗物转交给了刘全：一个玉镯，两个戒指。上面还带着她的血。

玉镯是两人旅游时，丈夫买给她的，一个戒指是结婚戒指。这几件首饰，都不太值钱，但她一直很珍惜，从不摘下来。

地震时，她在一楼的教室里，讲台离门最近，但是，她做了一个让男人都惭愧的动作，在五层楼即将压下来时，她用一个女人的身体撑着门框。

隔壁正忙着上物理课的张家春老师，最后一个动作，是把几个学生一脚蹬到了草坪上。

与她埋在一起的，6个都是女孩子。先垮下来的柱头和墙头，成了一个支撑，把天花板挡在头上，为她们留了个空隙。

有个同学掏出手机摁开，黑暗中顿时有了一片光亮。

“帮我弄一下头发！”李佳萍只剩右手可以活动。

她摸了摸腿，没感觉了。摸了摸腰，还是没感觉。她摸了一把头发，哭了。头发压在了预制板下面。

找了剪刀，没有。小刀，还是没有。李佳萍说，赶紧找块瓷砖吧，割断。

孩子们好不容易找了块瓷砖，可是割头发时，发现头离预制板近，中间没有空间。

被埋了后，孩子们与老师在一起有了主心骨。她们要是胡乱喊上一通，老师就会说：“轮流着喊吧，节省体力。”要是大家不吱声，她又会说：“别担心，会有人来救的。”

无法还原当时的惨景，只知道，李佳萍心知不支，她摸索着，抓住学生的手，放了一把东西进去，“出去后，帮我交给刘全老师。”

拿到妻子的遗物，刘全离开学生后，放声大哭，妻子到最后还是在惦记着他。

蒋敏本来是一个很恬淡的女人。她原来的理想，是“五个一”：一房一车，一个小孩子，一个稳定的工作，一个好老公。

现在，其他的都在，蒋敏的理想，也仍然看上去很简单平淡，并没有因地震而成名，发生任何改变。

但最让蒋敏牵挂的，那个会说“鱼，bye-bye”、会说“狗狗，来跟我玩”的小把戏，太早太早地，挣脱了爸爸妈妈不舍的手。

在生死边缘，曾经的万丈雄心，都化成了朴素的愿望。

真的朴素，朴素到了每个人每天都要过的、一粥一饭的生活，每天伸手可及，而绝对无奇。但是很少人会从这样的朴素中，感觉到幸福。

陈坚的愿望，不过是回到妻子身边，等待孩子的降生。

但3块巨大的预制板压在这个来北川拉货的货车司机身上，只露出一截胳膊。来自江苏消防地震的救援队员说，只有60吨的千斤顶才能撑开这些。

“为每一个深爱我的人，”他不停地说，“我一定要顽顽强强地活下去。我要坚持、坚持、再坚持。”

没有人知道，那时看上去生命力很旺盛的陈坚，已竭尽全力。他的一只脚，已经踏入了鬼门关。

陈坚发誓不让孩子还没有出生，就“连父亲啥样都不晓得”。

他的嘴几乎不停地说：“我不想放弃我家里的每一个人。我要坚强，我一定要坚强，我必须要坚强，为每一个深爱我的人，一定要顽顽强强地活下去。我要对得起他们，我要对得起他们对我付出的那么多的好。”

他已经三天三夜没有吃东西了，只喝了点儿水。他还调侃自己，“大难不死，必有后福”，语调轻松地庆幸，“现在有啥子都不惧了”。

说这话时，他依然深深压在废墟底下，身体无法有任何移动。此前消防队员刚刚卸掉他身上60吨千斤顶才能顶起的3个水泥块，却发现他的腰部以下充满了三角铁、钢筋和水泥块。即使是特殊救援工具，也很难将他完好救出。

79个小时后，陈坚被救出。

但在十几分钟后，已经趴在担架上的陈坚咽了气，因为严重的挤压综合征。

被挤压的地方积累的毒素，随着陈坚的被抬出，瞬间扩展到了他的全身，他的肾脏受不了了。

现场采访的女记者流着泪叫着："陈坚，我是你老婆。"希望他因此而醒过来。

陈坚咽了气，医生还拍打着他的脸颊，"你傻啊？你都撑了那么长时间，撑不了这一会儿？"

几天后，与现场记者连线的四川电视台女主持人，哽咽着在节目中检讨，与陈坚连线时，不应该因为当时的信号不好，就掐断了与陈坚的对话。她完全没有想到，那是陈坚留在世界上的最后遗言。

尽管如此，观众和网友还不太肯原谅她，尖锐地讽刺挖苦这个业已很是自责的主持人，说她"完全没有女人的同情心"！

朋友的亲戚在成都看到了电视，说在电视上看到了陈坚，他还有力气说话，陈坚的妻子谭小凤一听，心头那块巨石落了地。

最后的结局，朋友们看到了，但是，谁也没敢说出口。

当天晚上，谭小凤和婆婆找了个网吧，点开那段视频，她看到的，是丈夫留在这世界上最后的话。废墟下的陈坚，正对老婆说着最后的心愿。

电脑前，谭小凤听着丈夫说想和她和和睦睦地过这辈子，看着丈夫还能自己喝矿泉水，最后，谭小凤，眼看着丈夫一点点走完了生命最后一段路，直到停止呼吸。

眼看着亲人的手在自己手里滑落，那才是真正的心如刀绞啊！

怀有身孕的谭小凤决定，一定要生下陈坚的孩子，她知道，丈夫非常想要这个孩子。

29. 北川自身已是一座巨大的坟茔，更是一个纪念碑。这个躺在那里的县城，是灾难侵袭人类的最好标本，地震时的地震波，已将北川县城连接龙尾公园的金属吊桥，一波波地按震波随兴而致的形态固定下来。

地震，重创了羌族。

第五次全国人口普查统计，羌族共有30.61万人，本来就是中国少数民族中的少数民族。这次的大地震，偏偏发生在汶川、北川、茂县等羌族的聚居区。

地震时，正是学生在校时间，学校又损毁严重，造成羌族中的少年儿童死亡比例较大，人口年龄结构失衡。

羌族延续千年的历史文化遗产，很多被摧毁，汶川雁门乡有数千年历史的古羌王遗都萝卜寨，就消失在剧烈的震动中。

地震当天中午，曾就大禹婚外情与别的学者网上论战的谢兴鹏，在办公室给他的朋友发完了最后一封电子邮件，去北川县文化馆，参加禹风诗社下午14：30的例会。据说诗社的例会是每月12日开，按谢兴鹏的习惯，他应该提前到了那里。

地震让北川的文化馆、图书馆、大禹纪念馆、羌族民俗博物馆、禹羌文化研究中心等倒塌，谢兴鹏从此毫无踪影。

羌族的大量历史文化器物被毁灭，其中包括北川刚刚征集来的国内民间最大的弓弩：弩弦采用当地常见的木藤，弩矛为铁质。现场测量，弩弓宽3米，弩柄长2米，铁矛长1米左右。

羌笛何须怨杨柳，春风不度玉门关。文化传承人的意外去世，和其他无形文化的断裂缺失，让人担忧，今后，真正发自羌族口中的羌笛，将由谁来奏响?

大难也把一个机会呈现在北川面前。地震发生一周后，有人开始倡议建设地震博物馆，而且，要把这座地震博物馆建在北川。

之所以北川被提议成为地震博物馆，是因为北川的损害程度远远高于汶川县城。

灾难发生的规律，让人类有迹可循，又摸不到头脑。就是在距北川县城一公里左右的任家坪，即北川中学附近，地震给建筑物带来的破坏，也远不如在北川县城大。

北川自身已是一座巨大的坟茔，更是一个纪念碑。这个躺在那里的县城，是灾难侵袭人类的最好标本，地震时的地震波，已将北川县城连接龙尾公园的金属吊桥，一波波地按震波随兴而致的形态固定下来。

在山坳里的北川像相对封闭的孤岛，使保全它的工作变得更为容易。当然，要把它建设成博物馆，要等到一两年之后才能动手进行。那时，埋在废墟深处的数千具尸体已尽成白骨，不会带来疫情。

目前状态下，北川还面临着的问题是，满城失去主人的丧家之犬，瞪着红红的眼睛四处觅食。

它们的食物来源已经十分可疑，有消息说，无人喂食的它们，是以尸体当食物的。

因此，震后没有几天，抗震救灾指挥部就发布了灭犬的指示。

在映秀，武警战士们突然听到废墟里传出声音，所有人一个箭步冲到了那里，他们挖呀、挖呀，结果挖出来了一条狗。

从此这条狗就天天与这帮战士不离不弃，在粮食极为紧缺的情况下，他们也没忘记给这条狗一口吃的。

最后，因为防疫的需要，这条狗也被无奈地处理掉了。

北川如果建筑了地震博物馆，在相当程度上可以弥补唐山当年的缺陷，虽然唐山有3处地震遗址——河北理工大学原图书馆楼、原唐山机车车辆厂铸钢车间及原唐山十中，并在2006年纪念唐山大地震30周年时，被列为国家重点文物保护单位，但所有人都无不惋惜地认为，唐山大地震作为20世纪人类遭受的重大灾难之一，留下的可供后世研究、瞻仰、警醒的遗址太少了。

世界上有一些非常著名的灾难博物馆，记载着人类当时的苦难与历史。如日本广岛的原子弹灾难博物馆、二战留下的奥斯威辛和毛特豪森集中营、意大利的庞贝遗址博物馆。

公元79年8月24日的一天中午，维苏威火山突然爆发，火山灰、碎石和泥浆瞬间湮没了整个庞贝，古罗马帝国最为繁华的城市18个小时内彻底消失。直到18世纪中期，这座深埋在地底的古城才被挖掘出土。

庞贝出土的一幅壁画中写到“没有任何东西可以永恒”，可突如其来的灾难在毁灭了庞贝的同时，也使得当时的古城风貌得以永恒——能容纳近2万人的竞技场、100多家酒吧、30多家面包甜品店、可容纳5000人的大剧院、铺着整块大石板的步行街、雕花石砌的水池和精美的壁画……

这一切都因为一场灾难而躲过了岁月的侵袭，灾难成为庞贝古城的最好保鲜剂，使它非但未曾老去，更不曾死去。

诗人歌德说：“在世界上发生的诸多灾难中，还从未有过任何灾难像庞贝一样，它带给后人的是如此巨大的愉悦。”

青海民和县喇家村遗址完整保留了被地震、洪水毁灭瞬间的状态，是一座真正的“东方庞贝”古城。

让人震惊的是在这里发现的一对母子。母亲双膝着地跪在地上，臀部落坐在脚跟上，用双手搂抱着一幼儿。母亲脸面向上，颌部前伸，像是在祈求苍天赐年幼的孩子一条生路。

这是封存了4000多年的一幕悲剧，现在看来依旧是让人不胜唏嘘。

汶川地震发生近一个月后，唐山市决定在原铸钢车间遗址处，辟建“唐山市地震遗址纪念公园”。其中，将建立一座长300多米的纪念墙，用以镌刻祭文和罹难人员的姓名。

这一动作，不知是不是受到了发生在四川的地震的启示，不管怎么样，它来得太晚太晚了。

从收音机里听说北川县城夷为平地的消息后，贾娅就开始抽烟。

贾娅以前最讨厌别人抽烟，更不会自己抽烟。熟悉的乡亲们看见她抽烟都很惊讶，说，怎么，贾书记抽起烟来了？

她心里苦，不这样发泄一下，不行啊！

她不敢喝酒，喝醉了不能工作。北川漩坪乡党委副书记贾娅，只能抽烟。

听收音机的时候，贾娅听不得关于孩子的一点新闻，一听到孩子的事就受不了。六一儿童节那天，她一天不敢开收音机。

贾娅的家就在北川县城，地震让她失去了父母和4岁的女儿。

有的老百姓对贾娅说，地震后，许多没见过的大官，没见过的飞机坦克都见过了。贾娅说，我不希望见到这些领导，也不愿见到那些武器。我们原本应该过平静的生活。

原来贾娅除了工作外，每天琢磨的，是怎么把孩子送到一个好学校，怎么攒钱买房子，就是工作再忙，她脸上的护肤程序也不会省下。

地震后，贾娅再无多余的衣服可换，护肤的功课也免做了。

她掩埋完尸体，山上的医生说，你要赶紧把衣服泡起来，小心传染疫情。

贾娅苦笑：“那岂不是要裸体了？”

后来，县里工作组到来时，贾娅盯着县纪委书记的衣服说：“书记，把你的白T恤脱下来给我吧，我没换的了。”

有一次，乡党委书记开会时说灾难是一种经历，是一种磨难。

话还没有说完，贾娅就哭出声来，她说如果有可能，自己绝不要这种经历和磨难。

事后，贾娅道了歉，因为她知道，这次地震中这位领导的父母、岳父母、妻子和6岁的女儿，无一幸存。

灾难面前，他和她都是不幸的人。

贾娅最怕夜晚，怕自己闲下来，那样她会对灾难和自己过去的幸福不断“反刍”。只要有一会儿没事儿做，就会拿把刀，把从山上砍下来的竹子一节一节做成水杯。

在泛着青光的水杯上，贾娅会一点点刻上3个数字：“5·12”。每个都要刻。

3个数字，每一笔都像刀，刀刀刻骨铭心。那是刻在贾娅心头的纪念碑。

30. 每一个中国人都经历了一场前所未有的情感大地震，我们从来没有为陌生人流过那么多的眼泪，我们从来没有体会到生命中有那么多撕心裂肺的痛楚，我们从来没有这么深刻地体会过“平安是福”。

汶川地震，汶川大地震，汶川特大地震。

中国，乃至世界，从这次地震中失去了许多，收获了许多。

从地理位置上，中国知道了汶川，世界知道了四川。

从自然知识上，自互联网诞生之日起，中国从来没有因为一次自然灾害的发生，在如此短时间里，如此大密度地为全民普及了地球、自然和地理知识，这种普及完全是提供者和受众双方情愿，一时间，堰塞湖、断裂带，一些平日里只能见诸专家口中的字眼，妇孺皆知。

从精神世界上来讲，震中发生在每一个人的心底，烈度为极限——12度，流行的说法：今天我们都是汶川人，13亿中国人都是幸存者，决非虚言。

2009年，是中华人民共和国成立60周年。在这些年，中国从未有过如汶川大地震这种数秒夺命几万条的天灾——除了人祸。

这一地震的规模、能量、破坏力，种种种种，与刻在人们心头的唐山大地震相比，有过之而无不及。

这一点，总理温家宝十分懂得。

他是专家，专门搞地质出身的专家。

当他在公开场合宣布这次地震远远超过唐山大地震时，在座的人几乎不敢相信自己的耳朵，纷纷跑到国家地震局专家那里核实。

这位每天还以走路进行锻炼的总理，甚至在死亡人数报告在1万多人时，就发出了自己的预计：死亡人数5万以上。

一切，纷纷得到证实。

自1978年，邓小平拍板改革开放以来，虽有起伏颠簸，中国一直在走上坡路，基本没有脱出“太平盛世”的模式。

特别是2008年，中国要着力举办好不容易才争取来的奥运会。

而恰恰是这一年，中国面对的困难似乎特别多。

年初的南方冰灾，山东火车翻车事故，3月西藏拉萨的阴霾，奥运圣火在国外传递中遭受的多种不快，中国南方眼看又要出现的水灾……

然后，是汶川，是我们脚踩着的地球打来的当头一棒。

中国人几乎都忘记了，即使国力强大、国土浩瀚，自然灾害，甚至极大面积的、超大型自然灾难，也是避免不了的。

它，远远比几个对中国的不友好因素，对中国威胁要大得多。

更大的地震，发生在中国人的心灵深处。

每一个中国人都经历了一场前所未有的情感大地震，我们从来没有为陌生人流过那么多的眼泪，我们从来没有体会到生命中有那么多撕心裂肺的痛楚，我们从来没有这么深刻地体会过“平安是福”，我们从来没有这样不加掩饰地在众人面前，在陌生人的肩膀上号哭。

但，有一个最大的收获是，中国人的心灵，从来没有如此一致地，为人的生命如此招展过，为人性如此张扬过，民族之气，从来没有如此地浩荡过……

——为普通人的生命。

一场地震多少荡涤了中国人心灵上被金钱打上的蒙尘，让我们认识到，世界上最美好的东西，是钱买不来的，比如生命，例如健康。

钱能买来的东西，虽说美好，但决非最好。

金钱可以买到眼泪，但绝对买不到那种发自内心的、为同胞罹难而生的悲痛。

中国人，除了外敌入侵，也从没有过如此一致地团结。一夜之间，一些为蝇头小利和些许小事动容的人，懂得了什么叫做大义。

她平时就是一个很计较的孩子，老师们印象里，这个孩子特别计较。

但是大灾第二天，她拿着几百块钱来了，有整有零，一堆钱。

她说，这是我所有的钱了，我把这些钱全捐出来。老师们收下来了。

又过了四五天，这孩子拿着整整1000块钱又来了，她说我再捐一次钱，这次所有的老师都拦着她，说你这么捐就没有生活费了，我们知道你家的情况，你捐过了，这个钱我们不能再要。

这个孩子含着眼泪告诉所在大学的老师，这是这几天我没日没夜地给人家加班做家教挣的钱，这不是我的生活费，你们要相信，我挣出来这些钱就是为了捐的，你们必须收下。

学者于丹讲了一个故事。地震后，有一天她走进教室，还没走到讲台上，几个女孩子抱着她就哭。

于丹说，你们怎么了？

孩子大哭着说，我们刚从血站回来，血站现在不要血了，已经近乎饱和了，所以劝我们回来。

于丹说，那你们就等一等嘛。

那些孩子们依然大哭，老师，你们是大人，你们有工资，你们都捐钱了，我们没什么钱，我只有自己的这点热血，他们连血都不要，你说我还能做什么呢？

一个普通的大学女生，以自己的几百毫升热血为国家待命为荣！灾难打击了中国，灾难却不能毁灭中国，因为如此的骨肉相牵，如此的血脉相连！

曾在人们眼中娇生惯养的一代人，被电脑和汉堡包喂大的一代人，被发生在自己面前的一场巨大得难以想象的灾难，催熟了。

胡岚，是30岁的全职家庭妇女，育有5岁的女儿。

丈夫是一家公司的部门负责人。随着公司的调整，几年来，丈夫任职的地点换了几次。丈夫走到哪里，胡岚就随他到哪里，一心一意照顾他和女儿。

这次地震的重灾区之一——绵竹汉旺镇，是她丈夫从小生活过的地方。地震发生第二天后，他们全家三口驱车100多公里到汉旺，送去了矿泉水、面包等。站在汉旺的废墟上，全家悲恸。

当时，汉旺的灾情之严重，还不完全为外界所知。全家回到德阳市区后，平时非常文静、一跟生人说话就脸红的胡岚，作出了一个让丈夫很是意外的举动。她不知道从哪里找到了一个扩音器，往人最多的广场上一站，用不标准的普通话讲述汉旺的灾情，讲得声嘶力竭、声泪俱下。

5月12日地震后，锦江区妇幼保健院的医生准备在露天给产妇接生。在医生构筑的屏障外，大妈们自发拉手成为圆圈，为生命组成屏障。

这些大妈，只不过是升斗小民。按平时的划分，绝不属于中国高素质的人群，是什么让这些最普通的中国人，守望相助，给了她们这样大的凝聚力?

逢大灾必有大团结，这一点让外国人很奇怪。国外媒体评论，一场灾难前，中国人怎么突然从一盘散沙变成了一块钢铁?

他们，太不懂得中国人了!

如无外敌，如无天灾，中国人的矛盾可能发生在自己的内部，甚至于冲突得不可开交，但一遇外侮和强敌，试试看!

那时世界就可能看到，13亿，咬着后槽牙，同心对敌的中国人。

温家宝，在绵阳的一座体育馆的孤儿室里，流下了他的泪水。他的前一次明显流泪，是在都江堰的学校里。

当地官员介绍，这是孤儿室。这里的孩子，是失去父母的孤儿，或者是暂时找不到父母的临时孤儿。

温家宝一个个地向孩子们询问。

越小的孩子越是不解灾难的痛楚。七八岁的孩子，笑着对温家宝说，我是从石头底下爬出来的。

大一些的孩子明白，灾难是一件太坏太坏的事，失去父母，是一件可怕的事，而面前的爷爷，是一个大官，在大官面前，自己的难过要克制。

于是，大的孩子很是克制。

可他们毕竟是孩子，孩子们克制得浑身颤抖，满目含泪，又不敢大哭。

看到孩子们这样，大官们哭得比孩子还凶!随从温家宝到灾区的四川省委书记刘奇葆，满脸是泪，流得像瀑布一样。

恩格斯说:“没有哪一次巨大的历史灾难，不是以历史的进步为补偿的。”

我们相信，汶川大地震的确会推进历史的进步，并且，我们已经看到了这一带有里程碑性质的进步。但是，从人的角度，我们宁可历史进步的步子小一点，慢一点……

我们只想要，只要那因地震死去的几万人活着，让他们都活着!

尾声

自2001年11月14日，昆仑山口西8.1级地震后，中国大陆已经7年没有7级以上的地震了。

据说，一位地震学家在今年年初召开的地震学会议上感叹，7年没有震了，我的头发都愁白了。

专家并不是期望大难临头，而是从科学的角度讲，越久不震，震起来的动静恐怕就越大;长久不震，积累的能量怕就是大震。

果然，大震来临。

在唐家山堰塞湖旁边几十米处，抢险人员发现了一具孤独地躺在那里的女尸。

没有人敢为她收尸。她躺的位置，是一个最危险的位置，山上时时会滚下石头来。而且，唐家山堰塞湖，这个地震的次生灾害，当时正成为人们的心头大患。

次生灾害的危害有时远远大于地震本身。离北川不远处的叠溪海子，就是大地震的副产品。

1933年8月25日，四川茂县叠溪发生7.5级地震，引发一系列不同规模的崩塌、滑坡、碎屑流，致使岷江及其支流十几处被堵塞，死亡众多。45天后，叠溪海子堰塞坝溃决，将灌县以上村镇冲没大半，又死亡达2500多人。

1923年日本关东大地震死亡58420人，其中被次生火灾烧死或因躲火跳河而淹死的为95%。

1960年5月21日下午3时，智利发生8.5级地震，造成了20世纪最大的一次海啸，呼啸而至的海浪，在日本甚至把邮轮都打进了城市里，造成了800人的死亡。

这个女人看来也是死于山上的坠石。

她躺在一堆木板中。抢险人员用望远镜观察，发现那一堆木板，是一个轿子。

这个年轻女人，是一个新娘，她，穿着丝绸的嫁衣。

她死去的地方，地震前是一条公路，旁边有村庄。

地震时，新娘子正坐着轿子出嫁。天降不测，山体坍塌，送嫁的人们，接亲的人们，她要嫁去的地方，全都压在山体下面。

老天怜惜她的美丽，让她一人躺在那里，让大自然最后看看她，看看自己都干了什么。

她死在一生最美丽的时候。

这一点，有点像北川。

北川县城猝死在它最漂亮的时候。

政府已经宣布，绵阳的板凳桥将成为北川县城新址，原来的老县城将被废弃。待到可能的疫情被消除，唐家山堰塞湖的危险消失，它可能会成为一所地震博物馆，让后来的人们面对着这座中国的“庞贝”城，对地震的破坏力，有更直观的感觉。

温家宝总理曾两顾北川县城。第二次去北川，他准备离开，临上车时，回头冲着这座已完全没有人烟的城市，挥手告别。

蒋敏来告别，是5月26日，那天，她想走到妈妈家的废墟，想在那里站一站，被阻止了。

北川已经封城，为了防疫，防止在废墟里挖不出的尸体造成疫情，也防止上游唐家山的危险。

即使是家乡，蒋敏也没有了进入它的权利。

她只好登高，站在半山腰看。以往蒋敏从来没有站在这个位置上看过北川。

她已经完全不认识这座城市了，蒋敏心里的家乡，永远定格在最美丽的时候。

旁边有人在凭吊。

有人冲着山下叫喊亲人的名字，也有人冲着山下磕头，头都磕出了血。

一个女孩子摆上了一个生日蛋糕，上面写着：爸爸生日快乐。姑娘用烟卷当蜡烛，为心中的爸爸点燃了，插在蛋糕上。

蒋敏也跪了下来。

她带来了一个猴子玩具。家中本有两个，丈夫不让她拿，她执意拿出一个，“宝宝一个，我一个。”

蒋敏要送给女儿。

她还带了大大泡泡糖，女儿最爱吃的。

蒋敏实在不知道给妈妈带什么。不，她本来根本不想把她们放在这里，蒋敏想把她们带回去。

她希望北川老县城还是这样保持着。这样，她还是有个家乡的概念，有个想念的地方。

蒋敏用尽全身力气，将猴子玩具扔向北川县城，妈妈，女儿！

然后，她又扔出了大大泡泡糖……

在这里的，所有的将不朽，所有的将永生！

后记

自从知道自己将涉及北川，我就告诉家人，无论我出什么样的声音，也不要理睬我。

然后，他们就经常隔着两重门，听到我不加掩饰地放声号哭。

我从来没有想过，自己会为一个遥远的陌生的县城，一个自己从前没有去过的地方，流下如此之多的眼泪。

只因为，我在地震后，走入了它，看到了它的模样。

一切都已经成过去，但是，我见过的北川，不会过去。我将深藏它。

因为自己实在对地震知识是外行，所以借鉴了地震专家们的研究成果，因为文学体例所限，不一一列举了，感谢。

献给北川，献给汶川，和在灾难中曾经挣扎求生的人们。

无论你们已经去世，还是活着。

2008年6月16日凌晨稿毕于北京顺义

（《北京文学》，2008年第8～9期）

生命第一

——“5·12”大地震现场纪实

（节录）

何建明

来到红白镇。

这个小镇的名字吸引了我。

在大震之前我从来没有听说过它。到达灾区采访时，我看到了重灾区之一的什邡市的一份内部材料，说这里有几个学校和工矿企业同样遭受了毁灭性的损失，痛心之余，我想看看红白镇。

我心底有一份存念：中国人的习惯里，把喜事和丧事放在一起称为红白事。那么，这个红白镇的红白事是否也隐喻了什么？

我企求获得答案。

崇山峻岭深处的小镇之行，给了我巨大的震撼与悲伤。

从德阳到什邡，没用一个小时就到了。但从什邡再往里走，我的目光和脚步就变得特别的沉重与缓慢……

第一个看到的是洛水镇，这里有所小学，三百多人，大震当天也遭灭顶之灾。三百多个孩子只有少量活着和被救。

在我经过的时候，洛水镇已成“落泪镇”——百姓和镇干部不时地流着泪在清理学校和清理自己已成废墟的家园……

再往里走，是蓥华镇。

这里的惨状明显比洛水镇严重得多：沿公路可以看到的是一座据说是震前什邡最为骄傲的大型国有企业——蓥峰化工厂。这是个知名度极高的磷肥加工厂，中国的不少磷肥专家在这里生活和工作着。大震将一栋专家楼震塌后，当时里面埋了三名掌握我国磷肥生产核心技术的国宝级专家，引起中央高层的关注：国家救援队在第一时间以最快的速度抵达这里，想尽一切办法救出了这几名专家，这才似乎让人喘了一口气。蓥华镇虽小，但分量之重可见一斑。

我眼里的蓥峰化工厂完全是另一种面目——根本无法看的一堆废铜烂铁：高炉弯着腰倒在半空中，以往长城一般雄伟的各种管道组成的世界上最先进的磷肥加工车间，已被扭成几里长的钢铁“麻花”……路的另一边，是人民解放军某空降部队的官兵穿着雨衣，在铲填废墟与焚烧残渣及各种碎体——包括人的与动物的碎体。

蓥华镇其实已成“落花镇”。

国家主席胡锦涛那天到这里，面对如此重要的国家级重要企业的惨重损失，眼里也噙着泪水。

蓥华镇变成“落花镇”，还有一个原因是，这里的一座中学与都江堰的聚源中学等中小学一样，死的比活的要多得多。庆幸的是这里的一所六百六十八名师生的中心小学，竟无一人遇难，成为什邡山区唯一一所无伤亡的小学。

但蓥华镇的工矿企业和百姓的损失之惨重，足以让这个小镇四周的野山花倾洒泪雨。

在这个镇上，老乡们指着唯一的一栋依山而建、仍然屹立在那里的小楼房说，这栋房子的主人是本地有名的“豆腐王”，他做的豆腐卖到成都好多饭店和超市，发了大财。这栋楼是他赚了钱，回家盖的。盖房子时，他对建筑包工头说：你得把我的房子建得结结实实的，任何时候都塌不了。包工头笑着说：老子的技术保证没得问题，不过要是碰到地震，我可保不了你的房子不塌嘛！主人瞪起眼珠子对包工头说：老子就是要你盖栋地震都不怕的好房子嘛！后来这房子修得真是结实，用了近三年时间才盖好。这回大震，周围的所有房子都倒塌了，唯有这栋私人小楼毛发未损。

这算是蓥华镇上唯一一朵没有流泪的“野山花”了。

过蓥华镇后，再往山里走就非常难了。许多记者和志愿者都被挡在这里。“进不进？”同行的绵阳本地作家钟亚林问我，“天下着雨，还是有很大危险的。”

“大震后你进过里面没有？”我知道钟亚林的老家就在里面的深山里。他是村上唯一的走出大山的有出息的年轻人，至今父母和两个弟弟都在山里生活。

“已经进过几次了。”钟亚林说。

“既然你能进，我们为什么不能进？”我说这话时，心里其实还是有不少余悸：看看通往红白镇的山路，狭窄而陡险，每走一段，就遇见一处滑坡，地震时滚落的石头横七竖八地到处都是。你无法估计那些已经松动的山体什么时候再滚下巨石……显然走这条路十分危险。这并非勇敢不勇敢的事。

“我们是没有办法。自己的父母亲和弟弟都在里面，所以就得往里走，看看到底怎么样了！”钟亚林其实说的是对的。大震之后，许多地方的路早已断了，但山里山外的人仍然走来走去，他们是在寻找亲人。而对我们这些远方的来访者，冒这种险是否值得，当然另当别论。

掂量了一下，我还是决定往里走。因为我知道红白镇和这个地区的灾情其实一点不比映秀镇轻，其原因一是这里与汶川的映秀镇仅一山之隔，二是里面有我国著名的一个大磷矿——金河磷矿。

因为金河矿的存在，什邡也成了全四川省的县级单位中名列第二的财政富县，而金河矿总部所在地的红白镇，更是因矿而富的山区小镇，大震前一直是远近闻名的富镇。

然而，此次到了什邡后，就听人说金河磷矿在地震中所遭受的损失是毁灭性的，正在矿上工作的人没有出来几个。

“我的老家是红白镇的青牛沱村，就在磷矿上。方圆二十多公里，全是矿山。有一部分没有开发矿区，一个成都老板，蛮有钱，前几年在里面投资了好几个亿的钱，建了一个旅游景区，叫西部惊险欢乐谷。我们什邡政府也给予这个景区很大支持，修路建基础设施，至少也是几个亿。但现在欢乐谷彻底毁了，成了‘死亡谷’……”钟亚林说到这儿，声音变得很低沉，“除了欢乐谷，山里还有几百家农民自己办的‘农家乐’也毁于一旦。乡亲们一直引以为豪的由国家投资几亿元的巴蜀电站、青牛沱电站等七个一二级电站，这次全被崩裂的山体掩埋进几十米深处，连一块水泥板的影子都见不着了。”

大震的威力，令人胆战心惊。

我一时觉得乘坐在群山包围之中的车子，如一叶颠簸在海浪尖头的小舟，充满了险情……

天已经开始下雨，蜿蜒曲折的盘山路，被阴沉的迷雾笼罩着，顿生恐怖——山体滑坡随时可能发生！

“要不要往回走？”钟亚林在不断提醒我。

“走走再说……”我犹豫着，又不甘心。来一次太不容易，能够深入重灾区一线也是难得的机会。

车子继续在滚落的山石间穿行。

“要不是地震，其实这里的百姓生活相当地好，”钟亚林谈起家乡以往的日子，内心充满了一种自豪感，“我家所在的青牛沱，就是他们要建欢乐谷的地方，过去风景很美，城里人特别喜欢来。成都的一些文化人每年都要我为他们联络到‘农家乐’度假避暑。我老家的农民就做两件事：要不上矿里做工赚钱，要不自己开‘农家乐’，做生意，两件事都能赚钱，所以很富的。我的二弟过去当生产队长，后来不干了，2000年投资九百多万元建了一座三星级宾馆，他的钱就是前些年搞‘农家乐’积蓄出来的。可惜，这次地震他的宾馆全毁了……”

“人没出事？你家人都还好吗？”我问。

“人没事，二弟那天没砸着，我父母也没出事，但房子都倒了。我们的青牛沱过去是一个大队，现在叫村。下面有八个小组，也就是以前的生产小队。我家和旁边的两个自然村死亡的人不多，但在磷矿上的几个自然村，基本上没跑出人来，全被埋到地下去了！”

“怎么会这么严重？”我感到不可思议。

“矿山塌了。地震来时，十几座大山全都坍塌下去了，其中有两座山峰现在拼成了一座峰……这中间是几个自然村的老百姓和两个电站，还有火车站、欢乐谷，全部埋在里面，谁还出得来？”

我再也不想问什么了。

红白镇、欢乐谷、金河矿……这些美丽的名字，因为一场地震，完全改变了它们以往所有的美好。

“也就两分钟时间，几代金河人用了近五十年的奋斗时间，现在什么都没有了……”见到金河磷矿矿长陈城时，他说的话里字字带着血与泪。

“我们的一个岳家山分矿，那里有矿井、办公区、宿舍区，还有化工厂、电力公司、机修厂、汽车运输公司、销售公司等一系列相关企业，还有一家医院、一家派出所，两千五百八十五名在编职工和五百余名外来工人。地震发生后，两山竟然并在了一起，一百多米宽的水磨沟转眼竟然没了！当时在矿上七十一个人，其中包括四十四名职工、八名农民工、两名正在矿上检查易爆品的红白镇派出所民警和十七名职工家属，除了40岁的销售科科长赵兵被强大的地震波从楼里甩到了树枝上幸存外，其余七十人全部罹难……你说地震是啥力量？这哪是地震？是给我们矿办丧事嘛！”

我们终于到达红白镇。钟亚林指着公路边的一片几百米的废墟，说这就是金河矿原来的总部机关，陈城矿长就在这里办公。

矿和办公楼都已没了，不知陈矿长以后怎么工作。

“唉，我还没有来得及想这些。”陈矿长长叹一声，指指峡谷间到处弥漫着消毒药水和尸体味的已经见不到一处完整房屋的小镇，说：“这些天我们都在这里办丧事，啥都顾不上了。”

来到红白镇的第一印象，果真印证了我内心的那份隐约的猜测：大震后的红白镇，正处在悲切的丧事之中……

这是一个簇拥在群峰之间一块狭小地带的山区小镇，通向外面世界的只有一条贴在半山腰上的公路和一条矿山专用铁路线。我们去的那天，小雨蒙蒙，更使得小镇特别压抑，空气里弥漫的各种味道十分难闻，必须戴上口罩。于是白色成了这个小镇当时的一种特别的颜色——与这个刚毁灭的矿山小镇显得似乎特别贴切。

白色象征了一种悲情，是生者对死者的一种悼念与追思的色调。

我的心感到了阵阵的痛楚，这个曾经繁荣热闹的小镇，在我来的十天前就已经完全变了样——所有来去匆匆、忙忙碌碌的人，都在做一件事：为死去的家人和亲友及同事掩埋遗体举行简单的丧事，或者是预防消毒……

我有意在已经变成废墟的小镇街头走了几十米，但随后又折了回来——我感到有种恐惧，因为两边的废墟里没有一点儿声响，而我耳边又感觉有无数死去的鬼魂在痛苦地哭叫着，令人心悸，甚至害怕。

关于红白镇的真实含义，我后来从《什邡县志》上查到，说的是前清时此地有祭太阳的红墙宇和齐天宫的白墙宇，四周百姓常来此朝拜和贸易，所以习惯上称此地为红白二场。红白二场其实是分隔开的，中间有距离，但依庙宇而兴的场镇相距并不远，据当地人传说，赶罢红场赶白场，一般应赶两场，即赶了红场就得赶白场，或倒过来也行，但如只赶一场会认为不太吉利。

难道上苍就注定要红白镇经历红白两事不成？我心头在想。

红白镇曾经非常美丽，一位在这参加救援的空降兵战友搜索到的一篇游记这样描述道——

过红白镇宜早晚。清晨，燕子涉水穿行的时候，东边金家山的剪影被山后的晨光托起，宛如贴在东边的天空一般。黛色的剪影线条峻拔刀削斧劈一般，严严地将整个镇挡在了它的阴影里。山梁之上，干干净净的白云飘上来，阳光水一样一点点漫过来，先是一点，后是一片，最后便仿佛听得“轰”一声响，整个红白镇都沐浴在阳光的雨中了。这时候，便有佛光寺、莲花寺、观音寺的晨钟和通溪河、石亭江的潺潺水声远远而来，市声渐起，红白镇算是从安宁的睡梦中醒了过来。傍晚时分，先是一阵一阵的云从四围山顶一声不响弥漫下来，淹没了峰顶，填满了山谷，山腰的松林渐渐隐去了踪迹，蜿蜒的公路不见了尽头，蓥华山、香炉山、八卦顶……仿佛都消失了一般。暮色四合，炊烟隐约，灯火如星，市声消失，小镇沉浸下来，托起一轮弯月穿云破雾而来。

真是够美!

这个差不多占了什邡市三分之一山区面积的大镇，共有332.93平方公里辖区，下辖六个自然村、三十八个村民小组、一个居委会，镇内旅游资源、矿产资源、水资源异常丰富。四周景点星罗棋布，最高海拔4984.1米，最低海拔800米，有蓥华山、八卦顶、青牛沱、黑龙池、南天门、太子城、佛光寺等风景名胜和前朝遗迹。红白镇不仅旅游业发达，还有十六个开采型企业煤矿、七个磷矿、十二个水电站。老百姓在这里安居乐业，总人口达三万余人。

红白镇是这一地区的经济文化和生活中心，全镇辖区内的一半人生活在这里，所以平时非常热闹，人称“小成都”。然而，震后的红白镇，我所看到的则尽是废墟，甚至连几间房子都难找到，尤其是小镇上的街景，根本见不着半点儿昔日的美意，唯有废墟与悲惨。

退出小镇的废墟，我便来到了红白镇中心学校。这是又一个在地震中惨遭毁灭性打击的学校。

在这里，我看到了一个熟悉的面孔：“你是在电视里露过面的那位老师吗？”

“对。我叫周明……”他的名字与我们文学界的知名人士周明一模一样。但红白镇的这个周明要年轻，看上去40多岁。他说他的妻子也是地震的遇难者，他是本地人，从地震那天开始，他一直在这所学校的废墟上。也不知他是来守护那些亡灵，还是为了保护现场。

现场塌的也是一栋教学楼。与教学楼紧挨着的是一栋塌了半边的教师宿舍楼。听说该校孟校长的妻子和孙女也被埋在里面……

“当时现场的情况到底怎么回事？”周明对我的提问似乎已经不愿再回答了，大概地震以来，问他最多的都是这样同一个问题，他的眼神告诉我：他很反感这样的问题。

可这是我们这些远道而来的人第一想知道的事。后来我还是从采访空降兵部队的郭晓晔等几位部队作家那里知道了这栋塌残的学校宿舍楼里留下的一个传奇故事——

14日下午，千里奔赴红白镇的空降兵某团官兵们已经全部派出救灾，有老百姓跑到指挥所的帐篷报告，在倒塌的原钢钎厂废墟下有微弱的呻吟声传出，估计有幸存者埋在地下，急需救援。团政治处副主任殷防当机立断，带领留守的机关干部和战士共十二人，迅速赶到现场。因为工具全部被执行任务的部队带走了，这十二名官兵全靠双手挖掘石块，搬移废墟上沉重的断梁，一只手裸露出来了，轻轻挥动了一下。官兵们士气越发高涨，也越发小心地搬移石块，生怕发生塌方危及废墟下的伤员，最终将一名20岁左右、昏迷中一息尚存的男青年从废墟下营救出来。

50岁的红白中学食堂职工李克成，于5月17日凌晨被黄继光团的官兵救出，他在废墟下困了一百零六个小时。而这个靠喝自己尿液存活下来的人，空降兵官兵们将他救出与他自己在废墟里顽强自救的事迹组成了红白镇上的一个完美传奇。事情是这样的：

16日晚11时50分，营救官兵完成红白中学教学楼的搜救，转向家属楼。因此前专业人员用生命探测仪没有发现生命信号，直接采用挖掘机推进。当巨大的铲车在高楼倾颓的断壁残垣中撕扯时，一个断水断食近五天、濒临死亡的男性的微弱呼喊竟然穿透了轰隆的马达声。

“校长，快来救救我……”废墟里，正在作业的挖掘机司机突然听到了喊声，立刻停止作业。再听，这次喊声更大。

“下面还有人活着！”在旁的司机和搜救的空降兵官兵们几乎同时喊了出来。

搜救现场的机炮连代理排长苏磊事后多次回忆起那个奇迹般的时刻——16日晚，我们接到任务通知，戴防毒面具和橡胶手套，去红白中学搜救。因为是夜间作业，连长张陆波命令所有新兵留下，所有老兵和党员都上。我们和八连一起挖，八连先挖出了两具遗体，一个教师家属、一个幼儿，我们也挖出了一具，老百姓说是校长的爱人。后来我们挖到一块高墙下面的水泥板时，在水泥板的一个斜角空隙里，探照灯照出一只手挥动的阴影，我们都停住动作，废墟里传来微弱的呼喊声，水泥板上的人立即跳开，大家惊呼着还有活人。我赶忙拿了一瓶水递进去，那只手迅速接了进去。我们立即向上级报告，团长和营长马上一齐赶过来……

红白中学的家属楼原是五层楼，垮塌大半。团长文东确定埋人位置后，看到左侧是一堵裂口的残墙，正上方还悬挂着两根断梁。他命令其他人员全部退到外围，自己带着五名班长前往。在手电筒的照射下，看到在废墟里的一个缝隙间有人在动。

文团长反复查看，确定了五名战士各自的落脚点。为防止战上落脚的地方有瓷砖滑动引起震动，导致再次垮塌，他要求每名战士到踩点位置时，用布垫在脚下。随后，文团长带着战士们用手清理覆盖在压人水泥板上的浮土和废渣。至17日零点，一名男子露了出来，他被夹在一个三十厘米宽的缝隙中。

“快喊个懂方言的战士来。”团长大喊。

正在营救现场的重庆万州籍战士、19岁的牟方富冲过去，“我会四川方言。”

“老乡，不要慌，我们空降兵救你来了。外面有最好的医疗队，你放心，不要激动。”小牟用方言不停与男子交流，得知被困男子名叫李克成，是学校的厨师。随后，他用矿泉水将李克成嘴唇打湿后，李克成夺过矿泉水瓶一口气喝了一大半。

军医郗二平在一旁嘱咐，不能猛喝水，并让李克成闭眼。因为，李克成在黑暗中等待的时间太长，救援的强光灯可能会刺伤他的眼睛。

李克成的妻子也来到了现场，她已经准备好了替丈夫裹尸的白布，而李克成13岁的女儿却说她做梦梦见爸爸还活着。

文团长亲自指挥，让战士用一根粗圆木顶着水泥板，指挥机炮连和八连的骨干小组轮流下去挖。由于空间太小，不能使用工具，战士们就用双手刨，所有人的手套都磨烂了，手磨破了，但是救援不能停顿片刻。战士们搬开水泥板之后，露出一个挤压着李克成左腿的黄色的柜子，从外面只能看到李克成的右臂和双腿膝盖以下的部位，两只脚肿得粗大，估计是骨折了。文东指挥战士用圆木把黄柜子顶得松开一点，一边传话让李克成在里面试着活动一下。

当时出现了两种救援方式，一种是从手的方向，有一个缝，必须非常仔细地把缝里的石头掏出来，防止灰尘下落伤害受困者；第二种方法是从脚的部位扩大那个洞口，可以把受困者平躺着托出来。文团长决定采取第二种方案，因为手部的缝隙太小。“当时周围的声音很嘈杂，我们扩大洞口的时候，团长时不时敲我们的头盔，嘴里还不断吩咐我们，慢点，轻点……”因为担心对幸存者造成再次伤害，废墟下的救援，真是难上加难，必须像外科手术一样小心翼翼，力求精准。

经过询问，李克成的头和上身都没有受伤，只是腿被擦伤。根据位置，只能从腿部往外拉。四名战士抬起水泥板，用木棒支撑住，扩大空隙。

李克成几乎是倒立着被埋进废墟的。17日0点50分，在文东的指挥下，一名战士托着李克成的腿和臀部，苏磊从水泥板一侧托住他的背部。战士谢志祥接着托住他光溜溜的腿，惊叫起来：“报告团长，他下半身没穿裤子……”

文团长大手一挥：“什么时候了，还管这个？”

李克成的妻子在一旁证实，她老公一直有裸睡的习惯。

“你忍住疼，我们把腿往外拉。”苏磊对露出下半截身体的李克成说，但是很快又有了新的麻烦：李克成太胖，胳膊肘被卡住了。战士们让他放开手，把胳膊伸直，他却死死抓住不放，不知道是不是在废墟中憋屈得太久再也不愿意松开这个活命的机会了。

好说歹说，李克成最终还是顺从地配合了。17日1点左右，李克成被战士们抬了出来。

李克成的妻子扔掉了准备好的白布，扑向担架。

“我得救了么？是解放军救了我么？”这是李克成在废墟中度过了一百零六个小时、四个昼夜后问的第一个问题。

郗二平立即上前给李克成进行了初步的身体检查，让他吃惊的是，虽然在废墟中度过了一百零六个小时，李克成身体状况非常好。“他意识很清醒，呼吸道没有什么灰尘，只是腿上有一些擦伤，腹胀严重，身体僵硬冰冷。”

做了简单的清理，吊上生理盐水和葡萄糖后，救护人员将李克成抬上了早就等在一边的救护车，郗二平随车护送去成都陆军总医院。随着注射液逐渐发挥作用，刚刚获救的李克成居然连续和郗二平聊了一个小时的天，讲述了自己四天四夜的逃生经过：

原来地震发生时，李克成在卧室睡觉，感觉到房子震起来，立刻爬起来向门口跑，门打不开，他又跑向窗户，这时，一个大梁倒下来，撑住了卧室的一面墙，李克成被挡在了大梁和墙面支起的空间里，从墙面的缝隙里，可以看到外面的亮光。李克成开始在身边摸索，他摸到了一个空的矿泉水瓶子，正是这个瓶子，救了他的命。

“我当时就觉得，有救了。”李克成对郗二平说。他想到的办法，是用自己的尿救自己的命。“只要有尿，我就接起来，渴了就喝。”

除了靠喝尿维持必要的水分之外，李克成还非常注意保存自己的体力，他并没有采取不停呼叫的办法求救，而是敲打墙面。“我不能太用力喊，否则会浪费体力，上面的人，也不一定听得见。”

对被掩埋在废墟中的人而言，除了缺水和食物以外，恐惧感往往是造成人死亡的更重要原因。

“我坚信我一定能被救出去，我就知道解放军一定会来救我。”李克成对郗二平说，音调越来越高。废墟下面，李克成把自己的精力，放在倾听外面的声音上。

“我能听到我们校长钟思平在外面说话，你们部队来的那天，我也知道，当时我就觉得自己肯定能被救出来。刚才救我时指挥的那个长官，我也认得他的声音，他说话最多，老在这里指挥战士救援。”李克成说。

16日晚上，他开始觉得担心，因为一辆铲车，碰到了他的脚。由于断路，挖掘机在15日晚上10点半才进入红白镇，李克成听到了外面轰隆隆的机器声，他在心里默默地骂了一句：“钟思平这个龟孙子，居然要把我给活埋了！”他开始改变策略，朝着外面大喊：“钟思平，救救我！”

就是这一声喊，李克成终于得救了。

“你知道自己被埋了多少天么？”郗二平问。

李克成想了想：“四天四夜。”

“你怎么知道？！”

“我能通过缝隙看到外面的亮光，有亮光就是白天，没有亮光了，就是晚上到了，我天天在数。白天我就听外面的声音，有声音过来，我就敲墙，没反应，我就继续等，晚上也睡得很少，基本二十分钟就会醒一次，但我相信，自己一定会被救出来。”

李克成能坚持一百多个小时活下来，在红白镇会成为一个永久的传说。而我想知道这里发生的更多情况，原因是红白镇死去的一千多人没有一个像李克成那么幸运。

这个镇的生命之痛一点也不比映秀镇轻，因此值得记载下来——这是我的愿望。

在一顶帐篷里，钟亚林找来了一位戴着“共产党员服务队”红袖章的中年人。“他是中心学校的副校长，分管初中部，请他跟你说说。”

太好了。

副校长叫程世林，与钟亚林是同乡熟人。他回忆了悲惨的那一幕：

当天下午，我们学校每周一有个行政会，就在学生公寓的底楼一间小房子里开的会。程世林指指我身后的那栋没有多少损坏的楼房，说：地震第一次摇晃，我们都没有动。因为过去小地震经常发生。第二次震就不对头了，整个地下都在动，所以我们开会的人赶紧往外冲，正在办公室的教师也都跑到了操场——办公室离操场最近。当时我跑得慢一点，刚出公寓楼，走到那个小台阶时，就觉得地动山摇了，赶紧一边喊着让教师和逃出来的学生卧倒，随即自己也滑倒在台阶上，那时根本站不住。就在这个时候，我看到十几米外的“L”形教学楼和实验楼，左右摇晃了一下，朝西倾倒了……程世林老师说到这儿，没有了话。

我看到他眼里噙满泪水——这样的情景，在灾区太多、太多。

“太惨了！那真的是不堪入目……”程世林老师说，当时除了一楼有几个孩子逃出来外，其余几百个学生和教师全都被压在里面。有的孩子半个身子埋在水泥板里，半个身子露在外面，看见我后拼命喊：“程老师救我！救我！”我和孟校长等冲过去想拉他们出来，可不是那么容易。只好让一部分活着的教师和学生用手刨、用断木棍撬。我就带着几个男教师从倒塌的教学楼后面绕过去，因为地震时，同学和教师在奔逃的时候大多到了走廊里和楼道上，房子一塌，前面根本一点空隙都找不到。我们当时认为后面埋的人会更多，但后面的残墙也横挡着，无奈之下，我们只能采取笨办法，能扒就扒，能刨就刨。过了十几分钟，看到镇上的人也都赶来帮我们了，估计不少是学生的家长，所以当时校园内一片哭喊声。我们活着的教师就负责扛楼板，活着的男同学则负责把楼板下的同学背出来，后来有的女同学也过来扛救出来的同学。还有镇上的干部和群众，一起抢救到晚上六七点钟，这个时间又来了一次大的余震，我们就停了一会，但多数孩子还在废墟里，也不知谁从哪儿弄来一辆汽车，车灯一开，我们就又投入了抢救。一直拼命地抢救，挖出来了二十几个，当时大多数还活着，可由于医生少，治疗不及时，受伤的学生只能靠学生和家长的帮助，做些最简单的擦血和包扎。到半夜，我们发现不少救出来的同学还是死了……有个女孩子叫郑小蕾，初三的，学习成绩在女生中第一名。她腹部受了内伤，救出来后躺在操场上一直在跟老师说话，可到半夜后，她的肚子慢慢地大起来，大得吓人，没办法，最后拉着老师的手，一直不放，孩子太可怜了，是痛死的……一个男生叫汪东，是我把他背出来的，抢救出来时他全身都是血，医生给看了一下，但又被小学部那边叫走了——我们是中心学校，这边是中学部，小学部倒塌的情况比这边还要严重，当时镇医院也塌了，死了几个医生。我们学校出事后，他们多数赶到了我们这里，但由于中学部和小学部都塌了，所以只能兵分两路抢救。第一时间救出来的孩子，一小半最后还是死了。可惜！

大约夜里十一二点钟的时候，有一支部队赶来了，他们是成都军区驻我们这里不远处的一个分队，约一百多人，但他们没有工具，是徒步过来的。他们又帮我们一起救出了一批学生。

老天不作美，当晚就下起了雨，而且越下越大。那个夜晚实在让人感到悲惨：一边是废墟里还有那么多人埋在里头，一边是操场上一个又一个救出来的伤员眼睁睁地在我们面前痛苦地死去……13号深夜一两点钟的时候，武装部的姚政委又带了一批人来支援，这个时候我们才开始用门板等把重伤员往山外面抬。但一是伤员太多，二是通往什邡的几十里路基本上被滚石堵死了，解放军和民兵只能穿梭石头中间，把伤员艰难地往外抬，非常不容易。

可是第二天，解放军说不能往外面送伤员了，因为蓥华镇那儿的氨气泄漏。直到下午才开始运送，一直到4点左右才把伤员全部运走。这个时候部队的救援工作仍在紧张地进行，但埋在楼里的活人不多了，听不到他们的声音。有一个叫方婷的女同学，她14号下午仍在呼叫，被人听到了，教师和家长就拼命清理埋在她身上的废墟，将一块块砖敲掉，打了一个洞，想慢慢把她扯出来。可很不容易，我们在汽车灯光的照射下继续抢救方婷，但因为她的手被水泥板压住，不好往外扯。这个时候余震还很厉害。方婷的家长着急了，忙说要不把她的手锯了，医生不同意，说锯了流血太多，还是要死的。家长就哭得不行。有人就说能不能找个千斤顶来，不知是谁，一会儿真的把千斤顶找来了，是汽车上换轮胎用的那种。于是我们慢慢地把压在方婷身上的楼板顶起来，直到把她救出来。这是我们自救出来的最后一个学生……

程世林老师告诉我，他们孟校长的爱人和孙女在教师宿舍里遇难。副校长钟思平的爱人和岳母也在家里遇难。学校有六名教师遇难，其中有个叫张辉兵的教师，兼教体育课，很壮。“地震来后，他自救肯定没问题，因为他班上有四个学生逃了出来。可张老师没有跑出来，他让学生先跑，自己站在教室的门口让学生赶快从楼梯往下跑。我们挖出他的遗体时，他的手还指着楼梯口的方向。张老师的身上全是血，是被楼板砸的，可他真的如一尊塑像，永远屹立在我们心中……”

让我们记住张辉兵的名字吧。

“我们的教师在地震中表现得相当勇敢和无私无畏。我再给你讲讲李德明老师。”程世林老师似乎有些刹不住话了。他说，他的儿子也是这个学校的学生，当时在三楼上课。因为前几天腿受了伤，地震时只能慢慢往下撤。“他们班的任课教师李德明，带着我儿子和其他十几名学生撤到楼梯的柱子下，楼房就开始倒塌，李老师拉住十几个孩子，让他们死死抱住一根柱子，结果这些孩子都幸存了下来。当时我以为自己的儿子肯定也活不成了，看到他在李老师的带领下，踩着废墟走出来的那一刻，我们父子俩抱在一起，直哭……”

谁都能想象那一刻的悲欢情景。

红白镇中心学校初中部遇难的学生数目一直是个谜，镇政府和学校及家长们说的都不太一样。连校长都说有些说不清，他们说原因是当时被救的孩子有些被家长领了回去，到我采访的时候还不知这些孩子是死是活。

“小学部还要惨！”我们在帐篷里又遇见了另外两位小学部的教师，一位叫方全军，一位叫张文。张文是小学部的行政负责人，那天他在中学部这边参加校长召开的行政会，他和程世林副校长等几位领导都在第一时间逃了出来，也目睹了中学部教学楼和实验楼倒塌的那一瞬。“我是小学部的负责人，大震后赶紧往自己的学校那边跑，到那边一看，了不得：房子全塌了！三百多个孩子全被压在里面，我的脑袋一下空白……孩子们死得太惨！都才几岁的娃儿嘛！”张文29岁，他用嘴努了一下，告诉我：方全军老师的儿子也是小学部的……

“我儿子到六月初八就5周岁了……”坐在一旁的方全军老师木呆呆地诉说着他的那份痛楚：儿子很聪明，叫方鸿洋。我们这里都是山，离大海很远，所以我给儿子起了个鸿洋的名字，希望他长大后走出大山，到大洋彼岸去留学，回来为国家做更大的事业。哪知他小小年纪就走了……方全军擦着泪水告诉我，他带的那个班，三十三个孩子中，死了十三个，是小学部死得比较少的一个班。“五（2）班和三（3）班，估计一个都没能跑出来。”方全军悄声说道。

“我们有位女教师在空降兵挖出她的遗体时，发现她弓着腰，张开双臂，像母鸡护住小鸡那样，怀里拥着三个学生。其中一个死了，两个被空降兵救出。这主要是这位女教师用生命护着的结果。她叫汤鸿，是我的同事，小学部二（2）班的班主任。才26岁，她自已的孩子才七个多月大……”方全军的声音越说越低。

从另外一些教师和老乡那里我知道，从大震发生的那天到我去之前的这些日子里，红白镇上的人做得最多的一件事，是为那几百个遇难的孩子寻找家长和帮助家长辨认他们的骨肉，以及协助他们安葬孩子。

“这是件非常悲痛的事，我们红白镇有史以来没有出现过这种情况——每天都要为那些遇难的孩子出殡送葬……”一位镇干部指了指距离学校废墟不远的一处山坡，说：相当一部分遇难的孩子和教师埋在那块山坡上。还有一些孩子的遗体则被家长背回了家。有一个学生家在山里头很远的地方，他父亲背着儿子的遗体整整走了两天才回到家。这个孩子家里的房子也被地震震塌了，当时孩子的母亲被压在墙头底下。孩子父亲费了很大的劲也没能一下挖出来，但埋在里面的妻子对丈夫说，你赶快先到学校看看孩子怎么样了，我这边你先不要管，孩子要紧！丈夫就含着泪水放下抢救妻子的铁铲，飞奔下山。他翻山越岭，用了一天一夜时间赶到了学校，可等待他的是躺在操场上的一具已经没有了体温的儿子遗体。父亲二话没说，背起儿子就往家赶，16日回到家时，他的妻子已经被乡亲们挖了出来，但早没了气息……面对两具亲人的遗体，这位山里的男人哭得山都在摇晃，那滚滚而下的万千飞石，化作了倾盆泪雨，将整个山村淹没在悲痛之中。

我相信这不是一种传说。我相信老天也在反省自己过分的行为。

当我离开红白镇中心学校的那块曾经放满遇难者遗体的操场，转身向云雾中的那片山坡望去时，我看到那里飘着几缕青烟，于是我朝那边走去……

我去了。

在绿草丛生的山坡上，我看到了无数坟墓——它们各色各样，有的是用石头垒起的，有的是用泥土筑的，也有的是用水泥铸的，但它们一致地都掩着新土，点着依然冒着青烟的香火……

任茂芝、乔雪梅、陈小林、郑海鹰、刘从珠、钟贤琼、宋兴凤……我读着他们一个个的名字，仿佛听到他们稚嫩的琅琅读书声。这让我更感到无比的心痛。

有一个坟墓上竖着两块牌子，上面写着两个名字：爱女孟欣言，慈母李顺容。这是不是就是孟校长的遇难妻子和3岁的小孙女啊？

我想可能是。我想一定是。后来证实确实是。原来这个墓是孟校长的儿子立的。

墓地上还有许多没有名字的坟堆。新墓地上还有没有安放逝者的空穴……

“没写名的都是些看不清面目的学生。他们在埋葬前，政府专门派人给照了相，留了遗体特征和遗物，等通过技术手段鉴定后，再确认。有的是他们至今还没有亲人来认领，所以……”在这块墓地，我意外地发现有两位20来岁的战士在站岗和守护着。

他们如此年轻，却成了这些遇难孩子和遇难老乡的守墓人，让我内心感到一阵敬佩和触动。

“你们在这儿多少天了？”我问。

“从14号开始就在这里。”一位说起话就脸红的小战士回答道。

“天天在这儿？晚上呢？”

“天天在。晚上也在。不过我们一个班的战士轮换着值班。”

“你不怕？”

“没什么怕的。他们比我们还小，大多是我们的小弟弟小妹妹。”

守墓战士告诉我，他们是黄继光生前的英雄团的。而德阳就是黄继光的家乡，现在他们到这里执行抗震救灾任务，也算报答英雄家乡的一次机会。“首长说了，让我们必须完成好任务。”战士坚定地回答道。

也是从小战士的口中，我知道了灾区第一阶段在处理遇难者遗体问题上的一些做法。到15日开始，遇难者的遗体多数已经出现腐烂，这是最容易引起瘟疫和传染病的大问题。抗震救灾总指挥部马上作出决定，对遗体要迅速处理。按国际惯例，一般对遗体有三种处理方法：一为火化，二为土埋，三为焚烧。从防疫角度，火化和焚烧是最好的。但由于离红白镇最近的火葬场在广元境内，路途遥远，而且当时通往那里的山道被堵，只能土葬。因为焚烧当地百姓是难以接受的。土葬也带来一个问题：按防疫要求，必须埋在2.5米以下。可尽是山地的红白镇竟然找不出一块可以挖到两米深的泥土地。最后选来选去，就选择了离镇中学不远处的梨岭半山腰的坡地上。其实从公路到墓地没有多少距离，如果是本地人，站在公路上稍稍往后退几步，就可以望见那片墓地。

战士们告诉我，那些用石头叠的，基本上是老百姓自己筑的坟，比较早，大约在十四五号就有人自己动手埋掉了遇难亲人。而比较多的是用水泥筑垒的统一样式的墓。战士告诉我们，遇难者遗体一般先经亲属认定后，再装进黄色的尸袋，然后挖一个1.5米左右的坑穴，里面先喷洒药水，遇难者遗体放入后再在上面喷洒药水，然后再填土，将地面夯实，最后用水泥浇盖。有名有姓的就在墓前竖块木板做的牌子，上面写上死者的名字。有些遇难者遗体还没有亲人认定，只能先埋，再由遇难者家属通过查看政府给留下的照片和遗物及对DNA标本进行检测的结果，最后确定身份。

“碰到的难题是，我们在清埋时少了两具遇难者遗体，这让我们部队上下紧张了好一阵子。”小战士说。

“遇难者遗体也会少啊？”我感到惊诧。

“对。因为当时红白镇的山区乡村道路还没有打通，直到20号后我们还不断派突击队进山。听说有个村我们的空降兵战友用了四天三夜才到达目的地。但老乡的孩子在镇上上学，地震后，有的老乡下山比较早，而地震后的前三天抢救现场比较乱。遇难者的遗体放在操场上，有的老乡下山后得知自己的孩子死了，很悲痛。政府这边觉得遇难者遗体已经有人认领了，便忙其他事去了，可回头再进行遇难者遗体处理时，发现少了，其实是给老乡自己领走了。再有的是不少无名遇难者遗体放在那儿，结果老乡从山上跑下来后，自己找，他们认出自己孩子的特征，就擅自把孩子背走了。这就造成遇难者遗体少了。可防疫部门后来在处理遇难者遗体时见少了就不干了，因为一个遇难者遗体处理不当，有可能造成瘟疫一类的严重问题，于是就派人到处找，可又一时不好找，便派我们部队出面，像大震初期到处抢救遇难者一样，可费大力了！听说为了找回一具遇难者遗体，我们和地方一共派了上百人次，动用了十几个部门的专门人员进行搜寻，终于在一个山上的老乡家找到了，偏偏这个老乡非要按照他祖上的传统，说要在家放七天，其实这样遇难者遗体腐烂就很严重了。我们部队和防疫部门做了很多工作才算说通老乡，最后答应我们把遇难者遗体拉回来统一处理。可费劲呢！”战士说。

“是不是处理这类事特别难？”

“当然。”小战士一脸严肃，显得很成熟似的，说：“首长和专家说了，一个遇难者遗体就是一个瘟疫的爆发源，处理不好，比倒塌一栋楼还严重得多。要求我们日夜守护在墓地，就是这个道理。”

原来如此！

看着年轻战士忠于职守，看着四周郁郁葱葱的群山，我放心了不少——我想这些孩子的灵魂会在这里得到安息，尽管他们过早地离开了我们，但等下一个春天来临时，阳光下满山的花儿将盛开放艳，这可能就是他们的灵魂重新与我们见面的时候，而这种见面的形式会每年都一样，并且永久地在红白镇上出现……

离开墓地时，我深深地向埋在这里的孩子们鞠了三躬，也向守墓的战士敬了一个老兵的军礼。

红白镇上红白事并没有完。当我再从山坡往下走的那一刻，我放眼向地处山窝之中的小镇看去，眼前竟然尽是一片片红色的流动着的涌潮——呵，这么多救援队伍和救援军队啊！

看，他们中有穿橘红色服装的消防队员，有战旗猎猎的解放军官兵和各路医疗队……整个红白镇，完全被这些涌动的红色所布满，如一片片不熄的生命之火。

在那片红色涌潮中，我听到了许多关于生命的故事——

红白镇的司法所所长方国华，这位从大震第一时间就一直出现在灾情最严重的现场的红色战士，他是第一个在衣袖上佩起“共产党员服务队”的红色标志的本地抢险战士。

地震发生时，方国华正在司法所楼下，突然感到地动山摇，瞬间天旋地转，地面上腾起大片灰尘，足见街面上的房屋在不停地摇晃，他马上意识到发生了地震。随之，只见街道四处的房屋开始垮塌，司法所办公楼在眨眼间也轰然倒塌，化为一片废墟，从地层深处还传出了尖厉的怪声，令人毛骨悚然，倒塌房屋的尘埃铺天盖地，四处都是人们的哭喊声、尖叫声、呼救声。一闪念间，方国华首先想到了学校：那里的孩子这个时间正在上课，他们怎么样了？

灾情就是命令！没有任何人的安排，方国华毫不犹豫地拔腿向红白镇中心学校狂奔过去。一路上，他看到逃生出来的群众被地震造成的破坏惊呆了，站在街中发愣……“快到学校救人！”方国华猛喊了几声，随即有群众跟着往学校跑去。

他们来得及时。此刻的红白镇中心学校，放眼望去，教学楼已被夷为平地，楼房垮塌腾起的尘烟弥漫，伴随着呼救声、叫喊声，场面十分惨烈，令人心碎和震撼。篮球场坐着部分脱身的学生、教师，他们一个个浑身在发抖。方国华上前向在场的教师大声说道：“赶快组织人员进行抢救！”然后又迅速跑到教学楼、教师宿舍楼废墟中寻找被埋师生。

一个女学生右手和两脚被压住，只露出头部和左手，满脸鲜血，看到方国华后，摇着露在外面的一只手，对他凄厉地呼喊着：“叔叔救我，叔叔救我！”当时还伴随着较强的余震，方国华全然不顾自身安危，上前用双手迅速掀开压在女学生身上的砖块和预制板，清理掉碎渣，将这位女学生抱到球场。方国华又转身跑回废墟，救起一名男学生。

“赶快！快！快！”方国华像头发了疯的雄狮，一头扎在废墟里拼命用双手刨啊刨……当其他的群众和干部赶来一起抢救时，方国华已经独自救出七名女生和六名男生，另背出两名遇难学生的遗体。

5月13日，伤员需要往外运送，方国华立即向镇领导请战，要求带领部分机关干部抬送重伤员出山。而当时通往什邡的山路已被泥石流阻断，必须从绵竹市的金花镇绕行，但谁也不知这条道路能否通行。“只要能让伤员及时运送出去，就是搭上我这条命也值！”方国华坚定地向领导保证道。

经过四个多小时的翻山越岭，方国华终于打通了红白镇通往山外的通道。一时与世隔绝的红白镇开始有了生命通道。

兰伟是德阳市的公务员。12日晚7时许，他接到了市委、市政府援助红白镇的命令，连与家人打个招呼都没顾上，就肩负机关干部组组长的重任，带领救援的同志们火速赶赴灾区。深夜11点左右，他们乘坐的车被阻挡在烂柴湾。此时，天开始下起大雨，山坡上不时滚下石块，伴着雨水流淌下的泥浆越积越多，去红白镇的道路完全被阻断。黑沉沉的山坳伸手不见五指，大家面对困难陷入了进退两难的境地。此时，兰伟站了出来，大胆提议绕道而行。“群众需要我们，老百姓等着我们。”兰伟同志的提议得到了全体救援同志的赞同，于是他们弃车而行，穿过泥泞的路面和随时从山上滚下的飞石，于次日4点抵达红白镇。

到达红白镇后，兰伟被分配到红白中学抢救学生。由于受伤人员伤情严重，加之缺少必要的医疗救助设备，给抢救工作增加了很大的困难。兰伟主动提出负责外送伤员的任务。而当时的抢救现场，什么都没有。既无医疗人员，更无担架一类的运送工具，只有人的两条腿。兰伟与运送的干部、民兵把最艰巨的任务揽了下来。

没有担架就用门板，没有止血带就撕下身上的衣服做绑带，抢救工作如此紧张而有序地全面铺开了……从红白镇到山外的烂柴湾有六公里路，运送伤员必须通过多处塌方和泥石流的路段。

乡亲们都在为兰伟他们担忧。

“怕也没用！伤员的伤势不能等了，必须闯过去！”兰伟带着运送队伍，摸黑向山外挺进。“那一路太险了，简直跟死神碰鼻子！”事后救援队员们说。

途中有处铁路桥桥墩已错位，运送伤员的队伍都不敢冒险前行。兰伟不顾生命危险，主动上前探路，第一个摇摇晃晃地通过了铁路桥，并引领救援组和来往的救援部队通过此桥。

13日早晨7点，红白镇的第一批十多名危重伤员被送到了医院，他们的生命获救了。而运送队伍的同志突然惊诧地冲兰伟说：你身上、手上和脚上全是血呀！

可不都是血啊！兰伟笑笑：没事，是树杈和石头刮破的。

他擦擦汗，喝了一口矿泉水，又飞步奔向红白镇……

兰伟也是“共产党员服务队”队员，他袖子上的红袖章在风中随着他忙碌的身影在红白镇的山谷中飘舞着，如一团不灭的火焰，给那些刚刚经历了痛苦的灾民以一份安全与希望……

在我的眼里，红白镇的山谷中闪动最鲜艳的红色要数全国各地前来救援的解放军官兵和那些身着橘红色服装的专业救援队，还有就是身着白色的医务工作者了。

那一刻，我惊奇地发现：这两种色彩与红白镇镇名另一种来历的传说竟如此对应！

听当地老乡说：红白镇之所以有这个名字，是当年有位财主进山发现这里物产丰富，尤其是大量矿藏很容易让人发财，但要在这山高路险的大山深处弄到那些可以换成白银黄金的矿藏非常不易。那个财主进山的第一年就弄到了很多值钱的矿藏，可就在他摆宴待客的那一天，他宅后的大山突然松动，几块大石头砸在他的宅基上，结果这财主的老婆和儿子当场被砸死，而这一天也就成了那财主喜事、丧事一起办的日子。红白镇因此就有了这个名字。

红白镇啊红白镇，它的名字自古以来饱含了多少幸福与辛酸……我听了这个传说，再看看大灾劫难后的小镇，心头涌起无限感慨。

在闪动的解放军战旗之中，我看到了一面“训练团”的旗帜。这是震后第一时间到达红白镇的英勇队伍，他们是成都军区驻扎在紧邻红白镇的九里埂训练团的官兵。他们在当晚接到军区抢救战斗命令后，立即投放援助红白镇的队伍。红白镇的乡亲们后来才知道，当时官兵们所在的九里埂军营也遭受地震重创，可是训练团当时接到上面的命令是：哪怕只剩一兵一卒也要冲向红白镇！

于是，5月12日深夜，处在绝境中的红白镇乡亲们看到了他们的亲人解放军。训练团的一百多名官兵为遇难的红白镇学校师生和乡亲争取了最宝贵的第一时间。

5月14日，身着橘红色救援服的浙江省宁波市消防支队一百二十七名官兵又赶到了什邡，并接受命令向红白镇挺进。由于通往红白镇的道路已经中断，带队的支队长刘维劲决定组成二十二人的突击队，背负七百多公斤的救援装备，翻山越岭，同时取捷径沿着铁道线徒步前进。然而，在临近红白镇时，长长的一段铁轨下，路基垮塌，从而形成了一个深深的河谷。突击队员们只能在悬空的铁轨上匍匐通过。三小时后，红白镇内一位自发带领群众在废墟上抢救伤员的退伍老兵看到了身着橘红色救援服的突击队员们时，竟号啕大哭着说：“你们再不来，我们就支撑不下去了……”这是进入红白镇的第一支专业救援队。一时间，突击队员被红白镇的群众簇拥起来，大家奔走相告：救星来了！

徒步行进三十多个小时没有片刻休息的突击队，立刻分为营救组和搜救组。根据群众反映，金河磷矿职工宿舍6号楼已经倾斜，四楼垮塌后压住了三楼的一位老太太，她的儿子和当地群众多次施救均未成功。特勤大队队长邵雪峰拟订了救援方案，令有着丰富救援经验的消防战士钟长峰、刘向明沿着承重墙向三楼爬去。到了被困老人家门口时，他们用链锯在门框上方锯开一个三角形大洞，然后钻进去察看情况，在角落里终于发现了已经昏迷的老太太。他们随即又在门框下方锯开一个四方形。两位战士把老太太放到担架上，迅速抬了出来。整个救援过程只用了二十多分钟。

5月16日上午，虽然已经过了七十二小时黄金救援期，但消防官兵没有放弃搜寻幸存者的努力。依山而建的金河磷矿新宿舍区，中间一幢已经完全倒塌，下面掩埋了很多人，虽经生命探测仪反复测试，依然没有发现生命迹象，但突击队员们还是希望出现生命奇迹。救援工作进行到中午时分，地面和残垣断壁突然晃动起来，可是没有一个战士退却。傍晚时分，他们从废墟中挖出了九名遇难者的遗体。凄惨的景象，使这些身着橘红色服装的消防官兵流下了痛苦的眼泪，也使他们更意识到了肩负的责任……

与此同时，另一支同样的救援队伍——河南省消防总队副总队长陈新江率领的郑州、新乡和焦作三市组成的百余名官兵也来到红白镇。他们把救援的重点放在了镇初中和镇中心小学的遇难现场。

16日之后的红白镇中心小学教学楼坍塌的现场，仍有众多小学生被埋在废墟中。官兵们头顶炎炎烈日，脚踩腐臭味扑鼻而来的废墟，没有退却一步，通过启动生命探测仪，打开剪切装备，细心而谨慎地进行着搜救……突然，生命的迹象出现了！官兵们立即从三楼向地板下打出能容纳一人进出的洞口，然后从洞中爬进去，随即见官兵们将一个又一个仍然活着的孩子救出——“五个！”“六个！”“七个！”“八个！”“九个！”“十个！”“十一个……”

那段时间里，连续多日沉浸在巨大悲痛中的红白镇，如今重新泛起了生命的希望，尤其是家长和教师们，个个热泪盈眶地高呼起：“解放军万岁！”“共产党万岁！”

红色是生命的象征。白色同样并不一定都代表悲伤与不幸。白色在灾区、在红白镇，我看到它成了另一种生命的象征——救死扶伤的崇高天职！

红白镇卫生院院长陈健便是高高擎起这面救死扶伤崇高天职旗帜的旗手。

5月12日那一天，陈健正在县城什邡参加庆祝“5·12护士节”活动。地震发生后，他几乎是跑回红白镇的。走到镇卫生院一看，几栋小楼房，竟成一片废墟，再看看镇上，到处被恐怖、绝望、哭嚎和痛苦所笼罩着……从友谊桥至镇信用社不足百米，摆满了伤员和遇难者。

“太痛苦！看到这种场面，我只能强忍悲痛。因为我知道自己是医务工作者，最大的痛苦和悲伤只能先忍着，抢救伤员是第一任务。”陈健说。

令他有一丝欣慰的是：当时卫生院除了两名医生罹难外，全院十八名受伤和未受伤的医护人员已经自觉投入了力所能及的抢救伤员的战斗中，他们的白色身影，多少给了那些正在死亡线上挣扎的伤员和群众一份安全感。

然而由于伤员太多，民兵们从倒塌的卫生院库房中刨出的药品很快用尽了，而伤员仍在源源不断地涌来。陈健马上意识到问题的严重性，他决定亲自上什邡一趟，请求抗震救灾指挥部和市卫生局的支援。

“你一个人去？太危险了！”同事们坚决不同意院长的决定。

“不要多说了！现在药品是伤员的生命，你们在现场继续抢救，我速去速回！”陈健说，“你们千万不要把我的行动告诉任何人！”说着，他踏上了下着雨的黑色夜幕下的危险之路……

这一路有多少艰难与险境，陈健自己都记不清了。他只记得自己在途中曾有几次是爬着越过石头缝隙与泥石流地段的。当晚10时许，当陈健背着一大包救治伤员的药品回到镇上时，镇领导大惑不解地问，你这是从哪儿弄来的救命药呀？

“院长是用自己的命从城里背回来的！”陈健的同事这才公开了他为什么“神秘消失”。

几位学生家长一听，竟然跪在这位“救命恩人”面前。

在血洗小镇的灾难时刻，白衣天使让多少父老乡亲感动。

女医生叫陈传英，大震那一刻，她在离卫生院不足五百米的家中。地震也把她家的房子震塌了，母亲被埋在废墟之中。而她却往卫生院跑……半个时后，村民将陈传英的母亲救出并抬到救治现场，这时的陈传英才发现自己的母亲已奄奄一息，于是一边流泪，一边赶忙为母亲输液。母亲说：“英英，我可能不行了，我想和你说几句话。”但女儿却说：“妈，伤员那么多，我现在的确没时间。”说完便匆匆离开。下午4点，母亲呼吸变得急促，对再次来到身边的女儿说：“英英，我不行了……我有一件衣服里还有一些钱，你把它拿过来。”陈传英一听，眼泪便在眼眶里打转，但看着蜂拥而来的伤员，她只得狠狠心说：“妈妈，你要挺住，一会救援队就来，我没有时间和你说话。”

来不及和母亲说话的陈传英，从此失去了最后与母亲说话的机会。噩耗传来，我们的白衣天使伏在地上，抱着母亲的遗体悲恸大哭……

此刻的大山停止了摇动，此刻的天空跟着呜咽。

红白镇的抗震救灾中最值得记录的自然是我军英勇的空降兵部队。

红白镇的红白故事仍在继续。因为红白镇的灾情不仅仅是在镇政府所在地的集镇上，红白镇灾情更严重的还是与映秀、龙门山和汉旺同一条断裂带上的红白山区的大片土地，而这里恰恰又是著名的金河磷矿所在地。这里山高路险，本来进山的路就并不好走，而此次汶川大地震的震源恰恰在金河磷矿的范围之内。

山里的红白之地，成为另一个更加令人难以想象的死亡之地！

那天我在红白镇回程的时候，意外听到一个好消息：十五名金河电站的民工被困近十天后获救！这消息让痛苦了好几天的金河磷矿矿长陈城总算有了笑容。

事情是这样的：因此次地震，直接为金河磷矿建设服务的金河电站包括二级站在内的几个电站完全被崩塌的山体掩埋。其中二级站当时在岗的三十四名职工一个都没出来，连遗体都被掩埋在几十米深的山石之下根本无法挖掘。而当时民工李明富和肖在富则因走在一线电站中油中洞到前池的路上，幸免于难。两人被困在一个岩石下面靠岩缝中渗下的滴水度过了三天。这已经是15日了，两人觉得再待下去也只能是死路，于是便朝电站走去，意在寻找生路。到前池一看，情况比他们先前躲藏的地方还要危险，然而让他们欣喜的是在这里碰上了躲在一个山洞里的另一群施工队的民工。

施工队队长刘家元告诉李明富，发生地震时，当场被砸死了四人，唯一的一名女性崔昌会的腿和腰被砸伤了不能动弹。活着的十八人只能躲在洞中，可在他们所处的中洞上方是处极其险要的悬崖，既不利生存，又不容易被外界发现。于是大家商量，决定向相对安全一些的前池转移。可这段路得翻山越岭，而且山路早已被破坏，几十里余震不断、皆是飞石的“路”，受伤的崔昌会怎么走呀？

“你们走吧！我留下……”不想，才30岁出头的女同胞崔昌会这样说。

“不行！把你留下我们还算啥男人！”工友们不干。

“要不我现在就死！”崔昌会火了，要用石块砸自己的头，“你们不出去喊人来救我，不等于也是害死我吗？”

可不是？男工友一想也对，于是他们把仅有的食品——一个苹果放在了崔昌会的手里，然后给她搭一个简易帐篷，铺上一床醒目的红色电热毯。工友们心里清楚：这可能是他们的生死离别。

“走吧。”崔昌会向男工友们挥挥手，转过脸去……工友们分明看到她的眼泪洒满了胸前的衣襟。

随后，偶然会在一起的刘家元和李明富他们开始作求生的准备：将仅有的一袋已经发霉的大米进行了安排——伤员每天吃两顿，其余的只能每天吃一顿。生活用水取岩缝中的滴水。

“这里离外界太远，而且山路已被阻塞，靠等救援非饿死不可！必须派人出去求援。”李明富和刘队长商量的结果是：先派六个没有受伤的出去探路，寻求外界的援助。李明富和肖在富主动留下来照顾伤员，他们也是留下的十四人中仅有的没有受伤的两个。

其实在李明富他们派人争取外援和生死挣扎时，什邡抗震救灾指挥部一直在努力想法营救金河电站的职工，只是不知里面的情况到底如何，更不知道还有多少人活着。15日，就有二十七名空降兵在一名镇干部的带领下进入距欢乐谷三公里的地方，见到当地的一名从山里逃出来的村支书。那村支书说，电站完全被毁了，人员生还可能性基本没有，于是救援队只得撤回。16日，李明富他们派出的六人吃尽千辛万苦，到了红白镇。

“立即再次进山！”指挥部发布命令。于是第二支救援队翻山越岭再次向死亡之谷进军。哪知等他们好不容易到达金河三级电站和二级电站之后，断头崖处横亘数百米的大面积滑坡又挡住了救援队的路。无奈救援队只得再次撤回。

这可怎么办？救援指挥部急得不知如何是好。于是只能请求部队派直升机，而这时到处都是紧急的抢救，直升机何时去险要的金河谷还是个问题。生命不等时间。19日早上，又一支救援小分队出发了……

经过整整一天的翻山越岭，生死冒险，晚上才到达欢乐谷。20日上午，救援队凭着其中九名专业登山队员的攀岩本领，终于登上了金河二级电站的前池。

眼前的情景让救援队员触目惊心：十几个受伤的民工，挤缩在一个狭小的洞口中，其中多数伤势已经非常严重，李明富和肖在富则面黄肌瘦得已经不像人样了——他们还承担着一个任务：在洞口看守一个火堆，随时准备迎接救援的飞机……当日下午，飞机真的出现在他们头顶。

21日下午3点，直升机又将崔昌会这位女民工救出。

十五名被困近十天的民工，此时全部救出。当他们出现在红白镇时，这个死亡了数日的小镇才第一次爆发出欢呼声……

“这次地震，断了什邡的筋骨。”什邡市市长李成金告诉了我一组数字：据该市政府公布的最新数字，“5·12”汶川大地震中，什邡市有六千余人遇难，三百余人失踪，三万余人受伤，估计财产损失八百八十九亿元，是这个县级城市近百年的财政收入总和。

“红白镇无疑是我们什邡的一只右胳膊。这只胳膊现在断了，但红白镇的人民在各方支援下没有倒下，他们的生命依然充满了活力。相信红白镇的明天会重新放射光芒。”李市长对此充满信心。

陈城，这位大山的儿子。四十九年前，他的前辈从什邡城出发，徒步翻越两座大山，行程近百里，来到一条叫水磨沟的山谷里，建设了著名的金河磷矿，当时山上没有一条路，他们便砍掉灌木丛，开山辟路，取名为“广青公路”，义为广阔的常青之路。山里的乡亲跟着矿山人度过了近半个世纪的平安与繁荣的日子。四十九年后，陈城以同样的方式，重走了这段路，寻找被泥石流掩埋的数以百计的金河磷矿遇难同胞，他只看到了塌陷的山谷和依然隆隆作响的山体滑坡……

“建国初期，地质工作者在与汶川一脉相承的龙门山发现了丰富的磷矿资源，紧依龙门山而建的蜀中古县，从此获得新生。1959年，四川省化工厅决定在什邡建金河磷矿，这是什邡建设的第一个磷矿。时值三年困难期间，苏联撤走了在中国援建的一百五十六个专家，刚刚获得新生的中国，遭受苦难。没有资金，建与不建，成为难题。为让磷矿建起来，我们的职工，自己把山上的竹子砍了，编成筐，筹集建设资金……自然灾害过去后，金河磷矿落成，什邡也从此成为国家著名的磷肥化工基地。”已经失去金河磷矿辉煌现实的陈城矿长，给我念了一段他曾经拥有的矿山的矿史，声调里充满了悲情。

“下一步你该怎样重建这座矿山？”这是我很关心的。它不仅影响到什邡的工业未来，同时更影响到红白镇几万在大震中生存下来的人。

“金河矿还有五千余名职工，他们是矿山的生命。另外，整个矿山矿石储量还有五千万吨左右，一些矿井井口还在，我们计划借着这次重建，把原来三个分散的生产区和宿舍区合并，重建一个金河磷矿历史最大的生产区，这样更有利于整个矿区的资源配置。”面对7.7亿多元的重建资金缺口，41岁的陈城矿长并不觉得没有希望。他坚定地对我说：“我们现在是一张白纸，只不过把已经走过的路再走一遍。”

呵，红白镇的乡亲们，你们听到没有？

爬起来吧，红白镇！大震压不垮你们，更灭不断你们的生命！你们的未来，只不过是把“已经走过的路再走一遍！”

再走一遍的路，会更宽阔，更结实。

（何建明：《生命第一——5·12大地震现场纪实》，
浙江文艺出版社，2008年10月版，第77～102页）

震中在人心

（节录）

李鸣生

镜头9　用鼻子寻找尸体

挖尸体、找尸体、埋尸体，是黄继光团的又一艰巨任务。

从某种意义上说，和死人打交道，比与活人打交道还要难，还要苦！难在哪里？难在心里；苦在哪里？也苦在心里。

挖尸体，是个良心活。有的尸体亲人清楚，一挖就挖出来了；有的尸体外人知道，一刨就刨出来了；有的尸体有线索，一找也找到了。但有的尸体只知道在废墟里，却不知道具体的位置；有的尸体只听说在楼房下，却无法确定到底在不在；有的尸体明知在下面，上面却是五六层高的危房；而还有的尸体则埋在深山里，谁也看不见，谁也不知道。也就是说，灾区没有明文规定，所有的尸体军人都必须要去找，要去挖，要去刨。尤其是后来大型挖掘机、大型推土机以及大型搅拌机都轰隆隆地开进灾区后，如果用这些现代化机械去清理、挖掘尸体，比用铁锹挖，用手刨，更省事、更省力、还省心！因此，在对待尸体这个问题上，挖不挖？刨不刨？怎么挖？怎么刨？用黄继光团炮兵营营长叶恒星的话来说，全凭良心了！而正是凭着军人的职责和良心，黄继光团提出了“让死者安心，让生者放心”这一极富人性、人情的口号，不管什么时间、什么情况，无论多忙多累、多苦多脏，一旦发现尸体，就加班加点，争分夺秒，拼命去挖，拼命去刨！

挖尸体，是个胆量活。地震中的遇难者，奇形怪状，千姿百态，尸首分离，残缺不齐，血迹斑斑，腥味浓烈，一般远远看上一眼，还能承受，一旦零距离接触，恐吓程度，不可想象！炮兵营营长叶恒星说，废墟上的尸体，场面太惨烈了！可以说，什么样的尸体我都见了，趴着的，躺着的，横着的，竖着的，吊着的，挂着的，缺胳膊断腿的，眼珠蹦出来的，没有谁比我见过的尸体多了！面对这些尸体，确实让人感到恐惧，但我把他们看成是自己的亲人，就无所谓了。要是我能早来一步的话，我一定能把他救出来。这一点我非常自信，因为我有这个能力。可惜我来晚了，来了又缺乏工具，所以非常惭愧！炮兵营二连班长王进说，来灾区之前，我连亲人死了，都没有见过。但到灾区后，在金河磷矿家属区和红白中学，我看到了各种各样、惨不忍睹的尸体。有的刚跑到过道上，就被预制板拦腰斩断；有的头已经伸在了阳台外面，身体却还压在阳台里面；特别是有的孩子，只差一步甚至半步就可以跑出教学楼了，但还是被预制板砸在了头上，或者让钢筋穿破了胸膛；有的孩子等我们挖出之后，全身已经压扁了，放在担架上，连亲生父母都认不出来了，只有靠孩子的书包、脚上的鞋子或者衣服上的一个小饰物，才能确认到底是不是自己的孩子。看到这些惨相，心里确实害怕，泪水在眼里打转，都不敢哭出声来，因为我一哭，全班战士就会跟着哭。但一想到那些失去孩子的父母，就什么都忘了，硬着头皮往上冲！二营营长肖亮带着战士在洛水新星河水泥厂挖第一具尸体时，遇难者眼球都没有了，脸上只剩下了两个洞，十分恐怖！战士们见了，谁都害怕！当时，还没有装尸袋，搬尸体时只能一个人抱，或者两个人抬。这事看似简单，实则非常复杂，用力不够，抱不起来；用力过猛，或用力不当，又会伤了尸体。所以肖亮只有自己干，自己给自己壮胆。他走过去，先用手扒去尸体上的土，然后把尸体从下面慢慢拖上来，搁平，用床单裹好，再把尸体抱出去。他心里当然也怕，但现场他的官最大，死者的亲属就在身边，尸体不刨出来，没法向亲属交代。

挖尸体，是个细心活。挖尸体，光有胆量不行，还必须心细。即是说，除了克服心理障碍，不怕尸毒感染，还要认真对待遗体，不能有丝毫的麻痹。因为在尸体没有挖出之前，你不知是死是活，万一这个人还活着呢？所以，在挖尸过程中，必须小心谨慎，稍有一点疏忽，就会损坏尸体。比如，5月16日这天，地方上有一个开大铲车的司机在清理废墟时，事前不清楚里面有没有尸体，一不留神，一铲下去，竟把一具尸体的脸铲去一小半！二营一个排长发现后，疯了样扑上去，一边冲着司机大喊停，一边用自己的身体奋不顾身挡住大铲车，然后跪在地上，双手捧起遇难者的头，放声大哭了一场。后来这位排长说，在废墟上挖尸体，我们一点不懂，每天只凭着对老百姓的感情在挖。尽管这件事不是出自我们当兵的手，但要是我们有点经验的话，是完全可以避免的。有的战士还说，早知道要地震的话，提前练练怎么挖尸体就好了！所以后来凡是发现可能有尸体的地方，战士们宁肯自己多干一点，多累一点，多苦一点，也要坚持用手刨，不让机械推。

挖尸体，是个危险活。二营五连班长李清梨，四川广元人，5月13日来到什邡洛水后，便开始与死人打交道。每当发现尸体，他总是一马当先，冲在前面，在连续四天四夜挖掘尸体中，没吃过一顿热饭。5月18日这天，挖尸的地点两边都是危楼，一有余震，便摇摇欲坠，既不能机械施工，又不便锹镐作业。他仔细观察了地形后，主动爬到废墟上，用手一块块地捡砖头，一根一根地拔房梁，一点点地刨泥土。由于天气炎热，尸体已经腐烂，尸水开始流出，尸味非常刺鼻。但在防护器材有限的情况下，李清梨强忍着刺鼻的尸味，坚持作业。尸体挖出后，他的手套和手指全被磨破了，死者的亲属捧着他的手哭，他则陪着死者的亲属哭。

挖尸体，还是个伤心活。挖尸体不只面对死人，还要面对活人——死者的亲人。官兵们既要让死者安心，还要让活人放心。而要做到这一点，不光要付出汗水，还要付出泪水。比如，战士们挖出尸体后，在有条件、有时间的情况下，一般都要将尸体一一摆放好，以便于死者亲属认领。但有的尸体，特别是孩子的尸体，刚一挖出来，未等放好，母亲们就要扑上去，抱着尸体号啕大哭。为了亲属们的安全和健康，防止瘟疫，战士们就胳膊挽着胳膊，用自己的身体挡住尸体，然后苦口婆心，劝导亲属们不要接近尸体。但有的孩子的母亲，拼死拼活，不顾一切地要扑向自己的孩子，怎么劝阻也不行。在这种情况下，有的战士就一边流泪，一边抱着孩子的母亲死死不撒手。

班长王进说，在废墟上挖尸体，开始，是孩子的母亲哭着求我们，求我们快点把孩子挖出来；后来，是我们哭着求孩子的母亲，求她们千万不要靠近孩子的尸体。有一天，我们从红白中学的废墟上刚挖出一个孩子，孩子的母亲一下就扑了上去，抱着孩子不撒手，哭得死去活来，怎么劝也不行。后来，班里一个刚入伍才20天的新兵一下就跪在了地上，抱着这位母亲，一边哭，一边喊着说："妈妈，求求您了，快起来吧！妈妈，求求您了，快起来吧！"这位母亲一听有人叫"妈妈"，猛地转过身来，一看是个战士，却还是个孩子，慌忙放下自己的孩子，扶起身后的战士，说："孩子，快起来，妈妈听你的，妈妈听你的！"

叶恒星营长对此也感受很深，他说：每次我看见废墟边上那一排一排望着、等着、渴望见到孩子的母亲，我心里就受不了！大概是5月17日这天，红白中心小学一个学生的母亲找到我，说她的儿子还埋在废墟下，怎么也挖不出来。我立即带着队伍赶了过去，可这位母亲只知道孩子埋在下面，却不知道孩子埋在什么地点。我问老师，老师说不清楚；又问老乡，老乡也说不知道。我只好领着战士自己找，自己挖。头天挖了整整一天，没挖着。第二天，我让这位母亲领着我们找，她说在哪儿，我们就挖哪儿。第一遍挖了个底朝天，没有；第二遍又挖了底朝天，还是没有。战士们累得满头大汗，有点泄气了。可这位母亲却一直守在废墟边上，一天一夜，不弃不离，而且还拿出儿子的照片给我看，并向我哭诉着说，她儿子怎么听话，成绩如何好。看见照片上那位天真可爱的孩子，我就想起我7岁的儿子，恨不得打个洞钻进去，也要为她找到儿子！我对战士们说，不管有多苦，我们必须找出这个孩子！不然对不起孩子的父母，也对不起死去的孩子。这些孩子本来就死得不明不白，父母要是最后一面都见不着，那就太残酷了！虽然我们不能把死人变活人，但我们可以让活人见到死人！可以让死人死得体面一些，死得尊严一些，死得让亲人放心一些！于是，我们又挖了第三遍，终于在楼房的最下层找到了这个孩子！当我们慢慢刨开最后一层泥土时，看见孩子的手上，居然还紧紧抓住一支铅笔！在场的战士们都惊呆了，并流下了感动的泪水。

还有一次，即5月18日晚，叶恒星带着队伍路过红白镇松林村时，发现路边有一个瘦瘦的小女孩抱着一个布娃娃站在一片垮塌的房屋前发呆。叶恒星一打听，小女孩叫李琳媛，12岁，父母都是湖南道县人，来红白镇打工多年，以弹棉花为生。地震那天，李琳媛的哥哥、弟弟在学校遇难，爸爸、妈妈在家遇难，原本一个圆满的五口之家，顷刻间便只剩下她一个了。小女孩天天守在这里，希望有人帮她找出爸爸妈妈，哪怕见上一面。了解情况后，叶恒星抚摸着小女孩的头说：孩子，放心，只要解放军叔叔在，就一定把你爸爸妈妈找出来！说完下令队伍立即行动。从傍晚8点，到翌日凌晨1点，叶恒星领着官兵们连续苦战了5个小时，终于把小女孩的父母从废墟下刨了出来，可倒塌的房梁和预制板已将两人砸成了肉饼！为了不让小小年纪的小女孩看到人间血淋淋的一幕，叶恒星让战士先把小女孩带到一边，等整理好她父母的遗体并用棉被包裹好之后，才让小女孩与她父母见面。之后，为了能让小女孩从悲痛中缓解过来，叶恒星一直把小女孩带在身边，不断地安慰她、鼓励她，然后又连夜把她送到政府指挥所，协调安排好她的吃住问题，并把自己身上仅有的100元钱也留给了她。5月24日，是小女孩的生日，地方某孤儿救助站为小女孩举行生日活动，邀请叶恒星参加。可在这个集会上，一个电视台的新闻主持人为了煽情，制造所谓的“现场气氛”，不断提起小女孩的爸爸和妈妈，致使刚刚平静下来的小女孩的情绪再次受到刺激，泪水止不住地往外流。叶恒星再也看不下去了，甚至是愤怒了，他冲上台去，几乎是从人群中一把抢走了小女孩，然后将她带到后台，用自己的身体护着，不让任何人采访，像一位父亲，保护着自己的女儿。两个多月后，叶恒星在帐篷接受我的采访时，他含着眼泪对我说，地震太残酷了，它撕碎了遮挡人世间的一切，把血淋淋的东西展现在了我们面前，也展现在了孩子们的面前。本来，地震已经伤害了小女孩的全家，伤害了她的心灵，我不愿让这小女孩再受到人为的伤害了！

其实，挖尸体最大的“敌人”，是尸味——尸体的气味！谁都知道，尸味是世界上最难闻的一种气味。地震后的灾区，开始是下雨，接着是太阳，于是随着时间的推移，气温的升高，尸体渐渐腐烂，尸味开始弥漫。特别是后期，废墟中尸味之臭，刺激之大，古今汉语，难以表述。在灾区采访的日子里，我曾无数次闻到过尸体的气味，其中最强烈的，有三次：第一次是5月20日，在都江堰聚源中学，由于废墟上洒满了石灰和消毒药水，尸体味、石灰味和药水味三者搅混一起，相当浓烈，相当刺鼻！第二次是5月22日，在什邡蓥华镇蓥峰实业有限公司的废墟上——据说日本、韩国、新加坡等国的救援队，均先后来过此地——当时五六台挖掘机、推土机正在挖掘清理一塌糊涂的废墟，我冒着危险，冲进废墟，辗转穿行在几台挖掘机之间，不断抢拍照片。忽然，一辆大铲车掀起大铲，一堆水泥、钢筋、砖块和衣物中，我竟看见有残尸遗骸搅混一起！我顿时惊骇不已，迅速按下快门！就在这时，一股强烈的尸臭味钻进了我的鼻孔，我一阵恶心。后来当有记者问我为什么要冒险冲进废墟呼吸尸味时，我回答说，废墟是历史的见证，转瞬即逝，今天血迹斑斑，明天便干干净净，若不及时抓拍下来，不久的一天我们便会失去记忆；而废墟上的尸体气息，对和平年代的军人来说，也许是一剂最清醒的清醒剂！第三次是5月23日，在北川中学的废墟上。那天时值中午，太阳很大，天气很热，一走进废墟，浓浓的药水加上自身的汗水和泪水，一下便熏得我睁不开眼睛。当时我不知什么原因，以为眼睛会瞎，心里一阵害怕。后来用纸巾不断擦洗，才慢慢睁开。而就在我睁开双眼继续走进曾经埋葬过1400多名学生的废墟时，一股强烈的尸体味扑鼻而来，熏得我头昏脑涨，差点呕吐。我慌忙捂住嘴脸，逃出废墟。

但黄继光团的官兵们面对尸体，面对尸味，却不能逃避，只能接受，只能呼吸！而且，不光被动接受被动呼吸，还要主动接受主动呼吸。即是说，随着时间的推移，废墟中剩下的尸体越来越少，那些表面的、容易发现的尸体基本都找到了，但还有一些埋在废墟深层的、楼房底下的、很不容易发现或者根本不为世人所知的尸体，依然存在。那么对这部分尸体如何处理呢？是继续寻找？还是干脆放弃？黄继光团决定，为了让死者真正做到入土为安，让生者不留最后遗憾，不管是在野地，还是在深山，无论是在废墟深处，还是在楼底下面，必须想方设法绞尽脑汁竭尽全力，找出最后一具尸体，给亲人一个交代，还生者一个心愿。

但军队毕竟不是挖尸队，既没专业的工具，也无专业的仪器；加之时间非常紧迫——再不及时找到尸体，就会完全腐烂，因此当“生命探测仪”、“尸体探测仪”之类的玩意儿只能成为挂在军人嘴边的一个名词时，寻找尸体的最现代、最实用、最有效的工具，便只有军人身上的器官——鼻子！也就是说，军人们只能用自己的鼻子到废墟上去闻，才能判断尸体是否存在，确定尸体具体位置——如同应对一场非常规的战争，只能按非常规出牌，按非常规出兵。

黄继光团三营机炮连三排长汪继敏，曾亲自参加了用鼻子在废墟上寻找尸体的全过程。汪继敏告诉我说：5月19日上午，我们奉命到红白镇松林村6组去搜寻尸体。松林村6组离红白镇有5公里左右，里边的山路很难走，建在这里的一级电站全被泥石流埋了，上面还出现了一个小的堰塞湖。我们找来一些木板，搭了一个独木桥，才进了山。一到松林村，有个十三四岁的孩子就跑来找到我们，说他爸爸还埋在下面，怎么也找不着，让我们去帮他挖出来。我二话没说，带着九个人就去了。到那儿一看，只有两个小木房还在，其他都垮了。我们没有探测仪器，只有在废墟上到处挖，到处刨。挖了好长时间，就是挖不着。小男孩说可能是在下面，我们又到下面去找，还是没找着。后来有个战士叫牟方富，重庆人，他对我说，排长，尸体可能在这儿！我跑过去看了看，并没有发现尸体，就问他，你怎么知道尸体在这儿？他说，我趴在地上用鼻子闻出来的。我大吃一惊，半信半疑，但想了想，也没有别的办法，只好叫另一个战士也去闻一闻。这个战士蹲在地上，用鼻子闻了几下，起来说，对，是有味！我也蹲下去，尽量贴近废墟，闻了闻，果然有味！于是我马上集中兵力，锁定这个地方挖。

很快，汪继敏他们就把尸体挖出来了。但小男孩一看，挖出的不是他爸，而是村里另一个孩子的妈。大妈约50年纪，被压在一块大石头下面，两只眼珠都挤没了。那天天气非常热，汪继敏他们只带了两双胶手套，和一层纱布的口罩，所以气味非常大！有个战士后来说，他都熏得快吐了。但那个小男孩的爸还没找到。小男孩哭着对汪继敏说，他在很小的时候，妈和爸就离婚了。

他从小跟着爸长大，和爸的感情很深，求他们一定要想法帮他找到爸！

汪继敏说：看着小男孩可怜兮兮的样子，我们只好又用刚才的经验，用鼻子继续闻。很快，我从一个石头缝里闻到了一股异味。但我不敢确认，就叫有经验的牟方富来闻，他闻了后也不敢确认，我又叫另外八个战士过来，排成队，一个个趴在石头缝的边上，依次闻了一遍。结果，四个战士说有，两个战士说没有，三个战士说闻不出来。就在这时，我突然发现有不少苍蝇，围着我们刚才闻的地方飞来飞去，赶都赶不走。我一下有了根据，于是决定挖。挖了两个多小时，累得汗流浃背，最后终于在一块大石头下面找到了小男孩的爸。但由于石头太大，我们用铁镐挖，挖不开，用木棍撬，撬不动，最后九个人全累趴下了，石头还是掀不开，尸体还是弄不出来。天眼看就要黑了，村里人和孩子只好让我们就地掩埋。但我们不能草率行事，必须认真对待，尽管这是一具在山里谁也看不见谁也不知道的尸体。于是我们到村里抬来一筐石灰，撒在上面，盖上一层土，再盖上一层土。孩子眼看着自己的父亲一点点完全消失，趴在地上哭了，我和战士们也跟着哭了。

王进也告诉我说：为了给亲人一个交代，我们到处找尸体，到处问哪儿有尸体，只要老乡说哪儿有，我们就去哪儿挖。有一天在松林村的废墟上，一个战士无意间在他的脚下闻到一股很大的味，说这儿可能有尸体。我们一挖，果然挖出一个老大爷，一根大梁压在他的背上，尸体已经开始腐烂，我们用手抓住他的两个肩膀，费了好大的劲，才把他拖出来。有了这次经验，每当找不着尸体的时候，战士们就趴在废墟上用鼻子到处闻，像一条警犬一样。这个办法很管用，后来不少尸体，我们都是用鼻子闻出来的。但也有失误的时候。有一次我趴在一堆废墟的缝隙里，闻到下面有一股强烈的异味，就说下面有尸体。为了打有把握之仗，我又把一个战士叫过来，让他也闻一闻，那个战士闻了闻也说，对，有好大一股味，肯定有尸体！于是我们就开挖，挖了一个多小时，个个累得满头大汗，气喘吁吁，最后扒开一看，下面不是人，而是一条狗，一条已经腐烂的狗！

此外，尸体挖出后，官兵们还要对尸体进行消毒。对尸体消毒，同样要近距离地接触尸体，呼吸尸体的气息。三营八连指导员崔新武告诉我说，为防止瘟疫，防止传染，对尸体必须进行消毒处理。他们连在5月15号早上就接到了团长文东的命令，负责整个红白镇的防疫消毒特别是尸体消毒工作！于是他将30人的队伍分成12个组，2排长谢展和4排长余飘带领两个组主要负责尸体和坟场，其余10个组分头行动。没有专业的消毒服，战士们就穿上部队的制式雨衣、跳伞鞋，戴上头盔和口罩，然后每个人的背上再背一个药水壶！药水壶重约50斤，跳伞鞋本来五六斤，沾上泥土，就变成了十几斤，再加上雨衣、头盔等，一个战士身上负重近100斤。如此武装，别说干活，只在太阳下站一刻钟，一动不动，也会全身湿透！何况5月的灾区，天气异常闷热，红白镇方圆十几公里，山高路远，坡陡路滑，遇上雨天，尽是泥泞。一壶药水还未喷完，一身汗水已经流出来了。一天下来，不少战士都肿了脚腕，起了水泡，伞鞋里尽是汗水和雨水。

但消毒工作的最大特点，就是哪儿苦，就去哪儿；哪儿脏，就去哪儿；哪儿臭，就去哪儿；哪儿有垃圾，就去哪儿；哪儿有苍蝇，就去哪儿；哪儿有尸体，就去哪儿！尤其是尸体，一旦发现或者有人报告，第一时间必须得赶到，及时进行处理。比如，刚从废墟上挖出的尸体，马上就得喷药、消毒。如果尸体是趴着的，喷了后面，还得把尸体翻过来，再喷前面；如果尸体是躺着的，喷了前面，还得把尸体翻过去，再喷后面。战士们把这叫做“为尸体翻身”。总之为了对生者负责，防止疫情，战士们不放过一个角落、一处废墟，更不放过任何一具尸体！每天行程约80公里，喷洒敌敌畏600瓶，消毒液1200桶！一周下来，处理废墟上百处，消毒杀虫面积近万平方米，消耗药水上万壶！

战士们的工作环境如此恶劣，加上天热，还喝不上水，更不可能洗澡，一天下来，汗水、泪水、药味、尸味，混合一起，让人浑身不是滋味。比如杀虫药水，毒性甚大，滞留身上，不仅难受，还易中毒。于是不少战士开始头晕，手上发痒，身上起疙瘩，常常一放下药水壶，就不停地搓手，挠大腿，或者抓屁股。排长刘彦龙、战士王晓仲以及刚下连队20天的新兵谭超，都明显有头晕、恶心、湿疹等过敏反应。甚至有的战士还出现烧裆——即裆部溃烂！一走路，一出汗，裆部受到裤子的摩擦，又疼又痒，难受至极，还羞于启齿。实在受不了时，只有搞点痱子纷，偷偷擦一擦，抹一抹，第二天又背上药水壶，咬着牙继续坚持消毒！

崔新武指导员说，八连先后对300具尸体进行了消毒处理，其中有三具已经严重腐烂，每处理一具，战士们就会恶心一天，既严重影响食欲，又严重影响睡眠！特别是处理一些腐烂尸体时，非常棘手，对战士们的心灵和精神都有很大影响。比较典型的一个例子，是5月17日这天下午，天下着小雨，但天气非常沉闷，红白镇一家水泥厂来人说，在家属楼的废墟下发现一具尸体，他急忙带着4排战士赶到现场。大概还有30米远的样子，他们就闻到臭味了！原来，地方人员在用铲车清理废墟时，发现了这具尸体，吓得全跑了，然后让部队来处理。遇难者是个中年男人，身体大部分埋在废墟里，仅露出一个背部，头已经断裂，嘴里却还咬着一块小石头！而尸体的四周，则是一群乱飞乱转的绿苍蝇！战士们哪见过这么残酷的场面，一个个愣在那里，全吓傻了！他立即分工，组成四个小组，一是观察组，负责观察余震时房子会不会垮塌，山上石头会不会滚下来；二是挖掘组，负责把尸体挖出来；三是抬运组，负责对尸体进行消毒，然后装进尸袋，再负责送到山上；四是掩埋组，负责挖坑、掩埋。由于这具尸体的腐烂程度相当严重，而战士们又要尽量保证尸体的完整和干净，所以这个活干了两个多小时，干得非常累，心里也特别的苦。等处理结束后，脱下防护服，战士们的脸上、身上，尽是雨水、汗水和泪水，一屁股坐在地上，几乎都快脱水晕倒了！等回到帐篷，战士们一头栽倒在床铺上，炊事班长吆喝几次开饭了，却没有一个战士走进食堂！

镜头10　替生者下葬，为死者站岗

什么叫军人？

在敌人面前，军人就是长城，要为人民挡住拼命射来的子弹；在冰雪面前，军人就是帐篷，要为人民挡住肆意刮起的风暴；在非典面前，军人就是抗体，要为人民挡住无孔不入的毒菌；在水灾面前，军人就是沙包，要为人民挡住奔泻而来的洪水；在地震面前，军人就是万能机器人，除了开路架桥、打通道路、抢救生命、护送伤员，还要挖尸体、掘坟坑、埋死人，还要在墓地为遇难者站岗放哨，护魂守灵！

因此，在全国13万抗震救灾大军中，除了举国闻名、家喻户晓的军人，还有另一类鲜为人知的军人，这类军人在灾区做了一件极其特殊而又非常隐秘的善事，这就是：挖坟坑、埋死人、守魂灵！

埋死人，是灾区最重大、最突出、最尖锐、最敏感、最棘手的一个问题。

以什邡市为例，什邡死亡大约5000余人，其中，洛水镇百姓死亡约400人，学生死亡175人；红白镇百姓死亡约1100人，学生死亡166人。这数以千计的尸体如何处理，让乡镇的头头们十分头疼！其原因是，若是火化，洛水没有火葬场，红白没有火葬场，什邡市也没有火葬场，而只有广元才有一个火葬场。但广元离洛水30多公里，离红白50多公里，且道路中断，桥梁垮塌，人流拥挤，车辆堵塞，别说一路过不去，就算你神通广大纵有天大本事，把尸体拉到了广元，同样火化不了。为什么？广元成百上千的尸体都在昼夜排队，等着呢！难怪灾区传说，“进火葬场都要开后门”！如果土葬，怎么葬法？是集体一起葬？还是各家自己葬？集体葬，有的坚决不同意，强烈要求自己葬；自己葬，有的不愿意，有的没能力，有的连亲属都没有，怎么葬？再说了，如果各自为政，自行其是，到处都是坟堆，遍地都是墓地，怎么管理，成何体统？

问题还在于，许多亲属——主要是学生家长——坚决不同意马上掩埋尸体！为什么？要借尸还魂，借尸理论，借尸讨个说法，借尸严惩腐败分子，借尸追查豆腐渣工程！比如洛水镇，不少家长在学校废墟前设置灵堂，挂出孩子遗像，再扯起一幅巨大的白色布条，上书一行黑色的大字：“孩子们在天堂快乐吗？” 还有的聚集在镇政府门前，或者在街道路口，呼喊口号，示威抗议。于是一时间群情激愤，好比涨潮的洛水，如滔如浪，大有淹没洛水镇之势。

洛水镇的书记尹太超后来向我谈起掩埋尸体问题时，痛哭流涕，声泪俱下。尹太超说，本来，原定于5月15号选镇长的，没想到12号就地震了，这下镇上全乱套了！我成了第一责任人。洛水中学死了94人，洛水中心小学死了83人，还有一两百个老百姓。12号晚上，几百具尸体掏出来后，问我怎么办？是放在学校，还是放在政府？我想了想，觉得还是放在政府比较好，就同意说，放在政府吧！没想到这几百具尸体往政府一放，简直就像几百个汽油桶放在了我头上！本来，洛水镇损失这么大，死了这么多人，我心里已经非常难受了，没想到尸体放在政府门口后，学生家长坚决不让埋，要让镇上给个说法。你想想看，当时天气那么热，如果这几百具尸体一两天内不埋下去，全部都会腐烂！要真的腐烂了，你想想看，那是什么结果？什么影响？而且后面的工作根本无法开展。所以13号整整一个晚上，我眼睛都没闭一下，压力太大啦！后来实在走投无路，想到了亲人解放军，只好去找黄继光团的孙传海政委！

孙传海政委告诉我说：在灾区，最脏、最苦、难干的活，几乎都让军人干了。洛水掩埋尸体之前，矛盾很多，镇上的尹书记找到我，希望部队出面，给学生家长做工作，让他们尽快同意把遇难者的尸体埋下去！说这事只有部队出面好说话，老百姓谁都不相信，只相信军人；谁的话都不听，就听军人的。但问题是，洛水镇全镇1.1万多户口、3.6万人、遇难学生家长110个，我们人生地不熟，两眼一抹黑，上哪儿去找这110个家长啊？再说了，即便找到了，怎么张嘴说话？怎么给他们做工作？比如家长问，楼房为什么会倒？我们怎么回答？家长问，孩子怎么会死？我们如何解释？家长问，经济损失怎么赔偿？我们怎么表态？家长说，一定要严惩豆腐渣工程的腐败分子，我们又怎么说？当时所有的政策都没有出台，这些问题我们根本无法回答。所以接到任务后，我感到非常头疼，非常棘手。但又一想，大地震刚刚过去，在这种混乱不堪、万分危急的情况下，地方有难，除了依靠军人，还能找谁？所以我们从镇上找来这110个学生家长的电话号码和家庭住址，然后硬着头皮，一家一家地去做思想动员工作，主要是做主要家长的工作。刚开始进村时，我们都是悄悄去的，不敢说是去做工作，而是以查看灾情为名，让村里人远远地给我们指一指学生家长的房子，再上门。上门后，我们也不敢直奔主题，而是先绕弯子，问问有什么困难，有什么事干，然后没事也要找点事干，比如打扫打扫卫生，清理清理废墟，收拾收拾垃圾，帮着塔搭灾棚；同时让医生上门就诊，免费送药看病，等等。总之脏活、苦活、累活，军人全包了。说白了，就是先套套近乎，融洽融洽感情，然后再做工作。等家长们的工作基本做通了，挖坟坑的事情又落到了军人头上。

军人挖战壕，天经地义，顺理成章；军人挖坟坑，似乎不可思议，有悖常理。何况挖坟坑不像挖树坑，很难，有讲究，黄继光团的官兵们根本不会。不仅不会，连见都没见过，自然更无经验可言；再者，无论是洛水还是红白，坟场均选在山上。而山上，表面看似泥土，下面尽是石头，用战士们的话来说，每挖一公分，都要付出吃奶的力气！黄继光团主要负责洛水、红白两个地方的挖坑。洛水挖坑的方法是，先用推土机推出几个大槽，战士们再在大槽里挖小坑，一个小坑，一米宽左右，合葬两人；而红白挖的是小坑，即一人一坑，主要由三营机炮连负责。

机炮连指导员杨志鹏告诉我说，5月14号早上6点，他们连就接到了上山挖坑的命令。他们一共去了72个战士，都很年轻，除了几个“90后”的，全是“80后”。挖坑的标准是，每个坑长1.7米、宽60公分、深70公分。两人一组，一对一，7点开工。战士们原以为挖坑没有啥，一挖吓一跳。因为刚开始看上去都是土，挖到大约50公分时候，石头便冒出来了。若是遇上小石头或者一般大小的石头，还没啥问题，一旦遇上大石头，麻烦可就大了。有的大石头一两米长，把两个坑的位置都占了，但不能用炸药炸，只能用铁镐挖、铁锹刨、铁锤砸，然后再用钢钎分解。大石头搞出来后，要用土把窟窿填平，再用手把窟窿抹好，前后对正，左右补齐，一个坑有时要挖2个小时。坑挖好了，战士们手上全是血泡。在时间允许的前提下，还要求战士们把坑挖得好看一些，纵成一路，横成一列，尽量在形式上有一种美感，好让遇难者的亲属们见了高兴。

排长汪继敏说，挖坑还不能慢，必须快，为什么？因为后面的尸体不断地往山上运，如果尸体运到了，坑还没挖好，就会影响后面遗体的掩埋。再说了，死者的亲人还等着呢！但在山上挖坑，确实太难挖了，开始我们费了九牛二虎之力，好不容易挖了几个坑，地方搞防疫工作的同志来看了后说不行，挖得浅了。他们二话不说，又加班加点，重新再挖。第一天，尸体多，我们确实只挖了70公分深；第二天，尸体少点了，我们就挖了1.2米深，最浅的坑，也挖了1米深；第三天，尸体更少了，坑挖好后，见尸体还没运上来，我们就再挖深一点，好一点。

当然，不是所有战士都愿意挖坟坑的。有些战士一开始对挖坑并不理解，因为他们来灾区，一心想的就是救人！废墟上救人，多好啊，既轰轰烈烈，又惊心动魄，还名扬全国，一旦救出一个人来，就能上电视，上报纸，一不留神，一夜间还可能成为全国家喻户晓的英雄！而挖坟坑，既枯燥费力，还默默无闻。所以被安排去为死人挖坑的战士，一开始心里也是有些想法的。

但想法归想法，坟坑照样得挖。指导员杨志鹏说，第一天，72个战士挖了180个坑。第二天，挖了大半天，又挖了50个坑。当这230个坑像队列方阵一样突然集体出现在战士们面前时，战士们都吓了一跳！为什么呢？因为既然要求挖这么多个坑，说明就要埋掉这么多个人，而且还要往下挖，可见红白镇死了多少人啊！于是战士们的心一下就变得难受起来，沉重起来，这才感到了挖坑的重要。排长赖学良也说，我们挖第一个坑的时候，觉得很平淡，没有什么，但当第一具尸体埋进去以后，这才恍然大悟，原来我们挖坑，是为死难者找一个归属啊！

因此，后来战士们挖坑，感觉就大不一样了，他们把挖坟坑，看成为死难者建造一座住房。于是总是想方设法，挖得宽敞一点，踏实一点，完美一点。每挖完一个坑，都要仔细检查一遍，看是否符合标准，是否舒适得当。一旦发现不符标准，或者稍有瑕疵，再用手一点点地修补，直到满意为止。如果遇难者是个小学生，他们还会偏心一些，只要时间允许，再苦再累，也要为孩子找一个风景好的地方，比如有树、有花什么的，而且尽量把坑挖得宽一些，长一些，深一些，好看一些。甚至有的战士还特意为小学生挑选一块向阳的坡地，说这些学生死的那天晚上下大雨，在操场上淋了一晚上，现在安息了，让他们多见见太阳吧！

汪继敏告诉我说，有一个孩子的坑，他们挖了 2 米深，挖完后，一个战士还跳下去，用手在四周摸了摸，摸着一块小石头，就说，不行，这儿还有一块小石头，得抠掉，不然孩子躺在里面，会割痛他的。于是，这个战士又用手抠掉这块小石头，再用土抹平了。然后我们又去抬来水泥和预制板，为遇难者建了一个稍微像样一点的墓碑，才算完事。战士们说，这些孩子走得太早了！他们生前没有住上高楼大厦、豪华别墅，死后能让他们睡在一个比较宽敞、踏实的地方，我们就问心无愧了。

坟坑挖好后，接着是运送尸体。

事实上，第一天是一边挖坑，一边运尸，一边埋人，三者齐头并进，交叉进行。第二天，才是先挖坑，后运尸，再埋人。孙传海政委说，埋人的工作从14号早上7点就开始了。这天镇长找到我，要一个连去帮着埋人。我当即下令，让战士们带上铁锹、铁镐，穿上防护服，没有防护服的，就用绳子把袖口、裤腿扎好，把手套戴好。我刚安排好，地方政府又来人说，再派30个人去运送尸体，于是我又让参谋长彭元军赶紧带人去。

参谋长彭元军说，转运尸体的任务主要由特务连执行。我带着队伍赶到洛水镇政府时，看见有好几百具尸体堆放在门口，有大人，有小孩，主要是小孩。当时现场很乱，哭的哭，叫的叫，喊的喊，气氛非常压抑，搞得我们的心情也很沉痛。运尸体，首先得把尸体抬上车，但怎么抬，如何放，干部不懂，战士更不懂，新兵到那儿一看，一大片全是死人，别说怎么抬，吓都吓傻了。于是干部带头，班长先上，四个人抬一具，其余人帮忙，一具一具地往车上抬，一具一具地往车上放，然后再一具具地调整位置，一具一具地统一方向。抬到第四具的时候，新兵开始上了，每次上一个，先伸一只手。可新兵刚一伸手，像触电似的，马上又缩回去了。怎么办？尸体多，人手少，时间紧，老兵根本不够用，新兵不干，找谁干？于是连长让新兵先抓住尸袋的一个角，跟在老兵的屁股后面，适应两次后，再帮着老兵抬。尸体抬上车后，还要将尸体护送到指定地点，就像护送一个危及病人，途中必须细心照料，不能碰了，磕了，更不能摔了！但车上有死人，还有活人，装了满满一车；加上是山路，曲曲弯弯，凹凸不平，时而上坡，时而下坡，一有颠簸，活人死人挤在一块，想躲都来不及。于是新的恐惧再度加剧，新兵吓得惊叫不止！由于部分战士穿的是笨重的防化服，全身上下，被包裹得严严实实，一点不透气，热得受不了；加上心里本来怕，出汗就特别多，于是很快全身湿透，里面的衣服都能拧出半盆水来。

与此同时，红白镇转运尸体的工作也在紧张进行。红白镇的尸体，是黄继光团的战士用肩膀和双手直接抬上山的。但凡抬过死人的人都知道，死人是最沉的，所谓死沉死沉，指的就是死人。负责转运尸体的，主要是炮兵营二连。二连班长王进，从救人、挖人到抬人，接触过无数尸体，自称是和尸体打交道的“老手”了。王进说：一具尸体一般都是四个人抬，这四个人当中，其中有一个一定是我。14号这天，我往山上运了一二十具尸体，抬上去一具，赶忙放下，敬一个礼，转身就跑，再去抬第二具。由于尸体多，担架少，加上时间紧迫，没有担架，我们就用床板、木板或者草席，甚至我们在废墟上捡些电线串起来，就变成了一副简易担架。因为前三天红白镇没有尸袋，尸体抬起来就往木板上放；加上我们的口罩不是特别好，戴着口罩也不起作用，所以气味非常大，直往鼻子里钻。为了压一压气味，我们把从废墟上捡来的一瓶“五粮液”，打开，撒一点在尸体上，再抬，这样气味就要好一点。抬着尸体上山时，总感到尸体很沉，加上天气闷热，山路陡峭，所以一路上担架上的尸体在滴水，战士们的脖子在流汗，每往上爬一步，都非常艰难。由于四人一前一后，前高后低，稍微没有掌握好平衡，尸体便会下滑，甚至失手。所以我们必须把尸体放平，一旦出现险情，宁肯用一只手撑着地面，一只手扶着尸体，也要保证尸体不能下滑。我们当时一点常识也没有，后来才知道，尸体是不能用手去接触的。

用手接触过尸体的，还有另一个班长曾建中。曾建中说：14号下午，我和另一个战士往山上抬尸体，由于没有经验，加上心里害怕，一不小心，脚底一滑，眼看就要摔倒，我慌忙一把抓住尸体的胳膊！抓住之后，我自己这才感到吃惊，心里咚咚跳过不停！但更让我吃惊的是，我看见身后那个战士竟然跪在地上，双臂撑住担架，用自己的头死死顶住尸体的双脚！要不然的话，尸体就滑下去了。

我曾经问过一个战士：你们对待死人，为什么还那么认真，还那么负责？小战士说：我看见那么多遇难的小学生，就像我的小弟弟小妹妹一样，心里非常难过。这些孩子本来已经很不幸了，如果我在运送他们的过程中再不认真，再不负责，万一摔了，或者碰一下，他们肯定会很疼的！所以不管我有多怕、多热、多苦、多累，必须做好每个动作，保护好这些学生，保证他们不再受到一点伤害。否则我对不住这些孩子，对不住他们的父母。

尸体运到坟场后，接下来是埋葬尸体。

洛水镇的坟场，选在距离洛水镇大约五公里的一座山上。洛水镇尹太超书记告诉我说，这座山当地人叫青嘴山，是他和镇长兰勇亲自选定的。之所以选在这儿，一是这儿离镇上较远；二是这儿有个石灰窑，专门烧石灰的，埋尸体需用石灰可就地取材；三是这儿风景不错，山上有树，有草，山脚下还有一条小河。有山有水，死了埋在这里，算落个好地方了。

我曾两次走进青嘴山坟场。青嘴山不高，地势也算平坦，山上除了野草，便是芦苇；山中树林，好像没有看见；山下倒有一条小河，河上还有一座小桥；至于石灰窑，确实存在，一过小桥，漫山遍野，便是一大片白花花的石灰！我两次来到这里，最让我受不了的，就是那一大片白花花的石灰！看见这些石灰，我马上联想到坟场里那上百个遇难的孩子，当一筐一筐的石灰倾泼在他们身上时，该是怎样一种滋味？当龌龊的石灰和潮湿的泥土与他们洁白的身躯搅混一起并永远相伴左右时，又会是怎样一种挣扎怎样一种心酸怎样一种痛苦？一位专门负责埋葬尸体的武装部干事告诉我说，尸体掩埋时，必须要用生石灰和漂白粉进行四次消毒：一是尸体运来后消一次毒；二是坑里没放尸体时消一次毒；三是坑里放了尸体后消一次毒；四是尸体盖土后再消一次毒！——我的天啦，遇难者生前本来已经很不幸了，死后怎么依然难逃如此酷刑？人活着有受不完的苦，死了为何还要遭此鸟罪！聪明的人类可以把毒药变成牛奶，为什么就不能把狠毒的石灰变成温情的衣衫？难道除了只能让死者忍受石灰的浸泡，就再也想不出别的好招吗？

其实，在灾区，死人的问题不是个问题。灾民谈论死人，好比城里人谈论歌星、影星；老百姓埋葬一具尸体，就像城里人处理一堆垃圾；甚至有一部分专门埋尸体的志愿者，也以埋尸体自居，自称“埋一号”“埋二号”，意思是说，谁埋的尸体最多，谁就牛逼，谁就是灾区老大！由于灾区每天都要和死人打交道，所以人们尤其灾民谈论起死人来，就像说起辣椒、茄子一样，已经麻木不仁见怪不怪了。

但对军人而言，却没那么简单，即便是一些什么都干过的干部或者老兵，也没埋过尸体啊！

负责洛水镇尸体掩埋的，是黄继光团二营五连。连长叫李柯，小伙子是陕西人，人品好，军事素质好，长相也好，魁梧、威猛、帅气，酷！这是一个有头脑有武功的军人，曾参加过爱尔兰军事比武大赛，地震发生当晚，就开始看书了。他看的是一本叫做《非战争军事行动》的书，书里没有抗震救灾的常识，却有抗洪抢险的内容，他从凌晨2点，看到凌晨5点。连队13号下午到洛水，当晚11点便接到了掩埋尸体的任务。

李柯告诉我说，他们连队的战士们都很年轻，有47个都是下连才一个星期的新兵，所以接到任务后他就对战士们说：大家不要怕，我们要把遇难者当做自己的亲人，见到他们，就像见到自己睡着了的亲人一样！我们埋尸体，就是做善事，既然做的是善事，还有什么可怕的呢？接着他又作了几条口头规定，其中有三条是：一、必须尊重当地风俗，满足遇难者亲属的全部要求；二、必须尊重死者，走路时脚不准从尸体身上跨过；三、必须控制情绪，埋尸体时不准哭，因为你一哭，会加重亲人的痛苦。

14号凌晨6时，李柯带着队伍准时赶到青嘴山。是时，青嘴山脚下的公路上，已经拥挤着几百个遇难者的亲属。一位参加尸体转运的战士说，转运尸体的车刚从镇政府门口启动，亲属们的哭泣声立即惊天动地，喊的，叫的，哭的，闹的；晕倒在地上没人管的；口吐白沫正被医生急救的；一边哭一边追着汽车跑的……总之什么哭声什么惨相都有。李柯一到现场，一边做准备，一边布置警戒。转运尸体的车刚一停下，公路上的人群便开始骚动起来；尤其是当一具具的尸体从车上抬下来，接着运往山上时，几百名亲属便开始哭着、喊着要进坟场！但是，按照镇政府的规定，掩埋尸体时，亲属一个不能进——主要怕亲属情绪冲动，引起现场混乱。于是负责现场的二营教导员雪龙立即让排长李武带上几个战士守住小桥，劝阻遇难者亲属。

小桥是通向坟场的唯一通道，宽约10米，长约15米。小桥确实很小，但桥下风平浪静，桥上却波涛汹涌，数百名亲属说着、哭着、吵着、闹着要往里进，有的甚至硬要往里冲。李武当排长刚一年，哪见过如此阵势！不过李武知道，用兵之道不在崇武，而在攻心。他先让几个四川籍的战士，用家乡话向亲属们沟通，而后再作解释。很快，场面有所控制。但就在这时，一位10岁左右的小女孩突然冲上桥头，大声哭喊着要见哥哥！原来他的哥哥是个中学生，马上就要下葬了。李武急忙劝住小女孩，向她讲明道理。可小女孩性格天生倔强，根本听不进一句劝告，哭着喊着硬要拼命往里冲。李武急忙伸出胳膊，拦住了小女孩。没想到小女孩一下急了，抓住李武的胳膊就咬了一口；见李武还是寸步不让，又从头上拔下发卡，对着李武的胳膊狠狠扎了下去！这一扎，扎了足足2厘米深，一股鲜血顿时涌了出来，染红了李武的手臂，也染红了小女孩手中的发卡。面对情绪失控的小女孩，李武强忍着痛，含着眼泪望着小女孩，依然一动不动。小女孩反而被惊呆了，也被感动了，她再也控制不住自己的情绪，一下扑在李武的怀里，像个小妹妹样号啕大哭起来。李武后来说，一个军人，不光要有为人民吃苦的精神，还要有为人民受委屈的胸怀！

可第一具尸体入土合坟后，亲属们的情绪又波动起来，纷纷提出要进坟场与亲人见上最后一面。而李武的一个排既要镇守桥头，又要担任小河沿岸的警戒，还要协助其他工作，根本无法挡住数百个情绪激动的亲属，眼看着潮水般的人群就要冲过桥头！

就在这时，一个小个子军人带着10个战士急匆匆赶了过来，很快在桥头筑起一堵人墙，扫住了潮水般的人群！

突然出现在桥头的小个子军人叫向东，黄继光团三营八连二排排长，年仅22岁，是全团最年轻、最瘦弱、最矮小的排长。向东是随黄继光团第二批部队14日凌晨赶到洛水的，一到洛水，脚跟还没站稳，方向还没搞清，就被一个人给叫住了。叫住他的这个人是政委孙传海。孙传海刚接到青嘴山急需支援的电话，正为身边没人犯愁呢，一转身，看见了正站在车上东张西望、一脸惊恐的向东，于是下令，让向东带着10个战士跟着一个地方干部立即去执行任务。

向东告诉我说，那天早上他刚到洛水，整个人都是晕的，根本不知道来到了什么地方，后来才知道叫洛水，更不知道政委让他去干什么。他带着10个战士赶到青嘴山后，才知道他的任务是把住桥头，不让老百姓进山。可当他看见桥头和马路上的老百姓和学生家长们像疯了一样，立刻就懵了。本来刚坐了飞机又坐汽车，头就晕，一下把他们撒到人山人海中，心里就更是慌神了！而且一转身，他看见一辆辆大卡车正往山上运尸体呢！一车大约拉了10个，不停地拉；而山上的推土机则推出了一个个长方体的大坑，像梯田一样，里面摆放着一排排的尸体，有人正大把大把地往坑里撒着石灰！向东吓得额头冒汗，脑子全懵了！因为他长这么大，从来没有见过死人！但他是排长，身后还站着10个兵，再怕也得扛着。于是他赶紧指挥战士互相挽住胳膊，站成一排。刚站住了，家长们就不停地向他们哭诉起来，还骂人，骂地方官员，什么豆腐渣工程啦，腐败分子啦，等等。向东没听明白，哪儿是豆腐渣工程；也没听清楚，谁是腐败分子。家长们说的是四川洛水话，好多听不懂。家长们说着说着就往里冲，向东他们当然不让。家长们就抓他们的衣服，推他们的肩膀，还用头撞他们的胸脯。他们还是不让，站在那里，手抓住手，胳膊挽着胳膊，挺着胸脯，任凭推，任凭抓，任凭撞。有个母亲死活往里冲，向东拦住了，这位母亲就抓着他的衣领骂，骂他心太狠，不是东西！说她的孩子就要埋掉了，还不让她看最后一眼，缺德，没良心，不是人，不配穿黄军装，不配叫解放军！

向东说：我当时听了这话，感到非常委屈，非常难受，直想哭。但一想到一个母亲失去了孩子，该是多么痛苦啊，就一声不吭，随她骂去。我想也许她骂了，心里就好受一点了。但后来的情况越来越激烈，眼看就拦不住了，我赶忙跑到山上去汇报情况，地方政府这才同意一家人可以进去一个。于是，山上埋一个人，就喊一个家长的名字，我们就放一个家长从桥上过去，局势这才缓和了一些。但有的遇难者有好几个亲人，比如爸爸妈妈、爷爷奶奶，还有舅舅姑姑什么的，都想进去。有一个中学生，妈妈进去了，奶奶也要往里冲，一个战士赶紧抱着奶奶，但抱不住，奶奶拼命要进，说今天就是死在这里，也要见她孙子！我看见奶奶的头发全白了，一边哭，一边抓扯着自己的白发大声喊，天呀地的，白发一根根掉在地上，一下子就被地上的石灰掩埋了，奶奶很快也哭晕倒了。我们吓坏了，赶紧将奶奶搀扶到桥边，给她喂矿泉水，几个志愿者也过来帮着劝导，这才缓了过来。看着奶奶这个样子，我心里非常痛苦，也很矛盾。从内心来讲，我恨不得所有的家长都到坟地里去看看自己的孩子；但我是军人，我必须执行任务，我左右为难，好难受啊！

就这样，向东他们从早上7点，一直在桥头守到下午2点，桥头是守住了，但11个人全累垮了！因为从12号晚上到14号凌晨，他们只吃过一小碗面条。而当天又有太阳，非常闷热，他们在桥头守了7个小时，体力、精力、心力，消耗极大，别说吃东西，连一口矿泉水也没喝过！到后来，战士们个个头晕眼花，站都站不稳了，有两个战士甚至还晕倒了！但11个军人彼此胳膊挽着胳膊、肩膀靠着肩膀，相互支撑着、依赖着，继续站在桥头，一个也没趴下。向东说，当时他最担心的，是怕在人群的拥挤中，万一有战士被推到河沟里。河沟有四五米深呢！于是他不得不找到领导，如实相告，领导这才把他们从桥头替换下来。

然而，当又饥又渴的向东带着10个又饥又渴的战士走回洛水镇路口时，他们早上乘坐的汽车连影子也不见了。一打听，他所在的营和连队早就走了！走哪儿了？不知道。他急忙用电台寻呼，电台没有信号；打手机，不通；再呼再打，还是不通。而且，肚子饿，脑子晕，口又渴，身边却连一块饼干、一瓶矿泉水也没有！这一下，向东和10个战士全傻了！

就在向东带着10个战士离开桥头寻找部队的时候，李柯的队伍正挥汗如雨，掩埋着一具又一具的尸体。尽管他们已是筋疲力尽，汗水、泪水早就无法分清，而且有的家长由于过度悲伤情绪激动，还出现了一些过激的言辞和举动，但李柯依然要求战士们必须忍让，不管发生什么事情，必须要把遇难者的家属当亲人对待！

实事上，战士们无论是对待遇难者的亲属，还是遇难者本人，的确都像亲人一样，甚至比亲人还要亲人！比如，尸体运到后，有的亲属要求打开尸袋看一眼，战士们就把尸体放平，然后小心翼翼地打开尸袋，等亲属看完最后一眼，再小心翼翼地把尸袋拉上；有的战士看见遇难者的脸上灰土太多，便掏出一块专门擦洗尸体的黄布，再倒上一点矿泉水，轻轻为遇难者把脸部擦洗干净——战士们把这叫做“为死人洗脸”；有的战士看见遇难者的头歪着，便先将脖子轻轻扶正，再把头轻轻放平，尽量保持遇难者头部的庄重与完美；有的战士们看见遇难者已经压扁，就用手认真修整修整，尽量恢复遇难者身体的端庄与完整；有的家长提出要为孩子摆上一个书包，放上孩子最喜欢吃的水果、糖块和瓜子，再点燃一炷香，战士们不厌其烦，帮着一一办理；每当埋完一具尸体，方便亲属们今后辨认，战士们先捡上一块砖头当墓碑，编上一个号码，比如1号、2号，或者9号、10号，插在坟前，再从旁边采来一束野花，放在砖头——“墓碑”的前面，然后自觉站成一排，给遇难者集体默哀一分钟——因为天气热、温度高，后面的尸体排着队还要等着埋，所以只能一分钟！

只是，李柯事前的几条规定——其中一条是“满足遇难者亲属的全部要求”，一条是“不准哭”，战士们根本无法执行。比如，亲属们拼命要往里进，战士们必须要挡，不但没有满足亲属们的愿望，还惹亲属们生气，甚至骂娘；比如，有个双胞胎姐妹俩，本来是同桌，姐妹俩从小学一起到初中，可姐姐死了，妹妹还活着，于是妹妹死活要往里冲，一边冲还一边大声哭喊着姐姐的名字说，姐姐，怎么死的不是我啊！怎么死的不是我啊！望着女孩痛苦不堪的样子，战士们想不流泪都不行！还有一位母亲，儿子已经上高三了，马上就要考大学了，母亲哭着对战士们说，她儿子成绩非常好，作文全班第一、全校第一，本来一心准备报考北大的，可学校垮了，儿子死了！所以儿子掩埋后，母亲趴在儿子坟前，一手抓扯着自己的头发，一手抓着坟前的泥土，哭得死去活来。后来母亲晕倒了，一个小战士急忙背着她下山。下山途中，母亲醒了，看见背她的战士竟比自己的儿子还小——战士只有16岁，一下就想起自己的儿子，反而哭得更伤心了！于是，母亲在战士的背上撕心裂肺放声大哭，战士在母亲的身下压住声音偷偷流泪……目睹此情此景，不但周围的战士们哭了，连长李柯也哭了，而且哭得比谁都厉害，比谁都伤心！

从14号到16号，三天时间里，李柯带领100多个战士，在没有任何后勤保障情况下，仅靠少量的干粮和矿泉水，掩埋了105具尸体！

与此同时，红白镇掩埋尸体的工作也在紧张进行。

红白镇掩埋尸体的坟场，选在红白镇西山的一块坡地上。镇上村民告诉我说，这地方叫梨园，是几十年来村民专门产梨子的地方。这儿的梨树长势很好，结出的梨子又大又圆、又香又甜，比如鸭梨、木瓜梨、苹果梨等，吃起来清脆可口，香气迷人，方圆几十里，无论大人还是小孩，都喜欢吃这儿的梨。可近20年来，随着企业厂矿越建越密，外来人口越来越多，不知什么原因，这儿的气候越来越冷了，气味越来越难闻了，梨树的叶子越来越黄了，结出的果子越来越小越来越瘦了，长出的梨子竟出现了一个个的斑点，甚至后来干脆连梨树都不长梨了！再后来梨园变成了荒坡，现在又变成了坟场！

我曾三次沿着山路爬上这个坟场。爬上坟场不易，一是山高路滑，坡陡路窄；二是山中多雨，雨天路滑。我三次去坟场，三次都下雨，三次都摔跤，三次都被身边的战士及时扶起。于是我想，我空手走路尚且如此，战士们抬着尸体爬山该是何等不易！

我还听说，距梨园几里开外，还有一个荒坡，叫周家坡，因这儿的人大多姓周，故此得名。周家坡曾被灾区传说为“万人坑”，其实据我了解，这儿不过埋了几百人，说“万人坑”显然是一种夸张的比喻。但周家坡与梨园确有不同，即死者下葬的规格有异。周家坡主要埋的是老百姓，死者的居所是一个大坑，用战士们的话来说，是“睡通铺”。即是说，下葬时，先埋一层人，盖上一层土，撒上一层石灰，再埋第二层人，再盖上一层土，再撒上一层石灰；而梨园埋的多是学生和老师——学生136、老师7人，且一人一坑，用战士们的话来说，是“住单间”。

不知什么原因，我三次走进梨园，都有一种不寒而栗的感觉。说天冷，这儿似乎确实多了几分寒意；但真的是天冷吗？我又心生疑问。因为这寒冷并非来自身体，而是灵魂。每次面对那几百座坟茔，我想得最多的问题是，一旦进入冬季，这100多个孩子稚嫩的生命，能经受得住这原始山中彻骨的冰风霜寒吗？在城里，一个高干的子弟或者亲戚，一个煤炭老板或者一个大款，可以拥有几百平方米乃至几千平方米的豪宅；而在这里，在灾区，这些地震中不幸遇难的孩子，一生最终的归属，却只有一个几十公分宽的坟坑！我不知道这个几十公分宽的坟坑能占地球多少面积，也不清楚是城里那些豪宅的几分之几，更不明白城里人与乡下人同是人，生命的价值为何竟有如此大的差异！比如，在城里，同样是人，同样是死人，可以到乡下买块墓地，可以进豪华的殡仪馆，可以有很多的人为你排队，为你默哀，为你献花，为你致敬；还有亲人、朋友关爱你，领导同事看望你，礼品、果篮送给你，长长的泪水陪伴你。但在这儿，在灾区，此时此刻，一个人死了，就死了，往坑里一放，甚或往坑里一扔，便万事大吉了。从此阴阳两隔，谁管？谁问？谁爱？谁疼？

红白镇的尸体掩埋，和洛水几乎一样，也是从14号开始，16号结束；不同的是，家属可以进入坟场，军人和百姓，基本没有冲突。至于说每具尸体在掩埋之前，公安人员都进行了DNA抽样鉴定，根据我的调查，无论红白还是洛水，都是子虚乌有，纯属误传。但在这三天时间里，官兵们的意志、体力经历了一场从未有过的挑战和考验，精神、灵魂受到了一次从未有过的洗礼，却是实事。

埋尸体，能量消耗极大，这个能量既包括身体的能量，也包括精神的能量，故，战士们的普遍反应是：极度饥饿，极度疲劳，往往只干上一两个小时，便有一种身心憔悴、未老先衰，甚至千古沧桑的感觉。

然而即便如此，却无法补充热能。即是说，吃饭成了一个大问题！想想吧，战士们掩埋尸体是在山上，肚子饿了的时候，甚至饿极了的时候，前后左右，不是一个个的坟坑，就是一排排的尸体，而且亲属们就守在尸体的边上，也守在你的身旁，不是向你哭诉孩子生前的种种欢乐，就是向你控诉孩子死后的种种悲伤；要不就是呼天抢地，泪水长流，或者悲痛欲绝，一塌糊涂！战士们坐在坟坑边上，或者蹲在尸体旁边，面对以泪洗面、长跪不起的众多家长，手上捏着干粮，你说是吃，还是不吃？吃吧，实在咽不下去；不吃吧，还要掩埋尸体，哪来力气？结果是，面对一座座坟坑、一排排尸体、一个个亲人，战士们只有忍着，一口不吃。

再一方面，战士们从早到晚，都在近距离地接触尸体，而且每天至少上百具；加上尸体千奇百怪，表情狰狞，形状各异，无论对人的感官还是肠胃，肯定都是一个极大的刺激。因此，干完一天下来，深夜回到帐篷，不是累得半死，也会吓得半死——不光身体累，心更累，根本没有一点食欲。于是屁股一坐，身子一歪，倒下便睡，连做梦的时间都没有。所以战士们埋了三天三夜的尸体，除了喝点水，没吃过一顿热饭、一口热菜。

有个战士，告诉我这样一件事情：有一天，他从早上开始埋尸体，一直埋到下午5点，没吃一口饭，没喝一口水，后来实在饿极了，便悄悄拿出一块饼干，刚准备要往嘴里塞，就被一个记者看见了，举起相机就要拍照。他发现后，慌忙又把饼干塞了回去，然后装着若无其事的样子，继续掩埋尸体。我问他为什么记者一拍照，你就不吃那块饼干，他说我是黄继光团的战士，要是记者把我埋死人时吃饼干的镜头拍下来传到网上去了，那就给黄继光团丢脸了，给军人丢脸了。所以再饿，我也得忍着！

至于洗澡，就更是做梦都别想的事情。地震后，水，成为整个红白镇一个突出的大问题。特别是前一周，不仅灾民缺水，军人同样缺水；不是滴水如油，而是滴水如血，甚至滴水如命！如果有人说，一瓶矿泉水能救一条人命，这不是夸张，而是太不了解灾区的情况，准确的说法应该是：一瓶矿泉水，有时能救10条人命！但按当时的规定，每个战士每天只发两瓶矿泉水。而灾区每天烈日高照，地面温度高达35℃，劳动强度极大，战士们个个壮如牛犊，两瓶矿泉水如何饮用，可想而知。不少战士由于缺水，嘴角干裂，鼓起一个个小泡；甚至有的出现虚脱，晕倒在废墟上。因此从团长到战士，一个星期不洗脸，不刷牙，更不可能洗澡。每天回到帐篷，一身臭汗，连衣服裤子上都能清楚地看见一片片白色的汗渍。可衣服都不脱，倒下便睡。武汉军区总医院的一位军医告诉我说，由于没水洗澡，有的战士身上发痒、起疙瘩、长红点、烧裆，那个臭哟，别提了！肖亮营长告诉我说，有一天他路过一个地方，看见旁边有一条水沟，水沟的水很臭，但他还是把自己的脚伸进了臭水沟，痛痛快快地洗了一次脚，因为他的脚比水沟的水还要臭。

广州军区武汉总医院院长浦金辉，还告诉我这样一个故事：5月14号这天下午，他上山找水源，看见两个战士正抬着一具尸体上山。他很敏感，仔细一看，发现尸水已经滴在了战士的小腿上！他一下惊呆了！作为职业医生，他当然知道尸水渗到身上意味着什么，于是他立即叫住两个战士，有些生气地说，你们怎么能这样干呢！知道吗？你们抬的是尸体，不是木头！说完，他赶快拧开随身带的一瓶矿泉水，蹲下去就要给战士冲洗。没想到两个战士一看，也惊呆了！非常生气地说，医生，你怎么能用瓶矿泉水冲脚呢？你知道吗？我们一天才两瓶矿泉水，只有渴得不行了，才舍得喝一口啊！听了这话，浦金辉院长的眼泪一下就流出来了。他马上返回医疗队，让护士们立即准备几桶消毒水，凡接触过尸体的战士，回来后必须先浸泡双手！

在掩埋尸体的过程中，战士们最难受的，其实是心里；而心里最难受的，是年纪最小的新兵！

这是因为，战士们掩埋的多是学生，多是孩子。这些学生的年龄，有的比他们小几岁十岁，有的小一岁两岁，有的和他们差不多。军人的双手本该是在战场握枪杀敌的，在灾区却要用来埋葬学生的尸体，这该是一件何等残酷、何等心寒的事情啊！一个战士告诉我说，站在坟坑旁，看着孩子的尸体，很自然地就联想到自己刚刚结束的学生生活，联想到假如自己没有当兵，还在学校，家乡也发生了地震，那自己又会是怎样一种命运？想到这些，好像就有了一种大哥哥对小弟弟、小妹妹一样的责任。

因此，战士们在掩埋尸体的过程中，非常小心翼翼，尽心尽力，总是在心里反复提醒自己：一定要小心、小心、再小心，千万、千万不要惊醒了孩子！一个战士对我说，他们虽然无能保住孩子生前的生命，但却可以保证孩子死后平平安安地睡在这儿，决不让他们再受到丝毫的碰损！特别是到了掩埋的最后阶段，即给孩子们一锹一锹地垒土的时候，对战士们心灵的刺激与震撼就更大了！眼睁睁地看着一个个十三四岁漂漂亮亮的花季少女，或者一个个十六七岁活蹦乱跳的精悍小伙，被一锹又一锹的黄土埋进坟墓时，战士们也跟着号啕大哭的家长们哭得一塌糊涂！甚至有的战士实在受不了，还跑到后山，对着峡谷大声喊叫，或者趴在地上偷偷痛哭一场！

走访中，我有意接触了黄继光团不少年轻的士兵，他们的年龄大约在十七八岁，其中有几个仅有16岁，均是2008年脱下学生服、穿上新军装的小新兵，有的下连才20天，有的下连才一星期。肯定地说，他们在家里，个个都还是爸爸妈妈怀里的孩子、爷爷奶奶膝下的宠儿；但一穿上军装，来到灾区，他们便从一个孩子一跃而成了一个军人！军人，什么叫军人？就是战争年代敢于迎着子弹炮火往前冲的人，和平时期敢于朝着天塌地陷方向闯的人！

但毕竟，他们还是孩子！

比如，金辛，16岁，湖北襄樊人。小伙子一看，很可爱，很单纯。金辛原本叫金幸，幸福的幸，上户口时，不知是户警不小心还是缺文化，总之大笔一挥，把幸福的“幸”写成了辛苦的“辛”，从此“金幸”变成了“金辛”——辛苦的辛。刚上完高一，金辛就当兵了。我说，你是后门兵吧？他笑了，笑得很诚实。而且下连才8天，就踌躇满志，斗志昂扬，跑到灾区，跑到红白来了。我问他为什么当兵，他说爷爷是志愿军连长，在朝鲜的坑道里打过仗，舅舅也当兵，堂兄是武警。他从小喜欢军人，但学习成绩不好，爸爸说，部队是革命的大熔炉，干脆到部队锻炼锻炼吧，就到部队“锻炼”来了。当兵前留给他最深的记忆，就是学校每天晚自习后，爸爸用自行车把他驮着接回家，然后妈妈替他掖好被子，他就一觉睡到大天亮。可是，可是到了部队，再也睡不成懒觉了；到了灾区，别说懒觉，连觉都睡不成了。他告诉我说，第一天到红白，他就跟着老兵去金河磷矿救人，爬山路，他手脚并用；余震一来，飞沙走石，他吓得抱头鼠窜。回来时，他不敢背伤员，有血，就为山民背铁锅，背腊肉，背土豆。他第一天见到的尸体，肠子都挤出来了，吓得他浑身起鸡皮疙瘩；第二天见到的尸体，眼球都鼓出来了，吓得他的裤衩都湿透了；但第三天，他就跟着老兵上山开始埋死人了！

金辛埋的第一具尸体，是红白中心小学的一个孩子，只有8岁。孩子的妈妈哭着对他说，孩子从小就爱干净，现在脸上全是土，太脏了，太脏了！他懂这位妈妈的意思，便学着老兵的样子，拿起一瓶矿泉水，倒在一张手帕上，给孩子“洗脸”。开始，他怕，手在抖，心在跳，头上的汗也在流。他想起班长说的，要把遇难者当亲人。于是，他就把小孩当成自己的弟弟，心里果然好多了，手渐渐不抖了，心也不怎么跳了……后来，金辛说：我听见了很伤心的抽泣声，是孩子妈妈的声音；再后来，我发现孩子的脸上有泪水，吓了一跳，以为是孩子哭了，细一看，原来是我自己的眼泪滴在孩子的脸上了。上山前，班长问我怕吗？我说不怕；问我会不会哭？我说保证不哭。可现在，眼泪不打招呼，就流出来了，想不流都不行了。我为孩子“洗”完脸，又用一块木板垫在坑里，把孩子放在上面，再把头扶正，让他面向红白镇。我想，他一个人躺在这儿，每天能看见他的故乡红白镇，看见他的学校，看见她的爸爸妈妈，还有爷爷和奶奶，心里就不会那么孤独了。就在这时，我忽然就听见孩子的妈妈在说，轻点，轻点！我的动作就更轻了，我轻轻放正孩子的头，轻轻搁平孩子的手，然后一锹土一锹土的，轻轻地为孩子合上坟，再到旁边采来一把野花，轻轻放在孩子身边，这才为孩子鞠躬默哀。可我刚一转身，孩子的妈妈“哇”的一声，就跪在了我的面前。我吓坏了，赶紧把孩子的妈妈扶起来，一下就想起我自己的妈妈了。妈妈从小告诉我说，做人要善良。我不知道什么叫善良，有一天，有个老爷爷在我家楼下收破烂，我就把家里的报纸全给他了。妈妈知道后对我说，孩子，这就叫善良。

当晚，金辛躺在帐篷里，睡不着。他告诉我说，很想睡，但太累，反而睡不着。帐篷里，20多个人挤在一起，你压住我的大腿，我枕着他的胳膊，头对着脚，脚对着头，像一堆大萝卜、烂红薯，横七竖八，堆在一起，汗水味，脚气味，还有从山上带回的尸体味，各种味道搅混一起，恍惚中不知是在人间还是地狱。一闭上眼，不是躺在坑里的孩子，就是跪着流泪的母亲。后来，还是迷迷糊糊地睡着了，一睡着，就梦见了妈妈，还梦见了爷爷。可他梦见爷爷死了，他在山上流着汗流着泪为爷爷“洗脸”！第二天，他起来就给妈妈打电话，不说梦见爷爷的事，只问爷爷好吗？妈妈说爷爷很好，就是想你了！你在灾区好吗？这两天干什么了？我在电视上看见好多人都死了，儿子，你去救人了吗？开始，他支支吾吾，不敢告诉妈妈他在埋死人的事，怕妈妈担心、伤心；再说了，别的战士都在废墟上救活人，他却在山上埋死人，觉得很没面子。可是他长这么大，从来没在妈妈面前撒过谎，于是没说上几句，就把他埋死人的事说出来了；还安慰妈妈说：妈妈，没事，我不怕，我已经是个男子汉了！可他话还没说完，就听见妈妈的哭泣声了，而且妈妈哭得很伤心，很伤心。以后，他每次给妈妈打电话，就再也听不见妈妈的说话声了，听见的尽是妈妈使劲压着嗓门的抽泣声。

再比如，孙冬，18岁，重庆人。小伙子一看，能干，聪明，还比同龄人多了几分成熟。孙冬告诉我说，他第一次见到尸体是在洛水，当时刚到灾区，很好奇，就偷着跑去看，看到一具尸体，两只腿都没有了，还在滴血，吓死他了！5月15号他参加埋尸体，开始尸体放在他们面前，他看都不敢看。但他和另外两个战士是专门负责为尸体洗脸的，不看怎么行？他只好硬着头皮看。孙冬说：我一看，有的脸肿了，有的脸烂了，有的只有半边脸。我从来没有见过尸体，更没有亲自接触过尸体，非常害怕！我刚拉开第一个尸袋拉链，就看见遇难者的眼睛直直地瞪着我，是个男孩，下面还有一滩淤血，吓得我慌忙倒退了两步。但孩子的父母却没有退，不但没有退，反而还把脸贴上去，用手合上孩子的眼睛，嘴里还轻声地说，你看你看，孩子很不甘心，死不瞑目啊！我就想，我是老兵了，两年了，不能怕，我就去扶孩子的头，想扶正，可孩子的脖子已经僵硬了，我一动，他的眼睛好像又在瞪着我。我确实很害怕，但我看见孩子的父母哭得很伤心，真的很伤心。这个时候，我才真正知道，天底下最爱孩子的是父母，只有父母的爱才是最无私最伟大的，地震无论把孩子压成了什么样子，父母都会把自己的脸贴上去，可以不顾一切。这个世界没有比亲情更可贵的了。于是我就想，我既改变不了孩子的命运，又什么事也做不了，只能把孩子身上打扫干净一点，为孩子洗上最后一次脸，让父母看到孩子干干净净地走了，心里会舒坦一些。自己只能做这点事情，不然到灾区来干什么呢？这么一想，我心里就没那么恐惧了。这天上午我们埋了40具体尸体，中午都没吃饭，没有时间吃饭，也没心情吃饭。下午和晚上又埋了几十具，一共埋了100多具。下午，有一个尸袋里装了两个小孩，两个小孩死死抱在一起，我怎么掰，也掰不开，可能是地震时两人都害怕，就互相抱在一起，才吓成了这个样子！而且，不知什么原因，两个孩子死了，却没一个亲人来认领。我为两个孩子洗完脸，把头扶正，照完相，就把两个孩子埋了。由于两个孩子最后也没掰开，就合葬在一个坑里了。

此外，还有一个年轻的排长，就是前面已经提到过的那位带着10个战士镇守桥头的小个子排长——向东！

向东，22岁，湖北巴东县人，4岁上小学，9岁学计算机，16岁当兵。之所以要再次提起这个小个子排长，是因为他在黄继光团的军官中，虽然年纪最轻、个子最小、职务最低，但与尸体打交道却最多！最多是多少？从5月14号到16号，短短三天时间里，他亲眼见到和亲手接触的尸体，至少有500具！刚到洛水，他第一眼见到的就是尸体；离开洛水来到红白，与他朝夕相伴的，还是尸体！想想看，在这三天三夜里，他的分分秒秒如何度过？他的灵魂深处，又是怎样一种心跳？

向东带着10个战士离开桥头、找不到连队后，很快就在洛水镇找到了参谋长彭元军。彭元军参谋长告诉他说，他们连可能去北川了，不管想什么办法，总之一定要找到连队！向东说，战士们已经两天没吃一口饭了，实在走不动了，能不能先找点吃的再找连队？参谋长就让他们去六连炊事班找。六连炊事班这天熬了半锅稀饭，却只有一个碗，还是参谋长刚刚吃过的。炊事班长说，就这一个碗，没水洗，就凑合着吃吧！向东就让10个战士排成队，新兵在前老兵在后，然后用这个没洗过的碗盛上半碗稀饭，先给第一个战士喝；第一个战士喝了后，再用这个碗盛给第二个战士喝；第二个战士喝了后再盛给第三个、第四个战士喝；然后第五个、第六个战士接着喝……最后，等这个一直没洗的碗轮到向东手上时，碗里只剩一口稀饭了。向东喝下最后一口稀饭后开始找北川。向东从来没听说过北川，更不知道北川在哪儿，后来好不容易打听到了去北川的方向，参谋长又告诉他说，他们连去的不是北川，是红白。但参谋长不知道“红白”是哪两个字，连队也联系不上，让他自己去问，自己去找！向东就自己去问，自己去找，终于问到了去红白的路线，找到了一辆志愿者的中巴车。中巴车把向东他们拉到一个叫烂柴湾的地方后，警察却拦住中巴不让过，因为前面已经堵得一塌糊涂。向东态度非常强硬，说部队有紧急任务，必须过！警察的态度更强硬，说你今天要过，就从我身上压过去！向东他们只好徒步急行军。一个半小时后，向东他们终于看见了空降兵的车，于是开始寻找连队，一辆车一辆车地扒着找，一共找了80多辆，足有两公里地，终于找到了连队——准确地说，是找到了正在路边生火做饭的连队炊事班。向东一打听，他们连都进山了，明天才有可能回来。

此时，已近晚上9点，向东他们累极了，也饿极了，就用矿泉水泡了一包粉丝，吃了，靠在路边，想睡一会儿，可睡不着。第一次失去组织，向东有了一种失落感，也有了一种从未有过的责任感。这责任感不是谁告诉他的，好像是从心里长出来的，让他心窝跳个不停，脑门一直冒汗；加上刺鼻的氨气味，直往人的肺里钻，呛得人合不上眼；还有，余震一来，只听山上的石头轰隆隆往下滚，于是坐起，躺下；再坐起，再躺下，搞得一夜坐卧不安。

第二天一大早，向东带着10个战士又跟着机炮连上山挖坟坑，从早上7点挖到中午12点，没歇一口气，没喝一口水，一共挖了42个坑！刚想喘口气，一个志愿者跑来说，山下有人求救！向东赶紧带着10个战士赶到现场。求救者是位老大娘，说老伴埋在里面了，快帮她挖出来！向东没挖过人，不知道怎么挖，正琢磨怎么挖，一个中年男子匆匆跑来说：解放军，旁边还有三个人，请帮我们也挖一下！于是向东将10个人分成两组，分头挖。第一个挖出来的是老大爷，70多岁了，满头白发，被一根横梁压在背上，身子几乎压扁了。向东让两个战士奋力抬起横梁，然后自己把老头儿抱着往外拖。老头儿拖出来后，老伴一看，两眼已经化脓了，吓得躲到一边再也不敢看。向东他们把老头儿装进尸袋，发现老头儿的裤子鼓鼓囊囊的，伸手一掏，原来老头儿穿着一条防盗内裤，内裤里装着厚厚一叠人民币，大约有1000元。向东把人民币如数交到大娘手上，大娘一看，生气了，脱口就骂，这个死老头，死了还藏私房钱！刚一骂完，又抱着老头儿号啕大哭起来。

两小时后，向东他们把中年男子家的三个人也挖了出来，这三个人分别是中年男子的女儿、老婆和岳父。两家人都提出，要解放军帮他们掩埋尸体，就埋在他们家的后山。但大娘家有现成的棺材，中年男子家只有一口棺材，向东他们就和中年男子一起，拆下倒塌的门板，做了两口简易棺材。然后，向东带着战士爬到后山，按照遇难者家属的要求，挖了四个坑，每个坑长2.5米、宽1米、深1.7米。接下来，要把四口棺材抬上山。向东他们只扛过钢枪，没抬过棺材，何况棺材本身就重，再躺上一个人，又是山路，怎么抬？向东就想，不会挖坟坑，坟坑不挖出来了吗？不会刨尸体，尸体不刨出来了吗？不会做棺材，棺材不也做出来了吗？11个解放军，就不信抬不了四口棺材！于是向东决定，一口棺材八人抬，一个人在前引路，一个人在后守护，一个人在旁边指挥。第一口棺材抬的是老大爷，上路时，大娘在前面一边抹泪，一边烧纸，一边扔钱（纸钱），八个军人在后面抬着一口棺材，如同抬着一座宫殿！200米的路程，走了40分钟，等放下棺材，11个军人的衣服全湿透了！向东后来对我说，不是棺材太沉，而是责任太重！万一不小心把棺材摔了，怎么向老百姓交代啊？

四口棺材平安抬上山后，已是下午4点多了，向东他们赶紧埋人。但埋人的事向东他们更没干过，只好求教老大娘。老大娘满口四川红白方言，听起来很困难，向东他们只好按自己的理解，先将棺材移进坑里，然后再将四个角放平，接着就用铁锹往棺材上盖土。没想到就在这时，老大娘突然冲进坟坑，生气地用手把棺材上的土，全扒拉了下来，然后自己双手捧起一捧土，重新盖在棺材上。向东恍然大悟，原来按当地的风俗，第一捧土，应该由亲人自己盖。于是，向东他们接下来为中年男子掩埋的三具尸体，坟上的第一捧土，都由中年男子自己动手盖。四具尸体掩埋完毕后，老大娘和中年男子分别跪在各自的坟前，又是烧香，又是磕头，又是流泪，又是哭诉。

此时天色已晚，向东本想带着战士尽快下山，可望着四座刚刚垒起的坟茔，却怎么也挪不动步子。突然，中年男子转过身来，扑通跪在向东面前，连连磕了三个响头，然后对向东说：好好一个家，现在房没有了，人没有了，什么都没有了，全家就剩我一个了！我要离开红白，这儿再也没有我留恋的了！说着，中年男子向山下走去，一步一回首，一步一叩头，最后爬上一辆货车，向着三位亲人墓地的方向，又深深鞠了一躬，这才含泪而去……望着眼前这一幕，7个小时没掉过一滴眼泪的向东，突然忍不住大声哭了起来，其余10个战士也跟着哭了起来。

这时，山路上迎面飘来一面红旗，向东定睛一看，“黄继光生前所在团三营八连”几个大字赫然在目。两天了，终于见到了自己连队！向东带着10个战士飞跑过去，与指导员和战友们紧紧拥抱一起，再次流下了滚滚热泪。

第二天，向东又接到命令，带10个战士到梨园掩埋尸体。这10个人，其中便有金辛和孙冬。向东告诉我说，16号从早上7点，到晚上12点，他们11个人大概埋了300具尸体！有的三具尸体挤压在一起，分不开了，没办法，只好用两个坑，将三个人埋在一起。每具尸体一抬上来，他们就打开尸袋，先为遇难者消毒，然后跪在地上，一手托着遇难者的头部，一手为遇难者擦洗脸部。最恐怖的是晚上，整个红白镇一片漆黑，整个大山也是一片漆黑，但运上来的尸体必须连夜埋掉！特别是遇上没有家属认领的尸体，他们也同样要打开尸袋，露出遇难者的脸部和半个身体，然后打着手电，为遇难者清洗。清洗完后，再把尸体扶起来，右手托住头，左手扶着背，让遇难者有一定的倾斜角度，以方便地方民政人员照相。而最惨的是学生，是孩子，每个孩子的表情都很复杂，脸上留下的好像尽是一个个的“？”。看样子好像在问，谁能告诉我，这是怎么回事？所以面对这些孩子，他很想做点什么，弥补点什么。孩子的遗体一到，他就对家长说：你们自己选一个墓地吧，想把孩子埋在什么地方，我们就埋在什么地方。如果家长选好了墓地还不满意，他们就跳到坑里，按照家长的意思，把墓地重新修整一遍，甚至再挖一次，直到家长满意为止。孩子掩埋完后，他们还到山上采来野花，放在孩子坟前，然后11个人站在一排，为孩子集体默哀。

最让向东后悔的，是掩埋一位高中生。向东说：那天，天已经黑了，几个战士抬上来一个高个子男生，大概有1.8米还多，而且手臂特别长，后来听说已上高三了，是红白中学的篮球中锋。我们当时挖的坑，只有1.7米长，因为考虑遇难者多数都是孩子，1.7米长就够了。没想到突然来了这么一个大个子男孩，把他往坑里放的时候，头放下去了，脚却搁不下去；脚搁下去了，头又放不下去。我就让孙冬和金辛赶紧把坑加长，可坑加长后还是不行，男孩的右手臂直直地伸在外面，像是在指挥着什么，又像是在呼喊着什么，总之把尸袋顶起来好高好高，怎么也放不平。我就让孙冬把男孩的手臂往下掰，可孙冬掰了好几下，怎么也掰不下去；我上去掰，还是掰不下去。这时，山下的尸体不断运上来，我的身后已经堆了十几具尸体了。我一看，再不抓紧埋完这个男孩，就来不及了。于是我就对男孩说，兄弟，对不起了！说完，我就让孙冬和我一起，抓住男孩的手臂，同时用力往下掰！只听“喀嚓”一声响，你猜怎么着？男孩的手臂是掰下去了，可我明显感到男孩的手臂被我们掰断了！那一刻，我的眼泪哗的一声就流出来了，双膝忍不住一下就跪在了地上，心里难受极了，也后悔死了！我跪在地上，一边流泪，一边不停地用拳头捶打着自己的脑袋，捶打着地上的泥土，心好像在吧嗒吧嗒地滴着血！我想，要是能再给我10分钟，我哪怕再挖一个坑，也要把这个男孩好好安葬下去，绝不会损伤他一根汗毛！可是，我没有办法，当时不停地有人在催促着我，我的身后还有好多尸体等着要埋。后来，等把那天晚上所有尸体全部埋完后，我又回到这个男孩的坟前，跪在他面前，放声痛哭了一场！我一边哭，一边以一个大哥哥的名义，对他说，兄弟，对不起了！我这一辈子从来没做过一件亏心事，既然做了这么一件对不起你的亏心事，以后我就多为人民做好事、做善事，来弥补我的过错！请兄弟原谅我，好吗？说完，我又站起来，以一个军人的名义，恭恭敬敬地给他敬了一个军礼！

我采访向东，是在晚上，我住的帐篷里。当时，已近12点，四周极静，连一点风声也没有，整个红白镇除了帐篷里战士们的呼噜声，便只有我和向东的谈话声。向东讲到这里时，我已泪流满面，难以自抑。但我万万没想到，向东接下来讲到的一个遇难者，更让我心跳加快，震惊万分！

向东说：在大概300具尸体的掩埋中，最让我震撼的，其实是一位女老师。当时，尸体运上来后，后面跟着好几个亲属，有遇难者的父母，还有几个，不知道什么人。从他们的谈话中，我知道了这是一位女老师。我问遇难者的妈妈希望埋在什么地方？阿姨说，埋得高一点吧，女儿才看得见我们！我就去给工作人员讲了一下，因为当时按规定只能一层一层地埋。工作人员同意了，我们就把女老师抬到最高的一层。叔叔阿姨一看，说这个坑不好，太浅了，坑坑洼洼的。我和金辛就跳下去，重新把坑挖了挖、修整了修整。之后，叔叔阿姨自己还进到坑里，亲自用手把坑的四周抹了一遍，又抹了一遍，这才说可以了。我把尸袋的拉链拉开后，这才看见，女老师的胳膊没有了，腿断裂了，身体压扁了，半个脑袋也压得完全变形，头发和血肉搅在一起，盖住了剩下的半张脸，样子非常惨！但女老师很年轻，大约只有二十五六岁。看着这个样子，我的心都受不了了！阿姨看了一眼，就蹲在地上哭了起来，哭得很伤心，很想再看一眼，却又不敢看，不忍心看。当时为女老师“洗脸”的，是两个人，一个是孙冬，另一个是九班班长温前前，在旁边帮忙的，还有金辛。他们三个一边为女老师“洗脸”，一边也在哭。大概过了两分钟，温前前和孙冬突然神色慌张地站起来，结结巴巴地对我说，排长，这个人，好、好像还有呼吸！我一听，吓了一大跳！埋了几百具尸体，从没见过还活着的，怎么可能！我慌忙跑过去，蹲下一看，女老师的胸脯确实有轻微的起伏，看样子，心脏还在作最后的挣扎！我简直惊呆了，也吓坏了，两手发抖，额头冒汗！我急忙过去告诉叔叔阿姨。叔叔阿姨过来一看，立即嘴唇发抖，两手发颤，特别是阿姨，哭得都快晕厥过去了！我一边安慰叔叔阿姨，一边说，叔叔，我去找医生来看看吧！叔叔再次伏下身去，细细看了又看，并拿起一瓶矿泉水，为女儿喂了喂水，然后站起来，向我摆了摆手，说，不用了，任何人来，都没一点希望了！阿姨也哭着说，与其让女儿没手没脚地活着，还不如让她赶紧痛痛快快地走吧！我急忙拿起一瓶矿泉水，伏下身去，想为女老师喂上一口水，哪怕一小口。这时，我发现，女老师的胸脯已经看不见一点起伏了，刚刚还在挣扎的心脏，完全平息了，再也没有一点动静了。可我还是想为她送上最后一口水。可水刚一喂进去，又流出来了，不管怎么喂，都喂不进去。我仔细一看，原来女老师早就没有一张完整的嘴了！这时，我听阿姨在说，解放军同志，你们赶紧把我女儿埋了吧，她太痛苦了，让她快点解脱吧，求求你们了！我站在那里，却呆若木鸡，除了流泪，不知该怎么办是好。虽然我和三个战士都看见女老师确实没有一点呼吸了，也认为确实没救了，可当时没有法医在场，也不可能有法医在场，我们无法从医学的角度对女老师的生死，做出科学的准确的判断。尽管从12号到16号，四天过去了，女老师已四肢残缺，面目全非，但生命却如此顽强，万一还活着呢？万一还有最后一丝气息呢？这时候，我听见下面传来家长的喊叫声，回头一看，下面两层的坟坑前面，已经摆放着十多具尸体了，而且尸体还在源源不断地往上运。叔叔一看，也着急了，拉着我的手说，小解放军同志，不要再犹豫了，赶紧动手吧，我已经看过了，我女儿确实已经停止呼吸了！你们看，后面还有那么多人排队等着呢，大家都是不幸之人，不要因为我的女儿影响了别人！可我还是有些犹豫。而就在我犹豫的时候，叔叔突然一狠心，抹了一把眼泪，走过去，自己把女儿的尸袋的拉链拉上去，然后和阿姨一起，把女儿抬进了坟坑；把女儿搁好、摆平、放正后，又为女儿盖上一件衣服，放上一束鲜花。然后，叔叔这才转身对我说，请解放军同志帮帮忙，让我女儿入土为安吧！说着，叔叔双手捧起一捧土，轻轻盖在女儿的身上；阿姨随后也双手捧起一捧土，轻轻盖在女儿的身上……直到这个时候，我们才慢慢扬起手中的铁锹，一边流着眼泪，一边把泪水打湿的土一锹一锹地盖在女老师的坟上。我们的动作很慢，很细，想快一点糙一点，都不行。我们把女老师安葬完后，又为她采来几束野花，然后站在她的坟前，一边为她敬礼默哀，一边为她流泪……

后来我采访到，这位女教师叫郑海鹰，27岁，是红白中学的一位老师。红白中学的钟副校长告诉我说，郑老师的专业是数学，但她英语很好，学校缺英语老师，就让她教了英语课。她很尽责，对学生要求非常严，也很关心人；李碧老师告诉我说，郑老师戴个眼镜，长得很文静，很瘦小，说话很幽默，许多学生都喜欢听她的课。她喜欢爬山，喜欢唱歌，特别喜欢小孩。她有一个女儿，5岁了，她非常爱她的女儿……

7月26日傍晚，我来到郑海鹰老师的坟前，以一个军人和作家的名义，为这位年轻的女教师烧了一炷香……

短短几天时间里，黄继光团在洛水镇和红白镇共挖出遇难者237人，挖掘坟坑700个，埋葬尸体690具，坚持做完了一件从未做过的善事！

但还有一部分战士，却依然还要坚守在墓地旁。干什么？为死者站岗！因为，尸体埋葬后，必须保证每座坟墓、每具尸体的完整性，真正彻底做到让死者安心，让生者放心！由于地震刚过，方方面面都很混乱，坟场的情况同样也很复杂。比如，有的灾民自己上山埋葬尸体，或把别的地方的尸体移迁过来，挖坑下葬时，只考虑自己，容易损伤旁边的墓地，负责坟场站岗的战士就要提醒或制止，帮助解决处理；有的野狗因饥饿至极，有可能跑到坟场偷吃尸体，一旦发现，战士就必须把狗撵走；有些亲属要到坟场看望孩子，由于过于伤心悲痛，当场晕倒，战士们就要及时负责送往医院；有的人据说为了讨个说法，要挖出学生的尸体，抬到当地政府门口游行；甚至还有人不怀好意，企图破坏坟墓，制造混乱，战士们就必须守好墓地，看好尸体。此外，地震后山上只有一个水源，为防止有人破坏，投放毒品，战士们必须保证水源的绝对安全。

因此，从5月13日晚到5月27日，黄继光团的部分军人一直坚守在坟场，从一个扛枪的战士，变成了一个为遇难者站岗的守灵人；而陪伴他们的，除了孤独与寂寞，凄凉与清冷，便是悲伤与泪水，墓地与死魂。尤其是夜半三更，坟场一片死静，偶尔有风掀动草丛，或从远山传来一声狗叫，都会让人心里瘆得慌！

2008年5月的一个傍晚，我走进红白镇西山梨园坟场，亲眼见到并走访了这些为死者站岗守魂的战士。我问一个战士，怕吗？战士说：怕！尤其是第一天晚上，怕得尿尿都尿不出来。我在家的时候，晚上从来都不敢走夜路。可到了灾区，看到这么多人在受苦，在遭难，我觉得帮不了他们什么，很惭愧。现在，他们家的孩子遇难了，我能在这儿帮他们守着，心理也就好受一些。我说，在坟地里站岗，谁都不知道，值吗？战士说：这个，不好说。不过我们团长说了，在灾区，老百姓的要求，就是军人的追求！

老百姓的要求，就是军人的追求——说得多好啊！望着眼前的战士，我想起欧洲医学奠基人、被西方尊为“医学之父”的古希腊著名医生希波克拉底说过的一句话。他说，医生的岗位，就在病人的床边。

那么军人的岗位呢？是不是至死也该在老百姓的身边？

（李鸣生：《震中在人心》，上海文艺出版社，2009年4月，第90～132页）

让汶川告诉世界

——写在“5·12”大地震一周年之际

张胜友

一部人类文明史的进程，永远伴随着人与自然灾害的抗争！

——题记

生命高于一切

四川，据中国版图之西南一隅，扼浩浩长江之要津。

上溯3500年前，三星堆遗址即闪耀出令世人叹为观止的古蜀文明。时序演进，社会流变，

"四川熟，天下足"之古训未变。遂有"天府之国"美誉。

丁亥岁末，54岁的刘奇葆走马上任四川省委书记、省人大常委会主任。他记得成都武侯祠有副名联：能攻心则反侧自消，从古知兵非好战；不审势即宽严皆误，后来治蜀要深思。好一句"后来治蜀要深思！"刘奇葆自忖：变革狂潮席卷神州大地，今之蜀道通衢，政兴人和，正所谓为官一任，守土有责，自己瘦削的肩膀上正扛着千钧重担呵！何曾想，刘奇葆履新不足半年，一场突如其来山崩地陷的里氏8.0级汶川大地震，将他推上风口浪尖……

绝对是一场空前的地球战争：蓄势已久的印度板块骤然向亚洲板块俯冲，青藏高原快速隆升，导致高原东缘地质沿龙门山构造带方向汹汹涌动，突遇四川盆地刚性地块顽强阻击，于是乎，逆冲、右旋、挤压……巨大能量最终积聚于龙门山北川映秀镇浅表层10~20公里地壳韧性转换带……公元2008年5月12日14时28分4秒，突然，千万声怒吼一齐喷射，飞沙走石，天地混沌，死亡气息煽动起巨大的翅膀飞翔……北至北京、蒙古，东至上海，南至香港、泰国、台湾、越南，西至巴基斯坦，据称几乎整个东南亚地区与整个东亚地区都传递着震感。

破坏力是相当恐怖而惊人的：汶川大地震能量堪比当年美国在日本广岛掷下原子弹的几十倍。

最大烈度为11级，极重及重灾地区达10万平方公里。

受灾群众达3500万人之众。

一片废墟，满目疮痍，惨不忍睹……

急！十万火急！救人如救火！

灾情牵动着中南海的中枢神经。

无疑，这是一场生死竞速的赛跑。

震后1小时27分钟，胡锦涛总书记即作出重要指示："灾情就是命令，时间就是生命！"紧急部署，果断决策，举全国全民全军之力抗震救灾。在灾情最为危急的时刻，5月16日上午，胡总书记又风尘仆仆飞临四川地震灾区第一线，运筹帷幄，指挥若定。"任何困难都难不倒英雄的中国人民！"他坚定有力的声音回响在灾区上空。

震后2小时12分钟，国务院总理温家宝乘坐的专机飞赴四川灾区。此后，在"黄金抢救72小时"的日日夜夜，一个66岁老人的身影一直穿行于灾区废墟、瓦砾、倒塌的学校、临时搭起的帐篷医院……他目光慈爱而坚毅，分明传递出一种信心和力量："只要有一线希望，就要用百倍的努力！"

"第一时间"成为最有力的号令。国务院启动《应急预案》中最高的一级地震响应：人民解放军、武警、公安和消防官兵雷霆挺进，展开救援；国家有关部门紧急行动，及时发布地震信息，调拨救灾物资，下拨应急资金，组织地震灾害紧急救援队、现场工作队与卫生应急队奔赴灾区。

地震尚在进行时，办公楼在激烈摇晃，树冠在激烈摇晃，大地在激烈震荡……刘奇葆抓起一张地图一个箭步冲到省委大院草坪上，临危不乱，马上召集来一些人焦虑地搜寻着震中位置……很快又冲回摇晃中的办公室，抓起红机电话向中央领导即时汇报；尔后，即刻发布两道命令：命令四川省公安厅、成都市公安局第一时间管制通往灾区的所有交通道路，保障救援力量进入！命令四川省卫生厅立即组织医疗救护队先行出发!

刻不容缓，分秒必争。三辆越野车飞速地向震中汶川进发。刘奇葆作为四川省“5·12”抗震救灾指挥部指挥长，只急匆匆带了一部海事电话和一张地图上路。他只有一个念头：靠前、靠前！救人、救人！危难之时，他心如明镜：这一场即将展开的规模浩大的抗震救灾战斗，是对于四川省乃至我们国家危机决策与危机处置能力的严峻考验!

汶川，一瞬间成为全世界关注的焦点。

东西南北中，士农工商兵，千军万马奔向汶川……

四川省省长蒋巨峰，这个从农村一路奋斗上来的铮铮硬汉，是在省政府办公室感受到汶川大地震的。在他的人生历程中，他曾先后有过两次五六级左右的地震震感体验。此刻，脚下地板超强度的剧烈震颤，让蒋巨峰心里一惊：此次地震非比寻常，来者不善!

蒋巨峰代表四川省人民政府依法宣布完启动一级地震响应，迅即跳上应急办的一辆小车飞速赶往省地震局，一路上看到满街拥挤着惊恐不安的市民们……在省地震局监控中心，他迅速果断地下达了三道指令：一、锁定震中之后，5分钟之内必须拿出余震趋势分析报告；二、立即召开新闻发布会，第一时间将地震信息公之于众（这应是汶川大地震后首场新闻发布会）；三、地震专业队伍马上赶赴灾区。尔后，与四川省军区政委叶万勇将军乘一架直升机直飞汶川灾区……天空烟尘弥漫，能见度极低，最终不得不折返都江堰，与刚抵达不久的温家宝总理以及刘奇葆书记汇合一处。

四川省委、省政府、省人大、省政协四套班子的力量已全部动用起来，地震发生的当晚即成立6个小组（后又扩展为8个小组），由省领导牵头分赴6个重灾市（州）靠前指挥。

“灾区全力救灾，非灾区全力支援救灾！”

不分白昼黑夜，不晓晨昏交替。全省各级党和政府广泛动员干部群众就地就近开展自救与互救。

第一时间从钢筋混凝土下挖掘、抢救出7万多人，最终总计抢救出83988人，救生人数与死亡人数之比达到1∶1，在全世界各类重大地震灾害中，如此高的救生率堪称创造了一个奇迹。

紧急转移1190多万无家可归的灾民到安全地区进行避难性安置；然后又将1190多万人送回去就地、就近、分散进行过渡性安置，恢复家庭生活形态。一出一进，一来一往，犹如将北京或上海整座大都市的人口全体拉出来进行了一次空前绝后的迁徙大演练。其间，还紧急救援转移受困游客5.5万人。

向中央提出请求，紧急向全国（尤其是沿海发达地区）快速转送重伤病员10015人，让他们在最快的时间内接受到最好的医药治疗，力争将死亡率和致残率降到最低，实现了人类历史上非战争状态下蔚为壮观的伤病员转移大救治。这样的地震大灾难，据统计受伤总人数达360796人，最终截肢和截瘫的仅有827人、致残人数也只有5900人。

“开仓廪以济困苦，筑墟落以纳苍黎。”震后三天，四川省委、省政府当机立断：开仓放粮。确保灾区灾民有饭吃、有衣穿、有水喝、有医疗、有安全住所。真正做到：大灾之年不饿死、冻死一人。

汶川作证：人民生命高于一切!

众志可撼山岳

直到一年后的今日，刘奇葆回忆起当初的情景，他表情复杂又百感交集地说出一个字：难！

“蜀道之难，难于上青天。”救灾比蜀道更难！

避难性安置千难万难。在余震频频、大雨滂沱、道路阻塞且时时面临死神威胁的险境下，要抢在最短时间段内快速转移450万户计1190多万灾区群众至安全地区，可想其难……一时间，震区周边城镇的体育馆、演剧院、学校、机关、厂矿等公共场地人满为患，广场、街道两旁则帐篷、草棚、塑料棚如野蘑菇般遍地疯长，白花花、蓝莹莹一片……惊魂未定、仓皇逃生的人们，三四户人家十几口人挤在一顶20平方米空间的帐篷里，男女老少混住，安全是安全了……然而，接下来的日子，高温、多雨、潮湿，诸多不便……专家预言，如此环境下灾民的心理承受极限时间最多为一个月。

过渡性安置同样千难万难。艰苦卓绝的生命大营救暂且落幕，1190多万避难灾民的去向问题马上凸现出来。众声喧哗，有人认为震区地理条件恶劣、已不宜继续生存居住；有人主张向外实施大规模移民，移往上海、北京、成都，乃至新疆、黑龙江等地……移民，对于刚刚遭受地震重创的四川省而言，当然省时、省事、省力多了，重压一下可分散为全国各地共同来承担。然而，一个极其尖锐的现实问题摆在面前，汶川乃藏羌民族千百年来的聚居之地，10余万人转移出去还要找一处聚居地谈何容易？！更何况，经调查绝大多数群众恋土恋乡、熟土难离，纷纷表示不愿背井离乡。四川省委、省政府审时度势迎难而上，果断作出决策：就地、就近、分散安置，恢复家庭生活，恢复生产，重建家园。

一幅何等艰辛而壮阔的图景。

胡锦涛总书记驰赴河北，又飞往江苏，亲自部署赶制大批帐篷和板房。

四川省委、省政府千方百计筹措资金，表明了砸锅卖铁也得干的决心，紧急下拨44亿元专项用于无家可归的农村居民搭建简易过渡住房的困难补助。

1000多万回迁乡亲在满目疮痍的废墟上，掀起了一场轰轰烈烈的全民造房运动。人民群众既勤劳俭朴又极具聪明才智，他们发挥出巨大的创造力，自己动手清理瓦砾，搜寻旧物就地取材，自搭自建节俭又实用，住宿、厨房、厕所等功能齐全的简易过渡住房。仅短短3个月，赶在8月8日北京奥运会隆重开幕之际，450万户过渡安置工程已奇迹般完成99.6%：群众自搭自建简易住房220万户、板房安置60万户、帐篷安置40万户，其余群众的受损房屋也全部进行了维修加固。

综观古往今来，大灾之后往往引发社会动荡，今日大震后之四川，灾民居有定所、衣食无忧、八方援助、重建家园。北京举办奥运会期间，四川无一灾民因灾赴京上访，与全国人民一道分享了“百年奥运，中华盛典”的喜悦与欢乐。

历史经验告知我们：大灾之后必有大疫，且疫情往往甚于灾情。

说起灾后卫生防疫，灾区干部感慨万千：“这一场硬仗打得非常艰苦，但打得非常漂亮！”

无疑，汶川大地震造成的死亡是相当惨重的。登记在册死亡人数已达68707人，还有17923人失踪（绝大多数失踪人数最终也将按照法定程序转化为死亡人数）。

四川省素为养殖大省，在地震中死亡动物竟多达4300万头（只），动物尸体处置不及时，同样极有可能成为疫病的源头。

方圆10万平方公里重灾区，其间沟沟壑壑山岭相连纵横交错，又正值炎炎夏日高温多雨，一旦引发瘟疫滋生、病毒蔓延，将会演化为一场震惊世界的灭顶之灾呵！

当务之急是防患于未然。

必须在最短的有效时间内，大面积“地毯式轰炸”反复喷洒消毒药水。采用飞机喷洒药水当然是既便捷又高效的办法，但高空喷射造成的空气污染与传播，必然会伤及人的健康。

时间不等人。四川省委、省政府毅然决定：发动群众，动员群众，组织群众，打一场卫生防疫的人民战争。首先制定了“专群结合，进村入户，不留死角，彻底防疫”的方针。

第一时间把灾区所有的乡村医生组织、动员起来，全部转化为卫生防疫人员，一下就把防疫力量全覆盖了；快速从各地抽调一批专家进行业务培训与指导，确保每个村庄都有3至5名专职防疫人员。

几乎全世界各种类型的喷雾器都集中到了四川灾区：高档的、普通的、手动的、肩扛的、机动的、电动的、巨型的、袖珍的……漫山遍野、村村寨寨一齐上，10万平方公里的重灾区集中进行拉网式消毒、杀菌、灭鼠，效果奇佳——这是中国特色、中国智慧、中国气派的人民卫生防疫成功典范！

震后第二周，已完全做到处理遗体与发现遗体同步进行：凡发现遇难者遗体，即刻采取清洗、消毒、照相、提取DNA等措施，然后深埋。这其实是确保灾后疫病不发生的非常重要的前提。

也许人们并不知晓，死者遗体处理是一桩极其麻烦和错综复杂的事情。各式各样的诉求，五花八门的矛盾，你须十分耐心，你须洗耳恭听，同时，你还须做大量的艰苦细致的协调工作。灾区绝大部分的火葬场均毁坏殆尽，只能采取消毒深埋方式。其中，还涉及宗教、文化、民情、风俗等，你必须时时顾及诸多敏感问题。

我们的各级领导干部率先垂范体察民情，了不起呵！

我们的老百姓共克艰难体谅政府，了不起呵！

联合国秘书长潘基文先生曾专程前往汶川大地震震中映秀镇，举行中外记者见面会。一大批随行的美国记者、欧洲记者们，亲历亲闻灾区救人及时、措施有力、秩序井然、无病疫发生，尤其了解到在遗体处置方面表现出的中国人对不幸遇难者极大的尊重与终极人文关怀，一个个嘴巴圈成“O”形并纷纷竖起大拇指。

相信全世界不少炎黄子孙及外国朋友，通过中央电视台的电视荧屏都目睹了那一场惊心动魄、牵一发而动全身的唐家山堰塞湖保卫战：指挥者果敢决策，胸中自有雄兵百万；科学家智慧大脑精确运转，“生死时速”分秒不差；解放军、武警战士飞越天堑神勇无比；数十万避险撤离群众听从调遣秩序井然……

2008年5月22日，温家宝总理第二次来到四川灾区巡视，特别牵挂汶川大地震后形成的头号“悬湖”——唐家山堰塞湖的排险工作。就在火车专列上，温总理阵前点将，亲自指定四川省“5·12”抗震救灾指挥部副指挥长蒋巨峰，兼任唐家山堰塞湖应急处置指挥部指挥长，全权负总责。临危受命的蒋巨峰，先后五次冒着生命危险乘坐直升机飞抵唐家山堰塞湖坝顶察看险情，会商专家们制订周密方案，精心组织涉及绵阳市、遂宁市两市总人口130多万群众避险撤离战术演练……6月7日7时8分，唐家山堰塞湖首次泄流；至6月10日17时，两亿多立方米的湖水已排除一亿多立方米。当刘奇葆激动地宣布：悬在绵阳市人民头上的一盆水已流走了大半盆。此刻，蒋巨峰才长长地舒出了一口气。

最终，唐家山堰塞湖抢险排险无一人伤亡——它的成功处置，一时传为世界上大型堰塞湖抢险排险的佳话！

毋庸置疑，防治次生灾害，是抗震救灾中又一场更具规模更为持久的攻坚战。四川地震史上就有因次生灾害造成的死亡人数超出地震直接造成的死亡人数的惨痛纪录。

汶川大地震山崩地裂、山摇地动、山移地转……造成整个灾区大大小小的堰塞湖多达104座，另有病险隐患水库1196座，犹如一个个硕大无朋的水盆高悬半空随时都将倾倒下来。

地震还造成6000多处严重的山体滑坡。

正所谓：山川改容，江河倒流呵！

防范余震，处置堰塞湖，加固损毁水库，监测塌方、泥石流等地质灾害，加强危房和公共设施排查、鉴定，防洪排涝……一桩桩一件件，处处有险又处处排险，头绪庞杂而有条不紊。尤其值得四川人民引以为骄傲的是：时至今日，没有因次生灾害而造成一例新的死亡！

人们记忆犹新：发生汶川大地震的那一瞬间，犹如有一万只老虎在地下怒吼，随之山体崩塌、巨石滚落、桥梁断裂、道路变形，供水、供电、通信全部中断……灾区与世隔绝，似乎从现代社会一下倒退回蛮荒年代。

“抢通保通”成为头等急迫之举——否则，救人、救灾、安置、重建……一切皆成纸上谈兵！

11万人民解放军、武警部队、消防战士，源源不断的医务人员、志愿者队伍从四面八方驰援灾区。

调集7500台抢险机械设备、5500多辆抢险车辆夜以继日抢修公路。

拼死贯通抗震救灾车辆特别通道，5月18日起，重灾区对外主要公路全部打通。

从都江堰至汶川90公里的“生命线”全线严重损毁，经直升机勘察和专家评估三年打通都很困难，建议放弃而绕道夹金山，但路程将长达710公里。英雄们斗勇斗智撼天动地，竟奇迹般地在3个月内抢通了“都汶线”。

全力抢修受损铁路。成昆、成渝、达成、内六4条干线5月12日当日即全线开通；宝成线于5月16日双线开通；成汶、德天支线分别于5月14日和16日开通；广岳支线于5月24日开通。

紧急抢修受损供水设施1300多处，新建应急集中供水工程2129处，于5月底全部解决了575万灾区农村群众临时应急供水问题，6月初即实现供水保障向过渡安置供水的转变。

积极抢修水利灌溉设施，都江堰、武都引水灌区于5月20日即恢复通水，全省基本恢复农田灌溉供水。

抓紧恢复通信、电力等功能。5月17日起，灾区县城全面具备与外界的公众通信能力；6月12日起，重灾地区所有乡镇恢复或临时恢复供电；目前，全省所有受灾县、乡镇、99.3%的行政村已全面恢复公众通信能力。

“抢通保通”这一场战役，若以“气吞山河”比喻之，乃不为过！

中国精神抒写又一英雄篇章……

托起明天的太阳

如果说，抢险救人、紧急安置、抢通保通、卫生防疫、稳定社会，始终都围绕着“急”与“难”两个字，可称之为艰苦卓绝的“百日攻坚”；那么，恢复生产、重建家园、发展经济，一个“重”字力拔山兮，必将是一场更为艰辛的“千日奋战”。

显然，“百米冲刺”之后又迎来了“万米长跑”。

四川省委、省政府发出明确信号：以人为本、执政安民，将是贯穿整个救灾与重建的一条红线——全体共产党员必须始终担当的政治责任！

一系列有力措施随之出台——

信息公开、透明救灾，每天定时举行专题新闻发布会。

开通统一的举报电话，切实加强治安、信访等工作，及时查处群众反映的热点问题。

实施临时价格干预，尤其是恢复重建急需的沙、石、砖等大量建筑材料，严格由政府实行团体购买，确保灾区物价保持总体稳定。

严格督察救灾物资分发，由省纪律检查委员会书记牵头成立“抗震救灾资金物资监督检查领导小组”，同时面向社会公开征聘308名社会监督员，明确提出救灾物资发放“先群众后干部，先基层后机关”的原则，公告天下，取信于民，真正做到阳光救灾、廉洁重建。

在灾区全面开展“暖冬行动”，保过冬住房、保御寒衣被、保卫生防疫、保冬春口粮，储备过冬物资。总计调拨、发放棉被396.1万床、棉衣裤490.2万件、电热毯31.95万床、取暖器13.91万个……保证受灾最重的1000多万群众安全、温暖过冬。此外，“文化暖冬”行动极大地丰富了灾区群众的文化生活，欢乐、祥和成为灾区新春的好景象。

重点抓好孤老、孤儿、孤残“三孤”人员安置工作。6个重灾市（州）原有“三孤”人员10.4万人，地震又造成新增“三孤”人员1460人。春节期间，开展“助孤过年活动”，发动社区居委会、志愿者、团员青年、基层干部对“三孤”人员一对一陪护过年。同时，尽最大可能解决好他们的基本生活和长远生计。

组织大学生青年志愿者及大批专业志愿者，深入灾区对青少年、老人、伤残人员及伤亡人员家属等特殊群体进行心理调适和精神抚慰……

刘奇葆说，救灾就是救民，重建就是为民。“人民的利益高于一切”——始终是共产党人执政的基本理念！

无疑，四川人民挺起脊梁，从废墟上站立了起来。

经受住了巨大地震灾害的考验，四川经济没有垮，四川人民没有垮，四川精神没有垮。

迎接国际金融危机的严峻挑战，四川的灾后重建将化“危”为“机”，逆势而上，奋发有为。

科学制定规划，坚持民生优先。

在生命大营救与安置群众最为繁重的时刻，四川省即着手谋划灾后恢复重建。省委、省政府主要领导同志亲自挂帅，1个总体规划、10个专项规划、43个行业规划紧锣密鼓出笼，分别呈报国务院和国家有关部委。

震后不到3个月，恢复重建工程全面启动。

以解决民生问题为基点，抓紧恢复重建灾区群众家园、涉及民生的公共设施和基础设施。努力的目标是：家家有房住，户户有就业，人人有保障。

尊重民愿，体现民意，集中民智，让群众尽可能多的得到实惠，最大限度地调动起群众重建家园的满腔热情与积极性。

尊重自然规律与科学规律并重，住房重建、设施重建、产业重建、城镇重建、生态重建，以及生产力布局、重大项目安排等，均充分考量到防灾避险的各项功能。

党中央、国务院重拳出击应对国际金融危机，投资1万亿元用于灾后重建，期望作为拉动内需、促进全国发展的强大引擎；期望四川的灾后恢复重建工程快马加鞭、要求“三年目标任务”提前至二年基本完成。

省委领导班子感受到了巨大压力，却信心满满，号令全省干部、群众，以非常时刻非常之举，实现关键时期超常规发展。

四川48.5万平方公里大地上，山河换装，家园易貌，万象更新，一台威武雄壮的大戏正拉开大幕——

纳入国家灾后重建总体规划的项目已开工10124个，完成投资额2967亿元；

农村永久性住房重建项目已开工91%，学校重建项目已开工49%，交通、通信、水利等基础设施项目，卫生、文化、体育等公共设施项目以及产业项目推进势头良好；

18个对口支援省（市）援建工程进展顺利。

地震前，四川省已绘制一幅“建设西部经济发展高地”的宏伟战略蓝图。

大规模的灾后恢复重建，犹如一部动力强劲的助推器，将四川的经济社会发展迅即推上了快车道——

西部综合交通枢纽构想正在加快变为现实。至2012年，四川铁路新开工建设里程将达到3760公里，比新中国成立60年建成铁路总长还要多800公里。届时，成都至绵阳、乐山、内江等地形成半小时交通圈；至重庆、广元、宜宾、雅安等地形成1小时交通圈；至西昌、康定、西安、贵阳等地形成2小时交通圈；至兰州、郑州、武汉、长沙、昆明等地形成4小时交通圈；至北京、广州等地形成6小时交通圈；至沈阳、上海、格尔木等地形成8小时交通圈……可以想见，贯通南北、连接东西、通江达海的西部铁路交通枢纽何等蔚为壮观。

与国家交通运输部签署协议，“千亿交通工程”正式拉开序幕。14条高速公路建设开足马力齐头并进，至2012年，四川将拥有高速公路进出川通道12条，高速公路通车里程将超过3500公里。

期盼与筹备多年的成都双流国际机场二号跑道、新航站楼，以及宜宾、泸州港口工程已开工上马。西部陆、海、空立体交通网络的形成指日可待。

“建设西部经济发展高地”的产业支撑快速拓展。1000万吨炼油、80万吨乙烯等重大产业项目工程开工建设，无疑将奠定四川省石油化工产业在西部地区的龙头优势地位。

川东北地区一大批投资过亿元的天然气开发利用项目加快建设步伐；投资300多亿元的攀钢西昌钒钛钢铁项目正式开工；向家坝电站成功截流，一批水电开发项目进展顺利。

四川作为“国家粮仓”、农业大省的优势将进一步凸现。至2012年总投资额达4308亿元，将新增100亿斤粮食生产能力、培育10大特色优势种植业、新增1000万头出栏生猪生产能力、新增有效灌溉面积1000万亩、新增高产稳产农田面积1000万亩。

开放合作迈出更大步伐。在国际金融危机冲击、全国出口急剧下滑的不利形势下，2008年，四川省出口达131.1亿美元，增长52.3%；外商直接投资达31.2亿元，增长76.2%；今年第一季度出口继续保持29.9%增长势头，居全国第一位，出口总额名列中西部之首；第一季度GDP增长势头喜人，达10.8%。

四川灾后恢复重建，站在更高的层面上，努力破解发展难题，积极探索与工业化、城镇化和新农村建设、与优化城市布局、与转变发展方式、与充分开放合作、与改善宏观环境有机结合起来，正走出一条依法重建、科学重建的新路子。

日本阪神大地震重建耗费近10年时间。

中国速度令全世界为之震惊。

托起明天的太阳——四川的明天必将更加美好！

让汶川告诉世界

抗震救灾一年风雨路，我们经历了巨大悲怆和绝地反击。一路跋涉走来，彰显了生命的高贵和大爱无疆，既无比艰辛又充满欣慰。

党心可鉴，民心可追。中华民族以独特的智慧、勇气、精神，以坚不可摧的凝聚力和国家意志，在人类与自然灾害的抗争史上，耸立起又一座巍峨丰碑！

（《人民日报》，2009年5月12日第12版）

碑　文

戊子抗震救灾党员交纳“特殊党费”碑记[①]

公元二零零八年五月，岁次戊子之夏，里氏八级大地震突袭四川汶川。斯时也，天崩地裂，黑云压城。千里家园毁于一旦，万众生灵身陷危亡。然沧海横流，方显英雄本色；大勇无前，中国选择坚强。挺住汶川！挺住中国！中南海心系灾区，指挥若定；十三亿血脉相连，同此国殇。力挽狂澜，党是主心骨；众志成城，劫难共担当。三军用命，旌旗猎猎；八方驰援，浩浩荡荡。以人为本，珍惜每条生命；救死扶伤，高擎希望之光。

吁兮，危难见情操，大震识忠良。千万党员，浴血奋战；风狂雨骤，党旗飘扬。党是人民公仆，党是民族先锋，党是中流砥柱，党是核心力量。执政为民，是为职责；生死关头，当仁不让。铁肩担道义，热血铸长城。为党分忧，油然而生慷慨之思；为民解难，庄严而弘志士之情。日月经天，大灾大难有大爱；风起云涌，特殊党费万里行。顺天时，应民意，中组部积极倡导；献爱心，纾国难，七千万云合响应。长忆艰苦岁月，党费彰显忠贞。半个铜板，几多革命情愫；一担咸菜，系联赤胆忠魂。最是碧血染征袍，英烈犹复见丹心。党风天地间，长征有来人。领导垂范，身教重于言教；全党同心，先进在于躬行。钱无分多寡，尽我绵薄；地无分东西，党性则一。聚沙成塔，集腋成裘，煌煌九十亿，耿耿党员心。特殊党费，特殊关怀，分分厘厘，扶危济贫。而或兴学建校，弦歌盈耳；而或重建家园，生活长青。党恩出乎民意，口碑实乃丰碑。

嗟乎，特殊党费，时义大哉。党员意识张光含弘，民生观念刻骨铭心。春风和煦，温暖千家万户；人性之美，辉曜历史天空。伟矣，党魂壮国魂；诚哉，党心共民心。红旗漫卷山河在，看

---

① 原碑立于汶川县漩口中学（现汶川县七一映秀中学）校门旁。

我人民定乾坤。抗震救灾，永铭青史；共襄盛举，中华振兴！

（汶川县地方志办公室供稿）

北川中学重建记①

时维戊子之夏，里氏八级地震突袭汶川。斯时也，丘峦崩摧，雨骤风狂，北川县城，毁于一旦。北川学子，顿遭大难，嚎恸之人，何止千万；五洲同悲，举国哀挽；奋起救灾，众志成城。中南海指挥若定，大中华同此国殇。

嗟乎，血浓于水，情系于心。扶危济困，勇赴国难，惟华侨华人之光荣；爱国爱乡，崇教重文，乃炎黄子孙之传统。心念故土，沸腾热血满腔；壮怀激烈，誓为民族担当。老其老，幼其幼，痛其痛，伤其伤。重建北川中学，慨乎当仁不让。体侨情，顺侨意，中国侨联主动请缨；献爱心，纾国难，海内海外云合响应。善心遍及五洲，尽我绵薄；奉献无分老幼，聚沙成塔。纳百川之细流，蔚为江海；善款两亿，浓浓侨情；大禹故里，人才必兴。

中国侨联，责任如山；中铁二局，奋勇承担；北京建院，精心设计；振川监理，品质优先；怡海集团，鼎力襄助；永拓审计，务实节俭。昼夜鏖战，风雨共担；爱心铸丰碑，师生尽欢颜。鸟语花香，和鸣琅琅读书声；羌红柳绿，映照绚丽新校园。全球侨胞心连心，情系北川谱新篇。

伟哉，浴火重生，多难兴邦；壮矣，北川中学，凤凰涅槃。功昭百代，文化重建；感恩四海，德重如山。莘莘学子，民之所望；杏坛葳蕤，国运延年！

中华全国归国华侨联合会
二零一零年八月十七日立

（北川羌族自治县地方志办公室供稿）

大爱筑羌城②

——山东对口援建北川纪铭

西蜀之北，山河成川，自古为羌，全国唯一，大禹降生之地，红色文化之乡。二十余万众

① 原碑立于北川羌族自治县北川中学校园内。

② 原碑立于北川羌族自治县新县城抗震纪念园内。

羌、藏、回、汉，依山傍水，祥和而居。不堪回首公元二〇〇八年五月十二日十四时二十八分，八级特大地震千年不遇，北川三千三百平方公里山河破碎，两万同胞深埋废墟之下，二十余万众无家可归，损失近六百亿元。

天灾无情，人间有爱。党中央、国务院坚强领导，果断决策，全国人民无私驰援。山东对口援建，九千四百万齐鲁儿女携手北川。比山还高的国家使命，比海还深的鲁川亲情。海滨山东，西蜀北川，海山相连，血脉相通。山东省委、省政府发出号令：举全省之力援建北川！五月二十四日成立前线指挥部，七月二十八日出台援建方案，十七市迅即行动，三万五千援建大军受命赴川，八百个日以继夜，数万援建者别妻离子，跋山涉水趟泥泞，倾力挥汗献真义。

秉持科学、务实、和谐援建理念，全力推进农村、乡镇、新县城、工业园、人力智力建设发展，跨越二十年。逾一百亿元资金投入，全县共援建项目三百六十余个，房屋建筑面积逾一百万平方米，教育、文化、卫生等公共服务设施一百余处，补助农房重建五万余户，新建城镇道路桥涵一百万平方米，县乡公路一百八十公里，整治河道一百二十万平方米，绿化一百二十万平方米。为北川持续发展之大计，更有二十五家山东企业来北川产业园投资十亿元。安昌河畔永昌镇，平地建起新羌城，一廊一环一轴一心巧布局，揽禹里羌乡之盛景，聚人文山川之精魂，展绿色科技之风采，十三亿个心愿终成现实。

春煦化育万物，甘露润泽大地。巍巍羌山，见证鲁川深情，浩瀚大海，铭记人间大爱。爰勒石以纪援建始末，述伟业盛德，垂昭后来云。铭曰：

西羌北川，物阜民安。逢此浩劫，痛失家园。党恩浩荡，解民倒悬。赖吾同胞，共纾危难。众擎易举，力挽狂澜。泰岳如砺，湔江如带。鲁川情深，源远流长。援建丰碑，书写大爱。惟德为馨，流芳百世。

中共北川羌族自治县委员会

北川羌族自治县人民政府

二〇一〇年十月立

（北川羌族自治县地方志办公室供稿）

绵阳九洲体育馆“5·12”地震灾民避难碑铭[①]

噫嘘唏，呜呼悲哉！

公元二〇〇八年，五月十二日，天府汶川，八点零级，特大地震，惨绝人寰。十四时二十八分，山崩河倾，天裂地陷，八万生灵，毁于一旦。绵州辖区，北川城郭，夷为平地；同遭重创，

① 原碑立于绵阳市九洲体育馆内。

比邻县市，平武、江油、与安县。

万千同胞，顿失家园。临危受命，绵阳九洲体育馆。

五月十三日，异常艰难。老幼伤残，哀嚎动天。设计规模，六千人之空间，顷刻涌进，灾民二万。医疗救护，志愿援助，灾民亲朋，高峰流量，抵达十万。

余震频繁，通讯瘫痪；设施损毁，停水断电；处境维艰。手足同胞，“我们在一起”，“生命高于天”。一方有难，八方支援。衣食用品，倾其所有，竭尽奉献。吃喝拉撒，伤亡病痛，救死防疫，场馆内外，卫生安全；爱心如山。

五月十七日，球场帐篷，几千学子，书声琅琅，笑语欢颜：灾区奇观。

绵州难忘，五月十三、二十三日。睿智老人，国家总理，赐予力量，送来温暖。家宝赞曰：“灾情最重，组织最好，抢救有力，指挥有序。”抗震救灾，创造奇迹，九洲体育馆。

五月十九日，车马盈庭，达到极限，接纳灾民，超过四点五万。自五月十三日，至六月二十九日，最大灾民安置点，安全运行五十天。

世界关注，新闻焦点。国内外媒体，五百批次，两千记者，云集九洲体育馆。

六月二十九日，“心连心”，慰问灾民，“爱的奉献”，荟萃九洲体育馆。

七月十七日，感恩晚会，《真心英雄》，隆重上演。兄弟省市，患难相聚，对口支援，灾后重建。

八月四日，奥运圣火，馆内盛传；“树叶”“鸟巢”，比翼齐肩。点燃激情，坚强同行。绵州风光，美丽依然。

毁灭之记忆，历史铭刻；感动中国，世界同感。大灾大难，大爱无边。

噫嘘唏，呜呼哀哉！汶川大难，千古奇灾。江河共泣，慷慨悲歌，人性灿烂。

是故，遂灾民之企盼，秉国人之心愿；勒石以记，共克时艰。矗碑九洲，仁心可鉴。

绵阳九洲体育馆镌立

四川九洲电器集团有限责任公司捐建

公元二〇〇九年五月十二日

（绵阳市地方志办公室供稿）

汉旺新镇建设记①

绵水春色来天地，汉旺新镇立西川。君不见，七百个昼夜轮回，撚指而过，震后重建，大劫起涅槃，世人惊呼新汉旺；二点五平方公里，笑挥而就，大功成业，废墟出神奇，龙门形胜添玉盘。

① 原碑立于绵竹市汉旺新城牌坊旁。

壮哉，地震是时，六百万无锡儿女大爱无垠，翁妪尽解囊，弱冠砸扑满，捐款如雪[①]，激起三千里路云和月；肩负万钧，八千余援建队伍铁流西卷，热血惊风雨，飞车度雄关，昼夜驰援，挥洒七尺男儿血与汗；苍天行健，五万余汉旺人民众志成城，甘为铺路石，携手谋共建，箪食壶浆，汇聚八方支援源和泉。总书记亲临关怀，指点未来；总理三赴现场，擘划重建。刹时间，平地起春雷，壮志凌九天。重建工地势吞江汉，大风猛士，宜将剩勇，誓创不世之业；援建大军著马策鞭，气干牛斗，敢为人先，豪情长贯霄汉。

伟哉，规划起宏图，新镇当今殊。商业街，楼厦迭起，商贾云集，物阜民安；工业园，天工开图，科技兴业，新品冠伦；教育区，校舍井然，廊宇迴转，书声唱晚；居民区，闾肆苑坊，水清木华，和谐家园；新景致，小桥流水，冠盖成荫，临水翩跹。一览蜀西群山小，千年古镇换新颜。

不是开元[②]，胜似开元，开启新纪元，“川流不息，美好家园”。

无锡绵竹携手共建，团结合作力大于天。两载重建，新镇已就，汉旺再起，纬地经天。爰为之记，以志永远。

中共无锡市委员会　无锡市人民政府

庚寅年三月

（绵竹市地方志办公室供稿）

大爱崛起颂[③]

大美，青川。青峯兀起，川壑争流，其水清美，故名青川。天地不仁，讵料八级地震。山崩地裂，刹时万类同悲。砯岩抛石，痉挛大地顿成废墟，县城沦为孤岛。冲波逆折，宁静东河喧豗阴霾，天冢惨绝人寰。全县遇难4697人，失踪124人，重伤15453人，36个乡镇全面受灾，25万人无家可归。美好家园，毁于一旦。

大爱，青川。天塌地陷，震发不到5分钟，青川人民即启动紧急预案，干群军民拧在一起，共产党人走在最前。灾情牵系中南海，总书记三次电询青川，温总理三临青川第一线，子弟兵猛虎师飞驰青川，天使志愿者中外救援，浙江援建者，坚强青川人。民族无疆大爱，如惠时雨润心田，世界人民关注，生命至上情相连。

共建，青川。家园大重建，真情大支援，气壮山河，共渡时艰。“有手有脚有条命，天大的困难能战胜”，“出自己的力，流自己的汗，自己的事情自己干”。自强不息，不胜不休，国家振

---

① 捐款如雪：无锡政府财政支持、社会援建、群众捐款共达12.5亿多元。

② 开元：汉旺镇始建于汉光武初年。

③ 原碑立于青川县东河口地震遗址公园内。

兴，匹夫重担。最难忘生死情谊，浙江与青川。和衷共济，血脉相连，钱塘江系着青竹川，共饮一江水，彼此情无限。两年齐奋战，共建新青川。六万农户，处处新居，川北特色，江南内涵。枣树新村树样板，开创城乡新和谐。“一乡一业”，“十百千万”，五年振兴，十年小康，智慧新岛兴文教，民生工程换新颜。采江山之峻势，成生态之奇观，建文明之家园。

崛起，青川。一曲大爱颂歌，一篇崛起宣言！告慰逝者安宁永生，激励生者感恩奋进。永远牢记总理“一定要把青川建设得更美好”的深情嘱托，衷心祝福中华民族伟大复兴阔步向前！

中共青川县委　青川县人民政府
浙江省援建青川指挥部　立
二〇一〇年五月十二日
（青川县地方志办公室供稿）

藏汉同心赋[①]

懋功故县，小金新城。西眺青藏之高原，东枕邛崃之群峰。左挽岷江水，右牵大渡河。千载悠悠，观羌寨之舞，听藏乡之歌。诗仙李白，叹蜀道之难行，“山从人面起，云傍马头生”！嗟乎，古昔唯攀天梯而著屐，今日则驰山路以驱车。美哉，阿坝自治州，乃长征会师之地、和谐生态之域也！

惊回首，岂能忘，二零零八年，五月十二不成眠！风瑟瑟，日惨惨，云冥冥，灾变天降。陡然间，浊波涌，地光现，山摇而地动；巨岩滚，乱石飞，峰颓而崖崩；道路毁，桥梁断，谷塞而川壅。汶川映秀，村寨惨遭灭顶，随处化作荒冢。举世为之震惊，举国为之悲恸。满目疮痍，万户千家遭难，城镇夷为平地；赈灾重建，同胞血脉相连，各族齐心协力！乏资砺志兮，多难兴邦；壮怀有抱兮，大爱无疆！

伟哉！中央之号令，响动万里河山。壮哉！夹金与井冈，缔结百代情缘。三千军，浩荡荡，挥别鄱赣；援小金，志昂昂，誓换新颜。同喝酥油茶，携手而大干；共饮青稞酒，并肩以苦战。大哉！十大示范工程，情真真，着眼长远；四十二个项目，意切切，奋战两年。开筑新路，拓展新区，辟广场兮建宾馆；提升文体，发展广电，建学校兮盖医院。君莫叹“上有六龙回日之高标”，君莫嗟“下有冲波逆折之回川”！何惧缺氧，岂畏高寒？具牦牛之精神，拥雄鹰之壮志。排千险，除万难，展蓝图，建家园。嗟乎，藏汉同心，情洒高山大壑；金兰奋力，志凌丽日长天！

诗云：

悠悠岁月悠悠风，藏汉一家骨肉情。

---

① 原碑立于小金县防灾综合广场。

岭动天摇大地震，崖崩谷裂高山倾。
全球骇目援如涌，举国同心志若城。
赣鄱阿坝红缘结，万里长征二次行！

中共小金县委　小金县人民政府
江西对口支援四川小金县灾后恢复重建现场指挥部
二零零九年十月一日同立
（江西对口支援四川小金县灾后恢复重建现场指挥部供稿）

编纂始末

2008年11月，《汶川特大地震抗震救灾志》编纂委员会成立大会暨第一次全体会议召开，确定编纂工作实施方案、行文规范，《汶川特大地震抗震救灾志》编纂工作正式启动。2009年8月，根据国务院批准的《〈汶川特大地震抗震救灾志〉编纂工作实施方案》，《汶川特大地震抗震救灾志》编纂委员会（以下简称全志编委会）成立以国家档案局局长、中国地方志指导小组副组长杨冬权为主任的《汶川特大地震抗震救灾志·附录》（以下简称《附录》）编纂委员会，成员单位包括中宣部新闻局、国务院应急办、发展改革委、外交部、教育部、科技部、工业和信息化部、公安部、民政部、司法部、财政部、人力资源社会保障部、国土资源部、环境保护部、住房城乡建设部、交通运输部、铁道部、水利部、农业部、商务部、卫生部、人民银行、国资委、质检总局、广电总局、安全监管总局、旅游局、港澳办、地震局、气象局、银监会、证监会、保监会、电监会、台办、新闻办、信访局、国防科工局、测绘局、民航局、邮政局、食品药品监管局、国家电网公司、红十字会、四川省、甘肃省、陕西省、解放军总参谋部、解放军总后勤部、武警部队、成都军区、中国地方志指导小组等，负责统筹规划、组织协调《附录》分卷的编纂工作，研究解决编纂工作中的重大事项，安排编纂进度、审查初稿，严把史实、政策和保密关。之后，组建《附录》编纂委员会办公室、编纂工作室（以下简称编纂室）。编纂室具体负责《附录》的编纂工作。

实质性编纂工作则在此之前即已展开。2009年6月2—5日，《汶川特大地震抗震救灾志》篇目研讨会召开，制订《汶川特大地震抗震救灾志》篇目（草案）。篇目草案要求《附录》分类辑录文字性文献（原件或节录），主要收录与汶川特大地震抗震救灾有关的，有重大社会、历史价值的法规、文件、报道、艺文等原始文献，大致分综合、抢险救援、群众生活、卫生防疫、恢复生产和灾后重建、防范次生灾害、宣传、社会稳定、赈灾、悼念活动、艺文、历史地震资料、其他等13大类。10月，编纂室基本确定一个包括《附录》基本篇目的编纂工作方案。11月20日，根据篇目草案，发出《关于开展〈汶川特大地震抗震救灾志·附录〉分卷资料征集工作的通知》，明确《附录》相关资料的征集内容与范围，要求各承编单位安排专门人员收集、核实资料，按规定时限报送。12月22—23日，为配合《附录》编纂工作，举办《附录》编纂培训班，培训各承编单位编纂人员，帮助充分理解《附录》分卷的特点及其编纂要求、方法。至此，《附录》编纂工作由启动阶段步入编纂阶段。

2010年初，编纂室进一步细化《附录》卷编纂工作方案，明确收录内容的时间、地域范围，并根据抗震救灾工作步骤调整基本篇目，依据篇目分工布置收（征）集及编辑有关资料工作。之后，编纂室工作人员分头联系承编单位征集资料，并通过网络、图书馆等途径收集、整理资料。7月下旬，编纂室集中整理收（征）集的资料，深入讨论篇目框架。8月上旬，参考国务院办公厅关于汶川特大地震抗震救灾工作的文件汇编，经过整理、调整，完成《附录》新篇目。8月19—28日，《附录》编纂工作研讨会召开，编纂室提交新篇目及说明。经过讨论，会议明确了《附录》卷坚持最高级别收录原则，主要收录国家抗震救灾的大政方针，反映有关法律、应急体系的建设情况，并要求根据文献分类对提交篇目加以修改，依据篇目按部门渠道加大力度征集资料。根据会议要求，编纂室调整篇目后，继续征集资料，编辑初稿，11月4日，排印出150万字的《附录》（内部交流稿）。内部交流稿打破章节体编排结构，主要根据文献文体，按讲话、法律、规章、规划等分20多类，以类聚文，以标题相区分。编纂室随即将此内部交流稿送专家审阅，征求意见；收到专家意见后，继续调整篇目、修改志稿。同时，开始将外交部报送的世界各国政府、政党首脑关于汶川地震的慰问电文部分选录入卷。12月8—9日，《附录》分卷志稿编纂研讨会召开，与会专家对《附录》（内部交流稿）进行点评，肯定了《附录》前一阶段编纂工作，进一步明确了收录国家级文献的原则，并建议按性质分类，适当归并，简化篇目。会后，编纂室集中搜集、补充资料，进一步完善初稿，2011年2月，修改出约90万字的《附录》志稿。此稿分震情、法律法规、规划预案、领导讲话、会议纪要、通知意见、报告公告、新闻舆论、慰问电文、艺文选粹等10大类，除部分重要文件外，前一稿中各部委局办及灾区省市出台的工作性文件基本不录。同时，对需要解密的重要文献资料，开始申请解密工作。至此，《附录》编纂工作由成稿阶段进入改稿阶段。

2011年3月1—2日，《附录》卷编纂工作研讨会召开，邀请国务院应急办、中宣部等部门专家及方志专家集中研讨2月份完成的《附录》志稿（90万字）。经过讨论，会议基本肯定了该稿的板块分布、内容构成与形式规范，指出《附录》立卷目的是要全面反映中国抗震救灾体系、全景式展现抗震救灾工作，为此，应适当收录汶川地震前发生的有关重要文献。会议要求进一步明确文献收录标准，做好志稿征求意见工作。会后，编纂室根据会议要求继续修改志稿，6月初，形成约82万字的《附录》志稿，内容依次分为法律司法类、规划预案类、领导讲话类、会议纪要类、工作文件类、新闻舆论类、慰问电文类、艺文类、震情资料类等9大类。6月22日，《附录》初稿研讨会召开，邀请承编牵头单位与外交部、审计署、中国外文局及受灾省代表及部分方志专家参加，讨论志稿。经过充分讨论，会议基本肯定了此稿内容收录、板块结构、体例框架，同时也提出一些重要意见：一是将收录下限延长至2011年下半年灾后恢复重建工作结束之时；二是作适当删减，如删去艺文部分的日记与书信、震情资料部分的震级预报、新闻舆论部分的社会评论等，删减震前文献、艺文等；三是确定部分重要内容的收录标准，如“领导讲话”只收录中共中央政治局常委关于抗震救灾工作的讲话，新闻评论除部分港澳台评论外，只收且收全《人民日报》关于汶川地震的所有社论、评论员文章等。7月，根据会议意见，编纂室修改出约57万的《附录》志稿。该稿内容依次为法律·法规、规划·预案、领导讲话、会议、公文、评论、慰问文函、文艺作品、震情灾情9大类。7月12日，召开专题研讨会，邀请熟悉汶川地震文艺创作的中国作家协会创研部理论研究室研究员李朝全、人民文学出版社编审王干、中国社科院研究员李晓虹参加，专门研讨《附录》文艺作品的收录问题。通过逐篇讨论，会议基本明确收录文艺作品的标准及篇目。会议结束后，编纂室集中校核初稿，继续完成有关内容的申请解密工作。8月，修改出约55万字的《附录》志稿。此稿将“震情灾情”置于卷首，并对国际评论部分予以删减。11月，邀请有关专家召开专门会议，讨论领导讲话与会议的收录问题，决定报请有关主管机关审批。通过报批后，11月15日，完成50多万字的《附录》初审稿，提请初审。12月5日，初审工作小组经过评议，认为《附录》编纂指导思想正确，内容丰富全面、资料翔实、框架合理、层次清晰、排列有序，一致同意《附录》卷志稿通过初审。初审会议也提出了修改意见：一是增加全国人大关于抗震救灾工作的会议记录及政府白皮书《中国的减灾行动》，删去“外媒报道”、“慰问文函”，精简“文艺作品”；二是删去“震情灾情”类，其文献收入“公文辑要”；三是“公文辑要”根据发文机关，按时间顺序排列；四是进一步规范格式，核实文献出处。自此，《附录》编纂进入审核阶段。

根据初审意见，《附录》编纂室继续精改志稿，并就授权出版事宜联系有关文艺作品作者。2012年3月，补充解密材料后，完成约60万字的修改稿，送交出版社。5月，经与出版社共同校改，形成征求意见稿，送交各承编单位征求意见。6月，与出版社一起完成志稿征求意见工作后的校改，形成复审稿，提交复审。7月12日，召开《附录》卷复审会。经过充分讨论，复审工作小组认为志稿全面收录汶川地震抗震救灾及灾后重建过程产生的珍贵文献，以及震前的相关文献，收录文献具有重大社会、历史价值，文献选录观点正确、丰富翔实、编排有序，一致同意通过复审。根据复审意见，编纂室进一步规范收录文献格式，核审志稿。同月，编纂室就文艺作品收录问题专函征求中宣部有关部门意见，并组织人员原文逐字折校，修改后送交出版社，印出新一稿。11月，就新一稿征求四川省6个重灾市（州）意见，并集中审校、修改。12月，经过修改，形成终审稿。

自2009年至2012年12月，《附录》卷编纂工作历经启动、成稿、改稿、审核等阶段，志稿改动大者凡十余次，细者则不计其数，能够最终成稿，离不开各位领导的支持和指导，离不开承编单位的大力支持。特别需要指出的是，各分卷承编牵头单位如发展改革委、民政部、人力资源社会保障部、卫生部、地震局、新闻办等积极帮助《附录》编纂工作，提供有关资料。外交部梁志提供了世界各国关于汶川地震的慰问文函；审计署张强、康延涛提供了审计署关于汶川地震资金物资等审计结果公告；中国作家协会创研部理论研究室研究员李朝全、人民文学出版社编审王干、中国社科院研究员李晓虹参与本卷文艺作品部分的审定，李朝全还帮助联系文艺作品作者授权出版事宜；外文局孙明提供港澳台评论及国际评论部分原稿，并帮助审定港澳台评论。方志专家周慧、齐家璐、梅森、陈泽泓、赵庚奇、谭烈飞、罗保平、姜昆阳、段育达、李云、张东升等参与篇目、初稿的审定；赵庚奇、齐家璐、梅森等曾指导本卷审核；周慧、齐家璐、姜昆阳、张东升还提供了珍贵资料。四川省地方志编委会、甘肃省应急办、陕西省方志办提供了资料，并帮助审核志稿。汶川县志办、北川羌族自治县志办、绵竹市志办、什邡市志办、青川县志办、安县志办、都江堰市志办、平武县志办、彭州市志办、绵阳市志办、小金县志办、小金县旅游局、绵阳市九洲体育馆等单位积极配合，提供碑文资料、核实原文。四川省地方志编委会汪毅、熊倩、陶利辉、曾新苗等或提供重要资料，或提出修改意见。青川县志办倪维新不惮烦苦，搜集并核实该县抗震救灾碑文资料。文艺作品作者也全力配合，授权使用其作品，并帮助校核原稿。在此，一并深表感谢!

由于编纂水平及编纂经验等原因，尽管编纂人员严肃认真、积极努力，但仍可能存在不当、不周之处，请批评指正。

《汶川特大地震抗震救灾志·附录》
编纂委员会办公室
二〇一三年二月

索　引

卷一·总　述

卷三·图　志

F

G

H

J

T

W

X

Y

Z

卷四・地震灾害志

A

B

C

D

H

J

K

L

M

N

P

Q

R

S

T

W

X

Y

卷五·抢险救灾志

C

D

F

G

H

J

K

L

M

P

Q

S

T

W

X

卷六·灾区生活志

J

K

L

M

T

W

X

Y

Z

卷七·灾区医疗防疫志

A

B

C

D

E

F

G

H

J

K

L

M

N

P

Q

R

S

T

W

Z

卷八·社会赈灾志

A

B

C

D

E

F

G

H

J

K

L

M

N

O

P

Q

R

S

T

W

X

Y

Z

卷九·灾后重建志

A

B

C

D

F

G

H

J

K

L

M

N

P

Q

R

S

T

W

X

Y

Z

卷十·英雄模范志

A

B

C

D

F

G

H

J

K

L

W

X

Y

Z

卷十一·附录　索引

B

C

D

F

G

S

T

W

X

Y

Z

存史资鉴　认真编纂汶川特大地震抗震救灾志

——在汶川特大地震抗震救灾志编纂委员会成立大会暨第一次全体会议上的讲话

马凯

（2008年11月6日）

今天召开《汶川特大地震抗震救灾志》编纂委员会成立大会暨第一次全体会议，标志着《汶川特大地震抗震救灾志》编纂工作正式启动。从今天起，编委会全体成员就要以高度的责任感、使命感、紧迫感投入到这项工作之中，共同努力完成好这项重要的工作任务。下面，我讲几点意见：

一、充分认识做好编纂工作的重要意义

今年5月12日发生的四川汶川特大地震，是新中国成立以来破坏性最强、涉及范围最广、救灾难度最大的一次地震灾害。地震灾害发生后，在党中央、国务院和中央军委的坚强领导下，在国务院抗震救灾总指挥部的直接指挥下，全党全军全国各族人民众志成城，迅速展开了一场我国历史上救援速度最快、动员范围最广、投入力量最大的抗震救灾斗争。经过100多个惊心动魄的日日夜夜，抗震救灾斗争取得了重大胜利。这次特大地震是“惊天动地”的，这场抗震救灾斗争又是“感天动地”的，是人类和中华民族发展史上值得记载的重要一页。我国历来有修史编志、存史资鉴的优良传统。编纂《汶川特大地震抗震救灾志》，以志书的形式全面、客观、系统地记述这场特大地震灾害和抗震救灾工作，具有十分重要的现实意义和深远的历史意义。

首先，编纂抗震救灾志，是增强抵御自然灾害能力、推动人类文明进步的需要。

胡锦涛总书记深刻指出，自然灾害给人类带来磨难，同时又促使人类更加自觉地去认识和把握自然规律、增强抵御自然灾害能力，进而推动人类文明进步。我国自古以来就是世界上自然灾害最为严重的国家之一。中华民族5000年文明发展史，从某种意义上说，也是5000年不屈不挠抗

击自然灾害的历史。这次特大地震，从它的发生、发展以及引发的各类次生灾害，都留下了内容十分丰富的“地震遗产”，是认识地震规律、发展地震科学的难得的宝贵财富，需要我们当代人和后代人深入研究。在这场抗震救灾斗争中，全党全军全国各族人民在党中央、国务院和中央军委的坚强领导下，建立了上下贯通、军地协调、全民动员、区域协作的工作机制，迅速组织各方救援力量赶赴灾区，紧急调运大量物资运往灾区，精心部署受灾群众安置工作，及时制定法规、规划、政策推动灾后重建，举全国之力抗震救灾，积累了应对突发事件、抗击特大自然灾害的宝贵经验，也需要我们认真总结。编纂《汶川特大地震抗震救灾志》，就是要全面系统客观地记录汶川特大地震灾害，全方位地深刻认识这次地震及其引发的各类次生灾害发生的规律，全景式地展示党中央、国务院带领全国人民沉着应对特大地震灾害、夺取抗震救灾斗争和灾后恢复重建工作胜利的历史过程，总结我们在抗震救灾斗争中积累的成功经验，以便更好地贯彻落实科学发展观，自觉处理好人与自然的关系，做好防灾减灾工作，提高应对自然灾害的能力，进一步推进人类文明进步。

其次，编纂抗震救灾志，是弘扬抗震救灾精神、增强民族凝聚力的需要。

在这场抗震救灾斗争中，中国人民所表现出来的“万众一心、众志成城，不畏艰险、百折不挠，以人为本、尊重科学”的伟大抗震救灾精神，是以爱国主义为核心的民族精神、改革创新为核心的时代精神的集中体现和新的发展，值得大力弘扬和传承；所涌现出来的无数可歌可泣、感天动地的英雄事迹，值得永载史册。党和政府始终坚持科学发展观，坚持以人为本、尊重科学，在抗震救灾过程中，和时间赛跑，与死神抗争，充分体现了中华民族关爱生命、崇尚理性的民族品格。在全国哀悼日里，13亿人共同为遇难的同胞默哀，体现了全民族对人的生命的尊重。我们编纂《汶川特大地震抗震救灾志》，就是要全面展示抗震救灾过程中中华民族压倒一切困难而不被任何困难所压倒的勇气，展示中华儿女团结一致、共赴时艰、创造历史的伟大力量，展示党和政府以人为本、尊重科学的理念，并使之作为宝贵的精神财富，进一步增强民族凝聚力，转化为艰苦奋斗、勇于自立于世界民族之林的强大精神支柱，转化为推动经济社会又好又快发展的不竭动力，将改革开放和社会主义现代化建设事业不断推向前进。

第三，编纂抗震救灾志，是传承修志优秀文化传统、记载重大历史事件的需要。

我国有重视自然灾害记载的传统，尤其是在方志中的记载堪称蔚为大观。无论是元明清三朝中央政府组织编纂的国家一统志，还是当时各级地方政府组织编纂的府、州、厅、县志，都有包括地震在内的各种自然灾害丰富的实况记录，有许多防灾、救灾的经验记载。这些珍贵的历史资料具有极高的科学价值和丰富的文化价值，成为后世可资汲取的不竭源泉。党中央、国务院高度重视志书编纂工作,尤其是改革开放30年来，志书编纂事业空前繁荣兴盛。2006年5月18日，国务院公布施行了《地方志工作条例》，依法保障这项事业代代相续、永不断章。志书编纂成绩显著，已经编纂出版了5900多种省市县三级地方志书，完成了数万种各级各类专志，搜集、抢救、发掘了上千亿字的地情资料。这笔宝贵、丰厚的资源，已经在我国经济、社会、政治、文化建设以及生态文明建设中发挥了重要作用。这次汶川特大地震，是人类历史上一次罕见的自然灾害，应当把这次抗震救灾斗争以志书的形式记载下来。目前，抗震救灾工作已取得阶段性重大胜利，正在开展恢复重建工作，抓紧开展志书编纂工作，有很多有利条件。特别是有大量的文字、图片、实物资料和鲜活的人物事迹，有多年积累的修志经验和专家队伍，有各地区各部门领导的重视和社会各界的大力支持，我们一定能够把这项工作做好，对中华民族和全人类做出贡献。

二、高标准、高质量做好志书编纂工作

国务院批准的《汶川特大地震抗震救灾志》编纂工作实施方案，对编纂工作做出了全面安排，是指导编纂工作的重要文件。各有关地区和部门要认真学习，准确掌握方案要求和工作步骤，结合本地区、本部门实际抓好贯彻落实，确保编纂工作高质量有序进行。

一是明确指导思想。编纂工作必须以“三个代表”重要思想为指导，全面贯彻落实科学发展观，本着存史资鉴的原则，既要尊重事实，又要反映时代精神；既要遵循志书编纂工作规律，又要进行学术创新。要通过编纂《汶川特大地震抗震救灾志》，用直观、鲜活、翔实的文字和图片，全面、真实、完整地记录汶川地震全过程。同时，要善于总结归纳，去粗取精，提炼升华有关抗震救灾工作的经验和教训，探索抵御自然灾害的规律，自觉地为推动科学发展、和谐发展服务，为社会主义核心价值体系建设服务，为推动社会主义文化大发展大繁荣服务，为提高防灾减灾能力、促进人类文明进步服务。

二是坚持质量第一。《汶川特大地震抗震救灾志》是新中国成立以来第一部由国家层面组织、针对特大自然灾害而编纂的志书，社会关注度高，历史影响久远。各有关地区和部门要始终本着对历史、对人民负责的态度，按照《地方志工作条例》关于志书编纂质量的规定，高度重视质量，力求把志书编纂成为一部高水平的精品佳志。要把好“四关”：一要把好政治关。全面贯彻党的路线、方针、政策，避免出现政治性和科学性差错。二要把好内容关。志稿篇章结构、章节内容务求翔实、准确。三要把好文字关。志稿文字表述务求严谨、生动。四要把好体例关。要密切联系抗震救灾工作，同时确保符合志书的编纂体例和规范要求。总之，要通过我们的努力，使这部志书成为高质量的传世之作，经得起实践和历史的检验。

三是确保工作进度。按照实施方案，2011年《汶川特大地震抗震救灾志》11卷将全部面世。编纂工作时间紧、任务重。参与编纂工作的单位，仅国务院抗震救灾总指挥部各工作组成员单位即达47家，再加上需要协助提供资料的省份、部门、单位等，数量多达上百家。这之中，大家承担的任务有轻有重，但都相互联系、相互影响，任何一个部门或单位的工作如果不能按计划推进，都有可能影响全志的如期出版。各有关单位务必要树立全局观念，按照实施方案的基本要求和主要任务，倒计时安排相关工作，确保编纂工作按计划总体同步推进。

三、强化保障，确保编纂工作顺利进行

编纂《汶川特大地震抗震救灾志》，是一项规模宏大的系统工程，涉及的部门多、专业性强、工作量大，必须加强领导，强化保障，确保编纂工作能如期推进和完成。

一是落实组织，加强领导。全志编委会今天正式成立，从现在起要加强对这项工作的领导和具体指导，定期检查工作。11个分卷的编委会目前还没有成立，会后要立即组建，尽快开展工作。从地方修志的经验看，任何志书的编纂，都离不开党委、政府的强有力领导，必须发动所有与志书记述内容有关的部门和单位承担编纂任务，动员有关知情人和资料拥有者提供资料。各有

关部门和地方政府要高度重视《汶川特大地震抗震救灾志》编纂工作，及时帮助解决工作中的实际困难和问题，做到领导到位、人员到位、办公条件到位。

二是落实责任，搞好协调。《汶川特大地震抗震救灾志》卷帙浩繁，涉及的单位数量多，必须按照“谁主管、谁负责”的原则，明确分工，落实责任，狠抓各项工作的落实。编委会要做好统筹规划、组织协调工作，研究解决编纂和出版工作中的重大问题，及时制定相关规章制度，精心组织实施；编委会办公室要深入各单位调查研究，了解工作进展情况，并从实际出发，加强分类指导，做好协调服务；各承编牵头单位要强化责任，把编纂工作纳入本单位重要工作内容；其他成员单位要按照编委会的部署，围绕编纂工作总体目标，认真完成好本单位承担的编纂任务。编纂工作中遇到的重大问题，要及时向编委会及其办公室报告。其他各有关地方和部门虽然不是编委会成员单位，但也有义务配合做好编纂工作。国务院办公厅要对该项工作给予必要的支持，督促有关部门和地方做好相关配合工作。

需要特别强调的是，各分卷牵头承编单位责任重大，不仅要完成本单位承担的编纂任务，同时要发挥好组织协调作用，推动其他承编单位的编纂工作同步进行。其他承编单位要树立大局意识和合作意识，积极支持牵头单位做好工作。

三是落实人员，保障经费。志书有其特殊的编纂体例，修志工作有其专业化的相关要求。从各地修志的实践看，要编纂一部高水平的志书，不仅需要一支专业过硬的修志队伍，也离不开必要的经费保障。一要根据编纂工作的需要，把那些对汶川特大地震及抗震救灾情况熟、政策水平高、文字功底好的同志选调到编纂工作队伍中来。特别是各承编牵头单位和承编单位，要注意选配好总纂、副总纂，抓紧组织配备一支德才兼备、有高度职业素养和责任感的修志队伍，做到集中办公，重点攻坚。二要发挥专家作用。《汶川特大地震抗震救灾志》涉及地震灾害、抗震救灾、恢复重建等多个学科门类，必须注意吸收各个领域、不同方面的专家学者参与这项工作，要充分发挥他们的积极性和学术专长，做到专家修志。三要加强培训。参加这次编纂工作的同志，有些可能是第一次参加修志工作。全志编委会和各分卷编委会要通过举办培训班、研讨班、专业人员指导等多种形式，使全体参与编纂人员尽快熟悉、掌握相关政策、业务知识，掌握志书的编纂方法，争取尽快进入角色。四要坚持修志、育人并举，注意发挥老同志的传帮带作用，争取在编纂过程中培养一批优秀的年轻修志专家。五要保障编纂工作必需经费。

四是保障资料，保守秘密。《汶川特大地震抗震救灾志》属国家级权威史料，编纂过程中需要收集、使用大量资料，哪些内容可以入志，哪些内容不能入志，要有一个科学、明确的界定。总的原则是，能公开的尽量公开，有一些文件资料虽然定了密级，但内容已过保密期限或从内容上看可以公开的，应及时解密，为编纂工作所用。当然，编纂工作也要自始至终做好资料保管工作，遵守保密纪律，各承编单位保密委员会要切实负起保密审查责任。

编纂《汶川特大地震抗震救灾志》是党和人民托付给我们的重任，是历史赋予我们的责任。我们要深入贯彻落实科学发展观，遵循修志工作规律，弘扬抗震救灾精神，提高工作质量效率，团结协作、共同努力，高水平地圆满完成这部志书的编纂工作，向历史和后人交上一份合格的答卷。

关于《〈汶川特大地震抗震救灾志〉编纂工作实施方案》的说明

——2008年11月6日在《汶川特大地震抗震救灾志》编纂委员会成立大会暨第一次全体会议上的讲话

陈奎元

同志们：

经国务院批准，成立《汶川特大地震抗震救灾志》编纂委员会，开展《汶川特大地震抗震救灾志》编纂工作。受国务院委托，我担任编委会主任，深感责任重大、任务艰巨、使命光荣。根据会议议程安排，现对“《汶川特大地震抗震救灾志》编纂工作实施方案”作说明。

今年5月12日发生的汶川特大地震，是新中国成立以来破坏性最强、波及范围最广、救灾难度最大的一次地震，造成了巨大的生命财产损失。在党中央、国务院和中央军委的坚强领导下，全国总动员攻艰克难，开展了我国历史上救援速度最快、动员范围最广、投入力量最大的抗震救灾斗争，所表现出来的万众一心、众志成城，不畏艰险、百折不挠，以人为本、尊重科学的伟大抗震救灾精神，感天动地，辉同日月，是极为宝贵的精神财富，值得永载史册。编纂《汶川特大地震抗震救灾志》，全面、客观、系统地记述大地震灾害、抗震救灾和灾后重建的全过程，对于全面展示中国共产党、人民政府的坚强领导和社会主义制度的巨大优越性，进一步弘扬伟大抗震救灾精神，激发全国各族人民在党和政府的领导下战胜一切艰难险阻的信心和决心，具有重大的现实意义和深远的历史意义。

国务院对开展这项工作十分重视。从今年6月份开始，国务院有关部门和中国地方志指导小组办公室经过反复讨论、研究，统一了认识。9月6～9日，中国地方志指导小组办公室召开小型会议，邀请四川省、广东省、江西省、北京市、上海市、广州市等地方志办公室的负责人和专家参加，对编纂《汶川特大地震抗震救灾志》的目的意义、成果形式、组织方式、经费保障、工作进度安排等问题进行研讨，起草了“《汶川特大地震抗震救灾志》编纂工作建议方案”，报送国务院。经国务院办公厅修改后报国务院领导同志审批。家宝同志、克强同志、良玉同志、马凯同志对“《汶川特大地震抗震救灾志》编纂工作方案”作了重要批示。据此，在国务院办公厅领导下，结合工作实际，研究起草了“《汶川特大地震抗震救灾志》编纂工作实施方案”（以下简称“实施方案”）。10月下旬，“实施方案”由国务院办公厅印发原国务院抗震救灾总指挥部各成员单位以及一些专家学者征求意见，达成共识，报国务院批准，成为具体指导今后几年开展《汶川特大地震抗震救灾志》编纂工作的重要文件。

“实施方案”共分九个部分：一是编纂指导思想与基本原则，二是编纂目的意义，三是编纂任务与总体设计，四是组织领导，五是卷目和编纂分工，六是工作要求与进度安排，七是质量要求，八是资料征集与资料长编，九是经费保障。内容涉及修志工作的方方面面，大致反映了开展修志工作的基本要求。现就实施方案的几个重要问题说明如下：

一、关于编纂指导思想与基本原则

承载历史的《汶川特大地震抗震救灾志》是新中国成立以来第一部由中央政府组织、针对特大自然灾害而编纂的志书，意义十分重大，必须成为一部精品佳志，可信、可传，经得起时间和历史的检验。编纂工作必须以马克思列宁主义、毛泽东思想、邓小平理论和“三个代表”重要思想为指导，全面贯彻落实科学发展观，坚持辩证唯物主义和历史唯物主义的立场、观点和方法，依照国务院《地方志工作条例》的规定，全面真实地记述地震灾害、抗震救灾和灾后恢复重建工作，体现社会主义先进文化的要求，突出以爱国主义为核心的民族精神和改革创新为核心的时代精神，全面展示中国共产党、人民政府的坚强领导和社会主义制度的巨大优越性，弘扬全党全军全国各族人民在抗震救灾斗争中表现出来的伟大抗震救灾精神，自觉地为推动社会主义核心价值体系建设服务，为推动社会主义文化大发展大繁荣服务。

二、关于编纂任务和总体设计

根据汶川特大地震抗震救灾工作实际情况，结合志书体裁特点，全书共分11个分卷，即《总述》、《大事记》、《图志》、《地震灾害志》、《抢险救灾志》、《灾区生活志》、《灾区医疗防疫志》、《社会赈灾志》、《灾后重建志》、《英模人物》、《附录》，共约1100万字。

全志记述时限原则上为2008年5月12日至2010年12月31日，即地震爆发到灾后重建工作基本完成。考虑到抗震救灾、恢复重建工作的阶段性，各分卷的上下时限不同。《总述》、《大事记》、《图志》、《灾后重建志》、《附录》几个分卷的记述时限为2008年5月12日至2010年12月31日，《地震灾害志》、《抢险救灾志》、《灾区生活志》、《灾区医疗防疫志》、《社会赈灾志》、《英模人物》各卷记述时限为2008年5月12日至2008年10月14日。

卷一《总述》从总体、全局角度，对汶川特大地震灾害、抗震救灾和灾后重建进行总括式的记述；

卷二《大事记》按时间顺序，分月、日记载汶川特大地震抗震救灾工作中的大事、要事；

卷三《图志》以图片形式直观再现汶川特大地震的巨大破坏、震撼人心的抗震救灾和恢复重建工作；

卷四《地震灾害志》集中记述地震灾害本身的情况；

卷五《抢险救灾志》主要反映抢险救灾工作；

卷六《灾区生活志》主要反映灾区群众的安置工作；

卷七《卫生防疫志》主要反映灾区医疗救援、卫生防疫、伤员康复、对口支援、医疗卫生机构恢复重建等工作；

卷八《社会赈灾志》主要反映一方有难、八方支援，举国上下患难与共，前方后方同心协力，海内海外和衷共济等守望相助、倾力支持的情况；

卷九《灾后重建志》主要反映恢复生产、重建家园等工作；

卷十《英模人物》主要记述抗震救灾英雄集体和主要抗震救灾模范；

卷十一《附录》主要收录与汶川特大地震抗震救灾有关的，有重大社会、文献价值的法规、文件、报道、艺文等原始文献。

《汶川特大地震抗震救灾志》的记述范围以国家地震局界定的受灾范围为准，主要包括四川、甘肃、陕西等地。

三、关于组织领导

编纂《汶川特大地震抗震救灾志》工作涉及的单位多、任务重、时间紧，必须在国务院的统一领导下，成立相应编纂机构，确定相关负责人，落实承编牵头单位、承编单位以及参与单位，明确责任和任务。根据国务院领导同志批准的"《汶川特大地震抗震救灾志》编纂工作方案"，国务院办公厅负责协调、指导，《汶川特大地震抗震救灾志》编纂委员会(以下简称"全志编委会")、分卷编委会组织全志和分卷编纂工作的实施，各承编单位分工合作、密切配合。工作中的重大问题向全志编委会及其办公室报告，需要向国务院汇报请示的，由全志编委会及其办公室归口上报。具体要求是：

成立"《汶川特大地震抗震救灾志》编纂委员会"。全志编委会负责统筹规划、组织协调工作，研究解决编纂和出版工作中的重大事项。全志编委会的成员单位以原国务院抗震救灾总指挥部各工作组成员单位和中国地方志指导小组成员单位为基础，包括受灾最重的省市。各成员单位指定一名省部级领导干部担任编委会委员，指定一名司（局）级领导干部担任协调员。编纂工作中的重大问题由编委会主任、副主任签署意见后执行。

成立全志编委会办公室。全志编委会下设办事机构办公室，负责全志编委会的日常工作，负责统筹规划、组织协调、督促指导、审核把关，以及调研、培训、组织出版等工作。办公室由国务院应急管理办公室和中国地方志指导小组办公室选派人员联合组成，办公地点设在中国地方志指导小组办公室内。

设立审查验收工作小组。全志编委会内设审查验收工作小组，负责各分卷体例、内容尤其是各分卷提出的关于政策、保密等重大问题的审查，负责各分卷的终审工作。

组建分卷编纂委员会。各分卷编纂委员会由各承编牵头单位负责组建，原则上由各分卷的承编牵头单位和承编单位联合组成，领导本分卷的编纂工作，负责组织调动编纂人员、成立分卷编纂室，协调解决编纂用房和编纂经费，组织拟定篇目，布置资料征集工作，根据全志编委会的规划安排本卷的编纂进度，审查初稿，严把史实、政策、保密关。

组建分卷编纂室。分卷编纂室由承编牵头单位和承编单位选派对汶川特大地震抗震救灾工作情况熟、政策水平高、协调能力强、文字功力好的同志联合组成，具体负责组织资料征集、编辑资料长编和初稿编纂、总纂等工作。分卷编纂室设在承编牵头单位内。各承编单位安排资料征集、撰稿人员若干名。

设置主编、总纂等负责具体编纂工作。全志及各分卷分设主编、总纂各一名，副主编、副总纂若干名，具体负责全志及各分卷的编纂工作。

加强培训工作。全志编委会办公室和分卷编纂室负责分级组织编纂人员培训工作，使全体编纂人员尽快熟悉、掌握相关政策、业务知识，掌握志书的编纂方法。

四、关于编纂分工和工作要求

《汶川特大地震抗震救灾志》11个分卷的承编牵头单位、承编单位及参与单位以原国务院抗震救灾总指挥部各工作组的牵头单位和成员单位为基础。承编牵头单位分别为发展改革委、民政部、人力资源社会保障部、卫生部、地震局、新闻办、总参谋部、中国地方志指导小组及其办公室。

承编牵头单位负责组织、协调相关承编单位及参与单位，共同完成各分卷的编纂任务。在分卷编纂中，承编牵头单位不仅要完成本单位所承担的编纂任务，还要发挥好组织协调作用，保证其他承编单位的编纂工作同步进行。各承编单位要配合、支持牵头单位的工作，不拖后腿，不拉进度，确保按时、保质完成编纂任务。

《汶川特大地震抗震救灾志》编纂工作任务重、时间紧，各分卷承编牵头单位、承编单位必须认真组织实施，把本志编纂工作纳入本单位工作目标的管理中，做到领导到位、人员到位、经费到位、办公条件到位。业务部门要加大抗震救灾文件、资料的收集整理力度，档案部门要保障抗震救灾档案的有效利用，相关部门要积极支持、配合。编纂人员要发扬实事求是、艰苦奋斗、通力合作的工作作风，遵守国家有关法律法规，确保志书质量。

五、关于进度安排

《汶川特大地震抗震救灾志》编纂工作，大致经过成立编纂组织、培训编纂人员、拟定分卷篇目、收集资料和编辑资料长编、志稿撰写和分卷总纂、志稿审查、修订出版等工作阶段。自2008年9月下旬启动有关筹备工作，2010年底基本完成编纂工作，2011年全书出版，完成《汶川特大地震抗震救灾志》编纂工作。

编纂工作流程及总体进度安排如下：

（一）2008年10月，报请国务院批准成立《汶川特大地震抗震救灾志》编纂委员会及其办公室；商各成员单位有关全志编委会委员和协调员人选名单，落实各分卷承编牵头单位和承编单位，征求各成员单位关于“《汶川特大地震抗震救灾志》编纂工作实施方案”的修改意见。

（二）2008年11月初，召开全志编委会成立大会暨第一次全体会议，明确编纂任务，正式启动《汶川特大地震抗震救灾志》编纂工作。

（三）2008年12月10日之前，成立各分卷编纂委员会、确定各分卷承编单位，并报全志编委会备案；适时举办各分卷总纂、副总纂及编纂人员培训班，学习相关文件精神和修志业务知识。

（四）2009年1月，各分卷编纂委员会向全志编委会报送分卷篇目，经全志编委会审定后实施。

（五）2009年4月，各分卷编纂室基本完成各分卷的资料收集工作，编辑资料长编。

（六）2009年7月，各分卷编纂室完成分卷总纂工作；9月，完成初审稿，送各分卷编委会审定。

（七）2009年11月，根据分卷编委会的修改意见，完成对初审稿的修改工作，形成送审稿，报全志编委会审定。

（八）2010年2月，根据全志编委会的审核意见，各分卷编纂室完成再次修改工作，报送全志编委会准备出版。

凡实际工作基本完成、编写内容完整的分卷，可以先期完成编纂出版工作。工作尚在进行之中的分卷，如卷九《汶川特大地震抗震救灾志·灾后重建志》，2011年完成出版工作。

六、关于质量要求

质量是志书的生命，是志书的价值所系，是志书能否流传百世的根本所在。全志质量总体要求是，观点正确，体例严谨，内容全面，特色鲜明，记述准确，资料翔实，表达通顺，文风端正，印制规范。

“实施方案”提出四个方面的具体要求，即：（一）入志资料具有全面性、系统性、权威性；（二）体例科学、规范，适合内容记述的要求；（三）篇目设置科学合理；（四）记述方法得体。

质量方面还有其他一些要求，除了本次会议印发的《行文规范》之外，其他相关规定将陆续出台。

七、关于资料征集与资料长编

志书是资料性文献，资料的收（征）集工作十分重要。编纂《汶川特大地震抗震救灾志》，资料收（征）集工作必须按照国务院《地方志工作条例》第十一条之规定执行：“县级以上地方人民政府负责地方志工作的机构可以向机关、社会团体、企业事业单位、其他组织以及个人征集有关地方志资料，有关单位和个人应当提供支持。负责地方志工作的机构可以对有关资料进行查阅、摘抄、复制，但涉及国家秘密、商业秘密和个人隐私以及不符合档案开放条件的除外。”有关单位和个人，尤其是收藏有汶川特大地震和抗震救灾资料的各级档案馆、图书馆、新闻媒体及其他单位，必须根据《地方志工作条例》的要求，提供资料支持。

编纂《汶川特大地震抗震救灾志》，必须首先编辑资料长编，以系统收集、整理、保存资料，为编纂志书打下坚实的资料基础，方便初审、终审时参考。

八、关于经费保障

根据国务院领导同志批准的“《汶川特大地震抗震救灾志》编纂工作方案”，全志编委会及其办公室所涉及的日常办公、调研、聘请专家、培训修志人员、编辑资料长编、志书出版等方面经费，由国务院应急管理办公室和中国地方志指导小组办公室商财政部解决，列为中国地方志指导小组办公室专项经费，专款专用。各分卷编纂所涉及的各项经费由各承编牵头单位、承编单位按原财政渠道解决。

同志们，胡锦涛总书记在全国抗震救灾总结表彰大会上的讲话中指出：“要把抗震救灾斗争培育和弘扬的好思想、好作风作为社会主义核心价值体系建设的生动教材，引导人们进一步坚定对改革开放的信心、对中国特色社会主义的信念，为党和人民事业发展提供强大思想保证和精神支撑。”温家宝总理9月2日答记者问时也说：“我们在抗震救灾的100多天中所做的事情是值得历史记载的。”编纂《汶川特大地震抗震救灾志》就是贯彻落实中央领导同志的指示精神。我们现在是在谱写历史，将铸造史册，意义深远。让我们紧密团结在以胡锦涛同志为总书记的党中央周围，深入贯彻落实科学发展观，发扬在抗震救灾斗争中锤炼和升华的伟大民族精神，迎难而上，扎实工作，努力夺取编纂工作的胜利。

谢谢大家！

《汶川特大地震抗震救灾志》编纂工作实施方案

汶川特大地震抗震救灾志编纂委员会

二〇〇八年十月

为全面、客观、系统地记述汶川特大地震灾害和抗震救灾工作，科学总结经验，充分展示中国共产党和人民政府的坚强领导与社会主义制度的优越性，保证《汶川特大地震抗震救灾志》的编纂质量，根据国务院领导同志批准的“《汶川特大地震抗震救灾志》编纂工作方案”，结合编纂工作实际，制定本实施方案。

一、编纂指导思想与基本原则

以马克思列宁主义、毛泽东思想、邓小平理论和“三个代表”重要思想为指导，全面贯彻落实科学发展观，坚持辩证唯物主义和历史唯物主义的立场、观点和方法，严格依照国务院《地方志工作条例》的规定，全面真实地记述地震灾害、抗震救灾和灾后恢复重建工作。

二、编纂目的意义

2008年5月12日发生的汶川特大地震，是新中国成立以来破坏性最强、波及范围最广、救灾难度最大的一次地震，造成了巨大的生命财产损失。而随即展开的我国历史上救援速度最快、动员范围最广、投入力量最大的抗震救灾斗争，所表现出来的万众一心、众志成城，不畏艰险、百折不挠，以人为本、尊重科学的伟大抗震救灾精神，是党和人民极为宝贵的精神财富，值得永载史册。编纂《汶川特大地震抗震救灾志》，全面、客观地记述地震灾害、抗震救灾和灾后重建的全过程，对于系统总结抗震救灾经验，加强应急管理能力建设，提高防灾减灾工作水平，服务于当前和今后的防震、抗震、救灾、重建工作；对于全面展示社会主义制度的优越性、中华民族的优秀品质、人民军队的政治本色、中国共产党的坚强领导，进一步弘扬伟大抗震救灾精神，激发全国各族人民在党和政府的领导下战胜一切艰难险阻的信心和决心；对于为全世界提供应对突发事件、抗击特大自然灾害的宝贵经验，促使人类更加自觉地去认识和把握自然规律、增强抵御自然灾害能力，进而推动人类文明进步，都具有重大的现实意义和深远的历史意义。

三、编纂任务与总体设计

（一）编纂任务。

《汶川特大地震抗震救灾志》共设11个分卷，即《汶川特大地震抗震救灾志·总述》、《汶川特大地震抗震救灾志·大事记》、《汶川特大地震抗震救灾志·图志》、《汶川特大地震抗震救灾志·地震灾害志》、《汶川特大地震抗震救灾志·抢险救灾志》、《汶川特大地震抗震救灾志·灾区生活志》、《汶川特大地震抗震救灾志·灾区医疗防疫志》、《汶川特大地震抗震救灾志·社会赈灾志》、《汶川特大地震抗震救灾志·灾后重建志》、《汶川特大地震抗震救灾志·英模人物》、《汶川特大地震抗震救灾志·附录》。全志约1100万字。各卷篇幅视内容多寡而定，篇幅大的分卷可分册出版。

（二）总体设计。

1. 《汶川特大地震抗震救灾志》记述时间断限。

全志原则上记述时限为2008年5月12日至2010年12月31日，即地震爆发到灾后重建工作基本完成。各分卷视有关工作的完成情况而定：

《汶川特大地震抗震救灾志·总述》、《汶川特大地震抗震救灾志·大事记》、《汶川特大地震抗震救灾志·图志》、《汶川特大地震抗震救灾志·灾后重建志》、《汶川特大地震抗震救灾志·附录》各卷记述时限为2008年5月12日至2010年12月31日。

《汶川特大地震抗震救灾志·地震灾害志》、《汶川特大地震抗震救灾志·抢险救灾志》、《汶川特大地震抗震救灾志·灾区生活志》、《汶川特大地震抗震救灾志·灾区医疗防疫志》、《汶川特大地震抗震救灾志·社会赈灾志》、《汶川特大地震抗震救灾志·英模人物》各卷记述时限为2008年5月12日至2008年10月14日。

2. 《汶川特大地震抗震救灾志》记述地域。

记述主要地域是汶川特大地震受灾地区（以国家地震局界定的范围为准），大致包括四川、重庆、甘肃、陕西、云南等地；组织抗灾、救灾、赈灾等工作和活动可以记述灾区以外相关地区（含国际社会）。

3. 《汶川特大地震抗震救灾志》总体内容。

卷一：《汶川特大地震抗震救灾志·总述》。从总体、全局角度，钩玄提要，对汶川特大地震灾害、抗震救灾和灾后重建进行总括式的记述，包括汶川特大地震地区震前的自然概貌（气候条件、区域地质构造、活动断裂带、历史上地震情况、地貌、自然资源）、人口、经济与社会总情况；地震爆发与严重灾情；党和政府领导抗震救灾的坚强领导、周密组织、科学调度以及党和国家领导人深入灾区组织抢险；灾民自救与组织救援（人民解放军、武警部队、民兵预备役人员、公安民警和医疗卫生人员、新闻工作者、科技工作者、农业工作者等以及各省市区的紧急救援）；防治次生灾害；监测预警；灾民安置与安排灾区生活物资供应；医疗防疫；灾后农业生产恢复；抢修恢复基础设施；恢复学校教育；全国捐款赈灾；国际救援；在抗震救灾重建中涌现的英雄模范和产生的伟大抗灾精神；国际社会对我国此次抗灾行动的高度评价等。

卷二：《汶川特大地震抗震救灾志·大事记》。采用编年体（适当结合纪事本末体），分月、日记述。按时间顺序，一事一条，记载汶川特大地震抗震救灾工作中的大事、要事。

卷三：《汶川特大地震抗震救灾志·图志》。采用图照与文字叙述、文字介绍相结合的形式，直观再现汶川特大地震的巨大破坏和震撼人心的抗震救灾现场，反映党和国家对抗震救灾工作的领导、指挥、部署，再现伟大的抗震救灾精神、英雄不屈的人民、典型感人的事迹，体现社会主义制度的优越性。前置长篇导言，再按专题分类。专题内容大体包括汶川特大地震震前灾区的壮丽河山、人民和谐的生活、主要基础设施、工厂学校、商业集市等（以体现大地震前后的巨大反差和破坏的强烈程度）；震区分布图、震区地震断裂带等相关地质构造图、航空遥感地震灾害监测图像；历史文献记载的该地区地震情况的图照；震灾爆发及巨大破坏；党和国家领导人抗灾决策及深入灾区组织抢险救援（包括抗震救灾指挥部领导工作或会议现场、党和国家领导人与灾区群众在一起）；党和政府发布的重要抗灾救灾命令；人民解放军、武警部队紧急救援、灾民安置和支援地方恢复重建；国家各有关部委配合抢险救灾；抢修基础设施；处置次生灾害及监测预警（堰塞湖、泥石流、滑坡、高温、雷电、暴雨等）；转移安置灾民稳定社会；灾区疫病防治；学校复课（包括推迟高考）；各省市区赈灾和援助；国际社会援助；有关抗震救灾的书画照片等。

卷四：《汶川特大地震抗震救灾志·地震灾害志》。文字记述，配以随文照片。首设概述，然后横排事类。集中记述震区的地质地貌，本次大地震的成因；大地震造成的巨大破坏，包括人员伤亡、自然环境破坏、生活设施毁坏、基础设施毁坏、生产设施毁坏（农田、工厂、商业街区）、文化设施毁坏、村落城镇毁坏、旅游景观毁坏甚至消亡；次生地质灾害（崩塌、滑坡、泥石流）；次生灾害调查与防范；监测预警；科技工作者为防震减灾所作的努力及所取得的科研成果（如航空遥感技术在地震及次生地质灾害救灾中的应用情况与监测内容）等。

卷五：《汶川特大地震抗震救灾志·抢险救灾志》。文字记述，配以随文照片。首设概述，然后横排事类。主要反映广大军民面对极其惨烈的灾难，面对极其严重的困难，临危不惧、奋不顾身、舍生忘死的超人勇气和大无畏精神。包括抗震救灾指挥部及有关应急组织、领导层决策部署，组织救援、救援人员进入灾区（陆路、航空、水路进入，空投救援人员和物资）、进村入户搜救被困群众和游客、疏散转移群众、调集抢修救援装备、启用储备物资与医药调度、抢险应急物资运输供应、灾害监测预警（地震监测、气象监测预警、河湖水质监测、危险化学品等污染物防控等）、次生灾害防治（调查评估及排查与治理、灾区水库安全保卫、堰塞湖疏通、变形河道治理、余震防御、泥石流防范、气象灾害防治）、基础设施抢修、灾区现场清理、安全保卫（包括重要场所警戒）稳定社会。

卷六：《汶川特大地震抗震救灾志·灾区生活志》。文字记述，配以随文照片。首设概述，然后横排事类。主要反映灾区群众的安置工作。包括制定实施受灾群众救助工作方案及相应的资金物质保障措施、配套基础设施保障（如供水、供电）、灾区生活救助供应领导组织机构与系统、灾区群众生存艰难，对受灾群众救助、生活必需品供应、倒房群众安置、灾区市场供应、资金物资保障与管理、社会治安、交通秩序维护等。

卷七：《汶川特大地震抗震救灾志·卫生防疫志》。文字记述，配以随文照片。首设概述，然后横排事类。主要反映灾区医疗救援、卫生防疫、伤员康复、对口支援、医疗卫生机构恢复重建等工作。包括灾区卫生防疫领导组织管理系统，医疗卫生救援队伍工作情况，医疗防疫器械、药品调集及配送，伤员救治和转运（包括转移至外省、自治区、直辖市、军队后方医院治疗），传染病和突发公共卫生事件防控、实现大灾之后无大疫的工作（传染病疫情和突发公共卫生事件监测、报告和防控，免疫接种，食品和饮用水的卫生监督监测，环境消毒，人和动物尸体的处理及消毒，健康教育），心理危机干预，伤员康复，全国卫生系统对口支援，灾区医疗卫生机构恢复重建等。

卷八：《汶川特大地震抗震救灾志·社会赈灾志》。文字记述，配以随文照片。首设概述，然后横排事类。主要反映一方有难、八方支援，举国上下患难与共，前方后方同心协力，海内海外和衷共济等守望相助、倾力支持的情况。包括救灾捐赠领导组织管理系统、中央部委赈灾与捐赠、各省市区赈灾与捐赠、解放军与武警部队赈灾与捐赠、企业赈灾与捐赠、社会民众赈灾与捐赠、港澳台赈灾与捐赠、海外侨胞赈灾与捐赠、国际社会赈灾与捐赠（如灾区少年儿童受邀到国外疗养），以及相关省市、企业对口支援灾区抢险救灾、恢复重建和安置等。

卷九：《汶川特大地震抗震救灾志·灾后重建志》。文字记述，配以随文照片。首设概述，然后横排事类。主要反映恢复生产、重建家园（物质的和精神的）等工作。包括党和国家关于灾后恢复重建的方针政策和工作部署、灾后重建领导组织管理系统、土地利用专项规划、国土资源政策支持、地质安全评估，城乡居民倒塌毁损住房、公共服务设施（教育、卫生、基层政权等）、基础设施抢修与重建（铁路、公路、桥梁、隧道等交通设施，供电、供水、供气、通邮、通信等设施）、气象设施重建和气象保障服务等，组织自救互救（生产自救、核查农工矿商贸损毁情况、指导制定恢复生产的政策措施、落实扶持资金物资、开展恢复生产工作）、军队支援地方恢复重建、劳务输出，重建规划、工商企业恢复生产和重建、农业和林业恢复生产和重建、学校恢复重建、村庄城镇重建、其他基础设施恢复重建等。

卷十：《汶川特大地震抗震救灾志·英模人物》。文字记述，每一人物配一张1寸半身照片。主要记述抗震救灾英雄集体和主要抗震救灾模范。首设概述，概括介绍汶川特大地震抗震救灾英模人物的类型、特点，反映大难面前精神不倒、奋斗不息的自强精神，迎难而上、百折不挠的精神，万众一心、众志成城的精神，一方有难、八方支援的社会主义大协作精神等。概述后以具体人物为记述对象，记录汶川特大地震抗震救灾工作中涌现的英模群体和先进人物的杰出代表（如舍身救人的英雄，在救灾抢险中牺牲的英烈等），表彰他们的先进思想和模范事迹。体裁包括人物传、人物简介和人物表，内容以2008年10月8日中共中央、国务院和中央军委在人民大会堂召开的全国抗震救灾总结表彰大会所表彰的汶川特大地震抗震救灾英雄集体和抗震救灾模范为基础。

卷十一：《汶川特大地震抗震救灾志·附录》。文字记述，可适当配以图照。主要收录与汶川特大地震抗震救灾有关的，有重大社会、文献价值的法规、文件、报道、艺文等原始文献。如党和国家领导人的重要批示、讲话，党和政府颁布的法规、决定，新闻部门发布的重大新闻信息、重要通报和社论，抢险中重要保障措施，国务院批准的重建方案，重要报刊发表的人民群众和国际社会对抗灾救灾的评价等。

除《汶川特大地震抗震救灾志·大事记》、《汶川特大地震抗震救灾志·图志》、《汶川特大地震抗震救灾志·英模人物》、《汶川特大地震抗震救灾志·附录》等卷外，其余各卷一律按篇、章、节、目分级编次。各分卷的结构层次根据具体情况安排。

凡例、编纂说明、编后记。

总凡例：统领全志，各分卷卷首放总凡例，同时放分卷的编纂说明。总凡例包括编纂志书的指导思想、编纂原则、时空范围、体例、人物收录标准、资料来源、数据使用、行文规范等，规定明确。

分卷的编纂说明：重点说明总凡例中没有涉及，但需要交待清楚的内容以及对特殊问题的处理原则等。

编后记：重点记述编纂始末。各分卷的编后记置于本卷之末，全志的总编后记置于卷十一《汶川特大地震抗震救灾志·附录》之末。

四、组织领导

为确保《汶川特大地震抗震救灾志》的编纂质量，高效率、高水平完成编纂工作，成立《汶川特大地震抗震救灾志》编纂委员会及其他编纂工作机构。

（一）“《汶川特大地震抗震救灾志》编纂委员会”的组成及职能。

为便于开展工作，根据国务院领导同志批准的“《汶川特大地震抗震救灾志》编纂工作方案”，成立“《汶川特大地震抗震救灾志》编纂委员会”(简称“全志编委会”)，领导《汶川特大地震抗震救灾志》的编纂工作。全志编委会的职责主要是统筹规划，组织协调《汶川特大地震抗震救灾志》编纂工作，研究解决编纂和出版工作中的重大事项。

全国政协副主席、社科院院长、中国地方志指导小组组长陈奎元担任全志编委会主任，成员单位由原国务院抗震救灾总指挥部各工作组成员单位、中国地方志指导小组部分成员单位组成，具体包括：中央宣传部、国务院办公厅、外交部、发展改革委、教育部、科技部、工业和信息化部、公安部、民政部、司法部、财政部、人力资源社会保障部、国土资源部、环境保护部、住房城乡建设部、交通运输部、铁道部、水利部、农业部、商务部、卫生部、人民银行、国资委、质检总局、广电总局、安全监管总局、旅游局、港澳办、地震局、气象局、银监会、证监会、保监会、电监会、台办、新闻办、信访局、国防科工局、测绘局、民航局、邮政局、食品药品监管局、国家电网公司、红十字会、总参谋部、总后勤部、武警部队、成都军区，国家民委、文化部、新闻出版总署、宗教局、法制办、社科院、档案局、军事科学院、社科院历史研究所、社科院近代史研究所、社科院考古研究所、社科院边疆史地研究中心、社科院经济研究所、社科院社会学研究所、当代中国研究所、北京大学、复旦大学、中国地方志指导小组办公室，以及四川省、甘肃省、陕西省。其中，中央宣传部、国务院办公厅、发展改革委、民政部、人力资源社会保障部、卫生部、社科院、地震局、新闻办、总参谋部、四川省、甘肃省、陕西省等部门和地方为副主任成员单位。编纂工作中的重大问题由主任、副主任签署意见后执行。各成员单位分别指定一名省部级领导干部担任编委会委员，指定一名司（局）级领导干部担任协调员。中国地方志指导小组及其办公室承担全志编委会具体工作。

《汶川特大地震抗震救灾志》设全志主编、总纂各一名，副主编、副总纂若干名，具体负责全志的编纂工作，人选由全志编委会研究决定。

（二）“《汶川特大地震抗震救灾志》编纂委员会办公室”职能。

全志编委会下设《汶川特大地震抗震救灾志》编纂委员会办公室。办公室是全志编委会的办事机构，主要职能是：负责统筹规划、组织协调、督促指导、审核把关，以及调研、培训、组织出版等工作。办公室设在中国地方志指导小组，办公室主任由中国地方志指导小组秘书长田嘉兼任。

（三）“《汶川特大地震抗震救灾志》审查验收工作小组”职能。

全志编委会内设审查验收工作小组，主要职责是：负责各分卷体例、内容尤其是各分卷提出的关于政策、保密等重大问题的审查，负责各分卷的终审工作。

其组成方式、具体人选及审查验收办法，由全志编委会研究决定。

（四）“《汶川特大地震抗震救灾志》分卷编纂委员会”及分卷编纂室的职能。

1. “《汶川特大地震抗震救灾志》分卷编纂委员会”的组成与职能。

在综合考虑各分卷内容和部门职责的基础上，确定各分卷的承编牵头单位。各承编牵头单位负责组建分卷编纂委员会，如“《汶川特大地震抗震救灾志·抢险救灾志》编纂委员会”。各分卷编纂委员会原则上由各分卷的承编牵头单位和承编单位联合组成。承编牵头单位的主要领导担任分卷编纂委员会的主任，承编单位主要领导分别担任副主任或委员。具体人选由承编牵头单位与承编单位协商确定。分卷编纂委员会组成人员名单报全志编委会备案。

分卷编纂委员会的职能是：领导本分卷的编纂工作，负责组织调动编纂人员、成立分卷编纂室，协调解决编纂用房和编纂经费，组织拟订篇目，布置资料征集工作，根据全志编委会的规划安排本卷的编纂进度，审查初稿，严把史实、政策、保密关。

各分卷设主编、总纂各一名，副主编、副总纂若干名，具体负责本分卷的编纂工作，人选由分卷编委会研究决定，报全志编委会备案。各分卷实行主编负责制，主编、副主编由分卷编委会主任、副主任担任。主编负责各分卷的编纂业务，副主编协助主编解决编纂中的重要问题（尤其是本承编单位的编纂业务），包括篇目拟定、资料组织、分卷审稿等。总纂、副总纂具体负责分卷的篇目起草、拟订分卷的编纂方案、资料征集方案，指导各承编单位编纂人员进行资料长编的编辑、初稿编纂等工作，并对分卷稿进行分纂、总纂，完成文字通稿等工作。

2. “《汶川特大地震抗震救灾志》分卷编纂室”的工作。

由承编牵头单位和各承编单位选派对汶川特大地震抗震救灾工作情况熟、政策水平高、协调能力强、文字功力好的同志组成分卷编纂室。编纂室主任由牵头单位的同志担任，另设副主任和编纂人员若干名。分卷编纂室设在承编牵头单位内。各承编单位安排资料征集、撰稿人员若干名。分卷编纂室具体负责组织资料征集、编辑资料长编和初稿编纂工作，对各承编单位的来稿进行加工、修订、统稿，处理交叉重复等问题，然后报分卷编委会审稿。专业性强的分卷要吸收有关专家、学者参加撰稿、审稿工作。

分卷编纂室主任同时担任分卷总纂、副主任担任副总纂（可视具体工作情况增设）。

（五）编纂业务培训。

由全志编委会办公室和分卷编纂室组织编纂人员培训工作。培训分两个层面。第一个层面由全志编委会办公室组织对分卷总纂、副总纂以及分卷编纂室编纂人员进行培训；第二个层面由分卷编纂室组织对本卷各承编单位的编纂人员进行培训。培训内容包括掌握抗震救灾工作的全面情况，学习地方志基本知识和编纂方法，学习与编纂工作有关的各项规定等。

五、卷目和编纂分工

《汶川特大地震抗震救灾志》共设11个分卷，各分卷的承编牵头单位、承编单位及参与单位以2008年5月18日国务院颁发的《关于国务院抗震救灾总指挥部工作组组成的通知》（国阅〔2008〕47号）中确定的各组牵头单位和成员单位为基础。承编牵头单位分别为发展改革委、民政部、人力资源社会保障部、卫生部、地震局、新闻办、总参谋部、中国地方志指导小组及其办公室。承编牵头单位负责组织、协调相关承编单位及参与单位，共同完成《汶川特大地震抗震救灾志》各分卷的编纂任务。

各分卷卷目及大致分工情况见下列《〈汶川特大地震抗震救灾志〉卷目及分工表》：

序号	卷名	承编牵头单位
1	《汶川特大地震抗震救灾志·总述》	全志编委会办公室
2	《汶川特大地震抗震救灾志·大事记》	全志编委会办公室
3	《汶川特大地震抗震救灾志·图志》	新闻办
4	《汶川特大地震抗震救灾志·地震灾害志》	地震局
5	《汶川特大地震抗震救灾志·抢险救灾志》	总参谋部
6	《汶川特大地震抗震救灾志·灾区生活志》	民政部
7	《汶川特大地震抗震救灾志·灾区医疗防疫志》	卫生部
8	《汶川特大地震抗震救灾志·社会赈灾志》	民政部
9	《汶川特大地震抗震救灾志·灾后重建志》	发展改革委
10	《汶川特大地震抗震救灾志·英模人物》	人力资源社会保障部
11	《汶川特大地震抗震救灾志·附录》	全志编委会办公室

六、工作要求与进度安排

（一）工作要求。

1. 健全工作体制。

在国务院领导下，国务院办公厅负责协调、指导，全志编委会、分卷编委会组织全志和分卷编纂工作的实施，各承编单位分工合作、密切配合。工作中的重大问题及时向全志编委会及其办公室汇报请示，需要向国务院汇报请示的，由全志编委会及其办公室归口上报。

2. 充分发挥承编牵头单位的作用。

分卷承编牵头单位责任重大，在全志编纂工作中发挥着承上启下、确保一方的作用，在分卷编纂中不仅要完成本单位承担的编纂任务，还要发挥好组织协调作用，保证其他承编单位的编纂工作同步进行。各承编单位要配合、支持牵头单位的工作，不拖后腿，不拉进度，确保按时、保质完成编纂任务。

3. 做好保障工作。

各分卷承编牵头单位、承编单位必须认真组织实施，把本志编纂工作纳入本单位工作目标的管理中，做到领导到位、人员到位、经费到位、办公条件到位。业务部门要加大抗震救灾文件、资料的收集整理力度，档案部门要保障抗震救灾档案的有效利用。

4. 执行保密规定。

《汶川特大地震抗震救灾志》属国家级权威史料，资料收集、使用、保管工作非常重要。各承编单位保密委员会要对提供的资料进行审查，分卷编纂委员会、《汶川特大地震抗震救灾志》编纂委员会要重点对志稿的保密问题进行审核。要妥善保存在编纂过程中收集形成的材料，并遵守调阅制度。

5. 发扬良好工作作风。

全体编纂人员要发扬实事求是、艰苦奋斗、通力合作的工作作风，确保志书质量。

（二）工作进度。

全志编纂工作，大致经过成立编纂组织、培训编纂人员、拟订分卷篇目、收集资料和编辑资料长编、志稿撰写和分卷总纂、志稿审查、修订出版等工作阶段。2008年9月下旬启动有关筹备工作，2010年底基本完成编纂工作，2011年各分卷全部出版。

编纂工作流程及总体进度安排如下：

1. 2008年10月，报请国务院批准成立“《汶川特大地震抗震救灾志》编纂委员会”及其办公室；商各成员单位有关全志编委会委员和协调员人选名单，落实各分卷承编牵头单位和承编单位，征求各成员单位对“《汶川特大地震抗震救灾志》编纂工作实施方案”的修改意见。

2. 2008年11月初，召开全志编委会成立大会暨第一次全体会议，明确编纂任务，正式启动《汶川特大地震抗震救灾志》的编纂工作。

3. 2008年12月10日之前，成立各分卷编纂委员会、确定各分卷承编单位，并报全志编委会备案；适时举办各分卷总纂、副总纂及编纂人员培训班，学习相关文件精神和修志业务知识。

4. 2009年1月，各分卷编纂委员会向全志编委会报送分卷篇目，经全志编委会审定后实施。

5. 2009年4月，各分卷编纂室基本完成各分卷的资料收集工作，编辑资料长编。

6. 2009年7月，各分卷编纂室完成分卷总纂工作；9月，完成初审稿，交由各分卷编委会审定。

7. 2009年11月，根据分卷编委会的修改意见，完成对初审稿的修改工作，形成送审稿，报全志编委会审定。

8. 2010年2月，根据全志编委会的审核意见，各分卷编纂室完成再次修改工作，报送全志编委会准备出版。具体的报送要求另行规定。

凡实际工作基本完成、编写内容完整的分卷，可以先期完成编纂出版工作。工作尚在进行之中的分卷，如卷九《汶川特大地震抗震救灾志·灾后重建志》，2011年完成出版工作。

为保证编纂进度和出版质量，出版工作与总纂后期工作同步进行，由专业志书出版社——方志出版社负责出版工作，并提前派编辑介入审校工作。

七、质量要求

全志质量总体要求是，观点正确，体例严谨，内容全面，特色鲜明，记述准确，资料翔实，表达通顺，文风端正，印制规范。

（一）入志资料具有全面性、系统性、权威性。

入志资料丰富、真实、准确，全面、系统，能够反映事物发生、发展、演变的过程。人、事、物，时间、地点、事件经过等要素齐全。资料准确。注重选用第一手资料和原始资料。资料不涉及国家秘密、商业秘密和个人隐私。

（二）体例科学、规范，适合内容记述的要求。

述、记、志、传、图、表、录等体裁运用得当，以志为主。

1. 述。

全志总述、分卷概述能够概述事物发展的全貌和特点。

2. 记。

大事记选录大事得当，重要事项不漏，时间、地点、人物（单位）、结果等要素齐备。

专记设置因事制宜，选题严格，数量适度。

编后记重点反映修志始末。

3. 志。

门类设置合理，纵述史实把握事物的发端、变化和现状，不缺失主要事物、事物的主要方面和事物发展的重要阶段。

4. 传。

立传、简介、英模表收入的人物为在汶川特大地震中有重大影响者，包括牺牲的英烈和健在的英模（专指“英模人物”卷）。

5. 图、照。

图、照注重典型性、资料性，从不同角度反映汶川特大地震灾害和抗震救灾工作情况。

地图采用国家测绘部门和有关部门绘制或审定的地图。重要地理信息数据采用测绘部门公布的法定数据。

照片无广告色彩。

6. 表。

设计合理，要素齐全，内容准确，不与正文简单重复。

7. 录。

附录卷收录有重要存史价值和社会价值的原始文献。

（三）篇目设置科学合理。

1. 篇目设置符合“事以类聚”、“类为一志”的基本要求。

科学分类与现实社会分工(如应急管理体制)、全志的整体性与分卷相对独立性的关系处理妥当。

2. 整体布局合理，结构严谨，归属得当，层次分明，排列有序。

没有层次分割过多过细、缺乏整体性和影响深度等弊病。突出特点，类目的升格或降格使用适度。

标题简明准确，题文相符，同一门类各级标题不重复。

（四）记述方法得体。

1. 区域界限明确。

以汶川特大地震受灾地区为记述范围，越境不书。交待背景，反映围绕大地震和抗震救灾的决策、援助、赈灾捐赠、接受转移受灾群众等内容，不视为越境而书。

2. 时间界限明确。

全志的时间断限原则上为2008年5月12日至2010年12月31日，不随意突破志书的上限和下限。反映震前的背景可以适当上溯。

3. 述而不论。

记述事物、事件和人物，寓观点于记述之中。述体（总述、概述）中的必要议论适度，不空泛。

4. 名称、事实一致。

志书中同一名称、事实、数据、时间、度量衡、术语的表述，前后一致。

5. 内容记述不机械重复。

交叉的事物，从不同角度记述，或此详彼略，或用互见法。

6. 人物记述准确、客观、公允。

英模人物传记述传主的生卒年月、籍贯（出生地）、主要经历、大地震中的典型事迹、个性特征、社会评价等。人物简介比人物传简约。人物表要素不缺。其他各卷记述人物以事系人，人随事出。

7. 图照规范。

图的制作规范，要素齐全，包括必要的图题、图例和注记，合理使用地形图、震区分布图、地震断裂构造图、水文图、位置图、交通图等。

照片主题明确，图像清晰，注明时间、地点、事物、需要说明的人物位置及时任职务。

8. 数据准确。

引用的数据全面、客观、准确，尽可能使用权威部门提供的数据。

9. 行文规范。

行文要求按照全志编委会制定的《〈汶川特大地震抗震救灾志〉行文规范》执行。

八、资料征集与资料长编

（一）资料收（征）集。

编纂《汶川特大地震抗震救灾志》，资料收（征）集工作按照国务院《地方志工作条例》第十一条之规定执行："县级以上地方人民政府负责地方志工作的机构可以向机关、社会团体、企业事业单位、其他组织以及个人征集有关地方志资料，有关单位和个人应当提供支持。负责地方志工作的机构可以对有关资料进行查阅、摘抄、复制，但涉及国家秘密、商业秘密和个人隐私以及不符合档案开放条件的除外。"有关单位和个人，尤其是收藏有汶川特大地震和抗震救灾资料的各级档案馆、图书馆、新闻媒体及其他单位，必须根据《地方志工作条例》的要求，提供资料支持。

资料收（征）集要全面系统，资料来源包括报纸、期刊、档案、文件、工作总结、技术资料、会议纪要、图书、图片集、文物、口碑、音像、调查报告、实地调查等。

入志资料要真实、准确，经过鉴别、核实，时间、地点、人物（单位）、事实、数据等信息准确。不可或缺但有歧义的资料，多说并存。

（二）资料长编。

为了给编纂《汶川特大地震抗震救灾志》打好坚实的资料基础，便于初审、终审时参考，各分卷在编纂初稿之前，必须编辑资料长编。资料长编一事一条，按篇目归类，各条按时间先后顺序编排。每条资料长编主要为节录的资料内容；每条的“说明”包括资料事件发生时间、资料来源，如报纸“说明”有名称、第几版、文章标题、作者姓名等，档案交代馆藏、文档号，文件交代发文单位、文号。每一资料长编的摘录者须署名以示责任。

分卷编纂委员会向全志编委会报送分卷送审稿纸质文本和电子文本的同时，报送分卷资料长编的纸质文本和电子文本。

九、经费保障

《汶川特大地震抗震救灾志》编纂委员会及其办公室所涉及的日常办公、调研、聘请专家、培训修志人员、编辑资料长编、志书出版等方面经费，由国务院应急管理办公室和中国地方志指导小组办公室商财政部解决，列为中国地方志指导小组办公室专项经费，专款专用。

各分卷编纂所涉及的各项经费由各承编牵头单位、承编单位按原财政渠道解决。

《汶川特大地震抗震救灾志》专有名称全称、简称使用规范

（2011年制定）

为确保《汶川特大地震抗震救灾志》的编纂质量，现将全志使用频率较高的部分党政机关、企事业单位及行政区划等名称的全称、简称，予以统一、规范；各分卷中使用频率较高的相关名称，由各卷统一规范。

一、关于中共中央机构名称

1. “中国共产党中央委员会”简称“中共中央”；“中国共产党中央纪律检查委员会”简称“中央纪委”。

2. 中共中央直属机构：

全称	简称	备注
中共中央办公厅	中央办公厅	需要记述这些单位内设机构及所属单位的，前缀单位同此处理。下同。
中共中央组织部	中组部	
中共中央宣传部	中宣部	
中共中央统一战线工作部	中央统战部	
中共中央对外联络部	中联部	
中央政法委员会	中央政法委	
中共中央政策研究室	中央政策研究室	
中共中央台湾工作办公室	中央台办	
中共中央对外宣传办公室	中央外宣办	
中央外事工作领导小组办公室	中央外办	
中央社会治安综合治理委员会	中央综治委	
中央精神文明建设委员会	中央文明委	
中央精神文明建设指导委员会办公室	中央文明办	
中共中央直属机关工作委员会	中直机关工委	
中共中央国家机关工作委员会	中央国家机关工委	

二、关于人大、政协机构名称

全称	简称	备注
中华人民共和国 全国人民代表大会	全国人大	各专门委员会同
中华人民共和国全国 人民代表大会常务委员会	全国人大常委会	
第×届全国人民代表大会常务委员会	×届全国人大常委会	
中国人民政治协商会议	全国政协	
中国人民政治协商会议第×届全国委员会（常务委员会）	政协×届全国委员会（常委会）	政协委员称“第×届全国政协委员”

说明：地方各级人大、政协简称与全国人大、全国政协对应，前冠以省、市、县行政区划名称。

三、关于国务院机构名称

全称	简称	备注
中华人民共和国国务院	国务院	
中华人民共和国国务院办公厅	国务院办公厅	
国务院组成部门		
中华人民共和国外交部	外交部	
中华人民共和国国防部	国防部	
中华人民共和国国家发展和改革委员会	发展改革委	国家发改委
中华人民共和国教育部	教育部	
中华人民共和国科学技术部	科技部	
中华人民共和国工业和信息化部	工业和信息化部	
中华人民共和国国家民族事务委员会	国家民委	
中华人民共和国公安部	公安部	
中华人民共和国国家安全部	安全部	
中华人民共和国监察部	监察部	
中华人民共和国民政部	民政部	
中华人民共和国司法部	司法部	
中华人民共和国财政部	财政部	
中华人民共和国人力资源和社会保障部	人力资源社会保障部	
中华人民共和国国土资源部	国土资源部	
中华人民共和国环境保护部	环境保护部	

全称	简称	备注
中华人民共和国住房和城乡建设部	住房城乡建设部	
中华人民共和国交通运输部	交通运输部	
中华人民共和国铁道部	铁道部	
中华人民共和国水利部	水利部	
中华人民共和国农业部	农业部	
中华人民共和国商务部	商务部	
中华人民共和国文化部	文化部	
中华人民共和国卫生部	卫生部	
中华人民共和国国家人口和计划生育委员会	人口计生委	
中国人民银行	人民银行	
中华人民共和国审计署	审计署	
国务院直属特设机构		
国务院国有资产监督管理委员会	国资委	
国务院直属机构		
中华人民共和国海关总署	海关总署	
国家税务总局	税务总局	
国家工商行政管理总局	工商总局	
国家质量监督检验检疫总局	质检总局	
国家广播电影电视总局	广电总局	
国家新闻出版总署	新闻出版总署	
国家体育总局	体育总局	
国家安全生产监督管理总局	安全监管总局	
国家统计局	统计局	国家统计局
国家林业局	林业局	国家林业局
国家知识产权局	知识产权局	国家知识产权局
国家旅游局	旅游局	国家旅游局
国家宗教事务局	宗教局	国家宗教局
国务院机关事务管理局	国管局	
国务院办事机构		
国务院侨务办公室	侨办	国侨办
国务院港澳事务办公室	港澳办	国务院港澳办
国务院法制办公室	法制办	国务院法制办
国务院直属事业单位		
新华通讯社	新华社	

全称	简称	备注
中国科学院	中科院	
中国社会科学院	社科院	
中国工程院	工程院	
中国地震局	地震局	中国地震局
中国气象局	气象局	中国气象局
中国银行业监督管理委员会	银监会	中国银监会
中国证券监督管理委员会	证监会	中国证监会
中国保险监督管理委员会	保监会	中国保监会
国家电力监管委员会	电监会	国家电监会
全国社会保障基金理事会	社保基金会	全国社保基金会
国家自然科学基金委员会	自然科学基金会	
国务院台湾事务办公室	台办	国台办
国务院新闻办公室	新闻办	国新办
国家档案局	档案局	国家档案局
国务院部委管理的国家局		
国家信访局	信访局	国家信访局
国家粮食局	粮食局	国家粮食局
国家能源局	能源局	国家能源局
国家国防科技工业局	国防科工局	
国家烟草专卖局	烟草局	国家烟草局
国家公务员局	公务员局	国家公务员局
国家海洋局	海洋局	国家海洋局
国家测绘局	测绘局	国家测绘局
国家邮政局	邮政局	国家邮政局
国家文物局	文物局	国家文物局
国家食品药品监督管理局	食品药品监督局	国家食品药品监督局
国家中医药管理局	中医药局	国家中医药局
国家外汇管理局	外汇局	国家外汇局
国家煤矿安全监察局	煤矿安监局	国家煤矿安监局
国家保密局	保密局	国家保密局
国家航天局	航天局	国家航天局
国家原子能机构	原子能机构	国家原子能机构
国家核安全局	核安全局	国家核安全局

全称	简称	备注
其他		
中国民用航空局	国家民航局	
中华全国供销合作总社	全国供销总社	

说明：1. 与上述单位对应的地方单位，简称同上，前冠以相应行政区划名称。
2. 需要单独使用有关部门、单位名称或易引起歧义时，可用备注栏名称。

四、关于军队单位名称

全称	简称	备注
中国共产党中央军事委员会	中央军委	
中国共产党中央军事委员会办公厅	军委办公厅	
中国人民解放军总参谋部	总参谋部	
中国人民解放军总参谋部作战部	总参作战部	
中国人民解放军总政治部	总政治部	
中国人民解放军总政治部宣传部	总政宣传部	
中国人民解放军总后勤部	总后勤部	
中国人民解放军总后勤部卫生部	总后卫生部	
中国人民解放军总装备部	总装备部	
中国人民解放军总装备部综合计划部	总装综合计划部	
总参谋部总政治部总后勤部总装备部	四总部	
中国人民解放军陆军	陆军	
中国人民解放军海军	海军	
中国人民解放军空军	空军	
中国人民解放军第二炮兵	第二炮兵	
中国人民解放军军事科学院	军事科学院	
中国人民解放军国防大学	国防大学	
中国人民解放军北京军区	北京军区	各大军区、省级军区同
中国人民解放军国防科技大学	国防科大	

说明：1. 中国人民解放军可简称为“解放军”，中国人民武装警察部队可简称为“武警部队”。
2. “四总部”，各军、兵种所属机构，可以写四总部及军、兵种的简称，如“总政文工团”“海政文工团”“二炮文工团”等。

五、关于民主党派、社会团体名称

全称	简称	备注
中国国民党革命委员会中央委员会	民革中央	

全称	简称	备注
中国民主同盟中央委员会	民盟中央	
中国民主建国会中央委员会	民建中央	
中国民主促进会中央委员会	民进中央	
中国农工民主党中央委员会	农工党中央	
中国致公党中央委员会	致公党中央	
九三学社中央委员会	九三学社中央	
台湾民主自治同盟中央委员会	台盟中央	
中国共产主义青年团中央委员会	共青团中央	
中华全国总工会	全国总工会	
中华全国妇女联合会	全国妇联	
中国科学技术协会	全国科协	
中华全国归国华侨联合会	中国侨联	
中华全国台湾同胞联谊会	全国台联	
中华全国青年联合会	全国青联	
中华全国工商业联合会	全国工商联	
中国文学艺术界联合会	中国文联	
中国作家协会	中国作协	
中华全国新闻工作者协会	中国记协	
中国人民对外友好协会	中国友协	
中国国际贸易促进委员会	中国贸促会	
中国残疾人联合会	中国残联	
宋庆龄基金会	宋庆龄基金会	
中国法学会	中国法学会	
中国红十字会	中国红十字会	
中华全国学生联合会	全国学联	
中国戏剧家协会	中国剧协	
中国美术家协会	中国美协	
中国音乐家协会	中国音协	

说明：各民主党派的基层组织，其简称参照上述情况执行。

六、关于大型企业名称

全称	简称	备注
中国核工业集团公司	中核集团	

全称	简称	备注
中国核工业建设集团公司	中核建设集团	
中国航天科技集团公司	航天科技集团	
中国航天科工集团公司	航天科工集团	
中国航空工业集团公司	中航工业集团	
中国船舶工业集团公司	中船集团	
中国船舶重工集团公司	中船重工集团	
中国兵器工业集团公司	兵工集团	
中国兵器装备集团公司	兵器装备集团	
中国电子科技集团公司	中电科技集团	
中国石油天然气集团公司	中石油	
中国石油化工集团公司	中石化	
中国海洋石油总公司	中海油	
国家电网公司	国家电网	
中国南方电网有限责任公司	南方电网	
中国华能集团公司	华能集团	
中国大唐集团公司	大唐集团	
中国华电集团公司	华电集团	
中国国电集团公司	国电集团	
中国电力投资集团公司	电力投资集团	
中国长江三峡集团公司	长江三峡集团	
神华集团有限责任公司	神华集团	
中国电信集团公司	中国电信	
中国联合网络通信集团有限公司	中国联通	
中国移动通信集团公司	中国移动	
中国电子信息产业集团有限公司	中国电信	
中国第一汽车集团公司	一汽集团	
中国第一重型机械集团公司	一重集团	
中国第二重型机械集团公司	二重集团	
哈尔滨电气集团公司	哈电集团	
中国东方电气集团有限公司	东汽集团	
东方汽轮机有限公司	东汽	※
鞍钢集团公司	鞍钢集团	
宝钢集团有限公司	宝钢集团	
武汉钢铁（集团）公司	武钢集团	

全称	简称	备注
中国铝业公司	中铝公司	
中国远洋运输（集团）总公司	中国远洋	
中国海运（集团）总公司	中国海运	
中国航空集团公司	中航集团	
中国东方航空集团公司	东航集团	
中国南方航空集团公司	南航集团	
中国中化集团公司	中化集团	
中粮集团有限公司	中粮集团	
中国五矿集团公司	五矿集团	
中国通用技术（集团）控股有限责任公司	中通控股	
中国建筑工程总公司	中建总公司	
中国储备粮管理总公司	中储粮总公司	
国家开发投资公司	国家开发公司	
招商局集团有限公司	招商集团	
华润（集团）有限公司	华润集团	
中国港中旅集团公司〔香港中旅（集团）有限公司〕	中旅公司	
国家核电技术有限公司	国家核电	
中国商用飞机有限责任公司	中国商飞	
中国节能投资公司	中国节能	
中国高新投资集团公司	高新投资集团	
中国国际工程咨询公司	中咨公司	
中商企业集团公司	中商集团	
中国华孚贸易发展集团公司	中国华孚	
中国诚通控股集团有限公司	中国诚通	
中国华星集团公司	中国华星	
中国中煤能源集团公司	中煤能源集团	
中国机械工业集团有限公司	国机集团	
中国中钢集团公司	中钢集团	
中国冶金科工集团有限公司	中冶集团	
中国钢研科技集团公司	中国钢研	
中国化工集团公司	中国化工	
中国化学工程集团公司	中国化学	
中国轻工集团公司	中国轻工	
中国工艺（集团）公司	中国工艺集团	

全称	简称	备注
华诚投资管理有限公司	华诚投资	
中国恒天集团公司	恒天集团	
中国中材集团公司	中材集团	
中国建筑材料集团有限公司	中国建材集团	
中国有色矿业集团有限公司	有色矿业集团	
中国国际技术智力合作公司	中智公司	
中国北方机车车辆工业集团公司	北车集团	
中国南车集团公司	南车集团	
中国铁路通信信号集团公司	中国铁通	
中国铁路工程总公司	中铁工程	
中国铁道建筑总公司	中国铁建	
中国交通建设集团有限公司	交通建设集团	
中国普天信息产业集团公司	中国普天集团	
中国农业发展集团总公司	中国农发集团	
中国中纺集团公司	中纺集团	
中国外运长航集团有限公司	中国外运长航	
中国林业集团公司	中国林业集团	
中国医药集团总公司	中国医药集团	
中国国旅集团有限公司	中国国旅集团	
中国民航信息集团公司	中国航信集团	
中国航空油料集团公司	中国航油集团	
中国航空器材集团公司	中国航材集团	
中国电力工程顾问集团公司	中电工程集团	
中国水电工程顾问集团公司	水电顾问集团	
中国水利水电建设集团公司	水电建设集团	
中国乐凯胶片集团公司	乐凯集团	
中国广东核电集团有限公司	广东核电集团	
中国华录集团有限公司	华录集团	
上海贝尔股份有限公司	上海贝尔	
华侨城集团公司	华侨城集团	
中国西电集团公司	西电集团	

七、行政区划名称

1.省级行政区划名称：

全称	简称	备注
北京市	北京	京
天津市	天津	津
河北省	河北	冀
山西省	山西	晋
内蒙古自治区	内蒙古	内蒙古
辽宁省	辽宁	辽
吉林省	吉林	吉
黑龙江省	黑龙江	黑
上海市	上海	沪
江苏省	江苏	苏
浙江省	浙江	浙
安徽省	安徽	皖
福建省	福建	闽
江西省	江西	赣
山东省	山东	鲁
河南省	河南	豫
湖北省	湖北	鄂
湖南省	湖南	湘
广东省	广东	粤
广西壮族自治区	广西	桂
海南省	海南	琼
重庆市	重庆	渝
四川省	四川	川、蜀
贵州省	贵州	黔、贵
云南省	云南	滇、云
西藏自治区	西藏	藏
陕西省	陕西	陕、秦
甘肃省	甘肃	甘、陇
青海省	青海	青
宁夏回族自治区	宁夏	宁
新疆维吾尔自治区	新疆	新

全称	简称	备注
香港特别行政区	香港	港
澳门特别行政区	澳门	澳
台湾省	台湾	台

说明：同级行政区划名称同时出现时，可全部使用简称，如“重庆、四川、宁夏等”，也可写作“重庆、四川、宁夏等省（区、市）”。

2. 汶川地震主要受灾地区：

全称			简称	备注
四川省	成都市	锦江区	成都市锦江区	
		青羊区	成都市青羊区	
		金牛区	成都市金牛区	
		武侯区	成都市武侯区	
		成华区	成都市成华区	
		龙泉驿区	成都市龙泉驿区	
		青白江区	成都市青白江区	
		新都区	成都市新都区	
		温江区	成都市温江区	
		金堂县	金堂	
		双流县	双流	
		郫县	郫县	
		大邑县	大邑	
		蒲江县	蒲江	
		新津县	新津	
		都江堰市	都江堰	
		彭州市	彭州	
		邛崃市	邛崃	
		崇州市	崇州	
	自贡市	自流井区	自贡市自流井区	
		贡井区	自贡市贡井区	
		大安区	自贡市大安区	
		沿滩区	自贡市沿滩区	
		荣县	荣县	
		富顺县	富顺	
	泸州市	江阳区	泸州市江阳区	
		纳溪区	泸州市纳溪区	
		龙马潭区	泸州市龙马潭区	
		泸县	泸县	
		合江县	合江	
		叙永县	叙永	
		古蔺县	古蔺	

全称			简称	备注
四川省	德阳市	旌阳区	德阳市旌阳区	
		中江县	中江	
		罗江县	罗江	
		广汉市	广汉	
		什邡市	什邡	
		绵竹市	绵竹	
	绵阳市	涪城区	绵阳市涪城区	
		游仙区	绵阳市游仙区	
		三台县	三台	
		盐亭县	盐亭	
		安县	安县	
		梓潼县	梓潼	
		北川羌族自治县	北川	
		平武县	平武	
		江油市	江油	
	广元市	利州区	广元市利州区	
		元坝区	广元市元坝区	
		朝天区	广元市朝天区	
		旺苍县	旺苍	
		青川县	青川	
		剑阁县	剑阁	
		苍溪县	苍溪	
	遂宁市	船山区	遂宁市船山区	
		安居区	遂宁市安居区	
		蓬溪县	蓬溪	
		射洪县	射洪	
		大英县	大英	
	内江市	市中区	内江市中区	
		东兴区	内江市东新区	
		威远县	威远	
		资中县	资中	
		隆昌县	隆昌	
	乐山市	市中区	乐山市中区	
		沙湾区	乐山市沙湾区	
		五通桥区	乐山市五通桥区	
		金口河区	乐山市金口河区	
		犍为县	犍为	
		井研县	井研	
		夹江县	夹江	
		沐川县	沐川	

全称			简称	备注
四川省		峨边彝族自治县	峨边	
		马边彝族自治县	马边	
		峨眉山市	峨眉山	
	南充市	顺庆区	南充市顺庆区	
		高坪区	南充市高坪区	
		嘉陵区	南充市嘉陵区	
		南部县	南部	
		营山县	营山	
		蓬安县	蓬安	
		仪陇县	仪陇	
		西充县	西充	
		阆中市	阆中	
	眉山市	东坡区	眉山市东坡区	
		仁寿县	仁寿	
		彭山县	彭山	
		洪雅县	洪雅	
		丹棱县	丹棱	
		青神县	青神	
	宜宾市	翠屏区	宜宾市翠屏区	
		宜宾县	宜宾	
		南溪县	南溪	
		江安县	江安	
		长宁县	长宁	
		高县	高县	
		珙县	珙县	
		筠连县	筠连	
		兴文县	兴文	
		屏山县	屏山	
	广安市	广安区	广安市广安区	
		岳池县	岳池	
		武胜县	武胜	
		邻水县	邻水	
		华蓥市	华蓥	
	达州市	通川区	达州市通川区	
		达县	达县	
		宣汉县	宣汉	
		开江县	开江	
		大竹县	大竹	
		渠县	渠县	
		万源市	万源	

全称			简称	备注
四川省	雅安市	雨城区	雅安市雨城区	
		名山县	名山	
		荥经县	荥经	
		汉源县	汉源	
		石棉县	石棉	
		天全县	天全	
		芦山县	芦山	
		宝兴县	宝兴	
	巴中市	巴州区	巴中市巴州区	
		通江县	通江	
		南江县	南江	
		平昌县	平昌	
	资阳市	雁江区	资阳市雁江区	
		安岳县	安岳	
		乐至县	乐至	
		简阳市	简阳	
	阿坝藏族羌族自治州	汶川县	汶川	
		理县	理县	
		茂县	茂县	
		松潘县	松潘	
		九寨沟县	九寨沟	
		金川县	金川	
		小金县	小金	
		黑水县	黑水	
		马尔康县	马尔康	
		壤塘县	壤塘	
		阿坝县	阿坝	
		若尔盖县	若尔盖	
		红原县	红原	
	甘孜藏族自治州	康定县	康定	
		泸定县	泸定	
		丹巴县	丹巴	
		九龙县	九龙	
		雅江县	雅江	
		道孚县	道孚	
		炉霍县	炉霍	
		甘孜县	甘孜	
		新龙县	新龙	
		德格县	德格	
		白玉县	白玉	

全称			简称	备注
四川省	甘孜藏族自治州	石渠县	石渠	
		色达县	色达	
		理塘县	理塘	
		巴塘县	巴塘	
		乡城县	乡城	
		稻城县	稻城	
		得荣县	得荣	
	凉山彝族自治州	西昌市	西昌	
		木里藏族自治县	木里	
		盐源县	盐源	
		德昌县	德昌	
		会理县	会理	
		会东县	会东	
		宁南县	宁南	
		普格县	普格	
		布拖县	布拖	
		金阳县	金阳	
		昭觉县	昭觉	
		喜德县	喜德	
		冕宁县	冕宁	
		越西县	越西	
		甘洛县	甘洛	
		美姑县	美姑	
		雷波县	雷波	
甘肃省	兰州市	城关区	兰州市城关区	
		七里河区	兰州市七里河区	
		西固区	兰州市西固区	
		安宁区	兰州市安宁区	
		红古区	兰州市红古区	
		永登县	永登	
		皋兰县	皋兰	
		榆中县	榆中	
	嘉峪关市			
	金昌市	金川区	金昌市金川区	
		永昌县	永昌	
	白银市	白银区	白银市白银区	
		平川区	白银市平川区	
		靖远县	靖远	
		会宁县	会宁	
		景泰县	景泰	

全称			简称	备注
甘肃省	天水市	秦州区	天水市秦州区	
甘肃省	天水市	麦积区	天水市麦积区	
甘肃省	天水市	清水县	清水	
甘肃省	天水市	秦安县	秦安	
甘肃省	天水市	甘谷县	甘谷	
甘肃省	天水市	武山县	武山	
甘肃省	天水市	张家川回族自治县	张家川	
甘肃省	武威市	凉州区	武威市凉州区	
甘肃省	武威市	民勤县	民勤	
甘肃省	武威市	古浪县	古浪	
甘肃省	武威市	天祝藏族自治县	天祝	
甘肃省	张掖市	甘州区	张掖市甘州区	
甘肃省	张掖市	肃南裕固族自治县	肃南	
甘肃省	张掖市	民乐县	民乐	
甘肃省	张掖市	临泽县	临泽	
甘肃省	张掖市	高台县	高台	
甘肃省	张掖市	山丹县	山丹	
甘肃省	平凉市	崆峒区	平凉市崆峒区	
甘肃省	平凉市	泾川县	泾川	
甘肃省	平凉市	灵台县	灵台	
甘肃省	平凉市	崇信县	崇信	
甘肃省	平凉市	华亭县	华亭	
甘肃省	平凉市	庄浪县	庄浪	
甘肃省	平凉市	静宁县	静宁	
甘肃省	酒泉市	肃州区	酒泉市肃州区	
甘肃省	酒泉市	金塔县	金塔	
甘肃省	酒泉市	瓜州县	瓜州	
甘肃省	酒泉市	肃北蒙古族自治县	肃北	
甘肃省	酒泉市	阿克赛哈萨克自治县	阿克赛哈萨克	
甘肃省	酒泉市	玉门市	玉门	
甘肃省	酒泉市	敦煌市	敦煌	
甘肃省	庆阳市	西峰区	庆阳市西峰区	
甘肃省	庆阳市	庆城县	庆城	
甘肃省	庆阳市	环县	环县	
甘肃省	庆阳市	华池县	华池	
甘肃省	庆阳市	合川县	合川	
甘肃省	庆阳市	正宁县	正宁	
甘肃省	庆阳市	宁县	宁县	
甘肃省	庆阳市	镇原县	镇原	
甘肃省	定西市	安定区	定西市安定区	

全称			简称	备注
甘肃省	定西市	通渭县	通渭	
		陇西县	陇西	
		渭源县	渭源	
		临洮县	临洮	
		漳县	漳县	
		岷县	岷县	
	陇南市	武都区	陇南市武都区	
		成县	成县	
		文县	文县	
		宕昌县	宕昌	
		康县	康县	
		西和县	西和	
		礼县	礼县	
		徽县	徽县	
		两当县	两当	
	临夏回族自治州	临夏市	临夏	
		临夏县	临夏县	
		康乐县	康乐	
		永靖县	永靖	
		广河县	广河	
		和政县	和政	
		东乡族自治县	东乡	
		积石山保安族东乡族撒拉族自治县	积石山	
		撒拉族自治县	撒拉	
	甘南藏族自治州	合作市	合作	
		临潭县	临潭	
		卓尼县	卓尼	
		舟曲县	舟曲	
		迭部县	迭部	
		玛曲县	玛曲	
		碌曲县	碌曲	
		夏河县	夏河	
陕西省	西安市	新城区	西安市新城区	
		碑林区	西安市碑林区	
		莲湖区	西安市莲湖区	
		灞桥区	西安市灞桥区	
		未央区	西安市未央区	
		雁塔区	西安市雁塔区	
		阎良区	西安市阎良区	
		临潼区	西安市临潼区	

全称			简称	备注
陕西省	西安市	长安区	西安市长安区	
		蓝田县	蓝田	
		周至县	周至	
		户县	户县	
		高陵县	高陵	
	铜川市	王益区	铜川市王益区	
		印台区	铜川市印台区	
		耀州区	铜川市耀州区	
		宜君县	宜君	
	宝鸡市	渭滨区	宝鸡市渭滨区	
		金台区	宝鸡市金台区	
		陈仓区	宝鸡市陈仓区	
		凤翔县	凤翔	
		岐山县	岐山	
		扶风县	扶风	
		眉县	眉县	
		陇县	陇县	
		千阳县	千阳	
		麟游县	麟游	
		凤县	凤县	
		太白县	太白	
	咸阳市	秦都区	咸阳市秦都区	
		杨陵区	咸阳市杨陵区	
		渭城区	咸阳市渭城区	
		三原县	三原	
		泾阳县	泾阳	
		乾县	乾县	
		礼泉县	礼泉	
		永寿县	永寿	
		彬县	彬县	
		长武县	长武	
		旬邑县	旬邑	
		淳化县	淳化	
		武功县	武功	
		兴平市	兴平	
	渭南市	临渭区	渭南市临渭区	
		华县	华县	
		潼关县	潼关	
		大荔县	大荔	
		合阳县	合阳	

全称			简称	备注
陕西省	渭南市	澄城县	澄城	
		蒲城县	蒲城	
		白水县	白水	
		富平县	富平	
		韩城市	韩城	
		华阴市	华阴	
	延安市	宝塔区	延安市宝塔区	
		延长县	延长	
		延川县	延川	
		子长县	子长	
		安塞县	安塞	
		志丹县	志丹	
		吴起县	吴起	
		甘泉县	甘泉	
		富县	富县	
		洛川县	洛川	
		宜川县	宜川	
		黄龙县	黄龙	
		黄陵县	黄陵	
	汉中市	汉台区	汉中市汉台区	
		南郑县	南郑	
		城固县	城固	
		洋县	洋县	
		西乡县	西乡	
		勉县	勉县	
		宁强县	宁强	
		略阳县	略阳	
		镇巴县	镇巴	
		留坝县	留坝	
		佛坪县	佛坪	
	榆林市	榆阳区	榆林市榆阳区	
		神木县	神木	
		府谷县	府谷	
		横山县	横山	
		靖边县	靖边	
		定边县	定边	
		绥德县	绥德	
		米脂县	米脂	
		佳县	佳县	
		吴堡县	吴堡	

全称			简称	备注
陕西省	榆林市	清涧县	清涧	
		子洲县	子洲	
	安康市	汉滨区	安康市汉滨区	
		汉阴县	汉阴	
		石泉县	石泉	
		宁陕县	宁陕	
		紫阳县	紫阳	
		岚皋县	岚皋	
		平利县	平利	
		镇平县	镇平	
		旬阳县	旬阳	
		白河县	白河	
	商洛市	商州区	商洛市商州区	
		洛南县	洛南	
		丹凤县	丹凤	
		商南县	商南	
		山阳县	山阳	
		镇安县	镇安	
		柞水县	柞水	
重庆市	万州区		重庆市万州区	
	涪陵区		重庆市涪陵区	
	渝中区		重庆市渝中区	
	大渡口区		重庆市大渡口区	
	江北区		重庆市江北区	
	沙坪坝区		重庆市沙坪坝区	
	九龙坡区		重庆市九龙坡区	
	南岸区		重庆市南岸区	
	北碚区		重庆市北碚区	
	万盛区		重庆市万盛区	
	双桥区		重庆市双桥区	
	渝北区		重庆市渝北区	
	巴南区		重庆市巴南区	
	黔江区		重庆市黔江区	
	长寿区		重庆市长寿区	
	江津区		重庆市江津区	
	合川区		重庆市合川区	
	永川区		重庆市永川区	
	南川区		重庆市南川区	
	綦江县		綦江	
	潼南县		潼南	

全称			简称	备注
重庆市	铜梁县		铜梁	
	大足县		大足	
	荣昌县		荣昌	
	璧山县		璧山	
	梁平县		梁平	
	城口县		城口	
	丰都县		丰都	
	垫江县		垫江	
	武隆县		武隆	
	忠县		忠县	
	开县		开县	
	云阳县		云阳	
	奉节县		奉节	
	巫山县		巫山	
	巫溪县		巫溪	
	石柱土家族自治县		石柱	
	秀山土家族苗族自治县		秀山	
	酉阳土家族苗族自治县		酉阳	
	彭水苗族土家族自治县		彭水	
云南省	昭通市	昭阳区	昭通市昭阳区	
		鲁甸县	鲁甸	
		巧家县	巧家	
		盐津县	盐津	
		大关县	大关	
		永善县	永善	
		绥江县	绥江	
		镇雄县	镇雄	
		彝良县	彝良	
		威信县	威信	
		水富县	水富	

说明：1. 凡易引起歧义者，使用市（州）、县（市、区）名称全称。

2. 同一段记述文字中出现不同级别的行政区，如成都、绵阳、汶川、青川，须写清楚行政区划名称，如“成都市、绵阳市、汶川县、青川县”；地级市（含副省级城市）、县级市同时出现，须写清楚行政区的层次。

编后记

《汶川特大地震抗震救灾志》编纂工作，前后历时7年，主体工作于2013年完成。在编纂工作完成即将付梓之时，作为具体组织实施这一工程的编委会办公室还有一些话需要交代。

一

2008年5月12日汶川特大地震发生后，在中共中央、国务院和中央军委的领导下，全党、全军、全国各族人民展开了波澜壮阔的抗震救灾斗争和灾后恢复重建，取得了重大胜利。为全面、客观、系统地记述地震灾害、抗震救灾和灾后恢复重建工作，经国务院批准，决定组织编纂《汶川特大地震抗震救灾志》，并于2008年11月6日召开了《汶川特大地震抗震救灾志》编纂委员会（简称全志编委会）成立大会暨第一次全体会议，批准通过《〈汶川特大地震抗震救灾志〉编纂工作实施方案》（简称《编纂方案》）。为做好编纂工作，全志编委会设立全志编委会办公室（简称全志办），全志办设在中国地方志指导小组，承担全志编委会的日常工作，负责统筹规划、组织协调、督促指导、审核把关，以及调研、培训、组织出版等工作。

按照“编纂方案”的要求，《汶川特大地震抗震救灾志》共设11个分卷，其中《总述》《大事记》和《附录》由中国地方志指导小组办公室承编，《图志》由国务院新闻办公室承编，《地震灾害志》由中国地震局承编，《抢险救灾志》由解放军总参谋部承编，《灾区生活志》《社会赈灾志》由民政部承编，《灾区医疗防疫志》由卫生部承编，《灾后重建志》由国家发展改革委员会承编，《英雄模范志》由人力资源和社会保障部承编。此外，还有100余家省（部）级单位参与志书编写工作。

《汶川特大地震抗震救灾志》各承编单位高度重视志书的编纂工作，先后成立了分卷编纂委员会（简称分卷编委会）；各分卷编委会分别组建了办公室和编辑工作室。办公室主要职能是负责统筹规划、组织协调、督促指导、审核把关，负责组建编纂工作室，组织调动编纂人员，安排编纂进度，开展调研培训等工作，编纂工作室主要职责是组织各参编单位，培训修志人员，搜集整理资料，编辑资料长编，编写志稿，组织志稿评读，进行志稿总纂，完成志稿修改工作。

在全志编委会的领导下，《汶川特大地震抗震救灾志》的编纂基本上形成“全志编委会及其办公室——各分卷编委会及其办公室、编纂工作室——各承编单位编纂组”一套完整的工作体制。全志编委会和各分卷编委会负责统筹规划、组织协调工作，根据需要，分别制定了科学周密的分卷编纂工作方案和一系列指导性文件，精心组织实施。

从2008年11月至2012年12月，全志办先后组织召开9次分卷承编牵头单位座谈会，形成例会制度，编辑《编纂工作通讯》194期，在通报情况、研究解决编纂工作中的共性问题方面发挥了重要作用。各承编牵头单位利用例会、专题会等方式，了解情况，研究问题，协调进度，推动工作。各参编单位围绕编纂工作总体目标，确立大局意识、合作意识，积极配合、支持承编单位的工作，明确本单位编纂工作进度，保证了编纂工作的顺利进行。

二

志书的价值在于资料，资料是志书的基础，也是志书的生命。为做好资料收集工作，按照《编纂方案》的要求，全志办和各分卷编纂工作室组织编纂人员在《汶川特大地震抗震救灾志》基本篇目的基础上，进一步拟订分卷篇目，并广泛征求各参编单位的意见。全志办于2009年4月召开分卷篇目设计座谈会，6月召开篇目研讨会，进一步拟定分卷篇目，确定收集资料的提纲细目。

各分卷收集资料工作开始后，全志办先后于2009年9月召开资料长编编辑研讨会，2010年4月召开资料收（征）集工作协调会。此后，在同年6月召开的志稿编写方法研讨会和7月召开的试写稿评读会上，全志办进一步就收集典型事例资料和内容鲜活、有特色以及可以反映全面情况的资料等问题，提出了具体要求。特别提出《汶川特大地震抗震救灾志》属国家级权威史料，资料收集、使用、保管工作非常重要，各承编单位要高度重视资料保管工作，遵守保密纪律，防止泄密情况发生。

至2009年底，《地震灾害志》《抢险救灾志》《灾区生活志》《灾区医疗防疫志》《社会赈灾志》《英雄模范志》6个分卷编纂工作室基本完成收集资料工作，仅以《抢险救灾志》为例，40多个军地参编单位收集的文字资料即数以亿计。与灾后重建工作同步推开的《总述》《大事记》《图志》《灾后重建志》，资料收集工作于2010—2011年逐步完成。

真实性的资料是志书的生命，是一方信史的基本要求。没有真实的资料、准确的数据，要使志书实现“资政、教育、存史”和“经世致用”，便是一句空话。几年间，全志办将资料的整理、核实工作，贯穿于整个编纂工作的始终。一是要求收集资料的单位，在资料运用之前，对资料的真伪、正误进行考证、鉴别；资料考证鉴别的原则是无证不信，言必有据；入志的资料必须真实、准确；要弄清、弄准一件史实，必须充分掌握有关证据，否则不能轻信。二是要求各承编牵头单位在各参编单位的资料报上来后，对资料做进一步的核实工作，保证本卷使用的资料前后准确一致。三是在总纂时，要求总纂人员进一步核实资料，确保本卷与其他各卷使用的资料前后准确一致。四是志稿复审后，组织一批优秀地方志专家和统计专家，3次对各分卷进行统稿和校核：2012年1—7月，全志办将各卷初审稿分送有关专家进行第一次统稿、校核；9月，全志办将专家集中到北京，与各分卷编纂人员一起进行第二次统稿、校核；11月，全志办再次将专家，以及四川省、陕西省地方志办公室，四川省6个地震灾害严重的市（州）地方志办公室的有关同志召集到北京，进行第三次统稿、校核。

资料核实的难点包括两方面：一是在抢险救灾斗争中往往是多支救援队伍抢救同一个人、抢险同一件事，由于参与与撤离时间的不同，涉及事件的角度不同，提供上来的资料很多都有出入；二是由于地震灾情、抢险救援、灾后重建情况复杂，统计单位不一，统计口径不一，统计要素不一，统计时间不一，导致统计数据不一致等问题。对前一问题，全志办要求涉及同一人物、同一事件的资料有出入的分卷，共同商议解决办法，实在无法统一的问题，采取模糊处理的方法。对于不同省市、不同部门因统计口径不一致出现统计数字不一致的情况，以及各省市、各部门不同类型的抗震救灾志中出现一个点上的统计数字不一致的情况，全志办要求使用统计数据要以2008年9月4日民政部、发展改革委、财政部、地震局、国家汶川地震专家委员会《关于报送汶川地震灾害损失校核结果的报告》为基本依据，并参考国家有关权威部门发布的统计数据，其他则采用宜粗不宜细或典型记述的办法处理。在核实统计数据上，专家和编纂人员下的工夫最大，花费的时间、精力最多，但由于多种主客观因素的制约，可能依然存在一些问题，还望读者见谅。

三

如此大规模、全方位地记述一场抗震救灾斗争，在中国历史上还是第一次。如何全面、客观、系统地记述好，没有先例可循，没有现成经验可遵，可以说是摸着石头过河。在《汶川特大地震抗震救灾志》编纂过程中，修志人员通过不断“认识—实践—再认识—再实践”，逐渐对诸多理论和实践问题，取得了一致共识，统一了思想，协调了步调，增强了责任感和使命感。

首先是这部志书的定位。中华人民共和国成立以来第一部由国家层面组织、针对特大自然灾害而编纂的《汶川特大地震抗震救灾志》，不同于通常编纂的省、市、县地方志，它的定位应该是大事件志。《汶川特大地震抗震救灾志》开始编纂以来，陆续又有《北京奥运会志》《上海世博志》等陆续开始编纂，说明大事件志正在逐步发展成为一个新的志种。随着社会的不断发展与进步，大事件志应该会越来越多。大事件志须发扬地方志的优长，严格遵循志书“横排竖写”的基本体例。《汶川特大地震抗震救灾志》承载历史事件，要从国家全局角度记述地震灾害、抗震救灾和灾后恢复重建工作，为各级政府迅速、便捷、全面了解和掌握各方面情况并制定正确决策提供服务，特别是为今后的防震减灾提供指导和借鉴；《汶川特大地震抗震救灾志》弘扬时代精神，要在不突破志书基本体例的情况下，生动、鲜活地记载抗震救灾斗争中涌现出来的英雄模范先进事迹，弘扬伟大的抗震救灾精神，为社会主义精神文明建设服务。

其次是这部志书的编纂方法。《汶川特大地震抗震救灾志》要从国家全局的角度，全面、客观、系统地记述地震灾害、抗震救灾和灾后恢复重建工作，使全志11卷成为一个有机整体。如果这部志书把全面性、系统性丢掉了，就会变得杂乱无章，无法承载记述这场伟大抗震救灾斗争全过程的任务。志书的编纂必须要抓全面综合、抓重点、抓亮点，反映特色。具体到每一个最基本的记述单元，就是记述内容既要反映全局，又要反映局部；既要反映整体，又要反映个别。概括说，就是“综合要全面概括，分述要重点突出，不足部分图表补充”。

为编纂好《汶川特大地震抗震救灾志》，全志办组织各承编牵头单位及参编单位采用多种方法和途径，有针对性地开展修志业务培训工作，让编纂人员将全书定位及编纂方法内化于心。全志办先后于2009年1月举办了《汶川特大地震抗震救灾志》编纂培训班，2009年12月举办了《汶川特大地震抗震救灾志》总述、大事记、附录分卷三个编纂培训班. 全志办和各分卷编委会办公室还结合阶段性工作特点和要求，在进一步制订、完善各项规章制度的同时，组织召开了各种形式的会议，通过这些会议来讲解要点、传授方法、提出要求、布置工作，起到了总结经验、沟通情况、统一思想、提高认识和对新一轮编纂工作进行再动员的作用，达到了预期目的。前4年间，各承编牵头单位先后共组织举办培训40余次；各参编单位也积极开展本部门、本系统的培训，帮助参编人员熟悉、掌握相关政策、业务知识，掌握志书的编纂方法。培训内容丰富、信息量大、针对性强，为志书编纂做好了编纂理论和技术等多方面的准备。

为保证志书的编纂质量，根据阶段性工作要求，全志办召开了一系列业务研讨会，研究解决不同阶段遇到的理论和实践问题。全志办先后于2009年11月召开初稿编写研讨会，2010年3月召开编纂工作研讨会，6月召开志稿编写方法研讨会，7月召开试写稿评读会，8月召开《总述》《大事记》和《附录》三个分卷编纂工作研讨会，11月召开分卷总纂工作研讨会，12月召开总纂工作研讨会。2008年12月至2011年12月，全志办先后召开7次志书编纂工作研讨会、9次志稿评读会、4次统稿会，7次集中办公修改志稿。各分卷编委会办公室也根据自身情况，组织召开多次协调会、征求意见会、研讨会等。

为保证志书的编纂质量，在编纂工作启动之初，全志办还经过多方推荐和慎重筛选，聘请11名有丰富修志经验、具有较高理论造诣的专家，组成方志专家指导组，并根据个人特长，为每个分卷配备3—4名，具体指导各分卷的编纂工作。随着编纂工作的推进，尤其是初稿完成后，在坚持方志专家指导组成员既定分工任务不变的情况下，进一步发挥专家的作用，采取一人重点指导一卷或几卷的方式，确保每一卷志稿的质量。到总纂阶段，全志办又进一步聘请责任心强、文字功底较好的三位专家与全志办有关人员组成统稿组，每人负责两三卷，分工合作，共把质量关。

四

时任国务委员兼国务院秘书长马凯在《汶川特大地震抗震救灾志》编纂委员会成立大会暨第一次全体会议上讲话指出，志书编纂要把好“四关”：“一要把好政治关。全面贯彻党的路线、方针、政策，避免出现政治性和科学性差错。二要把好内容关。志稿篇章结构、章节内容务求翔实、准确。三要把好文字关。志稿文字表述务求严谨、生动。四要把好体例关。要密切联系抗震救灾工作，同时确保符合志书的编纂体例和规范要求。总之，要通过我们的努力，使这部志书成为高质量的传世之作，经得起实践和历史的检验。”

为了保障志书质量，除在编纂环节建章立制、聘请名家指导等外，还加强了评审验收环节的把关。为规范《汶川特大地震抗震救灾志》志稿的评审验收工作，保证质量，全志办根据《地方志工作条例》《编纂方案》《地方志书质量规定》，结合编纂工作实际，制定了《〈汶川特大地震抗震救灾志〉志稿评审验收办法》。

《〈汶川特大地震抗震救灾志〉志稿评审验收办法》要求志稿评审验收工作实行评审（包括初审、复审、终审，是为“内三审”）验收制度，依序逐级进行，并明确评审验收主体、评审验收程序、评审验收内容与重点、评审验收工作要求等。同时，又根据此志编纂工作特点，实行“外三审”制度，即专家审（包括有关领域专家和方志专家）、领导审（主要是参与抗震救灾实际工作的领导）和出版社责任编辑审。这一套程序是通过实践逐步摸索出来的，有些步骤在实际操作中可以交叉，但不可或缺。如统稿环节，将原本由承编牵头单位总纂、专家统稿、出版社责任编辑审稿三个环节压缩成一个环节，同步进行。

2011年，《汶川特大地震抗震救灾志》的编纂进入了审稿阶段。《大事记》《图志》《地震灾害志》《抢险救灾志》《灾区生活志》《灾区医疗防疫志》《社会赈灾志》《英雄模范志》及《附录》等9部分卷承编牵头单位先后组织了志稿初审会。初审小组专家对志稿进行评审，既肯定志稿的优长，也提出了可操作的修改意见。9部志稿通过初审程序后，各分卷编纂工作室又根据初审意见对志稿作了进一步修改。

2012年，《汶川特大地震抗震救灾志》编纂工作进入关键之年。《总述》《灾后重建志》两卷也于年内通过了初审。各分卷在初审后，进一步加强了志稿修改的力度。全志办组织专家及编纂人员对初审意见和各参编单位的反馈意见进行了讨论和整合，不断修改完善，形成复审稿。至2012年底，11个分卷分别通过了由有关部门领导和专家组成的复审小组的复审。此后，经过多次反复修改和打磨，各卷志稿日臻成熟。2012年12月底，经出版社和排版公司修改、排版和打印，完成了终审稿，送交终审。终审完成后，又不断对志稿进行修改完善，对一些敏感事件和人物进行了必要的处理，并于2013年11月报请国务院领导同志批准正式公开出版。

毋庸讳言，由于编纂人员水平有限，经验缺乏，志书必定还存在一些问题。特别是由于

《汶川特大地震抗震救灾志》涉及地域范围广，涉及部门行业杂，涉及人物众多，因此在篇目设置和内容记述方面，很难做到参加抗震救灾各种机构记述内容的绝对平衡，很难做到对各级领导人记述内容的平衡与协调。为此编纂人员设计了多种记述方案，尽了极大努力，但与预期的目标还存在一定距离。我们希望历史去检验它的得与失，也希望它能够为今后的防灾减灾，以及精神文明建设有所借鉴和帮助。

五

《汶川特大地震抗震救灾志》的编纂出版，饱含了集体的智慧和劳动，凝聚了集体的汗水与心血。

首先得益于各级领导的重视、关怀和支持。国务院领导同志高度重视，批准编纂《汶川特大地震抗震救灾志》。时任国务委员兼国务院秘书长马凯同志主持召开了编委会成立大会暨第一次全体会议，批准通过了《编纂方案》。国务院应急管理办公室的领导和同志们始终关心、支持编纂工作，对遇到的重大事项进行协调、指导，帮助解决困难和问题。其次是国务院新闻办公室、中国地震局、解放军总参谋部、民政部、卫生部、国家发展改革委员会、人力资源和社会保障部、中国地方志指导小组办公室等承编单位的领导，以及近百个参编单位的领导，都极为重视《汶川特大地震抗震救灾志》的编纂工作，进行全面动员和部署，组织召开专门会议研究编纂工作，为编纂工作从组织到经费提供最大的支持，有力地推动了编纂工作的进程。再就是，参加这部志稿的编纂人员，仅国家各机关和军队各机关在职和退休的厅（局、师）级干部就有50多名。这些领导同志严于律己，身体力行，事必躬亲，率先垂范，亲自撰写和修改志稿，为修志人员树立了榜样。

《汶川特大地震抗震救灾志》的成书，得益于全国地方志、地震、民政、发改、卫生、军事等多方面专家的鼎力支持，仅地方志系统的专家就达30多人。这些专家，年龄最大的已是耄耋老人，年纪略小的也已进耳顺之年，平均年龄在67岁以上。几年里，他们不顾年迈、体弱和多病，不辞辛苦，不计名利，奔波往返，参加各种业务会议，讲授专业知识，评读评审志稿，指导修志工作。在志书的编纂过程中，涌现出许多感人事迹：有的在参加全志办会议的途中腿骨摔伤，有的在编写志稿的工作中突然中风，有的在评读志稿的活动中心脏病突发，有的家中妻子病故……这些专家在医院接受手术后，或是处理完家中丧事后，都立即返回修志岗位继续工作。几年间，专家在培训队伍、指导修志等方面，表现了感人至深的高度责任意识，发挥了重要作用。

《汶川特大地震抗震救灾志》的成书，得益于各分卷承编和参编单位编纂工作室及编纂人员的辛勤努力。这部志书的编纂时间紧、任务重，各分卷承编、参编单位编纂人员为此投入大量的时间和精力。几年间，他们许多人都没有休双休日，没有度节假日，没有时间陪伴家中老人，没有时间与妻子（丈夫）团聚，没有时间照顾子女……编纂人员发扬抗震救灾精神，团结协作、不计名利、克服困难、精益求精，虚心向专家学习请教，较好完成了编纂工作。很多编纂人员说，虽然没有亲身投入伟大的抗震救灾斗争中，但在编纂《汶川特大地震抗震救灾志》的工作中，感受到了抗震救灾现场的火热，学习到了抗震救灾的斗争精神。

《汶川特大地震抗震救灾志》的成书，得益于许许多多单位和个人的支持和帮助。参与编修工作的单位，包括中央党政机关和解放军、武警部队机关近百个，所涉及范围包括全国各省（自治区、直辖市），涉及的行业系统包括了国民经济各个行业。可以说，几乎所有参加抗震救灾和灾后恢复重建工作的单位都是此书的参编单位，书中涉及的材料均来自这些单位、部门的支持。而直接参与编纂的人员最多时有上百人，提供稿件、资料和图片的人员更是无法统计。

值此《汶川特大地震抗震救灾志》付梓之际，谨向所有为此书编纂做出贡献的单位和个人，表示最诚挚的敬意和谢意！

《汶川特大地震抗震救灾志》编纂委员会办公室

2015年8月

汶川特大地震抗震救灾志　卷十一　附录　索引

编　　者:《汶川特大地震抗震救灾志》编纂委员会
责任编辑: 李　江

出 版 人: 冀祥德
出 版 者: 方志出版社
地址　北京市朝阳区潘家园东里9号（国家方志馆4层）
邮编　100021
网址　http://www.fzph.org
发　　行: 方志出版社发行中心
电话　（010）67110500
经　　销: 各地新华书店
设　　计: 北京古润文化艺术传播有限公司
排　　版: 北京开和文化传播中心
印　　刷: 北京华联印刷有限公司

开　　本: 889×1194　1/16
印　　张: 48.75
字　　数: 1245千字
版　　次: 2015年8月第1版　2015年8月第1次印刷
印　　数: 0001～5000册

ISBN 978-7-5144-1579-7　　**定价:** 798.00元